HISTOIRE

DU

PROLÉTARIAT

ANCIEN ET MODERNE

PAR

A. VILLARD

PARIS
LIBRAIRIE GUILLAUMIN ET Cie
ÉDITEURS
du Journal des Économistes, de la Collection des principaux Économistes, du Dictionnaire de
l'Économie politique, du Dictionnaire du Commerce et de la Navigation, etc.
RUE RICHELIEU, 14
1882

HISTOIRE DU PROLÉTARIAT

ANCIEN ET MODERNE

Nimes, Typ. Clavel-Ballivet et Cie, rue Pradier, 12.

HISTOIRE

DU

PROLÉTARIAT

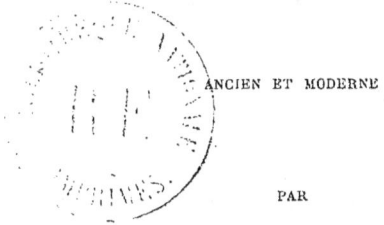

ANCIEN ET MODERNE

PAR

A. VILLARD.

PARIS
LIBRAIRIE GUILLAUMIN ET Cie.
ÉDITEURS
du Journal des Économistes, de la Collection des principaux Économistes, du Dictionnaire de l'Économie politique, du Dictionnaire du Commerce et de la Navigation, etc.
RUE RICHELIEU, 14
1882.

DU MÊME AUTEUR, MÊME LIBRAIRIE :

Histoire de l'Esclavage, 1 vol. in-8°.
Histoire du Servage, 1 vol. in-8°.

PRÉFACE

Faire connaître le sort des travailleurs esclaves, serfs ou salariés ; indiquer leurs misères et leurs transformations successives à travers les siècles ; constater enfin le progrès lent mais continu de leur élévation sociale et de leur bien-être privé, signes certains de leur affranchissement définitif...

Tel est le programme et tel le but principal de cette étude. Indiquer ensuite les voies et moyens les plus sages pour s'élever et parvenir, en signalant ceux qui sont chimériques. Telle en est la fin.

Ouvrez l'histoire de tous les temps et de toutes les nations.

Vous n'y trouverez guère que la biographie des rois, des princes, des guerriers, et l'étalage pompeux de leurs magnificences et de leurs conquêtes. On dirait qu'ils ont rempli le monde, sans y laisser place pour les petits et pour les humbles qui représentent, sans conteste, et le nombre et le travail fécond.

C'est à peine si, à travers le récit non interrompu des batailles, des guerres civiles, des rapines et des proscriptions, on entrevoit la misère des pauvres gens, leurs douleurs et les injustices qui les accablent.

Hâtons-nous de reconnaître que nos historiens modernes, désertant ces traditions déplorables, s'efforcent chaque jour, de faire revivre les classes modestes que leurs devanciers avaient oubliées et méconnues.

C'est en entrant dans cette voie nouvelle, que nous avons entrepris l'histoire *de l'Esclavage, du Servage et du Prolétariat*, trois anneaux d'une même chaîne, qui n'ont cessé d'entraver la marche de l'humanité, disions-nous dans une autre préface.

Ces trois conditions inférieures, toujours mêlées et confondues dans les civilisations antiques, ont peu à peu déposé leur ancienne rigueur. La plus rude d'entre elles, celle qui a couvert le monde et n'a disparu en Europe qu'après le XIIe siècle, l'esclavage, a fait place au servage, qui partout répandu, sous des noms divers, a été vaincu à son tour par la liberté, et s'est effacé devant le prolétariat, condition générale des civilisations contemporaines.

Ce qui se dégage de ces constatations, et ce que nous voudrions établir dans cette étude, c'est que le seul progrès du temps a produit une détente continue dans la rigueur des conditions que nous venons d'indiquer, et qu'en écartant tous projets chimériques, et en nous aidant seulement de la richesse acquise et des enseignements de la science, nous devons approcher chaque jour davantage de l'idéal qui tourmente l'humanité souffrante.

A deux reprises, nous avons tenté cette démonstration pour l'esclavage et le servage. Reste à la faire pour le prolétariat qui fait l'objet de ce travail.

Afin de ne pas nous égarer dans la mise en œuvre d'un aussi vaste programme, nous avons pris pour point d'appui la méthode expérimentale, qui devait nous permettre de baser notre théorie sur les faits observés dans le monde social. Ainsi orientés, nous avons parcouru rapidement l'antiquité, le moyen âge et les temps modernes, qui s'enchaînent historiquement et marquent, en se développant, l'ascension graduelle du progrès.

Les nécessités de notre démonstration nous ont obligé de rechercher les origines de l'homme, et nous les avons indiquées sommairement, telles que l'anthropologie moderne les enseigne.

L'homme est d'abord peu différent de l'animal. Pendant la période quaternaire, c'est-à-dire un millier de siècles probablement, il n'a connu d'autre instrument que la pierre, d'autre nourriture que la chair crue des animaux ; d'autre habitation que l'abri des arbres ou des cavernes.

Après de longs tâtonnements, il parvient à fabriquer des engins grossiers de chasse et de pêche qui facilitent son existence. Il arrive ensuite à domestiquer quelques animaux, à les employer comme auxiliaires, à s'alimenter de leur lait, de leur chair, à se servir de leur toison.

Devenu pasteur, il cultive sur place quelques céréales. — Dans ces conditions nouvelles, le sauvage s'humanise ; la vie commune devient possible, et la famille se forme autour d'un aïeul. — Plusieurs familles rapprochées et réunies forment ensuite une tribu, et plusieurs tribus voisines, une nation.

De la possession du périmètre de chasse ou de dépaissance, naissent alors les conflits, et la guerre s'allume pour ne plus s'éteindre. Elle amène forcément des mouvements de populations, et des migrations, volontaires ou forcées, qui portent avec elles le ravage et la destruction.

Les premiers rudiments de l'histoire des peuples nous les montrent divisés en castes, dans lesquelles les guerriers et les prêtres prennent tout, et ne laissent aux castes inférieures que le soin de travailler pour eux et de les servir (l'Inde, la Chine, l'Egypte). — C'est l'esclavage et le servage généralisés et souvent juxtaposés sous les formes les plus dures. — Il en est à peu près de même dans toutes les monarchies orientales. La propriété individuelle n'existe nulle part. La terre n'appartient qu'au souverain qui la distribue aux villages, dont les habitants la cultivent, à charge d'usufruit et de lourdes redevances. — Le despotisme théocratique et la servitude générale, tel est l'état des nations asiatiques.

Ces mœurs se transforment en changeant de milieu. Les populations de l'Asie se mêlant à celles de la Grèce, secouent le despotisme oriental et dressent des autels à la liberté individuelle. Malgré ce progrès immense, les enseignements de la force brutale sont toujours persistants, et l'esclavage, ainsi que la servitude à des degrés divers, ne cessent d'être pratiqués avec la dureté la plus grande.

Il en fut de même à Rome. L'esclave y remplaçait nos machines modernes et y rendait tous les services. A côté de lui vivait le travailleur libre, le prolétaire, le colon. Mais la concurrence du travail esclave les jeta dans la misère et en fit des mendiants, dont la subsistance quotidienne épuisait le trésor de l'Etat, et dont la turbulence et la vénalité mettaient sans cesse en péril la tranquillité publique. — C'est par là qu'ont péri ces nations illustres entre toutes.

Les Gaulois et les Germains attardés dans la barbarie, pratiquent aussi l'esclavage et le servage, — l'esclave à la maison, et le serf à la glèbe. — Mais soit intérêt, soit rudesse de mœurs, cette dernière condition prédominante ne tarde pas à effacer la première et à la remplacer complètement. Elle absorbe même, à l'aide de la recommandation, le petit nombre d'hommes libres et de prolétaires qui avaient survécu à la civilisation gallo-romaine et à l'invasion des Germains.

Ce n'est pas seulement en France, mais dans l'Europe entière que ce fait se produisit. — La seigneurie, le fief, les censives, les droits féodaux, les corporations, tout s'y ressemble (1). — Le servage fut donc la condition générale du travailleur au moyen-âge. Son abolition lente et successive est la plus grande révolution de cette époque et de notre histoire moderne.

Pendant une longue période de six siècles, du VIe au XIIe, le travailleur ne s'appartient pas le plus souvent. Il n'a aucune liberté. La terre ne lui appartient pas davantage. Taillable et corvéable à volonté, il la cultive à charge de redevances, sans

---

(1) De Tocqueville. *Ancien régime*, 22.

qu'il puisse la quitter. — Les droits féodaux perçus par les seigneurs, pèsent sur tous les actes de sa vie et rendent sa misère incurable. — Des famines et des épidémies sans nombre ; les invasions normandes et sarrasines, ainsi que les guerres féodales achèvent de l'accabler.

Mais enfin, avec le XIIe siècle et les croisades, commencent les affranchissements et l'émancipation des communes, qui portent en germe la formation des justices royales, du Tiers-Etat, des Etats généraux et des Parlements. — Le bénéfice de ces institutions accentue ce mouvement d'une manière lente, mais continue, pendant les quatre siècles qui suivent (du XIIe au XVIe et rigoureusement jusqu'au XVIIIe siècle).

La liberté de la personne se dégage seule tout d'abord et par degrés, soit qu'on la donne, soit qu'on la vende à des conditions diverses. Transformé en vilain et en roturier, le serf devient censitaire ou fermier et achète des terres, chargées de redevances et de servitudes. — Les artisans forment des corporations de métiers.

La liberté de la terre est plus lente, et ce n'est que petit à petit, qu'étant affranchie, elle suivra le sort de l'homme libre et finira par lui appartenir d'une manière complète.

A partir de ce moment, les conquêtes de la liberté ne cessent de s'élargir pendant les siècles qui suivent (XVIe, XVIIe et XVIIIe siècles). C'est un progrès immense sur le passé ; mais pendant les longues années qu'a duré cette transformation, les privilèges de la noblesse, ses immunités de l'impôt, ses droits féodaux, la dîme ecclésiastique et les dilapidations d'un trésor sans contrôle n'ont cessé de peser injustement sur le travail du peuple. Entre temps et comme pour l'écraser, il a été mêlé, bien malgré lui, aux guerres féodales ; à des guerres étrangères qui ont duré cent ans ; aux guerres civiles, sans compter le pillage continu des routiers et des gens de guerre. — Puis, il a supporté seul tout le poids des impôts royaux, la corvée des routes et le service militaire.

— On se demande comment il a pu survivre et ne pas être anéanti.

Les récits du temps, les cahiers des Etats-généraux, les mémoires des officiers publics, mettent à chaque instant sous nos yeux des tableaux navrants de la misère générale.

L'excès de ces maux, les dilapidations et la pénurie des finances, les conflits répétés des grands corps de l'Etat, amènent enfin la Révolution, qui vit disparaître en un jour les privilèges du clergé, de la noblesse, ainsi que ceux de l'industrie et du commerce dont le travail, sous toutes ses formes, était depuis longtemps accablé.

Suprême conquête, qui complétant la liberté de l'homme et lui donnant l'égalité, transforme le vilain en citoyen et en *prolétaire !*

Cette désignation, nouvelle alors, est un souvenir lointain de la République romaine. — Le prolétaire ancien et le nouveau n'ont heureusement que ce seul point de ressemblance. A Rome, en effet, il vivait oisif et vivait de l'aumône publique et privée ; il avait beaucoup d'enfants mendiants comme lui, vendait son vote au plus offrant et son bras à l'émeute. — Tel n'est pas le prolétaire de notre temps ; il vit de son labeur et ne demande qu'à lui-même l'accroissement de son bien-être.

Affranchi de la glèbe et du travail servile, mais privé de ressources acquises, il demande au salaire librement débattu son existence quotidienne. Cette classe nouvelle comprend les travailleurs de toutes sortes. Qu'ils s'adressent au travail de la terre, de l'atelier, du comptoir ou de la plume, ils sont prolétaires. L'employé, le soldat, le fonctionnaire, l'artiste, l'avocat, le médecin, le prêtre dont les salaires, appointements ou honoraires, ne sont autre chose que le prix du travail qui sert à les faire vivre ; tous ceux dont le pain de chaque jour n'est pas assuré par un capital ou une position acquise, et le nombre en est grand, tous ceux-là doivent être rangés dans la classe immense des prolétaires.

PRÉFACE. VII

Tel est le sens élargi que la science économique donne maintenant à cette qualification. Elle comprend ainsi, non-seulement la population ouvrière des grandes villes, à laquelle voudraient la réduire, bien à tort, les écoles socialistes. Mais elle embrasse, sans distinction, tous les travailleurs, ceux d'autrefois aussi bien que ceux d'aujourd'hui ; tous ceux qui ont travaillé dans le passé, libres ou non ; tous ceux qui travaillent maintenant pour vivre ; sous quelque forme que ce soit. Voilà pourquoi, dans l'ensemble de notre étude, nous avons considéré l'esclavage, le servage, ainsi que toutes les formes de la servitude comme les premières manifestations du prolétariat (1).

La révolution de 1789 a coupé en deux notre histoire : l'ancien monde et le nouveau. Elle les a séparés comme par un abîme, dans lequel sont tombés à la fois les privilèges et les servitudes, que la liberté et la propriété du travail sont venues remplacer. Avant elle, la nation était divisée en trois castes.

A la noblesse et au clergé les honneurs, les hautes fonctions, les droits féodaux et les dîmes ; les immunités et les exemp-

---

(1) Ces conditions diverses, qui s'entremêlent et se survivent, ne pouvaient sans confusion être traitées d'ensemble. Aussi, avons-nous examiné séparément chacune d'elles dans deux études antérieures. Mais comme, en agissant ainsi, nous avons dû traverser les mêmes époques et analyser les mêmes faits, nous nous sommes vu contraint d'emprunter à notre étude du servage les traits communs qu'elle peut avoir avec le prolétariat, et qui font partie intégrante de son histoire. Après tout, ce sont des emprunts que nous ne fesons qu'à nous-mêmes. Si l'on persistait à nous les reprocher, nous répondrions que l'esclavage et le servage sont les formes premières du prolétariat, et qu'on ne saurait s'entretenir de celui-ci sans faire connaître les modes antérieurs qui l'ont précédé. — Nous avons estimé qu'en présence de cette situation, qui s'imposait, mieux valait reproduire sur ce point les appréciations de nos études antérieures que de les paraphraser.

tions d'impôt et du service militaire. Aux vilains et aux roturiers, au peuple, la charge exclusive des impôts royaux et féodaux ; des corvées et des services militaires, alors qu'au nombre de vingt-deux millions ils ne jouissaient que d'un tiers des propriétés et d'un quart des revenus du royaume. En de telles conditions, il est naturel que les fils prétendus des croisés (3000 en 1789) et les bourgeois enrichis au nombre de 200,000 (famille comprise), qui avaient usurpé ou acheté des fiefs et des particules, regrettent un état de choses dont ils tiraient d'aussi grands profits.

Mais que les fils des serfs émancipés, des mainmortables et des vilains, sur lesquels ont pesé huit siècles de servitude et d'oppression, semblent regretter leurs chaînes en défendant ce passé de misère et de honte, c'est ce qui révolte le bon sens le plus vulgaire.

Qu'ils oublient que la révolution, en rompant leurs chaînes, les a affranchis des cens, des redevances, des dîmes et de tous les droits féodaux ; qu'elle leur a donné l'égalité devant l'impôt et les fonctions ; la liberté du travail, du commerce, de la conscience et de la parole !... l'ignorance, la sottise et l'aveuglement peuvent seuls expliquer une telle ingratitude.

Le prolétariat moderne, la liberté et l'égalité sous toutes les formes, ne datent vraiment que de la révolution.

Libre de son temps et de sa personne, l'ouvrier pourra désormais en disposer à sa guise. Libre dans son travail, il en discutera le prix. Avec l'intelligence et l'épargne, il aura bientôt acquis la propriété de la terre et celle de l'outil, c'est-à-dire le bien-être et l'aisance. — Avec l'égalité devant la justice, devant les fonctions et devant la science, le chemin de la fortune lui est ouvert. Aucune carrière n'est fermée à son ambition. — C'est ainsi qu'on le verra désormais acquérir l'instruction, la fortune, et s'élever aux conditions les plus hautes.

PRÉFACE.   IX

Mais il ne suffit pas d'être libre ; il faut savoir user de la liberté, et ce n'est pas en un jour que des populations ignorantes, qui ont subi plusieurs siècles de contrainte et de servitude, pourront se redresser tout à coup, et passer sans péril à l'émancipation absolue. — C'est ce qui explique, sans les justifier, les violences, les insurrections et les massacres dont la ruine de l'industrie, le manque de travail et la cherté des subsistances furent souvent la cause ou le prétexte pendant cette période d'enfantement. — Au milieu de la désorganisation générale, la liberté manquait de garanties et le travail faisait défaut. La nation tout entière, inquiète et agitée, voulait vivre et demandait le calme à l'abri d'un pouvoir qui se fît sentir. Aussi accueillit-elle comme un bienfait le coup d'Etat de brumaire.

Dès ce moment, le paysan et l'ouvrier des villes reprirent leur œuvre, dont le progrès ne s'arrêta plus. Sous l'influence de la tranquillité publique, les propriétés, débarrassées des redevances, furent mieux cultivées et s'étendirent chaque jour davantage.

Le travail industriel profita de la suppression des corporations. Le vêtement, la nourriture, l'habitation du prolétaire, s'améliorèrent ainsi sensiblement.

Peu de temps après, l'invention de la vapeur et des machines, centuplant les forces et diminuant l'effort de l'homme, augmenta la production, et par suite le bon marché. — Tous ces bienfaits élevèrent le niveau du bien-être et la condition du travailleur. C'est ainsi que s'écoula le premier quart de ce siècle.

Jusque-là, les questions sociales n'avaient préoccupé ni le gouvernement, ni les prolétaires. C'est à peine si l'on parlait des Caisses d'épargne et de Secours mutuels. Ces problèmes nouveaux n'intéressaient personne. — Mais à partir de ce moment, des inquiétudes se manifestent dans la classe ouvrière ; les premières grèves apparaissent ; les sociétés secrètes s'agitent, et les sectes socialistes prennent corps.

La révolution de 1830 vient ajouter à toutes ces causes de fermentation. Sous l'influence des idées nouvelles, quelques associations ouvrières s'organisent et disparaissent sans résultat. Les grèves, toujours réprimées et toujours reprises, n'ont pas un sort meilleur. Elles sont d'autant moins légitimes à ce moment que la condition des salariés s'est améliorée d'une manière considérable.

La république de 1848 apporte un ferment nouveau à ces agitations. Toutes les écoles socialistes entrent en scène, et viennent se heurter pendant la courte période républicaine pour disparaître avec elle. La seule trace qu'elles aient laissée, c'est le souvenir de l'association et de ses heureux effets. Louis Blanc, arrivant au pouvoir, tente l'application de son système avec un insuccès et un discrédit dont il n'a pu se relever depuis.

En même temps, le gouvernement nouveau garantit aux ouvriers l'assistance publique et le travail, promesses chimériques qui furent bientôt abandonnées. Mais cette promesse imprudente nécessita malheureusement la création des ateliers nationaux, que suivirent les journées de juin. — Autre expérience : l'Etat distribue trois millions à soixante sociétés ouvrières qui veulent s'affranchir du salariat. Elles n'en sombrent pas moins les unes après les autres, par suite de leur incapacité ou de leurs querelles intestines. — Le petit nombre qui avait survécu fut bientôt dissipé par l'absolutisme ombrageux de l'Empire. Ce n'est qu'à la suite de l'Exposition de Londres, en 1863, qu'elles essayèrent de se reconstituer.

A dater de ce moment, un double courant s'est formé dans le sein du prolétariat contemporain. L'un d'eux, prenant parti pour les sociétés militantes, s'est affilié à l'Internationale, au mutuellisme, au collectivisme et aux Congrès ouvriers.

L'autre s'adresse, au contraire, à la coopération, sous forme de sociétés de consommation, de crédit et de production. Il a recours aux sociétés de secours mutuels, aux Caisses d'épargne et de retraite, qu'il alimente à l'aide d'un travail opiniâtre, d'une espérance salutaire et d'une économie que rien ne décourage.

Les premiers ne veulent arriver que par des moyens violents à la liquidation sociale de la propriété et de l'outillage dont ils prétendent s'emparer.

Les autres demandent à la science, à l'expérience et au progrès, la solution pacifique des questions sociales qui doivent améliorer leur sort. — Ils croient à l'économie politique, tandis que leurs adversaires, qui n'ont rien oublié ni rien appris, peu nombreux d'ailleurs, regardent toujours vers le socialisme de 1848 et la révolution démocratique et sociale.

A côté des prolétaires du travail, il n'est que juste de faire figurer les prolétaires sans travail, que l'assistance publique recueille dans les hôpitaux et les hospices; qu'elle secourt à domicile, et dont la bienfaisance privée s'ingénie, à son tour, à soulager l'indigence, soit en les visitant dans leur demeure, soit en fondant des crèches, des salles d'asile, des ouvroirs, des orphelinats, et en inventant ces combinaisons multiples qu'inspire l'amour du bien et une intelligente charité. — Plus nombreux et plus affligés que les prolétaires urbains, qui ne cessent d'exhaler leurs plaintes — alors même qu'ils ont la santé et le travail — ces malheureux souffrent en silence, en attendant les secours que la bienfaisance, à bout de ressources, se voit trop souvent contrainte de leur mesurer.

Pendant la période qui s'est écoulée depuis 1789, la liberté, dont l'éducation n'était pas faite, a eu ses écarts. Elle a troublé l'ordre à plusieurs reprises par des agitations, des grèves et des insurrections qui ont arrêté, ou suspendu tout au moins, la marche du progrès. Mais le travail et ses produits, les salaires et le bien-être n'ont cessé de s'élever d'une manière continue. La production, qui était d'un milliard en 1789, de six et demi en 1847, est aujourd'hui de 14 à 15 milliards. — La force des machines à vapeur est égale à trente millions d'hommes. Sous l'influence de ces moyens de production, la consommation du froment, du vin et de la viande, ont doublé et triplé. Leur prix s'est élevé, mais le prix des vêtements et de la plupart des fabrications industrielles a baissé considérablement. En même temps, les salaires de toute sorte ont doublé depuis trente ans et quadruplé depuis un siècle. — La nourriture, le vêtement et l'habitation en ont éprouvé le bénéfice et se sont améliorés dans les mêmes proportions.

L'immense production des machines et l'abondance des capitaux et de l'épargne ont amené ces résultats. — Ils permettent maintenant à l'ouvrier de s'affilier à des sociétés de secours, de retraite et d'assurance qui lui donnent la sécurité de l'avenir. Encore un effort, et il participera aux bénéfices des sociétés coopératives qui du salarié feront un patron.

Plus la richesse générale s'élève, plus le bien-être s'accroît et se répand. C'est par ce moyen, et par ce moyen seulement, que les salaires d'une part et les bienfaits de l'assistance publique et privée pourront continuer à s'élargir.

Notre préoccupation, en écrivant ces études, a été de démontrer, avec la suite des évènements de l'histoire, que l'humanité, partie de bien bas et d'un état voisin de l'animalité, n'a cessé de s'élever ; que chaque jour apporte avec lui une nouvelle somme de connaissances et de bien-être que le monde ancien ne connut jamais, et dont le développement indéfini triomphera peu à peu de toutes les misères sociales.

La suite des hommes, pendant le cours des siècles, a dit Pascal, doit être considérée comme un même homme qui subsiste toujours, et qui s'instruit et progresse continuellement

Nous disons aussi volontiers avec Macaulay : « Plus on examine le passé, plus on voit combien se trompent ceux qui croient que notre siècle a enfanté de nouvelles misères. La vérité est, au contraire, que ces misères sont anciennes. Ce qui est nouveau, c'est l'intelligence qui les découvre et l'humanité qui les soulage. »

Le passé révèle l'avenir. L'enseignement qui s'en dégage, c'est que le temps seul et la liberté sont les meilleurs auxiliaires du progrès, et qu'il suffit d'en favoriser la marche par des réformes successives qui élèveront indéfiniment la richesse publique et générale dont la collectivité doit profiter.

Il faut se persuader, en même temps, que l'activité humaine a la plus forte part dans notre destinée (*sursum corda*), et que cette part s'accroît chaque jour, au fur et à mesure que l'homme se subordonne le milieu dans lequel il s'agite.

Tel est le progrès qu'il faut attendre de l'avenir. Tel est le seul vers lequel nous puissions tourner nos regards suivant les lois de la science, comme aussi de la raison et du simple bon sens, qui sont à la portée de tous.

Le bon sens, la raison, voilà les flambeaux qui doivent éclairer les problèmes économiques. C'est par les esprits justes qu'ils dirigent que les idées saines se font jour ; que les progrès s'accomplissent, se vulgarisent et se consolident.

Tout le reste n'est que chimères et déceptions...

HISTOIRE
DU
PROLÉTARIAT

PREMIÈRE PARTIE

LIVRE Ier

NOS ORIGINES.

La Terre. — L'Homme. — La Famille. — La Tribu.

LA TERRE.

Suivant les affirmations de la science contemporaine, le monde fut d'abord une immense nébuleuse tournant sur elle-même, dont les molécules se groupèrent sphériquement suivant leur densité. Le noyau central, qui se forma de la sorte, devint l'origine de notre soleil. La condensation continuant et la vitesse de rotation devenant de plus en plus grande par cela même, la nébuleuse s'aplatit fortement sur les pôles. Dans la zône de vapeur la plus éloignée du centre, et qui, par cela même, subissait de moins en moins son influence, une nouvelle condensation toute partielle s'opéra, des noyaux secondaires se formèrent, participant au mouvement général de la nébuleuse, jusqu'au moment où des différences de densité amenant leur séparation, ces centres détachés devinrent indépendants et constituèrent à leur tour des nébuleuses nouvelles qui furent elles-mêmes centres de nébuleuses secondaires. Ainsi se formèrent les étoiles, les planètes et les satellites de notre monde solaire (1).

La découverte récente d'un nombre immense de nébuleuses, parvenues à divers états de concentration, nous fait assister aujourd'hui même à la création de nouveaux soleils avec leur cortège de planètes. Les expériences de la lumière spectrale ont pleinement confirmé d'ailleurs les indications antérieures de la science (2).

---

(1) Tel est le système de Laplace. Une expérience ingénieuse a rendu palpable en quelque sorte la conception de ce grand astronome. Au centre d'un mélange transparent d'eau et d'alcool, d'une densité égale à celle de l'huile, on introduit une goutte de ce liquide qui demeure immobile en prenant la forme sphérique. Si on imprime ensuite à la masse un mouvement de rotation, on voit la goutte s'aplatir dans le sens de l'axe et se renfler à l'équateur ainsi que les astres. Le mouvement est-il accéléré, l'on voit bientôt un disque lenticulaire se former comme l'un des anneaux de Saturne; puis l'anneau se rompt en plusieurs parties qui forment autant de sphères tournant sur elles-mêmes autour de la sphère primitive dont elles se sont détachées. — (Voyez aussi Draper : *Les conflits de la science et de la religion*, 139).

(2) La lumière de certains corps et de certains métaux à l'état incandescent donne des couleurs déterminées en passant à travers le prisme. Tel est le résultat de l'observation. En appliquant cette expérience au soleil, on en a conclu qu'il renferme des gaz et des minéraux divers que nous avons sous la main. Et comme la lumière spectrale des étoiles produit le même effet, on a conclu de même que leur constitution est semblable à celle du soleil et que la même substance composait leur atmosphère.

Or, la lumière des nébuleuses ne donne pas les mêmes indications; elle reflète au contraire à travers le prisme la couleur que donnent le gaz et la vapeur incadescente que nous produisons artificiellement. D'où l'on

Le soleil, suivant la science et les observations télescopiques d'Herschel, est donc composé d'un noyau liquide ou solide entouré de deux atmosphères gazeuses, dont l'extérieure, appelée photosphère, est lumineuse, et dont l'intérieure est obscure. Notre planète, comme toutes les autres, est une portion détachée de ces deux atmosphères.

Lancées dans l'espace en vertu de la force centrifuge, elles y sont maintenues par l'attraction dans une évolution déterminée (1).

La terre n'était donc à l'origine qu'une masse gazeuse, et cette masse devait être énorme, car on sait qu'en passant à l'état liquide ou solide, les corps gazeux perdent une quantité considérable de leur volume.

Comment ces gaz se sont-ils condensés et ont-ils fini par former le globe terrestre ?... Le refroidissement suffit à l'expliquer. Sous son action, les matières en fusion formèrent un noyau central et passèrent peu à peu à l'état liquide, ainsi que le démontre l'aplatissement des pôles et l'expérience tout à l'heure indiquée. Notre globe présentait alors l'image d'une mer enflammée, sans bornes et sans rivages, agitée par de perpétuelles tempêtes auxquelles donnaient lieu les mille réactions chimiques opérées dans son sein (2). Peu à peu, le refroidissement tendit à coaguler sa surface, moins influencée par l'action éloignée du soleil.

conclut que ces nébuleuses ne sont ni liquides ni solides comme le soleil et les étoiles.

Ces expériences répétées démontrent que l'état des nébuleuses varie à l'infini. Tandis que les unes sont à l'état de simple vapeur, d'autres sont quasi solidifiées et prêtes à passer à l'état de soleils et de planètes pouvant contenir des êtres vivants. Nous avons ainsi le spectacle d'une création continue. — Un accord aussi complet des faits avec la théorie donne à l'hypothèse de Laplace et d'Herchel tout le caractère d'une démonstration scientifique.

(1) Brothier, *Histoire de la Terre*, 14.
(2) *Histoire de la Terre*, p. 16 et s.

Autour d'elle tourbillonnait une épaisse atmosphère d'une immense étendue, dans laquelle s'agitaient à l'état de vapeur des quantités de terres, de métaux et de sels non condensés encore par le refroidissement. Les gaz les plus légers et les plus inflammables occupaient la partie supérieure et formaient une photosphère semblable à celle du soleil. La terre était donc un astre lumineux, une véritable étoile pareille à celles que les astronomes observent encore aujourd'hui. Une partie des gaz dont se composait sa sphère devint l'atmosphère terrestre. Une autre, se condensant, donna naissance à l'eau, composée des mêmes éléments, tandis que la masse centrale liquéfiée garda une température élevée comme une mer de feu. — Là, le refroidissement agissant à son tour, une première écorce sépara le fluide igné de la nouvelle enveloppe qui venait de se former. Après des milliers de siècles d'agitation et de bouleversements perpétuels, les rochers et les terrains se coagulèrent par la combinaison des gaz et des métaux refroidis, et donnèrent naissance aux roches primitives, au granit. Attaqués à leur tour par les pluies bouillantes et torrentielles, ils furent partiellement désagrégés, pulvérisés, et vinrent combler les vallées de leurs débris. Telle est l'origine de la terre meuble et des alluvions qui ont été la base des terrains de sédiment. La mer fixa pour un moment ses limites, et la nature, mais une nature embryonnienne, apparut : des mousses et des algues. Ce fut l'enfance de la terre (1).

A cette première période en succédèrent plusieurs autres. Chacune d'elles, fertile en cataclysmes, vit disparaître cer-

(1) L'épaisseur de l'ensemble des formations de ce premier âge a été évaluée approximativement à 20,000 mètres ; celle du second à 12,000 ; celle du troisième à 4,000 ; celle du quatrième à 1,000 mètres ; et enfin celle du cinquième ou âge moderne, à 200 mètres seulement.— V. Zaborouski, *L'homme préhistorique*.

taines créations, et en vit apparaître de nouvelles plus parfaites que les premières. Ces évolutions diverses durent embrasser en durée plusieurs millions d'années (1).

Quand la terre et la mer eurent acquis une stabilité suffisante ; que les plantes y eurent prospéré en purifiant l'atmosphère, et que des animaux nombreux eurent peuplé la terre et la mer, l'homme apparut enfin, comme le dernier terme et comme le type le plus parfait d'une création qui avait semblé s'essayer jusque-là, puisque d'époque en époque elle avait tendu constamment à perfectionner son œuvre.

Cette dernière période est caractérisée par la formation des glaciers, la condensation incessante des vapeurs atmosphériques, par de grandes pluies, de nombreux déluges, des cailloux roulés avec des terres de sédiment. De là, le nom de diluvienne, sous lequel elle est désignée par la science.

L'HOMME.

A peine apparu, l'homme, rare sans doute, fut emporté par deux grands cataclysmes qui ont marqué le sol d'empreintes profondes et dont les récits des anciens peuples nous ont transmis le souvenir. La géologie est venue les confirmer tout récemment, en exhumant, dans les terrains de cette époque, des ossements humains mêlés à ceux d'animaux dont les espèces ont disparu avant la période contemporaine. Quelques-uns de ces animaux ont pourtant survécu. Les uns fuyant le centre de l'Europe, ont émigré vers l'Afrique, tandis que ceux du Nord sont descendus vers des

---

(1) Un million de siècles, suivant Draper. *Les Conflits de la science et de la religion*, p. 139.

climats tempérés pour remonter ensuite après la période glaciaire.

L'homme est donc antérieur aux temps historiques.

A quelle date approximative peut-on fixer son apparition? Est-ce dans la période tertiaire qui vit les premiers mammifères ? — Est-ce dans la période quaternaire ou à l'âge actuel auquel le diluvium a donné son nom ?...

Les peuples de l'antiquité ont eu, à cet égard, les légendes les plus variées. Elles sont toutes mythiques et doivent être rejetées parce qu'elles ne s'appuient sur aucun fait certain, sur aucune observation sérieuse et qu'elles n'ont dès lors aucun caractère scientifique.

La période légendaire des Chinois embrassait une durée de 120,000 ans ; celle des Egyptiens de 30,000 ; des Indous, de 12,000 années. Elles indiquaient en même temps le souvenir d'un premier état de dénument et de sauvagerie pendant lequel on ne connaissait pas l'usage du feu (1).

Nous ignorons donc la date qui a vu naître l'humanité aussi bien que la chronologie des temps primitifs. L'histoire date d'hier, et, en quelque sorte, ne nous donne que des origines fabuleuses pour les peuples les plus anciens. Adam et Eve ne sont qu'un mythe agréable emprunté à la Perse au temps de la captivité. La chronologie de l'Egypte, de l'Inde et de la Chine ne remonte guère qu'à six mille ans. Les récits d'Homère et de Tite-Live, en ce qui touche les héros grecs, sont purement mythiques.

La Bible, alors même que l'on accepte l'authenticité de son texte, ne compte que 2,000 ans avant notre ère, en indiquant à peine Adam, Eve et les patriarches.

Rien de leurs mœurs ; rien de leur état social.

Ce long silence, à travers les âges, vient à peine d'être rompu par la science, qui a sondé ce mystère en interro-

---

(1) Goguet, *De l'origine des arts et des sciences*, 160.

geant les dépôts fossiles renfermés dans les divers étages des couches terrestres, lentement formées par des créations successives (1).

Les Grecs et les Romains avaient à cet égard les mêmes croyances que les Egyptiens. Ils savaient que leurs aïeux ne connaissaient que l'usage de la pierre comme arme et comme instrument. C'est ce qui fesait dire à Lucrèce : « Les mains, les ongles, les dents et la pierre, comme aussi les débris noueux des forêts, furent d'abord les armes de nos ancêtres. Puis vint l'usage du feu, et enfin celui de l'airain et du fer. »

Horace avait dit également dans ses satires (2): «Lorsque certains animaux, troupeau muet et hideux, furent sortis en rampant sur la terre nouvelle, ils combattirent pour du gland et des tanières, avec les ongles et les poings d'abord, puis avec des bâtons, et enfin avec des armes que l'expérience leur avait appris à fabriquer. » Platon, Aristote, Salluste, Pline et Strabon tiennent le même langage.

Les anciens avaient donc une certaine intuition de l'état de sauvagerie par lequel avaient passé leurs aïeux.

Mais après le triomphe du Christianisme, les traditions bibliques se substituèrent à toutes les notions positives et interdirent à tout homme de les faire revivre. Il n'était permis à personne, sous peine du bûcher, de supposer que l'existence de l'homme pouvait remonter au-delà de 4,000 années avant notre ère, et, qu'à l'origine, il avait pu ressembler à la brute Toutes les traditions des peuples sur leur ancienneté, toutes les affirmations de leurs auteurs furent traitées de fables. Il n'y eut de vrai que ce qui était écrit dans la Bible. Cyrano de Bergerac, la Peyrère, Bayle lui-même, ne purent mettre au jour leurs ti-

---

(1) Maury, *L'Homme primitif. R. des Deux Mondes*, avril 1859, 637.
(2) L. I, III.

mides contradictions. Les haches en pierre polie provenaient de la foudre ; c'était la croyance consacrée. Ce n'est qu'en 1723 que l'on vit affirmer par Jussieu qu'elles provenaient de peuples sauvages qui avaient habité notre continent, mais sans remonter au delà de la limite fixée par Moïse.

Dans cet ordre d'idées, les coquillages fossiles, les débris des mastodontes avaient péri par le déluge… Il faut arriver jusqu'à Cuvier pour trouver la première contradiction et pour entendre dire que certaines espèces ont été détruites par des catastrophes (1823).

Mais ce grand génie, influencé par la tradition biblique, refusa d'admettre les preuves scientifiques que l'on mit alors sous ses yeux.

La liberté de penser, se dégageant de la liberté de conscience, a permis enfin d'appliquer à ces grandes questions la méthode expérimentale, la méthode scientifique. Guidée par ce flambeau, l'anthropologie moderne, quoique née d'hier, peut répondre d'une manière satisfaisante aux questions posées : l'âge de la terre ; l'âge de l'homme.

Les découvertes les plus récentes, opérées dans le terrain tertiaire, ont mis à nu, sinon les ossements de l'homme, ce qui est encore en discussion, tout au moins les traces de son action sur le squelette de certains animaux et sur les silex qui avaient servi à les entailler (1).

Quant à la période quaternaire, aucun doute n'est possible à l'heure présente. L'homme y a laissé des traces de

---

(1) Non-seulement l'homme a pu survivre partiellement à la période glaciaire et au *diluvium* qui en fut la suite, mais il a vécu dans la période tertiaire qui a précédé celle-ci. L'existence de l'homme fossile est aujourd'hui scientifiquement démontrée et acceptée. — De Quatrefages. *L'espèce humaine*, 95 et s. 105 et s. — Draper. *Les conflits de la science et de la religion*, 141. — Maury. Les premiers âges de notre planète. *Revue des Deux-Mondes*, mai 1859 p. 912.

toute sorte : des squelettes, des crânes, des ossements, des haches et des instruments de silex.

On a trouvé presque partout, en France, en Europe, en Amérique et ailleurs, un grand nombre de cavernes renfermant des débris humains à côté des ossements d'animaux sauvages. — En Danemark et en Suisse, on les a trouvés dans des tourbières et dans des cités lacustres.

Quelle fut la durée de cette période que l'on appelle aujourd'hui l'âge de la pierre ?

Les vestiges qui paraissent les plus récents, ceux de la pierre polie et des graphytes, remontent au moins à 6000 années, à 7,000 en Danemark. Si l'on veut ensuite interroger les silex de toutes les époques, en remontant des plus parfaits aux plus informes, et leur demander leur âge, c'est à 300,000 années qu'il faudra reculer le commencement de l'âge quaternaire.

Les alluvions du Danemark, qui recouvrent quatre générations de forêts à essences différentes, au milieu desquelles on retrouve des vestiges de l'espèce humaine, ont permis aux savants les supputations qui précèdent (1). Les alluvions du Nil ont donné le même résultat.

D'autre part, M. Draper, de New-York, a calculé que les changements survenus dans l'excentricité de l'orbite terrestre indiquaient que 240,000 ans s'étaient écoulés depuis le commencement de la période glaciaire.

L'état de la science, ajoute-t-il, permet d'assigner à l'existence de l'homme plusieurs centaines de milliers d'années, puisqu'il est certain aujourd'hui qu'il a précédé l'époque glaciaire (2).

(1) Des terrains houillers de l'Angleterre recouvrent trente générations de forêts superposées, dont certains arbres ont quatre pieds de diamètre.
V. Draper. *Les conflits de la science et de la religion*, 137.
(2) Si l'on accorde 1,000 siècles à la période quaternaire, qui n'a fourni que 200 mètres d'épaisseur à la formation terrestre, combien faudra-

M. de Quatrefages soutient à son tour que chaque époque géologique a demandé plusieurs milliers de siècles; que l'époque quaternaire, qui a vu naître la création actuelle, doit compter à elle seule environ un millier de siècles, si l'on s'en rapporte aux dernières expériences scientifiques qui viennent d'être indiquées. Il ajoute enfin que l'existence de l'homme fossile est aujourd'hui scientifiquement démontrée et acceptée (1).

La période quaternaire, signalée par l'apparition de l'homme, et qu'il a remplie tout entière, semble donc avoir duré tout au moins mille siècles, pendant lesquels il n'a connu d'autre instrument que la pierre, d'autre nourriture que la chair crue des animaux, d'autre habitation que l'abri des arbres ou des cavernes. Pendant cette immense période, l'homme sauvage n'a rien fait pour la civilisation; et dans le monde entier, il n'a laissé aucun monument, aucune trace d'invention agricole ou industrielle, aucun rudiment de son langage. Tel est aussi l'état intellectuel des sauvages modernes qu'une civilisation voisine n'a pas encore pénétrés.

Comme certains oiseaux dont les pattes rudimentaires refusent quelquefois de leur donner l'élan initial qui permettrait l'agitation de leurs ailes, ainsi l'homme sauvage, privé d'exemple, ne peut donner l'élan à son intelligence et demeure indéfiniment dans la condition enfantine où la nature l'a vu naître.

Et cependant, l'industrie des haches et des silex ne demeure point stationnaire. On remarque, en effet, un perfectionnement considérable entre les objets découverts dans

---

t-il en donner à la période qui compte 4,000 mètres ? à la précédente qui en compte 12,000, et au terrain primitif qui en a 20,000 ?... Simonin donne à ces trois périodes 4,000,000 d'années. — 2,000 *siècles depuis le déluge*, Draper, p. 140. — V. Simonin, *Histoire de la terre*...

(1) De Quatrefages, *L'espèce humaine*, 104 et 106. — V. Lubbock, *l'Homme préhistorique*.— Maury, *La terre et l'homme*.

telle ou telle grotte, tel ou tel terrain de l'âge quaternaire. A mesure qu'on approche de notre époque, les produits sont plus solides, plus élégants; ils témoignent même quelquefois de certaines velléités artistiques.

Enfin, après de longs jours, une race nouvelle et envahissante, venue de l'Asie, se répand en Europe et y construit des enceintes fortifiées, signe de guerre, des tombeaux, des *dolmens* et *des menhirs*. Elle apporte avec elle le bronze et ses usages. On a trouvé en France et dans le reste de l'Europe des centres nombreux de fabrication de ce métal. Les spécimens recueillis dans les dolmens sont plus nombreux encore (1).

Après le bronze vint l'usage du fer, dont l'apparition chez les Gaulois ne remonterait guère qu'à 800 ans avant notre ère. Les Etrusques et les Grecs l'avaient connu au xve siècle, et l'Egypte, plus de trois mille ans auparavant, ainsi que l'attestent ses monuments dont l'édification n'a pu être faite sans l'emploi de ce métal (2).

Bien que la science anthropologique fixe généralement à 6,000 ans la fin de l'âge de la pierre polie et l'apparition de l'âge du bronze, auquel serait venu se mêler peu après l'âge du fer, il ne faut pas croire que ces époques soient distinctement séparées. Pendant longtemps encore, on employa simultanément les instruments de pierre et les instruments de bronze et de fer. Des races attardées ne connurent et ne connaissent encore que l'usage des premiers; d'autres ne les acceptèrent que lentement. Les Russes eux-mêmes n'employèrent le fer qu'au viiie siècle de notre ère. Tous ces âges, que la pierre ou les métaux servent à désigner, se

---

(1) Plusieurs ateliers de fondeurs de bronze, découverts dans la Somme et en Suisse, permettent de faire remonter leur création à 6 ou 7000 ans, étant donnés les sédiments qui les recouvrent.

(2) *L'homme préhistorique*, 158 et s.

trouvent mêlés et confondus suivant les civilisations qui en font usage. Telles sont les données de la science anthropologique contemporaine, dont les recherches ne remontent guère qu'à une trentaine d'années, et dont les précisions parfaitement concordantes ont été fixées par les savants de tous les pays (1). — Elles sont de nature à surprendre les esprits attardés dont l'éducation n'est pas tout à fait moderne, car elles font table rase des mythes, des traditions historiques et des croyances de tous les peuples. Mais il faut céder aux démonstrations scientifiques ou renier l'esprit humain.

En résumé, les constatations de la science anthropologique assignent à la période quaternaire pendant laquelle les grands animaux et l'homme lui-même ont apparu, une durée probable de 1,000 siècles. — Toute cette époque, traversée par la période glaciaire, des déluges nombreux et des soulèvements partiels de terrain, n'a connu que l'homme sauvage s'aidant d'instruments de pierre et habitant les cavernes.

Cinq ou six mille ans avant notre ère, à l'âge de la pierre, qui semblait finir, a succédé l'âge du bronze et du fer, réveil de l'esprit humain, résultat d'une civilisation nouvelle ou cause peut-être de cette même civilisation.

Dans cette période primitive, l'homme, qui vivait dans les régions tempérées de l'Asie, ne connut d'autre abri que le ciel ou l'ombre des arbres. Dans les climats rigoureux et dans les contrées chaudes, les cavernes lui servirent de refuge, et ce genre d'habitation est le plus ancien dont l'histoire fasse mention. Pline et Diodore de Sicile l'attestent l'un et l'autre. Les cavernes de la Suisse, de la France, de la Belgique et d'autres encore démontrent avec leurs ossements la haute antiquité des Troglodytes dont les Grecs

(1) De Quatrefages, Lubock, Maury, Draper, etc.

nous ont entretenus. Dans l'Indoustan, l'Afrique et l'Arabie, des peuplades entières ont encore ces habitations (1).

Un jour vint ou l'on enterra les morts dans ces demeures des vivants et l'on eut ainsi les monuments funéraires, les constructions mégalithiques de l'Europe contemporaine, de l'âge de la pierre polie.

On eut aussi des cités lacustres sur la plupart des lacs. Dans la Suisse et le Danemarck, on en a trouvé de nombreuses traces. Leurs malheureux habitants les considéraient sans doute comme un refuge contre les ennemis du dehors : animaux féroces ou tribus hostiles.

Des tribus sauvages habitent aujourd'hui même de semblables demeures. On les voit à Salonique et sur les bords du Don. Dans l'Amérique du Sud, le Venezuela, les Indes-Orientales, elles sont très-fréquentes. On en voit aussi à Bornéo et dans la Nouvelle-Guinée. Les ustensiles et les œuvres d'art trouvés dans les cités lacustres ont à peu près la même valeur et le même degré de perfectionnement que ceux des cavernes de la même époque, et peuvent être comparés à ceux des Esquimaux ou des Indiens modernes qui vivent à l'écart de la civilisation (2).

Les Troglodytes ou hommes des cavernes luttèrent corps à corps avec les mammouths et les rhinocéros n'ayant pour armes que des pierres dégrossies ou emmanchées dans un épieu. Leurs descendants eurent l'arc et la flèche. Puis, l'or fut travaillé sous toutes ses formes. Enfin, l'on vit apparaître le dessin, les poteries, la hache en pierre polie, qui précède l'agriculture et les instruments qu'elle nécessite (3).

Quant à la nourriture, elle était empruntée aux fruits

---

(1) Maury, de l'Institut : *La terre et l'homme*, 539.
(2) Lubock : *L'homme préhistorique*, 162 et 501.
(3) Lubock, 610.

des arbres, ainsi que le font encore les tribus sauvages de l'Amérique. A ce moyen d'alimentation, insuffisant dans certaines saisons, on substitua de bonne heure le produit de la chasse et de la pêche. L'homme vivait alors comme les carnassiers, que les hasards de la chasse soumettent parfois à des jeûnes de plusieurs jours. L'appétit ainsi aiguisé, le sauvage dévore sa proie presque vivante et sans la préparer. La chair du mammouth, du rhinocéros, du grand ours des cavernes, du cheval et du renne formaient la base de son alimentation, et quand cette alimentation vint à lui manquer, il fit usage de chair humaine. Cette voracité et ce goût de la chair crue subsistent encore dans les tribus sauvages de l'Abyssinie. Les populations inférieures de l'Indo-Chine et de l'Archipel indien, les Birmans et les Malais, se nourrissent actuellement de poissons pourris. Certaines peuplades indiennes s'alimentent avec le bison, les Lapons avec le renne, les Kalmoucks avec le cheval, les Polynésiens avec le chien.

La préparation de la nourriture entraîna de bonne heure l'emploi du feu. On l'obtint non du choc des pierres siliceuses, mais par le frottement du bois contre le bois, ainsi que l'indiquent les chants des Védas, ainsi que les sauvages modernes nous en donnent encore le spectacle (1).

Partant de cette sauvagerie universelle, comment les hommes ont-ils pu s'élever à des degrés divers de civilisation ? Le champ est aux hypothèses. Et cependant, on peut admettre avec toute vraisemblance, que l'homme ayant progressé pendant la période de sauvagerie, et s'étant élevé successivement de la pierre brute à la pierre taillée, et de la pierre polie aux graphytes, a pu s'élever plus rapidement encore quand il a possédé le feu, le bronze et le

---

(1) Joly, *L'homme avant les métaux*. 173. — Maury, *La terre et l'homme*.

fer. Partie de ce point, une peuplade mieux douée, favorisée, ou, mieux encore, sollicitée par des besoins impérieux qui étaient peut-être une des conditions de son existence, a pu inventer un art nouveau et des procédés de civilisation et de progrès.

Qui pourrait supputer, par exemple, l'influence de la domestication des animaux, de la culture des céréales et des instruments qui la facilitent ? Qu'une invention de cette nature fût le résultat du génie, du hasard ou de la nécessité, elle dut donner à la race qui s'en servit la première une immense supériorité. — Qui pourrait supputer celle que nous procure à cette heure la possession de la vapeur et de l'électricité ?

Ce progrès une fois affirmé, d'autres durent suivre en progression géométrique, et donner aux peuples qui les possédaient le rôle d'initiateurs qui est aujourd'hui dévolu à l'Europe vis-à-vis des populations attardées de l'ancien monde.

LA FAMILLE. — LA TRIBU.

—

Ce sont ces premiers nés, ces privilégiés de la civilisation, qui constituèrent sans doute la famille. Jusque là, elle n'avait pu se former, car en dehors de la civilisation, on l'a remarqué bien souvent, l'homme n'a que les instincts de la brute et ne lui est point supérieur. Le sauvage n'a pas de famille, il n'en connaît ni les charges, ni les devoirs, nous le voyons encore aujourd'hui. A plus forte raison les peuples primitifs. Chez eux, l'affection de la mère ne dépasse pas le premier âge. Les difficultés de la vie émoussent promptement la sensibilité. De nouveaux soins maternels viennent d'ailleurs la solliciter, et elle laisse aux plus âgés de ses enfants le soin de pourvoir à leur subsistance.

Bientôt après, ces natures abruptes, qui n'ont que des instincts et nulles traditions morales, se livrent à une promiscuité bestiale, qui ne connaît aucun respect, aucune autorité domestique.

Mais quand la vie devient plus facile à l'individu et à ceux qui l'entourent ; quand le bronze et le fer, les filets et les engins de pêche facilitent la capture du gibier et du poisson ; quand on est parvenu à domestiquer les animaux, à les employer comme auxiliaires, à s'alimenter de leur lait, de leur chair, à se servir de leur toison ou de leur peau ; quand enfin, les premiers rudiments de l'agriculture ont appris à cultiver sur place des céréales et des fruits divers, le sauvage s'humanise, son cœur s'adoucit, la vie commune devient possible et même avantageuse, et cet ensemble de circonstances resserre les enfants autour d'un ancêtre, comme les rejetons d'un vieux chêne autour de son tronc et à l'abri de ses rameaux. Ainsi le progrès social amena-t-il la formation de la famille.

Partout où ce progrès se manifesta, par suite de l'influence du milieu, d'une aptitude exceptionnelle, d'un hasard heureux ou d'une découverte précoce, le même résultat dut se produire. Partout ailleurs, la sauvagerie persista jusqu'au jour où ses représentants attardés furent favorisés par des causes semblables, ou touchés par des civilisations supérieures.

Au sommet de la famille dominait, comme chef, le plus ancien. Enfants, petits-enfants et serviteurs, groupés autour de lui, obéissaient comme à un prince absolu. C'est lui qui répartissait les travaux, la conduite des troupeaux, déplaçait le camp et les tentes, arbitrait les différends, ordonnait le combat, traitait avec l'ennemi et exerçait les lois de l'hospitalité.

Tout lui appartenait : les terres, le mobilier, les animaux et les hommes. C'était un despote pur et simple, dont l'affection naturelle tempérait le pouvoir. Il avait même le droit de vie et de mort. C'est ainsi qu'on voit Abraham immoler son fils, qui obéit sans murmure ; qu'on le voit éloigner Loth, son beau-frère... C'est ainsi qu'il arme ses serviteurs et poursuit ses ennemis. Tout lui obéit, personne ne résiste.

Cette famille nombreuse, en s'étendant, donna naissance à la tribu, qui n'était composée tout d'abord que d'individus issus d'un même père... A la mort de celui-ci, les fils du patriarche se séparaient avec leurs femmes et leurs enfants et formaient à leur tour de nouvelles familles. Celles-ci, sorties d'une même souche, conservant leurs liens de parenté, formèrent souvent une association spéciale, une sorte de *gens* qui constitua un village gouverné par l'assemblée des chefs.

Plusieurs de ces agglomérations réunies désignèrent un chef ou patriarche qui, représentant l'ancêtre commun, exerçait les fonctions administratives, judiciaires et sacerdotales, au nom de la tribu tout entière. Ce sont ces familles perpétuées et ces patriarches, quasi souverains, qui ont constitué plus tard la clientèle et la féodalité.

La tribu devenait-elle trop nombreuse? Elle se divisait pour aller chercher ailleurs sa subsistance, des champs plus fertiles et des pâturages plus abondants. Tel était l'état primitif des sociétés. Nous le voyions indiqué dans la Bible. Les migrations de peuples qui suivent nous le montrent également. Et de nos jours encore, on retrouve les mêmes pratiques chez les Kouds, tribu sauvage de l'Indoustan ; en Australie, en Afrique et dans l'Amérique du Nord. Les Turcomans nomades et les Arabes du désert sont, à cette heure, dans le même état. Toutes ces peuplades nomades ou sédentaires font revivre sous nos yeux les familles et les tribus des premiers âges. Tantôt la vie sédentaire leur était imposée pour la dépaissance de leurs troupeaux, et tantôt la vie nomade, quand les pâturages étaient épuisés. Voulaient-ils se déplacer ? Le chameau et le cheval, récemment domestiqués, leur permettaient de franchir les plus grandes distances, tandis que les troupeaux leur fournissaient le lait, la chair et la toison, qui remplaçaient pour eux les chances incertaines de l'existence du chasseur.

Quand la tribu vivait de chasse et de pêche, elle ne tardait pas à entrer en conflit avec la tribu voisine, à cause du périmètre que chacune entendait se réserver. De là des alliances avec des tribus plus éloignées et des querelles plus grandes et plus désastreuses.

Le même fait se produisait pour les pasteurs, qui voulaient protéger les limites de leurs pâturages. De là naissaient aussi les collisions sanglantes entre les tribus nomades dont la *Genèse* nous a conservé le tableau, et qui semblent se perpétuer encore sur les mêmes lieux.

Les pratiques agricoles tendent à produire d'autres effets. Le cultivateur ne cesse guère d'être nomade cependant, parce qu'il ne cherche point à s'approprier la terre. Il brûle le sol ou la forêt, sème, récolte et va plus loin répéter les mêmes opérations. Les Germains et les Celtes ne faisaient pas autrement, et c'est à cette période de leur civilisation qu'ils ont envahi l'Europe. La plupart des peuplades sauvages ont de nos jours les mêmes pratiques : la terre appartenant au premier qui l'occupe et la cultive ; si le sol s'appauvrit, on l'abandonne pour s'installer ailleurs.

Mais un jour, une terre exceptionnellement fertile, les bords d'un fleuve ou d'une rivière retiennent les habitants. La vie plus facile et plus abondante y attire des hommes en grand nombre ; les habitudes sédentaires prennent faveur, les villes se forment, et avec elles les échanges, le commerce et l'industrie.

La vie sédentaire et agricole venait de naître.

A ce degré de civilisation, l'idée de la propriété de la terre n'était pas née. Elle appartenait au premier occupant, chasseur, pasteur ou cultivateur qui savait la défendre. Quand la famille et la tribu furent organisées, le sol était commun à l'une ou l'autre agglomération, ou plutôt il reposait, ainsi que les troupeaux, sur la tête du chef de la famille, du patriarche (1).

Au Pérou le sol était cultivé en commun, et les produits seuls étaient ensuite partagés, suivant le rang et le besoin de chacun. Ces pratiques plus ou moins modifiées persistaient dans l'Inde et dans plusieurs parties de l'Orient. On les voit aussi dans les principautés Danubiennes ; hier encore elles existaient en Russie.

L'organisation de la famille et de la tribu, de la vie sédentaire et de la culture, fit naître bientôt des besoins nouveaux. A l'habitation des grottes succéda dès lors celle des huttes, composées, au dire d'Hérodote, de roseaux et de branchages. Telles étaient celles des juifs, lors de la fête des Tabernacles. Telles aussi celles des tribus africaines, de forme circulaire ou elliptique, dont les voyageurs contemporains nous font le tableau. Les gourbis des Arabes ou des Touaregs, ces Numides de Salluste, affectent les mêmes proportions. Chez les peuples pasteurs, la hutte était rem-

(1) Ce sont encore les mœurs des Arabes modernes, dont le caïd distribue les terres aux membres de son douar ou village. C'est ce système qui, remontant du chef de famille au prince du peuple, a concentré toute la propriété entre les mains des despotes de l'Orient et énervé par cela même l'activité individuelle des habitants. — Chez les sauvages de l'Amérique, la terre était commune. La coutume consacrait seulement la propriété des objets mobiliers. — Au Mexique, les cultivateurs ne détenaient la terre que pendant une année, après quoi un nouveau partage intervenait (1).

(1) Lubock, *Origines de la civilisation*, 441. — Robertson, *Histoire d'Amérique*, l. VI.

placée par la tente, plus facilement établie et plus vite enlevée. La *Genèse* nous apprend que le peuple juif au désert n'avait pas d'autre abri. C'est aussi la demeure actuelle des Mongols et des Arabes modernes. Suivant le climat, elle est composée d'écorce d'arbres ou de peaux de bêtes. Les Scythes et les Alains l'avaient établie sur leurs chamaux ou leurs chars. Les Cosaques et Kalmouks modernes ont conservé ces traditions (1).

Serait-ce à cette période fortunée qu'il faut placer l'antique légende, tant vantée, de l'âge d'or ? « Les hommes, nous dit-elle, vivaient sans travail et sans fatigue ; la terre fournissait en abondance et sans culture des fleurs et des fruits ; la vertu régnait partout, le vice était inconnu... »

Ce que nous savons de ce passé ne nous permet pas de douter que ce ne soit une fable, une illusion des civilisations naissantes.

Après la période glaciaire et diluvienne, si funeste aux humains, la terre n'en compta qu'un petit nombre. Les animaux qui devaient les alimenter étaient-ils plus nombreux ? Ils n'est guère permis de le croire, et tout porte à penser qu'ils avaient subi les conséquences du double cataclysme dont nous venons de parler. L'homme inhabile, mal armé, put-il les capturer aisément ? C'est le contraire qu'il faut dire.

En même temps, si la terre portait des fruits, on peut se demander lesquels. Ils étaient rares en tout cas, pressés qu'ils étaient par les forêts. Mais en les supposant abondants dans la saison d'été, quelle nourriture pouvaient-ils donner en hiver ? Ce n'est donc guère qu'avec des glands et des racines que l'homme pouvait s'alimenter dans la rude saison. On connaît son habitation. On pressent par induction sa manière de vivre et de se vêtir. Qu'on juge par là de son bonheur et qu'on ose lui porter envie !

(1) Maury, 756.

A la suite de l'âge de pierre et de la sauvagerie, la famille et la tribu se sont organisées ; mais dès lors elles ont dû travailler pour vivre tout en se défendant contre les bêtes féroces.

En même temps, les querelles et les conflits de tribu à tribu ont pris naissance et la guerre a été partout allumée. Les migrations des peuples en sont peut-être la suite.

Dès ce moment, l'humanité a perdu tout repos. Des flots d'hommes se succèdent, portant partout le ravage et la destruction. La terre et l'humanité sont sans repos. — Où placer l'âge d'or que les poètes ont rêvé ?

LIVRE II

LES PEUPLES ASIATIQUES.

Les Migrations. — Les Aryas. — L'Inde. — La Chine.
La Médie et la Perse. — L'Egypte et la Judée.

LES MIGRATIONS. — LES ARYAS.

Pendant que durait encore en Europe, à des degrés divers, cette longue période de sauvagerie, à laquelle nous venons d'assigner plusieurs milliers de siècles, certaines contrées de l'Asie, favorisées par leur milieu, ou plus heureusement douées, avaient fait en civilisation des progrès plus rapides. — On sait que l'homme, pour passer de l'état sauvage à l'état civilisé, doit traverser trois périodes qui correspondent à l'enfance, à l'adolescence et à l'âge mur. Dans la première, il est chasseur. C'est la condition de son existence. Dans la seconde, il est pasteur et il élève les animaux ; dans la troisième, il est laboureur et demande à la terre les fruits que donne le travail. Or, tandis que les Européens étaient encore chasseurs, certains Asiatiques, avaient renoncé à cette existence et pratiquaient la vie pastorale. Tous les mots, en effet, qui se rapportent à cette condition sociale sont à peu près identiques dans les langues indo-européennes, qui dérivent de la langue primitive des Aryens. En remontant à cette source, comme les mots expriment des idées, et celles-ci des situations, M. Pictet en a conclu que les mots du sanscrit et des langues européennes qui dérivent de la langue aryenne, aujourd'hui perdue, exprimaient le degré de civilisation du peuple antique qui la parlait. Cette langue témoigne aux érudits, qu'à la date reculée qui nous occupe, l'aryen possédait des animaux domestiques et mangeait leur chair, qu'il attelait les bœufs et les chevaux, contruisait des demeures fixes et maniait les métaux. Il ne connaissait encore ni la culture des céréales ni celle des fruits (1).

Nous savons de même qu'il était monogame ; qu'il vivait en famille et que la famille se formait en tribu sous l'autorité du plus ancien, investi d'un pouvoir absolu. Qu'au dessus des tribus était le roi, qui commandait l'armée et rendait la justice avec un conseil de vieillards qui, dans les cas douteux, ordonnait l'épreuve par le feu, l'eau et le fer, c'est-à-dire le jugement de Dieu de notre moyen âge. Il ne connaissait ni l'esclavage ni l'anthropophagie ; ces mots n'existaient pas dans sa langue. Il invoquait l'Etre suprême sous le nom qui persiste aujourd'hui dans l'Inde et la Chrétieneté. C'est avec les débris de sa langue fossile, que la science a reconstitué le tableau de son état social, de même qu'à l'aide des ossements des cavernes, on avait rétabli, avec une rigueur scientifique, des races éteintes depuis des milliers de siècles.

Privilégiée par la beauté du sang et les dons de l'intelligence, cette race antérieure à tout témoignage historique, dit Pictet, cette race qui devait dominer le globe, préludait à son avenir. Aussi loin que l'on regarde dans l'histoire, aucune date approximative ne saurait indiquer son apparition. Son nom lui-même est inconnu, car le mot d'Aryas, sous lequel on désigne ce peuple, n'est qu'une épithète qui signifie pasteur, vaillant, et qui sert à qualifier cette race blanche du

(1) Pictet, *Origines Indo-Européennes.*

Nord, probablement unique dans l'Asie, dont la supériorité soumit la jaune et la noire, répandues dans les contrées méridionales. — Elle a vécu cependant, puisqu'elle avait une langue perfectionnée. Elle était civilisée, puisque les mots de son vocabulaire désignent les choses et les idées d'une civilisation supérieure à toutes les autres, et qui s'est à elles imposée.

L'origine de ce peuple est si reculée, que la contrée précise où il a vécu est également un problème. Ce que l'on sait, en contemplant la ceinture des nations qu'il a colonisées ou éclairées, c'est qu'il vivait au centre de l'Asie. M. Pictet, si compétent en ces matières, le place dans la Bactriane, sur les rives de l'Oxus, aux sources de l'Indus. Il faisait partie de cette grande race scythique qui, la première sans doute, avait domestiqué le cheval, et, après l'avoir multiplié dans ses immenses pâturages qu'arrosaient plusieurs fleuves, s'en était fait un auxiliaire à l'aide duquel il avait contracté l'habitude de ces migrations lointaines dont Pline nous entretient. Telle est peut-être la cause unique de cette expansion au dehors, qui s'est manifestée à tant de reprises pendant une longue série de siècles (1).

Enserré dans une ceinture de montagnes, était-il trop à l'étroit pour alimenter ses immenses troupeaux ?

Les tribus, trop nombreuses, cédèrent-elles à des querelles intestines et religieuses ? Ou pressées par les Tartares, furent-elles obligées de fuir constamment devant eux ? Nul ne le sait. Une hypothèse nouvelle veut qu'ils aient quitté leur patrie par suite d'un refroidissement excessif, au moment

---

(1) M. de Quatrefages veut que les Manoges actuels des montagnes du Cachemire, qui ont seuls les traits européens dans ces vastes contrées, soient les représentants du tronc Aryen dans son état primitif. — Les dernières études faites sur les lieux par M. Lejean ont entièrement confirmé cette appréciation.

où les perturbations géologiques n'avaient pas encore pris fin dans ces lointains parages.

La période glaciaire, dit aussi M. de Quatrefages, chassa les hommes de leur centre, les dispersa, les confondit, et de là le croisement et le métissage qui a produit la diversité des races.

Ce qui est certain, c'est qu'à un moment donné, des migrations, parties de ce point, se dirigèrent à de longs intervalles dans des directions diverses : les unes dans la vallée de l'Indus et du Gange, les autres vers la Perse. — Bien plus tard sans doute, un autre groupe se dirige vers la Caspienne et la mer Noire. Arrivé là, il se divise : une branche s'infléchit à gauche, et va se mêler aux Pélasges et aux Etrusques, d'où sortiront les Grecs et les Latins ; l'autre, remontant le Danube, s'avance vers le Rhin et les Iles Britanniques pour se mêler aux derniers survivants de l'âge néolitique et aux Celtes. — C'est de ce dernier mélange que naîtra la race gauloise. — Enfin, une autre courant se dirigera vers la Baltique : ce seront les Goths et les Germains. — Plus tard encore, viendront derrière eux, les Scythes et les Slaves.

Pasteurs plutôt que guerriers, les Aryens marchaient devant eux à la découverte de climats plus doux et de pâturages plus abondants. Sortant d'une région froide, ils cherchaient le soleil. Un instinct irrésistible les poussait en avant. Ils avaient en eux une énergie sauvage et une impétuosité qui contrastaient avec la sagesse et le calme des peuples orientaux. On les voyait se pousser, comme les flots d'une mer agitée, depuis le Caucase jusqu'aux confins de l'Europe encore barbare.

Après de longs siècles de migrations et de stationnements, ils avaient oublié leur origine et leurs traditions que l'écriture n'avait pu fixer. Les débris seuls de leur langue devaient servir plus tard à les déterminer et à marquer la trace de leurs pas à travers le monde. —. Ces migrations successives furent si lentes et si longues que plusieurs centres de civilisation qu'elles avaient formés avaient atteint la perfection dans les arts et la poésie et avaient eu le temps de disparaître, — la Grèce et la Perse, par exemple — avant que le flot de leurs dernières bandes eût cessé de laisser derrière elles, à travers le Nord de l'Europe, d'autres peuples d'origine arienne, plus grossiers et plus turbulents encore. Ce mouvement en avant, confus et désordonné, avait duré plus de vingt siècles.

Quand les espaces vides qu'il restait à combler furent remplis, ces hordes nouvelles se heurtèrent violemment, et la barbarie parut remplacer partout la civilisation. C'est ainsi qu'elles éteignirent le génie de la Grèce et de Rome. Mais il se réveilla un jour au milieu d'elles, et ralluma son flambeau qui n'a cessé de briller d'un nouvel éclat (1).

Pendant ce temps, la Chine, peuplée d'une race jaune plus sédentaire que celle des Aryens, avait peut-être une civilisation supérieure à celle-ci. Elle connaissait l'écriture idéographique, les arts et les sciences. Enfant prodige de la civilisation, elle n'a pas su se manifester au dehors ; elle s'est étiolée sur place, arrêtée dans sa croissance par de mauvaises institutions.

A l'autre bout de l'Asie, l'Egypte, en pleine civilisation, cinquante siècles avant notre ère, bâtissait des temples et des pyramides. Elle avait perfectionné le gouvernement, l'agriculture, les sciences, les lettres et les arts.

Combien de temps avait duré l'évolution qui l'avait amenée jusque-là ? Est-ce trop de lui assigner la même période ? Et néanmoins, elle vit son génie atrophié par le despotisme théocratique.

Les Aryas seuls, race blanche supérieure, jeune et vi-

(1) Pavie. *Les Aryas primitifs*. *Revue des Deux-Mondes*, mai 1859.

goureuse, se mêlant aux populations plus ou moins sauvages de l'Europe, ont donné naissance à cette civilisation ascendante, qui n'a cessé de progresser et d'inventer, et qui tient seule à cette heure le flambeau des connaissances humaines.

Quelle est la marque d'un tel génie ?

On répond : la monogamie, c'est-à-dire l'organisation de la famille fondée sur l'autorité du père et la dignité de la femme. — Le naturalisme, qui écartant les rêveries panthéistiques, apprend à l'homme à croire en lui et à agir dans sa liberté. — Enfin, la langue, merveilleux instrument, riche de forme et de souplesse, répandue et fixée sur tout le parcours de ce peuple privilégié. C'est avec sa langue qu'il a transmis sa pensée, ses mœurs et ses institutions.

Telle est la triple cause du succès universel de la civilisation indo-européenne.

Ces précieuses tendances, répandues sur les races blanches de l'Europe, y produisirent des résultats merveilleux. Si toutes les nations aryennes n'ont pas eu les mêmes destinées, c'est qu'elles se sont mêlées à des populations inférieures qui n'ont pu les suivre dans leur développement.

Transportées au milieu des populations jaunes ou noires de l'Asie, ces influences aryennes y furent promptement altérées, soit par la coutume, soit par l'influence religieuse ou climatérique.

Dans ces nouvelles contrées, les préceptes de Zoroastre (1), qui voulait un Dieu unique, le respect de la femme, qui conseillait le travail et la charité, furent méconnus ; tandis que le polythéisme, la polygamie, la vie contemplative, y furent toujours en honneur. Telle est la cause principale de leur décadence.

(1) Zoroastre vivait, à ce que l'on croit, 2500 ou 3000 ans avant notre ère. Les anciens le faisaient vivre 6 ou 7000 ans avant Alexandre. V. Maspéro, *Histoire des peuples de l'Orient*, 464.

L'INDE.

Pendant que les Aryas se préparaient dans la Bactriane à ces grandes migrations que nous venons d'indiquer, l'immense péninsule indienne était occupée par une population noire pareille à celle de l'Australie actuelle. Ces premiers occupants existent encore dans les couches infimes de la nation, qui compte sept ou huit millions de leurs sujets dispersés dans les montagnes. Leur constitution est demeurée patriarcale et agricole. Ils refusent de se servir des armes à feu et pratiquent néanmoins les sacrifices humains. Leur histoire et leurs traditions sont tout à fait inconnues.

A une époque également ignorée, une nouvelle couche de population blanche, dont l'origine est incertaine, s'abattit sur l'Inde et s'y établit aux dépens des tribus noires. On la désignait sous le nom de Dravidienne. Elle s'est maintenue depuis, et ses débris forment encore, dans les possessions de l'Inde, six Etats importants qui parlent une langue spéciale sans rapport aucun avec le sanscrit.

Les Dravidiens, à leur tour, furent refoulés, dans les cantons qu'ils occupent aujourd'hui, par une nouvelle couche de population : celle des Kouschites, venue de l'Ouest, c'est-à-dire de l'Arabie ou de la Chaldée. Leur civilisation était avancée ; ils avaient de grandes villes et une agriculture développée (1). C'est tout ce que l'on sait d'eux.

Sur ces trois couches superposées, les Aryas vinrent en

---

(1) Gaffarel. *Les Peuples de l'Orient*, 375.

implanter une quatrième. Les Kouschites les repoussèrent tout d'abord, mais cédant au nombre, ils furent refoulés dans les montagnes ou condamnés à la servitude. Il est impossible de préciser l'époque de cet évènement. Tout ce que l'on sait, c'est qu'au temps de Salomon, plus de mille ans avant Jésus-Christ, quand les flottes phéniciennes commerçaient avec l'Inde, les Aryas étaient déjà les maîtres de la contrée dans laquelle on parlait leur langue.

Pour essayer de mettre un peu d'ordre dans ce que l'on sait de l'Inde antique, on a divisé son histoire en trois périodes : La période Védique, la période Brahmanique et la période Boudhique.

La première emprunte son nom aux Védas, hymnes sacrés des Aryas de l'Inde, qui remontent au moins à trente siècles avant notre ère. Ils traitent des phénomènes de la nature, et nous permettent d'étudier la religion, la constitution et la vie sociale des Aryas à cette époque de leur histoire. Ils nous apprennent que ce peuple pratiquait la monogamie ; que la vie de famille, sous l'autorité du plus ancien, était chez lui en honneur ; qu'il était composé d'une agrégation de tribus semblables à celles de notre système féodal. Au-dessus de celles-ci dominaient des chefs, sans doute les conquérants. La division des castes n'était pas encore établie. — Voilà ce que nous disent les Védas.

Longtemps, bien longtemps après, apparaissent *les lois de Manou*, sous forme de code. Elles nous apprennent tout d'abord que Manou était le législateur antique des Aryas. Elles indiquent ensuite l'organisation de la société et les devoirs des castes. La religion a cessé d'être monothéiste. Au sommet, Brahma, puis les dieux inférieurs qui représentent toutes les manifestations, c'est-à-dire les éléments, les astres et tous les objets de la création. Il y a aussi de nombreuses déesses et un ensemble mythologique vraiment infini.

L'homme doit passer par des créations successives ; il doit mourir et renaître indéfiniment jusqu'à ce que, par le mérite de ses actions, il ait pu s'identifier avec Brahma. La dévotion, la contemplation, sont les vertus les plus recommandées, puis la bonté, la douceur et la bienveillance, non-seulement envers les hommes, mais envers les animaux.

Telles étaient les combinaisons ingénieuses et les prescriptions du code de Manou, inventé par le sacerdoce dominant. Pour les enseigner et les mettre en pratique, il fallait un culte dont les Brahmes devaient être chargés. Entre leurs mains intéressées, les pratiques se multiplièrent. Des masses ignorantes ne s'attachèrent qu'à la forme, et dès lors, un polythéisme grossier et des superstitions dégradantes furent substituées à l'adoration de Brahma.

L'institution des castes, donnée par le Code de Manou comme ayant une origine divine, vint mettre le comble à la dégradation et à la misère du peuple. Dès ce moment, la civilisation s'arrête. La nation, immobilisée à tout jamais dans sa condition présente, tombe dans l'ignorance, l'abrutissement, et dans un état pire que l'esclavage.

La société est ainsi divisée : au sommet les Brahmes, puis les guerriers ; en troisième lieu, les Vayssias ou laboureurs, et les Soudras, qui n'ont d'autre état que de servir les autres. Ces deux dernières castes sont chargées de nourrir les premières. Il leur est à jamais interdit de sortir de cette condition, ni eux, ni leurs descendants. Le Soudra n'a rien, ne possède rien. Tout est à son maître. Sa seule fonction est de servir. Il est défendu aux Brahmes enseignants de lui donner aucune instruction. C'est un être impur, frappé de la justice divine. Son contact et même sa vue sont une souillure. Il n'a qu'un corps et n'a point d'âme.

Ajoutant encore à ces réprobations : « Un Brahme, dit *le Manou* sacerdotal, peut s'approprier le bien d'un Soudra,

car son esclave n'a rien qui lui appartienne... » Bien plus :
« Il ne saurait être affranchi, parce que cet état lui étant
naturel, personne ne peut l'en exempter... Le Brahme a le
droit d'obliger un Soudra acheté ou non acheté à remplir des
fonctions serviles, car il n'a été créé que pour cela (1).

Vit-on jamais un esclavage plus rigoureux ?... Le livre de
Manou énumère d'ailleurs diverses catégories d'esclaves :
il compte le captif fait à la guerre ; celui qui se donne ou se
vend ; celui qu'on achète ; celui qui naît à la maison, et enfin
celui qui est esclave par punition (2).

Au-dessous de ces hommes si amoindris, il y en avait de
plus vils encore ; c'étaient les *Parias* ou *Chandalas*, qu'une
condamnation avait fait sortir de leur caste. Ils ne pouvaient communiquer avec personne, ni rendre aucun service.
Quarante-quatre tribus, énumérées par le Code de Manou,
étaient comprises en masse dans cette réprobation. Elles
étaient sans doute d'origine noire ou Dravidienne, et par
cela seul, toute alliance avec elles était rigoureusement interdite. « Leur demeure, disent les lois de Manou, doit être
hors du village ; ils ne peuvent pas avoir de vases entiers
et ne doivent posséder pour tout bien que des chiens et des
ânes ;... qu'ils aient pour vêtements les habits des morts,
pour plats des pots brisés, et pour parure du fer ; qu'ils
aillent sans cesse d'une place à une autre ; qu'aucun homme
fidèle à ses devoirs n'ait des rapports avec eux ; que la
nourriture qu'ils reçoivent ne leur soit donnée que dans des
tessons, et qu'ils ne circulent la nuit, ni dans les villes, ni
dans les villages » (3).

Courbé sous la loi divine par la parole et la puissance du
Brahme, maintenu dans l'ignorance la plus absolue, le

---

(1) Lois de Manou, 1, 87 et s., VIII, 413, 414, 416 (Trad. Loiseleur).
(2) Id. VIII, 45.
(3) Lois de Manou, X, 51, 55.

Soudra est demeuré immobile dans ses croyances et dans son abaissement. Tout est Dieu pour lui, tout est matière à superstition et à miracles. Les saints et les anges interviennent sans cesse dans les actions de sa vie. Il n'a qu'une pensée : que ses peines sont la punition de fautes antérieures ; qu'un espoir : de renaître dans un corps meilleur en récompense de ses bonnes actions. Sa douceur est exemplaire. Il ne donne la mort à aucun animal, et si ce malheur lui arrive par mégarde, il se purifie et fait pénitence.

Le Vayssia était le paysan agriculteur, l'ouvrier industriel qui travaillait les champs ou se livrait aux travaux manuels. Il devait aux Brahmes et aux guerriers des redevances qui leur permettaient de vivre dans l'oisiveté. Comme celle des Soudras, sa condition était immuable. Il ne pouvait ni sortir de sa caste, ni se marier au dehors. La constitution de sa famille avait pour base la communauté. Après le décès du père, le bien continuait à rester indivis.— La commune, ou plutôt le village indien lui-même, est encore une communauté calquée sur celle de la famille et basée sur la négation de la propriété privée. C'est une association libre de biens et de travaux qui profite à la chose publique administrée par un chef au nom du souverain. La terre, mise en commun, est distribuée selon le capital et le nombre de bras de chaque famille. Le village a ses artisans et ses fonctionnaires spéciaux entretenus par lui. Ce sont : le médecin, le maître d'école, l'arpenteur, le forgeron, le charpentier, le barbier, le savetier et la danseuse... La commune n'est pas propriétaire du sol : elle prélève seulement une part sur le produit, et c'est le chef de la commune qui règle la part que chacun peut retenir. Au-dessus de la commune, l'Etat prélève une part privilégiée, mais la terre ne lui appartient pas. Elle est aux Brahmes ; elle est à Dieu. Si un village veut aliéner une terre, il faut le consentement des habitants, du détenteur du sol et de ses parents, et enfin celui du souverain.

De même que l'Indien appartient à sa caste, de même la propriété appartient à la commune. L'individualité est partout absente. Aussi point d'initiative, point d'invention et une éternelle immobilité. Tel paraît être cependant le type rêvé par nos socialistes modernes.

Cette organisation telle que nous venons de l'indiquer était, non pas divine, mais essentiellement politique. Elle représentait des conquêtes superposées et la suprématie des vainqueurs. En arrivant dans l'Indoustan, les Aryas y avaient trouvé des races noires ou jaunes à peine civilisées et peu intelligentes. Pour conserver sur elles leur autorité, ils les tinrent à distance, refusant de se mêler à elles et leur interdisant leur culte, l'étude de leurs livres saints et les fonctions élevées de leur société. De là, quatre castes, dont les trois premières réservées aux Aryas, et la quatrième, aux anciens habitants du pays courbés sous le joug.

Un jour vint cependant où ce régime fut troublé par les querelles des deux castes supérieures. Chose singulière, les Brahmes, aidés sans doute par les castes inférieures, sortirent triomphants de cette lutte et donnèrent à la société la forme théocratique qu'elle a gardée depuis. Ils conservèrent pourtant la royauté, mais à la condition qu'elle fût docile et qu'elle devînt un instrument dans leurs mains. « Son premier devoir était de vénérer les Brahmes, de recevoir leurs conseils ; de leur faire part de ses richesses et de ne leur imposer jamais aucun tribut... » C'est le roi qui était chargé des châtiments, et ils étaient nombreux... A chaque faute, une expiation. Tout est codifié et tarifé : les prières, les cérémonies, les offrandes, les habits, les parures, le boire et le manger, et des fonctions plus humbles encore...

En haut, une théocratie insolente et une royauté tyrannique. En bas, une servitude sans nom, toujours sous le coup du châtiment, qui planait sur elle comme une divinité inflexible. Aussi comprend-on les angoisses de ces imaginations troublées et le désir de se perdre dans le néant. (*Nirvana*).

De telles institutions ont plongé cette population, douce et naïve, dans l'immobilité, les superstitions et l'abrutissement. En altérant les livres de Manou, la caste sacerdotale a fait cette nation avilie et dégradée que nous voyons aujourd'hui. Sous un pareil régime, que pouvait elle devenir ? Sans propriété qui l'attachât au sol, sans liberté qui l'intéressât au gouvernement de son pays, elle s'amoindrit moralement et perdit tout ressort. Et quand vinrent les invasions cent fois renouvelées, se désintéressant des choses publiques, elle laissa faire les envahisseurs ; elle les regarda passer, indifférente d'appartenir à un nouveau maître qui ne pouvait changer son sort ni ajouter à sa misère.

Telle est la morale et telle est la fin du régime des castes et du despotisme oriental (1).

Les altérations brahmaniques des Védas et l'apparition du Code de Manou, suivi de poèmes et de commentaires, peuvent être placés quinze siècles avant notre ère. C'est la première date tant soit peu certaine que l'on puisse indiquer dans l'histoire de l'Inde. — Huit siècles après, un homme de race royale, qui portait le nom de Çakya Mouni, et que l'on qualifiait de *Boudha* ou savant, sentit son cœur se soulever d'indignation devant l'abrutissement et la dégénérescence des Hindous. Il étudia les doctrines des Brahmes, se fit mendiant, anachorète, et se posant ensuite comme réformateur, il prêcha l'égalité religieuse, l'abolition des castes et de la théocratie. Les plus méprisés étaient appelés comme les autres aux bienfaits de la vie future. Cette doc-

---

(1) *Les Peuples de l'Orient*, Gaffarel, 373 et s.

trine égalitaire eut un immense retentissement. Mais comme elle ruinait les théories des Brahmes et menaçait leur puissance sacerdotale, elle fut par eux combattue à outrance. Les progrès du Boudhisme n'en furent pas moins prodigieux. Non-seulement la majorité de l'Inde renonça à la foi brahmanique, mais la Bactriane, la Chine, l'Indo-Chine, le Japon et la Malaisie acceptèrent la doctrine nouvelle.

De nombreux Conciles généraux servirent à la fixer. La transmigration indéfinie des âmes et leur repos final dans le *Nirvânâ* ou le néant, telles étaient les promesses de cette religion. Pour parvenir à ce degré de perfection, il fallait vivre pauvre, dans la retraite et la méditation, dompter ses sens et enseigner la doctrine... La morale boudhique était d'ailleurs bien supérieure à celle du brahmanisme. Elle enseignait la chasteté, l'humilité, le pardon des offenses, la piété et surtout la charité. Elle recommandait, en outre, la compassion pour tous les êtres animés qui avaient une âme inférieure.

Ces principes de haute bienveillance adoucirent les peuples qui les adoptèrent, et notamment les Hindous méridionaux, les Mongols, les Thibétains et les Indo-Chinois. Dans la suite, on a compliqué malheureusement ces prescriptions si simples. Les prêtres ont imaginé un culte autour duquel des dissensions se sont élevées. Ce qu'on peut reprocher à la doctrine boudhique, c'est de n'avoir visé que la patrie céleste, les abstractions et le dégoût de la vie. Pour elle, la patrie, les lois, la liberté, les citoyens ne sont rien. Aussi le boudhisme, si répandu parmi les nations naïves et contemplatives de l'Orient, n'a-t-il eu aucun succès sur les civilisations de l'Occident, qui sont plus préoccupées de la vie pratique que des lueurs incertaines de l'infini (1).

(1) V. Gaffarel, *Les Peuples de l'Orient*, 399 et s.

LA CHINE.

Bien au-delà de l'Inde, en allant vers l'extrême Orient, on découvre une immense contrée, la Chine, l'Indo-Chine, que les anciens ne connaissaient pas et qui n'a été visitée par les modernes qu'il y a trois siècles environ.

La nation qui habite cet immense espace remonte à l'antiquité la plus reculée. Sa civilisation, son langage, paraissent antérieurs même à ceux de l'Inde. Malheureusement ce pays mystérieux est encore trop peu connu, et l'anthropologie ni la linguistique n'ont fourni jusqu'à ce jour aucun élément qui permette de formuler des précisions sur son passé.

L'origine fabuleuse de la nation chinoise, comme celle de tous les peuples orientaux, se perd dans la nuit des temps. Elle est toujours merveilleuse : c'est un Dieu qui a fondé son empire. Sa période historique ne commence que 3000 ans avant notre ère. Encore n'est-elle fixée que par des poèmes et des chants qui lui donnent peu de précision et de certitude.

Une migration indienne fuyant les Aryas paraît avoir peuplé ce pays. C'est du moins ce que permettent de supposer l'analogie des mœurs et du langage. A ce moment, suivant la tradition, la terre était partagée entre tous. Suffisant à tous les besoins, elle ne demandait ni mercenaires ni esclaves, et la preuve de ce fait, c'est que le mot *nou*, qui sert à désigner cette dernière condition, n'apparaît dans la langue qu'au xiie siècle avant notre ère.

A la suite des invasions Mongoles, le peuple soumis fut divisé en castes, comme dans l'Inde. Ces castes disparurent ensuite peu à peu sous l'influence du Boudhisme ; mais les membres qui les composaient conservèrent leurs richesses et leurs emplois, et constituèrent une féodalité qui concédait des terres aux travailleurs. Plus tard, des provinces révoltées devinrent en masse esclaves de l'Etat et soumises comme telles aux travaux publics (1).

Sous l'influence des famines, dès lors fréquentes dans ce pays, la loi permit au peuple de vendre les enfants qu'il ne pouvait nourrir. Le cri de la faim fit taire la voix du sang et croître en étendue la féodalité.

Il contraignit, en effet, les cultivateurs et les pauvres à se grouper autour des puissants et des riches et à se mettre sous leur protection et leur dépendance, à se recommander, comme dans notre moyen âge. Or, il arriva que les puissants retinrent ces malheureux ainsi que leur descendants, qui prirent le nom de *familles usurpées*... C'étaient des serfs soumis à une féodalité pareille à celle de l'Occident, qui se constituait à la même heure. Elle disparut peu à peu avec les Tartares qui l'avaient importée, c'est-à-dire vers le xiiie siècle de notre ère. Depuis lors, la noblesse du sang et de la fortune n'existent plus. On n'en reconnaît d'autre que celle des lettrés, qui l'obtiennent au concours et arrivent de la sorte au mandarinat (2). Cette classe de fonctionnaires dispose de toute l'autorité d'une manière despotique ; elle règle tous les détails de la vie publique et privée. Elle intervient dans l'industrie et la culture, ne laissant rien à l'initiative individuelle. Cette sujétion administrative minutieuse, incessante, appliquée à une série de générations, a supprimé l'activité et l'individualité de ce bon peuple et lui a donné cette passivité et cet esprit de routine particulier qui font la base de son caractère.

(1) Biot. *De la condition des esclaves en Chine. Journal Asiatique*, 1837, t. III, p. 246 et s.
(2) Biot. *Journal Asiatique*, 1837, t. III, 285.

La monogamie existait en apparence chez les Chinois ; ils ne pouvaient avoir qu'une femme légitime, mais ils prenaient à volonté des concubines ou femmes de second rang, qui obéissaient à la première, bien que tous leurs enfants eussent un droit égal à l'héritage du père.

Ainsi que dans l'Orient tout entier, la terre appartenait au souverain, qui la distribuait temporairement à ceux qui pouvaient la cultiver. Ce régime disparut pour faire place à la féodalité mongole et au servage. Emporté à son tour, le servage féodal a cédé, depuis six siècles environ, à la propriété privée et libre, telle que nous la pratiquons en Europe (1).

Non loin de la Chine, le Japon, son vassal apparent, n'a pas subi la loi des envahisseurs étrangers. Le gouvernement absolu et despotique s'y est établi avec un ensemble de gouverneurs de province aussi despotes que le souverain, qui ont constitué une immense féodalité. Les laboureurs n'étaient que leurs valets, et les soldats des serfs obligés de faire la guerre. La terre était louée, moyennant les six dixièmes du produit, au profit du gouverneur. A une époque récente (1863), la féodalité a été abolie, et la terre appartient à ceux qui la cultivent, à la seule condition de payer l'impôt au souverain.

LES MÈDES ET LES PERSES.

La doctrine de Zoroastre, divulguée dans la Bactriane, y alluma promptement des querelles religieuses, à la suite

---

(1) Lavelaye. *De la propriété*, 144.

desquelles le parti vaincu fut contraint d'émigrer dans des directions diverses.

Un certain nombre de tribus aryennes se dirigèrent alors vers le Sud et envahirent l'Inde, nous l'avons déjà constaté. D'autres se dirigèrent en même temps vers l'Ouest. C'étaient les Mèdes, qui s'imposèrent aux Touraniens, depuis longtemps établis entre le Tigre et l'Euphrate, le golfe Persique et la Caspienne.

Les Perses, allant un peu plus au Nord, s'arrêtèrent dans une contrée stérile et desséchée, qui ne leur fut pas disputée et à laquelle ils donnèrent le nom de leur tribu. On ne sait rien de leur histoire. Les uns et les autres vécurent longtemps à l'état nomade et durent à ce genre de vie une indomptable vigueur. Organisés en tribus indépendantes, ils constituaient une fédération qui ne se réunissait que pour repousser l'ennemi commun. C'étaient, à ce moment, les républicains de la haute Asie, et ils ne perdirent cette indépendance qu'après les vastes conquêtes de leurs rois.

La société était cependant divisée en plusieurs classes. Les deux premières, composées des prêtres et des guerriers, constituaient l'aristocratie de la nation. Eux seuls étaient de race aryenne et en parlaient la langue. Quant aux indigènes, ou serfs de la terre et aux nomades, ils étaient de race Touranienne. Disciples fervents de Zoroastre, ils durent aux nobles préceptes de cette religion : le respect de la famille, l'amour du travail et le sentiment de leur dignité. Dans leur existence simple et agreste, ils avaient conservé l'énergie de leurs mœurs primitives ; mais ils vivaient isolés, heureux de leurs libertés locales qui rendaient souvent difficile l'unité de direction devant le danger. C'est pour ce motif qu'ils se donnèrent un roi, Dejacès, qui bâtit Ecbatane et constitua une monarchie despotique avec le faste des satrapies assyriennes Ninive et Babylone. Ce n'est qu'à ce même moment (709 av. J.-C.) que les Mèdes, à peu près ignorés jusque-là, apparaissent également dans l'histoire, tandis que les Perses s'y montrent avec Cyrus, qui réunit dans une seule main toute la population aryenne.

C'est alors que la lutte s'engage contre les nations Assyriennes, Arabes et Chaldéennes de race sémitique : c'est une guerre religieuse qui commence entre les Aryens et les Sémites. Cet antagonisme théocratique peut seul expliquer l'ardeur de la lutte et les cruautés inouïes que l'histoire a enregistrées.

On voit en présence : Sennachérib, Sardanapale, Nabuchodonosor d'une part : Ninive et Babylone. Et de l'autre, Cyrus, Darius et Xercès avec Ecbatane. C'est une guerre d'extermination que l'on poursuit. Toutes les races, toutes les nations descendent successivement dans la servitude. Des couches d'hommes se superposent violemment à d'autres couches. On dirait que le génie du mal souffle au cœur de l'humanité la fureur et la haine.

L'Orient est la terre du despotisme. Les monarques de ces contrées en réalisent le type le plus complet. Tout leur appartient : la terre et les hommes. « Les Perses, dit Hérodote, considèrent l'Asie comme la propriété et le domaine du roi ; tous les sujets, sans exception, sont appelés serviteurs du roi, et le droit de disposer de chacun d'eux ne lui est jamais contesté ». La justice émane de lui et s'applique suivant son caprice du moment. La procédure est sommaire et les peines atroces. La mort ne s'applique qu'avec des raffinements de cruauté. Les monuments de Ninive nous offrent les témoignages authentiques de cette barbarie. Sur les peintures murales, que l'on vient de mettre au jour, les vaincus sont traités comme des bêtes féroces. Les prisonniers sont empalés et soumis à d'horribles tortures. Les rois eux-mêmes crèvent les yeux des captifs ou les font écorcher vivants.

La vie nomade de l'homme à cheval, toujours armé pour attaquer ou se défendre, avait développé ces tendances cruelles. Doux et bienveillants à l'origine, comme les peuples d'où ils étaient issus, l'habitude de la guerre et de la dévastation les avait rendus féroces et sanguinaires.

Aucune contrée ne vit jamais autant de conquérants, de massacres et de fureurs. Cent générations de peuples et de servitude s'y sont succédé. A chaque guerre nouvelle, la nation vaincue disparaissait ou se confondait dans la nation conquérante, qui la soumettait en masse aux lourds tributs, à l'esclavage et aux travaux publics. C'est ainsi que l'on construisait Ecbatane avec sept enceintes... Ninive avec une muraille de trente-cinq kilomètres de tour, sur laquelle dix cavaliers pouvaient circuler de front, sans compter les palais, les jardins du souverain et des canaux navigables de 644 kilomètres.

La servitude, fruit de la guerre, était donc partout. Elle remplissait l'agriculture et l'industrie. Elle venait même grossir l'armée et y combattre [1]. Quels soldats que ceux qui n'ont rien à défendre ! — Voilà ce qui explique la décadence de ces grands Etats, qui brillent un moment d'un éclat si vif, pour disparaître en un jour, brisés comme un vase d'argile par une poignée de montagnards macédoniens.

L'EGYPTE.
—

Les prêtres égyptiens disaient aux Grecs qui visitaient leurs sanctuaires, que les autres peuples n'étaient que des enfants par rapport à eux. Ils avaient le droit, en effet, de proclamer l'antiquité de leur civilisation et de leur histoire,

[1] Xénophon. *Cyrus*, VIII, 20.

car tandis que les Aryas, les Indiens, les Chinois et les Persans n'étaient pas encore constitués en corps de nation, alors que les Hébreux et les Arabes erraient à travers l'Asie, que les Grecs n'étaient que des barbares, et que les peuples d'Europe, sortant de la sauvagerie, commençaient à peine à connaître le bronze et à pratiquer l'état pastoral ou agricole, l'Egypte était tout organisée.

Elle avait un gouvernement, une religion, des lois. Elle connaissait l'écriture et bâtissait des monuments qui sont encore debout (1). Quel âge antérieur faut-il assigner à un tel degré de civilisation ?...

Il est donc certain que l'Egypte fut comme l'éducatrice du genre humain. Par malheur, son histoire n'est point écrite. C'est dans les monuments de pierre qu'il faut en chercher les premiers rudiments.

On s'est demandé longtemps quelle était l'origine de ce peuple. Et d'abord on a voulu le faire naître en Ethiopie, puis en Nubie. La science moderne, mieux renseignée, affirme qu'il appartenait à une race blanche originaire du centre de l'Asie et parlant une langue sémitique (2). Venu d'Asie par l'Arabie et l'isthme de Suez, il refoula la race noire qui occupait le pays (3). C'est à ces générations sans histoire et à demi-sauvages que revient l'honneur d'avoir constitué l'Egypte, que nous connaissons, depuis sa période historique (4).

(1) La porte de la grande pyramide de *Sakkara*, qui est aujourd'hui au musée de Berlin, faisait partie d'un monument construit sous la première dynastie, 4895 ans av. J.-C. (Joly, *l'Homme avant les métaux*, 31).
— Bunsen place la cinquième dynastie vers le xi° siècle, et Mariotte fait remonter à plus de cinq mille ans avant notre ère les listes du Manéthou.
— Ni l'Inde, ni la Chine, ni l'Assyrie, n'approchent de cette date. (De Quatrefages, *l'Espèce humaine*, 96).

(2) De Rougé. *Recherches sur les monuments*, 2-4.

(3) De Maspero, *les Peuples de l'Orient*, 17.

(4) Suivant Champolion, les premiers Egyptiens vinrent se fixer sur les

Dès l'origine, la classe sacerdotale avait obtenu la suprématie, lorsque Mènes détruisit sa domination et fonda la monarchie qui dura quatre mille ans au moins avec ses trente dynasties (1). Le roi était un souverain absolu, théocratique et despotique, auquel tout appartenait.

D'après Hérodote et Diodore, la nation était divisée en quatre castes : les prêtres, les guerriers, les ouvriers et les agriculteurs. Les deux premières castes, exemptes de tout impôt, possédaient en toute propriété une certaine quantité de terre. Chacune d'elles avait environ un tiers de celle du royaume, qu'elle affermait moyennant redevances. Les plus hautes fonctions étaient leur privilège. L'administration, la levée des impôts, la justice, tout était dans leurs mains.

Au-dessous des deux classes dominantes venait le peuple proprement dit. La classe des agriculteurs était la plus nombreuse et sa condition était celle de nos serfs du moyen âge, ou plutôt des Fellahs modernes, qui tout en jouissant de la liberté, restent attachés au sol qu'ils exploitent pour le compte du souverain. Venaient ensuite les pasteurs et les ouvriers industriels, également attachés à leurs fonctions,

---

bords du Nil à l'état de nomades. Ils n'avaient alors aucune civilisation. Ce milieu favorable entre tous les attira vers l'agriculture ; ils furent d'abord gouvernés par des prêtres auxquels succédèrent des guerriers.

L'Egypte est l'aïeule du monde civilisé. Elle était déjà vieille quand la vie sociale se manifestait à peine autour d'elle. Au temps de Cambyse (500 ans av. J.-C.), elle avait plus de cinq mille ans d'existence. Tout le reste de l'Asie était presque sauvage quand elle était déjà florissante et qu'elle avait sa religion et ses sciences.

L'origine de sa langue et de son écriture sont inconnues. On ne saurait les rattacher aux langues sémitiques, parce que quelques mots leur ont été empruntés. Cela s'explique par sa grande influence et par son contact avec les peuples voisins. — Champolion, *Précis de l'écriture hiéroglyphique.*

(1) De Maspero, 17.

qui travaillaient pour autrui. A l'origine, un tiers des terres avait été attribué au peuple ; mais, à la suite de quelque disette, le Pharaon était devenu son créancier et avait repris les terres. Tel est du moins le langage de la Genèse (1).

Au-dessous de ces diverses classes, venait enfin la population esclave. Recrutée parmi les prisonniers de guerre et constamment renouvelée par les razzias des Pharaons, elle était vouée aux plus durs travaux. Les édifices publics, les canaux, les mines, les pyramides, telles étaient les constructions dont la tâche lui incombait. Courbés sous le bâton, nourris de légumes et de poisson avarié, ces malheureux mouraient chaque jour par milliers. Mais les réservoirs humains de l'Asie et de l'Afrique étaient immenses et la conquête ne cessait d'y puiser.

Les peintures murales des hypogées nous montrent que la classe pauvre se logeait dans des cahutes de roseaux ou de feuillages ; quelquefois aussi dans des cabanes de terre gachée. Elle se nourrissait de racines et de légumes. C'est dans ces conditions qu'elle était envoyée aux carrières par corvées de 100,000 hommes qui se relayaient tous les trois mois, et c'est ainsi qu'elle mettait trente ans à construire une seule pyramide pour abriter le tombeau d'un Pharaon. Les machines et les bêtes de somme étaient inconnus : les hommes traînaient à force de bras, sur des plans inclinés, ces blocs gigantesques qui étonnent l'industrie moderne.

Telle était l'organisation de l'Egypte. Un roi absolu recevant les honneurs de la divinité. Deux classes dirigeantes se transmettant héréditairement leurs fonctions ; un tiers-état ou plutôt des serfs jouissant de la liberté, mais sans droits poli-

---

(1) Genèse, v. 26. — La propriété n'existait pas en Egypte, c'est le roi qui possédait le sol. Le peuple n'en était qu'usufruitier. Les Grecs, les Romains et Mahomet respectèrent le monopole qui persiste actuellement avec les Fellahs et le vice-roi. (Laveleye, *de la Propriété*, 356).

tiques, et enfin de nombreux esclaves sur lesquels retombait tout le poids de cette société.

Ce qui caractérise toutes les autocraties orientales, c'est la concentration des pouvoirs entre les mains d'un seul, qui est à la fois général et souverain. Son autorité est absolue et despotique. L'organisation politique est calquée sur l'organisation militaire. Le gouvernement spirituel offre le même caractère que le gouvernement temporel. La religion y est militante : elle prescrit la vengeance ; elle inonde les autels du sang des captifs. Les dieux sont conquérants. L'organisation sacerdotale est dominée par le chef militaire, qui est en même temps chef religieux, et qui commande par cela même aux castes des prêtres.

La propriété industrielle et agricole est sévèrement réglementée ; le pouvoir public fixe le prix des marchandises, assigne à chacun la nature et la quantité de travail qu'il doit fournir, et lui interdit même de changer de travail et d'occupation.

La vie privée n'échappe pas à ce contrôle. En Egypte comme au Pérou, des officiers inspectaient chaque maison pour s'assurer que le mari et la femme maintenaient l'ordre dans leur intérieur (1). Avec cette théorie, les individus existent pour l'Etat, comme à Sparte, et non l'Etat pour les individus. La liberté, les intérêts, le bonheur de chacun, sont sacrifiés à la grandeur de la communauté. L'obéissance aveugle au souverain, voilà la première vertu.

(1) Carreau, *Rev. des Deux-Mondes*, 1er avril 1880.

LA JUDÉE.

Les peuples de l'Orient ne nous ont montré jusqu'ici que des poèmes et des chants ou des hiéroglyphes qui ne permettent pas de fixer leur histoire.

Il en est autrement des Hébreux. Les premiers, ils nous ont laissé la Bible, livre précieux qui nous indique les idées de ce temps sur l'origine du monde, la création de l'homme et les premières évolutions des sociétés. Mais c'est une histoire faite à plaisir, qui ne contient que des légendes et des inventions puériles dont la science moderne ne saurait se contenter. Suivant elle, au moment où les Aryas s'établissaient dans l'Inde et la Perse, les Sémites apparaissaient en Arménie. C'était une race nomade, née dans les déserts ou dans les steppes immenses de l'Asie méridionale, vivant sous la tente et de la vie pastorale. La Phénicie, la Syrie, la Mésopotamie, la Chaldée et l'Egypte furent par elle occupées.

D'après Moïse et d'après la Bible, le patriarche Abraham vivait deux mille ans avant notre ère ; il menait la vie nomade à travers la Chaldée. De son fils Isaac naquit Jacob, dont les douze fils donnèrent naissance aux douze tribus d'Israël. Chassé par la famine qui désolait son pays, Jacob vint se fixer en Egypte avec sa famille, sous la protection de son fils Joseph alors tout-puissant, qui l'établit dans la terre de Gessen. A partir de ce moment, le silence se fait autour de cette famille qui ne comptait en tout que 70 personnes. Nous savons seulement que sa descendance fut asservie par les Pharaons et condamnée aux plus rudes travaux. Quelques siècles après, sa fécondité a été si grande que, suivant la légende, nous la voyons sortir avec 600,000 hommes de combat dirigés par Moïse.

Arrivé au désert, le chef immortel des nomades édicte

une loi sociale. C'est une véritable démocratie dont il est le dictateur. Au-dessous de lui sont les anciens, qui forment l'élément aristocratique et prennent part à l'administration. En second lieu, les chefs de tribus et les juges, désignés par l'élection, qui forment l'élément démocratique. Le chef de la nation était aussi électif. C'est le grand prêtre qui l'installait dans ses fonctions et le sacrait en lui imposant les mains.

Tous les Hébreux étaient égaux, et chacun d'eux recevait une part égale de terre dont l'aliénation était interdite. On pouvait en vendre seulement l'usufruit; mais au bout de sept ans, la propriété revenait au vendeur exempte de toute dette. Cette loi agraire ne fut jamais exécutée. Nous en avons la preuve dans les récriminations des Hébreux, les plaintes des prophètes et la prescription de Moïse lui-même, recommandant la charité envers les pauvres, qui, dit-il, existeront toujours dans le pays. Au-dessus de cette organisation, apparaît la caste sacerdotale réservée à la tribu de Lévi, qui ne reçoit point de terres, mais qui obtient en échange le privilège de la dîme sur tous les biens de la nation.

Dans la famille, le père, le patriarche, exerçait à son tour un pouvoir absolu qu'il transmettait à son fils aîné. La femme était traitée avec égards, mais la polygamie était permise. Abraham et Jacob nous en donnent l'exemple.

Nous voyons aussi que l'esclavage existait partout. Abraham avait dans sa maison des serviteurs nés chez lui, et d'autres qu'il avait *achetés* (1). Il pouvait en armer trois cents en un seul jour (2). Il en donnait à ses filles en les mariant (3). La vente et la donation étaient donc un mode de transmission de la propriété des esclaves.

(1) Gen. xii, 23.
(2) Gen. xiv, 14.
(3) xxix. 24.

Moïse, à son tour, maintient l'esclavage dans la loi qu'il donne à son peuple. Et c'est Dieu qui la lui a révélée sur le Sinaï !... L'esclavage serait donc d'institution divine ?... (1) Non-seulement il autorise la vente des esclaves, mais encore celle des enfants par le père de famille (2). Le fils de l'esclave est esclave lui-même, et l'esclave acheté appartient pour toujours à son maître... (3). Le débiteur devenait esclave également, et les magistrats vendaient le coupable et en donnaient le prix à la personne lésée. La guerre faisait aussi des esclaves, mais cette rigueur ne s'appliquait qu'aux étrangers. La servitude se perpétuait d'ailleurs par tous les moyens mis en usage chez les autres nations. Les livres sacrés l'indiquent en maints endroits (4). Les marchés d'esclaves existaient partout, et nous voyons que le prix ordinaire était inférieur à 100 fr. Joseph ne fut vendu que vingt sicles (62 fr.).

Au lieu de s'adoucir avec le temps, ces pratiques odieuses ne firent que s'aggraver sous les rois qui avaient adopté les mœurs corrompues des Orientaux. Les palais de David et de Salomon étaient remplis de femmes et d'eunuques. « Des hommes sensuels, disait Jérémie, vendaient leurs fils et leurs filles pour vivre dans une abondance achetée au prix de leur sang » (5). — L'année sabattique, relative à la liberté des esclaves et à la restitution des biens, n'était pas mieux observée si nous en croyons le prophète : « Dieu a fait alliance avec vos pères le jour où il les a tirés d'Egypte et de la servitude ; et il a dit : « A la septième année, que chacun de vous renvoie libre son frère qui lui a été vendu ». — Et vos pères ne l'ont point entendu, et ils ont détourné l'oreille » (6).

(1) V. Lev., xxv, 44-46.
(2) Lev. xxv, 10, 39, 47.
(3) Lev. xxv, 45. Ex. xxi, 2.
(4) Deut. xx, 13.— Ex. xxi, 4.— Lev. xxv, 45,
(5) Jérémie xxiv, 21.
(6) Jérémie xxiv, 10.

Quoi qu'il en soit, cette démocratie orientale ne fut pas longtemps prospère. A Moïse succéda Josué, qui consolida la conquête en exterminant toutes les tribus voisines qui lui faisaient obstacle, et ce, avec une férocité semblable à celle des rois assyriens, qui guerroyaient non loin de lui. Après Josué, le pouvoir se divise et passe entre les mains de juges, qui administraient suivant les circonstances une ou plusieurs tribus. Cette période assez confuse d'anarchie et de faiblesse fait place à la suprématie des prophètes, et tout d'abord à celle du grand-prêtre Samuel, qui reprend l'œuvre interrompue de Moïse et de Josué, et se présente comme leur continuateur. Malgré les services signalés qu'il avait rendus, les Hébreux demandèrent un roi, et Saül fut élu. Après lui David, puis Salomon. Ce fut la période brillante de l'histoire hébraïque. La monarchie s'organisa ; elle triompha de tous ses ennemis. Jérusalem fut fondée ; l'indépendance, la gloire et les richesses furent assurées pour un temps à cette petite nation (1). Mais, après eux, la discorde éclate entre les tribus. Elles se divisent, s'affaiblissent par conséquent, et deviennent bientôt la proie de leurs ennemis. A la double captivité de Babylone succède la domination d'Alexandre, puis enfin celle des Romains. La nationalité hébraïque avait cessé de vivre (63 ans av. J.-C.).

Dans tout ce monde oriental que nous venons de parcourir, aucune des nations que nous avons vu se former, la juive exceptée, ne tolère la propriété individuelle. Le communisme du sol, telle est la marque de la société primitive, et ce n'est que d'étape en étape qu'elle s'en est

---

(1) Pour l'édification du temple de Salomon, Tyr fournit les bois, les architectes et les artistes. 150.000 prisonniers Cananéens furent occupés pendant sept ans à extraire la pierre, à la tailler et la transporter. 30.000 ouvriers, par escouades de 10.000 hommes, furent occupés à bâtir pendant sept ans. — Gaffarel, 236.

dégagée pour arriver à la propriété individuelle, à la libre disposition de la personne et des biens (1).

Dans les temps primitifs, la terre appartient à tous, ou plutôt au souverain absolu, au représentant de Dieu, Dieu lui-même quelquefois. Dans ces conditions, la faculté de cultiver le sol est un privilège exercé par la tribu, par la communauté, par la famille, qui n'est jamais propriétaire et qui ne peut dès lors aliéner. Telle est la règle des théocraties brahmanique, boudhiste et madzéiste, et, plus tard, de la mahométane.

La propriété individuelle n'existe donc pas. Celui qui la cultive n'en a que l'usufruit. Dans toutes les théocraties asiatiques, l'homme ne possède ni la liberté individuelle ni la liberté immobilière. De là, l'absence de ressort et d'élan, l'abrutissement et l'indifférence de ces populations immenses, dont la souffrance et l'immobilité nous étonnent.

Théocratie, despotisme, castes, esclavage, tels sont les mots qui résument l'état social des nations asiatiques, et nous disent le secret de leur incurable misère.

Le mot despote, qui, dans les langues anciennes, signifie maître des esclaves, de l'ennemi vaincu, du prisonnier de guerre, ce mot n'a pas en Orient comme chez nous une qualification odieuse. Les populations de ces contrées se prosternent sans répugnance aux pieds d'un souverain qui peut disposer, suivant son caprice, de leurs biens et de leur vie. Leur soumission devant le maître est rappelée dans l'histoire par un exemple fameux : « Xerxès, fuyant devant la flotte grecque avec des vents contraires, le pilote qui dirigeait sa trirème jugea qu'il convenait d'alléger le navire, et l'on vit aussitôt les seigneurs s'incliner devant le souverain et se précipiter dans la mer. » Aristote avait raison de dire que, dans un état despotique, le *despote* seul était libre. Tous les

---

(1) De Fontpertuis, *Journal des Economistes*, avril 1879.

hommes sont esclaves ou serfs. Ils ne possèdent rien en propriété, et ils ne peuvent rien transmettre à leurs enfants. Tout le fonds appartient au prince, qui en dispose comme il dispose du travail et de la vie de ses sujets. Sa volonté est la suprême loi. Il n'en connaît pas d'autre.

L'Asie est la terre classique du despotisme. C'est là qu'il a pesé et qu'il pèse encore le plus lourdement sur les populations. Sa première origine est dans le patriarcat, qui donnait au chef de la famille une omnipotence souveraine, c'est-à-dire le droit de vie et de mort sur les personnes, et le droit absolu de disposer des biens communs, de la propriété, bien que tout cela fût tempéré par les affections naturelles. Abraham nous en fournit un exemple en immolant son fils, et en éloignant son beau-frère Loth... Nous en avons un autre dans le sacrifice de Jephté.

Après le patriarcat, ou peut-être en même temps que lui, la théocratie fut une nouvelle cause de despotisme. La terreur inspirée par les grandes révolutions de la nature, par les ouragans, les incendies, les tremblements de terre, frappèrent l'imagination de l'homme et le disposèrent à devenir la dupe, le sujet des imposteurs qui prétendaient communiquer avec le Créateur et qui promettaient d'apaiser sa colère. Les représentants de la divinité, prêtres ou patriarches, furent donc les premiers despotes. L'Inde, la Perse, l'Egypte et toutes les nations orientales témoignent de l'influence désastreuse des premiers gouvernements théocratiques.

Une troisième et dernière cause, c'est la conquête, qui courbe tout un peuple sous le joug d'un souverain, et qui lui impose des travaux, des tributs et tous les caprices du plus fort. Tel fut le sort de ces générations sans nombre, qui, depuis l'origine de la civilisation, se ruèrent les unes sur les autres et couvrirent de leurs os toutes les terres de l'Asie.

LIVRE III

L'ANTIQUITÉ CLASSIQUE.

La Grèce. — Rome et Bysance.

LA GRÈCE.

Pendant que les Aryas dominaient dans l'Inde et se préparaient à y introduire le régime des castes avec le *Code de Manou* (1500 ans av. J.-C.), une autre branche des Aryas, les Iraniens, s'élevait en civilisation et préparait les destinées de la Médie et de la Perse (1).

Vers ce même temps, des peuples d'une autre origine et qui parlaient une autre langue florissaient autour du golfe Persique, sur les bords de l'Euphrate et du Tigre. Ils connaissaient l'écriture et bâtissaient des monuments plus de 2,000 ans avant notre ère.

A la même heure, l'Egypte, qui appartenait à la même race sémitique, et dont l'écriture, le langage et les mœurs paraissent avoir la même origine, l'Egypte était dans tout l'éclat de sa grandeur. Depuis trois mille ans elle avait bâti des pyramides et fondé une monarchie qui comptait des

---

(1) Ils ont donné naissance à six langues différentes : l'Aryen ou Indou, l'Iranien ou le Persan, le Gréco-Romain, le Slave, le Germanique et le Celtique. Le sanscrit forme la langue des groupes Aryens ; il se reconnaît aisément dans toutes celles qui le composent. — Pavie, *Les Origines Indo-Européennes*, Rev. des Deux-Mondes, 1859, p. 607.

dynasties nombreuses. Son administration, ses armées attestent une civilisation alors sans rivale.

C'est vers ce même temps que Moïse quittait l'Egypte et allait en Arabie constituer la nation hébraïque.

L'Asie entière était donc couverte de peuples et de monarchies absolues qui représentaient les premières et les seules civilisations du monde. C'était dans ce grand foyer de l'Asie que, sous l'influence de causes inconnues, l'homme était sorti le premier de l'âge de la pierre et de la sauvagerie, tandis que tous les autres peuples de la terre n'avaient pu s'en affranchir (1).

Au moment où ces grands empires florissaient, l'Europe entière n'avait aucune histoire, pas même légendaire.

Dans ce milieu tout couvert de forêts, de bêtes fauves et de quelques hommes sauvages, les premiers arrivants de la civilisation asiatique, ce sont les Pélasges. Ces fils des Aryas, après avoir lentement parcouru l'Asie et s'être arrêtés vers la mer Noire, dont ils avaient contourné les bords, s'étaient installés dans la Grèce vingt siècles environ avant notre ère. Héritiers des civilisations asiatiques qu'ils avaient traversées, ils possédaient une langue, mais point d'écriture encore. Le bronze était dans leurs mains, et c'est à l'aide de ce moyen puissant, qu'à l'imitation des Assyriens et des Egyptiens, ils élevèrent des murailles gigantesques, des digues, des cités dont les débris se retrouvent encore dans plus de deux cents villes de la Grèce et de l'Italie méridionale. De cette race fameuse c'est tout ce qui reste ; ses légendes, son histoire, n'ont laissé aucune trace.

Vers le XIIIe ou le XIVe siècle avant notre ère, des po-

---

(1) Les causes présumées de cette élévation sont attribuées à l'absence ou à la disparition plus rapide des périodes glaciaires et diluviennes ; à l'amélioration plus prompte du climat par conséquent, puis à la découverte du bronze, qui amena rapidement de nouveaux progrès.

pulations, qui venaient aussi de l'Asie et du Caucase, avaient suivi la même direction que les Pélasges. Plus civilisées et mieux armées que ceux-ci probablement, elles repoussèrent partout cette vieille race et la chassèrent ou l'asservirent. Ces nouveaux venus, conduits par *Hellen*, leur chef, prirent le nom *d'Hellènes*; réunis aux Pélasges subjugués, ils formèrent la base de la nation. Mais dans la suite, de nouveaux éléments, fournis de même par l'Asie civilisée, furent introduits dans la population, et c'est ainsi qu'Athènes fut bâtie par Cécrops, un Egyptien; Thèbes par Cadmus, un Phénicien, et que les arts de l'Egypte furent introduits par Danaüs. — Dans cette énumération légendaire il ne faut voir qu'une chose : l'influence orientale sur les arts et les institutions de la Grèce.

Ici se place la période héroïque remplie par l'expédition des *Argonautes* et la guerre de Troie (xiiie siècle).

A cette époque chantée par Homère, l'esclavage apparaît déjà comme une institution de haute antiquité réglementée par la coutume. La guerre en est la source principale, ou plutôt elle en est le but. De nombreuses captives remplissent les tentes d'Achille et d'Agamemnon, qui les échangent contre des bœufs ou les vendent sans scrupule (1). Sont-elles conservées ? On les voit dans la demeure des guerriers se livrer à tous les soins domestiques, préparer les bains, les repas, et partager la couche de leur maître (2).

Les Troyens furent donc asservis. Mais à peine la conquête achevée, des dissensions s'élèvent parmi les Grecs; la guerre s'allume, et les vainqueurs de la veille passant au rang des vaincus, deviennent esclaves eux-mêmes. L'histoire nous apprend que les luttes furent incessantes entre

---

(1) Hom., *Il.*, ii, 226.— ix, 664.— *Odyssée*, viii, 523, 530.
(2) *Il.*, xxiv, 729.— *Euripide*, Troad., 200.

les villes grecques et que le sort des armes les réduisit tour à tour en esclavage.

La Grèce était alors divisée en un grand nombre de petits États (57), qui se composaient uniquement d'une cité et de quelques villages environnants. C'étaient plutôt des tribus dont chacune avait son chef qui prenait le titre de roi. On n'y voyait ni caste sacerdotale, ni caste militaire. Les hommes libres assistaient aux délibérations et les approuvaient par leurs murmures. — Nous voilà bien loin des coutumes asiatiques. Ces mœurs nouvelles serviront de base à un état social tout nouveau. La liberté individuelle et collective remplacera la servitude et le despotisme.

La période héroïque, essentiellement légendaire, avait duré quatre siècles. Elle s'étendait du siège de Troie jusqu'à l'avènement de Lycurgue, où commence la période historique de la Grèce (884). Jusque-là, elle n'a pas d'histoire. Nous savons seulement par ses poètes quelles sont les mœurs des rois et des héros qu'on admire. Le père d'Ulysse a acquis une grande fortune par ses brigandages et ses rapines. Achille et Ménélas pillent en toute occasion. La piraterie entre voisins est un fait habituel. On fait esclaves tous ceux qui ne peuvent se défendre. Ces hommes une fois asservis travaillent pour les autres, et l'on trafique d'eux comme des troupeaux enlevés dans une razzia. La force brutale, telle est la seule loi de toutes les sociétés primitives.

Au milieu de ces agrégations de villages, de ces petites fédérations, il en est deux qui brillent entre toutes et qui entraînent tour à tour dans leur orbite toutes les autres cités de la Grèce : ce sont Athènes et Sparte.

SPARTE.

Suivant l'histoire, les Spartiates étaient divisés en trois classes : les *Citoyens,* les *Périèques* et les *Ilotes.* Les Spartiates seuls habitaient la cité, occupaient les fonctions publiques et jouissaient des droits politiques. Ils vivaient dans l'oisiveté, du tribut que leur fournissaient les deux autres castes.

On désignait sous le nom de Périèques des hommes libres qui n'étaient pas citoyens de Sparte, mais bien des municipes environnants, sur lesquels ils cultivaient les terres à eux concédées après la conquête. Ils payaient des redevances à l'Etat et prenaient part à la guerre.

Les Ilotes étaient des colons ou serfs attachés au sol qu'ils labouraient au profit des Spartiates. Ils formaient la population antique du pays et habitaient isolément les campagnes. Certains d'entre eux remplissaient dans la ville l'office d'esclaves domestiques. Ils avaient leur maison, leur famille, comme nos serfs du moyen âge, et comme eux ne pouvaient être vendus et détachés du sol qu'ils cultivaient. On leur donnait un costume spécial : une casquette de peau de chien et une tunique de peau de mouton. Ils devaient à leurs maîtres la moitié de leurs récoltes. L'Etat pouvait les réclamer à chaque instant pour le service de la guerre et les affranchir ensuite sans que pour cela ils devinssent libres. Ils constituaient seulement une classe inférieure de travailleurs, à moins qu'ils ne fussent envoyés comme tels dans les colonies étrangères (1). Au sommet de cette organisation,

(1) Grotte, *Hist. de la Grèce,* III, 286.

dominait le roi et le chef, dont les fonctions s'étaient perpétuées dans la même famille depuis la guerre de Troie.

Dans ce milieu turbulent et toujours en armes, des luttes incessantes s'élevèrent entre les rois Doriens, qui régnaient en princes absolus, et les familles nobles qui se composaient des anciens citoyens. C'est à ce moment qu'intervint Lycurgue, dont l'ancêtre royal avait péri dans une lutte récente.

— S'emparant violemment du pouvoir, il maintint la royauté héréditaire, mais il la subordonna au Sénat ou assemblée des anciens. Puis il procéda au partage des terres, en divisant le district de Sparte en 9,000 parts pour autant de citoyens qui devaient les transmettre héréditairement sans pouvoir les aliéner. Trente mille parts furent livrées ensuite aux Périèques, qui n'étaient autres que des fermiers à redevance fixe. — L'esclavage des Ilotes fut maintenu ; ils étaient alors au nombre de 220,000.

En même temps, Lycurgue bannit toute espèce de luxe et institua des repas publics, aux frais desquels les citoyens étaient tenus de contribuer en y assistant avec leur famille. Le festin se composait d'un morceau de pain d'orge, d'un peu de vin et de brouet noir. L'éducation publique, commune et militaire, n'avait d'autre but que de former des guerriers à toute épreuve. Lacédémone était un camp et le peuple une armée.

Les enfants appartenaient à la république plus qu'à leur père. Dès leur naissance, un conseil de vieillards les examinait et précipitait, du mont Taygète dans l'Eurotas, ceux qui lui paraissaient faibles ou contrefaits. Les survivants étaient arrachés à leur mère dès l'âge de sept ans et assouplis à tous les exercices du corps, brisés à toutes les fatigues en vue de la vie militaire et du service de l'Etat. On les dressait enfin à toutes les ruses de la guerre, aux déprédations, à la souffrance. Et pour les aguerrir mieux encore, on leur permettait, à des jours donnés, la chasse à l'ilote, dans laquelle ils pouvaient impunément l'égorger. Platon et Aristote approuvaient cette barbarie et vantaient aussi la loi de l'avortement (1). « Les magistrats, ajoutent-ils, règleront le nombre des mariages, afin que le nombre des citoyens soit toujours à peu près le même. Les enfants difformes seront détruits; on ne doit pas en surcharger la république... » Il lui fallait des soldats et des hommes utiles : voilà pourquoi tous les autres devaient être sacrifiés. Sous l'influence de ces mœurs atroces, comme aussi de l'oisiveté qui appauvrissait les citoyens privilégiés, le nombre de ceux-ci diminua successivement, si bien qu'ils n'étaient plus que 1,000 au temps d'Aristote, et moins encore sous le roi Agis.

C'est avec cette organisation que ce peuple, semblable à un couvent de moines armés, ne cessa de porter la guerre chez ses voisins avec une cruauté et une sauvagerie dignes de l'éducation qu'il s'était faite. Dans les provinces conquises, ses soldats détruisaient systématiquement toutes les récoltes, tous les arbres, toutes les maisons. Les hommes valides étaient passés au fil de l'épée, les femmes et les enfants vendus comme esclaves... Toujours armée et par cela même toujours prête à entrer en lutte, cette aristocratie oisive, orgueilleuse et féroce, ne sut vivre que des conquêtes et du pillage de la Grèce. Aussi finit-elle sans laisser à la postérité ni œuvre utile, ni un souvenir, ni un regret.

Comment se peut-il que cette association de moines-soldats ait été considérée comme une démocratie et une république ? — Une république !... La royauté ne cessa d'y exercer le pouvoir. — Une démocratie !... Où est la liberté du citoyen, l'égalité, la fraternité ?... Le Spartiate ne pouvait sortir de la cité ni s'expatrier sous peine de

---

(1) *De republica lib.*, v.— *Pal.*, VIII, 16.

mort. Enfant, homme fait, il appartenait à l'Etat. Tout son temps, tout son labeur, lui était consacré... Les repas eux-mêmes, et quels repas ! étaient communs... La vie de famille, la vie du foyer lui était inconnue... Il ne pouvait se livrer à aucun travail, à aucune industrie sous peine de déchoir et de perdre sa qualité de citoyen. Voilà pour la liberté individuelle.

L'égalité existait, il est vrai, pour les 10,000 privilégiés qui détenaient la plus grande part des terres et les meilleures, qui seuls exerçaient les droits civils et politiques et occupaient tous les emplois. Mais les 120,000 périèques et les 220,000 ilotes qui, eux aussi, étaient des Grecs et des Spartiates, quel était leur lot ? Travailler pour les autres, être privés de tous droits civils, être flagellés et humiliés. Voilà comment la démocratie lacédémonienne entendait la fraternité à leur égard. Effaçons donc nos souvenirs classiques pour ne voir dans la réunion de cette poignée d'hommes qu'une aristocratie despotique, la plus féroce et la plus odieuse qui fût jamais.

ATHÈNES.

Pendant sa période héroïque et légendaire, qui comprend l'expédition des Argonautes, les exploits de Thésée et la guerre de Troie, Athènes fut administrée par une série de rois qui se succédèrent jusqu'au VIIIe siècle. Vers cette époque, des Archontes ou chefs furent nommés à vie tout d'abord, puis pour une période de dix ans, jusqu'à ce que leur élection devînt annuelle. Cette magistrature n'était exercée que par les nobles Eupatrides, qui se partagèrent les dépouilles de la royauté. Leur domination dura près de deux siècles.

Les cités de l'Attique avaient été jusque-là divisées en quatre classes qui comprenaient : les guerriers, les pasteurs, les artisans et les laboureurs. C'étaient autant de tribus qui, en multipliant leurs relations, s'unirent de bonne heure en un seul corps, et constituèrent ainsi la cité, dont la période historique ne commence qu'avec Solon (594) (1).

Peu de temps avant lui (624), Dracon avait inauguré un système de lois terribles qui n'obtint aucun effet. Jusque-là, les Eupatrides ou nobles avaient régné sur l'Attique qu'ils administraient féodalement. Dracon voulut les écarter et fit un ensemble de lois qui fut d'abord accepté, mais qui ne tarda pas à tomber en désuétude.

Aristote nous assure qu'avant Solon, Athènes était en proie à une oligarchie qui ne connaissait aucun frein (2). Plutarque dit à son tour que le menu peuple était comme l'esclave des Eupatrides : les uns, en qualité de colons tributaires, cultivaient les terres des riches et leur donnaient le sixième des fruits ; les autres livraient leur personne comme gage de leurs dettes et devenaient la propriété de leurs créanciers ; un grand nombre étaient réduits à vendre leurs enfants ou à s'expatrier pour échapper aux rigueurs des usuriers (3).

C'est à ce moment que parut Solon. Désigné comme archonte avec un pouvoir dictatorial, il affranchit le peuple et constitua la démocratie au commencement du vi^e siècle (594).

La chose urgente, entre toutes, était d'alléger la situation du débiteur en révolte, et que l'usure à 25 % plongeait

(1) Grotte, iv, 95.
(2) Pol., ii, 9.
(3) *Plutarque*, Solon.

chaque jour dans l'esclavage. D'un seul coup, il annula tous les contrats de prêt en tant qu'ils engageaient la personne du débiteur ou celles de sa famille, défendit de les renouveler à l'avenir, et rendit à la liberté tous les cultivateurs et esclaves pour dettes.

Cette mesure, d'une équité douteuse, s'imposait, paraît-il, comme une nécessité sociale. On ne saurait l'excuser, en effet, qu'en admettant, avec certains auteurs, que Solon remplissait entre les partis hostiles le rôle d'arbitre, et que c'était le seul moyen d'éviter la guerre civile (1). Il respecta d'ailleurs la propriété et la fortune acquise, en repoussant le partage des terres impérieusement réclamé par les débiteurs qu'on en avait dépouillés. Ayant en même temps dépossédé les Eupatrides de la puissance souveraine, il la donna à l'assemblée du peuple qui put statuer, dès lors, sur les affaires publiques, élire les magistrats et les généraux. Toutefois, les nobles et les riches demeurèrent en possession des magistratures, et le Sénat, qu'ils composaient exclusivement, eut l'initiative des lois avant qu'elles ne fussent proposées à l'assemblée du peuple. L'Aréopage, composé des magistrats sortis de charges, exerçait la justice et l'administration, et révisait les décisions de l'assemblée du peuple.

Cela fait, Solon opère une nouvelle division des citoyens, suivant la fortune présumée de chacun d'eux.

La première classe comprit ceux qui avaient au moins 500 médimnes de blé (250 hect.) ou 500 drachmes environ de revenu.

La seconde, ceux qui possédaient de 300 à 500 drachmes; la troisième, de 200 à 300, et enfin la quatrième, qui n'était composée que d'artisans et de mercenaires, comprenait tous ceux qui avaient une fortune inférieure.

---

(1) Grotte, *Histoire de la Grèce*, IV, 144.

Les premiers étaient seuls appelés aux fonctions publiques ; les seconds formaient la cavalerie, les troisièmes l'infanterie. Ces trois classes étaient soumises à l'impôt progressif. La quatrième enfin, sous le nom de *Thètes*, ne payait aucun impôt et servait dans les rangs inférieurs de l'armée (1).

Voulant ensuite diminuer le nombre des turbulents, on obligea ceux qui n'avaient ni profession à la ville, ni moyens d'existence, à aller demeurer à la campagne ou dans les colonies, pour y travailler, et on leur donna un vêtement particulier.

Les honneurs, les fonctions et les obligations étaient donc distribués suivant la fortune de chacun. L'ancienne noblesse pauvre des Eupatrides perdait ainsi ses privilèges et disparaissait devant la nouvelle qui parvenait à la fortune (2).

Tous les citoyens avaient le droit d'élire les magistrats, de voter dans l'assemblée du peuple et de juger devant les tribunaux. C'est l'attribution de ces droits qui constitue l'originalité de la réforme de Solon, en ce qu'elle donne au peuple la souveraineté directe.

Cette Constitution était donc bien démocratique en ce sens que tous les citoyens avaient des droits politiques ; mais d'autre part, elle restait aristocratique, puisque les deux premières classes seules, et les plus riches, jouissaient des fonctions et des hautes dignités.

Telle était la législation de Solon. Elle fut acceptée comme un monument de la plus haute sagesse. Et cependant, la guerre haineuse des partis et la lutte des anciennes factions ne tarda pas à renaître. L'ancienne noblesse voulait ressaisir le pouvoir, tandis que le peuple demandait une démocratie plus complète encore. Son défenseur avoué était

---

(1) Grotte, iv, 170 et *s*.
(2) *Plut.*, Solon.

Pisistrate. Elle lui donna le pouvoir. D'autres tyrans lui succédèrent, au milieu des troubles civils, avec des fortunes diverses, jusqu'au jour où Clisthènes, l'un d'eux, modifia résolûment les lois de Solon dans un sens plus démocratique (500 ans av. J.-C.).

Remaniant la division des quatre tribus, qui perpétuait l'influence héréditaire des familles nobles demeurées en possession de la fortune, il divisa la population en dix tribus, dans lesquelles il fit entrer les habitants des bourgs voisins de l'Attique, ainsi que les Métèques ou étrangers domiciliés. Chacune d'elles eut ses magistrats et ses assemblées. Le peuple obtint de la sorte une action directe et prépondérante dans les affaires publiques, qu'il conserva jusqu'à la chute de la Grèce. Clisthènes lui donna en même temps cette loi périlleuse de l'ostracisme, qui permettait de bannir tout citoyen dangereux. Il n'usa que trop largement de ce privilège, qui servit à flétrir tous les grands hommes de ce temps (1).

Dès ce moment, la démocratie pure était créée. Elle prit l'autorité souveraine, en disposa à son tour comme un monarque absolu et souvent comme un tyran. Son triomphe complet lui donna un élan inconnu et fut le point de départ de la grandeur athénienne.

Vienne maintenant l'agression des Perses, ce petit peuple, uni devant le danger, tout entier à la patrie, opposera ses poitrines libres et vigoureuses aux armées innombrables du despotisme oriental, et, un contre cent, il triomphera à Marathon avec Miltiade (490) ; aux Thermopyles, malgré l'écrasement d'une poignée de vaillants ; à Salamine avec Thémistocle ; à Platée avec Pausanias et Aristide ; et enfin à Mycale, avec Xantippe, l'auteur de Périclès. En défendant ses foyers avec ce mâle courage, la Grèce triomphante

---

(1) Grotte. IV, 286 et s.

échappait à la servitude et sauvait la civilisation du monde.

Athènes apparaissait alors dans la période culminante de sa grandeur et de sa puissance. Vengeresse et libératrice des Grecs, elle était leur souveraine incontestée. Sa puissance maritime et son autorité étaient partout reconnues.

Dans cette période éclatante apparut un homme nouveau qui eut le rare privilège de donner son nom à son siècle, comme Alexandre et César. C'était Périclès. Nul citoyen ne fut plus digne d'un tel honneur, car il fut l'âme de son pays et de son temps (494-429).

Brillant entre tous, son siècle présente un spectacle unique dans l'histoire. Jamais l'humanité ne vit de plus près l'idéal. Périclès dans la politique et l'éloquence ; Phidias dans les beaux-arts ; Socrate et Platon, dans la philosophie et la morale, ont réalisé la perfection dans la forme, la grandeur dans la pensée et l'élévation des sentiments. Cette pléiade immortelle dirigea vers l'idéal l'heureuse Athènes dont elle fit l'école de la Grèce, en attendant qu'elle devint l'école du genre humain.

Mais l'apogée n'est pas loin du déclin. La fédération grecque fut forcée de se dissoudre après la guerre médique, et Sparte jalouse suscita la guerre du Péloponèse, dont les désastres partagés épuisèrent les cités, et rendirent leur soumission facile à Philippe, à Alexandre et aux généraux de Rome.

Au milieu des convulsions de l'agonie, Athènes voit triompher tour à tour dans son sein l'aristocratie et la démocratie. La première se couvre de crimes avec les trente tyrans, et la seconde, oisive et pervertie, décrète l'ostracisme, confisque les fortunes et donne à Socrate la ciguë (400).

Cette période brillante de la république athénienne n'a duré qu'un siècle : de Clisthènes à la mort de Socrate (500-400). Pendant les deux autres qui suivirent, le ive et le iiie, elle parcourut de magnifiques destinées, qui la font encore servir de modèle à la postérité. Puis elle décline, se débattant sous l'étreinte successive de plusieurs vainqueurs, jusqu'au jour où elle s'éteint devant la puissance romaine.

En regard de la période d'éclat incomparable dont cette démocratie a ébloui le monde, examinons froidement si ses institutions et ses lois sont dignes de notre admiration à un égal degré, et si elles doivent être proposées comme des modèles à nos démocraties contemporaines.

Et d'abord, quelle était la situation politique et sociale des citoyens d'Athènes? Nous les voyons, au nombre de 20,000 divisés en quatre tribus suivant les lois de Solon. — Ces tribus sont elles-mêmes distinguées, séparées par les chiffres de leur fortune, et ce sont les plus riches seuls qui occupent les emplois et les fonctions. Les inférieurs n'ont que les droits de voter et de juger dans les assemblées publiques. Ils sont dignes de pitié, mais moins encore que les métèques ou cultivateurs, au nombre de 40,000, qui n'ont aucun droit politique; bien moins aussi que les 220,000 esclaves qui n'ont des droits d'aucune sorte et que l'on traite comme des bêtes de somme. — C'est que l'esclavage était la base de la société. C'est lui qui faisait des loisirs au citoyen en lui procurant toutes les choses nécessaires à la vie.

En présence d'une telle oppression, d'une inégalité si grande, comment peut-on se vanter de vouloir le bien du plus grand nombre, du peuple inférieur ?... (1)

L'esclavage est une honte pour les sociétés démocratiques, et l'oisiveté qu'il procure et qu'il impose en quelque sorte en est une autre. N'avons-nous pas vu les Spartiates édicter des lois qui interdisaient tout travail aux citoyens ? A Athènes et dans la Grèce entière, le travail était aussi regardé comme une flétrissure. 20,000 citoyens désœuvrés

---

(1) Sous Démétrius (316 av. J.-C.), l'Attique comptait 431,000 habitants, dont 400,000 esclaves.

se réunissaient sur la place publique pour discourir sur les affaires, c'est-à-dire pour se quereller et se laisser séduire par les discours menteurs des ambitieux qui en faisaient métier. La démocratie n'existe pas quand l'égalité des uns et la liberté des autres sont absentes.

En donnant la puissance souveraine à l'assemblée du peuple, Solon lui avait donné le droit de juger. Les ambitieux qui le suivirent et qui voulurent flatter la démocratie triomphante lui attribuèrent un salaire qui s'accrut à plusieurs reprises. Ils y ajoutèrent ensuite les spectacles et les distributions gratuites, c'est-à-dire le droit de ne rien faire et de vivre aux dépens d'autrui.

Suivant les réformes de Solon, tout citoyen avait le droit d'assister aux assemblées du peuple pour y élire ses magistrats, ses généraux, décider de la paix ou de la guerre. En même temps il était juge civil et criminel. Six mille citoyens désignés par le sort formaient chaque année le corps judiciaire. Dans la pratique, ce tribunal trop nombreux se divisait en sections de 200 à 500 membres qui décidaient au civil et au criminel, présidés par un archonte. Au lieu de déléguer la justice, le peuple se jugeait lui-même, comme il s'administrait et se gouvernait. Les débats étaient publics et la justice gratuite, tels étaient les avantages de cette institution ; mais elle avait aussi ses inconvénients.

Le premier de tous était qu'un si grand nombre de citoyens fût dérangé de ses affaires et de ses travaux et convié par cela même à l'oisiveté. Un plus grand encore se rencontrait dans le défaut d'instruction et d'aptitude de cette foule.

Le bon sens ne suffit pas en cette matière : il faut connaître les lois et la pratique de ces choses. Enfin, le grand nombre de juges diminuait l'attention et la responsabilité de chacun, ainsi qu'il arrive toujours en pareille occurrence. L'intrigue, la corruption et les entraînements devenaient par là plus faciles dans cette foule composée d'éléments moraux à tous les degrés. Pouvait-on compter sur l'honnêteté, le sang-froid et la sérénité d'un tel tribunal ? Qui ne sait que Socrate y fut condamné ; que tous les grands hommes de la Grèce y subirent les rigueurs de l'ostracisme, et que des sentences scandaleuses y furent prononcées dans tous les temps, pour arriver à des confiscations lucratives dont l'Etat profitait en même temps que les juges ?... Cette foule ignorante jugeait avec ses passions du jour et non avec sa raison. Aussi bien, ni la liberté individuelle, ni le droit de propriété, ni la vie des citoyens, ne furent par elle protégés et respectés (1).

La justice était gratuite à l'origine ; mais sous Clisthènes (500), qui voulut capter la foule, chaque membre de l'assemblée du peuple reçut une obole à titre d'indemnité (0,15 c.). La popularité de l'Archonte en fut singulièrement augmentée. Périclès, qui ne pouvait rivaliser avec les libéralités personnelles de Cimon, suivit bientôt cet exemple, en faisant décréter une solde pour tous les Athéniens qui prenaient part aux expéditions militaires et qui, jusque-là, s'étaient équipés à leurs frais. Il éleva en même temps le salaire des juges et porta à trois oboles, 0,48 c., celui des citoyens qui siégeaient aux assemblées. En même temps, les orateurs étaient payés pour parler, les citoyens pour les écouter, décider et juger. Il n'était pas un acte de la vie publique qui ne fût tarifé. Chaque membre du Sénat recevait sa drachme quotidienne pour son droit de présence, et chacun des 6,000 juges ses trois oboles (0,48 c.). A Athènes comme à Rome, on vivait de ses droits politiques. Ce salaire ainsi généralisé était une véritable taxe des pauvres que l'on prélevait sur le trésor public, et qui donnait le droit à l'assistance et à l'oisiveté.

(1) Fustel de Coulanges. *La justice en Grèce. Rev. des Deux-Mondes*, mars 1871.

Après la nourriture, les spectacles gratuits. Cette largesse nouvelle se nommait *le théorique*. Dès l'origine, l'entrée au théâtre était gratuite, mais comme il y avait foule et que des désordres se produisaient fréquemment, on résolut de faire payer deux oboles d'entrée. Les pauvres étaient exclus par cela même : on leur donna cette somme afin qu'ils pussent payer leur place. C'est à Périclès qu'ils durent cette innovation (1).

Pour avoir droit au théorique, il suffisait d'être citoyen. La distribution se faisait par tribus et par tête dans l'assemblée du peuple. Le trésor public accordait un prix de journée uniforme à tous les fainéants. On salariait la paresse comme partout ailleurs on salarie le travail. Nul n'était obligé de gagner son pain; tout le monde s'en procurait sans rien faire. La seule préoccupation des Athéniens était de s'amuser et de discourir sur la place publique (2).

Bientôt *le théorique* reçut une extension plus grande, et l'on distribua de l'argent et des vivres en dehors des représentations théâtrales, mais toujours à l'occasion des fêtes et des jeux, afin que les citoyens pussent les célébrer plus gaiement (3). Si l'on distribuait le théorique à 18,000 individus, comme on le pense, et que ces largesses se renouvelassent vingt-cinq ou trente fois chaque année, cela représentait pour le trésor une dépense considérable, qu'une petite ville comme Athènes était impuissante à supporter. On dissipait ainsi en jeux, en spectacles, en sacrifices, les fonds publics destinés à la guerre, et l'on corrompait du même coup le patriotisme et les mœurs publiques. C'est avec ces largesses, sans cesse augmentées, que les ambitieux et les démagogues acquirent la faveur du peuple et obtinrent

---

(1) *Plut.*, Périclès, 9.
(2) Moreau-Christophe, *Du Droit à l'oisiveté*, 69.
(3) Plut., *Périclès*, 9

des fonctions qu'ils étaient indignes et incapables de remplir. Ainsi, Agirrius, Eubule, et Démode qui promit 50 drachmes à chaque Athénien pour qu'il s'opposât à l'armement de la flotte qui devait combattre Alexandre. On appelait alors les distributions d'argent le ciment de la démocratie (1). Disons plutôt qu'elles réveillèrent les mauvais instincts de la foule et la corrompirent complètement.

Pour couvrir ces prodigalités, il fallut augmenter les impôts, et quand ils furent insuffisants, y suppléer par les confiscations, qui devinrent de la sorte une branche importante des revenus publics. Conséquence ordinaire d'un crime ou d'un délit, elles atteignirent désormais la famille, même innocente, du coupable.

C'était une source constante de délations et de condamnations par l'attrait qu'elles offraient à des particuliers avides et à un peuple sans scrupule, envieux de s'enrichir au préjudice d'autrui (2). Les orateurs de la démagogie disaient chaque jour, en présence d'un accusé, que si on négligeait de le condamner, il ne serait pas possible de satisfaire au salaire du peuple (3). — On partageait d'ordinaire le produit des confiscations. En faisant ainsi, le trésor s'enrichissait de ressources importantes, et on excitait, chose plus grave, le désir malsain de s'emparer du bien d'autrui, en même temps qu'on fomentait entre les pauvres et les riches ces discordes toujours renaissantes, qui ne finirent qu'avec la ruine de la Grèce.

Un jour vint, tant le mal était profond, où la solde de l'armée fut employée, comme le reste, aux plaisirs du peuple. Les soldats, ne recevant plus la paie légale, se payèrent de leurs mains en pillant les alliés, et firent naître ainsi la

---

(1) Bœckh, *Econ. pol. des Athéniens*, I, 362 et s.
(2) Bœckh, t. II, 150.
(3) *Lys.*, c. Epicrate.

guerre sociale. Pendant ce temps, les affaires de l'Etat étaient confiées à des gens auxquels personne n'eût voulu confier les siennes (1). Leur ignorance et leur présomption cédèrent bientôt devant la discipline macédonienne, et ne pouvant croire à leur défaite irréparable, ils se demandaient qui avait trahi ou vendu la Grèce (2).

Ce n'est pas tout encore : pour suffire aux dépenses toujours croissantes, les démagogues augmentèrent un jour la taxe des villes alliées, qu'Aristide avait fixée à 460 talents. Ils la portèrent successivement à 600, et enfin à 1300 après la mort de Périclès (3). Et ce n'était point pour les besoins de la guerre et du salut commun, mais bien pour la célébration des jeux à Athènes, pour des distributions publiques et autres dépenses qui ne se rapportaient nullement aux intérêts généraux (4). Or, ces contributions devinrent si onéreuses, qu'un grand nombre de Grecs alliés, disait Andocide, quittèrent leur patrie pour se réfugier à Thurium.

Le rêve des Athéniens était de vivre sans travail aux dépens des alliés. « Mille villes nous paient tribut, dit un personnage *des Guêpes*, que l'on enjoigne à chacune d'elles d'entretenir vingt citoyens d'Athènes, et 20,000 hommes seront dans les délices. » Ce n'est donc pas le droit au travail que l'on réclamait, mais le droit de ne rien faire.

De toutes les causes du mal que nous venons de signaler, la plus féconde sans doute fut l'ignorance de la multitude. N'ayant que des appétits grossiers, n'écoutant que ses intérêts, incapable d'exercer les fonctions qui lui étaient dévolues, irresponsable enfin devant les jugements qu'elle avait rendus, cette foule inconsciente se laissa gagner aisément

(1) Isocrate, *de pace*, 12.
(2) Bœckh, II, 350.
(3) Thucid, t. II, 13.
(4) *Plut.*, Aristide.

par les belles paroles des rhéteurs et l'ambition des démagogues dont Thucydide a fait le portrait.

« Poussés par la passion de dominer, ils se prodiguaient en belles paroles ; ils ne parlaient que d'égalité et de sagesse ; ils ne songeaient qu'au bonheur de la patrie... En réalité, la patrie elle-même était l'enjeu de leurs luttes. Leur emportement ne recula devant aucune atrocité, non seulement à Athènes, mais dans tout le monde hellénique. Ainsi en sera-t-il toujours, tant que la nature des hommes sera la même (1). »

Au milieu de ces foules crédules et versatiles, le procédé ordinaire des démagogues était de crier à la trahison ; tous ceux qui n'étaient pas de leur parti étaient des traîtres, prêts à livrer la ville à l'étranger ou aux tyrans. Par ces calomnies habilement ménagées, le démagogue amenait la foule à une irritation aveugle, qui lui faisait voir partout des périls et des conjurations. Tout est prétexte : un personnage d'Aristophane est appelé par la foule « traître à la patrie et ennemi du peuple, parce qu'il a peigné ses cheveux et sa barbe ». Il suffisait d'être inopinément accusé de vouloir détruire la démocratie, pour que l'on fût à l'instant jugé et condamné par le peuple assemblé. Il suffisait aussi d'être riche, comme plus tard sous Marius et Sylla.

« Le châtiment doit suivre le crime, disent encore les démagogues ; mais lorsque le salut de la démocratie est en jeu, le châtiment doit précéder... Il faut agir vite... Les citoyens doivent vivre de manière à ne pas être suspects ; s'ils le sont, qu'ils meurent avant d'avoir exécuté leurs criminels projets. Celui qui veut sauver un traître est traître à son tour (2) ».

Tel était le rôle principal du démagogue politique et am-

---

(1) Thucydide, III, 82.
(2) Thucydide, III, 89.

bitieux. Mais ce n'était pas le seul ; sortant de la classe des rhéteurs de profession, il recevait pour accuser aussi bien que pour défendre, et souvent aussi pour se tenir bouche close devant les méfaits des administrateurs et les déprédations des généraux. Les ambassadeurs étrangers parvenaient aisément à le corrompre dans l'intérêt de leur politique, et c'est ainsi qu'il amassait des richesses scandaleuses (1).

Encouragé dans ses mauvais penchants, par les discours intéressés de ces hommes méprisables, le peuple s'engagea de plus en plus dans la voie des spoliations. En soumettant les riches à l'impôt progressif et à des charges onéreuses, telles que la construction des galères ou l'édification des monuments publics, il les atteignit dans leur fortune en attendant qu'il complétât leur ruine par les confiscations qui devaient permettre des largesses à la foule. Pour échapper à la spoliation, les citoyens se jetaient dans le commerce avec l'espoir de dissimuler plus aisément leur aisance, quand ils ne prenaient pas le chemin de l'exil (2).

« Nul ne peut vivre tranquille, disait Isocrate ; la ville entière est pleine de désolation. Les uns gémissent dans la misère, les autres des impôts dont ils sont accablés. Le pauvre veut emprunter, mais ne plus rendre. Aussi ne trouve-t-on plus de prêteurs. Les capitaux se cachent, le travail est interrompu, et si le riche est privé d'un menu profit, c'est surtout le pauvre qui souffre ; il recueille le fruit de sa guerre insensée (3) ».

La Grèce renferme deux Etats, disait Platon, l'un composé de riches et l'autre de pauvres. Abusant de leurs droits politiques, les pauvres voulurent s'en servir pour établir

(1) *Démosthènes*, Philippe 3.
(2) Filleul, *Histoire de Périclès*, II. 247.
(3) Isocrate, *de Pace*, 130.

l'égalité. Tantôt on mettait tous les impôts à la charge des riches et tantôt on confisquait leurs biens en les condamnant à mort ou à l'exil. Souvent on abolissait les dettes et on allait jusqu'à faire un partage des propriétés. Les riches se défendaient alors par tous les moyens, même par les armes. De là, des guerres sociales constantes. Polybe résume d'un mot cette lamentable histoire : « Dans toute guerre civile, il s'agit de déplacer les fortunes » (1).

La raison d'Etat vraie ou fausse dominait toutes les résolutions ; elle donnait à la cité un pouvoir sans limites et sans contrôle qui absorbait la liberté et paralysait le droit individuel. Il résultait de là, que la majorité des suffrages pouvait décréter l'ostracisme ou la mort d'un citoyen et la confiscation de ses biens. Les Grecs ne voyaient en cela ni illégalité ni injustice. Ce que l'Etat décidait était le droit. Les citoyens étaient irresponsables quelles que fussent leurs décisions. — On le vit en maintes circonstances, non-seulement à Athènes et à Sparte, mais dans toutes les républiques de la Grèce. C'est ainsi qu'à Mégare, suivant Plutarque (2), on décréta que les dettes seraient abolies et que les créanciers rembourseraient les intérêts perçus jusque-là. » — « Dans certaines villes, dit également Aristote, le parti populaire s'étant emparé du pouvoir, prononça la confiscation des biens contre les familles riches. Le nombre en fut si grand qu'ils formèrent une armée » (3). En 412, le peuple de Samos fit périr deux cents de ses adversaires, en exila quatre cents autres, et se partagea leurs terres et leurs maisons (4) ; il en fut de même à Syracuse.

A Messène, à Milet, à Cumes, à Sycione, à Argos, dès que le parti populaire prit le dessus, il exila les riches et

(1) Lavelaye, *De la propriété*, vi.
(2) Plut., *Quest. grecq.*, 18.
(3) Arist., *Polit.*, viii, 4.
(4) Thucyd., viii, 21.

partagea leurs terres. Dans chaque cité, la guerre civile était en permanence entre riches et pauvres, à cette seule fin de déplacer les fortunes. Les tyrans, élus par la foule, la soutenaient dans ses revendications et dans ses haines, tandis que les riches constituaient une oligarchie violente. Ceux-ci combattaient, disait-on, pour la liberté, et ceux-là pour la tyrannie. Ce qu'il y a de vrai, c'est qu'il n'existait plus de règles ; qu'il n'y avait que des factions, des intérêts et des convoitises de parti. Sans respect pour le droit individuel, le pouvoir s'était changé en un despotisme malhonnête qui devenu maître de la fortune et de la vie des citoyens, ne leur laissait contre lui aucune garantie.

Les villes grecques flottaient toujours entre deux révolutions : l'une, qui dépouillait les riches ; l'autre, qui les remettait en possession de leur fortune. La cause première de ces agitations malsaines, c'était l'absence du travail, c'était l'oisiveté, sources certaines de la misère et de la corruption (1).

Au lieu de ramener la foule à la raison et au bon sens, des esprits pervers et égarés l'entraînaient aux plus folles chimères. Il fallait renverser la société de fond en comble, décréter l'égalité absolue des personnes, *sauf les esclaves* bien entendu, et proclamer la communauté des biens..... Tout appartiendra à tous. Les propriétaires sont de grands voleurs (2). Tel était le langage de la place publique.

« En résumé, les distributions publiques et les salaires trop nombreux appliqués à tous et pour toutes choses, produisirent la fainéantise et les mauvaises mœurs. Le peuple se persuada que le trésor public était son patrimoine et que l'Etat devait le nourrir. Dans son oisiveté, le moin-

---

(1) V. Fustel de Coulanges, *La cité antique*, 450 et s.
(2) Aristoph., *Le Club des femmes*, v. 609.

dre citoyen, grisé par les propos ambitieux et peu mesurés de la place publique, se crut propre à tout et brigua l'administration des affaires. Les hommes publics, en présence de cette tourbe prétentieuse, insolente et difficile à contenter, se préoccupaient sans cesse de lui plaire, non pas en lui procurant du travail, mais en lui faisant des largesses qu'ils puisaient dans les revenus de l'Etat. La chose publique était dès lors regardée comme une propriété commune, qui devait entre tous être partagée. Au milieu de l'esclavage et des ressources qu'il lui procurait, le peuple athénien trouvait bon d'être payé par l'Etat pour juger les affaires publiques. Il était en outre soldé pour la guerre, et il recevait une rétribution pour payer sa place au spectacle, sans préjudice des distributions répétées de blé et de victuailles.

En présence de ces prodigalités intérieures, des frais de la guerre au dehors et d'une mauvaise administration, on se vit contraint d'accabler de subsides les alliés ; de soutenir contre eux des guerres incessantes ; d'accumuler l'injustice et la terreur sans que ces rigueurs pussent empêcher la nation de succomber (1). Gardons-nous, dès lors, d'exalter ce passé outre mesure, et d'avoir pour idéal les indignes héros de sa grandeur imaginaire.

Si l'on examine la vie publique des Grecs, on y verra que l'oisiveté, l'injustice et la corruption en sont la règle. Leur vie privée n'est pas meilleure. Si leurs cités et leurs gouvernements libres donnaient à la vie plus de mouvement et de variété, ils excitaient aussi des rivalités et des passions sans nombre. La pratique de l'oppression, de la servitude et de l'arbitraire furent toujours le fonds de ces démocraties égoïstes et turbulentes, dans lesquelles « on appelait démocratie ce qui n'était qu'anarchie ; liberté, le mépris des lois ; égalité, le droit d'insulte » (2).

(1) Bœckh, II, 482.
(2) Isocr., *Aréopagitique,* 20.

Etant donnés les avantages du travail servile, la répartition égale des propriétés à Sparte et les largesses du trésor public à Athènes, ainsi que dans d'autres cités, il semble que la pauvreté aurait dû être bannie de la Grèce. Il n'en est rien cependant.

Homère et Hésiode nous apprennent que, de leur temps, il y avait des mendiants et des pauvres (1). Il y en avait aussi du temps de Lycurgue et de Platon, puisqu'ils prennent soin de les bannir de leur république (2). — La répartition égale des propriétés avec défense de les aliéner n'empêcha pas que les 9,000 possesseurs du temps de Lycurgue ne fussent réduits à 600 sous Agis, dont la plupart étaient dans la misère. C'était le résultat des guerres et de l'oisiveté.

Il en était de même à Athènes et dans le reste de la Grèce. Xénophon constate que, bien longtemps avant lui, la masse du peuple était pauvre (3). La distribution du *théorique* suffit à le prouver, et l'existence même de cette institution dut étendre l'oisiveté et développer la misère.

Les guerres et les revers aggravèrent forcément cette situation, dont le travail servile ne put triompher. Que pouvaient les esclaves pour le citoyen que la ruine et la misère avaient atteint ?

---

(1) Homère, *Odyssée*, l. IV, p. 247.— Hésiode, *Opera et dies*, v, 350.
(2) Plutarque, *Vie de Lycurgue*.— Platon, *de Legibus*, L. II.
(3) Bœckh, *Ec. pol. des Athéniens*, I, 286.

ROME .

Le Peuple Romain. — La Plèbe. — Les Prolétaires. — Les Collèges. Le Colonat. — L'Esclavage.

LE PEUPLE ROMAIN.

La civilisation romaine suit de près celle de la Grèce. Elles avaient même origine. Leurs ancêtres formaient en Asie un seul et même peuple qui parlait la même langue. Le Grec et le Latin dérivent en effet du sanscrit, et témoignent que les Grecs et les Romains ont parlé dans l'Asie centrale, mère commune des peuples de l'Occident, deux idiomes qui se sont développés parallèlement.

Suivant la science moderne, c'est au XVIIe siècle environ avant notre ère que les tribus pélasgiques auraient occupé l'Italie. Ce rameau détaché des Aryens, qui vivait de la chasse et de ses troupeaux, prit dans la suite des habitudes sédentaires et agricoles. Tel fut le noyau du peuple romain.

La légende tient un autre langage. Elle veut qu'à l'origine, Janus et puis Saturne, tous les deux fils de Diane, aient régné sur le Latium. Longtemps après, Enée, fils de Vénus, échappant à la ruine de Troie, aurait mêlé son sang à celui de Latinus, roi du pays. Douze princes leur succédèrent, et de la fille de l'un d'eux, une vestale, naquirent Romulus et Rémus. — Exposés sur le Tibre et destinés à périr, ils furent, dès leur naissance, allaités par une louve et recueillis par un berger. Distingués dans les combats, leur grand-père, le roi d'Albe, les autorisa à bâtir une ville sur le Tibre. C'est alors que, suivant les rites étrusques, Romulus avec sa charrue traça, autour du Palatin, l'enceinte sacrée de la cité romaine à laquelle il donna son nom (754 ans av. J.-C.). Telle est la légende.

Une chose plus certaine, c'est que dès l'origine, les Latins avaient un chef politique et religieux qui portait le titre de roi, comme en Orient. Autour de lui se groupaient des familles nombreuses, des *gentes*, qui formaient entre elles une association religieuse et politique, *une curie*. Les chefs de ces grandes familles en étaient *les patres*, les patriarches, et leurs enfants les patriciens. Leur puissance s'exerçait absolue, non-seulement sur leur femme et leurs enfants qu'ils pouvaient mettre à mort, mais sur tous leurs descendants et leurs collatéraux groupés autour d'eux. La propriété, la terre, les meubles, les esclaves leur appartenaient aussi, de telle sorte qu'ils pouvaient les administrer et en disposer sans contrôle.

Ce n'est pas tout : *la gens* comprenait encore d'autres familles, plus humbles, plus faibles, plus pauvres, attachées à elle par une espèce de servitude, qui prenait le nom de clientèle. — Le chef de famille n'était pas leur père, mais seulement leur patron. A ce titre, et en échange de sa protection, ils lui devaient l'obéissance. Le client, attaché à une famille, à une *gens*, était un serviteur qui cultivait la terre pour elle a des conditions déterminées. Il n'avait ni propriété, ni religion autre que celle de son patron. Il devait le suivre à la guerre, et voter suivant ses ordres. C'était, à peu de chose près, le futur colon de l'empire, ou mieux encore notre serf du moyen âge.

Au-dessous de la *gens* et de sa clientèle, venait la *Plèbe*. Étrangère à l'agrégation des familles, étrangère à la cité, elle composait cet ensemble d'étrangers, de vagabonds et de bandits de tous pays, que Romulus ou quelqu'un de ses successeurs avait admis à cultiver les terres du mont Palatin, à côté de l'enceinte de la ville. Le peuple romain comprenait donc les praticiens et les clients. La plèbe n'en faisait point partie. Elle n'avait ni droit de cité, ni religion commune, ni famille légale. Elle ne pouvait faire partie de l'armée. Comme les esclaves, elle portait une tunique brune. C'était une population méprisée, reléguée hors la ville, la société, la religion, comme celle des Soudras de l'Inde (1). Tous les aventuriers, les étrangers, les vaincus, qui venaient chaque jour grossir ses rangs, constituèrent bientôt une force avec laquelle il fallut compter.

Au-dessus de cet ensemble, planait le roi, chef religieux et politique de la cité comme les rois asiatiques. C'était le premier et le plus grand des *patres*. Il offrait les sacrifices, rendait la justice et commandait l'armée. Quelque puissant qu'il fût, l'ensemble des *patres* qui composaient le Sénat contrariait son influence et ses volontés. Pour paralyser leur résistance, le roi se rapprocha de la plèbe et voulut la protéger. Mais à chaque tentative de ce genre, il mourut assassiné. Romulus fut la première victime. Tullus Hostilius périt comme lui, parce qu'il avait distribué aux plébéiens quelques terres publiques. Tarquin l'Ancien et Servius Tullius succombèrent de même devant la haine ombrageuse des patriciens. Cinq rois sur sept tombèrent ainsi sous le poignard des assassins.

Servius Tullius avait tenté de faire disparaître l'antagonisme des classes, en englobant le peuple dans l'armée et en effaçant la distinction d'origine. A cet effet, il avait, comme Solon, divisé la population toute entière en six classes selon les chiffres de leur fortune. Les cinq premières payaient l'impôt, tandis que la sixième, qui ne possédait rien, reçut la qualification de *prolétaire*, c'est-à-dire : procréatrice d'enfants. Ce fut un mot nouveau qui longtemps

---

(1) Fustel de Coulanges, *la Cité antique, passim*.

retentit dans le monde romain. Oubliée au moyen âge et depuis, cette désignation n'a repris faveur qu'avec le socialisme contemporain.

Ces prolétaires ne faisaient point partie de l'armée ; ils lui fournissaient seulement des mnsiciens et des hommes de peine compris sous le nom d'auxilliaires. A l'aristocratie de naissance, la réforme de Tullius substituait l'aristocratie de fortune, qui se modifiant sans cesse par le travail et l'activité, devenait accessible à tous et permettait aux inférieurs de la veille de s'élever chaque jour au niveau des classes supérieures (550). Payant l'impôt et défendant la patrie, la plèbe rentrait ainsi dans la cité, dans la vie civile. Elle y acquit bientôt une place plus grande en exprimant son vote par centurie, c'est-à-dire avec les divisions de la milice.

Cette constitution de Servius est presque contemporaine de celle de Solon (590), mais elle est loin d'être aussi démocratique. Tandis qu'à Athènes le peuple vote par tête, et que la quatrième classe, supérieure en nombre aux trois autres, l'emporte dans toutes les décisions, la plèbe romaine vote par centuries. Et comme la classe des prolétaires ne forme qu'une seule centurie sur 193, son influence est tout à fait nulle.

Le septième et dernier roi de Rome se nommait Tarquin le Superbe (531-510). Il opprima le peuple en lui imposant des corvées et des travaux malsains, en même temps qu'il mécontenta les patriciens par son orgueil. Combattu par eux et déposé, il fut remplacé par deux consuls éligibles. La royauté avait duré deux siècles et demi ; la république aristocratique, constamment dirigée par l'influence patricienne, durera cinq siècles, jusqu'au jour où cette plèbe corrompue, qui remplit l'armée, imposera ses généraux et acclamera des Césars d'aventure.

A ce même moment, s'opérait en Grèce la réforme de

Clisthènes. Mais tandis que cette petite nation possédait déjà une civilisation raffinée ; que les lettres et les arts y florissaient, Rome, au milieu de ses marais infects, n'avait encore ni temple, ni palais, ni un seul monument de littérature. Sa loi des Douze-Tables, ne sera publiée qu'un demi siècle après (444).

Tarquin chassé, les patriciens firent abolir la royauté et la remplacèrent par un gouvernement qui fut tout entier dans leurs mains. Deux d'entre eux, sous le nom de *consuls*, étaient investis de toutes les prérogatives des rois, mais avec cette différence que leur pouvoir n'était qu'annuel.

Elus par les centuries patriciennes qui avaient la majorité, ce pouvoir ne sortit jamais de leur caste. C'était une oligarchie aussi odieuse que le despotisme. Pour intéresser le peuple à cette révolution aristocratique, on lui distribua les terres qui formaient le patrimoine du roi exilé (1).

Nous avons vu sous les rois deux peuples étrangers et rivaux. Nous verrons sous la république deux ordres ennemis : patriciens et plébéiens.

La disparition de la royauté, l'établissement du consulat et la petite somme de libertés civiles, que les plébéiens avaient obtenues, n'empêchèrent pas que le peuple romain ne fût sans cesse en guerre avec ses voisins, les Etrusques, les Sabins et les Latins. Pour la soutenir, le soldat romain était obligé de s'équiper et de s'entretenir à ses frais, d'abandonner son champ, sa demeure, sa famille, et d'emprunter à des taux élevés pour subvenir aux besoins de celle-ci pendant son absence. A son retour, impuissant à se libérer, la loi sur les dettes lui enlevait son champ et le mettait à la discrétion de son créancier qui le prenait comme esclave avec sa femme et ses enfants. Là, les mauvais

(1) Tit. L. II, 5.

traitements l'attendaient, et l'avenir ne lui ouvrait aucune issue, aucune espérance.

En présence de cette situation, les plébéiens refusèrent de s'enrôler dans l'armée, à moins qu'on ne soulageât leur misère en abolissant les dettes et l'esclavage des débiteurs. Et sans plus attendre, ils se retirèrent sur le Mont Sacré pour organiser leur résistance. C'est là, dit-on, que la fable des membres et de l'estomac vint les désarmer en leur faisant les concessions qu'ils avaient demandées (493). La paix fut ainsi rétablie, et comme gage, on donna aux plébéiens deux magistrats de leur ordre, les tribuns, qui furent chargés spécialement de venir en aide aux débiteurs, et d'empêcher qu'ils ne fussent incarcérés pour dettes. La personne de ces nouveaux magistrats était inviolable et sacrée, et leur simple *veto* suspendait les décisions du Sénat et des autres magistratures. A partir de ce moment, l'histoire intérieure de Rome ne sera que la lutte des plébéiens, dirigés par leurs tribuns, contre les patriciens, avec le Sénat et les consuls.

Les terres enlevées aux peuples vaincus étaient incorporées au domaine public qui les louait au plus offrant. Les patriciens seuls pouvaient les prendre à ferme, mais il arrivait qu'avec la connivence du Sénat, le prix cessait d'être payé, et dès lors ces terres éparses et lointaines, mal délimitées, se confondaient avec les propriétés particulières. L'étendue des champs ainsi usurpés était immense. Rien de plus juste que de les faire rentrer dans le domaine public. Le consul Spurius Cassius voulut le tenter, et demanda en même temps qu'une partie de ces champs lointains fût distribuée aux plus pauvres. C'était la première proposition de lois agraires depuis le partage de Romulus et la fondation de Rome (486). Mais les patriciens tout-puissants accusèrent Cassius d'aspirer à la royauté et le firent décapiter. Les tribuns n'en persistèrent pas moins à poursuivre leurs revendications.

Les lois romaines n'étaient qu'un ensemble de coutumes arbitrairement appliquées par le patriciat. On obtint qu'elles fussent codifiées et publiées. Ce fut la loi des Douze-Tables, qui donnait l'égalité civile aux plébéiens (444). Ce n'est qu'avec cette égalité que commencent les beaux jours de la république. Et néanmoins les revendications de la plèbe furent incessantes, tant qu'elles restèrent à compléter.

Les tribuns qui se succédaient se faisaient un point d'honneur d'arracher aux patriciens une liberté nouvelle. C'est ainsi qu'en 376, Licinius Stolon et son collègue Sextius obtinrent l'abolition des intérêts arrérages et du prêt à intérêt, ainsi que le partage des terres publiques. Ces mesures d'une honnêteté si douteuse, la dernière exceptée, ne produisirent qu'un mince résultat. On envoya des colons sur une partie des terres conquises, et on afferma le surplus dans l'intérêt du trésor. L'abolition des dettes arrérages importait peu à ceux qui ne pouvaient les payer, et que la contrainte par corps abolie ne pouvait atteindre. Quant à la suppression de l'intérêt, cette naïveté économique produisit le résultat qu'on en devait attendre. Une banque d'Etat commença par prêter l'argent du public, au public incapable de le rendre. C'était le tonneau des Danaïdes. Tous les impôts du monde étaient impuissants à le remplir.

Ce système échoua bientôt, comme ont échoué toutes les lois restrictives de l'usure. Il ne nuisait, en effet, qu'aux emprunteurs. Le possesseur de l'argent trouvait inutile de le louer pour rien, alors qu'en l'employant en terres, en esclaves, en meubles de toute sorte, il en retirait un loyer. S'il le prêtait par hasard sans intérêt, il exigeait, au remboursement, une somme plus forte comme compensation de ses risques. L'argent à emprunter devint par cela même et plus rare et plus cher, et cette loi naïve disparut sans laisser de trace.

Un triomphe plus durable, ce fut le partage du consulat

entre les deux ordres rivaux (366); il constitua l'égalité politique et fit vraiment le peuple romain, car tous les habitants de Rome ne formèrent plus qu'un seul peuple dont tous les membres avaient les mêmes droits. Le consulat était accessible aux plébéiens ; toutes les autres magistratures le devinrent bientôt : la dictature en 355, la censure en 350, la préture en 337 et le sacerdoce en 302. Tout fut ainsi commun entre les deux ordres. — Les querelles apaisées, la prospérité de Rome commence. On ne songera plus désormais qu'à la grandeur de la patrie.

En même temps que leurs privilèges politiques, les patriciens avaient perdu la suprématie qu'ils exerçaient sur leurs clients. Plébéiens, clients et affranchis prenaient part au vote et défendaient leurs intérêts. Pour obtenir ce résultat, leurs luttes s'étaient renouvelées pendant un siècle et demi depuis la fondation de la république. Mais à partir de ce moment, toutes les rivalités, toutes les querelles intérieures ont cessé et la nation romaine tout entière pourra suivre ses destinées, et compter chaque jour une conquête nouvelle en attendant la conquête du monde.

L'invasion des Gaulois et la destruction de Rome en 390 avaient un moment arrêté les réformes au dedans et paralysé l'élan au dehors. Il avait fallu cicatriser ses blessures, rebâtir la ville ruinée et incendiée, reconquérir l'influence perdue sur les voisins. Ces préliminaires accomplis, la fortune romaine ne s'arrête plus, et dès ce jour, pendant une période de trois siècles, elle éblouit le monde de ses victoires et de ses immenses conquêtes.

A partir de 342, elle triomphe à plusieurs reprises des Samnites, puis des Latins. Elle met quarante ans à les soumettre. Dans une série de victoires elle triomphe ensuite de la coalition des peuples italiens contre Rome (293). Puis elle soumet les Sénons ; elle fait la guerre à Pyrrhus (280).

Ces conquêtes sont à peines consolidées, que la rivalité de Rome et de Carthage commence au sujet de la possession de la Sicile. La première guerre punique dure vingt ans (264-245). Entre temps, la Corse et la Sardaigne sont conquises et une nouvelle invasion de Gaulois repoussée.

En 220, deuxième guerre punique contre Annibal. Elle dure encore vingt ans, et à plusieurs reprises, elle met Rome à deux doigts de sa perte. Les batailles du Tessin, de la Trébia, de Trasimène, de Cannes (216), sont autant de triomphes pour le gnéral africain. — Mais voilà que, par une manœuvre hardie, les Romains portent la guerre en Afrique, et préparent les triomphes de Scipion. — Ainsi finit la deuxième guerre punique (201).

Philippe avait prêté son concours à Annibal. Vaincu dans plusieurs combats, la Macédoine, la Grèce et l'Asie Mineure furent réduites en provinces romaines. L'Afrique carthaginoise et l'Espagne eurent le même sort (146). Puis enfin les Ligures et les Gaulois cisalpins (133).

Pendant deux siècles, Rome avait fait la guerre, toujours servie par une heureuse fortune. Cent peuples avaient été soumis, enrichissant de leurs dépouilles le monde romain et couvrant d'esclaves le sol de l'Italie. D'immenses tributs avaient rempli le trésor et dispensé les citoyens du paiement de l'impôt (1). La République romaine était à l'apogée de la gloire et la richesse.

Et cependant le peuple était dans la misère. Cent ans de guerres avaient fait bien des veuves, des orphelins et plus encore de pauvres et de prolétaires. Le paysan soldat, obligé d'abandonner son champ, l'avait trouvé stérile à son retour, quand il avait survécu. Souvent, en son absence, il avait dû le vendre à son riche voisin, pour donner des aliments à sa famille. La culture était d'ailleurs méprisée et abandonnée devant le noble métier des armes et le butin qu'il procure.

(1) Cic., *De Offiis*, II,22.

Une dernière cause, plus grave encore, avait appauvri le citoyen. L'esclavage avait tout envahi : les metiers et les cultures, et sa concurrence en avait éloigné les citoyens romains qui les pratiquaient avant la guerre. Par suite de ces circonstances diverses, il y avait à Rome une foule immense de pauvres, et au dessus d'eux quelques nobles et quelques riches qui occupaient les emplois et les grandes fonctions. La classe moyenne avait disparu et avec elle la discipline, le patriotisme et l'austérite de l'ancienne Rome.

Le peuple, recruté dans l'esclavage, n'était qu'un mélange d'affranchis du monde entier. On envoyait des citoyens dans les provinces comme légionnaires, publicains, gouverneurs, et souvent par milliers comme colons, tandis qu'on recevait en échange des esclaves, des affranchis, qui apportaient avec eux tous les vices de la Grèce décrépite ou de l'Asie corrompue.

Ce n'était pas seulement le peuple de Rome qui souffrait de ces maux. Ils étaient communs à l'Italie tout entière. Par cela même, le nombre des petits propriétaires avait considérablement diminué ; partout l'agriculture libre périssait sous le poids de la concurrence du travail servile ou des céréales tributaires qu'on vendait à vil prix. La misère chassait des champs le laboureur et faisait affluer à Rome tous les gens privés de travail, qui venaient tendre la main aux distributions gratuites des magistrats.

Ainsi, partout la misère et la dégradation du peuple, l'extension de l'esclavage et la ruine des campagnes.— Les suffrages s'achetaient, les juges étaient à vendre ; les provinces, au pillage des gouverneurs (1).

Qui pouvait guérir tant de maux ? Tibérius Gracchus voulut le tenter. Diviser les immenses domaines que les grands avaient usurpés sur l'Etat ; les distribuer à la plèbe

---

(1) Macé, *Des Lois agraires*, 41.

indigente et la régénérer ainsi par le travail ; chasser enfin les esclaves des campagnes pour rendre celles-ci aux ouvriers libres, telle fut la tactique du tribun, qui voulait reconstituer de la sorte la petite propriété et la classe moyenne. Il ne proposait, comme Licinius, que la distribution des terres publiques. Appien et Cicéron le confirment (1). Nulle mesure n'était plus juste et plus opportune. Elle écartait un grand péril. C'était le salut de Rome et de l'Italie.

Les lois agraires n'avaient point pour objet, comme on pourrait le croire, le partage égal des propriétés entre les citoyens, mais le partage, entre les pauvres, d'une partie des terres conquises qu'ils auraient cultivées en payant des redevances à l'Etat. — Romulus lui-même n'avait-il pas pratiqué la première loi agraire en partageant le sol par portions égales de deux arpents à chaque chef de famille ? (2).

Numa, appliquant, pour la seconde fois, la loi agraire, n'avait-il pas distribué aux citoyens pauvres une partie du domaine public ? Ses successeurs, imitant ces exemples, n'avaient-ils pas aussi distribué plusieurs fois les terres conquises sur l'ennemi ?

Le partage des terres ne favorisait d'ailleurs que les indigents et ne s'appliquait qu'aux terres et aux pâturages publics (3).

Les Tarquins avaient résisté à ces mesures ; mais après leur chute, leurs terres avaient été partagées. On en retint seulement une partie qui devint publique et constitua le Champ de Mars. C'était, on le voit, une pratique constante jusque-là.

En 485, Spurius Cassius proposa une nouvelle loi agraire;

---

(1) Denys d'Halic., 11, vii.
(2) Cic., *De Lege agraria*, 41.
(3) Tit. L. v.

mais celle-ci tendait à faire rentrer dans le domaine les terres usurpées par les patriciens. Sa proposition, d'une application d'ailleurs difficile, souleva la colère des grands, qui le firent décapiter. Pendant près d'un siècle, des propositions semblables se renouvelèrent à maintes reprises, mais sans aucun résultat. — Aucun partage ne fut obtenu depuis la chute de la royauté jusqu'à Licinius Stolon (366).

Ce nouveau tribun, voulant mettre un terme à la détresse générale, causée par l'usure et la concurrence des esclaves, ne vit d'autre remède au mal que de restreindre à 500 jugères les possessions des riches, et de distribuer le surplus aux indigents avec ce qui restait des terres publiques en Afrique, dans le Samnium et la haute Italie. Cette réforme, acceptée par les patriciens en présence d'un danger menaçant, produisit les meilleurs résultats (2).

Tibérius Gracchus ne faisait donc que reproduire une mesure pratiquée à plusieurs reprises et qui avait pleinement réussi. Cicéron et César la reprendront après lui, mais ils ne donneront des terres qu'aux soldats. Le peuple recevra du blé et des vivres.

Jamais moment ne fut mieux choisi, en présence de l'immensité du domaine public et de la pauvreté des citoyens que l'impôt ne cessait d'alimenter. Quelque juste, quelque opportune qu'elle fût, les patriciens n'accueillirent cette loi que contraints et forcés en quelque sorte. Aussi bien son auteur ne survécut que peu de jours à son triomphe, immolé par la haine des patriciens (133). Mais bientôt son frère Caïus, continuant son œuvre, confirma la loi agraire, établit des distributions de blé au peuple, de vêtements aux soldats, et fonda des colonies pour les citoyens pauvres. — Ces mesures mal accueillies furent pourtant acceptées ; mais quand il proposa de donner aux Italiens le droit de

---

(2) Macé, *Des Lois agraires chez les Romains*, 131 et s.

citoyens romains et de suffrage, il souleva dans le Sénat une immense opposition qui amena sa perte. Sa tête étant mise à prix : il se perça de son épée (121). Le grand Scipion, son aïeul, qui favorisait ses projets, mourut de même assassiné. « Les petits-fils de ce grand homme étaient mes enfants, disait Cornélie ; Ils sont tombés dans le temple et les bois sacrés. Ils ont les tombeaux que leurs vertus méritent, car ils ont sacrifié leur vie au plus noble but : le bonheur du peuple ».

Les concessions obtenues par les Gracques, mal exécutées tout d'abord, grâce au mauvais vouloir du Sénat, furent rapportées quelques années après.

Ainsi, la première tentative faite par les voies pacifiques avait échoué. Les grands avaient appelé à leur aide la violence, résisté à toute réforme, et rendu la révolution inévitable. — Un Etat, comme un individu, vit et se transforme sans cesse. C'est l'obligation de ceux qui sont à la tête du gouvernement d'étudier sans relâche les besoins nouveaux qui surgissent et de faire droit, en temps opportun, à ceux qui sont légitimes. Les nobles ne voulurent pas céder aux pauvres les terres usurpées que les Gracques leur demandaient pour refaire le peuple romain. Dans un siècle, ils céderont à Octave leur pouvoir avec leurs libertés, après avoir passé par les tragédies sanglantes de Marius et de Sylla (1).»

Les lois agraires avaient leur raison d'être en regard de la masse des terres conquises. Eloignées pour la plupart et improductives, elles auraient fixé une populace misérable qui était à charge à l'Etat. — Distribuer des terres, c'était créer des hommes libres et des soldats, restaurer l'agriculture, écarter les esclaves et les mercenaires, éloigner enfin une populace avide et corrompue qui trafiquait de son vote,

---

(1) Duruy, *Histoire des Romains*.

vivait d'aumônes et toujours prête à se vendre au plus offrant, qu'il s'appelât Marius, Cinna ou Auguste.

L'égoïsme des grands fit repousser ces mesures, et le flot des indigents montant toujours, submergea les institutions elles-mêmes (1).

Ce moment unique, où la république pouvait être sauvée, une fois passé, ne revint plus. Les violences succédèrent aux violences. Les défenseurs du peuple, se souvenant du faible appui qu'il avait donné aux Gracques, chercheront la force ailleurs. Comme Cinna, ils la demanderont aux Italiens; comme Sertorius, aux provinces; aux légions, comme Marius, César et Octave. Toute réforme couvrira une ambition, qui sera couverte à son tour et de sang et d'usurpations de pouvoir quotidiennes et scandaleuses. »

La plèbe, dépouillée de ses champs et de ses travaux industriels; les prolétaires eux-mêmes privés de tout travail manuel et de tout salaire, n'étaient pas seuls à souffrir au milieu de cette civilisation si brillante et si corrompue. Une situation plus douloureuse encore était celle des esclaves, qui constituaient la majorité des habitants. — Cette république sans entrailles, qui se disait démocratique, les privant de tous droits civils et politiques, de toute liberté, de toute possession, de toute satisfaction de famille, les soumettait aux plus durs travaux et aux châtiments les plus rudes, comme des bêtes de somme. — L'esclavage était la plaie des monarchies de l'Orient; il fut celle des républiques grecque et romaine, plus coupables en cela que leurs devancières, parce qu'elles étaient plus civilisées et plus imbues des principes philosophiques qui proclament l'égalité et la fraternité humaines.

Les tentatives des Gracques pour régénérer la plèbe avaient été vaines. Celle-ci, ignorante et dégradée, n'avait

(1) Macé, 428.

pu donner aux tribuns ce concours énergique qui lui eût assuré la propriété et le travail. Se mêlant sans cesse aux affranchis et se rapprochant des esclaves, elle participait à leur immoralité et à leur abrutissement.

Dès ce moment, la société romaine se partage d'elle-même en deux couches bien distinctes : celle des riches propriétaires et des patriciens, qui possèdent d'immenses domaines cultivés par leurs esclaves, et qui, occupant toutes les magistratures, tous les gouvernements, y compris la ferme lucrative des impôts, pressurent les provinces et en retirent d'immenses fortunes ; — et celle des plébéiens dépossédés et inoccupés, confondus avec les affranchis.

La grande cité compte ainsi deux mille riches qui peuvent seuls occuper les magistratures électives, parce qu'elles sont gratuites. En dehors de celles-ci, toutes les professions sont viles ; les marchands, les artisans, les mercenaires, ne méritent que le mépris. Tel sera le langage de Cicéron.

Rome n'avait eu d'abord que des milices dans lesquelles figurait tout citoyen qui payait le cens. La guerre terminée, le soldat rentrait dans ses foyers et reprenait la culture interrompue de son champ. Mais à la suite de ces guerres continuelles, qui avaient eu pour théâtre l'Italie tout entière, l'Afrique et l'Asie, et qui avaient duré plus d'un siècle, les citoyens romains n'avaient pu remplir, comme autrefois, les cadres immenses des armées. On avait dû recourir par cela même à l'organisation des légions permanentes qui demeuraient loin de Rome pendant plusieurs années. Et pour atteindre ce but, on avait enrôlé les prolétaires et créé la solde qui devait les entretenir en campagne. Une telle armée ne contenait que des mercenaires qui ne possédaient rien et n'avaient rien à défendre. Ne voyant que le butin, ils acclamaient le chef qui le leur procurait et se montraient prêts à le servir dans toutes ses entreprises. Ce fut désormais la seule force et le moyen unique qui permirent aux ambitieux de piller les provinces conquises, de faire des largesses à leurs soldats, et de fomenter avec eux des guerres civiles qui les élevèrent à la dictature et à l'empire.

Telle était la situation après les guerres puniques et la chute des Gracques. Quelques années de paix avaient suivi les troubles de cette dernière période ; mais on porta bientôt la guerre contre Jugurtha pour s'emparer de la Numidie (106). Marius, soldat de fortune, s'y distingua sous Métellus et obtint de la sorte le consulat. Envoyé contre les Cimbres et les Teutons qui menaçaient Rome et l'Italie après avoir détruit six armées romaines, il les battit complètement à Aix, puis à Verceil, en leur faisant 60,000 prisonniers qui furent envoyés à Rome comme esclaves (101). Ses soldats, recrutés en grande partie parmi les prolétaires, avaient reçu un immense butin, des terres et de l'argent. On ne les appelait que les soldats de Marius ; ils formaient autour de lui une cohorte aveugle. C'est à leur tête qu'il vint à Rome recevoir le triomphe et se prononcer comme le chef de la plèbe. Ce rôle nouveau ne lui permit pas de combattre efficacement les Italiens qui réclamaient le droit de citoyens romains. Tout l'honneur en revint à Sylla, qui mit fin à la guerre sociale et se constitua le défenseur de l'aristocratie.

C'est alors que commence la rivalité de ces deux hommes également funestes. — Après avoir été chassé de Rome par son concurrent, Marius, aidé de Cinna, y rentre avec une armée d'Italiens et d'esclaves fugitifs, et les proscriptions commencent. Tous les patriciens amis de Sylla sont immolés et leurs biens confisqués. Durant cinq jours et cinq nuits, le massacre n'a pas de trêve et s'étend ensuite au reste de l'Italie (87). Pendant quatre ans, la plèbe toute-puissante remplit de terreur la grande cité.

Mais Sylla, qui combattait Mithridate, accourt bientôt avec une armée de 40,000 vétérans dévoués à sa personne, et après avoir battu successivement plusieurs armées qui lui étaient opposées, il put enfin s'emparer de Rome. Ses proscriptions furent au moins égales à celles de Marius. « Qu'aucun de mes ennemis n'espère le pardon ». Telles furent les premières paroles qu'il fit entendre au Sénat. — Les listes de proscriptions nouvelles étaient affichées au Forum, et, pendant six mois, des exécutions féroces ne cessèrent pas un seul jour.— Les biens des proscrits étaient confisqués et vendus à l'encan. Les amis du dictateur pouvaient se défaire impunément de leurs ennemis personnels. Des villes, des peuples entiers furent condamnés en masse.

Après avoir décapité la démocratie, Sylla prit le titre de dictateur ; tous les pouvoirs furent conférés au Sénat, tandis que ceux des tribuns étaient amoindris. La *loi de majesté, l'eau et le feu* furent interdits à quiconque porterait atteinte à la sécurité et à l'honneur du peuple romain. C'est à l'aide de cette loi élastique que les empereurs futurs obtiendront du Sénat, ou d'un préteur complaisant, des appréciations de fait qui serviront à faire condamner tous ceux qui déplaisent, au gré du souverain.

Après avoir établi comme colons, dans les terres confisquées, les plus fertiles de l'Italie, 100,000 de ses légionnaires, cet homme odieux, assuré du concours du Sénat, de ses vétérans et de la plèbe repue qu'il venait de combler de largesses et de victuailles, eut le courage de descendre du pouvoir pour aller mourir peu après dans sa villa de Cumes (78).

Il était dans la destinée de Rome de ne pas demeurer un seul jour sans faire la guerre. Son ambition de conquérir le monde le lui conseillait-elle, comme on l'assure ? Ne voulait-elle pas plutôt, en le pillant et en le rendant tributaire, entretenir ses dépenses fastueuses et faire nourrir oisive cette plèbe exigeante que l'Italie, aussi appauvrie de travailleurs que de produits du sol, était impuissante à alimenter ?.....

A peine les guerres de Sylla étaient-elles terminées que

Pompée, triomphant une dernière fois de Mithridate, réduisait l'Asie-Mineure en province romaine, et bientôt la Syrie et la Palestine (63).

À ce moment, le cens donnait le résultat suivant : sur 450,000 citoyens, on comptait 320,000 prolétaires qui étaient nourris gratuitement avec le blé qu'on extorquait au monde entier. Les émeutes, les luttes à main armée se succédaient sans interruption. Comment les faire cesser ? — Trois hommes y tendaient par des moyens divers : Pompée, Catilina et César.

Catilina avait réuni les soldats mécontents, et tout ce qu'il avait pu ramasser de taré dans la lie de Rome et de l'Italie. C'est avec une telle armée qu'il tenta le sort de la guerre civile et qu'il fut vaincu, grâce à la fermeté et à la vigilance de Cicéron.

César, d'une origine illustre, prodigue et magnifique, homme de génie et de commandement, avait séduit le peuple entier par la splendeur inouïe de ses jeux. Trois cents paires de gladiateurs, couverts d'armures d'or, avaient combattu pour honorer la mémoire de son père (63). Nommé gouverneur d'Espagne, il s'y enrichit par des expéditions importantes et vint à Rome briguer le consulat.

C'est là qu'il rencontra Crassus et Pompée, également mécontents du Sénat, qui, craignant d'ajouter à leur influence, méconnaissait ouvertement leurs victoires et leurs services.

C'est avec eux qu'il forma une ligue secrète, dans laquelle ils s'engageaient à réunir leur crédit et leurs ressources dans un intérêt commun. C'était *le triumvirat*.

Le premier soin de César fut de demander au Sénat la distribution à la plèbe des terres du domaine public à charge de redevance. Et si elles ne suffisaient pas, on devait en acheter du consentement des propriétaires avec l'argent que Pompée avait rapporté d'Asie.

Cette loi, qui rappelait celle des Gracques, approuvée par

Crassus et Pompée, acclamée par le peuple, fut timidement acceptée par le Sénat tremblant, qui voulant éloigner César, lui offrit le gouvernement des Gaules, d'où il devait revenir avec la gloire, la richesse et l'empire (59). En huit années et autant de campagnes, il en eut soumis les populations belliqueuses.

Pendant ce temps, le vainqueur ne perdait pas Rome de vue, et pour y conserver son influence, il avait fait nommer un tribun tout dévoué à sa cause. C'était Clodius, qui, pour gagner les faveurs du peuple, lui fit distribuer gratuitement le blé des greniers publics. Les affranchis et l'ordre équestre, séduits à leur tour par le tribun, servirent d'instrument à ses projets liberticides. C'est alors que la violence et les intrigues commencèrent. Cicéron et Caton furent exilés. Le désordre et la violence étaient partout. Les candidats demandaient le consulat les armes à la main. Chaque jour une émeute nouvelle, où le sang coulait. C'est dans l'une d'elles que Clodius fut égorgé par Milon.

Le Sénat, désarmé devant de telles violences, remit à Pompée le soin de le défendre, en conférant à lui seul le consulat. C'était la royauté, l'usurpation légale en présence de la prépondérance démocratique de Jules César (49). Ces compétiteurs jaloux ne pouvaient tarder d'en venir aux mains. Quittant son commandement, César franchit le Rubicon avec son armée, et après avoir renversé sans efforts les obstacles qu'on lui opposait sur sa route, vint prendre possession de Rome qui n'était pas défendue.

A son approche, Pompée et le Sénat s'étaient prudemment retirés à Capoue. — La bataille de Pharsale mit un terme à leurs espérances, et César vint à Rome recevoir le triomphe (48).

Pour le célébrer dignement, vingt-deux mille tables à trois lits réunirent, le même jour, le peuple romain, en une immense orgie. Puis, le lendemain, les distributions d'argent et de vivres, les spectacles et les jeux. — Quatre-vingt mille citoyens reçurent des terres dans les colonies. C'est ainsi qu'on inaugurait l'empire. — Inventant une adulation nouvelle, le Sénat mit au rang des dieux le triomphateur auquel il éleva une statue d'or dans le temple de Quirinus, avec cette inscription : « Au dieu invincible, au père de la patrie. »

Tout subit alors son ascendant irrésistible. Sous des noms divers, il absorba tous les pouvoirs ; consul, préfet des mœurs, dictateur, *imperator*, etc. Le Sénat qu'il avait peuplé de barbares et de centurions gaulois, accumula sur lui tous les titres et tous les pouvoirs. Il lui donna la distribution des provinces, le droit de paix et de guerre, lui bâtit des temples et lui dressa des autels.— Démagogue par calcul, César n'avait d'autre but, en renversant l'oligarchie, que d'hériter de sa puissance. C'est donc bien à tort, qu'on a voulu en faire le chef d'une révolution populaire. Avant comme après lui, la plèbe ne cessa d'être misérable et affamée, oisive et mendiante ; les provinces d'être asservies, dépouillées ; la grande propriété toujours envahissante, et l'agriculture de plus en plus amoindrie devant le flot croissant de l'esclavage.

Au milieu de ces triomphes et de ces tristesses, des ferments de haine s'amassaient. Des cœurs ulcérés regrettaient la république expirante et la liberté perdue. Une conjuration se forma, et c'est en plein Sénat, au milieu de ses amis, que César fut assassiné (44).

Non-seulement ses meurtriers ne furent pas inquiétés, mais ils reçurent des commandements. En même temps, pour donner le change à l'opinion, le Sénat faisait préparer des funérailles magnifiques et ordonnait l'exécution du testament, dans lequel le dictateur léguait au peuple ses jardins du Tibre, et à chaque citoyen trois cents sesterces (60 fr.)

Antoine alors consul, profitant de la distribution de ces largesses, dont le Sénat l'avait investi, combla les soldats et le peuple de munificences qui tournèrent au profit de sa popularité. Des concussions énormes et des trafics scandaleux lui firent en même temps une immense fortune, qui devait servir son ambition et ses projets. Prenant de toutes mains et dépouillant sans pitié tous les ennemis de sa cause, il distribua leurs terres et leurs richesses non seulement à ses soldats, mais à ses partisans et à ses amis.

C'est alors que parut Octave, fils adoptif de César. Il n'avait que vingt ans, mais le nom de son oncle ralliait autour de lui tous les vétérans, et comme il s'engageait à servir les legs faits par son père, au peuple et aux soldats, il s'attira de nombreux suffrages.

De là des rivalités fatales entre ces deux hommes, qui ne tardèrent pas à en venir aux mains. Octave triomphant en Espagne, venait de rentrer dans Rome aux applaudissements du peuple, à la tête de ses légions. Dès le premier jour il se faisait conférer le consulat et distribuait à ses troupes, aux dépens du trésor public, les récompenses promises (43). Trois généraux se trouvèrent alors en présence : Octave, Antoine, et Lépide commandant de la cavalerie. Ils pouvaient en venir aux mains et continuer la guerre civile. Ils aimèrent mieux s'entendre et se partager le monde romain et la souveraine puissance. — A l'un l'Espagne, à l'autre la Gaule, au troisième, l'Afrique et la Sicile. — Pour s'assurer le dévouement des soldats, ils leur promirent 500 drachmes par tête et les terres fertiles de dix-huit cités italiennes. Disposant alors de la force armée qu'ils avaient ainsi corrompue, ils purent procéder sans crainte aux moyens de terreur et à la proscription de leurs ennemis communs. Les listes se succédèrent comme au temps de Sylla, et l'on y vit figurer Cicéron ainsi que les parents les plus proches des triumvirs. On mettait à prix les têtes les plus illustres. Un homme libre recevait pour ce triste office 25,000 drachmes, et un esclave 10,000 avec la liberté.

Après avoir anéanti les résistances que lui opposaient en Asie les généraux de la république, Antoine se confina dans son gouvernement d'Orient, où les charmes de Cléopâtre lui firent oublier sa famille, sa patrie et le soin de sa gloire. Vaincu à la bataille d'Actium, en 31, il laissa son rival seul maître de Rome. La République avait vécu. L'empire venait de naître.

En rentrant dans la grande cité pour y recevoir le triomphe, Octave distribua 1000 sesterces par tête a ses soldats (250 fr.), et 400 à chaque citoyen (80 fr.). Comme César, il reçut du Sénat le titre d'*imperator*, avec le commandement suprême de toutes les forces de l'empire. Toutes les magistratures, tous les pouvoirs furent réunis en ses mains. Sous le nom de Prince du Sénat, il dirigea ses délibérations et inspira toutes les décisions qui favorisaient ses projets.

Enfin, dernière adulation : il reçut le nom d'Auguste, qu'on ne donnait qu'aux Dieux. Le peuple seul avait gardé ses assemblées et son droit de vote ; mais, dérision suprême, ce n'était que pour confirmer les choix que le Prince avait déjà faits (27).

Après la destruction de Carthage et l'annexion de la Macédoine, de la Grèce, de l'Asie-Mineure et de l'Espagne ; après cent ans de guerres et de victoires qui avaient entassé à Rome les dépouilles de cent peuples divers, nous avons vu que le soldat et la plèbe, loin de s'être enrichis, étaient tombés plus bas encore, dans la pauvreté et la misère. Les immenses troupeaux d'esclaves que la conquête avait faits, chassant l'homme libre des travaux manuels, lui avaient enlevé ses moyens d'existence. Les Gracques avaient succombé en voulant remédier à ces maux (133-121). Leur entreprise et leur dévouement furent méconnus de la multitude elle-même qu'ils voulaient servir. Cette situation était grosse d'orages, lorsque des guerres nouvelles vinrent y mettre un terme. Marius entrant en campagne contre Jugurtha, contre les Cimbres et les Teutons, venait, fort à propos enrôler les oisifs et les mécontents. Sylla faisait bientôt comme lui, et tout ce que le monde romain contenait de soldats, de mendiants et de prolétaires s'engageait dans une guerre civile qui dura vingt ans. Vingt ans de meurtres, d'assassinats, de confiscations et de spoliations de toute sorte.

Après Marius et Sylla, survinrent César et Pompée. Encore la guerre, et la guerre civile, avec le ramassis des pillards des anciennes légions, tourbe indisciplinée que l'appât du butin et les largesses obligées de ses chefs pouvaient seules contenir sous les drapeaux.

La vénalité électorale s'organise alors sur la plus vaste échelle. En échange des libéralités qu'elle en reçoit, la plèbe donne aux patriciens le consulat, les prétures, les sacerdoces, les commandements militaires qui favorisent l'usurpation de la puissance souveraine, et qui permettent aux patriciens ces immenses rapines dont les électeurs recevaient le produit (1). Le droit de vote procurait ainsi d'importants bénéfices. Chaque citoyen avait annuellement vingt-quatre suffrages à vendre pour les grandes magistratures, sans compter les distributions d'argent ou de denrées que faisaient les hommes publics pour se rendre populaires et pour préparer leurs candidatures. — L'on ignore le prix de ces suffrages, mais il devait être fort cher, quand on songe que César, pour obtenir la préture, s'était endetté de 38 millions.

(1) Verrès, en trois ans, avait apporté 9 millions de sa préture de Sicil. (Cic. *Pro Milone*).

Pour subvenir aux besoins de leur ambition, les grands mettaient à l'encan et au pillage, la justice, les lois, l'autorité, les temples, les villes, les provinces et les plus riches citoyens.

Après César, Antoine et Auguste entrent en lutte; toujours la guerre, et la guerre civile. Mêmes proscriptions, mêmes pillages, mêmes largesses aux soldats et au peuple, jusqu'au jour où l'Empire est fait (27).

Tous ces bruits de guerres, de victoires et de triomphes ; toutes ces armées innombrables chargées de butin et poussant devant elles des multitudes d'esclaves, avaient empêché d'entendre les voix de la plèbe et les cris de sa misère. Le vétéran avait dévoré son butin. Pendant la guerre son champ était demeuré stérile, et le citoyen qui n'avait pas quitté son foyer avait vu le travail lui échapper devant la concurrence des milliers d'esclaves que la guerre avait amassés. Survienne la paix, que deviendront ces myriades de soldats, de mercenaires et d'affranchis que la vie des camps avait corrompus et si longtemps alimentés ? Que deviendra la multitude à laquelle le travail vient à manquer ? — Tel est le problème qui s'était offert aux Gracques après les guerres puniques ; qui s'était présenté de nouveau sous César, et qui s'imposait à Auguste dans des conditions bien autrement difficiles, alors que la guerre venait de cesser. — Lors de son avènement à l'empire, la détresse du peuple était déjà vieille. Les lois agraires avaient tenté d'y parer à plusieurs reprises. Impuissantes à conjurer le mal, on essaya de l'atténuer au moyen de l'organisation de l'*Annone*. Cette administration publique, on le sait, n'avait d'autre but que l'approvisionnement de Rome, la vente et la distribution du blé qu'envoyaient les provinces tributaires. Sa mission principale était de maintenir le grain à bas prix, afin qu'il fût à la portée des citoyens les plus pauvres. Ce système soulageait quelques pauvres sans doute et beaucoup de vagabonds, c'était son premier effet ; mais il en avait un second plus certain : c'est qu'il abaissait tellement le prix du blé que le propriétaire ne pouvait le produire qu'avec perte. Abandonnant cette culture ingrate, il transformait fatalement son champ en pâturages qui ne demandaient que des bergers et point de main-d'œuvre. Dès ce moment le travail fit défaut, et le nombre des indigents fut augmenté. Tel fut le résultat de cette mesure économique, de ce socialisme inintelligent.

Cette institution, unique dans l'histoire, avait des greniers en Sicile, en Sardaigne, en Egypte, et une flotte servie par une corporation qui transportait les grains au compte de l'Etat. — La misère du peuple augmentait chaque jour : on crut en atténuer les effets en faisant à bas prix des distributions périodiques. C'est ainsi qu'en 262 les consuls avaient acheté du blé en Etruries et en Sicile pour le revendre à bon marché aux prolétaires (1). Voulant se rendre populaires, les tribuns multiplièrent ces distributions de plus en plus, jusqu'au jour où les Gracques décidèrent qu'elles seraient régulières et mensuelles (123). On distribua, dès lors, cinq boisseaux par mois à chaque indigent, au prix d'un *as* (0,01) le boisseau (8 litres), et l'on admit tous les plébéiens sans distinction (2).

Les Gracques réduisirent encore ce prix au douzième, c'est-à-dire à 1/2 centime le boisseau de huit litres, et Claudius, consul, voulant servir la cause de César, le fit distribuer gratuitement (58) (3).

Il suffisait, pour être admis, d'être citoyen, plébéien et pauvre. Les trois quarts du peuple furent inscrits dans ces conditions. — C'est ainsi que la plèbe eut sa liste civile et frumentaire.

(1) Pline, *Hist. nat.*, XVIII, 4.
(2) Pline, XVIII, 3. — Plut., *In Grac.*
(3) Dion Cassius, XXXVIII, 13. — Cicéron, *Pro domo*, 10.

La classe des prolétaires, qui ne possédait rien et qui ne payait pas d'impôt, égalait en nombre les cinq autres, bien qu'elle n'eût qu'une voix dans les centuries (1). Cette foule confuse et avide qui, en épuisant le trésor, compromettait sans cesse la sûreté de l'Etat, comptait 400,000 têtes, lors du premier recensement qui en fut fait sous le consulat de César. 100,000 furent établis, comme colons dans la Campanie (2). Malgré ce prélèvement, il en restait encore 350,000 dix ans après. César en expédia de nouveau 80,000 dans les colonies et distribua le domaine public à 20,000 familles (3). Tel était le nombre des prolétaires sur une population de 450,000 citoyens, non compris les esclaves qui dépassaient de beaucoup ce chiffre (4). Malgré les sévérités d'Auguste et malgré ses distributions de terres, le chiffre des indigents demeura le même. Il était encore de 200,000 six ans avant notre ère (5).

Les distributions de blé, se changèrent bientôt en distributions de pain de deux livres par jour. On ne tarda guère à y ajouter des distributions supplémentaires de vin, d'huile et de viande. Chaque prolétaire admis à l'Annone, inscrit sur la table d'airain de son quartier, recevait un petit cube de bois nommé *tessera*, qui représentait un bon de distribution. Muni de sa *tessera*, il se présentait aux magasins de l'Etat, ou sur les tréteaux de la place publique, s'il s'agissait de recevoir du pain. Comment s'arrêter dans cette voie ? Les largesses en argent vinrent ensuite, puis les spectacles et les jeux.

Marius avait enrôlé les prolétaires, qui lui vendirent leurs

---

(1) Naudet, *Mémoires de l'Académie*, XIII, 25.
(2) Suétone, *César*, XX.
(3) Suét., *César*, XII.
(4) Marquardt estime la population de Rome sous César, à 1.630.000, dont 670.000 citoyens et 970.000 esclaves.
(5) Daremberg et Saglio, V° *Annone*.

votes après avoir vendu leur courage. Sylla, le tribun des patriciens, l'avait imité. Vingt-trois légions (140,000 hommes) avaient reçu de lui, avec interdiction de les vendre, les terres confisquées sur les proscrits. Mais ces vétérans abrutis, préférant l'oisiveté et les plaisirs de Rome, désertèrent le travail et le sol dont les propriétaires voisins s'emparèrent (1). Ainsi procédait le représentant le plus autorisé de l'aristocratie romaine. Quinze ans après, au nom de la démocratie, Catilina renversa son ouvrage à l'aide des mêmes vétérans que Sylla avait gorgés de biens. César à son tour, suivit l'exemple de Sylla, en distribuant à ses soldats des terres romaines et étrangères. Dans son édilité de 68, il avait séduit le peuple par ses prodigalités et la magnificence de ses jeux. Trois cent vingt paires de gladiateurs, tout couverts d'armures d'or, avaient combattu pour honorer la mémoire de son père. En même temps il avait obtenu du Sénat la distribution des terres publiques aux plébéiens, tandis qu'avec le concours du tribun Clodius, sa créature, il faisait passer une loi frumentaire qui consacrait pour l'avenir la gratuité absolue des distributions publiques. — Rentré à Rome après la mort de Pompée, il confisqua ses biens ainsi que ceux de ses partisans, et c'est avec de telles spoliations qu'il fit des largesses à la foule. Les prolétaires reçurent leur loyer d'une année, et les débiteurs furent exonérés de trois termes.

Après son triomphe, le peuple romain se coucha autour de 22,000 tables à trois lits, et les jours suivants furent remplis de jeux et de spectacles (1). Les vétérans reçurent des terres ; 80,000 légionnaires furent envoyés dans de riches colonies. Enfin, jusque dans son testament, il léguait à la plèbe ses jardins du Tibre et 300 sesterces par tête (60 fr.) (2). Son collègue Crassus, pendant son consulat,

(1) Suétone, *In J.-Cæsare*, 38.
(2) Suétone, *In Jul.-Cæsare*, 53.

avait donné lui-même un festin public à tout le peuple romain et du blé pour trois mois environ à chaque citoyen (1). Auguste, renchérissant encore sur ces largesses, distribua au peuple plus de 700 sesterces par tête pendant son règne. (140 fr.) Il raconte avec orgueil, dans l'inscription d'Ancyre, qu'à son avènement il avait compté à chaque membre de la plèbe 300 sesterces pour son père et 400 pour lui (60 et 80 fr.) sur le butin fait dans la guerre.

« Il avait, dit-il, donné la même somme de sa fortune privée ». Puis, ajoutait l'inscription : « J'ai fait douze distributions de blé à mes frais et donné encore 400 sesterces par tête, et chaque fois, ces largesses se sont adressées à 250,000 personnes, au moins. Dans une autre circonstance, j'ai donné 48 fr. par tête à 320,000 habitants de Rome, et peu de temps après, 200 fr. à chaque soldat et autant à 120,000 colons. Dans mon treizième consulat, j'ai fait une distribution de blé à 200,000 prolétaires en y ajoutant 48 fr. par tête. — Enfin, j'ai remboursé aux municipes le prix des terres que j'avais confisquées pour les donner à mes soldats, et j'ai payé pour cela 600 millions de sesterces en Italie (120,000,000 fr.), et 260 millions (52,000,000 fr.) pour ceux des provinces. Je suis le seul général qui ait agi de la sorte ».

Après ces largesses effrayantes, il énumère, sur ces mêmes tables de marbre, les spectacles de toute sorte qu'il a donnés au peuple. Pendant son règne, 10,000 gladiateurs ont combattu dans de nombreux spectacles qu'il a offerts au peuple. — Il a donné dans le cirque, vingt-six fêtes avec des bêtes d'Afrique. On en a tué 3,500. — Il a offert au peuple un combat naval, au-delà du Tibre, où il avait fait creuser un canal de 1,800 pieds de long sur 1,200 de large. « Là, dit-il, trente navires armés d'éperons et un grand

---

(1) Plut, *In Crasso*.

nombre de trirèmes combattirent ensemble. Ces vaisseaux contenaient, outre les rameurs, 3,000 hommes d'équipage ». Ce n'est pas tout. Dans son testament, il léguait encore douze millions au peuple romain, et 100 fr. environ à chaque soldat (1).

Tel est le tableau des actions, ou plutôt des magnificences d'Auguste, qu'il fit graver sur les immenses tables de marbre du temple d'Ancyre, et que le temps nous a conservées (2).

Ces largesses colossales, inaugurées par César et Auguste, furent imitées par tous les empereurs qui leur succédèrent. Ce n'était qu'à cette condition qu'ils avaient les faveurs des plébéiens, qui considéraient ces prodigalités comme des droits acquis.

Tibère, à son tour, donna 222 francs par tête à la plèbe. Caligula, 150. Claude, Néron, Domitien, une somme double. Trajan, 650 fr., et à son retour de la guerre contre les Daces, il offrit des jeux qui durèrent cent vingt-trois jours, qui virent périr quelquefois 1,000 et même 10,000 bêtes, où 10,000 gladiateurs combattirent les uns contre les autres. Adrien donna aussi 1,000 fr. par tête. Antonin et Marc-Aurèle, à peu près la même somme (3). Cent lions en un jour tombèrent percés de flèches (4). L'honnête Titus les imitera pendant les cent jours de réjouissances qu'il donnera au peuple. Ainsi Domitien et tous ces fous couronnés (5).

En même temps que les triumvirs et les empereurs, les riches, les gouverneurs de province, les généraux vainqueurs faisaient aussi des largesses. Arrius ayant perdu son

---

(1) Suétone, *In Oct. Aug.*, 101.
(2) *Expédition de Galatie*, Didot, 1863.
(3) De Champagny, *Les Antonins*, t. III, 325.
(4) Jules Capitolin, *Ant. le phil.*, 17.
(5) Dion Cassius, *Hist. rom.*, LXVI, 25.

père, plusieurs milliers de plébéiens furent invités au repas des funérailles. Lucullus, revenant de son commandement d'Asie, distribua au peuple cent mille tonneaux de vin (1). Tibère, à son retour de la Germanie, fit dresser mille tables de festin pour le peuple (2).

Quels trésors et quels gaspillages ! On dispose ainsi de la fortune arrachée aux provinces et des impôts dont on écrase les citoyens (3).

D'autres encore, tel Agrippa, le gendre d'Auguste, avaient ouvert dans Rome cent soixante-dix thermes où la plèbe se baignait gratis, en même temps qu'on la rasait pour rien pendant un an (4). Avec Caligula, Néron et ses successeurs, on avait jeté l'argent à la foule à pelletées, ainsi que des billets de loterie qui valaient au gagnant des vêtements, des bijoux, des tableaux, des esclaves, des navires, des maisons et des champs (5).

Pendant ce temps, les patriciens de Rome et les affranchis parvenus à la fortune faisaient aussi des largesses à leurs électeurs ou à leurs clients. Le plébéien attitré venait chaque jour présenter sa sportule à la porte de leur palais et la retirait pleine de vivres et de monnaie. C'était le matin. — Le soir venu, il accompagnait son patron au bain, au Forum ou à la promenade. Puis il finissait sa journée au

---

(1) Senèque, *de beneficiis,* v. 10.
(2) Suétone, *Tibère,* 20.
(3) Pour subvenir aux plaisirs et aux besoins de cette vile multitude, comme Tacite l'appelle (hist. 1, 4), le Sénat pressurait les provinces conquises et leur arrachait d'énormes tributs. Outre les contributions en argent dont chacune d'elles était écrasée, la Sicile devait fournir près de quatre millions de boisseaux de blé, soit 344,000 hectolitres. En Sardaigne et en Asie, la redevance était du dixième de la récolte, du vingtième en Espagne. L'Égypte devait fournir 1,760,000 hect. (Tacite, *Ann.* vi, 13. — Cic. *Verrès,* iii, c. 70).
(4) Pline, *Hist. nat.,* xxxvi, 25.
(5) Suétone, *Néron,* 11.

théâtre et au cirque, qui, pour lui, s'ouvraient gratuitement ainsi que les bains. Telle était la journée d'un plébéien. Il avait du pain, des vivres et le spectacle qui ne lui avaient rien coûté.— Les poètes, les rhéteurs, les philosophes et les familiers du palais impérial allaient aussi chaque jour tendre la sportule chez le prince et recevoir le prix de leurs adulations, qui s'élevait à 100 quadrans ou six francs de notre monnaie.

De Rome et de l'Italie, ce pillage insensé des deniers publics et privés passa dans les provinces. Les édiles, les magistrats durent suivre l'exemple venu de haut, et quand ils tardaient à le faire, on savait bien les y contraindre. Des thermes, des temples, des théâtres, des spectacles leur étaient imposés par la foule, si bien que la ruine était au bout de l'édilité.

Ainsi nourrie et amusée, la plèbe romaine avait perdu toute fierté, toute dignité. C'était une bête à l'engrais qui acclamait chaque nourrisseur. Que lui importait qu'il s'appelât Commode ou Caligula? Vivre oisive et repue, telle était son existence et sa fin.

Un peuple souverain et oisif, ayant sa liste civile, entretenu et amusé par l'Etat, voilà ce que l'on vit à Rome vers la fin de la république. Il vivait des lois agraires, des aumônes de l'Etat, des distributions publiques et privées et de la vente de ses votes (1).

Un jour vint où ce souverain fainéant, nourri et amusé par l'Etat, fut impuissant à vendre ses suffrages, parce que

---

(1) Macé, *Des Lois agraires chez les Romains*.

Malgré l'institution des secours publics, un grand nombre de malheureux n'étaient pas soulagés. Les citoyens romains, au nombre de 300,000, figuraient seuls sur le grand livre de la misère. Au-dessous d'eux 300,000 hommes de la plèbe, étrangers ou affranchis, en étaient exclus et vivaient de mendicité ou de quelques rares travaux, les plus malsains d'ordinaire (Varron, *De re rustica*, ch. xvii).

l'empire avait supprimé les élections ; mais comme sa turbulence était dangereuse et qu'elle pouvait être utile aux ambitieux et aux despotes, on étendit les distributions de vivres gratuites et l'on multiplia les spectacles. L'annone fut la liste civile du peuple. C'était le droit à la mendicité.

En présence de ces libéralités immenses, on se demande d'où venaient les richesses capables d'y suffire... Ce n'est pas de la fortune des Césars, ils n'avaient guère que des dettes. Mais les tables de proscription et les guerres civiles firent leur patrimoine.

Bien qu'Auguste nous dise, dans son testament, que sa fortune privée a payé les magnificences qu'il énumère avec tant de complaisance, gardons-nous de le croire. Dion Cassius nous avertit, en effet, que c'était le trésor de la république et non le sien qui fournissait à ces largesses.

Toutes ces profusions des usurpateurs et des despotes ne sont que des avances à reprendre sur leurs sujets et tributaires, et même sur les citoyens fortunés qui, par cela même, deviennent coupables ou suspects, et qu'on dépouille, soit par jugement, soit par mesure de sûreté, soit par simple caprice.— « Ma volonté est la seule loi... » (1).

Pour alimenter les proscriptions et le trésor, on faisait appel aux espions, aux dénonciateurs publics. Les prolétaires, les affranchis, les esclaves, tous les hommes perdus d'honneur se procuraient ainsi des ressources et donnaient satisfaction à leur haine invétérée contre tous ceux qu'ils voyaient au-dessus d'eux, les patriciens, les riches, les hommes libres. Quelques milliers de citoyens malhonnêtes, serviles et sanguinaires faisaient la base de cette affreuse démagogie (2).

En présence de tels exemples, l'honnêteté publique dé-

---

(1) Naudet, *Des Secours publics*, XIII, 68.
(2) De Champagny, *Les Césars*, t. I, 28.

faillait ; la propriété en péril ne recevait plus de culture ; les armées, corrompues par la brigue et par de mauvais exemples, s'énervaient chaque jour. Les vétérans vivaient des guerres civiles et les entretenaient à prix fait. On en comptait 170,000 après la bataille d'Actium. César et ses successeurs tentèrent d'offrir à cette foule d'oisifs les meilleures terres de la Campanie et de l'Afrique. Remèdes impuissants. Les colons et les vétérans se succédaient sans devenir cultivateurs et pères de famille. Le théâtre et les distributions les attiraient invinciblement à Rome, et leur place à la campagne demeurait vide (3).

LES COLLÈGES.

Au dessus des prolétaires, entre les riches et les mendiants, une classe d'hommes, qui ne tendait pas la main, s'élevait pourtant du sein de la plèbe. Elle se vouait au travail manuel, aux métiers, à la petite industrie, à la culture. Fort nombreuse à l'origine, cette classe de citoyens, dévorée par l'usure et par les charges de la guerre, était tombée en grande partie dans le prolétariat et même dans l'esclavage. Sa situation s'était aggravée avec le flot montant des esclaves et de la grande propriété qui avaient resserré de plus en plus ses chances de salaire et de gain. Pour parer aux dangers de cette situation, les artisans et les ouvriers des villes durent s'associer et former ainsi des collèges ou corporations Libres d'abord, ces institutions, réputées dangereuses, tombèrent dans la suite sous la main

---

(3) De Champagny, *Les Césars*, 172, 240.

mise de l'Etat, et devinrent dès lors une cause d'oppression et de ruine.

Quant aux hommes des champs, pressés par le travail esclave et l'influence des patriciens, ils durent abandonner leur patrimoine, et le plus souvent s'offrir à le cultiver à titre de fermiers ou de colons. — De cet ensemble de circonstances, sortirent deux classes nouvelles : celle des ouvriers associés ou des collèges dans les villes, et celle des colons dans les campagnes. Il convient de parcourir les phases que chacune d'elles a subies.

Dès sa fondation, Rome comptait des associations de famille qui possédaient la terre en commun. Elle avait même des familles d'artisans ou des collèges, qui comprenaient : les charpentiers, les forgerons, les teinturiers, les cordonniers et les potiers. Toutes les autres industries, celles de tailleurs, et de boulangers notamment, s'exerçaient dans chaque famille, et pour son seul usage. A ces divers collèges, Servius Tullius, accorda des privilèges et en forma des centuries pour le service des armées (578) (1). La loi des Douze - Tables, sanctionna dans la suite leur existence et les autorisa à se donner des statuts (444) (2). A ce moment, l'agriculture était seule estimée. Les métiers et le négoce étaient méprisés, au contraire, bien avant que Cicéron vint nous dire, et Sénèque après lui : « Que les métiers étaient dégradants, et qu'un sentiment noble ne pouvait sortir d'une boutique » (3). De tels préjugés éloignaient fatalement les citoyens de la carrière industrielle, qui ne fut dès lors occupée que par des affranchis ou des étrangers. Et cette situation difficile fut encore aggravée par la concurrence des esclaves ou-

---

(1) *Tit.-Liv.* 1. 48.
(2) Dig., 1. LVII.
(3) Denys d'Habl., IX, 25.

vriers, qu'amenaient à Rome les triomphateurs des guerres puniques. C'est ainsi que Crassus eut dans ses ateliers 500 esclaves occupés à une seule industrie (1).

Beaucoup d'autres exploitaient comme lui le travail industriel de leurs esclaves, et les faisaient agir comme cabaretiers, orfèvres, écrivains, marchands, entrepreneurs et histrions. Leur concurrence rendit chaque jour plus précaire le sort des artisans, qui pendant la république ne servirent guère que d'auxiliaires aux armées toujours en campagne. A partir de Marius jusqu'aux Antonins, leur mécontement et leur turbulence furent chaque jour au service de celui qui voulut les employer. Tour à tour supprimés et rétablis par le Sénat, on vit les membres des collèges figurer dans les guerres civiles. Les empereurs eux-mêmes, qui réclamèrent si souvent leurs détestables services, les proscrivirent pendant plus d'un siècle, et n'en tolérèrent qu'un petit nombre jusqu'au jour où il devint nécessaire de les réorganiser pour soutenir l'industrie qui tendait à disparaître, et mieux encore, pour entretenir les nombreux services de l'Etat.

Marc-Aurèle, vers la fin du IIe siècle, leur rappelait aussi qu'ils ne pouvaient exister sans autorisation, et qu'il considérait leurs associations comme illégales. — Alexandre Sévère, ne craignant plus leur turbulence, tenta de les réorganiser et s'en fit un moyen d'administration en les enchaînant à leurs fonctions et à leurs travaux (228). — Dès ce moment, la corporation, qui semblait faite pour protéger les ouvriers, devint la chaîne qui les rendit captifs. Elle se resserra d'autant plus que leur travail était plus pénible et plus nécessaire à l'Etat.

Ce qui préoccupait avant tout les empereurs, c'était la subsistance de Rome et de sa plèbe affamée et remuante.

---

(1) Plut., *Crassus*, 2.

Aussi les corporations, dont on exigea le concours, furent-elles sacrifiées à l'intérêt public, et contenues dans une dépendance voisine de l'esclavage. — Il en était de même des ateliers qui travaillaient pour l'Etat. Dès le iie siècle, nous les voyons organisés en collèges, surveillés et contenus avec une rigueur et un despotisme sans précédents.

L'Etat possédait des mines et des carrières. Il avait des manufactures d'armes, de machines de guerre, de monnaies, de tissage de vêtements pour les troupes. Il avait aussi la charge des transports de grains et des travaux publics. C'étaient autant d'administrations peuplées d'esclaves, d'affranchis et d'hommes libres, que la misère poussait jusque-là. Véritables serfs d'ateliers, une fois entrés dans cette misérable condition, ces ouvriers ne pouvaient s'y soustraire. On les marquait au bras d'un fer rouge, et leurs fils devaient fatalement leur succéder. Le boulanger, le boucher, le naviculaire, subissaient les mêmes exigences, parce que leur travail était indispensable à l'Etat qui se l'assurait par tous les moyens. Rivés à leur engagement comme à une chaîne, s'ils tentaient de fuir on les ramenait de force. Leur famille et leurs biens répondaient de leur soumission.

L'artisan ne pouvait donc se dispenser d'entrer dans un collège et de tomber, par cela même, sous la main de l'Etat.

Mais n'étaient-ils pas asservis comme lui, le colon à la terre, l'officier public à sa charge, le curiale à la cité ? Nul n'avait le droit de se soustraire à ses fonctions, ni de frustrer l'Etat de ses services. Une main de fer pesait sur tous et les traitait comme des esclaves de l'intérêt public. Attachés à leur caste, ils devaient y marier leurs enfants avec un de ses membres, et les lier comme eux aux mêmes charges (1).

---

(1) Cod. Just., xi, *De pistoribus*.

Le collège était devenu une prison, après avoir été un asile. — Accablé par l'usure, par l'impôt et par les exigences de l'Etat, l'ouvrier périt à la peine ou se sauva dans le tumulte des invasions, et les collèges disparurent avec lui.

LE COLONAT.

Pendant que les ouvriers des collèges étaient soumis aux vicissitudes qui devaient amener leur ruine, les hommes des champs subissaient à leur tour une transformation, signe de leur misère.

Nous avons vu sous la monarchie, que l'usure mettait le débiteur insolvable entre les mains de son créancier et le rendait esclave. Les rigueurs de cette loi ayant disparu, le débiteur insolvable cessa d'être esclave, mais quand son champ lui fut laissé par le créancier, il consentit à le cultiver à titre de fermier ou de colon, à des conditions déterminées.

Le colon était donc un homme libre. Il avait pu être réduit à cette condition, non-seulement par l'impuissance de payer sa dette, mais aussi par l'usurpation, la rapacité du fisc et le fardeau des charges municipales (1).

Les auteurs sont longtemps muets sur cette condition modeste et ne nous apprennent rien. Vers le premier siècle seulement avant notre ère, Varron et Columèle nous disent qu'on trouvait dans les campagnes l'esclave qui cultivait pour son maître, en même temps que le colon, qui louait ses services ou prenait la terre à charge de redevances (2).

---

(1) Salvien, *De gubernatione*, v, 4, 103.
(2) Varron, *De re rustica*, XVII.

Dans l'une ou l'autre condition, un contrat intervenait pour fixer la durée de l'engagement du colon, et pour constater, par un inventaire, les objets mobiliers, esclaves et autres qui garnissaient la ferme. — Par suite de cet engagement, ni le colon, ni l'esclave, ne pouvaient quitter le sol ni en être détachés par le maître (1).

Tacite, à son tour, nous fait connaître que de son temps la servitude réelle était pratiquée chez les Germains, et qu'elle ressemblait à celle des colons romains (140) (2).

La table alimentaire de Terracine, gravée sous Trajan, et récemment découverte, renferme aussi des dispositions générales en faveur des colons de cette ville (98) (3).

En définitive, le colonat apparaît avant notre ère et dans les premiers siècles qui suivent, mais à l'état de fait seulement. Il ne prend place dans la législation qu'au IIe siècle avec Marc-Aurèle, qui déclare nul un testament dans lequel des colons étaient légués séparément du fonds auquel ils étaient attachés (4). C'est la première fois que nous rencontrons, dans la loi, le colonat avec son caractère essentiel de servitude et d'attachement à la terre.

Bien que le Colonat soit reconnu par l'usage, il n'est pas encore réglementé par la loi. Mais la désertion des campagnes et la misère des agriculteurs ne faisant que s'accroître, l'Empereur Dioclétien (284) crut devoir ramener violemment à la terre ceux qui compromettaient le salut de l'Etat en la désertant. Il voulut, en conséquence, que tout individu qui n'établirait pas sa qualité d'homme libre ou d'esclave fût de plein droit déclaré colon. A cet homme, on donnait un champ auquel à perpétuité il était attaché (*adscriptus*).

---

(1) C. Just., LXXI.
(2) Tacite, *Germ.*, 25.
(3) Giraud, *Hist. du droit*, t. I, 164.
(4) Dig. *De legat*, I.

Telle était la première source du Colonat (1). Elle s'alimentait ensuite par la naissance, la convention ou la prescription.

« Les malheureux citoyens, disait Salvien, demandent à cultiver la terre du riche et deviennent leurs colons... On les reçoit comme hommes libres et ils sont transformés en esclaves.... Ils perdent leurs biens et leurs libertés (2).

Sous l'influence des guerres, de la concurrence des esclaves et des *latifundia*, les petits propriétaires allaient vers la ruine, et le nombre des colons augmenta jusqu'au jour où, ne pouvant soutenir la lutte, ils vinrent à Rome tendre la main et participer aux distributions publiques.

En même temps qu'ils continuaient à disparaître, une autre classe de colons les remplaçait : c'étaient les légionnaires ou les membres de la plèbe auxquels les tribuns et les triumvirs faisaient distribuer les terres conquises ou usurpées par la violence. Mais la plupart de ces nouveaux venus ne tardaient pas à abandonner la culture pour revenir à Rome, tandis que le petit nombre de ceux qui restaient était immobilisé sur le sol par les édits de l'empereur.

D'autres aussi étaient fixés à la terre : c'étaient les vaincus, les prisonniers, des populations entières auxquelles on faisait grâce. C'est ainsi qu'en 69, Vespasien transportait dans la campagne infertile de Rome des habitants de l'Ombrie et de la Sabine et donnait de la sorte des auxiliaires au Colonat (3). Un siècle après, la soumission des Marcomans permettait à Marc-Aurèle de suivre son exemple (4). Aurélien, comme lui, en envoyait en Toscane, et enfin, en 364, Valentinien repeuplait de captifs allemands les rives du Pô (5).

(1) Cod. just. *de agricolis*, L. 1.
(2) Salvien, *de gubernatione*, v. 8.
(3) Suét. Vesp., 1.
(4) Dion. Cass., LXXI, 12.
(5) Vopiscus, *Aurel.* 48.

Malgré ces efforts, le désert envahissait les champs, si bien qu'en 395, Honorius devait exempter de l'impôt 500,000 arpents qui avaient cessé d'être cultivés.

C'est à ce moment que le code Théodosien constitua légalement le Colonat. — Cette condition précaire n'avait eu d'autre origine que la violence des grands ou la misère des hommes libres. Le code la sanctionne, parce qu'en présence de la désertion de la terre, son intérêt lui commande d'y attacher l'homme et de l'y ramener s'il tente de fuir. Ajoutant à ces rigueurs, il immobilise de la même manière tout vagabond qui n'a pas des moyens d'existence.

Le colon est donc ramené à la ferme comme l'artisan au collège, le curiale à la cité (1). Tel est le droit. Telle est la nécessité qu'impose leur condition.

Si le colon était attaché au sol (*servus terræ*) sans pouvoir le déserter, sous peine d'y être ramené violemment, il avait cet avantage de ne pouvoir en être détaché. On ne pouvait le vendre sans la terre ni la terre sans lui (2). Cette stipulation faisait partie intégrante des baux à ferme. Il payait une redevance et ne pouvait être affranchi. Soumis aux châtiments corporels comme l'esclave, il était néanmoins recensé, soumis à l'impôt de capitation et au service militaire (3).

Quelle était donc la cause de ces rigueurs légales ? — La détresse de l'Empire. — Mais d'où venait cette détresse elle-même ? — De l'esclavage, dont la concurrence meurtrière avait jeté dans la misère et l'oisiveté le paysan romain. Or, cette misère avait amené la vente à vil prix de son petit champ et créé les grands domaines, que l'usurpation des terres publiques était venue grossir encore.

---

(1) Cod. just., XI, LIII.
(2) C. j., XI., *de agricolis*, 47.
(3) Novelle, *de Théod.*, 44, ch. 1.

De là, les *latifundia* et l'agriculture pastorale, fatalement imposés par la cherté des esclaves et par la concurrence des blés étrangers. Les blés tributaires que donnaient l'Egypte et Carthage, et la Grèce, et l'Espagne, et la Gaule, s'entassaient dans les greniers publics. On les distribuait ensuite à vil prix et même gratuitement au peuple romain. Ces libéralités avilissant le produit ou paralysant la vente, les propriétaires romains ne retiraient plus de leurs récoltes des prix rémunérateurs. Ils se voyaient obligés par cela même d'abandonner la culture des céréales, de laisser leurs champs incultes ou de les transformer en pâturages qui ne demandaient que quelques esclaves bergers et point d'agriculteurs.

Les conquêtes de Rome avaient eu pour résultat, dit Salluste, d'enrichir les riches et de ruiner les pauvres ». Les guerres civiles avaient achevé cette ruine, en faisant passer violemment dans les mains des vainqueurs les terres de leurs ennemis politiques. Des régions entières avaient été dépeuplées de la sorte pour doter des vétérans qui, plus habitués au pillage et à l'oisiveté qu'à la vie des champs, ne tardaient pas à se réunir et à déserter la campagne pour aller grossir les rangs de la plèbe romaine.

Pendant ce temps, l'impôt toujours croissant dut faire face à ces immenses aumônes qui, seules, pouvaient apaiser les prolétaires. Et cela, au moment où la fortune publique décroissait chaque jour ; où le travail de la ville disparaissait comme celui des champs, ruinés l'un et l'autre par l'esclavage. Les exigences du fisc, qui s'élevaient de plus en plus, finirent par étouffer la production, et le monde romain, sans trésor et sans défenseurs, s'effondra sous les coups des barbares.

Au moment où ceux-ci envahirent l'Empire, ils se trouvèrent en présence de l'esclavage et du colonat. Méconnaissant la différence profonde qui séparait ces deux conditions, ils les confondirent dans la même servitude (1). Les serviteurs de la terre ou de la maison désignés par le même mot, n'étaient pour eux que des esclaves. Un édit de Théodoric autorise en effet le maître à faire passer ses esclaves, suivant sa volonté, de ses domaines dans sa famille urbaine et réciproquement, et à les vendre même sans la terre qu'ils cultivent (2).

Chez les Visigoths et les Lombards, le prisonnier de guerre était esclave; le débiteur de l'Etat devenait esclave fiscalin, et en cas de délit contre une personne, passait au pouvoir de l'offensé (3).

Chez les Francs, la condition de l'esclave était plus dure encore. Le maître avait le droit de le punir, suivant son caprice et de le tuer impunément. Pour le moindre délit, il recevait 120 coups de bâton (4). Au lieu de s'humaniser, l'esclavage recule en même temps que la civilisation et retourne à la barbarie.

L'ESCLAVAGE.

Les patriciens, les plébéiens, les prolétaires et les esclaves, telles étaient les quatre classes qui composaient la société romaine.

Les deux premières avaient dans leurs mains, à des degrés divers, la fortune, le pouvoir, et jouissaient de tous les droits civils et politiques.

(1) Guizot. *La civilisation en France*, IV, 262.
(2) Edict. *Théod.* 142.
(3) *Lex antiqua*. L. V., t. III.
(4) *Loi salique*, t. XI., 2.

Celle des prolétaires n'avait guère que la liberté, le droit de tendre la main et de ne rien faire.

De beaucoup la plus nombreuse, celle des esclaves, pareille aux animaux domestiques, n'avait rien et travaillait sous le fouet. — L'influence qu'elle a exercée sur la civilisation romaine est trop grande pour ne pas mériter ici quelques développements.

L'esclavage, cet abus de la force, cette violation du droit à la liberté qui nous vient de la nature et de Dieu, avait été pratiqué, dès l'origine du monde, par toutes les civilisations de l'Orient dont nous avons suivi la trace. Sous toutes les formes de gouvernement : patriarcale, monarchique ou républicaine, il avait eu le même caractère. Toutes les législations, toutes les religions l'avaient reconnu et légitimé. — Son origine était aussi vieille que le monde. Le père, dans sa rude écorce de sauvage, avait d'abord asservi sa femme et son fils plus faibles que lui, en leur imposant tous les genres de service. Les choses se passent encore de même et l'on peut prendre la nature sur le fait chez les peuples de plus en plus rares qui mènent la vie sauvage ou la vie patriarcale. Mais la famille s'étendit ; elle devint tribu, et à côté de celle-ci s'établit bientôt une tribu nouvelle. A cette distance, les conflits d'intérêts nés de la chasse ou des troupeaux ne tardèrent pas à engendrer la lutte. Le vaincu fut mis à mort, ou fait prisonnier et réduit en esclavage, si tel était l'intérêt du vainqueur. — Et quand la guerre s'étendant, le nombre des captifs s'accroîtra, on vendra le prisonnier tout comme le butin. C'est ainsi que l'esclave entrera dans le commerce.

Cette marchandise une fois classée, non-seulement le guerrier l'exploita à son profit, mais il fit la guerre à ses voisins dans le but d'obtenir ce résultat. Puis, en dehors de la guerre, on s'empara des faibles, des peuples inoffensifs, des femmes et des enfants. Des hommes s'organisèrent en vue de cette chasse lucrative et firent métier de surprendre et de ravir leurs semblables, pour les vendre ensuite à qui voudrait les acheter. Malheur au faible ! Malheur au vaincu ! La force prime le droit. — Le fort est seul triomphant, jusqu'à ce qu'un plus fort vienne à son tour lui imposer le joug.

Il arrive cependant que le vainqueur cesse d'être impitoyable. Quand sa conquête est trop vaste pour qu'il puisse l'embrasser et la retenir, au lieu de faire des esclaves, il se contente d'imposer des tributs annuels. Le peuple conquis devient vassal et tributaire. Il se nomme alors les Çoudras dans l'Inde ; les Métèques, les Ilotes et les Périèques dans la Grèce. Au fur et à mesure que se succèdent les Etats et les civilisations, les servitudes se succèdent aussi. Les vainqueurs de la veille sont esclaves le lendemain, et la misère des faibles est éternelle. L'Inde, l'Egypte, la Perse, l'Assyrie, la Judée, la Grèce et Rome, les barbares et les civilisés, nous donnent partout les mêmes exemples.

Dès l'origine de Rome, on distribua la terre aux familles à raison d'un demi-hectare environ pour chaque homme en état de porter les armes. Cette étendue fut triplée par Servius Tullius et portée à deux hectares. Dans cette condition modeste, un esclave était inutile et devenait une charge. — Aussi les prisonniers de guerre furent-ils traités comme des auxiliaires et non comme des serfs. — Trois siècles après la fondation de Rome, on n'en comptait que 40,000, soit un huitième de la population, tandis que la population totale des citoyens était de 440,000. Le travail libre était donc prépondérant. Mais sur ces entrefaites, le domaine public s'était accru par des annexions ou des conquêtes, et les patriciens qui devenaient fermiers de ces terres nouvelles avaient besoin d'esclaves pour les cultiver. Aussi la servitude ne tarda pas à s'étendre. Elle ne fit que grandir avec les guerres lointaines qui, révélant aux Romains des habitudes de luxe et de plaisir, demandèrent de nombreux esclaves pour les satisfaire.

A Rome, de même qu'en Grèce et partout ailleurs, l'esclavage se recrutait de plusieurs manières : et tout d'abord, on naissait esclave de parents soumis à cette condition. Les Romains comptaient sur ce produit comme sur le croît des animaux, et l'on favorisait en conséquence la fécondité des femmes esclaves (1). — On devenait esclave, en second lieu, par la volonté du père de famille qui, maître absolu de la vie qu'il avait donnée à son enfant, pouvait le tuer, l'exposer et le vendre, s'il était impuissant à le nourrir (2). Telle était la puissance que conférait la loi des Douze-Tables, en vertu du droit naturel.

Une nouvelle cause d'esclavage, plus fréquente encore, c'était l'asservissement au créancier du débiteur insolvable et de sa famille. Ce n'est qu'en 325 avant J.-C. que cette rigueur fut supprimée, à la suite de plusieurs émeutes populaires. Dès ce moment, les biens seuls du débiteur servirent de gage à sa dette (3). Les réfractaires subissaient la même rigueur et devenaient esclaves de l'Etat.

Mais de tous les modes le plus important, c'était assurément la guerre. Les prisonniers qu'elle avait faits étaient quelquefois mis à mort, pour le triomphe du général en chef ; d'autres fois on les obligeait à s'entr'égorger dans le camp pour l'amusement des soldats, et le reste subissait l'esclavage (4). Jusques aux guerres puniques, ce mode de servitude reçut peu d'extension. Mais il en fut autrement après

---

(1) Columelle, t. VII, 19.
(2) Cic., *de legibus*, III, 8.
(3) Tit.-Live., VIII, 28.
(4) Tit.-L., XXI, 42.

la destruction de Carthage, à la suite de cette série de guerres qui avaient duré plus d'un siècle. La lutte s'était étendue au monde entier ; d'immenses provinces avaient été subjuguées, et tous les champs de bataille avaient donné à l'esclavage leur contingent de victimes. La Sardaigne et la Sicile, dépeuplées comme la Gaule et l'Espagne, avaient fourni de même leurs tributs humains (1). Après Verceil, Marius expédiait à Rome 150,000 Cimbres. La Grèce, la Macédoine, l'Epire et l'Asie avaient subi le joug à leur tour, et ajouté aux immenses troupeaux de captifs, qu'en se retirant les armées de Rome emmenaient avec elles (2). A la suite de ces immenses rapines, les camps regorgeaient de butin. Les généraux convoquaient les maquignons de tous pays, et traitaient en bloc de cette marchandise, qui paraissait ensuite sur tous les marchés du monde. Rome était le grand centre de consommation. C'était là qu'affluait de toutes parts la denrée humaine, et qu'elle se répandait ensuite dans tous les services de la campagne et de la ville.

Les esclaves étaient amenés au marchés les pieds enduits de blanc, signe de servitude. Exposés ensuite sur un échafaudage, un écriteau au dessus de chaque tête indiquait leur origine, leurs qualités et leurs aptitudes. La vente se faisait de gré à gré ou aux enchères, comme pour le bétail. Le héraut proclamait leurs noms, leur provenance et leur mérite. On les faisait sauter, courir, danser, etc. Tous les vices rédhibitoires étaient prévus, comme ils le sont de nos jours, et annulaient de même le marché (3).

Leur nombre était immense. Il est difficile toutefois de le déterminer. Nous avons vu qu'au v° siècle, vers le commencement de la République, on ne comptait guère que

---

(1) Tit.-L., XII, 28.
(2) Tit.-L., XLV, I. 34
(3) Dig., XIX, XXI, t. I, et V.

40,000 esclaves, soit le huitième de la population libre. Mais à la suite des guerres puniques, qui avaient duré plus d'un siècle, le nombre des esclaves était de plus de sept millions, sur une population de 2.500.000 hommes libres que comprenait l'Italie, c'est-à-dire trois fois égal à la population civile (1). Deux siècles et demi après, sous Claude, cette proportion était à peu près la même (2).

L'esclavage, à Rome, était divisé en deux catégories : l'esclavage public et l'esclavage privé. Comme esclaves publics, un grand nombre était affecté au service de l'Etat, des routes, des travaux d'édilité, des mines, des armées. On les attachait de même aux temples, aux services de la magistrature et de la police (3). Comme esclaves privés, on distinguait entre la famille rustique et la famille urbaine (4). Les esclaves rustiques, sous la surveillance d'un intendant, étaient chargés de tous les travaux de la ferme. On leur imposait le travail jusqu'aux limites du possible, tandis que les soins leur étaient donnés dans les strictes limites du nécessaire. Ils ne connaissaient aucun jour de repos. Varron le recommande, pour les bœufs, une fois par semaine, mais non point pour les esclaves.

Pour vêtement, le sage Caton leur distribue tous les deux ans une tunique sans manches, de trois pieds et demi avec des sayes, plus une bonne paire de sabots garnis de clous. Pour nourriture : du pain, des olives tombées, de la saumure et du vinaigre. Et enfin, comme luxe apparemment, un demi litre par jour d'un vin composé de quinze mesures de vin doux, d'autant d'eau de mer et de cinquante mesures d'eau

---

(1) V. Dureau de la Malle, *Econ. pol. des Romains*, 5. — Wallon, t. II, c. III.
(2) Tacite, *Anno*, I. 10. C. XXV.
(3) Pignori, *De servicis*.
(4) Dig., XXXII, VII.

douce (1). Quant au logement, il tient peu de place dans ses préceptes : « On mettra les cellules des esclaves à côté de l'écurie des bœufs, avec des fenêtres assez hautes pour qu'ils ne puissent y atteindre. »

Telle était la situation de l'esclave : le pain, le vêtement, le couvert, en échange de sa liberté et d'un travail incessant, qui ne connaissait ni fêtes ni repos. Les bœufs chômaient, mais non pas l'esclave. L'animal déposait quelquefois le joug, l'esclave des champs était toujours rivé à sa chaîne, qui le suivait la nuit jusque dans l'ergastule, comme celle de nos forçats. Pline gémissait, pour l'honneur de l'agriculture, d'y voir ces pieds enchaînés, ces mains flétries, ces fronts marqués.

« Les instruments de travail sont de deux sortes, disait Caton ; les uns, muets : la charrue, le hoyau ; les autres, ayant une voix : le bœuf, le cheval, l'esclave. »

Les esclaves urbains remplissaient non-seulement toutes les fonctions manuelles, mais encore toutes celles qu'exigeaient le luxe et l'apparat du maître. Une riche maison romaine était alors une véritable manufacture dans laquelle les esclaves produisaient tout ce que l'on y consommait. Il y avait le moulin et le four. On filait et on tissait. On y voyait des ouvriers de toute sorte et des artistes confondus avec eux. D'autres dirigeaient des comptoirs et des maisons de commerce, faisaient la banque et trafiquaient pour le maître. Ce travail esclave, repoussant l'homme libre, le jetait fatalement dans la misère et le prolétariat.

A côté de ces esclaves sans nombre, on voyait encore les esclaves de luxe, qui devaient escorter le maître au dehors et le suivre dans les lieux publics, afin de donner une haute idée de son train de maison et de sa fortune. Il n'était pas rare de voir les grands de Rome posséder ainsi plusieurs

(1) Caton, *De re rust*. I, LIX.

milliers d'esclaves. Il en fallait beaucoup, en effet, pour le service d'une grande maison. Qu'on en juge : d'abord l'intendant et les divers chefs de service sous ses ordres ; puis le portier enchaîné, les gardiens de l'intérieur, les introducteurs, qui annonçaient et qui relevaient les portières.

Le service des bains occupait aussi un nombreux personnel de chauffeurs, de baigneurs, de frotteurs, de parfumeurs et de coiffeurs, sans compter les médecins grecs, qui ne se recrutaient que dans la classe des esclaves. Le service de la table comprenait ensuite le maître d'hôtel, les cuisiniers, les aides, les sommeliers, les pourvoyeurs, les découpeurs, le boulanger, le pâtissier et d'autres encore. Puis enfin, les jeunes esclaves parfumés, qui versaient à boire, et dans la chevelure desquels les convives essuyaient leurs mains pendant que les danseuses et les joueuses de flûte, ornement obligé de tout festin, exécutaient des mimiques lascives (1).

A côté de cette multitude servile, et confondus avec elle, il y avait place encore pour les grammairiens, les philosophes, les artistes, les acteurs et les mimes, tous issus de la Grèce.

La dame romaine avait de même ses esclaves pour le service de sa maison particulière, les travaux d'intérieur et d'industrie qu'elle dirigeait, comme aussi pour les soins infinis que réclamait sa personne. Son train de maison était aussi complet que celui de son mari. « C'était toute une maison dans la maison. » Elle avait ses portiers, ses gardiens, ses eunuques. La sage-femme, les berceuses, les nourrices n'étaient pas oubliées. Puis venaient les femmes employées aux soins intérieurs. Elles devaient coudre, filer, confectionner les vêtements. D'autres s'occupaient de la toilette : coiffer, teindre les cheveux, peindre les sourcils, répandre les parfums ; rendre au visage le poli et

---

(1) Desobry, *Rome au siècle d'Auguste*, t. I, 211.

l'éclat, poser les dents, ajuster la parure, porter l'ombrelle et les sandales, agiter l'éventail. Telles étaient les fonctions sans nombre des esclaves de luxe. Les femmes faisaient élever aussi dans leurs gynécées des troupes de jeunes esclaves qu'elles aimaient à voir jouer nus autour d'elles, égayant leur solitude de leurs jeux et de leur babil (1). Devenus grands, ces enfants servaient à l'appareil de leur sortie et faisaient cortège. La sortie d'une matrone était pour elle l'occasion d'étaler en public la magnificence de sa maison. Son cortège se composait de l'élite de ses esclaves : courriers, valets de pied féminins, messagères de courtoisie. Puis venaient de beaux enfants à la tête bouclée, des coureurs numides plaqués d'argent, des porteurs athlétiques pour sa litière. Sa maison était tout une armée (2).

A côté de cette multiplicité d'esclaves ruraux ou urbains, il est encore une variété à signaler. Elle est particulière à Rome. Elle y a pris naissance au sein de cette civilisation aussi brillante que féroce, et elle est morte heureusement avec elle. — Nous avons nommé les gladiateurs.

Désignés d'abord par leurs maîtres pour combattre les bêtes féroces dans les jeux du cirque, on en vint bientôt à les faire battre entre eux autour du bûcher des grands. Ces jeux sanglants furent pratiqués, dit-on, pour la première fois, aux funérailles de Brutus (264 av. J.-C.). Trois paires de combattants y parurent (3). Des citoyens illustres les ordonnèrent ensuite pour leurs obsèques, et la république elle-même les offrit, à son tour, aux mânes des grands citoyens, en récompense des services rendus à la patrie. Bientôt la célébration en devint périodique et constante ; et les généraux, avant de

---

(1) Bottiger, *La Toilette d'une Romaine.*— Dion Cassius, t. XLVII, 44.
(2) Wallon, t. II, 116.— Bottiger, *Suétone.*
(3) Tit.-L., op. 16.

partir pour la guerre, donnèrent ce spectacle à leurs soldats, soit pour les aguerrir, soit pour se rendre les dieux propices. — De même, les citoyens qui briguaient des dignités ou qui étaient parvenus à les obtenir, étaient tenus de donner des spectacles de gladiateurs, les seuls qui intéressaient la multitude et qui pouvaient enlever ses suffrages. Jaloux de la popularité que procuraient ces largesses, les empereurs ne tardèrent pas à les imposer eux-mêmes à tous ceux qui entraient en charge, s'attribuant ainsi la faveur populaire attachée à ces spectacles gratuits et sanguinaires dont la foule était si avide. — De Rome, ils passèrent bientôt dans les provinces. Partout s'élevèrent des amphithéâtres et des écoles de gladiateurs, choisis parmi les plus robustes prisonniers venus de la Thrace, de la Gaule ou de la Germanie. On les tenait dans des écoles, où des maîtres spéciaux leur apprenaient les règles de l'escrime et tous les artifices de cette cruelle profession, dont le dernier raffinement consistait à tomber et à mourir avec grâce.

Pour varier les plaisirs du spectacle, les rôles s'étaient multipliés à l'infini. On distinguait *le rétiaire* qui, n'ayant qu'un filet et un poignard, fuyait devant un ennemi armé de toutes pièces ; les *laquearii*, armés d'un nœud coulant ; *le mirmillon* et tant d'autres. Ils paraissaient par couples nombreux dans l'arène et n'en sortaient que morts ou vainqueurs. C'étaient d'ordinaire vingt à trente couples qui composaient le spectacle ; mais ils s'élevèrent successivement jusqu'à trois cents (1). César dépassa de beaucoup ce chiffre, et le jour de son triomphe il offrit une bataille navale dans laquelle on vit s'entr'égorger 10,000 gladiateurs (2). Auguste nous apprend qu'il en fit paraître le même nombre dans les divers spectacles qu'il donna au peuple. La passion de ces

---

(1) Suétone, *César*, ch. x.
(2) Tacite, *Anno*, xv, 32.

jeux fut si grande, qu'on vit des chevaliers descendre dans l'arène. Des femmes elles-mêmes, d'une illustre origine, ne rougissaient pas de les imiter et de prendre part à ces sanglants exercices. L'empereur Commode suivit ces exemples. Tibère et Néron comme lui. Domitien et Trajan les surpassèrent. On combattit non-seulement le jour, mais la nuit, aux flambeaux. Et au retour d'une guerre heureuse, ces boucheries humaines durèrent cent vingt jours (1). Jusqu'à Constantin, tous les empereurs imitèrent ces sanglantes traditions.

On s'est demandé quel était le prix des esclaves. La réponse n'est pas facile, parce que les documents sont rares; il a d'ailleurs varié, comme celui de toutes les marchandises, suivant les temps, les lieux, l'abondance ou la rareté. Ce que nous savons, c'est qu'après la bataille de Cannes, Annibal vendit les chevaliers 388 fr., les légionnaires 233 et les esclaves 78 fr. Tel est le témoignage de Tite-Live (2). Plus tard, le prix s'était élevé, et Caton, au dire de Plutarque, payait ses meilleurs esclaves au dessus de 1,000 fr. L'abondance fit ensuite baisser le prix après les guerres puniques, et l'on croit généralement qu'il descendit à cinq ou six cents francs. Mais s'agissait-il d'un sujet exceptionnel, d'une jeune fille pleine de grâce, d'un bel adolescent, d'un lettré, les prix variaient alors de 1,000 à 25,000 francs.

Sous Justinien, les prix sont plus certains, parce qu'ils figurent dans la loi sur les partages. Un esclave au-dessus de 10 ans vaut 300 fr., un homme qui sait écrire, 750 fr.; un médecin ou une sage-femme, 900 fr.; les eunuques adultes, 1000 fr. Ce sont des prix très élevés pour le temps et qui supposent de grandes fortunes (3).

(1) Dion Cass., XLVIII, 15.
(2) Tit.-L. XXII, 57.
(3) Wallon, t. II, 160 et s. — C. j., VI, 43.

Quelque misérable que fût la condition de l'esclave, elle était soutenue par une espérance : l'affranchissement. Il l'obtenait à l'aide de son pécule laborieusement amassé, ou le devait à la générosité de son maître. Une fois affranchi, il prenait place dans la société, sans figurer pour cela au rang des citoyens et des hommes libres. Il n'était donc pas entièrement dégagé vis-à-vis de son ancien maître qui était devenu son patron. Dans cette nouvelle condition, il lui devait respect et obéissance. Son travail et son temps étaient à sa discrétion; il pouvait louer ses services et en tirer profit. Les enfants de l'affranchi, jusqu'à la troisième génération, étaient soumis à pareille condition. Sa succession elle-même appartenait à son patron, et ce n'est que fort tard que cette rigueur fut mitigée par la faculté de tester (1).

Restant attaché à la personne de son patron, celui-ci lui donnait son nom, était tenu de le défendre, de le protéger comme un client et de lui assurer des aliments (2). Dans ces conditions, l'affranchi faisait partie de sa maison et lui rendait toute espèce de services. Il avait une condition moyenne entre l'esclave et le citoyen. A la troisième génération seulement, il devenait ingénu et prenait rang parmi les citoyens, dont il avait dès lors tous les privilèges. — C'est à de telles circonstances qu'il faut attribuer la variété du sang romain, sa confusion avec l'élément étranger, et les vices que l'hérédité du sang esclave infusa dans les mœurs publiques. Sous l'influence des guerres civiles, de la conquête et du luxe, le flot de l'esclavage était monté si haut qu'il débordait par l'affranchissement.

Considérés pendant longtemps comme des citoyens incomplets, écartés par cela même des fonctions publiques et de la milice, les affranchis y furent admis exceptionnellement

---

(1) Dig., XXXVIII, 112.
(2) Dig. *de op. libertorum*.

dans les moments difficiles, et notamment en 296, à l'approche des Gaulois. Sous l'empire, leur appel fut plus fréquent encore, car chaque guerre civile les vit enrôler avec les esclaves eux-mêmes et ils purent dans la suite arriver aux honneurs. César n'appella-t-il pas au Sénat des fils d'affranchis ? A partir de ce moment, ils se firent nommer chevaliers et occupèrent toutes les charges du palais. On les vit à la tête des magistratures, des cohortes et des légions (1).

Grâce à leurs complaisances et à leurs bassesses qui ne connaissaient pas de scrupules, ils avaient pu s'insinuer dans les bonnes grâces des empereurs corrompus. Sous Claude et Galba, ils étaient maîtres du pouvoir, et par cela même des citoyens auxquels ils avaient obéi. Leur bon plaisir devint la règle de l'Etat, et comme le dit Pline, la plupart des Césars, tyrans des citoyens, étaient les esclaves des affranchis, des Narcisse, des Pallas et tant d'autres (2).

Il faudrait s'applaudir de cette élévation si les hommes qui en étaient l'objet en avaient été dignes, parce que le sang romain se serait ainsi renouvelé. Mais élevés dans l'ignorance, avec des instincts faussés par l'esclavage et des habitudes dépravées dès l'enfance, comment ces âmes avilies pouvaient-elles se redresser sous l'influence d'une tardive liberté ?...

Telle était la triste condition des esclaves. Elle aurait dû, ce semble, enrichir le monde romain. Elle ne fit que l'appauvrir et le corrompre.

L'habitude de commander et d'être passivement obéi endurcit de bonne heure le cœur du citoyen, et altéra sa conscience qui n'était retenue par aucune règle ni aucun frein.

Les combats des bêtes et des gladiateurs ne firent qu'ag-

---

(1) Tac. *An.* XIII, 27.
(2) Panégyr. *de Trajan.* I, 88.

graver ces tendances en entretenant dans son âme le mépris de la vie humaine. La pratique du châtiment et de la souffrance des esclaves venait s'ajouter à ces causes et le rendre insensible et cruel devant la douleur.

D'autre part, l'abus de l'autorité, qui s'exerçait sur des corps de tout âge et de tout sexe, altéra promptement les mœurs. Des plaisirs faciles ou honteux en furent la conséquence. De là, des excès et des jouissances malsaines ; le dégoût des femmes et le mépris des hommes.

Et puis, comme le travail de l'esclave dispensait de toute activité, il vouait fatalement le citoyen à cette oisiveté dangereuse qui lui permettait de consacrer au vice tous ses moments. Tels furent les funestes effets de l'esclavage sur le citoyen. Ils le furent bien plus encore sur sa famille.

Dans ce monde romain qui ne se mouvait que par la servitude, toutes les fonctions de la maison étaient d'ordinaire abandonnées à l'esclave. S'il était grec ou lettré, il s'emparait du fils de son maître dès son enfance. Tacite voit, dans ce fait, la principale cause de l'abaissement des mœurs et des caractères (1). A l'époque où il écrivait, la nourrice était une esclave qui tenait auprès de l'enfant la place de la mère indifférente. Son influence se prolongeait, et elle était ordinairement funeste, puisqu'au dire de saint Jérôme, les nourrices dépravaient fatalement les enfants confiés à leurs soins (2).

A côté de la nourrice, qui était le plus souvent une grecque, l'on voyait, dans les grandes maisons, un esclave pris au hasard, dit Tacite, quelquefois le plus vil et le moins propre à diriger un enfant (3). La plupart de ces hommes

(1) *De oratoribus*, 28.
(2) Saint Jérôme, ép. 47.
(3) Tac., *De oratoribus*, 29.

ne pouvaient que corrompre leur élève par la contagion de leurs vicieux exemples et par des complaisances de toute nature, souvent obligées.

Par la position gênée qu'ils occupaient dans la maison, les pédagogues étaient moins les instituteurs que les flatteurs de leurs jeunes maîtres, dont ils s'efforçaient de capter la faveur en dissimulant leurs fautes, en encourageant leurs vices (1). Habitués à mépriser ce qui venait d'un esclave, le père et la mère prenaient toujours le parti de l'enfant contre son précepteur. « Il n'a pas encore sept ans, dit Plaute, qu'il n'est plus permis au pédagogue de le toucher du bout du doigt s'il ne veut avoir la tête cassée à coup de tablettes. Et si l'élève va se plaindre au père : « Bien, mon enfant, lui dit-il, tu sauras résister à l'injustice ». — Et l'on injurie le pédagogue. — Quelle autorité peut avoir ce maître, que son disciple bat le premier ? » (2).

Cette situation commandait aux précepteurs de se montrer faciles jusqu'à devenir complices des désordres qu'ils devaient réprimer. Obligés de céder aux fantaisies, de flatter les passions de leurs élèves, c'est en les corrompant qu'ils maintenaient sur eux leur vicieuse influence. Cette corruption, qui trouvait à s'alimenter dans la maison d'une manière si facile, s'exerçait aussi dans tous les lieux publics : dans les bains, où les sexes étaient mêlés ; dans les théâtres, où le public assistait à ces vivantes images de la débauche, que figuraient des esclaves dont on n'avait pas à ménager la pudeur.

Les jeux de l'arène et les scènes de meurtre qu'ils comportaient, n'étaient pas non plus de nature à former le cœur de l'élève que son précepteur y conduisait. Ce fut pire encore quand les fils de famille eurent pris l'habitude de se

---

(1) Lucien, *Le banquet*, 26.
(2) Plaute, *Bacchides*, 36.

donner le spectacle des gladiateurs en chambre, succédant à celui des danseuses et des joueuses de flûte, au milieu des joies du festin.

Corrompu par son état, l'esclave avait à son tour corrompu la famille et la vie privée. Absorbant ensuite le travail agricole et industriel, il en chassa l'homme libre qu'il jeta dans la misère, et par suite dans la corruption. Tant il est vrai de dire qu'il était fait pour corrompre tout ce qu'il touchait.

En résumé, après deux siècles de monarchie, troublés par les querelles des patriciens et des plébéiens réunis aux prolétaires, nous avons vu fonder une république aristocratique dans laquelle les consuls et le Sénat, exclusivement patriciens, administrent la chose publique. Le peuple vote non par tête, mais par centuries, qui lui donnent un petit nombre de voix. Son influence est nulle par conséquent, et l'oligarchie qui gouverne est aussi odieuse que le despotisme des rois.

La guerre et l'usure appauvrissent le plébéien et le réduisent en servitude. Sa révolte amène l'abolition de l'esclavage pour dettes et la création des tribuns du peuple, magistrats inviolables, sortis de ses rangs, élus par lui, et chargés de le protéger contre les magistratures patriciennes (493).

A partir de cette réforme mémorable, l'histoire intérieure de Rome n'est remplie que par la lutte des tribuns contre les consuls unis au Sénat.

Après une vaine tentative de loi agraire, qui tendait à faire distribuer une partie du domaine public, les tribuns obtiennent que les coutumes soient codifiées. Elles s'appellent la loi des Douze-Tables (444).

Dès ce moment, la loi est la même pour tous : c'est l'égalité qui commence. Elle inaugure les premiers beaux jours de la république. Les lois Liciniennes obtiennent ensuite le partage du consulat entre les deux ordres (366). L'égalité politique est ainsi acquise. Il avait fallu plus d'un siècle pour obtenir ce résultat. — C'est alors que les grandes destinées de Rome commencent. Pendant deux siècles, elle ne comptera que des triomphes. Tous les peuples voisins seront soumis, Carthage détruite, la Macédoine, la Grèce et l'Asie-Mineure réduites en provinces romaines (342-146). Ce sont les plus beaux jours de la république. Elle regorge d'esclaves et de butin. Elle est couverte de gloire. — Mais cette grandeur est toute extérieure et cache au dedans des souffrances cruelles.

La guerre et l'usure avaient ruiné le plébéien en le dépossédant de son champ. La campagne était stérile, l'agriculture et le travail méprisés devant le métier des armes. L'esclavage partout étendu avait tout envahi : les métiers et les cultures. Sa concurrence paralysant le travail libre avait créé partout la misère. Il y avait donc une foule immense de pauvres agitée et menaçante.

Les Gracques tentèrent de l'apaiser en proposant le partage des terres publiques et la restitution des immenses espaces que les grands propriétaires avaient usurpés sur l'Etat. — Ils proposaient aussi de chasser les esclaves des campagnes pour les rendre aux ouvriers libres. — Nulle mesure plus opportune. C'était le salut de Rome et de l'Italie. — Elle fut votée au milieu de l'effervescence populaire ; mais ses promoteurs payèrent ce triomphe de leur tête, et le Sénat fit rapporter la loi quelques années après (133-121). Cette occasion manquée ne se renouvellera plus. Il n'y aura désormais que quelques milliers de patriciens servis par une multitude d'esclaves, et une foule immense de plébéiens et de prolétaires à l'aumône.

En présence de l'appauvrissement général, le plébéien ne pouvait s'équiper à ses frais. Il fallut recourir aux mercenaires, à la solde et aux armées permanentes. C'est avec ces troupes nouvelles, composées de prolétaires et de vagabonds, que Marius fera la guerre à Jugurtha et plus tard aux Teutons et aux Cimbres (106-101).

Les légions victorieuses rentreront chargées de butin, formant autour de leur chef une cohorte préparée à tous les dévouements. Marius se présentera comme le chef de la plèbe. Sylla deviendra son rival et protègera l'aristocratie.— Les guerres civiles commenceront, et les proscriptions les plus odieuses, les plus sanglantes, déshonoreront la république et la civilisation (87-78).

Après Sylla et Marius, César et Pompée. 320,000 prolétaires sont à l'aumône sur une population de 450,000 habitants. Quel magnifique appoint pour l'émeute et pour les guerres civiles !...

La bataille de Pharsale prononce en faveur de César (63-48). C'est alors que l'orgie commence : 22,000 tables à trois lits pour les vainqueurs, 100,000 tonneaux de vin, 10,000 gladiateurs et des distributions d'argent et de vivres. Et le Sénat le met au rang des dieux !...

Après la mort de César, c'est Antoine et Octave qui se disputent le pouvoir et se partagent le monde. Pendant ce temps, les troupes ont reçu des largesses insensées ; les proscriptions de Marius et de Sylla ont été dépassées. Mais les rivaux ne tardent pas à en venir aux mains, et la bataille d'Actium décide des destinées de l'Empire (31).

La République a vécu. Il était temps. Depuis un siècle, elle ne connaissait que des dictateurs féroces et cupides, des guerres civiles entretenues par un immense prolétariat, qui trafiquait chaque jour de ses votes, qui ne connaissait que la misère et l'aumône, le plus vil enfin qui fût jamais. Pendant cette dernière période de cent ans environ, qui vit la fin de la République et qui va des Gracques à Auguste, il n'est pas un tribun, pas un triumvir ou un dictateur qui n'eût fait largesse aux prolétaires en leur distribuant des terres, du blé, des vivres, des bains gratuits, des festins, de l'argent et des spectacles. C'est le prix de leurs votes, de leur turbulence, de leur concours à la guerre civile, que les spoliations, les rapines et les proscriptions avaient amassés.

La plèbe aura désormais sa liste civile et frumentaire, son droit à l'aumône et aux spectacles. Auguste lui enlèvera ses droits politiques en paralysant les effets de son vote ; ses successeurs étonneront la postérité par leurs prodigalités, leurs crimes et leurs folies, qu'importe, pourvu qu'elle soit repue ? Tel sera son langage tant que durera l'empire, jusqu'au jour où les barbares viendront troubler son repos et la disperser sans coup férir (1).

Si l'on regarde à grands traits l'histoire romaine, telle que le collège nous l'a enseignée, on n'y voit que des batailles, des victoires, de grandes actions, des princes magnifiques, des travaux gigantesques et des monuments splendides. C'est une civilisation éblouissante. Ainsi en est-il du siècle de Louis XIV. — Qu'on y prenne garde, ce n'est que la surface des choses. Si l'on veut y voir de plus près et regarder les couches inférieures de la nation et les résultats de cette magnificence, on sera surpris d'y rencontrer tant de misère, de douleurs et d'injustices. Ce sera la contrepartie de l'histoire bataille qui, faisant cesser nos illusions de collège, à côté d'une civilisation puissante et raffinée, nous révèlera des guerres civiles inouies, des rapines, des proscriptions féroces ; le mépris des lois, la misère

---

(1) Les empereurs avaient voulu retenir les ouvriers aux métiers et les colons à la terre ; mais cette tentative ne fut pas féconde, parce qu'elle paralysait leur liberté. Leur travail fut insuffisant d'ailleurs à entretenir les prodigalités réunies des secours publics, des spectacles et des maisons impériales. L'impôt des provinces conquises, quelque dur qu'il fût, devint impuissant à couvrir ces dépenses insensées. La pression du fisc créa partout le découragement et arrêta la production, qui amena la misère générale. Tel fut l'effet du socialisme d'Etat, de la République, et de l'Empire.

d'une immense plèbe qui ne sait que tendre la main et trafiquer de ses votes, tandis que, des hommes libres sont resserrés dans les collèges, le colonat, et qu'une population d'esclaves, trois fois supérieure au nombre de ses maîtres, gémit dans le mépris, les durs travaux et les châtiments.

Rome ne produit rien : elle n'a ni agriculture ni industrie. Tout lui vient de la guerre et de la spoliation, tant qu'elles durent. Le jour où elles cessent, il ne reste que la ruine.

Telle est cette république brillante que l'on n'a cessé d'offrir comme modèle à la jeunesse. Il est grand temps qu'on tourne ses regards vers des enseignements plus moraux et plus féconds : l'amour de l'humanité et du travail.

BYSANCE.

Après la conquête de la Grèce, de la Thrace et de la Macédoine, ces contrées avaient été divisées en provinces romaines et administrées par des préfets de l'Empire (II° siècle). Le gouvernement de Rome s'y faisait sentir par conséquent. Les institutions et les mœurs étaient les mêmes. L'état des personnes comprenait également des patriciens, des hommes libres, des esclaves et des colons.

Ainsi qu'à Rome, l'usure, la concurrence esclave et les rigueurs du fisc avaient fait naître de nombreux indigents.

Les grandes villes étaient leur refuge, et c'est là que, suivant l'exemple de la métropole, on leur faisait les distributions frumentaires et qu'on leur donnait les spectacles gratuits dont nous avons indiqué et les abus et les périls.

Le travail des cultivateurs honnêtes devait nourrir cette population oisive, et il fallait recruter des corporations de toute sorte qui étouffaient la production, l'industrie et le commerce libres. Toutes les grandes villes telles qu'Alexandrie, Carthage et autres durent suivre ce système, qui ne fit qu'augmenter le paupérisme et favoriser la paresse. Pour nourrir des oisifs indignes, on accrut la misère des paysans, qui furent contraints d'abandonner leurs terres pour se soustraire à l'impôt et aux exactions des agents chargés de les recouvrer. Tel fut le résultat de la violation des lois de l'ordre économique, aussi constantes que celles de la nature, et qu'on ne saurait méconnaître impunément (1).

Lorsque l'empire fut divisé par Théodose et que son fils Arcadius occupa Constantinople, l'état social resta le même. La chute de l'Empire d'Occident, qui survint peu après, lui donna cependant une prépondérance marquée sur ce qui subissait l'influence du monde romain.

Le règne de Justinien et la codification de ses lois jettent seuls un peu d'éclat sur cette série d'empereurs que rien ne distingue. Pendant cette période, et au fur et à mesure qu'on avance vers le moyen âge, à côté de l'esclavage qui est encore fort nombreux, une grande place est faite au colonat tel que nous l'avons vu à Rome; il est devenu si important et si nécessaire que Justinien, reconnaissant qu'il est établi en fait dans son Empire, l'organise comme institution (553). Dès ce moment, son action lente mais continue lui donne une telle prépondérance qu'il finit par absorber peu à peu l'esclavage rural. La loi fixe le colon à la terre, et cette obligation est héréditaire pour ses enfants. Les grands possesseurs de terre, les gouverneurs de province, profitent de cette situation pour organiser la féodalité et le servage comme en Occident. C'est en cet état que les trouvèrent les croisés du XIIe siècle et les Turcs, qui s'emparèrent de Constantinople en 1453.

(1) Daremberg et Saglio, V. *Annone*.

DEUXIÈME PARTIE

LIVRE IV

LE MOYEN AGE.

Les Gaulois. — Les Germains. — Les Francs.

LES GAULOIS.

On s'accorde généralement à croire aujourd'hui que les Gaulois, partis des plus hauts plateaux de l'Asie, comme tous les peuples Aryens, sont venus en Europe d'étape en étape par le Pont-Euxin et la vallée du Danube, éternel chemin qu'ont parcouru, pendant vingt siècles, les hordes errantes, depuis les premiers Cimbres jusqu'aux Huns d'Attila. Leur langue et leurs dogmes religieux, tout l'indique et le confirme.

Les peuples pasteurs se fixent rarement au sol, parce qu'ils en épuisent promptement la fécondité. Et comme la population s'accroît d'ordinaire, en même temps que les richesses de la terre diminuent, les émigrations deviennent forcées et périodiques. L'existence des troupeaux, leur seul moyen de vivre, les leur imposent, et les pasteurs les subissent. On va du côté où l'herbe pousse et l'on repart quand elle est dévorée. C'est ainsi que, de proche en proche, allant toujours devant eux, les premiers Gaulois, partis des confins de la Chine, sont parvenus, après plusieurs siècles, jusqu'aux rivages de l'Atlantique.

Ils étaient dès lors en possession du bronze et du fer, c'est-à-dire arrivés à un degré de civilisation supérieur à celui de l'Europe qu'ils fournirent de métaux. — C'étaient des hommes de haute stature, le teint blanc, les yeux bleus, la barbe et les cheveux roux et incultes ; ils avaient coutume de se tatouer le corps. Leurs habitations rondes et coniques étaient construites de paille et d'argile ; des peaux de bêtes leur servaient de lits et de vêtements.

Le territoire, couvert de forêts, donnait à profusion des glands et des faines, dont se nourrissaient les habitants. La propriété du sol était collective et divisée par tribus ; le gouvernement, électif. Ces hordes nouvelles, se heurtant à de plus anciennes qui avaient peut-être la même origine, l'on vit commencer dès lors cette vie de luttes, de hasards et de guerres terribles, qui dura dix siècles et ne se termina que par l'absorption définitive des Gaulois dans le monde romain (1).

Un siècle avant notre ère, Carthage était détruite et l'Ibérie soumise (146-133). La Gaule cisalpine avait subi la même destinée. Mais les Gaulois transalpins gênaient les communications de Rome avec l'Espagne. C'est pour les assurer qu'elle porta la guerre au-delà des Alpes maritimes et qu'elle fonda les deux colonies d'Aix et de Narbonne comme des postes avancés qui, lui assurant un passage vers les Pyrénées, permettaient de contenir et de surveiller les nations gauloises, dont les anciennes invasions n'étaient pas encore oubliées (125). — Les triomphes de Marius et la des-

---

(1) Voy. Am. Thierry, *Histoire des Gaulois*.

truction des Cimbres avaient confirmé cette conquête partielle (102). Quarante ans après, César, envoyé comme gouverneur de la Narbonnaise et de la Gaule transalpine, se vit en butte aux agressions de ses voisins. En les repoussant, il souleva de proche en proche tous les peuples gaulois, et ce n'est qu'après huit années de luttes héroïques qu'ayant écrasé Vercingétorix et toutes les forces réunies de la Gaule, il la réduisit en province romaine (51).

Polybe, qui écrivait au IIᵉ siècle avant Jésus-Christ, nous apprend « que les Gaulois vivaient dans des bourgs sans murailles ; qu'ils n'avaient point de meubles, dormaient sur un lit de paille et d'herbes sèches ; qu'ils ne se nourrissaient guère que de viande et n'avaient d'autre occupation que la guerre et l'agriculture. » Athénée, confirmant les faits qui précèdent, ajoute : « qu'ils s'emparaient des viandes en prenant des deux mains des membres entiers qu'ils dévoraient à belles dents. » « La boisson des pauvres, ajoute-t-il, est une bière faite de froment et de miel... »

Lorsque César conquit la Gaule, elle ne formait pas une nation, mais une agglomération de petits Etats au nombre de quatre-vingt, qui n'avaient ni la même langue, ni les mêmes institutions. Chacun d'eux possédait une capitale, des villes et des armées (1).

Leurs gouvernements étaient un mélange d'institutions démocratiques et républicaines. Le plus souvent ils nommaient un chef qui exerçait temporairement la dictature. A côté de lui, un Sénat élu dirigeait les affaires et prenait les décisions (2).

Il y avait, en outre, deux castes privilégiées : les chevaliers et les Druides, qui s'étaient partagé la terre et les hommes. L'une, la noblesse, qui descendait peut-être des

---

(1) César, *de Bello gallico*, t. I, VII, 15.
(2) Cés. VI, 2.

anciens chefs de clans, était riche et guerrière. L'autre, la Caste sacerdotale, fortement organisée sous la direction d'un chef, s'était réservé la terre et les honneurs. Elle rendait la justice, consacrait l'élection des magistrats et ne payait aucun impôt (1). Son droit d'excommunication lui assurait un empire absolu.

« Si un chef refuse de se soumettre à la décision des Druides, dit César, ils lui interdisent les cérémonies du culte, et c'est là le plus grand châtiment que l'on connaisse. Ceux qui en sont frappés sont considérés comme des scélérats ; nul ne s'approche d'eux. On serait souillé par leur contact. »

« Dans toute la Gaule, dit-il encore, il n'y a que les Druides et les Chevaliers qui soient comptés pour quelque chose. Le reste de la population est à peu près réduit à l'état d'esclave, et la plèbe ne prend aucune part aux affaires publiques. Accablés de dettes, d'impôts et de vexations, les hommes libres se mettent en servitude (2). »

Les Druides et les Chevaliers avaient donc tout le sol et toute l'influence. L'homme libre ne pouvait vivre en dehors d'eux qu'en se mettant sous leur dépendance et en leur livrant sa personne et sa liberté pour obtenir sa subsistance. Dans cette situation, il n'était pas précisément leur esclave, mais il était tenu de leur obéir, de les servir et de les suivre à la guerre (3). C'était en quelque sorte le patronat et la clientèle romaine. La législation sur les dettes menait d'ailleurs à l'esclavage. La personne du débiteur servait de gage à la créance, et emportait une servitude définitive. César mentionne des troupes de débiteurs que chaque chef traînait après lui. Il parle aussi de multitudes d'hommes, de

---

(1) Cés. VI, 13.
(2) Cés., t. I, ch. IV.
(3) Cés. VI, 30.

gens sans aveu qui ne possédaient rien (1). Pendant la guerre, ces hommes se groupaient autour de leur chef et n'obéissaient qu'à lui (2).

On peut, sur ces données, se faire une idée de la société gauloise. Tout le sol, toute l'autorité, étaient aux mains des classes supérieures qui gouvernaient avec des institutions démocratiques. — Le travail libre devait être fort rare. On voyait beaucoup d'hommes attachés au sol et fort peu de propriétaires. Beaucoup de serviteurs et peu de maîtres.

C'est en cet état que César trouva la Gaule quand il en fit la conquête. Appelé d'abord comme auxiliaire par les chefs, qui redoutaient la pression et l'envahissement des Germains, il garda le terrain conquis lorsqu'il les eut repoussés. Des résistances partielles se formèrent alors ; mais elles furent promptement brisées, jusqu'au jour où un soulèvement presque général amena la défaite de Vercingétorix et la soumission complète de la Gaule (51).

Cette grande nation y perdit son indépendance, mais une indépendance troublée par des luttes constantes qui, paralysant la cohésion des forces nationales, rendaient imminent l'envahissement des Germains.

Un général romain dépeignait avec justesse cette situation : « Quand nos armées entrèrent dans votre pays, disait-il aux Gaulois, ce fut à la prière de vos ancêtres ; leurs discordes les fatiguaient et les épuisaient, et les Germains posaient déjà sur leurs têtes le joug de la servitude. Depuis ce temps nous faisons la garde aux barrières du Rhin pour les empêcher de venir régner sur la Gaule. Nous ne vous imposons d'ailleurs d'autres tributs que ceux qui nous servent à vous assurer la paix. Vos impôts (8,000,000) paient les armées qui vous défendent. Si l'Empire romain disparaissait,

(1) Cés. VI, 30.
(2) Cés. III, 22.

que verrait-on sur la terre, si ce n'est la guerre universelle? Et quel peuple serait en péril plus que vous qui êtes à la portée de l'ennemi? (1)».

Dès les premiers temps de la conquête, la condition des Gaulois fut celle des sujets de Rome; ils eurent le droit de cité et le titre de citoyens. Ils pouvaient occuper tous les grades dans l'administration et dans l'armée.

C'est ainsi que s'opéra l'éducation politique et sociale de la Gaule, qui accueillit sans résistance la langue, les actes et les institutions de Rome. En même temps, des écoles furent fondées, des temples, des théâtres s'élevèrent comme par enchantement. Les armées et les captifs couvrirent la Gaule de routes et de monuments publics. Le latin devint la langue de tout ce qui était cultivé et passa bientôt, mais non point sans s'abâtardir, dans les classes inférieures. C'est ainsi qu'il donna naissance aux langues romanes (2).

On serait tenté de croire peut-être que les travailleurs furent réduits en servitude et dépossédés de leurs champs. Il n'en fut rien. Aussitôt la conquête achevée, César fit opérer le recensement des hommes et des terres. Une partie du sol, qui comprenait les terres incultes ou les terres publiques attribuées aux Druides et aux chefs, forma le domaine public, l'*ager publicus*. En second lieu, furent classées les terres des chefs et nobles Gaulois devenus citoyens romains, dont les possessions furent respectées; et enfin, les terres laissées aux mains des anciens habitants qui, n'ayant pas droit de cité, ne détenaient qu'à titre précaire.

Tous les hommes qui ne possédaient rien furent recensés comme cultivateurs et attachés aux terres des citoyens, des grands possesseurs. Dans cette situation, considérés comme des colons romains, ils furent fixés à la glèbe et regardés

---

(1) Tacite, *Hist.*, iv; 72.
(2) Fustel de Coulanges, *Les institutions de la France*.

comme des instruments de culture inséparables du sol; ils étaient ainsi sous la dépendance du propriétaire.

A côté des colons se rencontrait aussi l'esclave, qui avait ses marchés publics et se recrutait parmi les obérés et les captifs. Comme le colon, l'esclave était attaché à une terre qu'il cultivait autour de sa demeure. Il ne devait à son maître que des redevances en blé, en troupeaux, en vêtements. Cette servitude, au dire de Tacite, ne s'étendait pas au-delà.

Dans chaque domaine ou *Villa*, une troupe d'esclaves ou de colons était nécessaire à la culture. Un intendant ou *Villicus* les dirigeait, et l'on était déjà dans l'usage de considérer ce personnel comme attaché à la terre, de même que les outils et les animaux qui servaient à l'exploitation. On les inscrivait en conséquence sur les registres du *Cens* comme faisant partie du domaine et on les vendait avec lui. Ce n'était d'abord qu'une coutume, mais elle fut inscrite dans la loi au IVe siècle (1).

Ce qui distingue à ce moment l'esclave du colon, c'est que celui-ci est soumis à des redevances fixes que le propriétaire ne peut modifier à son gré, et qu'il ne peut être vendu sans la terre. L'esclave n'avait aucun de ces privilèges, et de plus il pouvait être battu et tué impunément par son maître. Attachés au sol l'un et l'autre, on les désignait sous la même appellation de *servi glebæ*.

Dans cette situation, le propriétaire était considéré comme un maître par rapport au colon et au serf ou à l'affranchi. Il pouvait donc, suivant la loi romaine, leur succéder, s'opposer à leur mariage et à leur déplacement. C'est du moins ainsi que l'établirent les Constitutions de Théodose (2).

Les colons étaient par conséquent les hommes du maître

(1) Cod. Just., XI, 47, 7.
(2) C. Théod., XXI, 52, 54.

presque autant que les esclaves. Tout au moins ne tardèrent-ils pas à le devenir et à être confondus avec eux dans le servage.

Il résulte de ce qui précède, qu'avant la conquête romaine, les Gaulois pratiquaient l'esclavage ; que l'homme vendait sa liberté ; qu'elle servait de gage à sa créance et que la guerre faisait aussi des esclaves.

Après la conquête, la Gaule, devenant une province romaine, reçut la même constitution sociale que la mère-patrie et en contracta les mœurs. L'administration, les impôts, les cultures étaient les mêmes. L'état des personnes était le même aussi. — Quelques personnages riches et titrés, très peu d'hommes libres, beaucoup d'esclaves et beaucoup de colons attachés à la terre, telle fut la situation générale pendant la période gallo-romaine, c'est-à-dire du 1er au Ve siècle (3).

LES GERMAINS.

« Les Gaulois et les Germains, dit Strabon, se ressemblent physiquement et politiquement ; ils ont le même genre

---

(3) Sidoine Apollinaire décrit ainsi l'existence que menaient les riches Gallo-Romains vers la fin du vᵉ siècle (480) :

« Pendant l'hiver, dit-il, ils habitent la ville ou ils assistent aux assemblées, aux séances des tribunaux. Pendant l'été, ils vont de *Villa* en *Villa*, suivis de nombreux clients, d'affranchis et d'esclaves. La demeure seigneuriale renferme de grandes salles, des thermes, des portiques. Déjà on fortifie les habitations, on les bâtit sur les hauteurs ; elles prennent le nom de châteaux, *Castella*. La vie est large et opulente. Il y a un grand luxe de serviteurs et d'esclaves. (Lettres V, 14).

Avec ce château et ce seigneur, on sent l'approche du moyen âge.

de vie et les mêmes institutions (1). » Au dire de César, ils étaient agriculteurs, avaient des maisons de bois, des villages, et se nourrissaient de blé (2). Les distinctions sociales étaient les mêmes chez eux que chez leurs voisins. On y voyait des nobles issus des plus anciennes maisons, des hommes libres, des *lètes* ou compagnons d'armes, et des esclaves qu'ils pouvaient vendre et tuer impunément (3). La plupart de ceux-ci étaient attachés à la terre dont ils donnaient les produits à leurs maîtres (4). La famille, ayant à sa tête un ancien, chef absolu, comprenait quelquefois un village ou une tribu tout entière, qui vivait en communauté, et ce chef de famille avait l'autorité suprême, telle que nous l'avons vue dans l'Inde, en Grèce et à Rome (5).

L'Etat germain se composait d'une quarantaine de petits peuples unis par la fédération ; chacun avait son chef. Les familles et les villages étaient solidaires des fautes de leurs membres, des expiations qui leur étaient imposées. Le fils succédait seul au père, tandis que la fille était achetée par le mari (6). Dans la tribu, la terre était partagée périodiquement entre les divers chefs, comme elle l'est encore en Russie. Les ordalies, ou jugements de Dieu, faisaient la base de la justice. Comme les Gaulois, les tribus Germaines, toujours en lutte entre elles, avaient perdu le goût de la vie sédentaire qui ne leur offrait aucune sécurité, et elles erraient çà et là, cherchant aventure et traînant après elles leurs femmes et leurs enfants. Pressées d'ailleurs par d'autres peuples venus du Nord ou de l'Orient, elles étaient

(1) Strabon, iv, 4.
(2) César, iv, 19.
(3) Tac., *Germ.*, 25.
(4) Tac., *Germ.*, 25.
(5) Lavelaye, *de la propriété*. — *La Marke germanique*, 76 et s.
(6) *Loi Salique*, 47.

forcées de se déplacer et de chercher un refuge chez leurs voisins, soit de gré, soit de force. C'est dans ces conditions que commencèrent les invasions germaines.

Toujours refoulées, tant que Rome fut puissante, au jour de son déclin, elles finirent par pénétrer dans la Gaule et par y prendre place à côté des occupants. Chacune de ces agressions, César le constate, avait pour cause la pression d'un autre peuple. Pendant cinq siècles on les vit se renouveler avec le même insuccès. Il y eut beaucoup de déprédations mais pas une victoire. Toutefois, au milieu de ces bouleversements, un grand nombre de Germains étaient entrés dans l'Empire comme travailleurs, comme captifs et même comme soldats. Un écrivain du temps le confirme en nous disant : « Qu'il n'était pas de famille qui n'eût quelque Goth à son service. » Les bras manquaient à l'agriculture et on les recherchait au dehors. Les victoires de Marc-Aurèle, de Claude et de Probus (227), en introduisirent un très-grand nombre (1). En 291 notamment, « les Francs furent admis à cultiver les champs des Nerviens et des Trévires (2) ». De même, les Francs-Saliens vaincus furent cantonnés au Nord de la Gaule par Jullien, et on leur imposa l'obligation de cultiver la terre à titre de tributaires et de colons (3). « Nous voyions, dit un écrivain du temps, des files de barbares arrêtés dans nos rues. On commence par les distribuer aux habitants, en attendant qu'on leur ait désigné les champs à la culture desquels ils seront attachés (4) ».

Les Germains n'entrèrent donc dans la Gaule qu'en se soumettant aux lois du colonat. Sous la pression des peuples du Nord, leur nombre fut très grand au IVᵉ siècle. Non-seu-

---

(1) Trebellius Pollion. *Claude*, 8.
(2) Eumène, *Panég. de Const.*
(3) *Ammien*, XVII, 8.
(4) Eumène, *Panég. de Const.*, 9.

lement l'Empire recevait des Germains à titre de colons, mais il en recevait aussi comme soldats auxiliaires, et pour les rémunérer on leur donnait des terres à cultiver sur la frontière. Ces enrôlés prenaient le nom de *Lètes*, et leurs possessions celui de *terres létiques*. Ils les détenaient héréditairement, exemptes d'impôt et à la seule charge du service militaire. En dehors de ces colons, on voyait aussi un très grand nombre d'esclaves venus de la Germanie avec leurs maîtres. Il n'y avait entre eux et les esclaves indigènes aucune différence (1).

Il résulte de ce qui précède que les Germains n'ont envahi ni l'Empire, ni la Gaule. Ce n'est donc pas de leurs invasions que datent l'esclavage et le servage de la glèbe. Les Gaulois et les Germains le pratiquaient également. — On a prétendu de même que les Gaulois avaient été dépossédés de leurs terres. Il n'en est rien. Les auteurs indiquent au contraire que les Gaulois étaient soldats ; qu'ils commandaient les armées et administraient la justice. Il est certain aussi que l'impôt était supporté indistinctement par les deux populations. D'où la conséquence qu'elles étaient confondues et qu'il n'y avait aucune prééminence germanique (2).

LES FRANCS.

Longtemps confondus dans les bandes germaines, les Francs ne sont mentionnés dans l'histoire que vers le milieu du IIIe siècle. Toujours repoussés par les armées romaines, ils furent maintes fois ramenés par elles sur les

---

(1) Cod. Théod. VI, 13, 16.
(2) Fustel de C., *Institutions*, p. 285 et s.

terres gauloises, à titre de captifs ou de colons (1). Comme tous les Germains, ils avaient des esclaves et des colons qui vinrent avec eux se mêler aux populations cisrhénanes. Pendant près d'un siècle et demi, on les vit de la sorte soumis aux Romains, ce qui permet d'affirmer qu'ils n'ont point envahi la Gaule. Ce qui le prouve mieux encore, c'est qu'ils n'ont pas cessé de porter le titre de citoyens romains, qui désigne l'état de liberté et non l'état de servitude (2).

Tant que l'empire fut debout, il contint ces populations guerrières et prévint les rivalités de leurs chefs; mais quand sa décadence commença et qu'il fut contraint de retirer ses troupes, les guerres intestines se donnèrent carrière et les soldats de chaque parti foulèrent le pays conquis, ainsi que l'attestent Salvien et les écrivains du temps. Enfin, sous l'influence de Clovis, ces rivalités belliqueuses finirent par disparaître. Vers la fin du ve siècle, il avait vaincu tous ses rivaux et définitivement établi la prépondérance des Francs sur la Gaule.

Au moment de l'élévation de Clovis, les armées de l'Empire s'étaient déjà retirées. La civilisation romaine, qui se manifestait naguère par des routes, des cirques, des aqueducs, des écoles, s'était effacée peu à peu, et avec elle la richesse et l'existence brillante qu'elle donnait au peuple gallo-romain.

Devenus maîtres de la Gaule, les chefs ou rois des Francs conservèrent les institutions qu'ils y trouvèrent établies. Ils en gardèrent aussi les mœurs, si bien qu'ils parlaient latin et s'habillaient à la romaine. Le roi lui-même rendait la justice en costume d'empereur (3). Toutes les dignités, les titres et les formules honorifiques furent maintenus. Il y

---

(1) *Ammien*, XVII, 8.
(2) Fustel de Coulanges, *Institutions*, 285 et s.
(3) Grégoire de Tours, II, 38.

avait un Comte pour chaque commandement ; un maître ou maire du Palais et une foule de fonctions subalternes. La Curie continuait à gérer les intérêts locaux. Puis venaient les Ducs qui commandaient les armées, les Comtes qui administraient les provinces et les cités, rendaient la justice et levaient les impôts. Ils étaient nommés et révoqués par le roi. L'ancien mécanisme administratif était entièrement conservé. Les impôts, les douanes, les péages, le droit de gîte pour le prince et ses officiers en voyage ; les corvées et les charrois pour la réparation des routes et pour le service de l'armée, tout cela subsistait comme au temps de l'empire (1).

L'impôt direct était perçu sur la propriété foncière, proportionnellement à sa valeur et au nombre des esclaves qui la cultivaient (2). Les cités étaient chargées de le recouvrer à leurs risques et périls, à moins qu'il ne fût cédé à forfait à un collège ou corporation de collecteurs qui en versaient les produits entre les mains des Comtes (3). Le service militaire, dû par tous les hommes libres de 17 à 40 ans, alimentait l'armée que levaient les Ducs et les Comtes, et qui ne recevait d'ailleurs ni solde, ni armes, ni vivres (4). Chaque homme devait s'équiper et se nourrir pendant toute la campagne. Il vivait généralement sur le pays et se dédommageait ensuite avec le butin qu'il pouvait faire.

L'organisation romaine avait donc été conservée dans tous ses rouages. Clovis tenait encore ses pouvoirs de l'empire d'Orient, dont il recevait les ordres, et c'était comme prince de la Milice qu'il administrait la Gaule. Ainsi firent ses successeurs jusqu'à Charlemagne, qui prit le titre d'empereur d'Occident.

(1) Grég. de Tours, XI, 22.
(2) Grég. de Tours, IX, 30.
(3) Grég. de Tours, VII, 25.
(4) Grég. de Tours, VI, 31.

Après Clovis, l'anarchie la plus grande règne dans son royaume que ses quatre fils se divisent. Pendant deux siècles, des compétitions féroces amènent l'assassinat périodique dans cette famille de rois qui ne cessent de s'entr'égorger. Le brigandage se poursuit sur une vaste échelle. Brunehaut seule fait assassiner dix rois ou fils de rois, et Frédégonde plus encore. Thierry envahit l'Auvergne en 532. « Les églises, les monastères sont rasés jusqu'aux fondements. Tout est dévasté. Les jeunes hommes et les jeunes femmes sont traînés les mains liées derrière les bagages pour être vendus comme esclaves (1). Frédégonde ravage la Champagne, extermine tout ce qui est en état de porter les armes et jette le reste dans les liens de la servitude.

Le royaume est encore partagé entre les quatre fils de Clotaire. — Le comte de Bretagne bat l'armée de Gontran et emmène comme esclaves tout ce qui survit. Sigebert réduit également en servitude tous les hommes des domaines de son frère Chilpéric. Celui-ci, à son tour, en 583, épuise le Berri en hommes et en troupeaux. Enfin, nous voyons Pépin ramener d'Aquitaine son armée enrichie de butin et d'une multitude d'esclaves. Charles-Martel, à son tour, après avoir sans se lasser repoussé et écrasé les Arabes, pille la Provence à plusieurs reprises, et chargé de butin il pousse devant lui une troupe immense de captifs. La guerre atroce est partout et toujours. — Que deviennent les malheureux au milieu de toutes ces fureurs ?...

Au temps de Clovis, et même après lui, les rois francs avaient perçu le cens à titre d'impôt sur les terres du royaume, tel que le percevaient les Romains. Mais à partir de Dagobert, la résistance des seigneurs ne permit plus la levée de l'impôt sur leurs domaines. Son prédécesseur avait

---

(1) Grégoire de Tours, III, 191.

été contraint par le traité d'Andelot (587) de garantir aux Leudes révoltés la possession de leurs bénéfices, et dès ce moment le roi dut se contenter de ses redevances privées, de ses revenus personnels. Le pouvoir central, la patrie, disparaissent ainsi pour faire place à la seigneurie (1), qui remplace la loi par la coutume, la nationalité par la féodalité (2). Quelques années après, le Concile de Paris vint confirmer ces avantages au profit des grands et des évêques (613). La trace de l'impôt se perd à partir de ce moment. C'est entre les mains des seigneurs que les hommes libres et les serfs de leurs domaines paieront désormais les redevances qu'ils versaient au trésor royal.

Quelque grand que fût Charlemagne, cet état de choses ne cessa d'être maintenu pendant son règne. Son fils Charles-le-Chauve, pour obtenir le concours de ses vassaux, fut même obligé de les réunir à Kiersy et de signer ce capitulaire fameux qui consacrait l'hérédité des comtés et des fiefs. Amovibles jusque là pour la plupart, les seigneurs devinrent indépendants. Cet acte dépouillait la royauté de ses pouvoirs et de ses terres. C'était son abdication. L'ère féodale était ouverte (877). — Il y eut dès ce moment, vingt-neuf grands duchés ou comtés qui furent autant de gouvernements locaux formés aux dépens du pouvoir central. Un siècle plus tard, il y en avait cinquante-cinq, qui formaient autant de petites souverainetés. L'ensemble de ces associations constitua la société féodale.

« Durant cette période, la France n'a pas d'histoire, dit M. Guizot. La couronne est considérée comme un fief, et le titre de roi ne donne qu'une faible suprématie morale à celui qui en est investi. Le roi vivait sur ses terres. Il avait sa

---

(1) Guérard, *Proleg. du Polypt. d'Irminon, et Rapport académique sur le Concours de 1835.*

(2) Vuitry, *Régime financier*, 29.

justice et son Parlement privé. Ses vassaux faisaient comme lui, et chaque possesseur d'un grand fief, souverain dans son domaine, ne considérait le roi que comme un de ses pairs. S'il le croyait plus faible, il lui refusait à son gré le service et l'obéissance. Pendant que la royauté s'effondrait, impuissante à se faire obéir et à protéger ses sujets, les Normands envahissaient la France et préparaient aux serfs et aux esclaves une nouvelle série de maux sans exemple dans l'histoire.

LIVRE V

ÉTAT DES PERSONNES ET DES TERRES DU Ve AU XIIe SIÈCLE.

La Féodalité. — Les Hommes libres. — Les Esclaves.
Les Serfs. — Les Droits féodaux. — Les Collèges et corporations.
Misères de ce temps.

LA FÉODALITÉ

Tant que dura l'empire, les riches Gallo-romains, sénateurs et chevaliers, comtes, juges ou ducs, c'est-à-dire grands fonctionnaires, n'avaient que des titres honorifiques et dépendaient du pouvoir. Aucune partie de la puissance souveraine ne leur appartenait. Les colons et les esclaves qui travaillaient pour eux ne leur étaient soumis qu'au point de vue de leurs obligations rurales ou domestiques. Au point de vue civil et politique, ils obéissaient à l'empereur, au roi ou au comte de la province, qui les représentait et rendait en leur nom la justice à tous les sujets.

Il en fut tout autrement sous les rois Francs, à la suite de l'invasion germaine et de l'influence qu'elle exerça sur les mœurs de la nation. Le Germain, souverain dans sa famille et dans sa tribu, avait coutume d'entourer son chef, de lui faire cortège et de recevoir à titre de récompense une partie du butin fait à la guerre : des chevaux, des armes et des terres. C'était le *feod* germain, ou le *beneficium*.

Possesseur de ce domaine qui comprenait les dépendances obligées, c'est-à-dire le mobilier, les animaux et les esclaves agricoles nécessaires à la culture, il administrait sa nouvelle propriété comme un souverain maître.

Tous les pouvoirs du propriétaire, aussi bien que ceux de l'Etat, étaient confondus dans sa main. Leur exercice sans contrôle dut aggraver singulièrement la condition des travailleurs de toute sorte qui faisaient partie des terres ainsi concédées. Aussi, tandis que le Gallo-romain ne pouvait réclamer à son colon que le cens convenu pour la terre qu'il cultivait, plus la taille ou la capitation qui revenait au fisc, le Germain féodal percevait non-seulement le cens et la taille qu'il retenait à son profit, mais, en vertu de son droit souverain d'administration et de justice, il exigeait pour son domaine des corvées arbitraires qui s'appliquaient auparavant aux travaux publics. — *L'hostilitium* ou droit de guerre, qui obligeait le colon à fournir les transports pour l'armée, s'appliqua désormais aux intérêts du nouveau seigneur, qui fit faire ses transports privés, escorter ses convois sans qu'il lui en coutât une obole. — Les droits sur la vente des propriétés (lods et vente), aussi bien que ceux exigés par le fisc romain, sur la vente et le transport des marchandises, il les retint de même à son profit. Les droits de douane et les péages fort nombreux que payaient au roi les habitants firent partie du domaine seigneurial dès le vi° siècle. L'impôt indirect comme l'impôt direct, devint une taxe privée ; le produit des contributions publiques se confondit avec le revenu du propriétaire (1).

« Le système de la féodalité devint le droit public de la France, dit Moreau de Beaumont, et le royaume fut la proie d'une multitude de seigneurs, qui regardaient comme faisant partie de leurs domaines des droits et des redevances qui

---

(1) Vuitry, de l'Institut. *Régime financier de la France*, 93, 96.

avaient autrefois appartenu à l'Etat. La seigneurie devint une espèce de despotisme qui rendait le propriétaire maître absolu de son territoire. De là, une foule de redevances et autres droits jusqu'alors inconnus » (1).

Tous les impôts publics passèrent de la sorte dans ses mains, ainsi que la justice avec le produit de ses confiscations et de ses amendes. Il y ajouta un droit privilégié et exclusif: celui de la chasse et de la pêche, qui jusque-là avait été libre. — A ces usurpations vinrent se joindre dans la suite une foule d'abus qu'on inventa. Telles étaient les *banalités* qui obligeaient le colon ou le serf à moudre au moulin du seigneur, à cuire à son four, etc... comme aussi les droits de halles et marchés, de passage, de banvin, d'herbages, de colombier, de garenne, de guet et de garde, et tant d'autres. Tels étaient les résultats abusifs du *féod* germain ou de la souveraineté féodale.

Les bénéfices ne naissaient pas seulement de la concession du chef ou du roi. Dans ces temps de violence et de barbarie, l'usurpation en accroissait sans cesse l'importance et le nombre. Les bénéficiers s'emparaient des terres qui les avoisinaient aussi bien que de celles du domaine royal. Les ducs et les comtes, c'est-à dire les fonctionnaires publics, faisaient de même. C'est ce qui nous explique les querelles des rois et de leurs fidèles, de Clovis à Charlemagne et sous leurs successeurs. En 795, le grand empereur lui-même exhale sa plainte dans un capitulaire, en constatant que les domaines royaux sont partout convertis en propriétés privées. Sous ses fils, l'usurpation recommence et devient universelle, malgré leurs plaintes souvent répétées.

En même temps que s'organisait cette caste de bénéficiers territoriaux, une autre caste, celle des Comtes ou *judices*,

(2) *Mémoires concernant les impositions en Europe*, t. II, p, 5.

c'est-à-dire des fonctionnaires de tous les ordres, tendait à s'élever également, tantôt par la faveur et tantôt par l'usurpation.

La faveur s'opérait au moyen de l'inféodation. Lorsque le roi n'eut plus de terres à donner, et qu'il voulut encore faire des largesses ou qu'il eut des services à demander, il inféoda les offices royaux, administratifs ou financiers, et en concéda les revenus à ceux qui en étaient investis. C'est ainsi que la France se couvrit de seigneuries, privées de terres le plus souvent, et de petits états despotiques.

« Les ducs, les comtes, les centeniers, dit M. Guizot, possédaient de grands biens dans les provinces qu'ils administraient au nom du roi, et ils les étendaient chaque jour soit par des concessions, soit par l'usurpation et la violence. Investis ainsi d'un double caractère, le premier leur servit de point d'appui pour changer la nature du second. Puis ils les confondirent, et quand l'hérédité des bénéfices eut prévalu, l'hérédité des offices fut bientôt conquise (1). »

Loyseau, ce grand feudiste du xvie siècle, regarde l'usurpation comme la cause unique des justices seigneuriales. Suivant lui, les droits inhérents à ces justices avaient été concédés temporairement et à titre de fonctions par les rois des deux premières races. « C'est par l'abus et la force que les seigneurs féodaux en avaient fait des propriétés privées et héréditaires. »

Le fisc romain distinguait les terres fiscales et les privées ou tributaires. Les premières furent distribuées aux chefs, aux leudes ou compagnons, au fur et à mesure de la conquête, et devinrent ainsi des bénéfices ou des fiefs.

Les terres privées payaient un cens ou redevance dont la perception était confiée à des comtes ou *judices*, qui en versaient le produit au trésor. A côté de ces redevances

---

(1) Guizot, *Essais sur l'Histoire de France*.

pécuniaires, il y en avait d'autres qui consistaient en services corporels, en fournitures, en transports militaires et autres, que le *judex* avait le droit de requérir sans en rendre compte. C'est là qu'étaient l'arbitraire et les abus. Telle était la source de ces déprédations odieuses, qui pendant tant d'années pesèrent sur le monde romain et sur la Gaule, et qui furent la principale cause de leur ruine. L'histoire de ce temps nous montre, en effet que les *judices* appliquaient à la culture de leurs terres et à la construction de leurs édifices les redevances et les prestations établies dans l'intérêt public.

Au milieu des troubles de l'invasion, les juges et les comtes retinrent leurs charges avec les produits fiscaux qui s'y trouvaient attachés, et de temporaires ou de viagères qu'elles étaient, ils les rendirent héréditaires, tantôt par faveur et tantôt par abus ou par faiblesse de la puissance royale. Les comtes eurent ainsi, comme les bénéficiers féodaux, la propriété de leurs justices. De là les rentes, les redevances, les péages, les amendes, le droit de foires et marchés qu'ils purent percevoir et aliéner à leur gré.

En présence d'un tel pouvoir, celui du roi était peu de chose. Déjà, sous Dagobert, les seigneurs refusaient de laisser percevoir l'impôt sur leurs terres et le retenaient à leur profit. Par le traité d'Andelot (587), que confirma le Concile de Paris, en 613, les seigneurs obtinrent la reconnaissance de leurs prétentions, et le roi, humilié par eux, s'engagea à n'établir aucun impôt et à respecter leur possession ainsi que celles des clercs. Deux siècles après, leur puissance était si bien assise que Charles le Chauve fut obligé de la sanctionner par son édit de Kiersy, qui reconnaissait non plus la jouissance, mais l'hérédité des bénéfices (877). A plusieurs reprises ses successeurs voulurent résister par les armes aux prétentions des seigneurs. Ils furent vaincus. Déjà le système féodal, dominait la monarchie et refusait de lui obéir. Pour mieux lui résister, il fortifia tout d'abord ses demeures de la plaine, qu'entoutouraient les huttes ou les cases des esclaves et des colons. Et puis, quand survinrent les invasions Normandes ou Sarrasines, aux VIIIe et IXe siècles, il en profita pour se bâtir sur les hauteurs des châteaux ou camps retranchés (*castella, castra*) pour s'y créer une retraite sûre contre les ennemis du dehors, et un refuge qui lui assurât l'impunité à la suite de ses rapines et de ses brigandages. Telle fut l'origine des châteaux. « Apposté comme un oiseau de proie dans son aire, dit Guérard, le seigneur fondait sur la campagne d'alentour. Il attaquait son ennemi, son voisin, le voyageur, le passant. — A la fin du Xe siècle, chacun avait pris définitivement sa place et son poste. La France était couverte de fortifications et de repaires féodaux. Partout la société faisait le guet et se tenait pour ainsi dire en embuscade (1) ».

Autour de la *villa* ou du château, le village, était composé des *manses* ou ménages, des paysans, des vilains. Au dedans, les esclaves domestiques pour le service du maître, ainsi que pour le travail des ateliers de toute sorte, qui devaient pourvoir à tous les besoins de l'habitation et de l'exploitation de la terre.

Le capitulaire *de villis* nous apprend que le *villicus* devenu *major*, maire, administrait cette colonie. A quelque temps de là, ces villages à l'instigation du maître se mirent quelquefois en communauté, vécurent sous le même toit, administrés par un des leurs qui dirigeait les travaux. Chacun y trouvait avantage. Le maître, plus de garantie pour le travail et les redevances, et le serf plus d'économie et plus d'aisance. Ce sont les communiers ou parsonniers du moyen-âge, qui, soumis à la mainmorte, ont tenu tant de place dans certaines provinces.

(1) Guérard. — *Prolégomènes du Polypt. d'Irminon.*

L'origine de la noblesse était vivement discutée au dernier siècle. Montesquieu croyait la trouver chez les Francs. Boulainvilliers voulait que la conquête lui eût servi de base, tandis que l'abbé Duboss la faisait remonter à une création régulière établie par les empereurs, et sanctionnée par la nation.

D'après César, la classe nobiliaire existait en même temps chez les Francs et les Germains, exerçant à la fois les commandements militaires et la judicature. Sous Dioclétien, et par conséquent dans la société gallo-romaine, régnait déjà un corps de dignitaires et de courtisans qui constituait une caste privilégiée exempte d'impôts. Cette aristocratie se mêla à la noblesse franque et lui survécut, parce qu'elle était plus instruite et qu'elle représentait les traditions d'une civilisation supérieure. A côté d'elle, les bénéfices, la recommandation et le vasselage constituèrent une aristocratie germaine qui eut aussi ses titres et ses privilèges. — Telle est l'origine multiple de la noblesse française.

Ainsi constituée, elle se divisait en plusieurs classes, la noblesse résultant des anciennes fonctions de duc et de comte sous les Romains ; la noblesse féodale ou bénéficiaire et terrienne, d'origine germaine, et celle enfin qui eût pour cause la collation royale à titre gratuit ou onéreux, d'origine française... Toutes ensemble, elles abusèrent, suivant le temps, de la faiblesse des rois, de la misère des serfs, et ne cessèrent d'agrandir leur domaine et leur puissance en employant la violence et l'usurpation.

LES HOMMES LIBRES.

A côté des seigneurs bénéficiers et des comtes ou fonctionnaires, vivaient les hommes libres. Leurs terres, libres comme eux, leur appartenaient sans conditions et ils en disposaient en toute liberté. C'étaient des *alleux*. Le nombre de ces propriétaires dut être grand dès l'origine. Il représentait tous ceux que la conquête ou l'invasion n'avaient pas dépossédés. Mais les mœurs du temps, les usurpations de la force, le besoin de protection, c'est-à dire *la recommandation* et les donations aux églises, ne tardèrent pas à les restreindre.

« Les faits historiques et les lois, dit M. Guizot, attestent que, du VIIe au Xe siècle, les propriétaires des petits alleux furent peu à peu dépouillés ou réduits à la condition des tributaires par l'envahissement des grands propriétaires » (1). La classe des petits possesseurs diminua et finit par s'éteindre en tombant sous le vasselage, ou dans une dépendance moins noble qui tenait plus ou moins de la servitude réelle (2). Les comtes, les évèques, les abbés se rendaient sans cesse coupables de spoliations de cette nature que les capitulaires tendent à réprimer.

Voici en un tel sujet le langage énergique de Charlemagne : « Les propriétaires libres disent que toutes les fois qu'ils refusent de donner leur héritage à l'évèque, à l'abbé ou au comte, ceux-ci cherchent l'occasion de les perdre. Ils les obligent à aller à l'armée jusqu'à ce que, ruinés, ils soient

---

(1) Guizot, *Essais*.
(2) Thierry, *Tiers-Etat*, 17.

amenés de gré ou de force à livrer leur alleu ». (Cap. III, an 811.)

Et plus loin : « Ont-ils quitté le siècle, ceux qui cherchent sans cesse à augmenter leurs propriétés, en promettant le royaume céleste et en menaçant du supplice de l'enfer le riche et le pauvre qu'ils dépouillent ? Ils deshéritent les héritiers légitimes et les poussent ainsi à la misère et aux crimes ; car, pour ces malheureux sans asile et sans pain, le vol et le brigandage deviennent une nécessité... » (Cap. VI, 811).

Dans une société livrée à la guerre des forces individuelles, qu'aucune force publique ne réprimait, les faibles toujours tremblants se mettaient sous la protection des forts et leur transmettaient leur propriété au moyen de *la recommandation*. Par ce moyen, le propriétaire d'alleux n'était qu'un usufruitier ou plutôt qu'un emphytéote ; mais il sentait sa terre protégée contre les spoliations et les violences.

Une autre cause plus puissante encore vint diminuer le nombre des alleux : ce furent les donations aux églises que provoquaient la foi religieuse et la superstition. « Pour le salut de son âme et la rémission de ses péchés », le malheureux propriétaire transmettait sa terre à l'Eglise ou plutôt au saint patron qui la représentait. Il acquérait ainsi la protection de l'Eglise ou de l'Abbaye, qui pouvait à l'occasion lui servir de refuge. En agissant de la sorte, celui qui s'était réservé l'usufruit de sa donation évitait à la fois l'impôt et le service militaire dont les monastères étaient exempts. Qu'on juge par là si cette pratique dut être suivie et jusqu'à quel point elle enrichit les monastères ! Saint-Martin de Tours acquit de la sorte d'immenses domaines et un nombre prodigieux de serfs. La liberté était périlleuse. La crainte et la superstition conseillaient d'y renoncer. Au moment ou il l'abdiquait, le prosélyte, posant la tête et la main sur l'autel, déclarait qu'il offrait à Dieu et à tel patron de l'Eglise ses biens et sa personne et qu'il s'engageait à les servir comme esclave pendant sa vie. Croira-t-on qu'il payait encore quelques deniers aux moines, pour obtenir la faveur d'être ainsi dépouillé et d'être admis à cette servitude ! Non seulement le malheureux se donnait lui-même, mais soit piété, soit misère, il donnait encore ses enfants qu'il ne pouvait nourrir. Et comme la loi romaine défendait de les tuer et de les exposer, il les déposait doucement sur les marches de l'Eglise qui en faisait des serfs. « L'esprit de tyrannie était si ardent, et les occasions d'opprimer si fréquentes, que les hommes libres renonçaient par désespoir à leur liberté, et se soumettaient en qualité d'esclaves à leurs tyrans. Ils en vinrent à cette extrémité afin de donner à leurs maîtres un intérêt plus immédiat à les protéger (1) ».

L'homme franc n'avait que ce moyen de se soustraire à la tyrannie du seigneur. Il l'avouait pour maître, se recommandait à lui et se déclarait son serf. Cet usage avait passé du fait dans le droit, si bien qu'un capitulaire du ixe siècle (847) obligeait tout homme libre à se recommander de quelqu'un. C'était le servage étendu à tous. Tout les petits alleux tendaient donc à disparaître dans la recommandation ou dans les donations pieuses. A la fin du xe siècle il n'en restait presque plus. Ils ne purent se reconstituer qu'avec les affranchissements des xiie et xiiie siècles.

A côté des modestes alleux étaient les terres bénéficiaires qui appartenaient aux chefs. En les donnant à cultiver à charge de cens et de redevance, ces terres prenaient la qualification de tributaires. — Il y avait donc trois sortes de propriétés : les bénéficiaires, les alleux, les tributaires Tous les cultivateurs qui ne furent pas chassés du sol devinrent tributaires. Leur situation était à peu près celle des colons. Libres, affranchis ou esclaves, ils furent tous confondus sous la désignation de serfs de la glèbe.

(1) Robertson, *Introd. à l'hist. de Charlemagne*, 11, 78.

LES ESCLAVES ET LES SERFS.

Quand l'invasion germaine s'établit dans les Gaules, elle y trouva des esclaves personnels attachés à la demeure du maître, suivant la coutume romaine. Elle y trouva aussi des esclaves réels, *servi glebæ,* et des affranchis attachés à la terre à des titres divers, et enfin une classe bien plus nombreuse, celle des colons, telle que l'Empire l'avait organisée. Ces conditions diverses survécurent à l'invasion et restèrent longtemps les mêmes. On ne peut en être surpris, quand on sait que les Germains pratiquaient l'esclavage et que le colonat était la condition générale de leur population agricole. Nous avons vu, en effet, qu'ils avaient des esclaves qui pouvaient être tués ou vendus impunément, et que la plupart de ces esclaves étaient attachés à la terre dont les produits appartenaient à leurs maîtres. Tacite nous dit également : « Que chacun d'eux avait son habitation, qu'il régissait à son gré, en payant comme un colon des redevances déterminées. — Et il ajoute : Que l'esclave domestique était une chose qu'on pouvait vendre, tandis que l'esclave de la glèbe était immeuble par destination et ne pouvait être détaché de la culture (1) ».

Tant que dura l'occupation romaine, les Germains avaient tenté fréquemment de passer le Rhin ; mais ils furent toujours repoussés ou ramenés par les armées triomphantes, tantôt comme esclaves, le plus souvent comme colons. L'Empire avait fait tant de prisonniers qu'il n'était pas de famille gauloise qui n'eût quelque Goth à son service. — En 291, les Francs-Saliens étaient admis à cultiver, à titre

---

(1) Tacite. *De Germaniá,* C. XXIV.

de colons, des terres de l'Empire. En 373, 200,000 Visigoths, après avoir livré leurs armes, venaient aussi peupler les maisons d'esclaves et les champs de colons. Ils étaient dès lors attachés au sol sans qu'on pût les en détacher. Leur nombre fut très grand vers le IVe siècle, à cause de la pression des Huns, et l'on estime que la plus grande partie des colons qui remplissaient la Gaule était venue de la Germanie. Ils venaient aussi dans l'Empire comme auxiliaires, et à ce titre on leur donnait, sous le nom de *lètes*, des terres à cultiver sur la frontière qu'ils étaient chargés de défendre.

Quand les armées romaines se retirent, une nouvelle invasion de Germains se précipite et vient occuper des terres gauloises. A dater de ce moment, les Gaulois et les Germains se confondent, et confondent aussi leurs servitudes, l'une douce, réglée par la loi, l'autre plus dure et plus arbitraire. — Bientôt l'influence germaine devient prépondérante, et n'étant plus contenue par la civilisation vieillie de l'Empire, elle organise librement le système des fiefs ou des concessions bénéficiaires, qui fait la base de ses institutions guerrières. Ses chefs militaires deviennent des seigneurs féodaux, qui traitent comme des colons germains tous les travailleurs établis sur les terres qui leur ont été concédées. — Et comme, suivant leurs coutumes nationales, le chef germain est souverain dans son domaine, qu'il y perçoit non-seulement des redevances, mais des impôts de toute nature, qu'il y dicte des lois, rend la justice et fait la guerre, il agira de même sur le territoire gallo-romain. Et dès lors, au lieu d'être des colons à redevances fixes, les tributaires germains seront des serfs à volonté, taillés arbitrairement, en tout et pour tout, suivant le caprice de leurs seigneurs. Les esclaves, les colons, les affranchis, seront soumis à la même servitude et confondus sans distinction dans les travaux des champs.

Quelques esclaves personnels survivent cependant dans la demeure des riches, dans leurs ateliers, leurs gynécées, dans les ateliers de l'Empire et plus tard du royaume. Mais leur nombre ne saurait être grand, parce que le luxe et les besoins industriels qu'ils doivent alimenter sont fort petits.

— On pourrait affirmer, dès ce moment, que le nombre des colons ou des serfs fixés à la terre, égale au moins les neuf dixièmes de la population, alors que les seigneurs féodaux, le clergé, les hommes libres, n'en représentent qu'un vingtième, et les esclaves l'autre. Dans la période qui s'écoule du ve au viiie siècle, cet état de choses s'accentue chaque jour davantage. La féodalité s'organise et abuse, de plus en plus, de son pouvoir souverain sur les serfs de ses domaines.

Entre temps, les rois francs se font la guerre et entraînent, comme esclaves, une foule de prisonniers qu'ils attachent à leurs terres. Ainsi fait Thierry en Auvergne, Frédégonde en Champagne, Sigebert, puis Chilpéric en 583, Charles-Martel, Pépin-le-Bref en 763, et enfin Charlemagne. Tous ces princes ramènent avec eux un nombre immense de captifs, qui peupleront bientôt les bénéfices accordés à leurs compagnons sur les territoires conquis.

En même temps, nous voyons çà et là quelques donations faites par les rois aux églises et aux monastères. Elles comprennent des terres, *des villæ*, des manses avec leurs dépendances, les animaux et *les esclaves* qui y sont attachés.

Les riches seigneurs donnent aussi. Vers la fin du viie siècle, l'un d'eux donne à saint Bertin, « pour qu'il fonde un monastère, des villas et des domaines nombreux, avec leurs dépendances, *esclaves* et *colons*, troupeaux et bergers. » Le cartulaire de l'église de Viviers mentionne un grand nombre de donations de ce genre, faites à saint Vincent, patron de cette église, du ve au viiie siècle. — Quelque temps après,

Charles le Chauve donne également à saint Vincent plusieurs districts, des églises avec les revenus, les bénéfices et les esclaves qui y sont attachés (1).

A la suite de ces documents, le capitulaire *de villis*, qui traite de l'administration des domaines privés de Charlemagne, vient jeter un peu plus de lumière sur la question qui nous occupe.

« Non loin de son palais, dit le moine de Saint-Gal, des toits de chaume abritaient les serfs et les esclaves du domaine de l'empereur. On y voyait des serfs attachés à la glèbe, qui partageaient leur temps entre le labour, la moisson, la fenaison et la vendange. On y voyait, en outre, des hommes et des femmes occupés à tous les métiers. Les produits qui sortaient de leurs mains étaient livrés à la maison de l'empereur ou vendus à son profit (2). Les comtes ou intendants chargés de la surveillance étaient chargés en même temps de vendre les fruits du domaine, c'est-à-dire les bœufs, les porcs, les fromages, la bière, l'hydromel, la liqueur des mûres, les œufs, la volaille, le poisson, le miel, etc. Les étoffes, les chaussures, les ustensiles de fer, d'or et d'argent, étaient fabriqués dans les gynécées. » La condition de ces esclaves ou fiscalins devait être dure, en présence d'un intendant qui dirigeait tous les détails de leur vie domestique, les privait de tout libre arbitre et de toute espérance (3).

Dans les domaines voisins de la demeure impériale, administrés par des intendants, il n'y avait que des serfs qui donnaient tout leur temps et tout leur travail. Le colonat et le servage n'étaient pratiqués que dans les domaines éloignés (4).

---

(1) *Histoire de Viviers*, par l'abbé Rouchier, t. I, 185.
(2) Moine de Saint-Gal, *Faits et Gestes*, 1.
(3) *Histoire des Français*, t. II, 277.
(4) Hauréau, *Charlemagne et sa Cour*, 86.

Voilà ce que nous savons de la situation des cultivateurs esclaves, serfs ou colons dans les domaines royaux, c'est-à-dire dans la condition la meilleure.

Les capitulaires nous apprennent néanmoins qu'il fallait réprimer des abus et des violences depuis longtemps consacrés. Nous voyons, en effet, que Charlemagne interdit à ses comtes et à ses scabins : les corvées et les services illicites ; les dons et les cadeaux extorqués; les droits de gîte pour eux, leurs valets et leurs chiens (1).

Mais ces défenses ne s'adressaient qu'aux domaines impériaux. Partout ailleurs, elles demeuraient sans effet. — On laisse à penser, dès lors, si les abus étaient grands autour des seigneurs qui régnaient en souverains sur leurs terres. La loi des Lombards nous révèle à ce sujet : « que les comtes ont établi la coutume d'obliger les hommes du peuple à faire la récolte de leurs fruits, labourer, semer, etc... Il paraît juste, dit la loi (801), de délivrer le peuple de cette servitude. » Tel est le milieu dans lequel vivaient les serfs et les esclaves.

En présence de ces rigueurs, les esclaves fugitifs étaient nombreux. Le capitulaire de 803 ordonne de les arrêter comme vagabonds. Il défend aussi qu'on leur donne asile et condamne à l'amende du triple celui qui favorise leur fuite. Il réglemente en même temps la vente des esclaves, en défendant l'exportation de la marchandise humaine, afin que le pays n'en soit pas privé...

Un autre document plus explicite encore que celui qui précède nous fait connaître la condition des esclaves et des serfs au IXe siècle et dans la période qui l'a précédé, les tenures qu'ils occupent et les services qui leur sont imposés. C'est le polyptique de l'abbaye de Saint-Germain-des-Prés, dressé par le Prieur aussitôt après la mort de Charlemagne.

(1) Baluze, I, 408.

Il nous donne la description détaillée d'une seigneurie ecclésiastique, en indiquant le sort des esclaves, des colons et des serfs; on reconnaît dans ce document trois classes de personnes : des hommes libres, des colons et des serfs. — L'homme libre est celui qui peut aller où il veut sans être réclamé par aucun maître. — Le colon, qui existait déjà sous l'empire, était attaché à la culture d'une terre à condition de payer une redevance déterminée. Vivre et mourir comme la plante, sur le sol où il était né, tel était son destin. — Enfin venaient les esclaves, qui pouvaient être vendus et aliénés comme une chose (1).

Les terres de l'abbaye étaient divisées en domaniales et tributaires. Les premières, administrées par des moines qui surveillaient le travail des esclaves, et les autres, occupées par des colons ou des serfs.

La plus grande partie de celles-ci étaient distribuées en petites fermes ou manses (*mas*), qu'habitaient autant de familles. Le manse était héréditaire et la rente fixe. L'abbaye en comptait 1650, exploités par 2.788 familles, faisant ensemble, à peu près, 10,000 personnes. La redevance ou tenure du serf était tout autre. Elle était à la merci du seigneur. — On comptait dans l'abbaye huit ménages libres seulement, 2,080 de colons et 120 de serfs ou d'esclaves. — Les colons faisaient à peu près tous les travaux des domaines de l'abbaye à l'aide de corvées déterminées. Ces corvées étaient de trois jours par semaine. Ils payaient, en outre, en argent et en denrées, des redevances de toute sorte. — Les véritables serfs ou esclaves faisaient, comme des domestiques, tous les travaux qui leur étaient commandés.

Telle était l'administration d'une seigneurie modèle, protégée par Charlemagne. Mais, après lui, la désorganisa-

---

(1) Guérard, *Polypt. d'Irminon*. — Introduction.

tion est partout. L'ancien compromis entre l'invasion barbare et l'administration romaine cesse d'être respecté. Les races et les conditions se confondent. Les terres libres et serves sont confondues également. Il n'y a plus ni hommes libres ni esclaves.

« A partir du IXe siècle, dit Guérard, le colon devient de
» plus en plus rare dans les documents publics, et son nom
» ne tarde pas à disparaître. D'un autre côté, la condition
» des esclaves subissait une modification favorable. Toutes
» les classes non libres tendaient à se confondre. Les colons
» et les esclaves cédaient la place aux serfs, aux vilains,
» aux mainmortables, à tel point qu'au Xe siècle, la main-
» morte avait succédé à toutes les classes enfermées dans
» l'ancienne servitude » (1).

Un autre manse seigneurial de la même époque, celui de la Celle-Saint-Cloud, nous révèle à peu près la même situation. Il y avait quatre-vingt ménages de colons et quinze de serfs. Trente tenanciers à discrétion.

Le Cartulaire de l'église de Viviers (Ardèche), autre document du IXe siècle, nous apprend que, du Ve au IXe siècle, un grand nombre de donations furent faites à cette église par de nobles Gallo-Romains. Nous lisons en effet, dans les chartes de cette époque (2), que de grands personnages lui donnaient à l'envi leurs maisons de plaisance, ainsi que leurs domaines et *les esclaves* attachés à l'exploitation. Les possessions de cette église, ou plutôt de saint Vincent, son patron, constituaient une immense propriété qui comprenait 64 domaines, des milliers d'esclaves, 790 colonies ou manses de douze arpents chacun, et une immense étendue de forêts. — Et ce n'était là, dit l'historien, que la plus faible partie de la donation totale. — Elle jouissait enfin d'une immunité

---

(1) Guérard, *Polypt.* Introd.
(2) V. *Histoire du Vivarais*, par l'abbé Rouchier, 307.

royale bien précieuse, puisqu'elle lui reconnaissait le droit de juridiction dans toute l'étendue de son domaine. C'était la franchise absolue des terres et des personnes vis-à-vis du pouvoir royal.

A un siècle de là, vers la fin du ixe, nous trouvons un nouveau cartulaire, celui de Saint-Bertin. L'organisation y est sensiblement la même. Le monastère compte 300 esclaves, 60 servantes (esclaves) et une centaine de serfs, comme aussi des colons libres qui paient des redevances et font deux corvées par semaine. Les premiers, c'est-à-dire les esclaves, font partie intégrante de la propriété, et doivent tout leur temps à leur maître, qui exige tout ce qu'il lui plaît... Ils reçoivent la nourriture et le vêtement, mais point de salaire. Ils n'ont aucune liberté ; ce sont de purs esclaves agricoles. — Les serfs, au contraire, possèdent chacun une case avec des manses serviles qui comprennent 12 arpents. « Ils doivent des redevances proportionnées à leurs tenures, sans compter les droits de prise, les banalités, la justice ; le tout arbitraire. Ils doivent, en outre, à leur maître, trois jours de corvées par semaine, et ont trois jours pour leurs propres travaux. » — D'autres enfin prenaient le titre d'hommes libres à la condition, quasi servile, de faire deux corvées par semaine. De plus, ils labouraient, moissonnaient et travaillaient les vignes du monastère d'une manière déterminée. Ils fournissaient encore, après cela, de menues denrées en grains et volailles. — C'étaient probablement des colons non attachés à la glèbe, qui s'étaient jadis recommandés. — Il y avait donc des esclaves réels, des serfs de corps qui n'avaient aucune liberté, des serfs casés et attachés à la glèbe, qui ne pouvaient ni se marier sans permission, ni tester, ni disposer de leurs biens et de leurs enfants ; et enfin, des hommes libres d'eux-mêmes, en abandonnant la terre qu'ils cultivaient. — Le cartulaire de Saint-Victor de Marseille, de la même époque, nous fournit les mêmes indications. M. Guérard les a recueillis l'un et l'autre (1).

A dater de ce moment, l'histoire de France est muette. C'est à peine si elle enregistre le nom des rois, qui passent inaperçus. La guerre des Normands, les pestes et les famines nous disent seules les malheurs du temps, et nous font assister au martyrologe du pauvre monde. Les dévastations, massacres, famines, épidémies, durant deux siècles environ, ont détruit plus de la moitié de la population, réduit l'autre à la dernière misère, et fait disparaître à peu près tous les esclaves, qui sont morts de faim ou qu'on a repoussés pour n'avoir pas à les nourrir.

Deux siècles après, un cartulaire plus voisin de nous, celui de Marmoutiers, donne le tableau plein d'intérêt d'une abbaye du xie siècle et du commencement du xiie (2). Elle possédait quatorze villages avec des biens importants partout ailleurs. — Les uns étaient exploités directement par les moines, à l'aide de corvées et du travail des serfs de corps; les autres inféodés ou acensés. Les sujets de l'abbaye étaient divisés entre quatre classes. La première était celle des barons ou des hommes libres, qui ne devaient que le service militaire à cheval. Au nombre de trente, ils formaient la cour de baronnie. Ils possédaient des terres indépendantes.

Les censitaires libres composaient la seconde classe. Ils payaient un cens annuel, formaient le conseil des villages et assistaient aux audiences de police que tenait l'intendant. Le nombre des manses, ainsi acensés, était de quatre-vingt pour tout le territoire. Ils avaient sans doute, pour origine, soit des recommandations, soit des donations à titre de précaire, si nombreuses aux ixe et xe siècles.

(1) V. *Documents inédits de l'histoire de France.*
(2) Authon et Laugetal, *Documents inédits de l'histoire de France.*

Au troisième rang étaient les serfs ou détenteurs de manses serviles. Ceux-là, outre le cens et les redevances en nature, devaient à l'abbé trois jours de travail par semaine. Ils ne pouvaient ni se marier, ni quitter la seigneurie, ni vendre leurs biens à d'autres qu'à des hommes du lieu, sans la permission de l'abbé. Voici, d'après *l'urbarium* ou cadastre, la diversité des travaux qui leur étaient imposés. « Les serfs,
» dit-il, coupent les blés du seigneur, les mènent à la grange
» et les déchargent, mais n'ont rien à faire avec la moisson.
» Ils ne doivent ni dresser les meules, ni lever les gerbes.
» De même pour la vendange : ils coupent le raisin et le
» portent au pressoir. De même pour les foins, ils n'ont qu'à
» les couper et les conduire au fenil. Ils conduisent le bois à
» la cuisine et au four. Enfin ils travaillent à enlever les
» fumiers. Ils viennent au soleil levant, partent au soleil
» couchant et ne reçoivent rien. — Chaque manse doit four-
» nir un homme pour couper les foins. Chaque faucheur
» reçoit de l'abbé un pain, du fromage et du vin. — Tout serf,
» possesseur d'un manse, doit labourer quatre journaux de
» terre. Il reçoit trois pains et du vin. — Tout manse doit
» fournir un moissonneur, qui reçoit à boire ou à manger
» deux fois par jour ».

Une quatrième et dernière classe était celle des serfs à volonté, qui étaient aux ordres de l'intendant, « tenus d'obéir
» en tout et pour tout comme des serfs personnels. » Ceux-là n'avaient pas de manses ; ils s'occupaient du service intérieur de l'abbaye et de tous les travaux des champs qui leur étaient ordonnés. Ils étaient nourris, mais ne recevaient aucun salaire. L'*urbarium* dit en parlant d'eux : « Ils lient
» les épis, élèvent les meules, serrent le blé dans la grange
» et battent au fléau. Ils mettent la vendange au pressoir et
» font le vin. Ils fendent le bois, chauffent le four et le poêle,
» aident à faire le pain et la bière, veillent à la maison de
» l'abbé et préparent ses voyages, entretiennent la propreté

» de la maison seigneuriale, nettoient les égouts, et font tout
» ce que doivent faire des serfs de corps ».

A l'aide de ces précieux documents, l'on peut apprécier, d'une manière sûre, les diverses conditions des personnes, dans les domaines seigneuriaux de ce temps. Les hommes libres y sont en bien petit nombre : trente. — Les fermiers ou les colons censitaires y sont un peu plus nombreux. On en compte quatre-vingt.— Puis viennent les serfs de la glèbe qui doivent, comme les censitaires précédents, des cens et redevances pour le manse qu'ils détiennent, mais qui doivent en outre trois corvées par semaine pour tous les travaux du domaine privé de l'abbaye. — Au dernier rang apparaissent les serfs de corps, sous la dépendance absolue de l'intendant, obligés de lui obéir « en tout et pour tout ». Ils sont nourris et ne reçoivent aucun salaire. Leur situation ne semble pas autre que celle des esclaves; ils n'ont pas plus de droits et sont soumis aux mêmes rigueurs.

Si telle était l'organisation des abbayes vers le XIIe siècle, peut-on affirmer que celle des demeures seigneuriales était la même ? Il est permis d'en douter. Le seigneur avait de grands frais dont les abbayes étaient exemptes. Le service militaire, la guerre, les querelles privées épuisaient souvent ses ressources. Il avait ensuite son train de maison, la chasse, les chevaux, ses frais de famille. Puis le luxe, le jeu et des habitudes de désordre que l'ignorance entretenait. — Ajoutez à cela les mœurs brutales et sanguinaires que la chasse, la guerre et un pouvoir sans contrôle ne faisaient que développer. — En présence de ce tableau, il est difficile de croire que le serf féodal ait eu les avantages du serf d'église. Respecta-t-on chez lui sa condition première d'homme libre, de recommandé, de colon ou de serf à redevance fixe ? En tout cas, s'il y eut quelques seigneurs justes, le plus grand nombre ne fut-il pas violent et brutal ? Il suffit, pour s'en convaincre, de parcourir le moyen âge et d'y constater, du VIIIe au XIIe siècle, la disparition des hommes libres et des colons. Les serfs de la glèbe les ont partout remplacés, après avoir perdu toute liberté.

Nous n'avons malheureusement aucun document, aucun cartulaire ou polyptique qui nous permette de reconstituer une demeure féodale. Ce n'est donc que par analogie qu'il est permis de conclure. Mais étant donnés les hommes et leur caractère, les choses et les résultats historiques, nous devons être bien près de la vérité.

A la série de documents que nous venons de citer, nous pourrions ajouter quelques chartes du XIIe siècle, recueillies par Perréciot dans les abbayes de Bourgogne. Elles contiennent des ventes ou des achats d'esclaves par des abbés (1). — Pierre de Fontane, qui vivait en 1253, nous dit aussi qu'il existait encore des esclaves. Des chartes d'affranchissement assez nombreuses apparaissent également aux XIIe, XIIIe et même au XIVe siècle (2). Enfin, la rédaction de quelques coutumes au XIIIe siècle contient la distinction des personnes en libres, en esclaves et en serfs. Mais ces esclaves ne sont autres que des serfs de corps attachés à la terre et ne jouissant d'aucune liberté.

Des documents que nous venons de parcourir, on peut induire, dès lors, que l'esclavage personnel a cessé lentement du Xe au XIIIe siècle.

Que le servage, de plus en plus envahissant du Ve au Xe siècle, est devenu prépondérant dans la période qui a suivi, et a fini par se substituer à l'esclavage et par le remplacer dans le cours du XIIIe siècle. Mais ce servage avait des degrés divers, car nous l'avons vu, dans les abbayes, retenir d'une part des hommes à la terre, en n'exigeant d'eux que trois jours de corvées par semaine, et de l'autre, exiger des serfs

---

(1) Perréciot, t. III, *Preuves*.
(2) Ducange, V. *Esclaves*.

tout leur travail, et toute espèce de travail, sans aucun salaire.

En présence d'une telle distinction, on doit admettre que les mieux traités étaient d'anciens colons, et les autres d'anciens esclaves. Voilà de quelle manière le colonat et l'esclavage juxtaposés s'étaient confondus dans les abbayes. Ne s'étaient-ils pas confondus partout ailleurs, de la manière la plus arbitraire et la moins favorable au serf ? Il est permis de le croire. — Désormais le servage occupera tous les emplois que remplissait auparavant l'esclavage. Et puis, les causes, qui ont contribué à détruire celui-ci, serviront à leur tour à ébranler celui-là... Les croisades, les communes, les justices, favoriseront son émancipation ; mais la révolution la lui donnera seule d'une manière définitive.

LES DROITS FÉODAUX.

Telle est la situation personnelle des serfs ; mais quelle est leur situation réelle ? Quelles sont les obligations dont ils sont tenus envers leur seigneur ? Quels sont, en un mot, les droits féodaux ? C'est ce qu'il importe de connaître.

Les droits féodaux ne firent que reproduire l'universalité de l'impôt romain. Sous la domination impériale on pratiquait le cens ou indiction, qui frappait les terres eu égard au revenu, dont l'importance était établie par un cadastre. Il y avait ensuite l'impôt de capitation qui frappait chaque domaine eu égard au nombre des serfs qu'il possédait. Les serfs ou esclaves, rangés dans la classe des choses, étaient recensés, *censiti*, pour déterminer l'impôt que devait la terre du maître. — Il était interdit de les affranchir, parce qu'on diminuait ainsi les revenus du fisc.

Il y avait enfin les prestations en nature que l'on devait aux gouverneurs et aux comtes, plus encore les corvées pour les transports de l'armée et la réparation des routes. Enfin, les métiers et le commerce payaient l'impôt du chrysagire sur les ventes ou la fabrication. — Tous ces impôts tombèrent peu à peu en désuétude sous les rois de la première race. Charlemagne tenta de les rétablir en bloc sous le nom de dîme, en y ajoutant l'*hériban*, qui servait à l'entretien des armées. Ils furent méconnus après lui.

Sous la domination romaine, l'impôt ruinait et désolait les populations pressurées par les exactions des collecteurs. — Les charges fiscales vraiment intolérables s'étaient accrues par une foule de privilèges, qui non seulement exemptaient les grands de tout impôt, mais leur en attribuaient certaines parties. Par cela même, les petits propriétaires en supportaient seuls tout le poids. Ils remplissaient les prisons et y mouraient de misère.

En présence de ces spoliations, il fallut des lois draconiennes pour enchaîner au sol le possesseur qui répudiait la terre. De libre qu'il était, on le fit esclave. Telle est l'origine et telle est la cause de ces révoltes de Bagaudes, sans cesse renouvelées du IIIe au Xe siècle, et qui portaient partout l'incendie et le pillage.

Majorien, au Xe siècle, dans sa novelle IX, « constate que le possesseur est ruiné, que les officiers publics, après avoir reçu l'impôt légitime, réclamaient le paiement des titres périmés... Ainsi, dit-il, toute la perception n'est qu'un brigandage à merci... »

Justinien constate, à son tour, que les comtes, juges des redevances et des tributs, s'en appliquent le profit, et exigent en outre des tributaires, des services multipliés qui les réduisent à l'état d'esclaves. Salvien et Lactance nous révèlent la même situation. « Les populations disparaissent, dévorées par la misère ; les provinces sont abandonnées... »

« Dépouillés et tourmentés par des justiciers iniques et cruels, dit Salvien, nous les appelons rebelles, eux que nous avons contraints d'être criminels ! N'est-ce pas l'improbité, la proscription et la rapine des justiciers convertis en impôts légitimes, qui les ont mis en révolte ?.. »

Tel était l'impôt romain. Tel fut l'impôt barbare sous les seigneurs féodaux. Les cens, les redevances en nature, les obligations corporelles, les services de tout genre dus à l'Etat furent maintenus par les justiciers germains et accaparés à leur profit. Mêmes règles, mêmes abus encore aggravés par la rudesse barbare, et par l'absence de tout pouvoir supérieur. Les capitulaires de nos rois en ont gardé la trace. Ils s'élèvent à chaque page contre les exactions, les redevances illégales et les services indus, que les Seigneurs et les Comtes successeurs des *judices*, s'efforcent d'établir et d'exiger.

Quelles étaient les formes de l'impôt après Charlemagne ? C'est ce qu'il importe d'indiquer. On distinguait d'abord le cens. — *Le cens*, impôt public, et puis impôt royal, ne désignait pas seulement une redevance fiscale : il comprenait toute espèce de rentes et de redevances qu'on exigeait du fermier ou du colon de l'Etat.

L'usurpation des justices au profit des seigneurs continue ces traditions de telle sorte, que nous retrouvons les mêmes perceptions entre les mains du seigneur féodal. A côté du cens public était le cens privé, que le propriétaire retirait à titre nouveau de ses colons, de ses serfs et de ses esclaves. Il comprenait les redevances de toute sorte qu'on imposait à la terre du serf.

Toutes ces perceptions et bien d'autres encore étaient le résultat de la spoliation, de l'abus et de la violence, puisque le créancier du cens et de la rente avait usurpé la fonction. Il est certain, en effet, que l'impôt et les redevances fiscales n'étaient tombés dans le domaine individuel que par suite d'une usurpation ou d'un don royal, qui n'avait pas le droit de se manifester de la sorte.

Pour le débiteur qui n'avait pas consenti à les payer à un nouveau maître, ils n'avaient pas cessé d'avoir le caractère des cens et des redevances fiscales primitivement établis. Pour le possesseur, ils étaient mêlés et confondus avec ses redevances domaniales et considérés comme ayant la même source et la même nature (1).

La perception du cens seigneurial n'était donc légitime qu'en ce qui avait trait à la redevance privée et à des concessions de terre que le seigneur possédait à juste titre. Pour tout le surplus, c'était une usurpation des droits du fisc et de la justice, droits régaliens qui ne peuvent appartenir qu'à l'Etat.

En second lieu venait *la Taille*. Elle comprenait, paraît-il, dès l'origine, l'ensemble des aides, dons et secours que l'on avait coutume d'offrir au Comte justicier (2). C'était une libéralité que blâmait Charlemagne. Après lui, un capitulaire de 855 les qualifie d'injustes, et de même deux chartes de 1060 et 1094. Malgré ces prohibitions, de tels dons, obtenus par abus ou par violence, passèrent dans les coutumes légales. D'Argentré le constate, et il ne donne pas d'autre origine aux tailles coutumières (3). « Gracieuses d'abord, l'usurpation des puissants les rendit forcées. » Loysel dit de même.

Le don forcé s'inscrivit de la sorte parmi les droits de justice, comme ceux qui dérivaient de l'hospitalité, source féconde d'exactions seigneuriales.

La taille était donc facultative, à merci, comme on disait

(1) Championière, *Traité des eaux courantes*, passim.
(2) Championière, id.
(3) Art. 87, *Coutume de Bretagne*.

alors, et le seigneur la prélevait suivant son bon plaisir. Plus tard, les chartes de commune ou d'affranchissement vinrent la limiter et la restreindre à quatre cas, à savoir : quand le seigneur était reçu chevalier ; s'il allait en terre sainte ; s'il était fait prisonnier ou s'il mariait ses filles. Avec le temps, d'arbitraire qu'elle était, elle devint abonnée et fut acquittée au moyen d'un double cens. L'on exigea même bientôt après qu'elle dérivât d'une convention et qu'elle fût établie par contrat. C'est aux affranchissements du xiie siècle que l'on dut ce résultat important.

Les corvées. — Sous l'administration romaine, les travaux publics étaient exécutés au moyen de corvées que l'on exigeait des contribuables. Les comtes, chargés de les exiger, les détournaient souvent à leur profit. Un titre entier du Code Justinien est consacré à la répression de ces abus. Les empereurs, Charlemagne lui-même et la Loi des Lombards les blâment à leur tour (cap. 791).

Les seigneurs, après s'être emparés du droit de justice et des privilèges du fisc, pratiquèrent les mêmes abus. La coutume et la crainte les perpétuèrent sous des noms divers, si bien que l'obligation de fournir des chars et des chevaux de guerre, de loger les soldats et les fonctionnaires se retrouve sous les mêmes noms parmi les droits seigneuriaux : c'est le droit d'host et le droit de gîte ou de chevauchée. Les comtes, voyageant ou mettant leurs collecteurs et leurs officiers en campagne, s'autorisaient eux et leur suite, leurs chevaux et leurs chiens, à vivre aux dépens des contribuables (1).

Les droits de guet et de garde doivent être mis au rang des corvées et mériter la même règle. — C'est un abus qui fut converti en rente féodale le jour où la guerre ayant cessé, le

---

(1) Baluze, II, 624.

château cessa d'être gardé. — Ces abus existaient encore au temps de Saint Louis. Les affranchissements, les justices royales, les légistes, ne parvinrent que lentement à les faire cesser. Les hommes libres et les serfs étaient tenus en conséquence d'obéir aux corvées du seigneur, quand il voulait couper ses bois, ses blés, ses foins, sa vendange et rentrer ses récoltes ; de lui donner le gîte et de faire le guet. C'étaient autant de servitudes abusives. Au XIVe siècle, ces contributions usurpées furent changées en une redevance périodique et contractées en argent, grâce à l'intervention bienfaisante des Parlements. — Telle est l'origine de la plupart des redevances coutumières (1).

La coutume et l'abus, dit Chantereau, sont devenus une charge annuelle des héritages. C'est la véritable origine des droits seigneuriaux qui ont retenu le nom de coutumes, parce qu'il n'y a eu d'autres droits que la coutume pour les exiger...» (2).

Les Banalités. — Un impôt, ou plutôt un abus nouveau, fut celui des Banalités, qui comprenaient les droits de forêts ou de garenne, de chasse et de pêche, de péage, de passage, de monture, de foires et marchés, etc. Les Romains ne le connaissaient pas, et les rois des premières races pas davantage. Il était né du bon plaisir du seigneur souverain, et la coutume, qui sanctionnait tous ses caprices, l'avait consacré. De par le bon plaisir, de par la coutume, sans qu'on puisse indiquer une autre origine, la chasse et la pêche, permises aux Romains et aux Germains, étaient interdites à tous autres que le seigneur franc. Pour satis-

---

(1) Championière, 144.
(2) Chantereau, *Traité des fiefs*, 152.— Loyseau.— Henrion de Pansey. — Championière. — Guérard. — Lehuérou. — Moreau de Beaumont, II, 349.— Bordier, *Droits de justice et de fief.*— Vuitry, de l'Institut, partagent cette opinion.

faire cette noble passion, le suzerain réservait d'immenses espaces, et les convertissait en forêts. Ces espaces, frappés d'interdiction et de stérilité, prenaient le nom de forêts réservées ou de garenne. Tant pis pour les cultures et les cultivateurs, si les bêtes fauves et le gibier détruisaient leurs produits. Le manant était tenu de les respecter, sous les peines les plus sévères, et parfois sous peine de mort.

C'est en vertu d'un *ban* ou défense, d'où *banalité*, que le seigneur prononçait cette interdiction, aussi bien que beaucoup d'autres, telles que de moudre ailleurs qu'à son moulin, ou de cuire ailleurs qu'à son four, etc. Et c'est non-seulement dans leurs domaines, mais sur les terres de leurs sujets, que les seigneurs publiaient leurs bans de garenne et autres. L'histoire nous apprend qu'ils eurent pour effet de chasser de leurs possessions et de leurs demeures de nombreuses populations. C'est ainsi que le duc de Normandie ruina vingt-six paroisses, pour y faire une forêt ou garenne de trente lieues (1). Le duc de Retz en fit autant. Les Olim contiennent une foule d'arrêts sur l'établissement des garennes. Il nous apprennent notamment qu'un seigneur de Moy avait établi une garenne sur les vignes, jardins et blés de ses hôtes, alors qu'il n'avait aucun droit de baronnie. Malgré ce, les habitants lui rachetèrent ce droit, moyennant le paiement d'une certaine somme ; mais la somme touchée, il rétablit la garenne, et se laissa condamner par la justice (2).

L'établissement des forêts et des garennes, comme celui de toutes les banalités, ne fut que la continuation des ravages de la conquête et de la violence seigneuriale. Ce fut d'abord un fait brutal, qui passa ensuite dans la coutume et dans le droit, en vertu de la souveraineté absolue, si bien

---

(1) Hévin, *Question féodale*, 211.
(2) Olim, p. 83.

qu'aux XIII⁰ et XIV⁰ siècles, la garenne est considérée comme un droit légitime, ayant le même caractère que le droit de corvée ou de moulin banal, élément de la puissance seigneuriale (1). Dans les siècles suivants, les habitants, ruinés par certaines garennes, réclamèrent avec énergie, et les seigneurs, dans leur intérêt même, durent céder à leurs plaintes ; mais ils ne le firent qu'à charge de redevance pour chaque arpent de terre, de vigne ou de pré, dans le périmètre de la garenne abandonnée.

A partir du XV⁰ siècle, le droit de garenne, en tant que forêt, avait disparu, remplacé par la redevance. Il ne fut réservé qu'au profit du roi, qui en jouit jusqu'en 1789. Mais on continua d'appliquer le nom de garenne aux réserves, clapiers ou conillières, que les seigneurs établissaient dans leurs domaines, et qui n'en ravageaient pas moins les contrées environnantes. De tels droits étaient incompatibles avec la jouissance ou la possession de la propriété ; ils n'ont jamais pu résulter d'une concession féodale. Qui consentirait à défricher et à cultiver, sous la réserve que les chiens, les chasseurs et le gibier pourraient impunément fouler et détruire les récoltes ? Jamais une telle obligation n'a pu dériver d'un contrat. La force et la violence seules ont pu l'imposer. Il n'est donc pas surprenant que la haine et la résistance se soient élevées constamment contre le pouvoir seigneurial. M. Guizot l'a dit en termes excellents : « On peut remonter le cours de notre histoire et s'y arrêter » où l'on voudra, on trouvera partout le régime féodal con- » sidéré comme un ennemi, qu'il faut combattre et exter- » miner à tout prix ».

L'abus des droits de *passage*, de *péage*, de *ponts*, de *barrières* et de *navigation*, est exactement le même. Le même est l'obligation de cuire au four, de moudre au moulin du

---

(1) Championière, 35.

seigneur, ou de fréquenter, sur tel point de sa terre, ses foires et marchés... C'est en vertu d'un ban justicier que le seigneur féodal l'ordonne, ou plutôt qu'il fait défense de faire autrement, et qu'il se constitue de la sorte tout espèce de monopoles lucratifs. L'usurpation et l'abus sont les mêmes ; ils ont la même source et le même effet. A plusieurs reprises, et notamment en 803, Charlemagne appelle sur ce point l'attention des *Missi dominici*. « Qu'on n'exige au-
» cun péage, dit-il, où il n'y a ni eau navigable, ni pont
» à traverser ; qu'on ne force personne à passer un pont,
» quand on peut passer autrement dans un autre lieu. Qu'il
» n'y ait dans la plaine ni pont, ni barrière, et qu'aucun
» péage n'y soit exigé (1)... »

L'abus des plaids qui permettent d'infliger des amendes, aussi bien que l'abus des dons qui font ajourner ou gagner un procès, excitent également la colère de Charlemagne, qui les interdit à ses comtes et à ses scabins (2). « Mêmes
» défenses pour les corvées et les services illicites ; pour les
» dons et les cadeaux extorqués ; pour les droits de gîte,
» pour eux, leurs valets et leurs chiens ». Ces abus existaient, puisque le grand roi tentait de les réprimer. Tentatives impuissantes, et qui, dans tous les cas, ne purent empêcher le renouvellement de ces méfaits, sous les faibles successeurs du grand homme. « Sous son fils, en effet, les
» *Missi* constatèrent une multitude innombrable de faits d'op-
» pression, de spoliation do patrimoine et de privation de
» liberté. Ces abus étaient exercés par les comtes et leurs
» officiers. Le roi défend, en conséquence, de percevoir
» des tributs et des péages sur les voies qui n'ont ni eau,
» ni marais, ni pont, et sur celles où les navires peuvent
» passer sans obstacle (853) (3). » Mais les comtes étaient

(1) Baluze, 1, 395, 402, 471.
(2) Baluze, 1, 408.
(3) Baluze, 11, 1 106.

devenus puissants, et la parole du roi d'autant plus vaine Les déprédations, passées en coutumes, semblaient légitimes à ceux qui les exerçaient. Or, ces rapines et ces pillages, ce sont les droits seigneuriaux qui continuent les abus des *judices* romains, et en font le profit de leurs fonctions. C'est surtout à l'occasion du droit de gîte et du droit de prise qu'ils trouvent à s'exercer. Les *judices* romains usaient de ces droits, quand ils se déplaçaient dans l'intérêt du fisc ; les seigneurs en abusèrent, eux et les leurs, en toute occasion. Alors même qu'ils allaient à la chasse, il fallait les nourrir, eux, leurs valets et leurs chiens, et leur fournir tout ce qu'ils exigeaient.

Tout ce qui précède est confirmé par un extrait de la loi des Lombards que rapporte Baluze (1356). « Nous avons
» appris, dit-elle, que des comtes et leurs officiers, ou leurs
» vassaux, sont dans l'usage d'exiger du peuple, sous
» forme de présents, des prestations et des redevances à
» l'occasion du past ou droit de gîte. De même, ils ont
» établi la coutume d'obliger les hommes du peuple à faire
» la récolte de leurs fruits, labourer, semer, sarcler, char-
» royer, etc. Il paraît juste de délivrer le peuple de cette
» servitude illégitime, car l'oppression des seigneurs le fait
» fuir et déserter les terres... » C'est bien là qu'on prend l'abus et la spoliation sur le fait. On ne saurait dire qu'ils ont pour cause une condition de fermage ou d'affranchissement. A ce moment, il n'était question ni de l'un ni de l'autre. Les coutumes les mentionnent d'ailleurs postérieurement, d'une manière générale, comme un droit absolu, sans parler d'aucune compensation.

Dès à présent, de Justinien à la fin du xe siècle, nous avons vu les usurpations se manifester sans interruption. Elles ne firent que s'accroître dans les siècles suivants, et ce jusqu'au xiiie siècle, alors que la justice royale vint en modérer les abus.

Ces vexations intolérables produisirent deux effets bien significatifs. L'un, ce fut le patronage ou la recommandation que recherchèrent les faibles en abandonnant leurs propriétés, ou une partie de leur liberté. Et l'autre, ce fut l'abandon des terres, qui transforma certaines provinces en désert, et jeta les laboureurs dans le brigandage des Bagaudes. « Ce sont les Justiciers, dit un capitulaire, qui sont
» la cause de ces troubles, en pillant les populations.
» Les grands, les ecclésiastiques eux-mêmes, promènent
» en tous lieux leur terrible présence (1). » Quel état social, que celui où le souverain défend à ses officiers de justice et aux ecclésiastiques, de voler à main armée !...

Résumant cette période, voici de quelle manière l'apprécie M de Laboulaye. « Dans l'anarchie féodale, les Com-
» tes, saisis de la puissance publique, abusèrent de ce pou-
» voir, pour réduire les hommes libres à une condition
» pour le moins aussi misérable que celle des colons. Doua-
» nes, péages, moulins, pâturages, commerce, industrie,
» agriculture, ils s'en emparèrent. Tout dans leurs mains
» devint monopole. Il fallut payer partout et pour tout. Les
» dons gratuits que jadis on offrait au roi, ils se les attri-
» buèrent et en firent une redevance. Non-seulement ils
» contraignaient les habitants à faire des corvées, mais
» encore à semer, à cultiver, à récolter pour eux ! (2) »
Faut-il s'étonner, après ce que nous venons de voir, que dans la suite, le serf refuse la liberté, et que l'homme libre se jette dans la servitude et la mainmorte ? L'un et l'autre cherchent à vivre et à éviter l'oppression. L'immense servitude, qui a tout envahi au xe siècle, ne saurait avoir d'autre cause.

(1) Baluze, 11, 345.
(2) *De la propriété*, 455.

La Dîme. — La liste, déjà bien longue des droits féodaux, ne serait pas complète, si nous négligions de mentionner à côté d'elle la dime ecclésiastique. — Facultative sous les premiers chrétiens, dans le but de secourir les pauvres et de parer aux frais du culte, elle devint obligatoire sous Charlemagne. Prélevée ensuite, sur les revenus de la terre noble ou roturière, puis, au xe siècle, sur tous les produits de l'industrie et du commerce, elle fut bientôt détournée de son institution première, souvent convertie en fief, et accordée soit à des seigneurs laïques, soit à des abbés, qui la vendirent ou l'inféodèrent à leur tour. Le nombre de ces inféodations fut immense. Il l'était encore en 1789. — Que devint dans ce honteux trafic, et l'intérêt des pauvres, et l'intérêt de l'Eglise ? Ils furent complètement oubliés. La dîme n'en fut pas moins lourde. De tous les impôts, c'était le plus inique, parce qu'on le prélevait sur le produit brut des récoltes, sans tenir aucun compte du prix de revient, alors même que dans une mauvaise année le cultivateur était en perte. C'était aussi le plus vexatoire, parce qu'il obligeait le paysan à prévenir le bénéficiaire de la dîme, et à ne toucher à sa récolte qu'après le prélèvement qui lui était dû. Encore fallait-il qu'il le portât lui-même dans le lieu qui lui était désigné, après avoir attendu les convenances du décimateur et subi ses retards, sans toucher aux fruits mûrs, dussent-ils périr. Vingt fois l'an et plus, pour le produit le plus minime, il fallait se déplacer, aller quelquefois au loin, avertir l'abbé, attendre patiemment sa venue et lui rapporter sa part. Tout cela était de rigueur. C'étaient des vexations de tous les jours. A la moindre fraude, au plus petit oubli, la récolte était confisquée. — Faut-il s'étonner, dès lors, que cet impôt fût de tous le plus odieux, et qu'il excitât des haines aussi générales et aussi profondes ?

LES COLLÈGES ET CORPORATIONS.

Nous n'avons parlé jusqu'ici que des serfs, des colons et des ouvriers agricoles. Les ouvriers industriels, les artisans, doivent aussi trouver place dans cette étude, et il est bon de faire connaître leur condition.

Dans la Rome impériale, on ne comptait qu'un nombre infime d'ouvriers libres. Si leurs corporations avaient été jadis florissantes, le travail des esclaves les avait anéanties. Ce fut vers la fin de l'Empire seulement que la rareté des esclaves permit au travail libre de se produire comme autrefois.

Quand la Gaule eut été pénétrée par la civilisation romaine, le commerce, l'industrie et les arts y prirent des développements considérables. On peut s'en faire une idée en voyant les monuments splendides qu'ils nous ont laissés. Les manufactures, les fonderies, les fabriques d'étoffes de soie et de laine, avaient une grande réputation. Ses poteries étaient célèbres, ses habitations luxueuses. Ce peuple jeune s'élançait et dépassait ses maîtres. Deux siècles après la conquête, la Gaule était la plus florissante des provinces de l'Empire. Les villes rebâties à la romaine avaient adopté non-seulement les institutions politiques, mais les mœurs et les goûts de la mère-patrie. On y voyait, ainsi qu'à Rome, des artisans esclaves, dont les maîtres exploitaient ou louaient le travail, et comme les esclaves étaient peu nombreux, il y avait beaucoup plus d'ouvriers libres, organisés en collèges ou corporations. Ces collèges étaient régis par des lois sévères. Comme on craignait leur turbulence ou leurs menées secrètes, ils devaient se faire autoriser, et l'autorisation était assez rare. Tous les métiers, toutes les professions furent soumis à ce régime. Une fois entré dans la corporation, il était défendu d'en sortir. La liberté n'existait nulle part dans la société romaine de l'Empire. Chacun avait sa chaîne. Le colon était asservi à la terre, le curiale à la cité, le marchand à sa boutique, et l'ouvrier à sa corporation. Nul n'avait le droit de quitter sa fonction et de frustrer l'Etat de ses services.

Chaque collège était composé d'artisans qui exerçaient le même métier, dans une même ville, et qui se subdivisaient en groupes de décuries et de centuries. C'est par l'apprentissage qu'il se recrutait. L'apprenti s'engageait à donner son temps et son travail, pendant une certaine période, au patron qui le recevait chez lui et le nourrissait. Quand il avait appris son métier, il était admis dans la corporation. Chaque collège se mettait sous la protection d'un grand citoyen, qu'il prenait pour patron, afin qu'il pût le protéger à l'occasion. Il avait des chefs, des édifices particuliers ; il avait aussi ses dieux, ses fêtes et ses repas publics.

L'industrie était moins considérée que l'agriculture. Pour les moindres délits, ses membres étaient battus de verges par les édiles. Dans ces corporations, on voyait confondus : les architectes, les peintres, les médecins avec les forgerons. Les Nautes semblent avoir une condition privilégiée. Quarante places leur étaient réservées dans les arènes de Nimes. A côté de ces corporations, il y en avait d'autres bien plus rigoureusement traitées. Ce sont celles que l'on jugeait nécessaires à l'alimentation des grandes villes ou de l'armée. L'Etat les tenait sous sa puissance immédiate, les faisait mouvoir à son gré, et rendait ses membres solidaires les uns des autres.

Il faut mentionner enfin les corporations qui travaillaient pour l'Etat, dans les mines, dans les fabriques d'armes, d'étoffes, ou dans les chantiers publics. Leur condition était plus rude encore. Beaucoup d'esclaves y étaient employés. On y voyait aussi un grand nombre d'affranchis, et même des hommes libres souvent contraints, par la nécessité, de se soumettre aux travaux les plus durs.

Au dessous de ces misères si grandes, il y en avait de plus grandes encore. C'étaient celles des pauvres, de la plèbe, qui ne vivait que de l'annone et de la charité publique. Ne trouvant pas de place au travail, cette populace tendait la main, et la masse des pauvres, croupissant dans les vices et l'oisiveté, s'accroissait chaque jour davantage.

Pour lui venir en aide, la République donna des terres et du blé aux citoyens. Sous l'Empire, on donna du pain, du lard, de la viande, des vêtements, de l'argent, des loteries, des spectacles, et la foule oisive vécut de la libéralité des empereurs, qui la nourrissait aux dépens des tributaires. Ces largesses corruptrices, de Rome et de Constantinople passèrent dans les provinces, où leurs décurions et leurs magistrats briguaient les acclamations et les suffrages de la foule. Elles furent pratiquées de même dans les grandes cités des Gaules.

Tel était l'état des artisans, des industriels et de la plèbe des villes, pendant les quatre ou cinq premiers siècles de notre ère, soit en Italie, soit dans les Gaules et dans les autres provinces romaines.

Tant que la prospérité fut croissante, les corporations prospérèrent aussi, malgré les limites étroites dans lesquelles elles étaient enserrées. Mais bientôt des impôts écrasants vinrent paralyser leurs efforts. Pour y faire face, les artisans durent recourir à l'usure, nouvelle cause de ruine. Déjà le pays appauvri donnait moins de travail, et par cela même, le nombre des artisans était trop élevé. Quand l'empire s'affaissa, on voulut prévenir la désertion et la misère des collèges, en y retenant les artisans par la force, et dès lors, la corporation devint une prison après avoir été un asile. — Ce fut en vain ; l'ouvrier sans travail périt à la peine, ou se sauva dans le tumulte des invasions, et les collèges disparurent avec lui.

Puis, vinrent les guerres civiles et la ruine des campagnes, qui donna naissance à l'insurrection des Bagaudes. Privés de tout travail et mourant de faim, les artisans y prirent une part plus large que les autres. — En même temps, les barbares avaient pénétré dans l'empire, amoncelant de nouvelles ruines sur celles des Bagaudes. L'histoire raconte que, dans une seule irruption, ils détruisirent quarante-cinq villes, sans compter les châteaux forts. Au milieu de ces tempêtes, les artisans sans travail et sans asile disparurent. Leurs membres dispersés se réfugièrent dans l'esclavage ou le servage, et travaillèrent individuellement pour les seigneurs, les abbayes ou les monastères. Les Germains s'étaient emparés d'eux et les avaient réduits en servitude, suivant leurs besoins, tout comme les colons qu'ils avaient rencontrés sur leurs terres. Les artisans furent ainsi, comme des serfs, englobés dans le personnel du domaine rural, et soumis aux mêmes rigueurs et aux mêmes redevances. Nous les avons vus, sous cet aspect, dans le capitulaire *de Villis* et dans les fermes de Charlemagne, comme aussi dans le polyptique de Saint-Germain-des-Prés.

Pendant cette longue période qui va du ve au xiie siècle, les artisans libres, les collèges et les corporations cessèrent par conséquent d'exister. L'industrie publique, aussi bien que les ateliers de l'Etat, disparurent également. Pendant tout ce temps, le règne de Charlemagne excepté, la civilisation fut interrompue. Elle alla déclinant jusqu'au xiie siècle, c'est-à-dire de Clovis à Philippe-Auguste. Il fallut plus de six siècles pour remonter la France au niveau d'où l'invasion l'avait précipitée. C'est alors seulement qu'on vit reprendre les traditions interrompues des Curies et des collèges gallo-romains, dispersés par les barbares. C'est à peine si de rares débris avaient isolément survécu, dans un petit nombre de villes du Midi, ainsi que l'attestent les capitulaires de Dagobert et de Charlemagne. Ce ne sera qu'avec saint Louis que nous verrons recommencer leur organisation (1258).

Et maintenant que nous sommes parvenus au xiie siècle, c'est-à-dire à l'époque de la puissance féodale, et au plus haut degré de l'asservissement des travailleurs, si nous jetons un regard d'ensemble sur les transformations successives du servage, nous constaterons tout d'abord : qu'il a pris naissance dans l'empire romain, sous la forme du colonat ; que le colonat romain transporté dans la Gaule y a été pratiqué pendant cinq siècles. Nour verrons ensuite qu'après avoir subi l'invasion germaine, la Gaule a cessé d'être gouvernée par le pouvoir impérial. Qu'à ce moment, les mœurs germaines ayant prévalu, chaque chef a reçu des terres bénéficiaires et s'est rendu indépendant dans son domaine. C'est alors que le colon est devenu serf, et que toutes les distinctions, qui faisaient sa condition meilleure ou qui l'aggravaient, ont été confondues pour faire place à une condition unique : celle du servage.

Jusque là, le pouvoir impérial avait représenté la justice qui protège les faibles. Désormais, la justice sera représentée par le maître. Elle n'aura d'autre sanction que son bon plaisir : à partir du ixe siècle, il n'y aura que des seigneurs et des serfs, les uns souverains absolus, les autres livrés à leur merci. Les diverses conditions du servage étant confondues, le seigneur imposera sans distinction les colons et les serfs ; il règlera les cens, les redevances, les corvées et les tailles, suivant son caprice. — Qui le retient ? Du maître au sujet, il n'y a d'autre relation que la force. Aucun contrat ne les lie. L'usage, la coutume seule : mais c'est le seigneur qui l'impose et qui l'interprète, car il est à la fois maître et souverain. Il ne faut donc pas s'étonner que la condition du colon, presque douce à l'origine, se soit sans cesse aggravée jusqu'aux affranchissements généraux, et que de génération en génération, la rude main du seigneur ait chargé la terre de redevances, et l'homme de servitudes plus ou moins arbitraires, bizarres ou onéreuses ; que de l'usage et de la coutume abusive, il ait fait des droits certains qu'il revendiquera dans la suite.

MISÈRES DE CE TEMPS.

De Clovis à Charlemagne, et même après lui, les rois ou les fils de rois n'avaient cessé de guerroyer entre eux, de dévaster et dépeupler avec la barbarie de cette époque. Les seigneurs guerroyèrent à leur tour, au fur et à mesure que s'affaiblit la royauté et qu'ils devinrent plus indépendants.

La guerre était la vie ordinaire de la société féodale. Chacun avait le droit de se faire justice à lui-même, puisqu'il n'y avait pas de pouvoir public qui pût intervenir.

Les châteaux s'étaient multipliés en tous lieux. On avait fortifié les villes, les églises, les monastères. La force brutale régnait seule sur la société. Les vilains et les serfs étaient livrés par cela même à des souffrances perpétuelles. Les champs ravagés, incultes et déserts, rendaient les famines incessantes. « Le mal déborde de partout, écrivait Damien ; le monde n'est plus qu'un abime de méchanceté et d'impudicité » (1).

Ce n'était pas assez de tous ces maux. L'invasion, et une invasion formidable, sans cesse renouvelée pendant soixante-dix ans, vint encore les aggraver.

(1) Damien, liv. I. — Glaber, ch. IV.

Des hommes du Nord, Danois et Norvégiens, pressés par la faim et la soif du pillage, se présentaient chaque année sur nos côtes ou à l'embouchure de nos fleuves qu'ils remontaient. Tombant à l'improviste sur quelque contrée, ils la ravageaient toute entière, et chargés de butin s'enfuyaient sur leurs navires. Sur plusieurs points à la fois s'exerçaient les mêmes déprédations.

Les rois impuissants laissaient faire. Il n'y avait plus d'hommes libres qui pussent répondre à leur appel. Quant aux seigneurs, renfermés dans leurs forteresses, ils ne songeaient qu'à eux-mêmes et refusaient d'obéir. Gagnés d'ailleurs par les présents des pirates, ils s'opposaient à ce que le roi les combattît (1). Les serfs et les colons, ne sachant manier les armes, étaient impuissants à se réunir et à se défendre. Ravagée, pillée, incendiée, la terre des Francs n'offrait plus aucune sécurité pour le cultivateur. Désespérant de recueillir le fruit de son travail, ce malheureux toujours foulé refusait d'ensemencer sa terre. De là une grande pénurie de grains et des famines effroyables qui décimèrent plusieurs fois la population. Tous les bords de la Loire, de la Garonne, de la Seine et du Rhône, toutes les villes et les abbayes qui se trouvaient proche furent bien au loin pillés et ravagés à maintes reprises. Tel fut le sort notamment de Rouen, Angers, Nantes, Tours, Blois, Paris, Orléans, Chartres, Poitiers, sans compter les riches abbayes de Saint-Denis, de Saint-Martin-de-Tours et tant d'autres.

— Ces bandits avaient fini par se fixer sur le sol, et pour s'en débarrasser le roi ne trouva rien de mieux que de donner sa fille à Rollon, l'un des chefs, en lui cédant la Normandie. C'est à ce prix que finit le pillage (843-912).

Qu'étaient devenus les serfs pendant ces guerres civiles et ces formidables invasions qui les enserraient de toutes

---

(1) Henri Martin, t. I.

parts ? — L'histoire est restée muette comme la douleur de ces pauvres gens. Un chroniqueur contemporain nous dit cependant : « Que les cités étaient à demi ruinées ; les propriétaires morts ou en fuite avec leurs familles ; les serfs dispersés ; que les broussailles couvraient la terre, et que l'on faisait des lieues entières sans voir la fumée d'un toit, sans entendre aboyer un chien... »

La guerre, l'incendie, le pillage, l'extermination, avaient fait partout le silence. Seuls les seigneurs, retranchés dans leurs châteaux, avaient vu passer l'orage et lâchement survécu.

Pendant les invasions normandes, les champs avaient été foulés, les maisons incendiées, les moissons détruites et les bestiaux enlevés. Sous l'impression générale de l'insécurité et de la terreur, le sol était resté sans culture. Quand le paysan n'avait pas été tué ou fait esclave, il se trouvait sans ressources, incapable de reconstituer sa ferme, de se procurer des semences et de reprendre son travail. Inquiet de l'avenir, qui n'offrait aucune sûreté, il émigrait ou offrait sa famille et sa personne à qui voulait les prendre. Le plus souvent il se faisait mendiant, s'associait à des mendiants comme lui, et en troupe ils demandaient l'aumône ou vivaient de brigandages. Telle fut la plaie de cette époque et de tout le moyen âge.

En présence de cette situation, la famine s'abattit sur ce malheureux pays, et avec elle son auxiliaire obligé, la peste.

Pendant la fin du IXe siècle, elles sévirent en permanence. Le dixième siècle vit également dix famines et treize pestes. Mais au XIe, on ne saurait les compter. En 1001, les auteurs contemporains constataient une horrible famine. Et d'autres encore en 1003-1008 sans interruption. Elles reprennent de 1010 à 1014 ; de 1027 à 1039 avec une nouvelle intensité. « La famine, dit Glaber, désola le genre humain, et sembla le menacer d'une destruction prochaine. On vit des hommes, après avoir dévoré les bêtes et les oiseaux, se résoudre à manger les cadavres. On vivait d'herbes et d'écorces d'arbre pour échapper à la mort. Les loups, attirés par les cadavres qui restaient sans sépulture, s'attaquaient aux hommes et en faisaient leur proie... »

Et les épidémies contagieuses, sans trêve ni fin, suivaient les famines. Le corps humain, privé de nourriture, s'affaiblissait et n'offrait aucune résistance aux causes morbides qui l'entouraient. La peste engendrait la peste, et les populations tombaient comme le blé sous la faulx ».

Qui le croirait? Ces temps de misère et de douleurs furent une cause d'affranchissement. Ce n'est pas la pitié, mais la faim qui fut libératrice. Ne pouvant nourrir les esclaves, on leur donna la liberté ou on les offrit au rabais. Une charte de 1031 donna trois esclaves pour un cheval, « à cause de la rigueur de la faim », dit-elle, tandis qu'auparavant un esclave valait quatre chevaux.

On comprend que le maître, qui avait peine à se nourrir, ne nourrissait pas son esclave. Il le laissait mourir de faim ou lui donnait la liberté. Quand des jours meilleurs revinrent, le nombre des esclaves était fort restreint, et le sort des hommes libres fort aggravé par le malheur des temps.

LIVRE VI

DISPARITION DE L'ESCLAVAGE.

Son dernier état. — Il se transforme en servage ; causes et effets.

SON DERNIER ÉTAT (1).

En même temps qu'il pratiquait l'esclavage, l'empire romain pratiquait aussi le colonat qu'il avait vu naître, d'abord à l'état de fait, et plus tard, comme institution, vers le IV⁰ siècle.

Or, la domination romaine avait introduit cette pratique dans les Gaules, de telle sorte que le colonat, imposé aux nombreux captifs que faisait la guerre aux tribus germaines, devint la condition prédominante de la servitude. On compta dès lors beaucoup plus de colons que d'esclaves. C'était un premier pas vers l'adoucissement et l'abolition de l'esclavage.

Le colonat avait donc prévalu. Les cultivateurs ruraux avaient reçu la désignation de colons, et les seuls esclaves, artisans ou domestiques, retenus à la maison, furent considérés comme esclaves. Leur nombre n'était pas grand. Il le fut de moins en moins après l'invasion germaine.

Avec César et Tacite, nous avons vu que les Gaulois et les Germains, poussés par la misère, se vendaient person-

(1) Ce chapitre est emprunté à notre *Histoire de l'esclavage*.

nellement comme esclaves ; que le jeu et les dettes leur imposaient la même condition, et qu'enfin, la guerre elle-même jetait de nombreux captifs en servitude. C'était donc la continuation de l'esclavage romain avec toutes ses conséquences. Mais à côté de l'esclavage, les Gaulois et les Germains avaient des hommes, anciens captifs ou autres, qui cultivaient leurs champs à charge de redevances. C'était une sorte de colonat avec plus de rigueur.

Après l'invasion germaine et la disparition du pouvoir romain, l'autorité individuelle des seigneurs et des bénéficiers, n'étant plus contenue, se livre à son aise à tous les caprices de la brutalité barbare. Le colon, jadis attaché au sol, qui payait, en vertu de la loi romaine, des redevances déterminées, se voit imposer le plus souvent des redevances arbitraires. Il devient *servus glebæ* ainsi que sa famille, et subit les conditions qu'il plaît au maître féodal de lui imposer. L'esclave, qui cultivait à côté du colon, est traité de la même manière. La seule chose qui le distingue de son compagnon de travail, c'est qu'il peut être vendu et déplacé. Telle est la confusion qui s'opère dans les conditions diverses des hommes asservis aux travaux des champs. Il porteteront tous la même désignation : *servi glebæ*.

L'esclave domestique est fort rare à ce moment. Dans les conditions modestes, la famille suffit au service de la maison. En de plus élevées, ce sont les compagnons du seigneur qui lui rendent tous les services. Cette situation ne fait que s'accentuer dans cette période de trois siècles, toute remplie de spoliations, de crimes et de massacres, qui va de Clovis à Charlemagne. Après lui, c'est pire encore. La féodalité souveraine commande despotiquement autour d'elle à tous ceux qui sont sous sa main.

Bien qu'il tendît à décroître, l'esclavage antique était loin d'avoir disparu. Nous lisons, en effet, dans Grégoire de Tours, que Clovis, et Clotaire après lui, avaient ramené une foule d'esclaves à la suite de leurs expéditions guerrières. Thierry, Chilpéric et Frédégonde avaient fait comme eux. Charlemagne lui-même réduisit les Saxons en servitude et fit un grand nombre de prisonniers. Henri l'Oiseleur, après avoir vaincu les Slaves, les vendit comme esclaves ou les répartit comme colons dans ses provinces (1). Les hommes continuaient d'ailleurs à se vendre, eux et leurs enfants, à la seule condition de recevoir la nourriture (2). Marculfé, qui nous a conservé la formule des actes usités au VII° siècle, nous montre que tous les détails des marchés de Rome s'étaient perpétués, en ce qui touche la vente des esclaves. Il nous indique en même temps quelles étaient les réserves et les vices rédhibitoires que contenait la loi des Bavarois et des Lombards.

Quand les barbares furent convertis au christianisme, la vente des esclaves fut prohibée de chrétien à chrétien. La loi des Allemands défendit aussi cette vente (3). Un capitulaire de 743 et un autre de 814 contiennent la même prohibition. Mais les faits nous démontrent que ces prescriptions furent souvent méconnues.

Le capitulaire *de villis* nous a fait voir le nombreux personnel qui peuplait les fermes royales. Les forgerons, les orfèvres et tous les artisans des *villæ* sont des esclaves. Les cultivateurs, dirigés par un intendant, qui entourent la maison royale, et « qui doivent tout leur temps à leur maître », sont également des esclaves dont le capitulaire ne fixe pas le nombre (VIII° siècle).

Le polyptique de Saint-Germain (IX° siècle) est plus explicite à ce sujet. Le monastère n'avait sous sa dépendance que huit familles libres. Il comptait ensuite 8,500 colons attachés à la glèbe, et 500 serfs ou esclaves qui travaillaient sous la sur-

---

(1) Potgiessser, l. 1, ch. I.
(2) Grégoire de Tours, VII, 45, *Capit.* LIII, ch. XXIX ; LV, ch. CCIII.
(3) T. 27, § 1er.

veillance des moines. Ces colons n'en étaient pas moins tenus d'exécuter, par corvées, tous les travaux des terres de l'abbaye, sans compter des redevances de toute sorte. Ils ne pouvaient ni se marier librement, ni disposer de leurs biens. Le nombre des esclaves proprement dit n'était pas grand. La proportion était la même à la Celle-Saint-Cloud : 80 ménages de colons, 15 de serfs et 30 tenanciers à discrétion...

Les donations pieuses faites à l'église de Viviers nous montrent partout des esclaves sans en indiquer le nombre. — A Saint-Bertin, il y a 360 esclaves, une centaine de serfs qui doivent trois jours de corvées par semaine et toutes sorte de redevances, ainsi que des colons libres qui doivent des redevances et deux corvées par semaine. Il en est de même à Saint-Victor de Marseille (ixe siècle).

Enfin, au xiie siècle, nous voyons que, dans l'abbaye de Marmoutiers, il y a des hommes libres et indépendants au nombre de trente. — Puis des censitaires libres au nombre de quatre-vingts. En troisième lieu, des serfs détenteurs de manses serviles, qui devaient des cens, des redevances et trois jours de corvées par semaine. Serfs de la glèbe, ils ne pouvaient ni se marier librement, ni quitter la seigneurie, ni disposer de leurs biens. Il y avait enfin les serfs à volonté, aux ordres de l'intendant, et tenus de lui obéir « en tout et pour tout... » C'étaient de véritables esclaves, bien qu'on leur donne un autre nom.

Il est regrettable qu'après avoir indiqué le nombre des hommes libres, 110, le cartulaire ne donne pas celui *des serfs casés* et *des serfs à volonté*. Il devait être très grand dans une abbaye de cette importance. Ces indications suffisent, d'ailleurs, pour nous montrer l'état vrai des personnes au xiie siècle, tout au moins dans les abbayes. Il est probable qu'il était plus rigoureux dans les seigneuries de cette époque.

Pendant ce temps, la chasse aux hommes, faite par les pirates, se pratiquait sur toutes les côtes, et notamment du xᵉ au xiiᵉ siècle. Les villes maritimes achetaient et vendaient des esclaves sur tous les marchés du Levant. Il y en avait en France, notamment à Verdun, et l'on vit des ventes isolées jusqu'à la fin du xiiᵉ siècle (1). Vers la même époque, Cantacuzène, cet empereur devenu moine, nous dit, dans ses mémoires, que des peuplades entières, accablées de misère, se vendaient à des nations voisines, ainsi qu'on l'avait vu au temps de Tacite (2).

Les chartes du temps, très nombreuses, mentionnent aussi fréquemment la vente des esclaves. Perréciot en cite deux, de 1050 et 1183, par lui recueillies dans les cartulaires des abbayes de Bourgogne (3). L'histoire de cette province par les Bénédictins en mentionne trois également, de 1244, 1258, 1259. Pierre de Fontaine nous dit que, de son temps (1253), il existait encore des esclaves (4). — Une charte de 1282 nous montre, en effet, qu'un abbé se vend à l'abbaye de Bellevaux avec tout ce qu'il possède (5). — Ducange nous cite également, au mot *Manumissio*, cinq chartes d'affranchissements, de 1207 à 1270. Et au mot *Quittius*, il nous dit que le testament de la vicomtesse de Narbonne, en 1367, contient l'affranchissement d'une femme esclave. Enfin, au mot *Sclavis*, il nous parle d'une autre charte de Marseille, qui mentionne la vente d'une femme esclave, âgée de vingt-huit ans et payée 60 florins d'or.

Il résulte de ce que nous venons de dire, que la vente des esclaves était rare, et qu'elle le devenait de plus en plus, à mesure que l'on approchait du xiiiᵉ siècle. Un contempo-

---

(1) Beaumanoir, 1-44.
(2) Cantacuzène, l. iii, ch. x.
(3) Perréciot, t. III, *Preuves*.
(4) *Conseils à un ami*, 19.
(5) Perréciot, *Preuves*, 71.

rain nous apprend, en effet, que de son temps (1258), il existait encore quelques esclaves... C'est-à-dire qu'il n'en existait presque plus. Ce qui le prouve mieux encore, c'est que, dans un recueil de chartes de Pérard, conseiller à la cour de Dijon, on n'en trouve que sept pendant le XIIe et le XIIIe siècles, qui fassent mention de ventes d'esclaves. Encore ne sont-ils vendus qu'avec des terres ou des manses, ce qui pourrait très bien s'appliquer à des serfs de la glèbe. On vend la terre avec ses dépendances, avec ses hommes...

Les quelques coutumes qui furent rédigées à la fin du XIIIe siècle, confirment pleinement les indications qui précèdent. Celle de Beauvoisis distingue trois classes d'hommes : les libres, les esclaves et les serfs (1). Ces derniers sont subdivisés en deux catégories : les uns sont entièrement soumis à leur seigneur, « qui peut prendre tout ce qu'ils ont, morts ou vivants, et les emprisonner sans en rendre compte qu'à Dieu ». Les autres ne sont soumis qu'à la rente ordinaire, mais s'ils meurent ou se marient avec une femme libre, tout ce qu'ils ont revient au seigneur. On ne voit pas quelle est la différence entre les premiers et les esclaves ruraux ; la seule probablement, c'est qu'ils ne pouvaient être vendus sans la terre. A moins toutefois que le mot de *Servus* ne désigne ici un pur esclave. Beaumanoir fait dériver cette servitude personnelle, soit d'un manquement au service militaire, soit d'une oblation aux saints, soit d'une vente forcée, à suite de la captivité d'un homme de guerre, ce qui comporte des cas assez rares.

Il paraît donc certain que l'esclavage avait diminué peu à peu, depuis le Xe siècle, pour disparaître à peu près complètement vers le XIIIe. Les guerres normandes, les famines et les épidémies avaient fait périr un grand nombre de ses membres. La guerre ne les recrutant plus

---

(1) Cout. de Beauvoisis, ch. XLV, p. 256.

comme autrefois, cette classe d'hommes ne put se reconstituer. Les croisades vinrent ensuite appeler à la liberté les esclaves qui y prirent part, et la pitié, la commisération, relâcher les liens de la servitude, de telle sorte que de nombreux esclaves devinrent serfs ou colons. Le maître y trouva profit : plus d'ardeur au travail et plus de produits. Et l'esclave, élevé d'un degré, devint serf de la glèbe. Il eut une famille et une habitation. C'est ainsi que l'esclavage faisait place au servage et qu'il avait peu à peu disparu vers la fin du XIII° siècle.

IL SE TRANSFORME EN SERVAGE ; CAUSES ET EFFETS.

Au cours de cette étude, nous avons rencontré l'esclavage dans toutes les contrées, chez toutes les nations du monde ancien. Dans tout l'Orient, il est né et il ne s'est éteint qu'avec elles. Le même phénomène se produisit dans l'antiquité grecque et romaine. L'esclavage adhérent à ces civilisations n'a disparu qu'avec elles.

Il en fut autrement pour les peuples occidentaux, qui avaient cependant la même origine, et qui, héritant des civilisations antiques, en étaient en quelque sorte les continuateurs. Avant d'avoir pris chez eux son entier développement, l'esclavage y fut amoindri d'abord par le colonat, et bientôt après désagrégé et transformé par les mœurs germaines et par les institutions féodales. Tel est le double phénomène qui, pour la première fois dans l'histoire, amène l'extinction de l'esclavage au sein des peuples qui ont survécu à sa disparition. Cette particularité mérite qu'on s'y arrête et qu'on en recherche les manifestations.

A côté de l'esclavage, et conjointement avec lui, l'histoire des peuples nous montre des variétés dans la servitude et comme un esclavage diminué. Ainsi en est-il de l'Inde pour la caste des Vayssias ou travailleurs, qui donnent aux prêtres et aux guerriers une part importante de leurs produits.

La Genèse constate aussi la pratique d'une sorte de colonat ou de servage en Egypte. Nous voyons en effet dans l'Exode (1) que Joseph, à la suite d'une disette, achète les personnes des sujets du roi, ainsi que les terres qu'ils viennent lui offrir, à la condition de les cultiver, en donnant à Pharaon un cinquième de la récolte.

Les lois romaines mentionnent de même l'existence des colons dans la Thrace, l'Illyrie et la Palestine. Et Varron, à son tour, nous parle des *oberarii*, attachés à la terre pour dettes ou pour délit, et qui, « semblables aux colons d'Egypte et d'Illyrie, étaient de véritables serfs de la glèbe » (2).

Nous avons vu ailleurs que les *viliæ* romaines, au temps de Caton, étaient peuplées d'esclaves rustiques, confinés dans des cases, à côté des écuries et autour de la maison du maitre. Le mobilier de la ferme, les instruments et les animaux qui servaient à la culture étaient, comme les esclaves, bétail humain, incorporés à l'exploitation. De telle sorte qu'en vendant *la villa*, les animaux et les esclaves étaient compris dans la vente. C'est un usage constant. Si la terre est cultivée par des esclaves ou des colons, ou par des colons seulement, la règle est la même. On la vend avec ses dépendances et tous les instruments de culture qui y sont attachés, inertes ou vivants. « Si quelqu'un a légué des » colons sans les fonds de terre auxquels ils adhèrent, le » legs est nul, dit Marcianus (3) ». Il résulte de ce texte

---

(1) Ch. XLVII, v. 23, 24, 25.
(2) Varron, *De re rusticâ*, l. 1, c. XVII.
(3) Digeste, XXX, 112.

qu'à la fin du IIᵉ siècle, la jurisprudence avait réglementé le colonat, sorte de servage de la glèbe, puisqu'il n'était pas permis au testateur de séparer le colon du champ qu'il cultivait.

Ces colons, qui n'étaient autres que des cultivateurs libres ou des propriétaires ruinés, virent bientôt arriver, à côté d'eux, les captifs barbares qu'amenèrent de la Germanie Aurélius et Probus après lui. Ces colons nouveaux, recensés et inscrits sur les registres des terres fiscales, prirent le nom d'*adscriptices*. Marc-Aurèle et Dioclétien avaient consacré ces règles par divers rescrits. Constantin les confirma en l'an 312. La transformation d'un grand nombre d'esclaves ruraux en colons attachés à la terre, inhérents à la glèbe, comme disent Honorius et Théodose, est donc une chose certaine. Les domaines sont soumis au recensement fiscal avec les colons qui les exploitent, et les maîtres sont tenus de payer la taxe des colons recensés chez eux. — Le Code Justinien recueille ces prescriptions et les aggrave souvent : « Bien que les colons paraissent ingénus, qu'ils » soient tenus pour serfs de la terre sur laquelle ils sont » nés ». Et ailleurs (t. 47, l. 15) : « Nous ordonnons que les colons soient attachés à la glèbe et ne puissent en être détachés (1) ». Le colonat, esclavage réel, immobilise au sol, dans l'intérêt du fisc, le cultivateur de la campagne romaine. C'est la création des *latifundia* qui, en rendant les campagnes désertes et stériles, avait nécessité la création du colonat, fort doux à l'origine et fort rigoureux dans la suite.

La pratique du colonat n'était pas seulement instituée dans l'intérêt du fisc ; le maître y trouvait aussi des avantages. Le travail de l'esclave, qui ne produisait pas pour lui, était par cela même peu productif. — Il en était autrement

(1) *Code Just.*, l. 11, t. LI.

de celui du colon. — L'esclave devait être surveillé ; il était paresseux, gourmand, hostile et quelquefois dangereux. Il fallait ensuite le nourrir et le vêtir. Il représentait un capital, et par conséquent des risques. De plus, il était devenu très rare et fort cher. Avec le colon, aucune préoccupation de ce genre. — Il ne faut donc pas être surpris que cette institution soit passée rapidement dans les mœurs et qu'elle ait ruiné l'esclavage.

Si le maître trouvait profit à cette situation, l'esclave, devenu colon, y trouvait aussi le sien. Et tout d'abord, il ne pouvait être détaché du sol et vendu séparément. En second lieu, la redevance qu'il devait à son maître était fixée et ne pouvait être élevée. Il avait enfin la faculté de se marier et d'acquérir un pécule qu'il faisait sien.

Ces institutions, nées avec l'Empire, passèrent avec lui dans les Gaules et s'y implantèrent sans effort. On n'aurait pas de peine à le croire, si l'on pensait avec M. Guizot : « Que la conquête romaine trouva la population gauloise » vivant sur les domaines des grands chefs et cultivant » moyennant une redevance (1) ». Les Germains faisaient de même.

Il est donc vrai de dire que les Gaulois n'eurent aucune répugnance à pratiquer le colonat romain, qui faisait partie de leurs institutions. Les chefs gaulois et romains le constituèrent à l'envi, les uns dans leurs anciennes possessions, et les autres dans les nouvelles que la conquête venait de leur donner. Les mœurs de l'Italie étaient passées dans les Gaules avec ses pratiques urbaines et rurales. C'est ainsi que l'Empire, alors florissant, venait se mêler par delà les monts à la servitude barbare, en lui apportant les premiers éléments de la dissolution prochaine de l'esclavage, déjà énervé par le colonat.

(1) *Histoire de la Civil.*, t. III, 337.

Tant que dura l'occupation impériale, les Germains passèrent fréquemment le Rhin, tantôt de gré, tantôt de force, pour venir se fixer dans les Gaules comme travailleurs. Un évêque « a constaté qu'il n'était pas de famille qui n'eût » quelque Goth à son service ». Les hommes de travail manquaient à l'immense étendue des terres, et on les recherchait au dehors. Chaque victoire des généraux romains en avait amené un grand nombre en deçà du Rhin. Et notamment « en 291, nous voyons que des Francs furent admis à » cultiver, sous les lois de l'Empire, les champs de deux » provinces gauloises (1). On voit des files de barbares arrê- » tés dans nos rues, dit le même auteur. On commence par » les distribuer aux habitants, en attendant qu'on leur ait » désigné les champs à la culture desquels ils seront atta- » chés. De même, les Francs-Saliens vaincus furent canton- » nés pour cultiver des terres gauloises à titre de tributaires » et de colons. » — En 373, 200,000 Visigoths, fuyant devant les Huns, demandaient à être admis comme sujets de l'Empire. Ils livrèrent leurs armes et vinrent peupler les maisons d'esclaves et les champs de colons (2). On prescrivait de traiter ces hommes, non comme des esclaves, mais comme des colons romains. Ils étaient dès lors attachés au sol, immatriculés, sans qu'on pût les vendre ni les déplacer.

Les Germains, et particulièrement les Francs, n'entrèrent donc dans l'Empire qu'en se soumettant aux lois du colonat. Leur nombre fut très grand, vers le IVe siècle, à cause de la pression des Huns et des peuples du Nord. L'on estime, en effet, que la plus grande partie des colons, qui remplissaient alors la Gaule, était venue de la Germanie. — Non-seulement l'Empire recevait des Germains à titre de colons, mais

(1) Ammien, XVII, 8.
(2) Orose, VII, 45.

il en recevait aussi comme soldats auxiliaires ; et pour les rémunérer, il leur donnait des terres à cultiver sur la frontière. Ces enrôlés prenaient le nom de *Lètes*, et leurs possessions, de terres *Létiques*. Ils les détenaient sans impôts, héréditairement et à charge de service militaire.

Au milieu de ce mélange de nations et d'institutions acceptées avec plus ou moins de violence, les modes de servitude de ces peuples divers ne se combinèrent pas en un jour. Chacun d'eux, apportant avec lui ses coutumes, les conserva plus ou moins intactes dans le nouveau milieu où le hasard le plaça. Là, par la force du voisinage, tantôt il pénétra les mœurs de ses voisins, et tantôt il se laissa pénétrer par elles, jusqu'au jour où la vitalité supérieure d'une institution s'imposa à toutes les autres et devint prédominante, prouvant ainsi qu'elle était appropriée au milieu social qui l'avait acceptée.

Il résulte de ce qui précède qu'au moment où les barbares s'établirent définitivement dans les Gaules, ils trouvèrent les habitants des campagnes réduits à l'état de colons, d'affranchis ou de petits propriétaires recommandés, tous payant des redevances et rendant des services aux grands tenanciers, sénateurs, chevaliers, ducs ou comtes, quelle que fût leur origine.

A côté de ces colons, de nationalités si diverses, il y avait aussi des esclaves. Les uns étaient le fruit de la guerre ; d'autres avaient été condamnés pour crimes ou pour dettes. Ceux-ci s'étaient vendus pour éviter la misère, et ceux-là étaient nés de parents esclaves. Tous ces hommes pouvaient être attachés aux travaux des champs, mais le plus souvent ils remplissaient des fonctions domestiques dans la demeure du maître, ou s'y livraient à des travaux industriels. Un grand nombre d'entre eux étaient employés à cet usage dans les ateliers et les services de l'Etat. — Aux champs, les colons libres ou fixés à la glèbe ; à la ville, à la maison, à l'atelier, les esclaves de toute sorte. Telle était la condition générale de la classe servile dans le monde gallo-romain.

Les Germains avaient aussi des esclaves, mais ils en avaient un petit nombre, tandis que celui des colons ou serfs de la glèbe constituait la majeure partie de leur population agricole. Leur vie rude et sans luxe rendait les services domestiques inutiles. Les membres de la famille, des clients ou des amis étaient appelés à les remplir. Quant à l'esclave, il était renvoyé au dehors, sur une portion de terre à laquelle il se trouvait fixé, et dont il suivait le sort en cas de vente (1). Les esclaves ainsi casés, comme disent les actes, avaient une condition analogue à celle des colons romains (2), avec cette différence cependant que le Romain avait une redevance fixe, reconnue par la loi, tandis que le Germain n'en avait d'autre que celle imposée par le bon plaisir du maître.

Sur un tel sujet, on ne saurait mieux faire que de citer Tacite : « Chez les Germains, dit-il, les esclaves ne sont pas
» classés comme chez nous et occupés des services domes-
» tiques. Chacun a son habitation, qu'il régit à son gré. Le
» maître leur impose, comme à des colons, une certaine
» redevance en blé, bétail et habillements. Ce sont là les
» seules obligations de l'esclave. Quant aux soins de la mai-
» son, ils sont remplis par la femme et les enfants. Les
» affranchis ne sont guère au dessus des esclaves (1). »

L'esclave domestique était une chose mobilière qu'on pouvait vendre, tandis que l'esclave de la glèbe était immeuble par destination, quelle que fût la nature des biens. Dans les donations immobilières, l'esclave était fixé au sol et donné

---

(1) A. Thierry, *Tiers-Etat*, 16.
(2) Ducange, t. II, V. *Casati*.
(1) Tacite, ann. IV, 72.

avec les animaux et les instruments nécessaires. Les formules du temps sont unanimes à ce sujet. Il en est de même dans les Alleux. Ainsi, en 511, le Concile d'Orléans décide que les terres et les esclaves qui sont donnés aux paroisses demeurent sous la puissance de l'évêque. — L'esclave, comme on le voit, est assimilé à l'immeuble. — En 658, le roi donne à une église deux *villœ*, qui appartenaient au fisc, et *douze esclaves y attachés*. — En 752, une abbesse donne une *villa*... avec les manses, *les esclaves,* etc. (1). — Les formules de Marculfe contiennent les mêmes indications (2).

Enfin, dans un capitulaire fameux de 806, Charlemagne, faisant le partage de son empire, attribue à l'un de ses fils des terres et des forêts et *tous les esclaves qui s'y trouvent déjà casés* (3). Des seigneurs ayant amené des esclaves à sa cour, l'empereur les fit renvoyer parce qu'ils étaient *casés* (4).

Voilà donc le colonat gallo-romain, le colonat germain et l'esclavage juxtaposés. Ils coexistent çà et là, suivant les lieux et les origines nationales. Mais bientôt la nation germaine devient prépondérante. Jeune, nombreuse, turbulente, elle couvre la Gaule de ses tribus, de ses familles et de ses travailleurs. La civilisation romaine, vieillie, énervée, se retire devant elle et cède la place aux institutions rudimentaires de peuples nouveaux.

Après avoir triomphé avec les Francs, le germanisme organise son système de fiefs ou de concessions bénéficiaires, qui crée la féodalité. Il importe de rappeler ici, en quelques mots, cette organisation spéciale et sans précédents historiques.

(1) Script. ret. gal., t. IV, 578.
(2) Baluze, *Capitulaires*, t. III, 290.
(3) Ducange, *Casati*.
(4) Baluze, *Cap.*, t. I, 495.

Le roi ou le chef militaire de la nation voulait-il récompenser ses fidèles ou compagnons ? Il leur donnait les biens de son domaine, ou ceux qu'il tenait de la conquête. Cette donation, ces bienfaits, prenaient le nom de bénéfices chez les Latins, et de *féod* ou fief dans la langue germaine. Le possesseur n'en avait que l'usufruit et l'usage viager. Il ne pouvait donc ni vendre, ni amoindrir son fief ou bénéfice. Or, l'esclave qui s'y trouvait attaché constituait une partie du bénéfice (1). Les *Missi* de Charlemagne veillaient soigneusement à ce qu'il n'en fût pas distrait (2). L'esclave avait par cela même sur le sol une fixité plus grande. Comme l'ancien colon, il faisait partie intégrante du bénéfice qu'il devait cultiver. C'est pour ce motif que, dans la formule de concession, on énumérait toujours les esclaves, les *Mancipia*, à côté des prés, des bois et des vignes qui devaient être conservés.

Les esclaves attachés aux bénéfices étaient donc de véritables immeubles par distination, ainsi que l'avait décidé Charlemagne dans son capitulaire de 808. On comprend dès lors que l'érection en bénéfices, d'une grande partie du territoire de l'Europe, transformât les esclaves en serfs de la glèbe. Au lieu d'être meubles, ils devenaient immeubles et inaliénables. Ils cessaient d'être esclaves du maître pour devenir esclaves de la terre, *servi glebœ*.

Tant que le pouvoir conserva sa prépondérance, il fit respecter la loi qui rendait inaliénable la terre du fief, et l'esclave avec elle, ainsi que l'imposaient, d'ailleurs, les actes de donation ou d'inféodation. Mais quand l'autorité royale s'affaissa, tous les bénéfices devinrent héréditaires. Ainsi le décida le capitulaire de Kiersy, qui ne fit que consacrer une révolution déjà accomplie sous Dagobert (615).

(1) Cap. 806, Baluze.
(2) Cap. 812, Baluze.

Telle fut l'origine de ces innombrables souverainetés qui couvrirent la France féodale. Les petits propriétaires, à leur tour, se rendirent indépendants en se mettant sous la protection d'un grand bénéficier du voisinage auquel ils rendaient certains services, et ils augmentèrent ainsi le nombre des vassaux.

Avant l'invasion germaine, les propriétaires Gallo-Romains percevaient de leurs colons une redevance, mais n'avaient sur eux aucun autre pouvoir politique, aucune juridiction; tout cela était du ressort de l'empereur ou du pouvoir central. C'étaient les Gouverneurs ou les Comtes qui rendaient la justice aux provinces. Les choses changèrent après l'invasion. Le Germain, chef de sa tribu ou de sa famille, administrait non-seulement sa propriété, mais il exerçait encore la souveraineté sans contrôle. Cette institution locale, importée dans la Gaule, ne cessa d'y recevoir son application. Le pouvoir central désarmé perdit sa souveraineté, tandis que le chef, le bénéficier, le seigneur, maître absolu chez lui, y gouverna despotiquement. La condition du colon fut, par cela même, profondément atteinte. Sa rente était fixe : elle devint arbitraire. Il payait au fisc sa capitation. Il paiera désormais la taille à volonté. Il sera jugé par son seigneur, et par lui seul, même dans sa propre cause. Aucun recours, aucune garantie contre l'oppression. Sous un pareil régime, la distinction des colons et des esclaves ne put se maintenir. Les colons recensés ou casés furent confondus avec les serfs, dont la qualification resta seule pour désigner ces deux conditions réunies sous un même nom. Après quelques générations, le souvenir des situations originaires s'était tellement effacé que nul ne songeait à s'en prévaloir où à les faire revivre. L'esclave et le colon étaient, au même titre, des serfs de la glèbe, que le seigneur germain traitait en souverain et taillait à volonté.

L'esclave survécut cependant çà et là, nous l'avons vu

ailleurs, à l'état d'esclave domestique, ou mieux enco[re] d'artisan et d'industriel. Mais les services domestiqu[es] tenaient peu de place dans cette société, et moins enco[re] l'industrie et les arts. On peut affirmer, dès lors, que nombre des esclaves n'était pas grand. Le servage répo[n]dait d'ailleurs à tous les besoins. Pour les seigneurs féo[daux], il ne différait guère de l'esclavage. Leur souveraine[té] étant absolue, le serf était dans leurs mains et ils en usaie[nt] suivant leur bon plaisir.

A partir de Charlemagne, l'esclavage, ne se recruta[nt] plus par la guerre, dut décroître avec rapidité. Puis vinre[nt] les déprédations des Normands, aux IXe et Xe siècles, q[ui] foulèrent ce pays pendant 70 ans et jetèrent partout la dé[-]vastation et l'épouvante. Ne pouvant ni cultiver, ni rentre[r] ses récoltes, ni réparer ses pertes de meubles et de bestiau[x] la moitié de la population disparut, enlevée par le fer, la fain[,] la misère, nous disent les chroniqueurs. Mais dans quell[e] proportion plus grande pour les esclaves et les malheureux[.]

Aux Xe et XIe siècles, des famines et des épidémies san[s] nombre avaient désolé l'Europe. On les avait vues se renou[-]veler avec une fréquence et une rigueur désespérantes[.] Plus de la moitié de la population succomba sous leurs at[-]teintes. La mortalité des esclaves, qu'on refusait de nourri[r] atteignit des proportions plus grandes encore, et leur valeu[r] descendit si bas, qu'on en échangeait trois contre un cheval[.] La guerre ne les recrutant plus, et la reproduction servil[e] ne réparant pas ses pertes, qu'on juge si le nombre de[s] esclaves, déjà bien petit, fut encore amoindri par les ca[-]tastrophes que nous venons de faire connaître.

Les anciens esclaves avaient donc disparu ou étaien[t] tombés en servage, avec les diverses couches serviles o[u] libres que la violence et la misère y avaient précipitées.

Puis vint l'an 1000, annoncé comme la fin du monde par des prophéties et par le clergé. Il avait frappé de terreur des populations que la misère et la guerre avaient plusieurs fois décimées. Sous cette influence mystique, un nouvel élan de fraternité s'était emparé des hommes, et l'affranchissement des esclaves en retirait le bénéfice. L'enthousiasme des croisades avait suivi de près. Confondant les rangs de la société, il avait placé sur la même ligne le maître et le serviteur, qui allèrent ensemble conquérir le tombeau du Christ. La communauté de périls devait toucher l'âme du seigneur et rendre l'affranchissement facile, alors même qu'il n'était pas forcé par des embarras pécuniaires. Les nécessités de la guerre ne tardèrent pas d'ailleurs à mettre des armes aux mains des derniers esclaves, qui, par ce fait seul, acquéraient la liberté. L'émancipation des communes vint ensuite, apportant avec elle un nouvel élément de liberté générale.

A dater de ce moment, le travail libre apparaît, surtout le travail industriel. Il vient remplacer le travail servile, jusque-là nécessaire dans la maison des seigneurs. Désormais inutile, celui-ci ne retiendra plus, dans les ateliers féodaux, les derniers débris de l'esclavage industriel. Voilà comment, sapé d'abord par le colonat, et ensuite par les institutions germaines, l'esclavage, longtemps juxtaposé au servage, lui a peu à peu cédé la place, et a fini par se laisser absorber.

A côté de ces raisons sociales, qui pouvaient seules amener de tels résultats, on peut indiquer aussi des raisons économiques qui sont venues leur prêter un concours puissant. Sans doute, la tendance féodale poussait au servage, qui donnait de la valeur aux terres et procurait en même temps à la seigneurie des revenus de toute sorte ; mais un intérêt d'une autre nature y poussait aussi. L'esclave représentait un capital. Il fallait le nourrir, le vêtir et le soigner, le surveiller sans cesse, gourmander sa paresse. Il produisait fort peu. La maladie pouvait l'enlever et la vieillesse le rendre inutile. On pouvait ainsi perdre un capital important. — Rien de semblable avec le serf. Point de capital, peu de surveillance, et avec cela plus de travail et plus de produit. En de telles conditions, le seigneur ne devait pas hésiter à faire un serf de son esclave, comme le chevalier romain en fit autrefois un colon. Telle est la cause seconde, mais très-importante, qui transforma l'esclavage. Nous verrons plus tard qu'elle s'exerça de même au moyen âge, et qu'elle fut assez agissante pour transformer les mainmortables et les serfs en censitaires.

Ainsi, l'esclavage a pris fin au xe siècle d'une manière générale, persistant toutefois exceptionnellement, et dans des cas de plus en plus rares, jusqu'au xiiie siècle.

Le servage lui a survécu. Il le remplace et continue son cours. Mais il est atteint à son tour par l'émancipation des communes et par la renaissance de la justice trop longtemps usurpée, que le pouvoir royal a su reprendre.

Le moment est venu, où toutes les couches serviles vont bénéficier de cet élan d'émancipation qui, soufflant à tous les vents, affranchira successivement les serfs et les communes. Le progrès sera lent : il ne touchera d'abord qu'un petit nombre. Puis un plus grand se rachètera et s'élèvera lentement à la fortune.

Mais tandis que l'homme est libre, la terre est encore serve, c'est-à-dire accablée de cens et de redevances. Il faudra de nombreux efforts pour l'affranchir à son tour. Le dernier portera la date de 1789.

LIVRE VII

LES AFFRANCHISSEMENTS DU XIIe AU XVIe SIÈCLE

Les Croisades. — Les Communes. — Le Tiers-Etat.
Les Etats-Généraux.
Les Vilains et les Roturiers. — Les Communautés agricoles.
Les Corporations de métiers.

LES CROISADES.

De Charlemagne à Louis le Gros, c'est-à-dire jusqu'au XIIe siècle, la nuit du moyen âge avait pesé sur la Gaule. Elle avait répandu ses ombres sur les hommes, sur les choses, et sur la royauté elle-même. Quinze princes à peu près inconnus s'étaient assis sur le trône sans laisser trace de leur passage. La féodalité seule avait grandi dans l'ombre, fortifiant ses châteaux et se livrant à des guerres privées. Puis, pesant à la fois, par la violence, sur l'homme libre et sur le serf, elle s'était enrichie par les abus et les spoliations, sans crainte de la royauté, qui regardait impuissante des méfaits qu'elle ne pouvait empêcher.

En ces temps de désordre et d'anarchie, de guerres et de rapines, chacun pourvoit du mieux qu'il peut à sa sûreté. On se cantonne, on se retranche, on fortifie les villes et les maisons. On bâtit des forteresses sur les hauteurs. L'homme lui-même se renferme dans une armure de fer pour résister d'abord aux Normands, aux Sarrasins et aux Hongrois, puis au Seigneur, à l'Evêque et à l'Abbé, aussi redoutables que l'ennemi du dehors (1).

Quand le xi° siècle commença, toute vie collective avait disparu ; il n'y avait plus de gouvernement et la royauté n'était qu'un vain titre. La société était la proie d'autant de petits tyrans qui, sous le nom de Ducs, Comtes ou Barons, se partageaient le pays (2). On frémit aux tableaux que nous ont laissés de cette situation les chroniqueurs du temps, Guibert de Nogent et Guillaume de Tyr (3). *La trêve de Dieu*, qui modérait et réglait ces brigandages, nous dit assez les pratiques sauvages des seigneurs féodaux.

L'intensité de ces maux et les souffrances dont ils étaient la cause, tournaient les populations vers les idées religieuses. Les terreurs de l'an 1000 et de la fin du monde, les famines et les pestes, les pillages de la guerre avaient produit ce résultat. Désespérant de la pitié des hommes, on implorait celle de Dieu. C'est sous l'impression de ces influences diverses que les pèlerinages se multiplièrent, nous disent les chroniqueurs du xi° siècle. On s'adressa d'abord au tombeau de Saint-Martin de Tours, à Saint-Jacques de Compostelle en Galice, aux reliques de Saint-Pierre à Rome, et enfin au tombeau de Jérusalem. Ces voyages lointains, fort répandus alors, avaient vulgarisé ces pérégrinations pieuses, lorsque, à ces esprits exaltés par la foi et par le récit de prodiges, apparaît tout à coup le mirage des Croisades. L'Europe entière, obéissant à une même entente, se précipite vers l'Orient. Les partisans du Christ se lèvent contre ceux de Mahomet et portent en Asie les querelles engagées depuis quatre siècles en Europe, avec les Maures

---

(1) Guérard, *Polypt. d'Irminon*, 1. 204.
(2) *Histoire litt. de la France*, par les Bénédictins, t. vi, 4.
(3) V. *Collection des Mém. sur l'Histoire de France*, t. ix, xvi et xvii.

et les Sarrasins. La possession des lieux saints n'en est que le prétexte. Les aventures, la guerre, le butin, la vie errante, voilà ce que la noblesse va chercher en Orient. Quant à la populace, la paresse, la misère, l'espoir d'une vie meilleure, tout la pousse à se précipiter dans l'aventure qu'on lui propose. Qu'à-t-elle à perdre ? Quel intérêt la retient ? Ajoutez à cela l'exaltation religieuse qui voyait devant elle la délivrance du tombeau du Christ, et les trésors d'indulgences papales qui lui assuraient l'entrée du paradis.

Un simple moine, revenant des lieux saints, empêché par les Turcs d'accomplir son pèlerinage, fit au pape un tableau si navrant des misères des chrétiens d'Orient qu'Urbain II réunit un Concile à Clermont et y prêcha la croisade. Des milliers d'hommes se levèrent de toutes parts, au cri de *Dieu le veut !* en fixant sur leurs habits une croix en signe de ralliement. Un bouleversement inouï se produisit alors dans la société féodale.

Les seigneurs, obligés de se créer des ressources, vendirent une partie de leurs biens et de leurs droits féodaux, afin de défrayer les hommes qu'ils conduisaient en terre sainte ; plus souvent encore ils vendirent la franchise à leurs villes et à leurs vassaux, afin d'acheter des armes et des vivres. Avec eux ils emmenèrent leurs pages, leurs serfs, leur maison.

Les gens de mainmorte, à leur tour, favorisés par le clergé, brisaient les chaînes qui les attachaient à la glèbe et partaient par milliers, sans que personne songeât à les retenir, en présence de la sainteté du but. Leur armée fut bientôt prête, et dans son impatience elle partit avant celle des chevaliers, sous la conduite de Pierre l'Hermite. Hommes, femmes, enfants, vieillards, se mettaient en route à pied ou sur des charrettes traînées par des bœufs, sans armes, sans vivres et sans guides (1096). Une deuxième armée de 200,000 hommes les suivit, et ensemble ils descendirent le

Danube. Ces hordes indisciplinées, grossies de tous les aventuriers de l'Europe, commirent d'horribles dévastations sur leur passage. Traquées partout et affamées, elles périrent entières de misère ou par le fer des mahométans.

La sainte folie des croisades, armant ensuite les enfants eux-mêmes de sabres de bois et de boucliers d'osiers, en vit périr 50,000. Puis vinrent les Pastoureaux, ramassis de gueux et de brigands qui, sous prétexte de croisade, portèrent partout le vol et le pillage jusqu'à ce qu'on les eût exterminés.

Huit croisades se succédèrent de la sorte sans plus de succès, pendant le xiie et le xiiie siècle. Ces folies religieuses dévorèrent sans résultat deux millions d'hommes. Et néanmoins, l'influence de ces grands voyages, de ces grands mouvements de peuples, répétés pendant près de deux siècles, fut immense sur l'état des personnes et des choses. L'Europe, se trouvant en présence d'une civilisation supérieure, prit goût aux chefs-d'œuvre de l'antiquité, dont les Grecs dégénérés avaient cependant conservé le dépôt et la tradition affaiblie. Les lointains voyages lui apprirent aussi les nécessités de la navigation et le profit qu'on en peut retirer. De là naquirent le grand commerce et la prospérité des villes maritimes.

A ces grandes influences, d'autres plus modestes vinrent se joindre. Les propriétaires de fiefs, obligés de se procurer de l'argent pour aller à la croisade, avec le nombreux personnel qui les entourait, s'étaient vus dans la nécessité de vendre leurs bénéfices aux rois, aux abbayes ; d'octroyer des chartes aux communes et des affranchissements à leurs serfs. — De là, leur appauvrissement et l'élévation naissante de l'élite des serfs vers la liberté et la fortune.

LA RENAISSANCE, LES LÉGISTES.

En même temps que, sous l'influence des croisades et des affranchissements, le pays renaissait à la vie et à l'espérance, et que la société semblait se renouveler, des signes non moins éclatants se manifestaient dans le domaine de la pensée et de l'intelligence. C'est dans l'architecture religieuse que l'art naissant traduisit ses premières inspirations.

Après les terreurs de l'an 1000, les basiliques détruites par les Normands, les Sarrasins et les Hongrois, ne suffirent plus à la piété des fidèles. On en édifia de nouvelles dans tout l'univers, nous dit Glaber (1), et pour les mettre à l'abri des incendies, qui avaient ruiné les anciennes, on remplaça les plafonds et les toitures de bois par la voûte en pierre. Basses et massives, crénelées pour la plupart, elles ressemblaient à des châteaux-forts.

Mais bientôt, sous l'influence de l'esprit nouveau, l'architecture se manifeste avec un élan incroyable. — Les ogives, les flèches des clochers s'élèvent dans les airs comme pour monter vers Dieu. Ce sont les corporations des divers métiers qui accomplissent ces merveilles.

Pendant que le sentiment religieux s'affirmait dans la construction des cathédrales gothiques, un mouvement semblable se manifestait dans l'enseignement. Les efforts de Charlemagne pour combattre l'ignorance avaient été vains. Les prêtres du xe siècle, pour la plupart, ne comprenaient pas le latin. Un certain nombre ne savaient même

(1) V. *Histoire littéraire de la France*, t. VII, 139.

pas lire (1). Les livres étaient fort rares. L'on ne connaissait guère que la Bible. Les monastères eux-mêmes ne possédaient que quelques manuscrits pieux que l'on attachait par une chaîne de fer à l'armoire qui les renfermait, tant on les jugeait précieux. Les ouvrages de l'antiquité, d'ailleurs incompris, étaient proscrits comme profanes ; et si de leur poussière on les exhumait, c'était pour en faire disparaître l'écriture que remplaçaient des copies nouvelles (2).

Mais voilà que tout à coup, sollicitées par l'esprit nouveau, les rares écoles des églises et des monastères élargissent leur enseignement. Les livres profanes sont en honneur. Les copies se multiplient. Des maîtres parcourent les provinces, enseignant sur les places publiques, et l'on voit Abeilard (1113) réunir 5000 auditeurs (3). Pareil au mouvement communal, cet élan nouveau manifestait l'insurrection des intelligences. De là naquit l'association des écoliers, des étudiants, qui prit le nom de communauté, *universitas*. L'enseignement de cette corporation n'était guère étendu. Il ne comprenait que l'étude de la théologie, qui permettait seulement de commenter l'écriture, d'interpréter les textes, mais sans toucher aux dogmes et sans discuter la croyance et la foi.

C'est de ce cercle étroit qu'Abeilard tenta de sortir, en rendant son enseignement rationnel et compréhensible à ses auditeurs. *Comprendre avant de croire... Le chemin de la vérité est dans le doute méthodique... Le trafic des indulgences est indigne...* Telles étaient ses principales formules, qui aboutissaient au libre examen et portaient les lumières de la raison dans l'investigation des dogmes chrétiens.

(1) *Hist. litt.*, t. VI, 2-3.
(2) Michelet, *Hist. de France*, t. VII, 62,
(3) Guizot, *Abeilard et Héloïse*, p. XVIII.

Cette apothéose de la raison, qui traitait d'égale avec la foi, souleva des tempêtes dans l'Eglise. Dénoncés par saint Bernard, la raison et le libre examen furent condamnés en Concile. Abeilard dut brûler de sa main, après les avoir reniées, ses propositions audacieuses, et fut enfermé à jamais dans l'abbaye de Cluny (1121). — L'esprit qui l'avait animé ne périt pas avec lui ; sa trace lumineuse parcourut les siècles et reparut successivement avec Rabelais, Luther et Descartes.

Subissant cette influence générale, les Troubadours et les Trouvères font entendre leurs premiers bégaiements et jettent les bases de notre littérature nationale.

L'architecture ogivale entraîne dans son mouvement tous les arts décoratifs avec un éclat jusqu'alors inconnu et qui, sur certains points, ne sera jamais dépassé.

La Chevalerie française vient témoigner à son tour de l'adoucissement des mœurs. Au lieu des spectacles du cirque et du combat judiciaire, elle nous montre les tournois élégants dont le sourire de la dame est la récompense et le prix. A la rudesse du langage et des mœurs, succèdent la politesse et la courtoisie ; aux appétits grossiers, les cours d'amour et les poésies chevaleresques qui créent une langue nouvelle et des sentiments d'une délicatesse excessive.— La chevalerie féodale trouve des imitateurs dans la vie monastique. Les Templiers se font chevaliers de la Vierge. Les Franciscains et les Dominicains les imitent. Le culte de la mère de Dieu venait de naître.

Tel est l'ensemble des manifestations que l'on considère comme la Renaissance du XIIe siècle ou du moyen âge (1).

---

(1) Michelet, *Histoire de France*, préface, t. VII. — Renan, *Histoire littéraire de la France*, t. XXV.

La royauté, qui avait pris aux croisades la plus grande part, fut la première à en sentir l'influence. Louis le Gros en profita pour combattre les nobles, qui détroussaient les voyageurs, les laboureurs et les artisans, et pour réduire ses vassaux à l'obéissance. C'est avec les milices des églises et des communes, chose toute nouvelle, qu'il avait obtenu ce résultat. Les prêtres des paroisses venaient avec leurs ouailles se ranger sous la bannière royale, et c'est avec elles que le roi détruisait le château de Crécy, « un repaire de brigands », et celui du Puiset, « ce loup-cervier qui dévorait l'Orléanais... »

Intervenant ensuite en faveur des communes, il les soutint dans leurs querelles contre leurs seigneurs, et leur accorda des chartes et privilèges qui développèrent leur commerce et leur industrie. — Les successeurs de Louis le Gros marchèrent sur ses traces, si bien, qu'en moins d'un siècle, la royauté hors de pair était partout redoutée et obéie par les grands vassaux. Paris était devenu la capitale de la France. L'Université, qui affirmait notre langue, était fondée, en même temps qu'on jetait les premières assises du Louvre, de Notre-Dame, et de l'Hôtel-Dieu. Si Charlemagne avait constitué la nation, Philippe-Auguste avait constitué la France territoriale et politique (1226).

Au point culminant du moyen âge, Saint Louis apparaît comme l'expression la plus noble de la royauté. Sa préoccupation constante fut la justice. Il commença par défendre sur ses terres « les guerres, incendies et troubles apportés au labourage. » Il interdit ensuite les guerres privées dans ses domaines, en obligeant les plaignants de recourir au jugement royal ; puis il les prohiba partout à certains jours et à certaines époques de l'année. C'était la *trêve de de Dieu, la quarantaine le roi*... En même temps, disparut de la législation le combat judiciaire ainsi que l'épreuve de *l'eau* et du *feu*, ces formes de procédure aussi barbares que ridicules, ordonnées par les juges dans les cas douteux. Le jugement de Dieu, disait-on, devait se manifester par le triomphe de la bonne la cause. A cette pratique brutale et sans garantie, le roi substitua les enquêtes, c'est-à-dire la preuve par témoins.

« En toute querelle, disent les ordonnances, et notamment celle du servage, celui qui réclamera un homme, comme son serf, poursuivra sa querelle jusqu'à la bataille (exclusivement), et celui qui prouvait autrefois par la bataille prouvera désormais par témoins, chartes ou autres preuves... (1).

Il fallut dès lors se soumettre à la décision des juges. Pour appliquer cette législation nouvelle, les Cours féodales, qui ne comptaient que des seigneurs ignorants, étaient impuissantes. Saint Louis les remplaça par des baillis royaux, qui avaient étudié les lois et qui devinrent juges de profession. Telle fut l'origine des Légistes, qui entreprirent de saper la féodalité. Le texte oublié des lois romaines, rapporté d'Orient (2), fut traduit par eux ; l'Université les enseigna, et de là naquirent *les Establissements,* c'est-à-dire le droit nouveau qui se substituait à la force féodale.

Entourant la personne du roi, le premier soin des Légistes fut d'attirer à sa Cour et à son Parlement toute la juridiction seigneuriale, au moyen du droit *d'appel* et des *cas royaux*, qu'ils multiplièrent à l'infini. De cette manière, celui qui appelait d'une sentence — et l'on pouvait toujours en appeler — la portait au Parlement du roi, au lieu d'en appeler au combat judiciaire. C'est avec cette arme à double tranchant qu'ils ruinèrent l'influence féodale. — Ce qui plaît au roi a force de loi, avait dit le droit romain, et les légistes, appliquant cette formule à leur souverain, préparèrent la

(1) *Ordonnances de Saint Louis.*
(2) V. Draper. *Les conflits de la science et de la religion*, p. 152. — Erskine-May, *Histoire de la démocratie*, 187, 191.

soumission complète des sujets et le pouvoir absolu. La justice féodale dut désarmer devant celle du souverain. Telle est l'origine du Parlement de Paris et des légistes.

Les légistes sont la plus haute expression du Tiers-Etat. C'est à leur instigation que Philippe le Bel, prenant la nation pour juge dans sa querelle contre le Pape, qui venait de l'excommunier, créa du même coup le Tiers et les Etats généraux. Ces deux institutions, réunies à celle des Parlements, seront désormais les appuis les plus fermes de la royauté, et ne cesseront de battre en brèche les institutions féodales dont la décadence marquée penchera chaque jour vers la ruine.

Au fur et à mesure que s'est élevée la puissance royale, la féodalité s'est abaissée. Omnipotente jusqu'au xiie siècle, les croisades l'ont amoindrie. Pour suivre ces lointaines aventures, elle a dû vendre une partie de ses fiefs, aliéner des concessions féodales, s'appauvrir enfin... Les affranchissements sont venus ensuite ouvrir la porte aux libertés privées et aux libertés communales, dont la royauté s'est faite l'auxiliaire. Ces puissances réunies vont saper son influence. Chaque jour verra disparaître quelqu'un de ses privilèges : ses duels, ses combats judiciaires, ses guerres privées ont été supprimés et ses jugements soumis aux jugements des pairs dans la Cour féodale et à l'appel au Parlement. Puis le roi, déclaré souverain fieffeux du royaume, en a exercé la souveraineté générale. Toute justice émane de lui ; il l'étend de plus en plus, et empiétant chaque jour, par ses bailliages et ses parlements, sur les justices seigneuriales, il finit par les absorber.

En perdant une partie de ses droits de justice, la féodalité perd des amendes et des confiscations qu'elle en retirait ; mais il lui reste encore les corvées, les banalités, les lods et ventes, etc. Obligée de reconnaître la suprématie du roi, elle a dû se ranger sous sa bannière et lui fournir des milices. Chaque fois qu'elle a voulu résister à ses prétentions, elle a été châtiée et ses possessions confisquées.

A toutes ces causes de décadence, d'autres encore sont venues se joindre. Jusque-là triomphante dans les batailles, la féodalité s'est laissé battre honteusement à Crécy, à Poitiers (1345-1356) et Azincourt. Son prestige y a péri tout entier ; son impuissance à repousser l'Anglais et les grandes compagnies, qui ravagèrent si longtemps le royaume, ont mis le comble à la mesure. — Pour rémédier à tant de maux, les milices nationales et l'armée permanente, avec l'impôt royal qui devait l'alimenter, ont dû être organisés. Dès ce moment, la féodalité devenait inutile. La monarchie absolue était fondée. Pendant que la royauté faisait son œuvre, l'Eglise, de son côté, accomplissait la sienne. Après avoir détruit l'hérésie d'Abeilard, elle se trouva en présence de l'hérésie Albigeoise, contre laquelle une croisade fut organisée. Tout un peuple y périt ; toute une civilisation y fut anéantie. De là naquirent l'Inquisition et les bûchers (1221).

LES AFFRANCHISSEMENTS PRIVÉS, LES COMMUNES.

Sous l'influence des causes multiples que nous venons de faire connaître, les cités lombardes et toscanes s'agitaient et secouaient enfin le joug de leur Evêque en se déclarant libres. La Provence, remuée comme elles, avait institué le Consulat dans la plupart de ses villes.

Tel est l'ensemble des mouvements qui font pressentir l'émancipation et préparent les affranchissements. Soit entraînement, soit contrainte, soit intérêt bien entendu, les rois, les seigneurs et les abbés ne tardèrent pas à céder à leur pression.

Les chartes de manumission sont rares d'abord, et l'on en compte fort peu au xe et au xie siècles. Mais elles abondent, au contraire, à partir du xiie. C'est ainsi qu'en 1125 on voit Louis le Gros affranchir les habitants de Murcaux, près Paris ; qu'en 1174, on voit Louis le Jeune vendant une charte de commune et de fédération à seize villages qui ont profité pour s'affranchir de la mort de leur Evêque. L'abbé Suger affranchit de même les serfs de Saint-Denis. Louis le Jeune, en 1180, accorde la même faveur à ceux d'Orléans et de sa banlieue. Il fonde en même temps *des villes neuves*, « ce qui fit grand tort, dit un chroniqueur, aux monastères et aux seigneurs des environs, dont les serfs venaient s'y réfugier, en vue des immunités et de la franchise qu'ils y trouvaient » (1). Ces communes libres, ainsi que les bourgs et enceintes fortifiées, furent le berceau de l'industrie et du commerce, qui ne peuvent vivre sans sécurité, et c'est dans leur sein que les artisans eurent la pensée de s'unir et de former des associations.

En 1183 et 1222, Philippe-Auguste donne aussi des chartes d'affranchissement. — Le comte de Toulouse, frère de saint Louis, accorde par testament la liberté à tous les serfs du Languedoc. Saint Louis lui-même affranchit, en 1246, les les hommes de corps de Villeneuve-le-Roi, qui fait partie de son domaine. Ainsi fait après lui Philippe le Bel. Et enfin, Louis le Hutin, en 1315, publie sa fameuse ordonnance dans laquelle il donne la liberté, avec faculté de rachat, à tous les serfs du domaine royal.

En même temps, les seigneurs ruinés, faisant argent de tout, vendent la liberté aux serfs qui peuvent l'acheter. C'est ainsi qu'en 1197, le comte de Blois affranchit les habitants

---

(1) Dom Bouquet, XII, 286.

de Creil. En 1250, l'abbaye de Saint-Germain affranchit, à son tour, les serfs de trente villages. Enfin, le Cartulaire de Notre-Dame de Paris contient un grand nombre de contrats qui affranchissent des villages ou des familles. On en trouve aussi dans tous les cartulaires de cette époque. Ces affranchissements continuent pendant le XIIIe et le XIVe siècle, et nous les voyons encore se reproduire pendant le XVe. En 1423, des lettres du roi affranchissent les habitants d'Issoudun; en 1430, ceux de Melun-sur-Eure, et en 1474, ceux de Marolles.

Les serfs désiraient la liberté, et comme une longue paix intérieure leur avait permis de faire quelques économies, ils proposaient un rachat auquel le seigneur avait intérêt à consentir. Mais ces affranchissements étaient parfois très onéreux. On voit, en effet, un bourrelier de Notre-Dame qui paie 200 livres tournois, et qui demeure soumis à la taille annuelle, aux redevances, à la dîme et aux droits féodaux. Le serf ne rachetait donc que la servitude ou la mainmorte qui pesait sur sa personne. Pour tout le reste, il demeurait dépendant de son seigneur, qui ne cédait rien d'utile, et qui, par conséquent, gagnait tout à un pareil contrat. Voici d'ailleurs un modèle de charte, qui indique bien cette situation. « Nous faisons savoir — disait la charte
» de Notre-Dame, affranchissant les habitants d'un village
» — que *tels* ont reconnu : qu'eux et leurs maîtres avaient
» été *hommes de corps* de notre église, *de condition servile*,
» et soumis au joug depuis un temps immémorial... Ils ont
» reconnu, en outre, que nous les avions affranchis, eux et
» leurs enfants, du servage et de la mainmorte que possé-
» dait notre église, et ce, à la condition : 1° de payer tous
» les ans 60 livres parisis de taille, tandis qu'auparavant
» l'église possédait la taille selon son bon plaisir, sur leur
» personne et leurs biens ; 2° d'acquitter la dîme, de se
» soumettre aux corvées, aux coutumes, aux droits de

» haute et basse justice, aux amendes et autres servitudes,
» indépendamment de la taille levée par le roi... plus
» encore 4,000 livres parisis, à payer en huit ans » (1).

L'affranchissement, comme on le voit, était loin d'être complet. Mais de serf on devenait *vilain*, et à ce titre l'homme libre avait un contrat et des services déterminés... Il pouvait se marier à son gré, tester, vendre et acquérir. C'était beaucoup.

Au fur et à mesure que les serfs devinrent libres et que leur personne et leur volonté cessèrent d'être soumises aux caprices du seigneur, ils éprouvèrent le besoin de se réunir, afin de résister ensemble à l'oppression qui n'avait pas cessé de les menacer. C'est ainsi qu'ils formèrent spontanément des communautés, des villages, qu'ils commencèrent à gérer leurs intérêts communs, à s'administrer. Ils n'avaient ni maire, ni magistrats élus, mais ils jouissaient pourtant d'une certaine indépendance, sous l'autorité du seigneur, puisqu'ils nommaient des procureurs ou syndics pour les représenter en justice ; qu'ils choisissaient leurs gardes et leurs pâtres, réparaient leur église, leurs chemins, prenaient les armes pour défendre leur territoire et répartissaient l'impôt royal entre les habitants.

Toutes les résolutions que comportaient ces actes étaient prises par l'assemblée du village, qui avait lieu d'ordinaire au sortir de la messe, sous l'ormeau qui ombrageait la porte de l'église. Là, les hommes se groupaient autour du syndic, qui exposait la question et recueillait les suffrages exposés à haute voix (2). — Si le temps était mauvais, c'est dans l'église même qu'on délibérait. On y faisait aussi l'école et parfois des entrepôts de grains. Les Conciles du XVe et du XVIe siècle nous montrent, en même temps, que l'on tenait des

---

(1) *Cartulaire de Notre-Dame de Paris.*
(2) Fortaquier, *Travaux de l'Académie de Reims*, 1874, p. 489.

marchés dans le lieu saint, qu'on y dansait et qu'on y donnait des spectacles (1). Tels étaient la formation et les rudiments de la vie publique dans les communautés et les villages qui s'organisèrent à la suite des premiers affranchissements.

Pendant que ce premier mouvement d'émancipation volontaire se manifestait dans les campagnes, il s'en manifestait un autre dans les villes, et celui-là, plus ancien, était beaucoup plus général et plus fécond; il avait pour objet l'émancipation des grandes communautés, qui constituait une exception et un privilège. Il résultait d'une charte ou d'un contrat qui leur donnait le droit de rendre la justice, de voter les impositions locales, de nommer leurs magistrats et de s'administrer à leur guise, sans l'ingérence du seigneur.

Dans les grandes villes du Midi, la tradition romaine n'avait pas complètement disparu, de telle sorte que, le plus souvent, les habitants avaient conservé leurs anciennes institutions municipales. L'exemple récent des villes italiennes avait d'ailleurs réveillé leurs idées de liberté. Au XIIe siècle, Arles, Nimes, Montpellier, Narbonne, Toulouse, Lyon, avaient déjà obtenu des chartes communales, concédées par les seigneurs. Chacune de ces villes nommait ses consuls, et s'administrait librement. Il n'en était pas de même encore dans le Nord.

La guilde, ou communion germanique, avait formé depuis longtemps une association fraternelle, dans laquelle les pauvres et les faibles cherchaient un principe de résistance et d'affranchissement. C'est ainsi qu'on se réunissait contre les pillards, les bagaudes et les routiers; mais plus tard, elle se forma contre les seigneurs, ainsi qu'on le vit en Nor-

---

(1) *Concile de Narbonne*, 1541. — Leber, *Dissertations*, 439.

mandie, et dès ce moment, l'association avait changé de caractère ; elle était devenue conjuration contre le despotisme seigneurial. De temporaire qu'elle était, l'association devint permanente, et les associés jurèrent la communion ou *commune*.

Dans cette région, le mal était arrivé à son comble ; la tyrannie et l'anarchie étaient partout. Tout était frappé d'impôts : péages aux portes des villes, sur les rivières, les chemins, droits sur les récoltes et les profits. Tout acte de la vie était une contribution pour le seigneur : il faut moudre à son moulin, aller à son four, payer le cens et la taille pour chaque membre de la famille, pour sa maison et pour sa terre, sans compter les quêtes extraordinaires, les corvées et les exactions, pareilles à des brigandages. Puis, venaient les droits de justice, les amendes et les confiscations que les seigneurs imposaient et s'appliquaient sans pudeur. Chaque jour créait un droit nouveau, une prétention nouvelle, à laquelle il fallait souscrire, puisqu'on ne pouvait ni la contredire légalement, ni résister. — La mesure était comble. — Le Mans, Cambrai, Beauvais, qui voyaient prospérer à côté d'elles les villes Flamandes, donnèrent l'exemple de l'insurrection (1072-1099). Les autres villes, sous l'influence des idées nouvelles et du souffle d'émancipation qui se manifestait partout, ne tardèrent pas à les imiter, si bien qu'on vit de toutes parts se former des associations communales, les unes par la révolte, et d'autres par des transactions avec leurs seigneurs. Victorieuses, elles obtenaient une charte de commune, qui les autorisait à s'administrer et à n'être tenues que de certaines charges envers leurs suzerains. Vaincues, elles cessaient un moment la lutte pour la reprendre au jour favorable.

La commune fondée, des conflits ne tardèrent pas à s'élever entre elle et le seigneur, toujours enclin à retirer ce qu'il avait concédé. Elle devait par cela même se rapprocher de la royauté, qui pouvait la protéger et qui était en conflit perpétuel avec les barons féodaux. La nature des chartes tendait donc à ce que le Roi, fondateur des communes dans ses domaines, devînt peu à peu le protecteur juré de toutes les communes de France.

L'histoire de la commune de Laon, dont Aug. Thierry nous fait le tableau, peut servir de type aux affranchissements de cette époque. Vers le xie siècle, c'était une cité industrieuse, dont l'évèque était aussi le seigneur. Il y régnait un grand désordre. Les nobles pillaient les bourgeois, et les bourgeois, les paysans, dit la chronique. En même temps, l'Evêque imposait, sur tous, des taxes de plus en plus fortes (1106). On n'y voyait qu'un remède : imiter les communes Flamandes, où régnait la paix et la justice. Pendant une absence de l'Evêque, les bourgeois séduisirent à prix d'argent les chevaliers et les clercs, et instituèrent une magistrature élective, qui eut le droit de convoquer le peuple et de le juger. L'Evêque, à son retour, jugea prudent de consentir moyennant finances, et Louis le Gros ratifia ces concessions. Mais en 1112, l'Evêque rétracta ses engagements, et le Roi fit comme lui, moyennant 1700 livres d'argent qui lui furent comptées. En présence de ce parjure, les bourgeois se levèrent en criant : *Commune*, dévastèrent la maison de l'Evêque et le tuèrent d'un coup de hache. Louis le Gros intervint et abolit la Commune. Mais quinze ans après, en 1128, un Evêque nouveau concéda une charte nouvelle, que le roi se hâta de ratifier, toujours moyennant finances. Une foule d'autres communes firent de même. — Comme ces chartes sont toutes locales, elles sont toutes différentes, de telle sorte que les privilèges obtenus varient suivant les moyens employés, suivant les temps et suivant les lieux ; mais elles ont toutes pour objet : l'administration locale et la fixation des redevances seigneuriales.

Quoi qu'il en soit, au bout d'un siècle de luttes incessantes, l'affranchissement était consommé, et l'Europe aussi bien que la France, qui avait été couverte d'insurrections, fut couverte de chartes plus ou moins favorables, c'est-à-dire de traités de paix entre les communes et leurs seigneurs.

Ces émancipations locales ne firent pas cesser le servage. On ne songea même pas à réclamer ce bienfait. L'égoïsme communal ne demandait qu'un privilège. Tout n'était que privilège, alors : les doits féodaux, la dîme, les corporations. On songeait à l'intérêt individuel, et non point à l'intérêt social, complètement inconnu.

Les communes se trouvaient-elles affranchies, par cela même, des liens de la féodalité ? En aucune façon. Elles ne cessaient pas d'être un fief du seigneur, qui continuait à les protéger. Elles devaient, comme autrefois, des services personnels et des redevances ; mais elles ne payaient qu'une taille annuelle, au lieu de la taille à volonté, et le plus souvent, échappant au servage, elles s'administraient, s'imposaient et élisaient leurs magistrats, qui s'appelaient maires ou échevins dans le Nord, et consuls dans le Midi. — Les coutumes, qui commencèrent à être écrites vers la fin du XIIIe siècle, fixèrent leurs droits, mal déterminés jusque là. Les serfs affranchis entraient ainsi dans l'ordre social, et, libres désormais, ils ne payèrent que des redevances consenties.

De tous les droits reconquis par les cités et garantis par les chartes, le plus précieux était la liberté ! Echapper à la servitude, disposer de soi et des siens, marier ses enfants, aller et venir librement, acquérir et léguer ses biens, échapper aux droits de prise, aux corvées, aux exactions arbitraires, et pour la défense de ces droits, s'armer et combattre sous des chefs élus, c'était une conquête qui valait des sacrifices, et qu'il ne fallait pas marchander. Aussi, tous ceux qui purent le faire achetèrent-ils leur liberté, avec l'espoir d'alléger peu à peu le fardeau des redevances et des exactions qui ne cessaient de peser sur eux. Ce premier bien, une fois acquis, ne leur fut jamais enlevé. Quand les communes périrent l'une après l'autre, l'autonomie locale disparut, mais la liberté individuelle, qu'elle avait procurée aux personnes, fut à jamais acquise. Il n'y eut plus de communiers, mais des bourgeois qui constituèrent un Etat nouveau : le Tiers. Il figurera d'abord aux Etats provinciaux, et paraîtra bientôt après, aux Etats généraux de 1302.

« L'affranchissement collectif des paysans par villages et
» seigneurie ne cessa de gagner en fréquence et en durée,
» dit Augustin Thierry... Une sorte d'émulation se décla-
» rait sur ce point entre les propriétaires des serfs, et le mo-
» bile en était double ; retenir les serfs sur le domaine
» qu'ils tendaient à déserter, en vue des conditions meil-
» leures qu'ils trouvaient ailleurs, et se créer des ressources
» en leur vendant la liberté sans rien perdre du travail qui
» leur était imposé. »

Les affranchissements des seigneurs ne doivent donc pas nous surprendre, puisqu'ils sont dictés par l'intérêt. Beaumanoir l'avait dit au XIIIe siècle en constatant cette vérité économique : « Que le travail libre vaut mieux que le travail esclave. » L'Evêque de Besançon disait après lui, dans une charte d'affranchissement du XIVe siècle : « Que ses main-
» mortables négligent de travailler, en disant qu'ils tra-
» vaillent pour autrui, sans que cela leur profite ; que s'ils
» étaient certains du contraire, ils travailleraient et acquer-
» raient de grand cœur » (1). Dans une autre charte de 1367, Enguerrand de Coucy affranchit ses hommes, « parce
» qu'ils désertent sa terre, à cause de la servitude... » Les avantages de l'affranchissement étaient donc compris et recherchés.

En affranchissant à prix d'argent les serfs de ses domai-

(1) Perréciot, III, 251.

nes, le seigneur ne cédait pas seulement à l'intérêt et aux exigences de son luxe ou de ses créanciers, mais il cédait le plus souvent à la nécessité que lui imposaient les circonstances. Il arrivait, en effet, que les seigneurs voisins publiaient des chartes et vendaient des concessions, dans des villes neuves et des villes franches qu'ils voulaient peupler à leur profit. Ils attiraient ainsi les hommes des terres voisines, et y faisaient le vide quand le paysan n'était pas retenu par le servage. « Les hommes qui prendront des ter-
» res, dit l'une de ces chartes, ne paieront que quatre de-
» niers par arpents ; les maisons et prés pourront être ven-
» dus à volonté... Les hommes n'iront ni à l'ost ni à la
» chevauchée ; ils nommeront leurs échevins, pour adminis-
» trer la commune » (1). C'est encore ainsi que le comte de Toulouse fit le vide autour de l'abbaye de Montauriol (1144). Ces chartes, qui se multiplièrent, obligeaient les seigneurs les plus sévères à se départir de leurs rigueurs et à faire des concessions équivalentes à celles de leurs voisins, sous peine de perdre leurs serfs et leurs justiciables (2).

Les idées religieuses, très exaltées vers cette époque par la prédication des croisades, commandaient aussi l'abolition de la servitude, et la meilleure preuve, c'est que toutes les chartes y font allusion.

La conquête de la commune, longtemps disputée et chèrement obtenue, ne fut pas toujours paisible dans la suite. A maintes reprises, les seigneurs tentèrent de revenir sur la parole jurée ; mais les rois, moyennant finance, consentaient chaque fois à confirmer les chartes antérieures. Affaiblissant ainsi les seigneurs, ils ne manquaient jamais de flé-

(1) *Ord.* Vital vi, 359.
(2) Voy. note A vers la fin du volume.

trir en même temps leurs extorsions, en ayant soin de dire à la commune de Mantes, par exemple : « Que la charte
» était confirmée à cause de la trop grande oppression du
» pauvre peuple... A celle de Compiègne, à cause des énor-
» mités du clergé... et à celle d'Abbeville, à cause des in-
» justices et des vexations que commettent trop souvent
» les seigneurs, au préjudice des bourgeois (1150) (1). »

Ces faveurs et ces concesssions royales se maintinrent, tant que la féodalité parut puissante ; mais dès que l'ennemi commun ne fut plus à craindre, la royauté reprit peu à peu ce qu'elle avait concédé et s'empara pour son compte du service des milices et des juridictions communales.

Dès Philippe-Auguste, la royauté ne favorise que les petites communes et considère les grandes comme un danger. Sous Saint Louis elle leur est plus hostile encore. C'est elle qui nomme les maires et contrôle le budget (2). Philippe le Bel leur donna le coup de grâce vers la fin du XIIIe siècle, en leur imposant la tutelle royale et en ne leur laissant d'autre garantie que sa volonté. Son fils achève de les anéantir en confisquant toutes leurs libertés (3). Toujours agitées et turbulentes, les communes ne donnèrent que trop de prétextes pour qu'on les fît disparaître. Au XIVe siècle, elles n'étaient plus que des municipalités dirigées par le pouvoir central (4).

(1) Augustin, Thierry.
(2) Ord. t. I, p. 82.
(3) Ord. de 1322, t. XII, 485.
(4) Le mouvement communal de la France, sous l'influence des mêmes causes, s'était manifesté partout de la même manière, avec un peu plus ou un peu moins d'éclat et de durée. En étudiant les institutions politiques du moyen âge, on est surpris de voir la prodigieuse similitude qu'elles affectent chez toutes les nations de l'Europe. On se demande comment des peuples, si différents et si peu mêlés, ont pu s'en donner d'aussi semblables. Ce n'est pas qu'elles ne varient dans les détails, mais le fond est partout le même. — Le gouvernement est le même. Les as-

En même temps que se développait le mouvement communal, une autre cause d'émancipation et d'élévation du serf se manifestait dans les villes : c'était le *droit de bourgeoisie*.

Le droit de bourgeoisie communale ne s'obtenait pas sans être sollicité. Il fallait s'adresser au prévôt ou au maire pour leur demander l'autorisation de résider. Une fois autorisé après enquête, on acquittait en nature ou en argent le droit d'habitage. Cette taxe variait suivant les lieux. Très-minime le plus souvent, elle était quelquefois portée à 1000 livres ; ainsi à Pau, en 1774 (1). — Tous les habitants des villes étaient loin d'être bourgeois : « Les viles personnes du menu peuple, dit Loyseau, n'ont pas le droit de se qualifier bourgeois ; aussi n'ont-elles part ni aux honneurs de la cité, ni voix aux assemblées ». A Périgueux, les bourgeois sont au nombre de 400. A Bordeaux, 1200 seulement (2).

Il y avait plusieurs sortes de bourgeois : les bourgeois des villes et les bourgeois du roi. Celui qui recevait ce privilège était exempt d'une foule de charges féodales dérivées de l'ancienne servitude. Il ne payait ni toltes, ni tail-

---

semblées politiques sont formées des mêmes éléments et munies des mêmes pouvoirs. La société, la hiérarchie, se montrent dans les différentes classes. Les conditions de la noblesse, ses privilèges, sa physionomie, y présentent le même caractère. Les constitutions des villes se ressemblent ; les campagnes sont gouvernées de la même manière. La condition du paysan est peu différente : la terre est possédée, cultivée de même ; le cultivateur soumis aux mêmes charges. La seigneurie, les fiefs, la censive, les services, les droits féodaux, les corporations, tout se ressemble. — Au moment de la révolution, les mêmes droits féodaux existaient dans toute l'Europe, moins lourds en France que partout ailleurs. (De Tocqueville, l'*Ancien régime et la Révolution*, p. 22).

(1) De Lagrèze. *La Féodalité dans les Pyrénées*, 76.
(2) Depping. *Corresp. adm. sous Louis XIV*, I, 685.

les, ni droit de gîte, etc. Comme les communiers, il n'était soumis qu'à la redevance fixe. Il pouvait tester, acheter, et être jugé par la justice royale. Ce privilège de bourgeoisie, indépendant de l'association communale, pouvait être donné en dehors d'elle, par le roi, aux hommes qui réclamaient sa juridiction. Ils obtenaient par cela même le droit de jouir des privilèges des communes, sans être tenus d'y demeurer, et ils prenaient le titre de bourgeois du roi.

L'ordonnance de 1270 exigea tout d'abord l'acquisition d'une maison dans la ville, et la résidence ; mais le désir d'étendre la juridiction royale fit accorder la bourgeoisie sans condition à tous les habitants du royaume. En vertu de cette fiction, que le roi en était le souverain fieffeux, tous les hommes relevaient de lui. Tout homme aisé put échapper ainsi à la puissance et à la juridiction seigneuriales. La royauté prenait de la sorte la bourgeoisie sous sa protection, avec l'arrière-pensée de s'en faire une arme contre les dernières tentatives de la féodalité. Charles V, Charles VII et Louis XI s'appuyèrent bientôt sur elle et lui demandèrent leurs ministres.

Au sommet du Tiers s'élevait donc la bourgeoisie, composée des bourgeois du roi, des membres des corporations, et de tout ce qu'il y avait d'élevé dans les villes par l'industrie, le négoce ou la fortune. « Au XIIe siècle, dit M. Guizot, la bourgeoisie ne se composait guère que de petits marchands, faisant un petit commerce, et de petits propriétaires, soit de maisons, soit de terres, qui avaient pris dans la ville leur habitation. Trois siècles après, la bourgeoisie comprenait, en outre, des avocats, des médecins, des lettrés et des magistrats locaux. Ce n'est qu'à partir de cette dernière époque, c'est-à-dire vers le XVIe siècle, qu'elle a eu dans l'Etat le caractère et l'importance que l'histoire a fait connaître. »

Timides, modestes, méfiants comme des affranchis de la

veille, les bourgeois avaient pourtant chaque jour à se défendre. De là, pour eux, la nécessité de ne point quitter la cotte de maille et la pique de combat. Leur vie est presque aussi guerrière et aussi orageuse que celle des seigneurs qu'ils combattent. C'est dans ces continuels périls, et dans cette pratique incessante de la lutte, qu'ils acquirent au jour du danger cette énergie obstinée, qui les fit triompher de leurs ennemis. Et c'est aussi dans le secret de ces luttes qu'il faut chercher les causes des constructions urbaines de ce temps. — Au xiie siècle, la maison du bourgeois avait trois étages, avec une seule pièce à chacun d'eux. Au rez-de-chaussée, une salle haute, qui ne recevait le jour que par des lucarnes élevées ; c'est là que se tenait la famille et qu'elle prenait ses repas. Le premier étage n'était accessible que par une échelle que l'on pouvait retirer à volonté. Cette pièce était flanquée d'ordinaire d'une tour qui servait pour l'observation et la défense. Enfin, au sommet de l'édifice, une plateforme isolée et crénelée. Toute cette construction rappelle la guerre et la lutte incessante des bourgeois au dedans comme au dehors.

Telle est la classe d'hommes qui constitue l'élite des affranchis. Bien qu'inférieure aux deux autres états par la fortune, l'instruction et l'influence, elle ne tardera pas à participer aux droits politiques, aux affaires publiques, et à former un état nouveau qui s'appellera le Tiers. Il aura désormais sa place dans la nation, et saura se défendre contre les envahissements et les coups de force de la féodalité.

LE TIERS-ÉTAT.

Le Tiers ne comprenait d'abord que les habitants des villes : bourgeois et gens de métiers ; mais il embrassa bientôt les villages et les hameaux, et surtout ceux que l'émancipation et la liberté personnelle avaient touchés. Et comme la création des communes demandait des administrateurs, des maires et des collecteurs ; que les justices de saint Louis, avec leur procédure et leurs preuves par enquêtes, exigeaient aussi des hommes spéciaux, des légistes, des baillis royaux, toutes ces fonctions furent dévolues aux bourgeois, à l'élite du Tiers, au commencement du XIIIe siècle.

Philippe le Bel ne tarda pas à les remarquer dans ses conseils, dans l'enseignement et l'administration communale. Leur nombre et leur influence y grandirent rapidement, puisqu'en 1302 il les conviait pour la première fois aux Etats-Généraux afin de s'éclairer de leurs lumières. La naissance politique du Tiers-Etat ne date vraiment que de ce jour. Son influence dans les Etats Généraux, son action dans les 200,000 offices de judicature qu'il occupera dans le royaume, et ses efforts, réunis à ceux de la royauté, vont transformer la France et l'ordre social. Avec le temps, cette situation nouvelle effacera celle de la noblesse qui, ne se réservant que la carrière des armes, perdra bientôt le prestige qu'elle lui a donné jadis. Tel sera l'effet des armées permanentes et de l'apparition de la mousqueterie. Les emplois publics, l'industrie et la culture des lettres, seront désormais les armes privilégiées à l'aide desquelles la bourgeoisie lui portera les plus rudes coups.

Le Tiers-Etat, nous l'avons dit, comprenait non-seulement les bourgeois des villes et des marchands, mais aussi les maîtres et les chefs des corps de métiers, ainsi que les membres des universités et les légistes, qui rendaient la justice ou lui servaient d'auxiliaires. Tous ensemble regardaient la féodalité comme un ennemi, et se ralliaient par cela même instinctivement autour de la royauté, qui devait les protéger contre lui. Aussi bien, est-ce dans leurs rangs que Philippe le Bel prit tout d'abord ses conseils et ses ministres : Enguerrand de Marigny, Pierre de Flotte, Raoul de Presle, Guillaume de Nogaret. Par l'admission de ces hommes nouveaux, la cour du roi et son conseil ou Parlement devinrent les foyers les plus actifs de l'esprit de renouvellement et de l'opposition anti-féodale. Ce fut par leurs conseils, qu'en 1302, le Tiers fut appelé à prendre part aux affaires publiques, et qu'en 1308, prenant parti pour le roi, contre le Pape, il se prononça en sa faveur, contre le clergé et contre les Templiers. Cet esprit d'initiative et d'opposition ne s'arrêta pas là ; il ne cessa de se manifester dans la suite, à chaque réunion des Etats-Généraux, dans lesquelles il luttait énergiquement pour les réformes.

En même temps qu'il donnait au roi ses conseillers, aux Parlements et aux Etats-Généraux ses membres les plus actifs et les plus influents, le Tiers enrichissait la France par le commerce et l'industrie. Les croisades lui avaient donné un puissant essor. L'Asie et l'Europe, jusque-là étrangères l'une à l'autre, échangeaient maintenant leurs produits. Les villes maritimes et les foires du royaume étaient fréquentées par toutes les nations. Les corporations qui se formaient recevaient des privilèges et enrichissaient les membres qui en faisaient partie.

Tel était l'état de la bourgeoisie vers cette époque. Son représentant le plus autorisé, c'était assurément ce Jacques Cœur qui siégeait dans les conseils du roi, et qui peut servir de type à ce que la bourgeoisie du temps avait de plus élevé. Intéressé tout d'abord dans la fabrication de la monnaie à Bourges, il avait voyagé dans le Levant au commencement du xv⁰ siècle et y avait fondé de nombreux comptoirs. Armateur renommé, comme les Vénitiens et les Génois, il trouva la fortune dans cette grande industrie. En 1451, nous le voyons argentier du roi et directeur de la monnaie de Paris. Anobli par le souverain, auquel il avait prêté des sommes considérables, il put acheter des fiefs dans toutes les provinces. Il possédait vingt seigneuries, qui avaient appartenu aux plus anciennes familles, et en même temps des hôtels et des comptoirs dans les principales villes du royaume : Paris, Lyon, Bourges, Marseille, Beaucaire, Montpellier, etc. Telle est la grande figure de ce bourgeois qui s'élevait au dessus du Tiers, aussitôt que la guerre Anglaise étant terminée, les opérations commerciales, dont les croisades avaient donné l'avant-goût, purent être tentées avec confiance. — Un autre bourgeois remarqué dans les conseils de Charles VII, c'est ce Guillaume Cousinot, qui fut ambassadeur comme Jacques Cœur, puis bailli de Rouen, et qui prit une part active aux Etats-Généraux de 1484. — A côté de ces grandes figures, nous voyons aussi celle d'Etienne Chevalier, secrétaire du roi et trésorier de France. Puis enfin celle de Jean Dauvet, Procureur général au Parlement. Ajoutons à ces personnages civils ceux qui s'illustraient dans la guerre, et qu'on nommait les frères Bureau, Chabannes, Dunois, la Hire, Xaintrailles. Tels étaient ces grands bourgeois, issus du Tiers, qui vers le milieu du xv⁰ siècle exercèrent une influence prépondérante dans la direction des affaires du royaume.

ÉTATS-GÉNÉRAUX.

Jusqu'à la fin du XIIIe siècle, les questions d'intérêt local qui touchaient une province ou un ensemble de fiefs avaient été résolues par la réunion des seigneurs qu'elles intéressaient, et qui formaient ainsi des assemblées provinciales. Le roi faisait comme ses vassaux. Ces réunions n'étaient composées que des membres du clergé et de la noblesse. Mais après l'affranchissement des communes, celles-ci, en souvenir des traditions romaines et germaniques, durent être convoquées aux assemblées provinciales où, à maintes reprises elles votèrent des subsides et des levées d'hommes pendant la guerre de Cent-Ans. Leur principale attribution était le vote de l'impôt pour les dépenses locales, la répartition des tailles et le don gratuit pour venir en aide au roi. Puis enfin elles consignaient leurs vœux dans des cahiers de remontrances. Quand le roi avait à prendre l'avis de son conseil ou Parlement, il convoquait le clergé et la noblesse. Mais un jour vint où Philippe le Bel, craignant de ne pas être soutenu par eux dans sa querelle avec le Pape, eut la pensée hardie pour ce temps, de faire du Tiers un troisième ordre et de le réunir aux deux autres dans l'assemblée à laquelle il voulait soumettre ses différends avec Boniface VIII. Il créait du même coup et le Tiers-Etat et les Etats-Généraux, qu'il convoquait dans l'Eglise de Notre-Dame (1302).

La bulle du Pape avait été brûlée ; Philippe le Bel excommunié et déposé ! — Trois réunions successives proclamèrent les droits du roi contre le Pape. En 1308, une nouvelle convocation des Etats, prenant parti pour le roi, vota la destruction de l'ordre des Templiers, malgré la résistance du clergé. Sur ces entrefaites, le roi ayant épuisé son trésor dans les guerres flamandes, tenta mais en vain de lever un tribut sur le clergé et les communes. Sa prétention fut partout repoussée. C'est alors, que, se voyant contraint de convoquer les Etats-Généraux, il sollicita d'eux un secours qui lui fut accordé (1313) ; mais cette aide, à lever sur le sel et les marchandises, ne fut consentie que pour cette fois seulement, et avec cette indication précieuse à retenir : que le consentement libre des trois ordres du royaume était nécesaire pour la levée de l'impôt. — Ce principe, souvent méconnu dans la suite par la royauté, ne cessa d'être renouvelé dans les revendications nationales.

A partir de cette époque, et pendant 40 ans, la voix des Etats reste muette. Les rois insignifiants qui se suivent n'ont aucun intérêt à la consulter. Mais voilà qu'en 1355 le roi Jean, à bout de ressources, convoque les Etats pour leur demander des subsides. Les députés n'y consentent qu'à la condition que le droit de prise et les gaspillages de la Cour cesseront; que les monnaies ne seront plus altérées et que l'impôt, levé sur les trois ordres, sera versé dans les mains de receveurs spéciaux, qui ne l'emploieront qu'aux nécessités de la guerre. L'action du Tiers, on le voit, avait été prépondérante. Mais le roi, soutenu par la noblesse, repoussa ces propositions, et sur ces entrefaites survinrent la défaite de Poitiers et la captivité du roi Jean.

En l'absence de tout gouvernement et des périls que courait la nation, les Etats se réunirent d'eux-mêmes, en 1356. Etienne Marcel, le Prévôt de Paris, représentait le Tiers. Il fortifia la ville, organisa une armée et leva un impôt sur les boissons.

L'année suivante, nouvelle convocation des Etats par le Dauphin, âgé de dix-sept ans, qui voulait faire voter des subsides et la rançon du roi. A cette demande, Marcel répondit fièrement, au nom du Tiers, en présentant les cahiers de doléances rédigés dans la précédente session, et auxquels le Dauphin avait dédaigné de répondre. Les Etats consentirent néanmoins à lever et à entretenir une armée de trente mille hommes, mais à la condition qu'ils pourraient s'assembler à l'avenir deux fois l'an, sans convocation, et qu'une commission de trente-six membres, désignée par les Etats, administrerait le royaume.

L'ordonnance du Dauphin ne fit que confirmer ces vœux. Mais nous savons qu'elle ne fut respectée ni par le roi, ni par la noblesse, et qu'elle fut noyée dans le sang de Marcel et dans la guerre civile.

Pendant le demi-siècle qui suivit, les Etats cessèrent d'être consultés, si ce n'est en 1369, où le roi obtint une aide pour soutenir la guerre des Anglais. A partir de ce moment, Charles V et Charles VI levèrent des impôts arbitraires. Les aides temporaires devinrent permanentes. Ce ne fut qu'en 1413, après l'insurrection des Maillotins et les querelles des Armagnacs, que le Conseil du roi, sans argent, sans appui et sans règle, essaya de réunir les Etats généraux pour conjurer les maux qui désolaient le royaume. Eustache de Pavilly y porta la parole au nom de l'Université et des bourgeois de Paris. Dans un fier langage, il signala les abus et les violences de toute sorte dont les grands et les princes s'étaient rendus coupables. Toutes les revendications antérieures d'Etienne Marcel furent renouvelées et durent être acceptées, mais elles ne tardèrent pas à disparaître dans le tumulte des guerres civiles.

En 1420 et 1428, nouveaux Etats qui votent des subsides pour la guerre anglaise. Enfin, en 1439, une réunion fameuse établit une taille annuelle de 1,200,000 livres pour l'entretien d'une armée permanente. L'impôt public et l'armée nationale venaient d'être créés du même coup, grâce au puissant concours du Tiers. Les rois, n'ayant plus besoin de subsides, cessèrent désormais de convoquer les Assises de la nation. Louis XI ne les réunit que pour la forme (1467).

A la mort de ce grand despote, la Régence, effrayée des agissements de la noblesse, réunit à Tours les Etats généraux (1484). La représentation des Trois-Ordres y reçut une consécration nouvelle. Jusque-là, les députés ou notables des bonnes villes avaient été désignés par les évêques ou les maires ; mais cette fois ils furent élus au chef-lieu de chaque bailliage, et les paysans eux-mêmes y prirent part. Au sein des Etats, la délibération eut lieu, non point par ordre, mais par tête. Jamais assises plus solennelles. — On y discuta le vote et l'égalité de l'impôt ; la suppression de la taille arbitraire ; la rédaction des coutumes ; le contrôle des dépenses publiques et des dépenses personnelles du roi. Et chose plus hardie pour le temps : « La royauté est un office, et non un héritage, dit un orateur du Tiers... Les Etats généraux sont les dépositaires de la volonté du peuple... C'est à eux qu'appartient la souveraineté. » Ils demandaient, en conséquence, qu'aucun impôt ne fût recouvré sans leur consentement. Le roi le promit. Promesses vaines. Les Etats restèrent quatorze ans sans être convoqués, et les taxes furent levées par ordonnance et réparties sans contrôle, comme elles le seront dans la suite. Tel était le plus souvent le respect accordé aux vœux exprimés par les Etats. Leurs délibérations, purement consultatives, étant dépourvues de sanction, la royauté n'en prenait que ce qui convenait à son intérêt ou à ses caprices.

Les Etats qui suivirent à de rares intervalles, dans la première moitié du XVIe siècle, n'eurent pour but que de demander des subsides pour la guerre d'Italie. La noblesse et le Tiers ne cessèrent d'y réclamer des assemblées périodiques ; le droit de voter l'impôt et de faire la paix ou la guerre ; la liberté religieuse ; l'instruction gratuite ; la vente des biens du clergé, sauf à lui fournir un traitement (1). Dans la seconde moitié du xvie siècle, c'est-à-dire en 1576, 1588 et 1593, on ne délibéra que sur l'état des protestants et sur les intrigues politiques, qui tendaient à remplacer le roi par le duc de Guise. Un orateur du Tiers, Grimandet, avocat du roi, y fit entendre des paroles qui méritent d'être remarquées : « Qu'est-ce que le Tiers ? Si l'on considère ses services, c'est lui qui est tout et qui fait tout. Il soutient les guerres. Il entretient le roi, laboure la terre et fournit tout ce qui est nécessaire à la vie.— Et pour prix de son travail, qu'obtient-il ? D'être taillé, pressuré, molesté. Il est comme la brebis qui tend le dos quand on lui ôte la laine. Tandis que, pour acquitter les taxes, il ne mange que du pain et ne boit que de l'eau, voyez les prêtres et les moines... Ils vivent dans les délices, sont lubriques, simoniaques, frisés et parfumés comme des prêtres de Vénus, et traînent après eux des laquais, des cuisiniers, des courtisanes et tout un attirail de chasse. — Quant aux nobles dégénérés, aussi débonnaires envers l'ennemi que redoutables au bonhomme du village, ils restent dans leur maison quand on les appelle sur le champ de bataille.— Et vous, juges ! votre justice est une boutique : vous êtes les sangsues du peuple ; vous vous engraissez de sa substance... » (2).

Bien autrement importants furent les Etats de 1614, convoqués à la majorité de Louis XIII pour vérifier les dilapidations de la régence et pour mettre fin à l'anarchie. Ils comptaient 464 députés, dont 140 pour le clergé, 134 pour la noblesse, et 193 pour le Tiers. On y remarquait Richelieu.

Les députés du Tiers y étaient en majorité. Dès l'origine, des rivalités s'élevèrent entre eux et la noblesse, et des

---

(1) Picot, *Hist. des Etats-Gén.*, II, 378.
(2) *Id.* II, 388, *Etats-Gén.* de 1576.

paroles blessantes furent échangées. Un député du Tiers ayant voulu dire que les trois ordres devaient être comparés à trois frères, dont le Tiers était le puîné, la noblesse s'en trouva offensée et s'en plaignit au roi avec amertume : « Dans quelle condition sommes-nous tombés, disait-elle, si cet ordre, composé du peuple, presque tous hommagers et justiciables de la noblesse, peut se comparer à nous ! Est-il possible que des fils de cordonnier nous appellent leurs frères ? Il y a de nous à eux autant de différence qu'entre le maître et le valet. » Les nobles demandaient de nouveaux honneurs et de nouveaux privilèges. Le Tiers réclamait la diminution des impôts, la suppression des pensions nobiliaires, de la vénalité des offices, des banalités et des corvées sans titre, des maîtrises et de la mainmorte, la liberté du commerce et de l'industrie.

« Le cahier du Tiers, dit Augustin Thierry, dépasse en étendue ceux qui l'avaient précédé. Il embrasse toutes les institutions et statue sur tout avec un sens et une décision admirables. »

L'orateur du Tiers dut, suivant l'usage, présenter ses doléances à genoux ; mais il se releva par une hardiesse de paroles bien nouvelle alors. Après avoir exposé ce qu'avaient souffert les campagnes du fait des gens de guerre, Jean Savaron en vint au fait des nobles : « Aujourd'hui, dit-il, leurs principales actions se consomment en jeux, en débauches, en violences publiques et privées, en mépris de la justice, en oppression des pauvres. N'a-t-on pas vu récemment une compagnie de gens d'armes ravager la France, et s'en retourner enrichie de la substance du peuple sans avoir donné un coup d'épée ?... Le pauvre peuple travaille incessamment, et de son travail il ne lui reste que la sueur et la misère. Tout s'emploie à l'acquit des tailles, des aides et autres subventions. Aussi en est-il accablé ; et à la suite de trois années stériles, l'a-t-on vu brouter l'herbe des champs comme les brutes (1). — Sans le labeur du peuple, disait à son tour Robert Miron, que valent à l'église ses dîmes, ses grandes possessions ? à la noblesse ses belles terres et ses grands fiefs ? au Tiers-Etat ses maisons, ses rentes, ses héritages ? (2). Qui est-ce qui donne à Votre Majesté le moyen d'entretenir la dignité royale, de fournir aux dépenses nécessaires de l'Etat ? qui est-ce qui donne le moyen de lever les gens de guerre, si ce n'est le laboureur, qu'ils écorchent alors même qu'il les paie ? Si Votre Majesté n'y pourvoit, il est à craindre que le désespoir ne fasse connaître au peuple que le soldat n'est autre qu'un paysan portant les armes, et que le vigneron, quand il aura pris l'arquebuse, d'enclume ne devienne marteau... »

Dans le cahier qui fut remis au roi, à la suite de ces débats solennels, le Tiers-Etat résumait ainsi les vœux qu'il avait publiquement formulés : « Que la taille seigneuriale, au lieu d'être facultative, soit réduite à quatre cas ; qu'il soit défendu au seigneur de prendre de vive force les communaux des villages et de les vendre ou de les donner à cens aux habitants dépouillées. » — Il réclame ensuite contre les corvées indues, les péages, pressoirs et fours bannaux. Il demande l'affranchissement des mainmortables moyennant indemnité fixée par les juges... « Que les coutumes soient rédigées par écrit, afin de poser des limites à l'arbitraire... ; que tous ceux qui mettent des gens de guerre en campagne sans permission du roi soient tenus pour criminels, et qu'il soit permis au peuple assemblé de courir sus. (1) »

Paroles perdues. L'assemblée se sépara avec des pro-

---

(1) A. Thierry, 146, 149.
(2) *Etats-Gén.*, XVII, 86, 95.
(1) *Etats-Gén.*, p. 387.

messes de réforme que le roi et la Cour oublièrent peu après, si bien que jamais il n'en fut plus question.

Les propositions débattues dans cette assemblée témoignent des abus qui existaient encore au commencement du xviie siècle, sous Richelieu et Louis XIII. Elles montrent aussi avec quelle fierté le Tiers poursuivait alors la revendication énergique de ses droits. Aussi bien la royauté et la noblesse en furent-elles effrayées et se promirent-elles de ne le convoquer jamais. — Telle fut la dernière séance des derniers Etats-Généraux (1614).

Dans ces grandes assises de la nation, la bourgeoisie, l'élite du Tiers, se montre seule ; mais en agissant pour elle-même, elle agissait pour le Tiers tout entier, y compris ceux de ses membres que retenait encore la mainmorte et le servage. La diminution de l'impôt et son égale répartition, la suppression des banalités, des corvées sans titre, la réforme de la justice et des finances, toutes ces questions et beaucoup d'autres soulevées par les députés du Tiers, intéressaient au même titre tous les membres qui le composaient. C'est la revendication de ces réformes, sans cesse renouvelée, qui inspira peu à peu les ordonnances royales et la jurisprudence du Parlement.

Les ordonnances formulées par les rois devaient être ensuite promulguées et exécutées. Telle était la tâche du Parlement qui les transcrivait sur ses registres, et s'appliquait à les faire respecter. Les Etats-Généraux et les Parlements, chacun à leur tour, eurent la prétention de diriger le pouvoir royal et quelquefois de le régenter. Mais leurs résistances manquaient de sanction. Ne disposant d'aucune force que de celle de l'émeute, leurs velléités d'indépendance durent céder devant l'armée. Richelieu les décapita les uns et les autres. Il cessa d'abord de convoquer les Etats, et les Parlement, fermés à la politique, furent cantonnés dans le domaine judiciaire.

LES VILAINS ET LES ROTURIERS.

Au XIIe siècle, l'esclavage avait disparu. Le servage, qui l'avait remplacé peu à peu, subsistait seul, mais avec des variétés de forme innombrables et des nuances de condition difficiles à saisir. La coutume, l'abus, la violence, l'influence des temps et des lieux, avaient établi les situations les plus diverses dans la constitution des droits personnels, des tenures et des redevances de toute sorte.

Ainsi, dans l'abbaye de Marmoutiers, nous voyons quelques hommes libres qui portent les armes. Au nombre de trente, ils forment la Cour de baronnie ou de justice, et ne paient aucune redevance pour les terres qui leur ont été concédées.

En second lieu, des censitaires également libres, fort peu nombreux, paient un cens et des redevances. Puis les serfs qui détiennent les manses serviles, et qui doivent non-seulement des cens et redevances, mais trois jours de corvées par semaine. Serfs de la glèbe, ils ne peuvent ni se marier, ni quitter la seigneurie, ni disposer de leurs biens.

Enfin viennent les serfs à volonté, « tenus d'obéir en tout et pour tout »... La seule chose qui les distingue des esclaves, c'est qu'ils ne peuvent être vendus. Les coutumes du XIIIe siècle consacrent à leur tour ces distinctions. Mais elles ne font que deux catégories de serfs. La première comprend ceux qui sont entièrement soumis à leur seigneur, « qui peut leur prendre tout ce qu'ils ont, morts ou vivants, et n'en rendre compte qu'à Dieu ». Et la seconde, ceux qui ne sont soumis qu'à la rente ordinaire plus ou moins fixe, mais qui ne peuvent ni se marier, ni disposer de leurs biens sans permission et sans bourse délier. Ceux-ci sont attachés aux champs. Ce sont des serfs. Les autres sont des serfs d'ateliers ou des serfs domestiques employés aux travaux les plus divers, sous la direction du maître ou de l'intendant.

Dans ces deux catégories, rentrent toutes les variétés désignées, suivant les temps et les lieux, sous les noms les plus divers *de serfs de la glèbe, de mainmortables,* etc ; ils pouvaient être en même temps taillables à volonté, serfs de poursuite ou abonnés, suivant les circonstances. On les désignait aussi sous le nom général de *vilains* ou manants, qui correspondait à celui de prolétaire, suivant qu'ils habitaient la campagne ou la ville.

Mais voilà que, sous l'influence des croisades et de causes diverses, que nous avons fait connaître, les liens du servage se relâchent et se rompent. Rares d'abord, les affranchissements se multiplient avec l'enthousiasme et les besoins d'hommes qu'imposent les Croisades. Louis le Gros, l'abbé Suger, Louis le Jeune, Philippe-Auguste, saint Louis et Philippe le Bel apportent successivement leur concours à l'émancipation. Pendant deux siècles, ce mouvement généreux ne se ralentit pas, lorsque paraît encore l'ordonnance fameuse de Louis le Hutin, qui proclame non-seulement la liberté individuelle, mais qui en impose le rachat aux serfs de ses domaines (1315). La liberté devient ainsi la règle, et le servage l'exception.

Les chartes des communes à leur tour avaient provoqué un mouvement d'émancipation bien autrement considérable. Bien que payées à beaux deniers comptant, et souvent à plusieurs reprises, soit au roi, soit aux seigneurs, dont la rapacité et la mauvaise foi étaient à peu près égales, la franchise qu'elles procuraient était loin d'être complète. Le vilain, à l'égal du serf, ne cessait pas d'être dépendant. Il s'élevait seulement d'un degré dans la liberté, et devenait une personne civile. Ses obligations étaient déterminées par un contrat. Il pouvait se marier, tester et trafiquer à son gré. C'était beaucoup, mais il n'en continuait pas moins de demeurer sous la main du seigneur, auquel il devait comme par le passé des redevances et les servitudes ordinaires. En un mot, la personne seule était dégagée dans une certaine mesure ; ses obligations réelles restaient les mêmes. C'est ainsi que Notre-Dame de Paris, en donnant une charte d'affranchissement aux habitants d'Orly, abandonnait la mainmorte et la taille à volonté, mais retenait la dîme, les corvées, les coutumes et les droits de justice, plus une rente annuelle de soixante livres (1).

Néanmoins de serf de corps, et à merci qu'il était, l'affranchi devenait de la sorte serf abonné. — C'était bien quelque chose. Il pouvait alors déguerpir, c'est-à-dire quitter le domaine de son seigneur, et aller chercher au loin des conditions meilleures. Or, comme les bras étaient rares, chaque propriétaire cherchait à les attirer par des concessions nouvelles, et la concurrence profitait au vilain.

L'affranchi pouvait donc disposer de sa personne, et offrir ses bras et ses services partout où il lui plaisait. Mais ses bras, il ne pouvait les offrir qu'à la terre qui le faisait vivre. Or, comme c'était le seigneur seul qui la possédait, il dut s'entendre et contracter avec lui. De là une situation nouvelle qui, changeant son nom de serf et de mainmortable, le fit appeler vilain, roturier ou coutumier, suivant les circonstances. Tels sont les effets que consacrèrent les coutumes des XIIIe et XIV^s siècles (2).

Ces hommes nouveaux, démembrement de la propriété

---

(1) V. *la charte d'affranchissement de Notre-Dame*, ci-devant p. 229.

(2) Il faut reconnaître toutefois que ces règles ne s'appliquent qu'aux affranchis ou aux serfs de la glèbe, aux serfs réels. Les serfs de corps et les mainmortables continuèrent à porter leur chaîne jusqu'en 1789, tant que l'affranchissement ne vint pas les toucher.

féodale, ne pouvaient vivre sans la terre qui les avait possédés jusque-là. Mais au lieu d'être possédés par elle, ce sont eux qui la possédèrent à leur tour, en la recevant de leurs anciens maîtres. Après avoir épuisé leur pécule au rachat de leur liberté, toute acquisition du sol leur est impossible ; ils recevront dès lors des concessions, à charge de fruits ou redevances, aux conditions réelles et personnelles qu'il plaira au seigneur de leur imposer. C'est ainsi que les terres féodales seront exploitées désormais ; que les vastes domaines, les terres incultes et les bois seront défrichés et fertilisés par les nouveaux affranchis, qu'on s'efforcera de retenir ou d'attirer.

Cette concession, toutefois, n'enlèvera pas à la terre, détachée du domaine féodal, l'empreinte de sa dépendance primitive. Le seigneur la marquera, en retenant des droits de corvée, jadis attachés au servage, et il stipulera un droit nouveau, qui représentera les revenus de la terre concédée. Ce droit, c'est le cens. La terre concédée s'appellera censive, et la concession elle-même prendra le nom de bail à cens. C'est un contrat perpétuel entre seigneur et vilain, auquel le serf ne peut se soustraire qu'en abandonnant l'immeuble. S'il vient à mourir, le contrat est rompu, la terre concédée lui échappe, à moins que son héritier n'achète le droit de la conserver, en payant un prix de rachat au seigneur.

Si, d'autre part, le censitaire veut vendre sa concession, il le peut avec l'approbation du seigneur ; mais à la condition que vendeur et acheteur lui paient un droit de lods et vente, dont le chiffre représente le tiers, et quelquefois la moitié de la valeur du fonds.

On voit, par ce qui précède, que le censitaire n'était pas précisément propriétaire. Il détenait et jouissait seulement, à certaines conditions, qui le maintenaient sur le fonds, tant qu'elles étaient remplies. Quand la terre n'avait pas été cédée à un seul, mais bien à une réunion de serfs ou de censitaires, ce bien constituait *une communauté* ou devenait communal.

Dans ce premier mouvement d'émancipation des hommes et des choses, les nouveaux affranchis, censitaires et tenanciers, remplaceront presque partout les serfs de corps et les mainmortables ; et les terres censives seront substituées à l'héritage servile ou mortaillable.

Ces censitaires, *rompant* la terre, seront des roturiers, *ruptuarii*. Habitant les villages, ils en seront les vilains (*de villæ*). Vivant suivant les coutumes locales, ils deviendront *coutumiers*, dans les établissements de saint Louis.

Comment ces tenures ou censives, concédées aux vilains à titre précaire, ont-elles pu se dégager des charges qui pesaient sur elles, et se transformer dans la main du détenteur en propriétés absolues, qui n'étaient soumises qu'à des servitudes et à des droits féodaux ? Le voici : le censitaire qui recevait une tenure à long terme, se considérait comme détenteur perpétuel. Il l'était, en effet, à la seule charge de remplir ses obligations envers le seigneur de la Directe. C'est dans ce sens que finit par s'établir la jurisprudence des Parlements. La perpétuité et l'hérédité de la tenure avaient, de la sorte, créé un droit sur la terre, et c'est ce droit sur la terre que l'on permit de vendre, avec les servitudes qui l'affectaient. Mais une fois dégagées de ces mêmes servitudes, par voie de concession ou de rachat, et plus tard en vertu des lois de 89, les censives devinrent une propriété libre. Telle est l'origine de la mainmorte et telle est sa fin.

Le bail à cens et la censive ont été, par conséquent, la forme transitoire par laquelle ont passé les petites propriétés, avant d'arriver à être libres. Grevées de services féodaux et d'obligations privées, elles faisaient du censitaire l'homme du seigneur. — Bientôt on oublia l'origine lointaine de ces obligations, pour ne voir que ces obligations elles-mêmes ; et dès ce moment, le vilain les regarda, non plus comme réelles, mais comme personnelles, c'est-à-dire comme ayant un caractère de servitude, dont les idées du temps tendaient chaque jour à l'affranchir (1).

C'est ainsi qu'au XVIᵉ siècle, grâce à l'influence du temps, des Parlements et de la royauté, le serf affranchi, devenu censitaire, était propriétaire de la terre qu'il détenait, et pouvait la transmettre à ses enfants ou la vendre, avec les charges féodales qui la grevaient. Parvenait-il à racheter celles-ci ? le sol était libre.

Les mainmortables non affranchis n'avaient point une condition aussi bonne. S'ils vivaient isolément, tout ce qu'ils possédaient revenait au seigneur après leur mort. S'ils vivaient en communauté, ce qui arrivait d'ordinaire, la coutume leur concédait le droit de transmettre à leurs enfants, pourvu qu'ils demeurassent avec eux.

On distinguait toutefois, nous l'avons déjà dit : les mainmortables personnels et les mainmortables réels. Les premiers avaient, disait-on, la servitude attachée à leurs os ; ils n'avaient pas cessé, en quelque sorte, d'être serfs de corps, et comme tels ils ne pouvaient désavouer leur seigneur et déserter sa terre... Les seconds, au contraire, par suite de la franchise ou de l'adoucissement des coutumes, purent désavouer, déguerpir et offrir leurs bras à des terres censives. Ils acquéraient de la sorte la liberté et la propriété à l'égal des vilains. Mais pour se décider à désavouer et à déguerpir, il fallait abandonner la maison qu'on avait bâtie, et qui avait vu naître, les champs qu'on avait défrichés, les arbres que l'on avait plantés... Il fallait acheter la liberté par la perte de ses biens. Cette rigueur de l'abandon fut la principale cause du maintien et de la persistance de la mainmorte.

(1) Championière, *Traité des eaux courantes*.

Avant l'affranchissement des serfs et l'émancipation des communes, tout procédait de la propriété et aboutissait à elle. Tous ceux qui n'étaient pas nobles ou libres étaient serfs ou mainmortables, et cultivaient le sol. Telle était la règle féodale. L'industrie n'était pas née. Les artisans, confondus avec les serfs dans les domaines ruraux, étaient comme eux soumis aux redevances. Mais après l'émancipation communale, l'industrie grandit et se développe. Le serf, artisan du seigneur, devient ouvrier libre dans la commune et dans la ville. Bientôt il forme des associations, qui le protègent et le défendent. Ainsi se produisent les corporations et les maîtrises.

Grâce à elles, l'artisan s'élève bien plus rapidement que le serf rural, placé sous la main de son seigneur, et plus étroitement tenu par la glèbe ou la mainmorte. Sans doute, il doit la taille, c'est-à-dire la capitation ; plus un cens qui pèse sur le fruit de son travail ; plus la dîme ecclésiastique. Il est soumis aux banalités ; mais ces redevances sont fixes, et la corporation, aussi bien que la commune, le protègent contre l'arbitraire. — Tandis que le serf rural, qui n'est soutenu par personne, est désarmé contre les abus seigneuriaux. Il supporte de plus les banalités rurales, dont les plus onéreuses sont les garennes, les colombiers et les corvées, plus encore la mainmorte, quand il a le malheur d'y être soumis. Viennent les guerres nationales ou privées, les routiers et les compagnies : ils fouleront et saccageront les campagnes, tandis que le citadin saura se défendre derrière ses murailles. Protégé par elles et par l'association communale, il se défendra aussi contre la rapacité des agents du fisc, qui pressureront le paysan. Qu'on juge si toutes ces causes d'infériorité ont modifié les chances d'élévation ! Il n'est donc pas surprenant que le serf des villes ait prospéré, et qu'il soit monté à l'assaut de la bourgeoisie et du Tiers-Etat. Plus libre, mieux protégé dans son travail, les économies lui furent plus faciles, et avec elles il put racheter les servitudes féodales qui pesaient sur lui, et se créer, dans la cité, une liberté relative, à laquelle l'homme des champs n'atteignit que longtemps après, d'une manière incomplète.

LES COMMUNAUTÉS AGRICOLES.

A côté des communes et des villages affranchis, il y avait des communautés de mainmortables, qu'on appelait Communiers ou Parsonniers. Leur origine était fort ancienne ; suivant les uns, c'était un souvenir non effacé, et persistant encore à cette heure, des anciennes tribus ou familles patriarcales ; suivant les autres, elle remontait peut-être aux premiers jours de la souveraineté féodale. L'exemple des monastères qui prospéraient par la vie en commun, par la culture et le défrichement, avait dû leur servir de modèle. La faiblesse et la misère s'y prêtaient un mutuel appui. Quand on connaît les mœurs du temps, on doit croire aussi que cette association avait été imposée par le seigneur souverain, qui trouvait avantage à réunir en commun des tenures collectives, et les bras qui devaient les mettre en valeur. En les groupant ainsi, pour la production et la consommation, le droit féodal rendait le travail plus fructueux ; il économisait les forces et les moyens. Ces agrégations permettaient d'ailleurs des cultures plus étendues et des entreprises de longue haleine. Elles offraient aussi plus de garantie pour les redevances, dont le paiement était solidaire. Il n'est donc pas surprenant que les seigneurs aient ainsi réuni leurs serfs de corps et leurs mainmortables, qui n'étaient pas libres de refuser. Ce fut l'organisation générale de cette classe de serfs au moyen âge.

Coquille, dans sa *Coutume du Nivernais*, nous dit que les communautés agricoles ne font qu'un seul ménage ; chacun y est employé, selon son âge et son sexe. Il y a un seul maître qui commande, élu par les autres, qui va aux affaires, aux foires, et qui oblige tous ses *parsonniers*.

« En ces communautés, dit-il, on compte les enfants qui
» ne savent rien faire, dans l'espérance de ce qu'ils feront.
» On fait compte des vieux pour le conseil, et ainsi de tous
» les âges... Et comme le partage de la communauté serait
» la ruine de ces ménages, on a décidé, pour les y retenir,
» que ceux qui en sortiraient ne succéderaient pas aux
» autres » (1).

Longtemps après lui, Dunod disait de même : « La raison
» qui a fait établir la communion des mainmortables, est
» que les terres sont mieux cultivées, et les sujets plus en
» état de payer au seigneur, quand ils vivent en commun,
» que s'ils faisaient des ménages séparés » (2).

Les mainmortables, à leur tour, y trouvaient avantage. Suivant la coutume, ils étaient incapables de posséder, et tout ce qu'ils avaient ou gagnaient appartenait à leur maître. — Mais lorsque la communauté leur fut imposée, ils acquirent en échange le droit de transmettre les fruits de leur travail à ceux de leurs enfants qui vivaient avec eux dans la même servitude. Ils échappaient ainsi à la conséquence la plus dure de la mainmorte.

A côté de ces communautés de mainmortables, imposées par le seigneur, le moyen âge vit naître aussi quelques associations véritables, composées d'hommes libres. Elles furent rares sans doute, comme les hommes libres eux-mêmes, et l'on peut être certain, quand on connaît le milieu dans lequel elles se sont formées, que les membres qui les compo-

(1) Coquille. p. 58.
(2) Dunod, chap. III, § 1er.

saient n'avaient eu d'autre but, en se réunissant, que d'échapper par le nombre à l'arbitraire et à l'oppression de la tourmente féodale. Au lieu d'abandonner leurs biens et de se recommander, ils s'associèrent çà et là, en petit nombre. C'est ce qu'on appela les *sociétés taisibles* ou *tacites*, consacrées par de nombreuses coutumes. Elles se formaient généralement sans contrat, par l'habitation commune, pendant l'an et jour, et, le plus souvent, elles se composaient des membres d'une même famille, qui pendant plusieurs générations vivaient et travaillaient ensemble, confondant leurs intérêts. On les appelait compagnies, du mot *compain*, parce qu'elles mangeaient ensemble le même pain. A la différence des sociétés de mainmortables, qui ne se livraient qu'aux travaux agricoles, les sociétés taisibles s'appliquaient à l'industrie, au commerce, aussi bien qu'à l'agriculture. Leur maison était commune, ainsi que la table et le foyer. La gestion des intérêts communs était faite par un chef élu, qui représentait la société en justice et contractait en son nom. De même, il commandait et administrait à côté d'une maîtresse élue comme lui, qui présidait aux soins du ménage et à la tenue de la maison. Rien de forcé dans cette association ; on en sortait à volonté, en emportant une part égale pour chaque tête, et on y entrait avec l'agrément des anciens.

Ce n'est pas sans surprise qu'on voit à cette époque une société coopérative de production. L'absence de liberté, les dangers de l'isolement, l'uniformité de la vie, la similitude des mœurs et d'occupations : telles sont les causes qui portaient les enfants à suivre la profession paternelle, et à ne pas déserter le foyer de la famille. Il en fut ainsi tant que les hommes libres manquèrent de garanties contre les abus seigneuriaux ; mais aussitôt que les affranchissements se furent répandus, les associations mainmortables, aussi bien que les *taisibles*, voulurent échapper à l'indivision. Jaloux de leur individualité, les membres les plus actifs dédaignèrent le travail commun, et l'on vit peu à peu ces sociétés s'amoindrir et disparaître.— Il faut en conclure que les associations de ce genre ne peuvent se former qu'aux époques primitives où la terre abonde, où la vie patriarcale est en honneur. Elles ne conviennent, en aucune façon, aux générations actives et industrieuses, que l'individualité tourmente.

Cependant, dans les pays de coutume serve, quelques-unes de ces communautés ont duré longtemps. L'association des Jaut, dans le Morvan, florissait encore à la veille de la Révolution. Il en existait aussi dans d'autres provinces. Elles sont à cette heure même très nombreuses et très prospères dans les principautés Danubiennes.

Nous retrouvons aussi les communautés de village, en Russie, à peu près telles qu'elles existaient chez nous au moyen âge. Elles ont fonctionné de même chez tous les peuples à une certaine période de leur civilisation. On les voit encore dans diverses contrées de l'Inde, de la Chine, et notamment à Java. Elles ont été pratiquées par les Germains, par les Saxons et les Scandinaves. On les a retrouvées au Pérou et au Mexique, avec le même caractère. — Il faut en conclure que les communautés représentent une phase particulière du développement social, par laquelle toutes les sociétés ont dû passer à leur tour. Ce serait dès lors une loi universelle des formes de la propriété, mais une forme rudimentaire, puisqu'elles s'en débarrassent quand elles avancent en civilisation (1).

(1) V. Laveleye, *De la propriété*, 205 et s.

LES CORPORATIONS DES MÉTIERS.

—

Du VIIIe au XIIe siècle, les hommes libres, les colons, les *lides* et les serfs étaient à peu près confondus sous la même loi et sous la même désignation. Les artisans, sortis des collèges, depuis longtemps dispersés par l'invasion germaine, étaient tombés aussi dans le servage de leur Comte ou de leur Evêque. De cette manière, le seigneur avait dans son domaine des fournisseurs et des ouvriers spéciaux, qui lui donnaient chaque année une quantité déterminée de produits, et qui recevaient en échange, soit une terre à cultiver, soit des denrées diverses pour leur alimentation. C'est ce que nous ont fait voir les polyptiques de Saint-Germain et de Marmoutiers. La féodalité avait détruit la liberté individuelle et collective des artisans, et les avait soumis à la loi de la servitude. Cette organisation subsista, dans les domaines seigneuriaux, tant que durèrent la féodalité et le servage. Jusqu'au XIIe siècle, il n'y eut ni artisans libres, ni corporations d'ouvriers, par conséquent. Mais, dès cette époque, les affranchissements virent naître le travail libre, protégé par les chartes communales et par la puissance royale. Cette franchise était loin toutefois d'être complète, et le serf n'en restait pas moins sous la main du seigneur, auquel il devait des redevances et des services personnels. Mais il jouissait d'une certaine liberté, et devenait une personne civile. Ses services étaient déterminés par un contrat ; il pouvait vendre, tester, faire le commerce, et s'élever par suite à l'aisance et à la fortune. Arrivé là, il entrait dans la commune, dont la charte lui conférait des privilèges. Il pouvait, en même temps, acheter le droit de bourgeoisie, qui lui donnait le droit de cité, et dès lors l'indépendance des classes bourgeoises et ouvrières lui était assurée (1). Il profitait de leur législation particulière que les coutumes du xiiie siècle vinrent bientôt fixer. Grâce à ce concours de circonstances, en moins de deux siècles, les artisans et les marchands, sortant de la triste condition des serfs, purent s'élever à celle de sujets libres et de bourgeois, qui les mirent à même d'améliorer leur sort, en s'aidant de leur intelligence et de leur activité.

Cette bourgeoisie, éveillée par le mouvement communal et soutenue par les privilèges royaux, n'était composée au xiiie siècle que de gens de métiers. Les légistes et les hommes d'étude appartenaient presque tous au clergé. Les rentiers n'existaient pas, parce que l'argent et l'épargne faisaient encore défaut. La propriété était tout entière aux mains de la noblesse. Il ne restait aux serfs affranchis des villes que l'atelier, l'industrie et le commerce. — Se sentant faibles et isolés dans cette condition nouvelle, ils multiplièrent leurs forces en les associant, et les artisans du même métier se réunirent en corporation, à l'exemple des collèges antiques.

La première qu'on vit apparaître tout d'abord, fut celle des marchands de l'eau à Paris, descendant probablement des *Nautes* ou Mariniers, qui de tout temps avaient eu le privilège des transports par eau sur la Seine. Celle des bouchers vint ensuite. Une charte de 1134 parle de ses privilèges (2). D'autres suivirent ; mais c'est seulement vers les premières années du xiiie siècle, qu'à la faveur du mouvement communal, on les voit constituées d'une manière complète et régulière. — De même que la commune était une association de ses habitants, de même le corps de métier était l'association des artisans exerçant la même

---

(1) *Droits de bourgeoisie*, ord. de 1227.
(2) Legrand d'Aussy, *Vie privée des Français*, iii, 176.

profession dans la même ville. Il avait, comme celle-ci, ses lois, ses privilèges, ses magistrats, son administration, ses revenus. Son organisation était celle du collège romain ; mais il en différait beaucoup en ce sens, que, sous l'empire tout au moins, le collège constituait une servitude pour l'artisan qu'il retenait dans ses liens, tandis que la corporation du XIIIe siècle créait un privilège en faveur de ses membres, et les protégeait contre la concurrence étrangère et les exigences féodales. Oppressive chez les Romains, elle était protectrice au moyen âge. Le privilège et la faveur l'entouraient, comme elles entouraient toutes les institutions de ce temps.

Pour résister, d'une part, aux exactions du seigneur, et de l'autre, à la concurrence extérieure et intérieure, les corporations firent des conventions, des règlements, qui devinrent bientôt des droits et des privilèges acceptés comme tels par le pouvoir, qui consentit à les sanctionner.

C'est sous le règne de saint Louis, qu'Etienne Boileau, prévôt de Paris, rédigea *le Livre des Métiers*, qui contenait les statuts des corporations industrielles de Paris. Les règlements qu'il indique existaient déjà, mais le livre des métiers en constate l'authenticité, et précise les règles étroites dans lesquelles chaque métier devra se mouvoir. La royauté n'imposait donc pas les statuts ; elle ne faisait que les fixer pour en surveiller l'exécution dans l'intérêt général, et pour éviter des procès, ainsi que le dit Etienne Boileau.

Dès ce moment, tout corps de métier eut ses chefs et ses magistrats, ses jurés, chargés de faire respecter les règlements, de défendre les intérêts de la communauté, et de juger les différends qui survenaient parmi les membres, au sujet du travail ou du commerce. C'était la justice par les pairs.

Les gardes du métier ou prud'hommes veillaient à ce que le travail de chacun fût exécuté suivant les règles de l'art ;

ils en fixaient le prix et sévissaient au besoin. Les intérêts du producteur et du consommateur semblaient ainsi protégés ; mais à côté de cet avantage, que d'inconvénients et d'abus !

En rédigeant les règles de leur métier, les artisans s'étaient réservé le privilège exclusif du travail. Pour obtenir ce résultat, ils avaient interdit pour ainsi dire la vente des produits forains et déterminé le nombre des maîtres et des apprentis. A Paris, les crieurs de vin, par exemple, avaient le droit de forcer les cabaretiers à faire crier leur vin dans les carrefours, à raison de quatre deniers par jour. A cet effet, munis d'un broc et d'une coupe, ils faisaient goûter le vin au passant, en lui indiquant le prix et l'adresse du marchand. Le tavernier ne pouvait refuser les offres du crieur, qui, bon gré mal gré, remplissait son office. Les jaugeurs et les mesureurs de blé avaient à peu près les mêmes privilèges.

Le métier comprenait trois ordres de personnes : les apprentis, les ouvriers et les maîtres. Le nombre des apprentis était déterminé et fort restreint ; ils payaient un droit pour être reçus et s'engageaient à travailler chez le maître pendant tout le temps fixé pour l'apprentissage, qui variait de six à dix ans, suivant les corporations. Les fils de maîtres étaient seuls exemptés de ces obligations. L'apprenti vivait à la table de son patron et travaillait à côté de lui. Après le temps prescrit, il faisait un chef-d'œuvre, qui témoignait de sa capacité, et dès ce moment, devenu libre, il pouvait s'établir en payant des droits considérables ou travailler aux gages d'un autre maître. Si le nombre des apprentis était limité, celui des ouvriers ou valets ne l'était pas. Le maître pouvait en prendre autant qu'il lui plaisait.

Dans ce monde jaloux, le titre de maître n'était pas facile à obtenir. Après avoir été apprenti et ouvrier, il fallait payer une redevance à la corporation, une autre au seigneur, et se soumettre à des formalités onéreuses. Souvent même il fallait acheter le métier du roi ou du seigneur, suivant que l'un ou l'autre était censé protéger le manant dans l'exercice de son industrie. Celui qui, sans avoir acheté la maîtrise, c'est-à dire le droit d'exercer un métier, travaillait pour son compte, était traqué comme un braconnier, comme un faux monnayeur, et envoyé aux galères. Et cette peine atroce s'appliquait alors même que l'ouvrier n'avait travaillé que pour lui-même ou pour ses enfants.

Quand l'artisan avait obtenu du roi et du corps de métier la permission d'entreprendre son industrie, il devait se faire admettre par la corporation en séance solennelle. On lisait à haute voix les statuts et règlements de la société. Le récipiendaire jurait de les observer sur les reliques des saints, et payait ensuite le droit de réception. Dès ce moment, il était inscrit au nombre des associés, sur les registres de la confrérie.

Les officiers seigneuriaux exerçaient généralement sur les métiers une haute surveillance, et percevaient en même temps les droits du suzerain, c'est-à-dire le cens et les redevances déterminés, les droits de justice, de réception, ainsi qu'une partie des amendes. En cas d'infraction aux règlements, ils pouvaient faire saisir les marchandises, emprisonner le délinquant, interdire le métier et démolir les boutiques (1). La corporation oubliait ces menaces, lorsque, réunie en confrérie, elle déployait ses enseignes, ses armoiries, ses devises, la bannière de son patron, et qu'elle étalait ses richesses collectives dans les cérémonies publiques ou privées, à la suite desquelles un repas fraternel unissait tous les membres de la confrérie.

En assurant aux corporations le monopole du travail, les règlements devaient en déterminer l'exercice. Aussi, dans chaque métier, fixaient-ils minutieusement la quantité et la

---

(1) *Registre des métiers.*

qualité de la matière, le poids, la forme et le mode de fabrication des produits. Il fallait donner, disaient-ils, une marchandise bonne et loyale, et ne pas se livrer, en vue d'un profit plus grand, à des falsifications et à des fraudes. Celles-ci d'ailleurs, constatées par les prud'hommes, étaient sévèrement punies par des amendes, des confiscations, et même par le retrait de la maîtrise.

Pour que la surveillance fût plus facile, on obligeait les artisans à travailler sur le devant de leur boutique, sous les yeux des passants et de leurs apprentis. Le travail de nuit leur était interdit le plus souvent. — De même que la fabrication, la vente de la marchandise était soumise aux règlements les plus minutieux. Il fallait attendre les chalands, ne pas les appeler dans la rue, ni les détourner de la boutique du voisin. Un métier ne devait pas empiéter sur l'autre. Ainsi, les merciers et les forgerons ne pouvaient ni faire, ni vendre une clef. Les serruriers en avaient le monopole. Un tailleur ne pouvait pas raccommoder des habits, ni un fripier en faire de neufs. Voilà ce qu'inspirait la jalousie du métier, en défendant contre le métier voisin un genre de travail qu'il considérait comme sa propriété.

Cette surveillance incessante de la corporation sur ses membres devait prévenir beaucoup de fraudes, et peut-être avait-elle quelque raison d'être au moment où naissait l'industrie. Mais, d'un autre côté, que d'inconvénients et d'abus !... En réglant d'une manière invariable la fabrication de chaque objet, elle fermait la porte à toute invention et à tout esprit de progrès. L'artisan n'avait aucun intérêt à mieux faire que ses devanciers, puisque les statuts auraient condamné son œuvre, et que, d'ailleurs, son invention serait tombée dans le domaine public, sans profit pour lui-même. — Pour protéger son monopole et empêcher l'élévation de quelques-uns, la corporation prohibait l'association de ses membres. Chacun devait travailler seul dans son atelier, ou du moins avec un petit nombre d'apprentis et d'ouvriers déterminés. — Avec de telles prohibitions, la grande industrie ne pouvait naître ; aussi ne paraîtra-t-elle qu'au xviie siècle, lorsque Turgot l'aura délivrée de ces entraves.

En somme, quelque défectueuse que fût cette organisation, c'était encore la meilleure qui pût convenir aux artisans, au moment où, échappant à la féodalité, ils renaissaient au travail. La corporation était née spontanément du besoin de se soutenir, de se garder contre l'oppression. Elle s'était organisée en même temps et de la même manière, non-seulement en France, mais dans toute l'Europe. C'est la preuve qu'elle était nécessaire, et nous devons reconnaître qu'elle a été la sauvegarde de l'industrie dans les temps féodaux.

Nous avons vu que l'affranchissement ne donnait au serf agricole qu'une liberté relative et personnelle. Il pouvait se déplacer, se marier, tester, vendre et acquérir, mais il n'en était pas moins soumis aux charges féodales et justicières, c'est-à-dire au paiement du cens, de la taille, des redevances de toute nature, des corvées, des amendes, des banalités, etc. La position des artisans, gens de métiers ou bourgeois, était la même. Les privilèges dont jouissaient les communes et les villes, les autorisaient, il est vrai, à s'administrer, se réunir et se concerter dans un intérêt commun, — ce qui leur permettait de lutter avec plus d'avantages contre leur seigneur féodal ; — mais à ces avantages près, ils n'en étaient pas moins soumis, vis-à vis de ce dernier, aux mêmes impôts, aux mêmes charges et aux mêmes servitudes que les roturiers et les vilains des champs.

La première charge qui pesait sur eux, c'était la taille. Elle était payée par tous ceux qui dépendaient directement d'un seigneur, qu'ils fussent artisans, roturiers, paysans ou bourgeois. Cette taille fut levée d'abord arbitrairement, en vertu de la souveraineté seigneuriale ; mais lorsque celle-ci eut été contestée, et qu'à la suite des établissements de Saint-Louis, les serfs purent en appeler à la justice royale, elle ne fut levée qu'une fois l'an, sauf les circonstances exceptionnelles que nous avons fait connaître, et qui constituaient la taille aux quatre cas. Tous les gens de métiers, ainsi que les bourgeois, y étaient soumis. Elle était proportionnée à la fortune des contribuables. Des prud'hommes, élus par la volonté des bourgeois, en faisaient la répartition.

— Autre chose était la vente des métiers ou du droit d'exercice et de maîtrise, ainsi que la location aux enchères de certaines places privilégiées pour le commerce.

A côté de ces impôts directs, se plaçait le droit indirect de hautban ; c'était un abonnement par lequel le marchand achetait l'exemption des taxes qu'aurait pu acquitter sa marchandise. Il n'en devait pas moins les impôts sur les transports, les droits de péage, d'entrée et autres... Chaque fois qu'une marchandise traversait le territoire d'une seigneurie ou d'une ville, elle payait un certain droit, jadis arbitraire et plus tard déterminé. Pour arriver à Paris et dans sa seule banlieue, la marchandise devait à huit reprises acquitter le droit de passage.

Sur la Seine et sur la Marne, mêmes exigences et mêmes servitudes (1). Les seigneurs s'arrogeaient fréquemment des droits imaginaires. Leurs vexations allaient même jusqu'à forcer les passants à se détourner de leur chemin direct, pour passer sur des routes soumises au péage. Un seigneur de Hallebic, chez lequel se tenait un marché, s'arrogeait le droit de fixer le prix du poisson. C'est en 1325 seulement, que des lettres patentes abolirent cette singulière prétention (2).

(1) *Rég. des métiers*, 2ᵉ partie. VIII, 307.
(2) Ord., 1. 790.

Ces impôts, qui frappaient la richesse territoriale, n'avaient rien d'excessif, s'ils n'eussent été entourés de tant d'arbitraire et de tant d'abus. D'un autre côté, ce n'était pas dans un intérêt général qu'ils étaient perçus, mais seulement dans l'intérêt privé de chaque seigneurie.

Est-ce tout ? Non sans doute ; car à ces impôts déjà lourds, il faut ajouter les droits et privilèges seigneuriaux de toute nature. L'artisan et le bourgeois étaient soumis en effet, comme le serf des champs, à la banalité des moulins et des fours ; au droit de pesage et de mesurage, qui ne permettaient pas au bourgeois de peser ni de mesurer lui-même, et qui l'obligeait à recourir au seigneur, et à payer chaque fois qu'il s'adressait à lui pour cet objet. Comme le serf, l'artisan subissait le ban seigneurial, et ne pouvait acheter qu'au seigneur les produits de sa récolte, pendant un temps déterminé. Il était soumis de même aux droits de justice, de guet et de garde, au paiement des amendes, et au service militaire, qui l'obligeait à suivre son seigneur, chaque fois qu'il en était requis.

Malgré la protection des baillis royaux, les routes n'étaient pas sûres. Il était imprudent de voyager après le coucher du soleil. Le voyageur isolé avait à craindre non-seulement les voleurs de profession, mais les seigneurs eux-mêmes, qui rançonnaient et détroussaient les passants. C'est ainsi qu'en 1268, deux marchands, qui s'étaient mis sous la protection du roi, furent dépouillés par le comte Boson, lequel fut condamné à soixante livres de dommages (1). Il y avait des barrières entre chaque seigneurie, entre chaque ville. Telle route était franche, telle autre non. Une bourgade était exempte pour certaines denrées, telle autre pour toutes les marchandises.

L'organisation des marchés et des foires était mieux

(1) Olius, 1. 279. IX.

comprise. Les marchands s'y rendaient en troupe, sûrs d'y trouver protection et débit de leurs marchandises. Les rois et les seigneurs, qui en tiraient de grands profits, cherchaient à en multiplier le nombre. Les plus célèbres étaient celles du Lendit, à Saint-Denis, celle de Champagne et celle de Beaucaire. Les marchands, exempts de tout péage sur les routes, à cette occasion, s'y rendaient de l'Europe entière. Pour favoriser le commerce et augmenter la confiance des vendeurs, on leur accordait des privilèges incroyables pour le recouvrement de leurs créances. Ainsi, le créancier avait le droit d'envoyer ses hommes s'installer de force chez son débiteur, ou bien de l'arrêter et de le retenir jusqu'à ce qu'il eût payé. — Mieux encore, les habitants d'une ville, d'une province ou d'un royaume, étaient gardés comme solidaires, et l'on exécutait celui d'entre eux qui tombait sous la main (1).

A partir du XIIe siècle, nous avons vu les corporations se former, et les corps de métiers obtenir leurs règlements, sous la protection tutélaire de la royauté. Saint Louis a jeté les fondements de la justice, qui protègera désormais le faible contre le fort. Dans ses *Etablissements*, il a fait rédiger les coutumes, et donné à la bourgeoisie son premier Code. Dans *les statuts des métiers*, rédigés par le Prévôt de Paris, il a mis un terme aux querelles et aux fraudes industrielles ; il a précisé les usages de chaque profession, ses droits et ses devoirs. C'est le premier acte législatif qui intéresse les classes ouvrières. Le corps de métiers est devenu la sauvegarde de l'industrie. L'artisan y vit libre et privilégié, et il échappe ainsi à la tyrannie féodale. Il ne paie que des redevances fixées par ses statuts ; il est jugé par ses pairs, il a ses réunions et ses fêtes, il se sent soutenu et protégé, dans sa personne et dans son industrie. Enfin,

---

(1) Levasseur... *Histoire des classes ouvrières*, t. I, passim.

après deux siècles de sagesse et d'efforts, il devient bourgeois, et finit par prendre place aux Etats-Généraux de 1302, et par figurer ainsi dans les conseils de la couronne... Il se prononce contre les prétentions de Pape, condamne les Templiers, et accorde des subsides à la royauté, qui lui avait ménagé ces faveurs.

Telle est la position que les classes ouvrières avaient acquise au xiiie siècle. Ce bonheur n'est pas sans mélange, car la féodalité subsiste toujours, et avec elle ses privilèges et son oppression. Et puis, tandis que les gens de métier grandissent et prospèrent dans les villes, il y a partout ailleurs des artisans et des laboureurs attachés au servage. Toutes les conditions de la misère et de la peine existent encore çà et là, sur les diverses provinces de la France.

Il semblait cependant, qu'après avoir franchi les premières périodes de son émancipation, la classe ouvrière des villes et des champs aurait dû s'élever progressivement à un degré supérieur de liberté et de bien-être. Il n'en fut rien, parce que des obstacles vinrent entraver sa marche.

Les rois incapables qui suivirent Philippe le Bel, c'est-à-dire Philippe V et le roi Jean, se jetèrent dans le luxe et la dépense, et pour y faire face, imposèrent non-seulement les classes ouvrières, mais intervinrent dans leurs rapports industriels et commerciaux, soit en fixant arbitrairement le prix des marchandises et salaires, soit en interdisant le prêt à intérêt, et en réduisant le capital des créances elles-mêmes. C'est ainsi qu'une ordonnance de 1351 déterminait le taux de tous les salaires. Les ouvrières à la journée ne pouvaient prendre que six deniers et nourries ; les chambrières, trente sous par an. Les objets fabriqués étaient tarifés aussi : une paire de souliers valait quatre deniers, et ainsi du reste. — Chose plus grave, l'ordonnance dérogeait aux usages des corps de métiers, en rendant le travail libre, et en cessant de limiter le nombre des apprentis chez chaque maître. Tout le monde pourra travailler, pourvu que « l'œu-vre et marchandise soit bonne et loyale, » et déclarée telle par les prud'hommes que le prévôt choisira. « Les marchands forains auront toute permission de vendre en ville, sans être critiqués par les corps de métiers ». Cette ordonnance était excellente, en tant qu'elle donnait la liberté à l'industrie et au commerce ; mais elle était détestable, en tant qu'elle réglait d'avance les taxes des profits et des salaires. Les métiers résistèrent. La guerre survint, et avec elle le pillage, la destruction, les sanglantes défaites de Crécy et de Poitiers, qui couvrirent de honte les seigneurs et le roi captif. Puis encore il fallut payer leur rançon et ruiner le pays. Toutes ces causes réunies excitèrent l'indignation générale. Les serfs et les vilains, réduits à la misère par neuf années de guerre et de déprédations, s'armèrent de bâtons et de fourches, brûlèrent les châteaux, incendièrent les villes, et se vengèrent contre les nobles par les représailles les plus sauvages. Mais bientôt les chevaliers se réunirent et les massacrèrent. Telle fut la jacquerie des paysans.

Quoique plus prudents et mieux dirigés, les bourgeois de Paris, après trois ans de résistance, succombèrent de même avec Etienne Marcel, et se virent enlever l'administration, qu'ils avaient imposée au fils du roi captif (1356).

Trente ans après, la misère et les impôts armèrent de nouveau la populace. Ce fut l'insurrection des Maillotins. Après des chances diverses, la royauté et la noblesse alliées noyèrent cette nouvelle insurrection dans le sang.

Charles VI triomphant, cassa les maîtres des métiers, abolit les confréries, et mit les artisans sous la garde du prévôt de Paris. Les classes ouvrières perdirent ainsi d'un seul coup leurs privilèges les plus chers et leurs droits les plus anciens. Rouen et Amiens eurent le même sort que Paris. Les gens de métiers, épuisés et appauvris par cette lutte contre la royauté, rentrèrent dans le silence, et n'eurent d'autres querelles que celles de leurs corporations entre elles, ni d'autre ambition que celle de jouir de leurs privilèges industriels, heureusement conservés. Toutes leurs sociétés, éparses et jalouses, se remirent au travail comme aux siècles précédents, mais non point avec la même prospérité, car elles avaient été rudement éprouvées par les impôts, la guerre et les discordes.

À ces derniers fléaux, triste conséquence de la guerre de Cent-Ans, étaient venus s'en ajouter de plus grands encore. La famine, la peste, sans compter les bandes d'aventuriers, qui, licenciés après la guerre, refusaient de se dissoudre et vivaient à discrétion sur le paysan ou le bourgeois des villes, ne laissant partout que la désolation et la ruine. — Ne recevant aucune solde, ils ne vivaient que de pillage. On les vit rançonner le pape d'Avignon à deux reprises et mettre en déroute des armées de chevaliers. La royauté impuissante laissait faire. Le paysan pillé, saccagé, fuyait en abandonnant sa demeure et ses récoltes. La peste et la famine vinrent s'ajouter à ces misères. Elles sévirent pendant deux ans, avec une violence telle, qu'au dire d'un contemporain, la mortalité de l'Hôtel-Dieu de Paris était de cinq cents par jour, et que dans beaucoup de localités on vit succomber les neuf dixièmes de la population. D'autres épidémies suivirent en 1361-1362-1363. La rareté des bras et le découragement furent tels, que la terre resta sans culture. Aussi les famines devinrent-elles encore plus fréquentes. À la suite de ces calamités, les villes se trouvèrent pauvres et dépeuplées ; les artisans qui restaient émigrèrent et allèrent porter ailleurs leur industrie. On voyait partout un grand nombre de maisons désertes, qui tombaient de vétusté. On en comptait à Paris 24,000 qui avaient été abandonnées (1).

(1) *Mémoires d'un bourgeois de Paris*, 339.

Enfin cessa la guerre de Cent Ans, mais non pas les ravages des aventuriers. Pour ramener la confiance et la sécurité dans le royaume, les Etats-Généraux de 1439 accordèrent au Roi les subsides nécessaires à l'entretien d'une petite armée permanente, et c'est avec elle que Charles VII put mettre fin aux dilapidations des grandes compagnies. Telle fut l'origine des impôts royaux. Dès ce moment, les marchands recommencèrent à travailler ; les corps de métiers se rétablirent et virent confirmer leurs règlements et leurs anciens statuts par de nouvelles ordonnances (1437).

A l'exemple de son prédécesseur, Louis XI éleva la bourgeoisie et les gens de métiers, afin de s'en faire un appui contre la féodalité. Il étendit leurs privilèges, en décidant que l'exercice des fonctions municipales conférerait de droit la noblesse ; que les bourgeois pourraient posséder des fiefs (1). Bientôt après, il les arma contre la noblesse elle-même. « Les gens de métiers furent partagés en soixante » bannières ou compagnies... Chaque bannière comprenait » un ou plusieurs corps de métiers. — Chaque compagnie, » armée et vêtue militairement, formait ensuite une confré» rie autorisée, qui avait ses réunions et ses fêtes. » Ces concessions libérales n'élargirent ni les statuts, ni les règlements des corps de métiers.

Au lieu de se départir des prescriptions rigoureuses du XIIIe siècle, le XVe ne fit que les restreindre encore. Resserrer les liens du monopole, diminuer le nombre des concurrents, rendre l'apprentissage plus long et plus coûteux, telle fut la préoccupation des maîtrises. L'apprenti d'autrefois n'avait à faire qu'un stage déterminé avant de passer maître. Il dut désormais faire un chef-d'œuvre et prendre un brevet de maîtrise avant d'ouvrir boutique. Toutes ces prescriptions n'avaient d'autre but que d'écarter des concurrents qui pouvaient venir partager les bénéfices des maîtres.

(1) Ord. xv, 1462 ; xvi, 1463.

Tenus à l'écart par les exigences du chef-d'œuvre, par la longueur du stage, par le caprice des maîtres qui ne favorisaient que leurs fils, les compagnons se résignèrent à n'être plus que des serviteurs et des ouvriers. Dès ce moment, une démarcation profonde s'établit entre les ouvriers et leurs patrons. Ils eurent des associations indépendantes, organisées en confréries avec des règles spéciales. Ils prirent l'habitude de se déplacer et de voyager, en travaillant de ville en ville. Dès son arrivée, l'association accueillait le compagnon, le conduisait chez la mère, à l'auberge de la société; et là, traité comme un vieil ami, il avait droit au gîte, au feu et à la table. On l'hébergeait jusqu'à ce qu'il eût du travail; on le soignait s'il tombait malade. Avant d'être admis dans la confrérie, il était soumis à une espèce d'initiation et à des formules bizarres qui n'avaient rien de dangereux, et qui furent cependant mal interprétées. Le compagnonnage n'était au fond qu'une association de secours mutuels, qui donnait aide et protection à ses membres.

Ainsi naquit et se développa l'association ouvrière du compagnonnage. Elle donna à l'ouvrier une sécurité plus grande, qui lui permit d'entrer en lutte avec le corps de métier, et de se mettre en grève pour obtenir la satisfaction qu'il demandait. C'est au milieu de ces associations ouvrières qu'on vit naître celle des francs-maçons. Déjà célèbre au xve siècle, par son importance et par l'éclat que lui avaient donné la construction des cathédrales gothiques, elle a maintenu son renom jusqu'à nos jours, par son affinité réelle ou prétendue avec une société moderne qui a conservé la même désignation.

Arrivés à ce point de l'histoire ouvrière, si nous jetons un regard d'ensemble sur les corporations, il faudra reconnaître qu'à l'époque romaine, elles n'étaient qu'une chaîne rivée au cou de l'esclave ou du plébéien. Malgré leurs rigueurs, elles ne purent ni le retenir au travail, ni arrêter les progrès de la dépopulation. Tel fut l'effet du despotisme impérial.

Au moyen âge, après les affranchissements du xiie siècle, la corporation fut l'œuvre des artisans eux-mêmes, qui la créèrent dans leur intérêt. Elle les protégea contre la violence féodale et prépara leur émancipation. Au milieu de cette société brutale, l'individu sans force était impuissant. La collectivité seule pouvait résister. Voilà pourquoi les paysans désunis étaient paralysés et désarmés. Tout autres furent les gens de métiers, qui devinrent bourgeois des communes. La guerre de Cent-Ans et les calamités qui en furent la suite écrasèrent les hommes des champs, tandis que la corporation sauva les artisans et l'industrie de la ruine. On ne saurait donc méconnaître sans injustice les services rendus par les corporations, pendant la période du moyen âge. Elles ont été la sauvegarde de l'industrie naissante. Elles ont donné des dignités à leurs membres, des secours d'argent aux pauvres, des fêtes et des banquets à leurs confréries. Et mieux encore, elles ont fait ces bourgeois du moyen âge, qui ont constitué le Tiers-Etat.

Ces bienfaits, toutefois, n'étaient pas sans abus. L'égoïsme régnait dans la corporation jalouse. Le droit au travail était pour elle un privilège. Les longs apprentissages, le nombre restreint des apprentis, les chefs-d'œuvres et les droits devenant de plus en plus onéreux, écartaient le plus grand nombre de prétendants. Avec un soin jaloux, elle défendait son monopole, qui la préservait de toute concurrence. Elle dictait des règlements immuables qui empêchaient toute innovation. Il ne faut donc pas s'étonner qu'elle ait été battue en brèche. — Ce qui doit surprendre davantage, c'est qu'elle n'ait cessé d'être protégée par le pouvoir absolu des xviie et xviiie siècles, et que l'intérêt général ait été impuissant à la faire disparaître, au nom de la liberté, avant 1789.

LIVRE VIII

LES PROGRÈS DU TIERS.

LES TROIS ORDRES. — XVIᵉ ET XVIIᵉ SIÈCLES.

XVIᵉ SIÈCLE
Les Trois Ordres.

I

Du VIIIᵉ au XIIᵉ siècle, la civilisation n'avait rien enfanté. Elle était morte sous l'étreinte de la féodalité absolue et des fléaux sans nombre qui avaient signalé cette sombre période. Au XIIᵉ siècle, elle s'était réveillée avec Abeilard, le mouvement des Croisades, l'autonomie royale, l'apparition des justices, des affranchissements, des communes, des Etats-Généraux. Mais son réveil, contrarié par les guerres civiles et étrangères, surtout par la guerre de Cent-Ans et par le pillage des grandes compagnies, comme aussi par les famines et les épidémies, fut bien lent à se produire. Il ne fut complet qu'après quatre siècles. C'est alors seulement que la mort intellectuelle du moyen âge fit place à la vie, et qu'une civilisation rajeunie, s'emparant de toutes les branches de l'activité humaine, prit le nom de Renaissance.

Au XVIᵉ siècle, le servage personnel avait à peu près disparu devant la liberté individuelle et avait pris le nom de vilainage. Mais les servitudes réelles, bien qu'amoindries, persistaient encore. — La bourgeoisie, c'est-à-dire l'élite du Tiers, sortie du servage, s'était élevée peu à peu dans les rangs de la caste affranchie. Cette transformation du peuple en bourgeoisie est l'un des faits les plus saillants de notre histoire. — La féodalité avait péri en tant que pouvoir souverain. Elle avait survécu seulement en tant que noblesse privilégiée; mais ses guerres privées n'exerçaient plus leurs ravages, et ses justices féodales avaient cessé de nuire. — Les bandes de routiers dispersées, remplacées par une armée permanente, étaient soldées par l'impôt public.

Sous l'influence de ces bienfaisantes réformes, on avait vu renaître la sécurité et le travail, le réveil de l'esprit et de la raison humaine. Tout se renouvelait : les arts et les sciences. Le monde, longtemps entravé dans sa marche, la reprenait pour ne plus s'arrêter. — Dans l'église même, les voix les plus sages réclamaient une réforme. Luther se leva pour en formuler les règles, et Loyola pour le combattre. C'est de ce conflit que naîtront la Réforme, l'inquisition et les guerres civiles.

A mesure que déclinait la féodalité, la monarchie avait grandi dans l'absolutisme. Elle y avait fait un pas immense en ordonnant la levée des impôts — « de par sa puissance et autorité royale », c'est-à-dire *la loi du bon plaisir* — sans recourir au consentement des Etats. Il plut ensuite au monarque de confondre ses revenus privés avec ceux du trésor public, qu'on appelait alors *l'épargne du roi*, et dès ce moment il y puisa sans contrôle à l'aide *des acquits du comptant* que l'honnête chancelier Duprat avait imaginés. C'est à lui que l'on doit aussi la création ou plutôt la vente des offices qui procuraient au titulaire, non-seulement des émoluments, mais l'exemption bien plus recherchée de tous les impôts. L'armée, élevée par le roi à l'aide des gouverneurs de province, et soldée par le trésor public, obéissait aux ordres seuls du souverain, qui faisait la guerre suivant son bon plaisir. C'est ainsi qu'Henri VIII, Louis XII et François Ier la portèrent en Italie, sans consulter ni les Etats généraux, ni le Parlement, ni la nation. — L'absolutisme était complet. Le roi disposait, sans contrôle, de l'armée, du trésor, et faisait des ordonnances qu'aucun autre pouvoir ne venait contredire.

Pendant ce temps, l'esprit d'indépendance et d'émancipation religieuse soufflait à tous les vents, et la guerre civile en était la conséquence. Elle remplit les règnes de François II, de Charles IX et d'Henri III. Pendant trente ans, jusqu'à l'Edit de Nantes, la France fut couverte de ruines et inondée de sang. « Les ministres prêchaient aux villageois, dit Montluc, qu'ils ne devaient ni taille au roi, ni devoirs aux gentilshommes, qui n'avaient aucun droit sur eux. Que le roi n'avait d'autre puissance que celle qui lui venait du peuple. Et en fait, quand les gentilshommes réclamaient des rentes, les tenanciers demandaient qu'ils montrassent dans la Bible où il était écrit qu'ils devaient la payer. Au lieu d'apaiser ces querelles, le Parlement ne fit que les envenimer en ordonnant, par son arrêt de 1562, de courir sus aux Huguenots, et de les tuer partout où on les trouverait, comme gens enragés et ennemis déclarés de Dieu et des hommes » (1).

Catholiques et protestants levèrent des troupes, qui se livrèrent avec fureur à la destruction et à tous les désordres. C'était au nom de la Bible et de l'Evangile que les soldats de Guise et de Condé prenaient une part égale à ces ruines.

« Il serait impossible, dit Pasquier, d'énumérer les cruautés qui se sont commises de part et d'autre. Quand le huguenot est le maître, il ruine toutes les images, démolit

---

(1) Mezerai, VIII, 249.

les sépulcres et tous les biens sacrés des églises. En contr'échange, le catholique tue et noie tous ceux de cette secte, et en regorgent les rivières » (1).

A la suite de ces boucheries sans nombre, tant de cadavres étaient restés sans sépulture que la peste survint, et la famine à sa suite. Pendant deux ans, elles exercèrent leurs ravages ; et la population agricole, déjà rare, fut une fois de plus décimée (2). A toutes ces horreurs vint s'en ajouter une plus grande encore : le massacre de la Saint-Barthélemy, le plus odieux des crimes de l'histoire (1572).

Pendant un demi-siècle, sept armées catholiques et autant de protestantes avaient ravagé le pays, détruit, pillé, incendié partout et toujours. La famine et la peste étaient venues à plusieurs reprises continuer et aggraver l'œuvre des gens de guerre et des bandits. — Quels règnes ! Quelles misères ! Comment la nation a-t-elle pu survivre ?

Avec Henri IV et l'Edit de Nantes, le pays trouve enfin quelque repos. Mais le désordre des finances est toujours le même, et, par tradition, le roi puise sans compter dans le trésor public pour ses maîtresses, ses bâtards et ses dépenses folles. La perception des impôts n'a pas cessé d'être vicieuse. Au dire de Sully, pour trente millions qui entrent dans la caisse du roi, il faut en arracher cent cinquante au paysan. La différence, soit les quatre cinquièmes, profite aux maltotiers, aux collecteurs, aux fermiers de l'impôt. C'est le gaspillage et le vol organisés. Il en est de même pour la gabelle. Les collecteurs touchent huit fois plus qu'il n'entre dans la caisse du roi. Tel est, vu de haut, le rôle de la monarchie pendant le XVIe siècle. Il se résume en quelques mots : absolutisme, gaspillage des finances, immoralité et guerres religieuses.

(1) Dom Plancher, t. II, 99.
(2) Dom Roger, 427.

II

La féodalité, ne pouvant plus se livrer aux guerres privées, subjuguée d'ailleurs par la souveraineté royale, avait suivi ses rois dans les guerres étrangères. Elle en revint éblouie par le luxe italien, énervée par la vie fastueuse qn'elle avait menée autour de son souverain. Ne pouvant se résoudre alors à rentrer dans ses tristes manoirs, elle se laissa entraîner par son aimable monarque et vint continuer près de lui cette vie brillante et facile qui devait constituer la première cour des rois de France.

Cette noblesse de cour, qui vient de se former, succède à la féodalité. Elle n'aura ni ses droits, ni sa force, ni sa turbulence. Abandonnant ses mœurs féodales, au lieu de s'élever contre la royauté, elle lui fera cortège, partagera ses plaisirs et recevra en échange les faveurs et les emplois qui lui permettront de se montrer et de soutenir ses dépenses. Dans cette situation nouvelle, « la noblesse, dit un contemporain, n'avait honte d'aucun gain ; elle provoquait des taxes frauduleuses et vexatoires, d'accord avec les traitants, qui lui cédaient une partie des produits ; elle volait sur les garnisons, les fortifications, les munitions des places qu'elle gouvernait ; elle mendiait des acquits sur le trésor et des paiements de dettes ; elle briguait les emplois de la cour, parce qu'ils étaient bien payés, et se faisait donner la survivance des charges jusqu'à la troisième génération. Chaque seigneur voulait un train fastueux : on portait des habits de 14,000 écus. L'on donnait des bals et des carrousels, on se ruinait ; et pour remplir le vide, il n'y avait d'autre industrie que la guerre civile... » (1).

(1) Lavallée, *Histoire de France*, t. III, 78.

Tel fut le mobile des troubles que fomenta la noblesse sur le pays, pendant quarante ans. Elle ne prenait les armes que pour avoir de l'argent, des places et des faveurs.

Cette grande noblesse de race, qui s'appuyait autrefois sur de lointaines concessions territoriales et qui ne se transmettait que par la naissance, s'était conservée pure de tout mélange jusqu'au XIII° siècle ; mais à partir de cette époque, les rois concédèrent des anoblissements pour récompenser les services du Tiers. L'acquisition seule des fiefs nobles pouvait les conférer : il suffisait donc d'avoir de la fortune. Un jour même, il advint que le roi imposa la noblesse à des gens qui ne la demandaient pas et qui durent payer cet honneur forcé. Quelle humiliation pour les descendants des croisés !...

A mesure que la société se dégageait des entraves féodales et que la force cessait de prévaloir, les classes nobles, toutes guerrières, perdaient en importance ce que gagnait chaque jour le Tiers-Etat et les classes laborieuses, parmi lesquelles il se recrutait. Tandis que la noblesse française, dédaignant le travail et les occupations sérieuses, refusait les fonctions publiques qui demandaient de l'étude et de l'application, le Tiers avait le champ libre, et c'était de son sein, qu'après avoir pris leurs grades universitaires, sortaient les chanceliers, les officiers de la couronne, les avocats, les magistrats du Parlement et tout le corps judiciaire. Il en était de même pour les finances, complètement envahies par les bourgeois lettrés. Ces offices, acquis à prix d'argent, donnaient à ceux qui les occupaient une certaine noblesse de robe, viagère il est vrai, mais qui leur conférait de nombreux privilèges, tels que l'exemption d'impôts, de la milice, des corvées, ainsi que la faculté d'acquérir des terres nobles sans payer le droit dispendieux de franc-fief. Les émoluments et les revenus de ces dignitaires, qui vivaient simplement, accumulés par l'économie, produisaient des fortunes qui se réalisaient fatalement en acquisition de terres seigneuriales. Les grandes opérations commerciales, les expéditions lointaines, le développement des arts et de l'industrie, toutes choses que dédaignait la noblesse, vinrent accroître encore la puissance du Tiers. « On voit tous les jours, dit un contemporain, les officiers et les ministres acquérir des héritages et seigneuries des barons et nobles hommes, et ces nobles venir à telle pauvreté et nécessité qu'ils ne peuvent entretenir l'état de noblesse » (1). L'héritage du gentilhomme ruiné par ses prodigalités passait ainsi dans les mains de l'homme du Tiers, enrichi par son emploi ou par son épargne.

Devant ces empiètements répétés, la noblesse déclinait de jour en jour. Au lieu d'entrer dans les voies fécondes du travail, elle persistait dans son oisiveté et dans son orgueil, qui ne lui permettaient que l'accès de la carrière militaire. Brillante et vaniteuse, dans la guerre et dans la paix, elle se livrait à des dépenses de plus en plus folles, tandis que diminuaient ses revenus. Aussi bien, l'obligation de vendre ses fiefs vint de plus en plus s'imposer à elle. Le temps n'est pas éloigné où, ses ressources étant inférieures à ses besoins, elle se rapprochera plus encore de la royauté pour lui faire cortège, et tendra la main sous des habits dorés.

« Pendant que les grands négligent de rien connaître, même leurs propres affaires ; tandis qu'ils ignorent l'économie et la science d'un père de famille et qu'ils se louent même de cette ignorance ; qu'ils se laissent appauvrir et maîtriser par leurs intendants, *des citoyens* s'instruisent du dedans et du dehors du royaume, étudient le gouvernement, deviennent fins et politiques, savent le fort et le faible de tout état, songent à mieux se placer, s'élèvent, deviennent puissants et soulagent le prince d'une partie des soins

---

(1) Guillaume de Seyssel, *Louange de Louis XII*.

publics. Les grands, qui les dédaignaient, les révèrent. Heureux s'ils deviennent leurs gendres » (1).

III

Au commencement du xvi° siècle, sous l'influence de la paix intérieure, les souffrances nationales avaient pris fin. La culture des campagnes ayant repris faveur, partout se manifestait le progrès et la prospérité. L'aisance de la classe moyenne se montrait dans le luxe des habits, des meubles et dans les divertissements. L'on bâtissait partout des maisons, à la manière italienne et flamande. Les lettres et les arts prirent un élan nouveau et méritèrent, à cette période incomparable, le nom de Renaissance. Jamais époque plus brillante de promesses et plus remplie d'avenir. Le malheur des temps voulut que la seconde moitié du siècle fut traversée par les luttes de la Réforme et ensanglantée par la guerre civile, qui ne prit fin qu'après l'avènement d'Henri IV.

A la mort d'Henri II, en présence des querelles religieuses et d'un pouvoir incertain, les Etats-Généraux furent convoqués à Paris ; ils étaient muets depuis quatre-vingts-ans. Le cahier du Tiers s'y distingua par la valeur et la netteté de ses remontrances. Il demanda notamment : l'élection aux dignités ecclésiastiques par le clergé et les notables, l'interdiction aux prêtres de recevoir des libéralités testamentaires et la réduction des jours fériés au dimanche et à quelques fêtes. Dans l'ordre judiciaire, il demanda de même : l'élection des magistrats par les officiers de justice et les officiers municipaux réunis ; la codification des coutumes, la suppression des douanes intérieures, celle des

---

(1) Labruyère, ch. IX, *Des grands*.

justices seigneuriales et la tenue quinquennale des Etats-Généraux (1566).

L'ordonnance qui suivit ne fit que consacrer les manifestations qui précèdent. Celles de Villiers-Coterets (1539), d'Orléans (1561), de Moulins (1566), et enfin celle de Blois (1579), avaient été codifiées sous la même influence. Non-seulement la bourgeoisie les avait inspirées, mais elle avait occupé les emplois divers que nécessitaient l'extension des justices royales et les créations administratives. L'exercice de ces fonctions vénales, transmis héréditairement dans les familles depuis François Ier, était devenu pour elles comme un patrimoine qui leur donnait la considération, l'influence et la richesse.

En s'enrichissant, la bourgeoisie se prit à aimer le luxe, et l'on vit des femmes de roturiers se parer de bijoux, de fourrures et donner de somptueux repas. La noblesse en prit ombrage, si bien que, pour lui plaire, le roi défendit à tout sujet de donner, dans un dîner, plus d'un potage au lard et de deux mets ; et à toute bourgeoise de porter comme les dames nobles : or, pierreries, hermine, et de se servir de char (1). Restriction imprudente, car ces économies imposées lui permirent d'acheter un plus grand nombre de fiefs aux seigneurs que le luxe ruinait chaque jour.

A la suite de l'émancipation des communes, un grand nombre de serfs avaient été affranchis, presque toujours à titre onéreux ; mais la liberté ne leur donnait pas des intruments de travail. Le seigneur seul possédait la terre, à laquelle ils étaient jadis attachés. Les affranchis continuèrent donc à la travailler pour vivre, aux conditions plus ou moins dures, plus ou moins iniques, imposées par le possesseur. Ces conditions et les rapports qu'elles faisaient naître, engendreront désormais des réclamations in-

---

(1) Deschanel. *Peuple et bourgeoisie*, 83

cessantes. C'est aux Etats-Généraux qu'elles seront exposées, et c'est de là que le Tiers, après avoir fait entendre ses plaintes, les portera aux pieds du souverain, qui les traduira en ordonnances. Puis, ces ordonnances seront appliquées et interprétées par les bailliages et les Parlements où siègent exclusivement les légistes, les hommes du Tiers. On peut prévoir déjà que leurs interprétations seront favorables.

Les premières ordonnances ont pour but d'abaisser la féolité, et de la soumettre aux justices royales. Celles-ci sont établies dans tout le royaume ; et en même temps qu'elles surveillent les justices féodales, elles jugent en appel leurs décisions. Immense réforme qui protège le vilain contre la justice seigneuriale, c'est-à-dire contre le caprice et la tyrannie du maître. — On put se plaindre désormais des mauvais traitements, des redevances injustes, des corvées abusives et des banalités illégitimes, tandis que jusque-là le serf et l'affranchi avaient dû courber la tête, sans que leur plainte pût être entendue.

Dès la fin du XVe siècle, signe certain de son importance, à chaque convocation des Etats-Généraux, le villageois avait été appelé dans les assemblées primaires pour y choisir les délégués des bailliages, qui concouraient à la formation de son cahier et à l'élection des députés du Tiers. Dès ce moment, les notables des bonnes villes ne furent pas seuls entendus, et toutes les classes du Tiers ne formèrent qu'un seul corps politique.

Ces progrès ne furent pas complets, à vrai dire. La population des campagnes, généralement affranchie du servage personnel, devait encore des cens, des rentes et des prestations réelles aux anciens possesseurs du sol. Mais ses obligations, depuis les affranchissements, s'étaient fixées par des contrats et avaient singulièrement diminué d'importance et de valeur depuis trois siècles. La rente étant demeurée la même, tandis que les produits du sol augmentaient sans cesse de valeur, le paysan avait pu épargner, se racheter et acquérir souvent le sol qu'il cultivait.

Telle était la situation du paysan au xvi⁰ siècle. Toute autre était celle de l'artisan et du bourgeois des villes. Protégés par la corporation ou par la municipalité, ils trouvèrent de bonne heure, dans ces associations, le moyen de résister au seigneur féodal. S'ils lui devaient des cens et redevances, des lods et ventes, elles n'étaient point arbitraires, et ils prenaient soin de les faire fixer par des contrats ou par les tribunaux. S'ils devaient au roi la capitation, la taille, les gabelles, les dons gratuits, ils ne supportaient ni le cens, ni les corvées, ni le guet et garde, ni la dîme qui se prélevait sur les fruits de la terre. L'industrie était affranchie de toutes ces charges. Les maisons seules payaient le cens et les lods et ventes. L'abonnement les délivrait d'ailleurs de ce que la perception avait de plus odieux (1). Ces conditions meilleures leur permettaient de faire des économies, de racheter légalement au seigneur les obligations qui leur étaient imposées. On comprend, dès lors, que ces bourgeois, cette élite du Tiers, s'affranchit de bonne heure des droits seigneuriaux, ainsi que de toutes les charges et vexations qui continuèrent à peser sur le malheureux paysan. C'est donc lui seul qui demeurera serf pendant les âges qui vont suivre, avec de plus malheureux encore, les mainmortables, dont nous continuerons à marquer la trace.

Pour constater la marche de ces progrès, il faut suivre pas à pas les ordonnances royales soutenues et appliquées par les Parlements, et en même temps les doléances des Etats-Généraux, qui précisent la situation la plus vraie des hommes et des choses, au moment où elles formulent leurs plaintes.

Dans la première ordonnance de son règne, Louis XII

---

(1) Moreau de Joannès, *Etat social de la France*, 228.

s'élève « contre les pilleries et violences des gens de guerre, qui n'ont cessé de désoler le pays, malgré les défenses de ses prédécesseurs ». Une nouvelle ordonnance de 1514, voulant assurer l'effet, sans doute méconnu, des prescriptions qui précèdent, cantonna les gens d'armes dans les villes mûrées, où les bourgeois pouvaient leur résister, et leur interdit de s'écarter dans les campagnes, en rendant leurs officiers responsables de leurs méfaits. — La même ordonnance réduisit le nombre des gens de justice et défendit aux juges d'exiger d'autres dépens que les épices ».

Les remontrances du Parlement nous apprennent bientôt après (5 novembre 1526), que les brigandages des troupes avaient recommencé, « et que les paysans étaient pillés par ceux-là mêmes qu'ils payaient pour les protéger... ». Ces plaintes n'étaient que trop vraies. Malgré les ordonnances qui soulevaient contre les pillards toutes les communautés, il fallut les grands jours de Poitiers, de Riom et de Bayeux pour faire disparaître ces pilleries éhontées. De nombreux gentilshommes, chefs des bandits, eurent la tête tranchée. Ceux qui prirent la fuite virent leurs biens confisqués et leurs châteaux rasés (1540). — En 1532, les titres péagers qui ne remontaient pas à cent ans furent révisés et abolis, quand ils ne se fondaient pas sur un titre. Les douanes et les péages de rivière disparurent de même (1540). Mais à côté de ces sages mesures, il en est d'autres qui n'ont pour but que d'élever l'impôt, afin de satisfaire au luxe insensé de la Cour.

Les seigneurs, abusant de la faiblesse des villages, s'emparaient fréquemment des communaux. Les ordonnances d'Orléans et de Blois (1535-1552) blâmèrent leurs entreprises et firent restituer les terres usurpées, dont une ordonnance nouvelle de 1579 défendit l'aliénation. Elle interdisait en même temps aux seigneurs : *les extorsions de titres et de compromis*, ainsi que *les exactions sur la terre et les hommes de leurs fiefs.* Mieux encore : elle leur interdisait de disposer des filles de leurs vassaux pour les marier avec leurs serviteurs ou leurs amis ».

A côté de ces ordonnances bienfaisantes, il en est d'autres qui revêtent un caractère tout différent. Celle de 1536, sur la procédure criminelle, est de ce nombre. Celle de 1539 inaugure tristement la procédure secrète. L'instruction est inconnue de l'accusé ; les dépositions des témoins ne lui sont pas communiquées ; il ne lui est pas permis d'avoir un défenseur : le juge pour l'interroger, le bourreau pour le torturer, le greffier pour enregistrer ses cris et ses aveux : Telles sont les garanties de la justice criminelle. C'est le souvenir de l'inquisition qui corrompait ainsi les idées de justice de ce temps. — On voit prohiber ensuite le prêt à intérêt d'une manière absolue ; condamner à la peine de mort les détournements de mineurs, et ordonner l'incarcération indéfinie du débiteur impuissant à se libérer. Ce sont là de déplorables tendances. Mais à côté d'elles, on est heureux d'indiquer, en passant, les nombreux édits de tolérance qui furent rendus en faveur des religionnaires. Celui de 1561 avait reconnu leur culte et la légitimité de leur mariage devant notaire, ou devant témoins. — Nouveaux édits en 1568, 1570, 1576 et 1580, qui n'étaient autres que des trêves de belligérants, et qui confirmaient celui de 1561, en attendant le fameux édit de Nantes (1598).

Les principales ordonnances, répondant aux vœux des Etats-Généraux, se montrent préoccupées çà et là de réformer la justice et de réunir dans leur ensemble les lois et les coutumes. Mais trop vastes pour ce temps, ces grands projets devront attendre la Révolution pour être exécutés.

Malgré ces ordonnances lentement progressives, la masse du peuple, composée de paysans censitaires et d'un nombre chaque jour plus restreint de serfs attardés dans la mainmorte, reste accablée sous le fardeau des droits seigneuriaux. Les rentes, les censives, les banalités, sont aggravés encore par la taille royale, par la levée militaire, la gabelle, et surtout par les exactions, les pilleries et les brigandages sans cesse renouvelés des agents fiscaux, des maltotiers, gabelous et gens de guerre. — Les préposés aux greniers du sel, qui en étaient aussi les fermiers, mandaient les habitants, et s'ils estimaient qu'ils auraient dû consommer plus qu'ils n'avaient pris aux greniers publics, considérant cette économie comme une contrebande, les condamnaient à une amende arbitraire. Puis, ils trouvèrent plus simple d'imposer chaque individu à neuf livres de sel par an. — De telles iniquités rendirent cette perception odieuse. « Les fermiers de la gabelle, dit le Tiers dans ses cahiers, s'emparent des meubles des pauvres, leur font des procès, les arrêtent prisonniers, prennent leurs bœufs et leurs chevaux, de telle sorte que dans une matinée ils ruinent cinquante pauvres qu'ils envoient à l'aumône » (1).

Ce qui rend surtout plus lourde la charge du peuple, c'est qu'il la supporte seul, tandis que la noblesse, le clergé et les officiers de l'Etat sont exempts de tout impôt.

Nous avons vu ailleurs combien le peuple souffrait des brigandages des gens de guerre sous François Ier. A plusieurs reprises, le roi avait dû soulever contre eux le pays, et instituer en même temps les grands jours pour les punir. Ce n'était pas assez des brigands : les éléments se mettaient de la partie, et des intempéries amenaient cinq ans de famine (1528-1534) qui, au dire de Mezeray, emportèrent le quart de la population. — Sous ce règne glorieux, le paysan ignorait l'usage de la viande ; il ne tuait pas même de porc, parce que le prix du sel l'en empêchait. Il se nourrissait de glands, de sarrasin, de châtaignes et de pommes. Le pain

---

(1) Dom Roger, *Anjou*, 421.

était une nourriture de luxe, dont il ne goûtait que le dimanche (1).

En 1556, 10,000 villageois de la Normandie et de la Picardie, ruinés par les guerres, avaient quitté leurs demeures et s'étaient réfugiés en Franche-Comté, pays de mainmorte, pour y cultiver les terres qu'on voudrait bien leur donner. La misère les jetait ainsi dans la servitude volontaire.

C'est dans les cahiers du peuple, aux Etats-Généraux, que nous allons connaître l'étendue du mal dont il souffre et la légitimité de ses doléances. — « Aux Etats de 1560, les députés du
» clergé montrent le Tiers comme épuisé par les contribu-
» tions forcées, et supplient le roi d'empêcher que les labou-
» reurs continuent à être ruinés par les gens de guerre ;
» d'établir, en conséquence, des étapes réglées, afin que tout
» se payât de gré à gré... » — Les doléances du Tiers furent plus explicites encore sur ce point. Puis il exposa au grand jour « les vexations, injustices et rapines que les
» laboureurs essuyaient de la part des seigneurs. — Non
» contents, dit-il, de les enlever à leurs travaux, pour des
» droits prétendus d'aides et de charriage, ils levaient sur
» eux des contributions arbitraires en pailles et grains,
» sous prétexte de les exempter du logement des gens de
» guerre. Certains seigneurs enlevaient aux communes les
» bois et pâturages dont elles jouissaient de temps immé-
» morial ; d'autres établissaient des fours et pressoirs ba-
» naux, et exigeaient des droits triples de ceux que portait
» la coutume. Ils percevaient des droits de péage arbitraires
» pour des ponts et routes qu'ils n'entretenaient pas, et à
» l'aide de leurs droits de chasse, ils ravageaient les champs
» et les vignes de ceux qui osaient leur déplaire, tandis que
» leurs veneurs et leurs chiens, abusant du droit de gîte,
» délogeaient et pillaient les laboureurs » (2).

(1) Labruyère-Champier, médecin du roi.
(2) *Etats-Gén.*, xi et xii, 53, 308, 210.

Les doléances tracent ensuite un tableau effrayant de la désolation des campagnes... « Beaucoup de gens qui n'ont
» pu payer l'impôt ont été traînés en prison et y sont morts
» de faim, disent-elles. D'autres s'attèlent à la charrue,
» pour remplacer le bétail qu'on leur a enlevé... Partout
» les terres sont incultes et en friche. Après avoir acquitté
» ses impôts, le paysan se voit conduire en prison pour
» acquitter les tailles d'un voisin qui s'est enfui, et ce, en
» vertu de la solidarité. Rejetant le fardeau sur les pauvres,
» les gens aisés se dispensent de toutes charges, au moyen
» de titres ou de sinécures de toute sorte... Des seigneurs
» enlèvent des enfants et séquestrent des filles, pour les
» marier ensuite avec leurs serviteurs, contre le gré de
» leurs parents... »

On ne saurait réciter, disent encore les cahiers, « les
» extorsions et méchancetés que les compagnies des gens
» de guerre font aux pauvres laboureurs des lieux où ils
» passent. Ils les contraignent à leur procurer des vivres,
» et puis, partant sans payer, emmenant souvent avec eux
» les chevaux et harnais du pauvre laboureur, que pour
» tout paiement ils battent et outragent » (1).

Les maux de la guerre étaient si grands, que le paysan découragé refusait les terres qu'on lui donnait à cens, franches de dîmes et autres redevances, et l'on voyait partout de vastes communaux déserts, qui jadis étaient cultivés (2).

En même temps, le fanatisme religieux avait déchaîné ses fureurs sur la France. « Villes et villages saccagés, pillés
» et brûlés, s'en allaient en déserts. Les pauvres laboureurs,
» chassés de leurs maisons, privés de leurs meubles et de
» leur bétail, pris à rançon et volés, aujourd'hui les uns,
» demain les autres, de quelque religion qu'ils fussent, s'en-

---

(1) Etats-Gén., XII, 217.
(2) Carlier, *Histoire du duché de Valois*, II, 609.

» fuyaient comme bêtes sauvages, abandonnant tout ce
» qu'ils avaient. Enfin, la guerre civile était une source
» inépuisable de méchancetés, voleries, meurtres, adultè-
» res, parricides et autres crimes que l'on peut s'imaginer,
» tous impunis » (1).

C'est au nom de la Bible et de l'Evangile que se commettaient ces horreurs. La religion n'était que le prétexte, comme on le pense bien. Les troupes ne connaissaient ni amis, ni ennemis; elles pillaient également les uns et les autres. Il y avait autant de foyers de guerres civiles que de provinces, de villes et de bourgs. Les cités, prenant parti pour ou contre les réformés, guerroyaient entre elles, et pour s'affamer réciproquement, brûlaient les hameaux, arrachaient les vignes et les arbres, et fauchaient ou brûlaient les moissons (2). C'est ainsi que la France eut à subir cinquante années de pilleries et de massacres. Sept armées catholiques et sept armées protestantes mirent le pays à sac. Un contemporain, Froumenteau, nous assure qu'en vingt années, la guerre civile fit périr 765,000 hommes, et vit détruire 250 villages et 124,000 maisons.

Aux Etats de 1576, le chancelier de France lui-même signalait, en termes énergiques, le malaise du pays « et de-
» mandait grâce pour les pauvres laboureurs et habitants
» des champs, si maltraités et tant abattus, qu'ils n'en peu-
» vent plus... » La noblesse reconnut aussi que leurs souffrances étaient intolérables. « Quand je me représente, dit à
» son tour l'orateur du Tiers, les calamités dans lesquelles
» j'ai vu le pauvre peuple plongé, les pilleries, les rançon-
» nements, les violements de femmes et de filles..., je ne
» puis que demander la paix. » La ville de Paris se plaint elle-même de semblables méfaits, et elle ajoute : « que ces

---

(1) Castelnau, *Mémoires sur l'Histoire de France*, de Petitot, XXXIII.
(2) Bèze, *Histoire ecc.*, l. VIII.

» pilleries sont pratiquées, non-seulement par les gens d'ar-
» mes, mais par les gardes et par la suite du roi, qui pillent
» et détruisent les maisons des laboureurs... (1).

En 1586, dans la plupart des provinces, et notamment dans le Vivarais, on vendait vingt livres le sétier de froment. On se nourrissait de glands, de racines et pépins de raisins séchés au four qu'on faisait moudre pour faire du pain avec l'écorce des arbres. Les villes furent désertées et le travail abandonné (2). — La peste, la famine, les révoltes éclataient partout. Pour obvier à ces maux, les Etats furent convoqués encore en 1589. « Les excès des gens d'armes, disent-ils, ne se peuvent raconter que les larmes aux yeux, les plaintes et les clameurs jusqu'au ciel... La nécessité portera le laboureur au désespoir et à la vengeance » (3).

Malgré l'avènement d'Henri IV, la Ligue ne cessa de rester armée, et les bandes nombreuses qui parcouraient en tout sens les provinces, arborant des bannières diverses, laissaient partout la dévastation. En 1598, les Etats de Normandie renouvelaient les plaintes que nous avons tant de fois entendues : « Considérez, disaient-ils au roi, l'extrême pauvreté des habitants de ce pays à cause des guerres civiles, des pilleries et rançons des gens de guerre, des crues et levées de deniers excessives, et qui représentent cette année deux fois plus que le principal. »

Telle était encore, à la fin du xvie siècle et sous le meilleur des princes, la détresse du paysan, du prolétaire.

(1) *Remontrances de Paris*, 6, 7, 8.
(2) *Mémoires de Gamon. Archives d'Annonay*.
(3) *Etats-Gén.*, xiv, 502.

XVIIᵉ SIÈCLE

Les Grands Ministres. — Les Guerres civiles. — La Cour. Doléances générales.— Les Maîtrises.— Le Compagnonage.— Résumé.

I

La mort prématurée d'Henri IV avait réveillé les querelles des partis. Les compétitions des personnes qui voulaient gouverner au nom du roi mineur ne tardèrent pas à agiter le royaume, et l'on songea, à vingt ans de date, à convoquer les derniers Etats-Généraux que mentionne notre histoire, avant ceux de 1789. Leur réunion tumultueuse ne fit pas l'apaisement. Les Condé et les Rohan fomentèrent des troubles et provoquèrent la guerre civile. Pendant neuf ans, les partis en armes pratiquèrent impunément le meurtre et l'incendie dans tout le royaume.

En Alsace, le comte de Mansfeld, « qui faisait la guerre en brigand », ravagea si bien ce pays, qu'il n'y eut ni bourg, ni village qui ne fût brûlé. Presque tous furent désertés par les habitants (1). Dans le Midi, tout fut en feu... Les rebelles firent un tel dégât à la campagne, qu'ils ne laissèrent pas de maisons de seigneur et de gentilhomme, terres ni métairies, villages ni fermes, qu'ils n'aient mis à feu et à sang, brûlé les églises, crucifié les prêtres, violé les femmes, forcé les monastères des religieux et des religieuses, et commis des actes pires que les Turcs » (2).

(1) Laguille, *Alsace*, II, 85.
(2) *Histoire de la rébellion*, 86.

Louis XIII s'étant transporté dans le Midi, écrasa ces résistances à la tête d'une nombreuse armée. La plupart des villes rebelles furent détruites, les châteaux rasés. Les chefs lui vendirent leur influence et reçurent des honneurs.

C'est à ce moment que Richelieu arriva aux affaires (1624). Pendant dix-huit ans, il en fut le seul ordonnateur. C'est lui qui fut vraiment le roi de France. Tout plia sous sa main de fer. Renverser de fond en comble les fortifications seigneuriales, tel fut son premier soin. Le parti huguenot en prit ombrage. Déjà il formait un Etat dans l'Etat. Il avait des places fortes, des armées, il traitait avec les puissances étrangères, et sous le couvert de la liberté religieuse, les grands seigneurs faisaient résistance et se préparaient à la lutte. Richelieu les attaqua dans leur forteresse principale, et malgré le concours de l'Angleterre et de l'Espagne, il prit la Rochelle après un long siège. Satisfait d'avoir triomphé d'une résistance qu'il regardait comme politique, il laissa aux réformés la liberté de conscience, ainsi que les privilèges à eux concédés par l'édit de Nantes.

Pendant que le Ministre réduisait les huguenots dans l'Ouest, six corps d'armée, commandés par Condé et Montmorency, parcouraient le Languedoc, et y commetttaient d'horribles ravages. Le roi lui-même marcha contre les rebelles, avec 50,000 hommes partagés en six corps. Privas fut prise d'assaut, détruite, incendiée, et les habitants envoyés aux galères (1629). Des colonnes dévastatrices parcoururent les Cévennes, brûlant les villages et rasant leurs murailles, détruisant les châteaux et massacrant les gentilshommes, aussi bien que tout ce qui leur résistait. C'est au retour de sa dernière expédition en Languedoc, qu'après avoir séjourné à Tarascon, brisé par la maladie, Richelieu remonta le Rhône dans une barque de parade, derrière laquelle il traînait Cinq-Mars et de Thou, favoris du roi et conspirateurs, qu'il fit décapiter à Lyon. Montmorency lui-même, le maréchal de Marillac et tant d'autres avaient subi le même sort.

Pendant qu'il écrasait la noblesse, le grand ministre pensait au paysan, et venait en aide à sa misère. C'est ainsi que, dans une assemblée de notables, qu'il présidait en 1626, « il proposait de régler la taille de telle sorte que » les pauvres, qui en portaient la plus grande charge, fus- » sent soulagés ». S'inspirant de cette pensée, il avait interdit aux soldats, sous peine de mort, de prendre les bœufs des laboureurs et de les interrompre dans leurs travaux, « parce que la vie du paysan est la vie du royaume ». Il décidait en même temps que les gens de guerre ne logeraient que dans les villes et bourgs, et non dans les campagnes, et qu'ils ne prendraient plus rien sans le payer au prix du dernier marché (1628). Il défendit de même, aux collecteurs de l'impôt, de saisir le pain, le lit et les bêtes de labour du paysan, et d'enlever les portes et les fenêtres de leurs demeures.

Malgré des prescriptions si sages, voici quelles étaient, en 1638, les doléances des Etats de Normandie : « Les cam- » pagnes sont désolées par les soldats, les agents du fisc ; » les prisons regorgent des victimes de l'impitoyable ga- » belle ; les villages sont déserts, les paysans fuient dans » les forêts, et se font brigands à leur tour. C'est en vain » que le paysan s'acquitte de la taille ; il faut, en vertu de » la solidarité de l'impôt, qu'il paie pour son voisin, ruiné » ou en fuite... Le pays menace d'être converti en désert ».

Et cependant, jamais pouvoir n'avait été plus favorable aux intérêts du peuple. En abaissant les grands, qui faisaient ombrage à la monarchie absolue, il élevait par cela même les petits. En protégeant le commerce et les lettres, il élevait la bourgeoisie et grandissait de la sorte l'influence du Tiers-Etat : l'égalité devant la loi se faisait déjà pressentir.

Pendant les dix-huit années qu'avait duré l'administration de ce grand ministre, la haute noblesse avait été en conspiration permanente contre l'Etat et contre lui. Les complots se succédaient sans interruption. Il les avait réprimés avec la dernière violence, abattant comme Tarquin les têtes des pavots superbes. Marie de Médicis, le prince de Condé, la reine elle-même, avaient senti la puissance de son bras. Aux Grands-Jours de Poitiers, en 1634, deux cents nobles furent condamnés pour violences ou exactions. Aussi bien, la noblesse, le clergé et la magistrature le détestaient également. Les Jésuites ne cessèrent de lui faire la guerre.— Les parlements voulurent refuser d'enregistrer les édits sur les taxes nouvelles, mais il emprisonna et destitua les opposants, et réduisit les autres au silence. — Les Etats-Généraux avaient montré quelque indépendance en 1614 ; il ne les convoquera jamais. Le despotisme royal avait remplacé la souveraineté féodale. — Se mettant au-dessus des lois et de la justice, l'implacable Ministre disposait à son gré de la liberté, de la fortune et de la vie des citoyens. On vit des condamnations arbitraires prononcées par simples lettres patentes adressées au Parlement.— Les Gouverneurs de province se considéraient comme indépendants ; mais la décapitation de Montmorency leur prouva le contraire, et, pour mieux l'établir, il créa les intendants de province, qu'il prit dans la roture. Agents dociles du pouvoir, ils surveillèrent les grands, les Parlements, les villes et les Etats provinciaux. Ils concentrèrent dans leurs mains tous les pouvoirs financiers, politiques et judiciaires, effaçant ainsi le rôle des gouverneurs, si prépondérant depuis François Ier.

Ce grand homme, qui fait songer à Machiavel et à Louis XI, doit être réprouvé par la morale. Mais la noblesse anéantie, la maison d'Autriche abaissée, les lettres et les arts protégés, le Tiers-Etat élevé, le font regarder à juste titre comme le plus grand politique de notre histoire.

A Richelieu succéda Mazarin comme ministre, et Marie de Médécis comme Régente de Louis XIV (1643). Dès les premiers jours, les Parlements portaient aux pieds du trône les doléances des villageois. Elles vont nous faire connaître la situation des campagnes au moment où finissait le règne de Louis XIII et du plus grand des ministres. — Les Etats de Normandie exposent au roi « que les prisons regorgent
» en tous lieux de gens que la seule misère, et non la bonne
» volonté, empêchent de payer, non pas leur propre taille,
» mais celle de leurs voisins insolvables, et qu'il en est
» mort plus de cinquante dans une seule prison ». Ils ajoutent : « Que la taille est levée par des compagnies de sol-
» dats qui traînent, après eux, la désolation en tous lieux,
» et qui font au peuple plus de mal qu'il n'en a reçu des
» troupes ennemies... Ces soldats rançonnent les habitants
» et les contraignent à fuir, après avoir brûlé leurs mai-
» sons, enlevé les blés, les charrues, les chevaux, ainsi que
» tous les bestiaux du village emmenés en un seul trou-
» peau » (1). — Peu d'années après, en 1648, le Procureur Général du Parlement de Paris adressait de même à la Régente de généreuses mais inutiles paroles : « Il y a dix
» ans que la campagne est ruinée, disait-il ; les paysans ré-
» duits à coucher sur la paille, leurs meubles vendus pour
» payer les impôts... L'honneur des batailles, la gloire des
» provinces conquises, ne peut nourrir ceux qui n'ont pas
» de pain et qui ne considèrent pas les palmes et les lau-
» riers comme fruits ordinaires de la terre » (2). — Presque en même temps, le Premier Président Molé disait encore à la Régente : « Votre Majesté n'ignore pas les misères de
» la campagne ; elle sait que les laboureurs sont contraints
» d'abandonner leur travail, de quitter leurs maisons et leurs

---

(1) Floquet, *Histoire du Parlement de Normandie*, v. 144.
(2) Omer Talon, *Mémoires*, 210.

» familles, et de demander leur vie de porte en porte ; qu'on
» exerce à main armée mille violences pour le paiement des
» tailles... Elle sait que, sans un secours très-pressant, la
» campagne ne sera bientôt plus qu'un désert » (1).

En présence d'une telle situation, les Parlements et les Etats provinciaux jetaient des cris de détresse... Et malgré ce, le trésor étant vidé par des malversations de toute espèce, les Edits bursaux se succédaient. C'est en vain que le Parlement de Rennes prétendait avoir le droit de les vérifier et de contrôler les actes du Gouvernement. A main armée on triomphait de sa résistance et de celle des débiteurs (2). Il s'unit alors au Parlement de Paris, pour résister aux violences intolérables des gouverneurs et intendants de province, demandant leur suppression et la réduction des impôts, avec défense de les lever à l'avenir sans l'enregistrement des cours souveraines. Partout, disait-on, gouverneurs et intendants, *tous grands voleurs*, tyrannisaient et dépouillaient les pays confiés à leur administration (3).

Le peuple de Paris se souleva pour appuyer la résistance des Parlements qui soutenaient sa cause ; mais aussitôt, la Régente, irritée, quitta Paris, leva des troupes et mit Condé à leur tête. Le Parlement, le clergé, la noblesse et le peuple armèrent à leur tour et opposèrent Turenne à Condé. La guerre civile commença. Les nobles soulevèrent les provinces. Chaque parti, pour satisfaire son ambition ou ses rivalités, avait ses armées, avec lesquelles il piétinait la France. C'était la dernière convulsion de la féodalité expirante.

Pendant cette misérable guerre de la Fronde, les armées ne cessèrent de tenir la campagne et de fouler le pays:

(1) Mathieu Molé. *Mémoires*. 235 et s.
(2) Tallemont du Réaux, 35.
(3) Idem, III, 237.

« Il n'y a point d'éloquence qui puisse exprimer le désordre
» de notre campagne, dit l'historien de Soissons, et la cons-
» ternation des paysans qui l'abandonnent et se retirent
» dans les villes. La perte de la moisson, la ruine des bourgs
» et villages, la pauvreté du peuple et les maladies qui les
» enlèvent sont des misères qui ne peuvent se comprendre
» que par ceux qui les ont vues ou souffertes » (1).

Dans le Valois tout entier, le soldat commit tous les excès. La plupart des familles, dépouillées de leurs biens, prirent la fuite. Plusieurs se retirèrent dans les forêts et vécurent de racines (2).

Tous les princes et seigneurs qui entouraient le trône, ne connaissaient que la guerre. C'était la guerre qui leur donnait honneur et profit ; de telle sorte que quand ils ne pouvaient la faire au dehors, ils la faisaient au dedans. La lutte des parlements, l'intrigue de Mazarin, l'orgueil et l'ambition des Condé, des Conti, des Longueville, les brigues des ducs d'Orléans, de Beaufort et de Bouillon, allumèrent d'incessantes querelles armées. Pour y faire face, tandis que les Princes armaient des mercenaires étrangers, qui avaient dès longtemps l'habitude du pillage, les seigneurs révoltés levaient des hommes sur leurs terres ; et comme après les avoir déplacés ils ne pouvaient les payer, ils les laissaient vivre de pillage. « Ils avaient pour lieutenant, dit
» Bussy-Rabutin, ces filous de qualité auxquels le vol et l'as-
» sassinat étaient aussi familiers que le boire et le manger ».
Le mal fut si grand que deux Edits royaux de 1651 et 1652 lancèrent la noblesse et les communautés, le ban et l'arrière-ban, à la poursuite de ces pillards éternels, qui rançonnaient les campagnes comme aux jours maudits des grandes compagnies (3). Peine inutile. On pouvait de la sorte ré-

(1) Dormay, 560.
(2) Dom Carlier, III, 77.
(3) Bussy, I, 332 et s.

sister à quelques bandes; mais qui pouvait résister à Condé !...
Il parcourut les provinces, dit Saint-Aulaire, répandant la
terreur sur son passage, levant hommes, tailles et gabelles,
moissonnant ses lauriers à la lueur des villages français
incendiés, tandis que son lieutenant Gourville, le poignard
à la main, pillait les caisses publiques.

Trois armées parcouraient la France, vivant sur le pays
et le ruinant, parce qu'elles n'étaient pas soldées. « L'armée
» du Roi elle-même, dit de Retz, fait des désordres incroya-
» bles, faute de paiement ».

Les troupes de Turenne commettaient les mêmes ravages,
dit Dom Carlier. Mais voilà que les armées se rapprochent
de Paris : « Les sièges, les combats, les retraites, répan-
» daient la désolation dans les campagnes. Tout était ra-
» vagé par les guerriers, qui ne songeaient qu'au succès
» de leur parti et ne voyaient qu'avec dédain les malheurs
» affreux qu'ils causaient.... Les soldats, les officiers, les
» généraux eux-mêmes, s'adonnaient sans honte et sans
» peine au vol et au brigandage.... Le comte de Chava-
» gnac, chargé de conduire une compagnie, traverse une
» province, et dans ce parcours, dit-il, la route lui valut
» 34,000 livres (1) ».

Le burin de Callot, qui vivait alors, dit bien mieux que la
plume les misères de la guerre. Voyez sa gravure. Pendant
que des soldats brisent et vident des armoires, un autre
égorge un homme renversé. Plus loin, un malheureux, age-
nouillé, voit sa tête menacée par plusieurs sabres, tandis
qu'une pauvre vieille se précipite vers ses meurtriers en
leur tendant une bourse pour sa rançon. Au fond du tableau, des soldats déguenillés boivent autour de tonneaux
effondrés et dont le vin coule à flots. Deux autres luttent
sur un lit contre une femme en désordre, tandis que cinq

---

(1) Dulaure, *Histoire de Paris*, 443.

bandits maintiennent sur le brasier les pieds d'un malheureux paysan, qui refuse d'indiquer son trésor. — C'est bien ainsi que les choses devaient se passer, et tout porte à croire que le tableau n'est pas chargé. L'artiste rendait ce qu'il voyait. Rien ne reflète mieux les mœurs d'une époque que la littérature et les arts.

II

Mais voilà que la Régence a pris fin, et c'est alors qu'apparaît vraiment Louis XIV. Au moment où il prenait en main le gouvernement de l'Etat, le jeune Roi se souvenait des querelles de la Fronde et du danger que les Parlements et la noblesse avaient fait courir à sa couronne. Aussi se promit-il de les écarter et de gouverner par lui-même. « L'Etat, c'est moi ». Telle fut sa première affirmation. Telle est la formule de la Monarchie la plus absolue, la plus orgueilleuse, la plus infatuée d'elle-même qui fût jamais. C'est sous cette influence qu'il écrivait plus tard à son petit-fils : « Que toute puissance réside dans la main du roi ; que seul il représente la nation tout entière ; que tous les biens sont au Roi, aussi bien ceux des gens d'Eglise que des séculiers ».

La France, exténuée par les guerres étrangères et par les guerres civiles, par les exactions de Mazarin et de Fouquet, par les exigences impitoyables du fisc, par les brigandages des soldats et des seigneurs, la France était dans la misère la plus effroyable. Nous venons d'en faire le tableau. Des populations entières mouraient de faim, après s'être nourries d'herbes et de racines. Que serait devenu ce malheureux pays, s'il n'avait eu l'heureuse chance de voir arriver Colbert aux affaires ? Richelieu avait fait Louis XIII, Colbert sauva

Louis XIV et lui permit de s'élever. Colbert, fils de drapier, grandi par le travail, devint la personnification la plus haute de ce temps. Profond admirateur de Richelieu, il reprit les plans de ce grand ministre et considéra comme un devoir de les continuer en développant tous les éléments de la puissance financière et industrielle de la France. Il distinguait deux classes de gens : « celle qui tend à se soustraire au travail, et celle qui, par sa vie laborieuse, profite sans cesse au bien public ». « Il faut, disait-il, rendre difficile la condition de ces hommes qui tendent à se soustraire au travail, et réduire dès lors le trop grand nombre des officiers de justice, et surtout des prêtres, des moines, des religieuses, qui, non-seulement ne travaillent pas au bien général, mais privent le public des enfants qui se rendraient utiles à l'Etat. Il faudrait donc rendre les vœux plus difficiles et reculer l'âge où ils sont valables. Il conviendrait de faciliter en même temps toutes les conditions des hommes qui tendent au bien public, c'est-à-dire les soldats, les marchands, les laboureurs et les artisans ». Tel est le langage du bon sens, de la raison et de la justice.

Faire rendre gorge à Fouquet et aux traitants qui avaient pillé les caisses publiques, tel fut son premier soin. Portant ensuite ses réformes sur les impôts, dont un tiers seulement arrivait au Trésor, tandis que le reste se fondait entre les mains des collecteurs et des traitants, il abolit un certain nombre d'exemptions injustes, et fit rentrer dans les rangs des contribuables les échevins et tous les bourgeois qui voulaient s'exempter de la taille, parce qu'ils avaient rempli des offices sans importance... Les nouveaux titres de noblesse disparurent, les droits de consommation furent abaissés, les tailles diminuées, les douanes intérieures abolies, et loin d'être amoindri par ces sages réformes, le revenu du trésor s'en trouva augmenté (1661).

La justice fut aussi réformée ; les Grands-Jours d'Auver-

gne établis. C'est qu'en effet les mœurs des seigneurs n'étaient pas meilleures que celles des financiers : « Les pau-
» vres habitants des campagnes, écrivait Dulaure en 1654,
» sont livrés sans défense à l'exécrable tyrannie de leurs
» seigneurs, dont la férocité dans les campagnes égalait la
» lâcheté à la cour. Ils sont impunément outragés, pillés,
» battus, mutilés, égorgés et réduits à la plus abjecte sou-
» mission ». On raconte que Bassompierre tenait le poignard sur la gorge d'un père, tandis que son ami violait sa fille sous ses yeux. — Hoquincourt n'offrait-il pas d'assassiner Condé dans les rues de Paris ? Et que dire de ce marquis de Vaubecourt, qui faisait égorger ses prisonniers par son fils de dix ans, à cette seule fin de tremper son caractère ? Et cet autre, qui, à trente ans, avait tué soixante-douze hommes en duel (1) ! C'en était trop. L'opinion publique demandait une répression, qui, depuis les Grands-Jours de Poitiers, c'est-à-dire depuis trente années, se faisait attendre. Trente années d'impunité pour la noblesse ! Enfin, les Grands-Jours d'Auvergne s'ouvrirent à Clermont et ce furent les derniers (1665).

A la seule annonce de ce tribunal redouté, la noblesse, se rendant justice, déserta prudemment les provinces. Treize mille affaires furent soumises à cette juridiction exceptionnelle, et, dans une seule audience, cinquante-trois condamnations à mort par contumace furent prononcées (2). On vit d'abord le marquis de Canillac, qui levait cinq fois la taille : pour le roi, pour Monsieur, pour Madame et pour les enfants. Et pour percevoir ces impositions arbitraires, il entretenait dans son château douze scélérats voués à tous les crimes, qu'il nommait ses douze apôtres.

Le baron de Sénégas, qui levait ses tailles à main armée, les

---

(1) Tallemont, II, 33 et s.
(2) Fléchier, 294.

exigeait à discrétion, et usurpait les dîmes. Il avait assassiné plusieurs de ses sujets, et, pendant plusieurs mois, avait maintenu l'un d'eux dans une armoire humide, qui ne lui permettait ni de s'asseoir, ni de se tenir debout (2). Une foule d'autres, coupables de meurtres et de violences, eurent à répondre de leurs méfaits... Mais ce fut en vain que la répression tomba sur quelques têtes, puisque l'année suivante, le Tiers-Etat se plaignait au roi de la tyrannie de la noblesse, et le suppliait « d'obvier à l'oppression que souf-
» frent les faibles par la violence des forts, lesquels, sous
» prétexte de rentes qui leur sont dues, exigent de leurs
» redevables tout ce que bon leur semble, refusant de pren-
» dre grains et autres denrées, et les taxant en argent, à
» beaucoup plus qu'elles ne se vendent au marché. Ils pré-
» tendent que les dites rentes emportent le droit de corvée,
» qu'ils exigent sans aucun titre, en argent et en espèces ».

En présence d'une telle oppression, la détresse était générale ; la disette et la faim pesaient sur les campagnes, et il en fut ainsi jusqu'à la fin de la monarchie. Elles avaient pour cause l'absence de semences, de capital industriel, et surtout la rapacité du fisc, qui absorbait tous les produits. Aussi les champs étaient partout désertés, d'où la stérilité et la disette.

C'est en vain que Colbert suppliait le roi de réduire ses dépenses: « Ce qu'il y a de plus important, lui disait-il, c'est la très-grande misère des peuples. Toutes les lettres qui viennent de province en parlent, aussi bien celles des intendants que des receveurs généraux ou des évêques... » Peine inutile, Colbert mourut à la peine (1683), assez tôt pour ne pas assister à l'effondrement du règne.

(2) Fléchier, 233.

LA COUR.

Malgré les agitations et les guerres civiles qui avaient marqué les deux régences de Louis XIII et de Louis XIV, la noblesse était venue se ranger autour du trône et lui former une cour, la plus brillante qui fût jamais. Sous François Ier, elle avait jeté de l'éclat dans les tournois et dans les fêtes royales. Sous Charles IX, malgré les guerres religieuses, elle avait acquis plus d'importance encore. L'ambassadeur de Venise écrivait, en effet, vers cette époque : « Les princes, » les ducs, les barons et les prélats sont si nombreux, qu'à » chaque voyage le cortège est de 8,000 chevaux et autant » de personnes ». Les armes, les meubles et les bijoux de ce temps nous disent combien le luxe était grand et le goût raffiné.

La cour d'Henri IV avait conservé les traditions de galanterie de ses prédécesseurs, mais avec plus de simplicité intérieure et moins de raffinement. Sous Louis XIII, prince ennuyé, sans passions et sans éclat, Richelieu attira la noblesse à la guerre, qu'il soutenait un peu partout, et, soit économie, soit calcul, il fit le vide autour du roi, qui passait sa vie à Saint-Germain, sans famille, sans cour et sans suite, n'ayant d'autres soins que d'élever des oiseaux. Les choses changèrent quelque peu avec la régence, mais ce ne fut qu'à la majorité de Louis XIV que la cour inventa cette ampleur et cette magnificence qui ne cessèrent de s'accroitre.

La noblesse territoriale avait été détruite par Louis XI et Richelieu. Sa puissance politique disparut avec Louis XIV, qui ne prit pas même ses ministres dans ses rangs. Il ne lui resta plus que ses privilèges civils et territoriaux. Enlevée à ses châteaux, attirée dans les antichambres, et chargée de fonctions inutiles, elle servait d'ornements au palais de Versailles. Là, elle se ruinait fatalement dans les fêtes de la cour ; et pour réparer sa fortune, elle s'alliait à des financiers enrichis, sollicitait des emplois, des pensions ou quelques concessions lucratives. C'est ainsi que la féodalité était à jamais désarmée, et que l'on transformait ses membres en vils mendiants et en plats courtisans. Leur humeur querelleuse d'autrefois se portait maintenant sur les questions d'étiquette. On se disputait les dignités domestiques, les entrées au lever du roi, le bougeoir, la chemise. Telles étaient les fonctions et les ambitions nouvelles de ces fils des croisés. Après les avoir flétris aux Grands-Jours, le roi Soleil les avait corrompus et abaissés. L'oisiveté, le désordre et les dettes étaient inséparables de cette existence. Au surplus, la cour du grand roi exigeait le faste. C'était lui plaire que de s'y jeter en habits, en équipages, en bâtiments, en jeu (1). De la cour, ces mœurs gagnaient la province, avec les seigneurs qui l'habitaient, ou plutôt qui s'y rendaient accidentellement pour vivre, ne fût-ce que quelques jours, à l'exemple du souverain, dans ce faste princier qui achevait leur ruine.

A ce moment, toutes les maisons des grands et la France elle-même étaient absorbés dans la cour, et la cour dans le roi, seul objectif des courtisans. Il faudra qu'il les soutienne aux dépens du peuple, quand ils seront appauvris par l'existence fastueuse qu'il leur impose. Nécessairement attirés par les faveurs dont le maître dispose, les gentilshommes cèdent à l'attrait qu'exercent les plaisirs auxquels il les convie. Une fois qu'ils ont goûté de cette existence, ils ne peuvent la quitter pour retourner au manoir féodal, sans périr de langueur et d'ennui. C'est ainsi qu'au milieu de l'élite de la nation, entourée de tous ses écrivains, de ses lettrés, de ses

---

(1) Saint-Simon, XII, 457.

artistes, la société française prit ce cachet d'élégance et de grandeur qui distingue essentiellement le siècle de Louis XIV.

L'ancienne aristocratie, écartée des affaires, n'avait plus ni pouvoir, ni influence. Il ne lui restait d'autres privilèges que l'exemption des impôts et quelques droits seigneuriaux dont l'importance diminuait chaque jour. « Telle fut l'œuvre, au dire de Saint-Simon, de ce règne de vile bourgeoisie. » « L'élévation de la plume et de la robe avaient anéanti la noblesse, si bien que le plus grand seigneur n'était bon à personne et dépendait des plus vils roturiers » (1).

Gardons-nous de croire que cette noblesse appartenait à ces familles de race qui s'appuyaient autrefois sur de lointaines concessions territoriales, et qui ne transmettaient leurs titres que par la naissance. Celle-ci s'était conservée pure de tout mélange jusqu'au XIIIe siècle. Mais à cette époque, pour combler les vides des croisades, et mieux encore pour récompenser des services, les rois avaient concédé des anoblissements. Bien plus, en haine de la féodalité opposante, ils voulurent que l'acquisition des fiefs par les roturiers inféodât la noblesse. Il suffisait dans ce cas de payer au roi une taxe, ou droit de *franc fief*. Cette règle subsista jusqu'en 1579, où Henri III crut devoir l'interdire. A partir de cette date, on exigea *des lettres de noblesse royale*. Ce ne fut, on le comprend, qu'une mesure fiscale qui permit de s'ennoblir à celui qui put payer. Il arriva même que, dans les jours de détresse financière, le roi conféra la noblesse à bien des gens qui ne la demandaient pas, et qui durent payer une forte somme en échange de cet honneur forcé. Après avoir abusé de ces moyens, on imagina, vers le milieu du XVIIe siècle, de publier de temps à autre des Edits qui révoquaient les concessions antérieures de noblesse ; et ce, pour con-

---

(1) Saint-Simon, XII, 265.

traindre les titulaires à les racheter au moyen de lettres de confirmation qu'il fallait payer. C'est ainsi qu'en 1634, Richelieu appliqua la mesure à tous ceux qui avaient été anoblis depuis 1614. En 1657, nouvel édit qui réclame 1.500 livres à ceux qui voudront être maintenus. En 1664, même rigueur. En 1692, on ne révoque pas les concessions antérieures, mais l'on exige qu'elles soient enregistrées moyennant finance. En 1696, on crée trois cents lettres de noblesse et autant en 1702. On les donne au plus offrant, mais le prix minimum est de 6.000 livres. En 1723, 1770, nouvelles taxes et nouvelles reconnaissances, sous peine d'être déchu, le tout moyennant 6.000 livres. Tel était le trafic, grossier et honteux, que se permettait la royauté sur l'orgueil des sots.

Aux nobles de race, fort rares au xviie siècle, et aux anoblis par la faveur royale et par l'argent, vint s'ajouter une race nouvelle bien plus nombreuse que la première : celle des charges et offices qui anoblissaient leurs titulaires. Un Edit de 1644 l'avait ainsi décidé pour la magistrature, qui constituait déjà une noblesse de robe. Mais ce ne fut qu'en 1750, et sous l'inspiration d'Argenson, que la plupart des charges de l'Etat, qui dépassaient le nombre de 4000, conférèrent la noblesse. Faut-il s'étonner, après cela, du grand nombre des anoblis, de la rareté de leurs titres et de l'obscurité de leur origine ? Tels sont les plus anciens porteurs de la particule moderne. Il y a encore au dessous d'eux : ceux qui l'ont usurpée, qui ont ajouté à leur nom ou qui l'ont transformé en commettant un délit.

En même temps que déclinait la féodalité, sous l'influence des causes que nous venons de faire connaître, le Parlement était complètement effacé ; il n'aura désormais que des fonctions purement judiciaires. S'il enregistre encore les Edits, ce n'est qu'une simple formalité ; il a perdu le droit de remontrances. Les Etats généraux sont frappés de désuétude, et les Etats provinciaux interdits. — Les franchises municipales avaient péri au dernier siècle : loin de les ranimer, la royauté leur porte un dernier coup en vendant les offices de maires, d'échevins et de consuls, et en affermant les impôts urbains, la capitation et le timbre. Aucune voix ne s'élèvera désormais pour conseiller ou pour contrarier le pouvoir. Les intendants seuls le représenteront dans les les provinces et décideront toutes les questions financières ou administratives suivant le bon plaisir du souverain. — Le pouvoir religieux, s'appuyant sur le Pape, pouvait encore lui porter quelque ombrage... Quelque soumis qu'il veuille paraître à l'Eglise, il fera proclamer les libertés de l'Eglise gallicane, et c'est Bossuet lui-même qui provoquera cette déclaration du clergé de France, séparant ainsi l'Eglise de l'Etat... (1682).

Comme compensation apparente à cet esprit de révolte religieuse, des vexations de tout genre atteignirent aussitôt les protestants... Exclus des charges publiques, il leur fut interdit d'exercer leur culte jusqu'à ce qu'enfin la révocation de l'Edit de Nantes vint couronner l'œuvre (1685). Les temples sont démolis, les réunions privées interdites ; il est défendu aux protestants de sortir du royaume, sous peine de confiscation de leurs biens. Leurs mariages sont nuls, et leurs enfants bâtards ne peuvent succéder... Et dire que de telles prescriptions, renouvelées par Louis XV en 1727, demeureront en vigueur jusqu'à la veille de la Révolution !

DOLÉANCES GÉNÉRALES.

Pendant les règnes brillants que nous venons de parcourir, les ordonnances des rois ne manquèrent ni de maturité, ni de grandeur au point de vue général du royaume ;

mais elles laissèrent dans un oubli complet les intérêts du paysan. Nous en trouvons la preuve dans la rédaction des coutumes, où dans les commentaires de cette époque, qui démontrent qu'en fait, la situation est demeurée la même. « Le peuple, écrit en 1605 le commentateur de la coutume » d'Anjou, est si chargé et si opprimé, qu'il est près de suc- » comber sous le fardeau qui l'accable. Cela vient de ce » que les pauvres seuls paient la taille, tandis que les riches » en sont affranchis... » (1).

Commentant la coutume du Nivernais, Guy-Coquille nous apprend, vers 1603, que dans cette province, le servage n'a pas cessé de subsister avec une partie de ses rigueurs. « En ce pays, dit-il, la servitude adhère à la per- » sonne, et bien que le serf abandonne tout au seigneur, il » demeure serf de poursuite. Cela veut dire que la servitude » étant de naissance, elle tient et adhère à la chair et aux » os..., de telle sorte que le serf demeure tel, quoiqu'il » abandonne ses biens, meubles et immeubles. La dignité » épiscopale elle-même ne peut le délivrer de cette servi- » tude... Hommes et femmes de condition servile sont » taillables à volonté raisonnable une fois l'an... Autrefois, » ajoute t-il, les tailles étaient de bon revenu au seigneur, » qui était seul à les prendre ; mais à présent, les tailles » du roi sont extraordinaires : il en prend tant, qu'il ne » reste rien. Les seigneurs, qui ont le droit de tailler deux » ou trois fois l'an et d'exiger des corvées, en useront ainsi » qu'ils ont accoutumé » (2).

En Bourgogne, le paysan devient serf de corps, s'il habite pendant un an une terre mainmortable. Une fois asservi, il

---

(1) Delommeau, l. III, 48.

(2) Guy-Coquille était procureur fiscal du Nivernais. Il représentait le Tiers aux Etats-Généraux de 1560, 1576 et 1589. Il ne cessa de réclamer les libertés publiques, la réforme du clergé, l'extinction des abus ; il était l'ami de Bodin et de l'Hôpital.

ne peut acquérir ni prescrire la franchise. Il est taillable haut et bas, c'est-à-dire aux plaisirs et volonté du seigneur. Dans le bailliage de Troyes, les uns sont de taille à volonté. de poursuite, de formariage, les autres de taille abonnée (1), « Dans le Bourbonnais, dit l'article 190 de la coutume, la » taille est à volonté ; le seigneur la peut croître ou dimi- » nuer, selon les facultés de celui qui la doit... ».

Dans la coutume de Château-Meilhan, article V, rédigée en 1648, tous les hommes sont serfs ; ils sont taillables trois fois l'an, et mortaillables quand ils décèdent sans héritiers, demeurant avec eux. Là, toutes terres, incultes ou friches, appartiennent au seigneur. Dans les banalités, on paie au fermier du four un pain sur treize. Le Nivernais et le Berry sont également des pays de servitude.

La taille aux quatre cas persistait dans la coutume d'Auvergne. Il fallait payer encore pour la rançon du seigneur fait prisonnier pendant la Ligue, comme aussi à l'occasion de la chevalerie du fils aîné (2). Ce n'est pas tout : quelque oppressive et odieuse que fût la coutume, le seigneur trouvait encore moyen de l'agraver. « Dieu sait, » disait Loyseau (*Justices de Village*), comment le seigneur » usurpe impunément sur ses sujets, soit banalités, soit » augmentation de cens, soit péages ou corvées, soit subsi- » des ou levées de deniers, soit amendes, dont les pauvres » gens n'osent se plaindre. S'en plaindraient-ils, le juge » n'oserait faire justice. Voilà pourquoi, dit-on, seigneur de » paille mange vassal d'acier » (3).

Ces citations des coutumes prouvent, jusqu'à l'évidence, que les droits seigneuriaux, le servage et la mainmorte,

---

(1) *Cart. de Troyes*, art. 3 et 7.
(2) Mad. de Sévigné, liv. VIII, 33.
(3) Loyseau, mort en 1627, lieutenant au Présidial de Sens. — Les citations relatives aux coutumes sont empruntées à Bonnemère. *Passim*.

avaient traversé, en s'adoucissant quelque peu sans doute, le XIVᵉ et le XVᵉ siècles, mais qu'ils persistaient encore aux XVIᵉ et XVIIᵉ siècles. Ils ne disparurent, en effet, qu'avec la nuit du 4 août.

Les Etats-Généraux de 1614 viennent confirmer ce que les coutumes nous ont appris, et c'est dans la bouche même du peuple que nous recueillons ce témoignage. Nous avons vu ailleurs avec quel dédain et quel orgueil la noblesse accueillit le Tiers, dont le député dut parler à genoux (1584). Aux Etats de 1614, le député Miron ne se laissa point intimider. Il parla des souffrances des campagnes, des violences des gens de guerre, dont une seule compagnie, après avoir ravagé récemment la moitié de la France, était rentrée chez elle enrichie de la substance du peuple, sans avoir donné un coup d'épée... « Si Votre Majesté n'y pourvoit, disait
» Miron, il est à craindre que le désespoir ne fasse connaî-
» tre au peuple que le soldat n'est qu'un paysan portant les
» armes... Et si le vigneron prend l'arquebuse, prenez
» garde que d'enclume il ne devienne marteau... » « Ce
» pauvre peuple, qui n'a pour tout partage que le labour de
» la terre et le travail de ses bras, accablé par la taille, par
» l'impôt du sel, par les partisans et par trois années stéri-
» les, a mangé l'herbe dans les prés, avec les brutes. Sire,
» c'est votre peuple qui réclame justice et miséricorde...
» Sans le labeur du peuple, que valent à l'Eglise ses dîmes
» et ses possessions ? A la noblesse, ses terres et ses fiefs ?
» Au Tiers, ses maisons, ses rentes, ses héritages ? » (1).
— Une fois encore, et ce sera la dernière, le Tiers s'élève au sein des Etats contre la contrainte du mariage, l'usurpation des communaux, les corvées indues et les banalités abusives, que les tribunaux devraient arbitrer... Il demande enfin l'affranchissement des mainmortables, moyennant

(1) *Etats-Gén.*, XVII, 86, 93.

indemnité, et la rédaction générale des coutumes, afin de poser des limites à l'arbitraire...

Les réclamations qui demandent la suppression de ces abus, en constatent par cela même l'existence au xviie siècle. Ce n'est que lentement et tardivement qu'ils seront visés par les ordonnances postérieures.

Les règnes brillants de Louis XIII et de Louis XIV nous ont montré la France victorieuse au dedans et au dehors, la cour resplendissante de fêtes, la noblesse, les lettres et les arts lui faisant une auréole éblouissante. Tels nous les représentent avec complaisance la plupart des panégyristes de ce temps. Tel est, en effet, le beau côté de la médaille ; mais si l'on veut en regarder le revers, c'est sous un tout autre aspect qu'elle se montre à nous. — La rédaction des coutumes, les doléances du Tiers, les remontrances des Etats-Généraux et les révélations des intendants, sont de nature à dissiper les illusions et les préjugés que l'on aurait pu concevoir, et à faire ressortir, au contraire, les tristesses et les misères persistantes des xvie et xviie siècles.

« La pauvreté, écrit Guy-Patin en 1668, fait peur à bien
» des gens... Jamais le monde ne fut si pauvre ni si misé-
» rable de mémoire d'homme. On se plaint ici tout haut
» de la misère du temps, mais il y en a bien plus qui ne sa-
» vent comment s'en mettre à couvert » (1). La peste régnait partout. La mort moissonnait à pleine faux ces populations étiolées, nous disent les correspondances des intendants : « Les pauvres hommes des champs semblent
» des carcasses déterrées ; la pâture des loups est la nour-
» riture des chrétiens.... La disette et la misère sont telle-
» ment universelles, que la moitié des paysans est réduite à
» paître l'herbe, et qu'il est peu de chemins qui ne soient

---

(1) Guy-Patin, iii, 300.

» bordés de corps morts. Les pauvres sont sans lit, sans
» habits, sans linge, dénués de tout..... Des femmes
» et des enfants ont été trouvés morts sur les chemins et
» dans les blés, la bouche pleine d'herbe » (1).

L'excès de la misère générale amena des révoltes partielles dans la plupart des provinces de la France ; mais elles furent réprimées en un tour de main, suivant le récit de Mme de Sévigné. « On a fait une taxe de 100,000 écus
» sur les bourgeois, écrit-elle de Rouen, et si l'on ne trouve
» pas cette somme dans les vingt-quatre heures, elle sera
» doublée et exigible par les soldats. Nos pauvres Bre-
» tons sont tout confus. On les prend par trente et qua-
» rante, et on ne laisse pas que de les pendre. Ils de-
» mandent à boire et qu'on les dépêche. — Il y a 15,000
» hommes à Rennes pour tout l'hiver. Ce sera assez pour
» y faire des petits. On croit qu'il y aura bien de la
» penderie. On a pris à l'aventure vingt-cinq ou trente
» hommes que l'on va pendre. — Dans la tristesse où
» est cette province, M. de Rohan, le gouverneur, n'osait
» donner le moindre plaisir, mais Mgr l'évêque de Saint-
» Malo, linotte mittrée de 60 ans, a commencé. Vous
» croyez que ce sont des prières de 40 heures ! C'est le bal
» à toutes les dames et un grand souper. Ç'a été un
» scandale public. M. de Rohan, honteux, a continué ».

Un document, récemment découvert, reflète mieux encore la physionomie de cette triste époque. Ce sont les mémoires d'un modeste notaire de Marle, M. Lehault, écrits au jour le jour. Ils embrassent une période de vingt ans, de 1635 à 1655 (2). Il ne faut y chercher ni les batailles, ni les hauts faits, ni les évènements historiques. Plût à Dieu que nous eus-

---

(1) *Correspondance administrative*, Depping, I.
(2) V. Feillet, *La Misère au temps de la Fronde*, p. 27 et s.

sions beaucoup de mémoires semblables ! L'histoire du paysan serait autrement facile. — Notre bon notaire ne s'occupe que de ce qui se passe dans son village de mille habitants, et il ne voit que les désordres et la misère engendrés par la guerre.

« En 1636, dit-il, l'armée ennemie demeura une nuit à la
» Grande-Cailleuse : le château de Morfontaine fut pris et
» pillé et on fit grand butin en grains, chevaux et bestiaux,
» filles et femmes violées, quinze hommes ou femmes tués et
» grand nombre de blessés. Les coureurs ennemis vinrent
» jusqu'aux portes de Marle. Les femmes se sauvèrent, emportant les meubles et les grains, et demeurèrent trois
» mois dehors. Le 20 juillet, la compagnie de cavalerie de
» Senneterre vint à Marle où elle demeura dix jours à vivre
» à discrétion. La dépense estimée 20.000 livres ».

Bien que les armées fussent devenues permanentes et régulières, on voit qu'elles vivaient à discrétion comme jadis et qu'elles pillaient le pays. Après avoir été pillés, les malheureux habitants de Marle se voient atteints par la peste et l'incendie. « Au mois d'août, continue Lehault, la peste
» prit à Marle et continua jusqu'au mois de décembre. Il y
» mourut plus de 400 personnes… Le cinq novembre, un incendie se déclare dans le grand faubourg et dévore quatre-vingt maisons, les granges et les étables, avec meubles, grains et autres choses qui y étaient. La perte est
» estimée à plus de 200,000 livres (800.000 aujourd'hui). —
» Le même jour, 5 novembre, compagnies de chevau-légers
» qui ont demeuré jusqu'au 12 juin 1637. Il leur a été fourni
» par les habitants 652 livres par jour, ce qui fait en tout
» 40,000 livres. La même année, la ville a été taxée pour
» l'emprunt et subsistances à 4.000 livres. Total pour l'année : 274,615 livres 10 sous. — En 1642, jour de l'Ascension, les débris de l'infanterie d'Honnecourt sont arrivés
» en cette ville, où ils ont logé une nuit et vécu à discrétion

» ils étaient 900. La dépense et les désordres estimés 10.000
» livres. »

En 1643, après la victoire de Rocroy, on envoie des blessés à Marle avec douze chirurgiens. Dépense pendant deux mois : douze mille livres. — 1647, quatre régiments ont passé à Marle le 2 septembre, logé dans les environs et ruiné la campagne. Frais estimés à 50.230 livres. — 1648, cinq régiments de passage, en quatorze jours, ont coûté 30.000 livres et commis dans la campagne des dégâts pour 60.000 livres. — Total des pertes et dépenses pendant douze ans : 667.080 livres (1).

Tels sont les détails qu'a retenus l'honnête notaire et maire du village de Marle. Ils nous font saisir sur le vif les malheurs de l'homme des champs et l'oppression, les rapines des gens de guerre au milieu du xviie siècle, sous Louis XIII et Louis XIV. Ce qui se passe à Marle se rencontre partout ailleurs, et nous donne ainsi l'impression vraie, la physionomie générale de ce temps, que l'on recherche souvent en vain dans les mémoires contemporains.

A côté des mémoires de Lehault, nous trouvons un certificat du curé et des notables d'un village voisin, qui attestent : « que l'armée ennemie a brûlé et pillé tous les villages
» du diocèse de Laon et que, de plus, de 1627 à 1647, les
» armées du roi ont séjourné et campé dans le diocèse, et
» interrompu l'exercice de la justice ; ce qui fait que tous les
» diocésains sont réduits à la mendicité ».

En même temps, les élus de Bourgogne écrivaient à leur gouverneur, le prince de Condé : « que les guerres, la contagion, la famine, avaient tout changé ; que la population,
» bien diminuée, était errante et insaisissable ; qu'un grand
» nombre de villages étaient saccagés, brûlés et déserts ;
» que, par suite, les non-valeurs des impôts pesaient sur les

---

(1) Pour avoir le prix actuel, il faut quadrupler la somme.

» habitants qui restaient, et que cet impôt dépassait huit
» fois celui des temps antérieurs ». — Sur cette plainte, une
enquête eut lieu dans le bailliage de Dijon. Elle constate
que, sur deux cent douze villages, une vingtaine sont entièrement ruinés et sans un seul habitant. Parmi les autres, le premier par lettre alphabétique, c'est Auxonne, qui compte aujourd'hui 5,000 habitants. En 1646, Auxonne n'a, d'après l'enquête, que 618 habitants, dont 144 veuves et 141 paysans réfugiés. La peste a enlevé plus de 3,500 habitants. On compte 417 maisons, dont 120 inhabitées. La commune est endettée de 160,000 livres. Tout son bétail a été enlevé par les armées. « Le village de Poinsons n'a que sept feux...
» Il a été brûlé entièrement. On l'a déchargé de la taille, à
» cause de son extrême misère. Il y avait autrefois 80 mai-
» sons. L'armée ennemie, s'y étant logée, a tout brûlé à son
» départ. La population qui avait survécu s'était retirée
» dans les bois, où elle mourut de misère et de famine ». —
Voilà pour la Bourgogne.

La Lorraine était-elle plus heureuse ? « Les pauvres gens
» meurent de faim. On vend le pain un franc la livre. Cer-
» tains villages sont tellement déserts, que les loups font
» leurs retraites dans les maisons, et se nourrissent de chair
» humaine. Les glands et les racines deviennent la nourri-
» ture des paysans. La famine était si grande, que d'âge
» d'homme on n'avait vu le grain si cher » (1).

Les provinces qui n'avaient pas la guerre étaient-elles plus fortunées ?... Pas davantage. Les passages des gens de guerre, les famines et la peste, les ravageaient aussi. Le curé de Doujon nous apprend : qu'on a donné ordre de fournir des soldats pour le régiment de Champagne, et de leur donner à chacun vingt écus .. Nouvel ordre, de recueillir denrées et vivres pour fournir aux gens de guerre,

---

(1) Bigot, *Histoire de Lorraine*, t. V.

qui tiendront leurs quartiers d'hiver en ce lieu. — En 1648, le maire de Châtelleraut a été emprisonné plusieurs fois par les financiers, parce que les habitants ne pouvaient pas payer leur arriéré, qui s'élevait à 200,000 livres. Ces rigueurs excitent partout des révoltes locales, qui sont aussitôt comprimées par la force. A Pontoise, les impôts ne se prélèvent qu'avec la force armée. Il en est partout de même, si bien qu'en 1646, il y a dans les fers 23,000 prisonniers, qui n'ont commis d'autre crime que de n'avoir pu payer leurs tailles. Le gouverneur du Dauphiné, Lesdiguières, écrivait à Colbert, le 29 mai 1675 : « Je ne puis différer de vous faire
» savoir la misère où est cette province. Le commerce a
» cessé. La plupart des habitants n'ont vécu cet hiver que
» de pain de glands et de racines. Et présentement, on les
» voit manger l'herbe et l'écorce des arbres. Je me sens
» obligé de vous dire ces choses pour y donner l'ordre qu'il
» plaira à Sa Majesté » (1).

Ces détails si navrants sont-ils particuliers à cette période que l'histoire-bataille nous présente sous de brillantes couleurs ?... En aucune façon. Les plaintes des Etats-Généraux nous ont fait voir qu'ils n'étaient pas autres, dans les temps antérieurs, et notamment pendant la guerre de Cent-Ans et pendant les guerres de religion. Ils n'ont pas été recueillis par le notaire de Marle, et voilà tout. La guerre constante, l'insécurité, le défaut de protection, les exactions fiscales, qu'elles vinssent du roi ou des seigneurs, ont dû produire, de tout temps, les mêmes malheurs. Trois mots résument l'histoire de l'ancienne monarchie, dit M. Louandre : la guerre, la peste et la famine. Les populations s'entretuent ou meurent de faim et de maladie, et l'on doit s'étonner qu'au milieu de tant de luttes et de désastres, un peuple ait pu survivre à de telles misères.

(1) Depping, *Correspondance administrative*.

Les grandes crises enfantent les grands dévouements. La vue de tant de maux avait pénétré le cœur de Saint Vincent de Paul. Cet apôtre de la charité, n'ayant d'autre souci que le soulagement de tous, se mit hardiment à la tête de l'œuvre charitable de son siècle. — D'autres avant lui avaient fondé de pieuses retraites, où les âmes fatiguées du monde venaient se reposer et panser leurs blessures, mais nul n'avait songé à des fondations de bienfaisance. La charité n'avait pas, jusque-là, trouvé son apôtre. Si la France se couvrit d'hôpitaux, d'ouvroirs et d'écoles, c'est à cet homme de bien qu'elle le doit. Vincent se consacra au service de ses semblables, comme d'autres se dévouent à la recherche de la gloire, de la science et de la fortune, et créa cette armée nouvelle de missionnaires et de filles de charité, qui lui permit de fonder des hôpitaux, des hospices pour la vieillesse, les aliénés, les enfants trouvés, et mieux encore peut-être, de porter à domicile quelques soulagements à ces misères sans nombre que le malheur des temps avait rendues si communes. Il allait ainsi de province en province, divisant son personnel et ses ressources, et portant des secours partout où il pouvait les faire parvenir. — Voici ce qu'il écrivait de la Champagne où il venait de se transporter :

« Je vous écris de Guise, où la pauvreté, misère et
» abandon dépassent tout ce que je pourrais dire. Il est
» mort environ 500 personnes depuis le siège. Il y en a au-
» tant de malades, dont une partie est retirée dans des trous
» et des cavernes, plus propres pour loger des bêtes que
» des hommes. C'est encore pis à Ribecourt. Je ne crois pas
» qu'il y ait au monde semblable pauvreté. Il en est de
» même à Laon, Lafère et dans toute la Picardie. A Saint-
» Quentin, il y a plus de 200 malades. Hier, je fus dans les
» faubourgs : au lieu de maisons démolies, il n'y a que
» vingt-cinq chaumettes, dans chacune desquelles j'ai

» trouvé deux ou trois malades. En une seule, dix. Deux
» femmes veuves, avec chacune quatre enfants, couchés
» tous ensemble sur la terre, sans aucun linge. Dans le
» monastère de Saint-François, les religieuses, au nombre
» de cinquante, ne mangent que du pain d'herbe et d'orge,
» avec des oignons. A Marle, depuis deux mois, le curé a
» enterré plus de trois cents personnes.» Telle est la plainte
continue que fait entendre ce saint homme pendant toute
la durée de son apostolat, jusqu'au jour où il succombe, en
1660. Dans toutes les provinces de la France, même misère
et mêmes désolations. On se croirait en présence de l'invasion des Normands ou des ravages des grandes compagnies.
Le commerce est interrompu, les foires et les marchés
abandonnés ; les routes n'offrent plus de sécurité. Les
ouvriers chôment partout. Les propriétés sont au pillage,
et ne donnent aucun revenu. Le Trésor, qui ne reçoit rien,
ne peut payer ni les rentes, ni les services publics, ni l'armée. Le brigandage public et privé s'exerce impunément.
La justice s'incline devant le criminel. — Et l'on vivait sous
le grand siècle de Louis XIV ! — Qu'est-ce à dire ? — C'est
qu'une telle grandeur n'était qu'apparente ; qu'elle n'était
que dans la pompe insensée de la cour, et dans la noblesse
qui l'entourait.

Mais les brigandages de l'armée et de ses chefs, les crimes sans nombre que nous révèlent les Grands-Jours d'Auvergne et du Velay, nous disent assez que l'élite de la
nation et l'entourage du trône avaient des habitudes de
pillage, de rapine, de violences et de cruautés qui suffisent
à flétrir un règne, et plus encore la caste à laquelle il donnait
son appui et sa protection.

Le bruit des victoires et des fêtes de Versailles étouffe
pour un temps les plaintes des campagnes ; mais elles n'en
sont pas moins réelles. Vauban, témoin attristé de tant de
maux, s'était ému de la misère du peuple et des vexations

sans nombre auxquelles il était soumis. Voulant y porter remède, il remit au roi son fameux projet de dîme royale, impôt unique, pris proportionnellement sur tous les revenus (1687). Après avoir démontré que les sujets de toute condition doivent contribuer aux charges publiques à proportion de leur revenu, sans qu'aucun puisse s'en dispenser, « le menu peuple, dont on fait trop peu de cas, ajoute-t-il, » est la partie la plus ruinée et la plus misérable du » royaume. C'est cependant la plus considérable par le » nombre et par les services qu'elle rend, car c'est » elle qui porte toutes les charges, et qui a toujours le plus » souffert...

« Il constate ensuite : « Que les tailles sont devenues ar-
» bitraires, de paroisse à paroisse, et de particulier à par-
» ticulier. Les puissants font dégrever leurs fermiers, leurs
» parents, leurs amis. Aussi les paysans ont-ils renoncé à
» améliorer la terre, de crainte d'être accablés par la taille
» suivante ; ils vivent misérables, presque nus, ne consom-
» ment rien et laissent dépérir leurs terres. — Les tailles
» sont exigées avec tant de rigueur et de frais, qu'elles sont
» au moins surélevées d'un quart. Après qu'on a vendu le
» mobilier des maisons, on arrache les portes, les fenêtres,
» et même les solives de la toiture. Les paysans arrachent
» les vignes et les pommiers, à cause des aides et des
» douanes provinciales. Ils aiment mieux laisser périr leurs
» denrées que de les transporter au dehors, avec tant de
» risques et si peu de profits. Le vin qui, dans l'Anjou et
» l'Orléanais, se vend un sou, en vaut vingt et vingt-quatre
» en Picardie et en Normandie. Le sel est tellement hors de
» prix, qu'on a renoncé à élever des porcs, ne pouvant
» conserver leur chair.

» Parmi les agents employés à la collecte des impôts, sur
» cent, il n'y en a pas un d'honnête. Il n'y a rien qu'ils ne
» mettent en usage pour réduire le peuple au pillage uni-

» versel. Tous les pays du royaume sont universellement
» ruinés » (1).

A tous ces maux, il conseillait l'application de la dîme royale, qui supprimait la multiplicité des impôts et des employés. Mais il avait compté sans l'armée des financiers, grands et petits, qui vivaient aux dépens du public. Leur influence malfaisante le fit disgracier et mourir de chagrin.

La famine sévissait encore et sévissait toujours. Vers la fin du siècle, elle arrache à Fénélon cette plainte sublime : « Vos peuples meurent de faim ; la culture est abandonnée ; » les campagnes se dépeuplent. — La France entière n'est » plus qu'un vaste hôpital désolé et sans provisions. »

Pour éloigner de son esprit ces obsessions incessantes de la misère générale, le grand roi imagina d'être agréable à Dieu et à son Eglise, en révoquant l'Edit de Nantes et en exigeant la conversion forcée des calvinistes.

Afin de triompher de leur résistance, on leur envoie des dragons à domicile. Logés à discrétion chez le récalcitrant, ils se livrent dans sa demeure à toutes les violences et à toutes les excentricités. Le feu, la suspension, l'estrapade, tout est bon pourvu qu'on arrive au but. Refusait-on de se convertir ? Les chevaux étaient logés dans les chambres, et enfin la maison démolie et pillée. « Pendant ce temps, gou- » verneur, intendant et évêques tenaient table ouverte pour » les officiers des troupes, et se divertissaient des bons » tours dont les soldats s'avisaient pour faire peur à leurs » hôtes et escroquer leur argent » (2). Ceux qui résistèrent souffrirent la confiscation et l'exil. Bien plus, ils se virent enlever leurs enfants pour les confier à des catholiques désignés par le juge. Enfin les relaps furent envoyés aux galères.

(1) Vauban, *la Dîme royale*. — Boisguilbert, *Détail de la France*, *passim*.
(2) Saint-Simon, XXIV, 182.

La religion, la propriété, la famille, la liberté, tout ce qu'il y a de plus sacré parmi les hommes, fut foulé aux pieds par le grand roi et dans le grand siècle.

En présence de tant de maux, on se demande si la condition du paysan n'est pas plus misérable qu'au XIIe siècle et aux siècles suivants. — Il a conquis, cela est vrai, la liberté individuelle, et discutant ses redevances, il a pu les rendre fixes, d'arbitraires qu'elles étaient. — S'il a obtenu quelque chose de plus, c'est son courage, son épargne et le temps qui le lui ont donné. A part cela, si l'on y regarde de près, on voit que, vers la fin du XVIIe siècle, le paysan n'a pas cessé d'être tenu de tous les droits féodaux qu'il payait jadis, à moins qu'il ne les ait rachetés. Comme autrefois, il doit la dîme ecclésiastique ainsi que ses accessoires. Il doit de plus la taille royale indéterminée, toujours montante, ainsi que la capitation et les vingtièmes, encore aggravés par l'odieuse gabelle et par une fiscalité malhonnête, et plus encore par les brigandages des gens de guerre. Les charges féodales et ecclésiastiques étaient déjà écrasantes : les charges royales vinrent en doubler le poids, et c'est sous ce fardeau que nous avons vu succomber le paysan.

Pendant soixante-dix ans, la guerre avait régné en permanence sur terre et sur mer, à cette seule fin de satisfaire l'orgueil, la haine ou l'intérêt personnel du monarque. Avec ces batailles sans trêve, il avait récolté de la gloire ; les grands, des honneurs et la fortune. Mais le peuple, qui seul fournissait les hommes et les subsides, comment a-t-il survécu à tant d'oppressions, à tant de sang répandu ?...

LES MAITRISES. — LE COMPAGNONNAGE.

Nous avons indiqué ailleurs l'état des corporations, sous l'empire et à l'époque gallo-romaine (1). Anéanties par l'invasion germaine, leurs membres dispersés se réfugièrent dans les demeures privées et dans les abbayes. C'est là que les artisans isolés travaillèrent à titre de serfs pour le seigneur féodal jusqu'au xii siècle. A ce moment, l'affranchissement des communes donna souvent aux serfs la libre disposition de leur personne. Ils en profitèrent pour s'associer et s'unir contre des dangers toujours menaçants. De là, naquirent les nouvelles corporations qui protégèrent les artisans et furent la sauvegarde de l'industrie naissante au moyen âge (2). Ces bienfaits, toutefois, n'étaient pas sans abus. Les privilèges et le monopole qui leur étaient accordés empêchaient toute concurrence et renchérissaient la valeur des objets, au préjudice du plus grand nombre. Les mêmes causes firent imaginer la longueur de l'apprentissage, ainsi que le chef-d'œuvre, qui tendirent à restreindre le nombre des apprentis et des nouveaux maîtres.

Avec Louis XI et le pouvoir absolu, la liberté des corporations reçut une atteinte. La royauté leur imposa des statuts, créa des offices et conféra des lettres de maîtrise. Tel est l'état des corporations jusqu'à la fin du xve siècle.

Avec le xvie et la Renaissance, le commerce et les arts entrent dans une nouvelle phase, et malgré ce, la corporation reste telle qu'elle était au siècle précédent. Son esprit d'égoïsme et de routine fait obstacle aux inventions nou-

(1) V. ci-devant page 189 et s.
(2) V. ci-devant p. 263 et s.

velles. Ses querelles entre patrons et ouvriers, et ses procès entre corps de métiers, sont incessants — Le siècle suivant ne fait qu'ajouter à ce désordre, en multipliant à l'infini, dans un but purement fiscal, les corporations les plus humbles, telles que celles des bouquetières, des faiseurs de fouets, des maîtres de danse, des pêcheurs à la ligne, des vidangeurs et d'une foule d'autres. Viennent enfin les réglementations minutieuses de Colbert, qui paralysant les mouvements de l'industrie, font surgir par opposition l'école de Turgot, l'école des économistes... Mais leur voix est promptement étouffée par la coalition des privilèges. Elle ne sera entendue que dans la nuit du 4 août 1789.

Même à la fin du xviiie siècle, dans toutes les villes, grandes ou petites, chaque profession formait un corps, et ceux qui le composaient avaient seuls le droit d'exercer le métier. Nul ne pouvait travailler sans faire partie de cette société privilégiée, et sans se soumettre à ses règles. Un artisan voulait-il échapper à cette loi par un travail clandestin? Les corporations, armées de leurs statuts, faisaient fermer sa boutique et confisquer sa marchandise. — Si ce système nuisait à l'industrie, en écartant la concurrence et en élevant le prix des choses, il favorisait au contraire l'artisan, qui vivait dans l'indolence, sûr du travail du lendemain. Aussi le défendait-il avec un soin jaloux contre les empiètements des métiers rivaux. Ses querelles à ce sujet étaient de chaque jour. Nous les avons vues naître au xiiie siècle, en même temps que les corps de métiers, et elles n'ont pas cessé dans les siècles suivants. On cite encore le procès fameux qui, pendant trois cents ans, divisa les tailleurs et les fripiers. Celui des rôtisseurs et celui des merciers ne sont pas moins célèbres.

Jusque-là, les corporations avaient nommé leurs magistrats, leurs jurés. François Ier et ses successeurs les nommèrent eux-mêmes, dans un intérêt fiscal, et reprenant sur une grande échelle l'exemple que leur avait donné Louis XI en créant, à prix d'argent, des lettres de maîtrise, ils multiplièrent de même à l'infini ces sortes de créations. Henri III, devançant le socialisme moderne, émettait la prétention de céder le droit au travail en vendant la maîtrise.

Ces lettres de maîtrise et de jurande donnaient entrée dans le corps de métier avec jouissance des privilèges de maître, sans que celui qui les achetait eût à subir les épreuves ordinaires, que la corporation imposait à l'apprenti et au compagnon. C'était une atteinte profonde aux coutumes des corps de métiers et à ses privilèges trois fois séculaires. Le roi, vendant la maîtrise suivant son bon plaisir, augmentait le nombre des métiers, et par suite la concurrence; mais survint alors la guerre civile, dont l'industrie fut profondément atteinte. Pendant que tous les partis armés parcouraient les campagnes, pillant les villes et villages, les ateliers se fermaient, maîtres et ouvriers restaient sans travail, et le nombre des mendiants augmentait dans des proportions effrayantes. « Presque tous les villages étaient inhabités et déserts », dit l'ordonnance de 1595. A Provins, où l'on comptait avant les troubles 1.800 métiers de drap, il n'y en avait plus que 4, et de même dans les autres villes autour de Paris. On n'avait rien vu de semblable depuis la guerre de Cent-Ans.

Les sages mesures de Sully firent renaître la confiance et cicatrisèrent bien des plaies. L'ordre rétabli, l'agriculture encouragée, l'industrie reparut d'elle-même. Aux Etats-Généraux de Blois (1576) et d'Orléans, le Tiers-Etat avait réclamé contre les abus des corporations. Henri IV, répondant un peu tardivement à leurs vœux, concéda le rez-de-chaussée du Louvre à des artisans habiles, avec faculté d'y exercer librement leurs métiers, c'est-à-dire sans être tenus d'aucune règle professionnelle. C'est en vain que les corporations réclamèrent contre cette atteinte à leurs privilèges. Cette mesure libérale fut maintenue en 1609, et plus tard en 1671, jusqu'à la fin de la monarchie. Heureuse inspiration, car il sortit de là des inventions, des idées nouvelles jusqu'alors entravées, en même temps qu'une pépinière d'artisans et d'artistes qui ont illustré la France.

Aux Etats de 1614, le Tiers se plaignit encore des ordonnances fiscales, qui avaient incorporé tous les artisans. Il demandait, en conséquence, que toutes les maîtrises de concession récente fussent retirées ; que, par suite, tous les métiers fussent libres, à la seule condition de soumettre leurs ouvrages à la vérification des experts et prud'hommes commis à cet effet. Ces vœux, nous l'avons dit ailleurs, se perdirent dans le tumulte de l'anarchie.

Ce désordre ne cessa qu'avec Richelieu. Les grands seigneurs indisciplinés, les huguenots indépendants, les Parlements hautains, tous, il les soumit et brisa leur résistance. L'industrie s'applaudit de ce despotisme, qui lui donna la sécurité. La démolition des châteaux et des forteresses (1626) rendit la liberté au commerce. Des privilèges furent accordés à diverses Compagnies financières et maritimes, et notamment à la Compagnie des Indes. Ce nouveau trafic conférait la noblesse. Mais, après la mort de Richelieu, tous ces progrès furent compromis par une anarchie nouvelle et par les guerres de la Fronde. La détresse financière qui en fut la suite obligea le trésor à vendre des lettres de maîtrise. — Peu de changements sous Mazarin... Mais avec Colbert, c'est autre chose : il fait rendre gorge à Fouquet, qui ne versait au Trésor que vingt millions sur 80 que donnait l'impôt, tandis que le nouveau ministre en faisait rentrer 80 sur 100. « Examinez, écrivait-il à ses in-
» tendants, si les paysans se rétablissent un peu ; comment
» ils sont habillés, meublés, et s'ils se réjouissent davan-
» tage, les jours de fête, que ce qu'ils fesaient auparavant ».
Quel amour du bien ! — Malheureusement, à côté de ces bon-

nes intentions, des mesures prohibitives trop absolues venaient décourager le commerce et l'agriculture. Une innovation funeste entre toutes fut celle de la réglementation générale des métiers et fabrication de tissus, à laquelle il soumettait toute espèce d'étoffes dans le royaume. Déjà, au XIIIe siècle, les drapiers s'étaient imposé cette règle ; mais elle n'intéressait que leur seule communauté. Avec Colbert, chaque ville, chaque manufacture de tissus eut son règlement. On en vit jusqu'à 150. Cette ordonnance trop fameuse de 1669 avait surtout pour but d'obvier à la fraude. Pour chaque étoffe, elle détermina la longueur et la largeur de la pièce, le nombre des fils, la qualité des matières et le mode de fabrication. Tous les autres métiers furent constitués de même et durent rédiger des statuts. Au lieu d'en diminuer le nombre, il ne fit que l'augmenter, pour en retirer de nouvelles finances, il faut bien le dire...

Cette même ordonnance de 1669, réformant ensuite la juridiction, enleva aux juges féodaux la connaissance des procès des artisans, pour les transporter plus judicieusement au maire et aux échevins, « sans frais d'épices et sans appel.» Mais la gloire de Colbert la plus incontestable, c'est d'avoir créé l'industrie des Gobelins, de Beauvais, d'Aubusson, qui devait servir de type aux industriels français, et d'avoir encouragé, en même temps, de grandes manufactures de glaces, de dentelles, de soie, de draps, et de toute sorte de tissus qui donnèrent de l'activité à l'industrie, du travail aux campagnes et du bien-être aux paysans. Cette grande industrie, on le comprend, échappant aux liens de la corporation, s'implanta dans tout le royaume et montra que les privilèges des métiers touchaient à leur fin. Ce monopole nouveau étouffa les anciens.

Jusque-là le grand commerce national se faisait dans les foires et les marchés ; mais la découverte de l'Amérique et de la route des Indes l'avait peu à peu étendu au monde entier. Il fallait, dès lors, encourager le commerce maritime, et Colbert créa les compagnies des Indes, avec d'immenses privilèges. D'autres compagnies suivirent, et toutes avec un succès à peu près égal. Mais elles périclitèrent de même, aussitôt que la mort de Colbert ne permit plus de les soutenir. Deux causes nouvelles vinrent encore frapper au cœur l'industrie : la révocation de l'édit de Nantes et la guerre.

Les protestants, contrariés tout d'abord par les édits, qui les excluaient des professions libérales et des maîtrises, se virent encore interdire l'exercice secret de leur religion. La plupart s'expatrièrent : 1200 familles protestantes quittèrent Paris ; 3,000 environ partirent de Calais ; 1,600 d'Amiens ; 40,000 du Languedoc. Saint-Etienne perdit 16,000 habitants, Lyon 20,000, la Normandie 184,000. La dépopulation fut à peu près la même dans toute la France. La plupart des industries furent ruinées au profit des nations voisines, qui se hâtèrent d'offrir un asile aux fugitifs.

Aussitôt après vint la guerre, et une guerre désastreuse. Pour la soutenir, il fallut de nouveaux impôts, et l'on imagina la capitation, qui frappait à la fois : nobles, clercs et vilains, et les frappait d'une taxe proportionnelle à leur fortune. Mais la faveur fit exempter ou racheter les nobles et les clercs, de telle sorte que tout l'impôt retomba sur le paysan et l'industriel. L'industrie et l'agriculture en furent comme écrasées. Toutes les fabriques ralentirent leur production ou se fermèrent. Par surcroît, la campagne appauvrie eut à subir de mauvaises récoltes, et l'épouvantable famine de 1709 vint s'ajouter à toutes ces calamités... « La culture des terres est abandonnée, écrivait Fénélon au » grand roi ; les villes et les campagnes se dépeuplent ; les » métiers languissent et ne nourrissent plus les ouvriers. » La France n'est plus qu'un grand hôpital désolé et sans » provisions ». On conçoit qu'au milieu d'une pareille détresse, aggravée par la famine et la guerre, l'industrie et le commerce aient été presque anéantis.

Malgré la grande industrie des manufactures, si brillamment inaugurée par Colbert, les formes vieillies de la corporation, ses distinctions et ses réglements n'avaient pas cessé d'exister. L'apprenti, le compagnon et le maître, telles étaient encore à la fin du XVIIe siècle, aussi bien qu'au moyen âge, les trois catégories de personnes qui composaient la classe ouvrière. — Les conditions d'apprentissage étaient, comme autrefois, déterminées par les statuts, qui en fixaient la durée à trois ou quatre ans, et souvent davantage. — Le maître ne pouvait avoir que un ou deux apprentis. Il devait les loger, nourrir, et leur apprendre le métier.

Au moyen âge, le compagnon vivait à côté de son maître, partageant son logis, ses repas et son travail ; mais, peu à peu, il avait formé des associations de compagnons, qui l'éloignèrent du maître et créèrent bientôt un certain antagonisme entre patrons et ouvriers. L'institution du chef-d'œuvre persistait. Cette épreuve, pour arriver à la maîtrise, était toujours la même. On pouvait toutefois la racheter à prix d'argent. Il en coûtait souvent 3 et 4,000 livres. Dans beaucoup de professions, le nombre des maîtres était limité, afin d'éviter la concurrence, et il fallait attendre qu'il y eût des places vacantes avant de se présenter au chef-d'œuvre. Après avoir payé tous les droits et reçu ses lettres de maîtrise, le récipiendaire devait les faire enregistrer et prêter serment, en vertu d'une ordonnance nouvelle de 1680. Le pouvoir absolu se faisait ainsi sentir. Il se faisait sentir bien autrement, quand il conférait gratuitement des lettres de maîtrise, ou que, plus souvent encore, il les vendait à deniers comptant. Les lettres de maîtrise dispensaient du chef-d'œuvre et du droit de confrérie.

Au-dessus des maîtres étaient les jurés, qui visitaient les ateliers, percevaient les amendes et constituaient la justice des métiers par leurs pairs. Les querelles et les procès entre corporations étaient toujours nombreux. Le Parlement était fort embarrassé pour faire la distinction entre un habit neuf et un vieil habit, et pour marquer la limite qui les séparait. De là, les querelles éternelles des fripiers et des tailleurs. Les choses persistèrent dans cette voie pendant le siècle suivant, jusqu'à la Révolution.

RÉSUMÉ.

En résumé, du XIIe au XVIe siècle, l'état des personnes s'est modifié d'une manière notable, par suite des affranchissements successifs, qui ont donné aux serfs la liberté et le moyen d'acquérir. L'esclavage a complètement disparu. Le servage a persisté au contraire, mais avec des modifications importantes. L'homme est devenu libre ; la terre seule, à moins qu'elle n'ait été rachetée, est demeurée serve, détenue par les mêmes mains et grevée des mêmes servitudes. Cet état de choses a persisté pendant les XVIe et XVIIe siècles.

Entre les hommes libres, la distance est encore bien grande. Le vilain libre est celui qui n'est plus serf, mais le noble libre est bien au-dessus de lui, parce qu'il ne paie pas l'impôt, qu'il perçoit des redevances et qu'il n'a pas cessé de jouir d'une foule de privilèges... On voit par là que, si l'état des personnes s'est quelque peu modifié, le droit féodal et les rapports des possesseurs de fiefs avec les censitaires sont restés à peu près les mêmes. Ils se sont maintenus de la sorte jusqu'à la Révolution. — Sans doute, la rigueur des anciennes coutumes s'est adoucie. La justice des Parlements a fait cesser leur violence. Le droit est devenu plus humain, plus accessible, plus égalitaire; mais, au fond, ses principes n'ont pas changé.

La rédaction des coutumes, ordonnée par Saint Louis,

poursuivie par ses successeurs, n'a été menée à bien que sous Louis XII. Ce n'est, en effet, qu'à partir du xvie siècle que la rédaction des premières coutumes commence à être publiée. Leur publication réprime de nombreux abus, qui dérivaient du pouvoir féodal. Les Parlements, animés de l'esprit des Légistes, viennent en aide à cette œuvre salutaire. Désormais, les extorsions et les abus ne pourront plus se produire. Ils seront considérés comme des brigandages dont les juges royaux auront à connaître.

Au xvie siècle comme au temps de Saint Louis, tous les biens sont nobles ou roturiers. Les nobles ne doivent que la foi ou l'hommage, tandis que les autres héritages paient des redevances aux seigneurs, c'est-à-dire les cens, rentes et champarts, comme aussi la taille, les corvées, les lods et ventes. Mais à côté de ces rigueurs légales, conservées et maintenues jusque-là, des modifications profondes sont passées dans les coutumes écrites... Ainsi, on ne présume plus que le seigneur est propriétaire originaire de l'héritage. Il doit produire son titre, ou tout au moins la reconnaissance du tenancier. Les droits de corvées et de banalités doivent aussi être justifiés par titre.

En même temps, la taille à volonté, à merci, a disparu sous les décisions des Parlements, qui proclament que le roi lui-même ne peut établir des tailles sans le consentement des Etats. A la taille à volonté succède d'abord la taille *abonnée*. Et la taille *aux quatre cas, ou logaux aidés*, qui remonte au temps de Saint Louis, est aussi maintenue. Mais sur ces quatre cas, la *chevalerie* et le *voyage en terre sainte* n'existent plus, et *la rançon* est rare. Il ne reste que le *mariage de la fille aînée*, qui réclame l'aide extraordinaire. Encore cette dernière taille cesse-t-elle d'être facultative. Elle a été fixée par l'usage au double de la redevance que payait le censitaire.

Les corvées, qui étaient à la discrétion du seigneur, sont

maintenues sur les personnes libres et affranchies ; mais la coutume écrite en a limité le nombre à douze par an (1). Le droit de lods et ventes a persisté pour chaque aliénation de la terre roturière, ainsi que le droit de quint, pour la mutation d'un fief. Les banalités de toute sorte ont été de même maintenues dans la rédaction des coutumes ; mais on exige le titre, une reconnaissance ou une possession centenaire.

Quant aux justices féodales, chacune d'elles avait conservé son ressort particulier, afférent à des seigneuries de divers degrés. Tout seigneur justicier devait encore la justice à ses dépens, et il en supportait les frais, recevant comme compensation lucrative le produit des confiscations et des amendes (2) ; mais il ne retenait que des causes de peu d'importance. Les bailliages, les présidiaux et les Parlements avaient attiré tous les grands procès dans les justices royales.

D'autre part, les plaintes élevées au sein des Etats-Généraux avaient provoqué certaines ordonnances favorables au Tiers, et réprimé quelques abus. Ainsi, l'ordonnance de 1514 avait cantonné les gens de guerre dans les villes et rendu les officiers responsables de leurs déprédations. Quelques années après, Richelieu leur défendra, sous peine de mort, de prendre les bœufs et les ustensiles des laboureurs. Il défendra de même aux collecteurs de l'impôt de saisir leur pain, leur lit et leurs bêtes de labour. — L'ordonnance de 1535 avait prescrit la restitution des communaux, dont les seigneurs s'étaient emparés. Elle ordonnait aussi la suppression des banalités sans titre et des corvées abusives. Les doléances des Etats-Généraux avaient dicté les ordonnances d'Orléans, de Roussillon et de Moulins (1566), que l'on doit

---
(1) Loysel, *Inst. cout.*, l. VI.
(2) Loysel, *Inst. cout.*, l. II, t. II.

à Lhospital et qui servirent de base au droit nouveau. L'administration, la justice, l'armée, les finances, elles embrassent tout. Les règles qu'elles posent sont autant de barrières élevées à l'arbitraire et au despotisme, et favorisent par cela même le Tiers, les classes inférieures, qui ont tant besoin d'être protégés.

Les ordonnances de Louis XIV paraissant alors, poursuivront ces tendances, élevant ainsi de jour en jour le niveau de la justice, et amoindrissant de plus en plus la juridiction féodale.

Telle est la petite somme des progrès accomplis pendant les deux siècles qui nous occupent. — Mais à côté de cela, que d'abus existaient encore ! — Multiplicité des coutumes, vénalité de toutes les charges, évocations, lettres de cachet, torture, supplices, inquisition, justice seigneuriale, et conflits incessants entre les juridictions de toute sorte. Epices, banalités, corvées, immunités, monopoles, privilèges. Et au dessus de tout cela, un pouvoir absolu et souverain qui faisait la loi, mais refusait de la respecter lui-même. — Si le Tiers jouissait de quelque liberté personnelle, il ne connaissait pas l'égalité civile. Il était exclu des hauts emplois, de l'armée et du clergé. Seul, il supportait l'impôt quand les ordres privilégiés en étaient dispensés. Il ne connaissait pas davantage la liberté individuelle, qu'entravaient les douanes provinciales, les règlements, les péages, les monopoles des compagnies, des corporations, des maîtrises et des jurandes.

En parcourant le xvie siècle, qui fut celui de la Renaissance, des lettres, des arts ; qui fut témoin du règne brillant et chevaleresque de François Ier, on se demande pourquoi le peuple qui venait de s'affranchir et d'éloigner l'étranger, eut tant à souffrir de la misère et de la faim ? — Cela vient de ce que les dépenses personnelles du roi, ses fêtes, ses guerres, les prévarications de son chancelier, écrasèrent le peuple d'impôts, et le soumirent à toute sorte de privations. De là sortirent, à plusieurs reprises, la misère et la peste. Comment s'en étonner quand on sait que le paysan se nourrissait de glands, de sarrasin, et ne mangeait du pain que le dimanche ? — Les princes qui suivirent marchèrent sur les traces de François Ier, avec moins d'éclat et de talent. Leur Cour galante devint une Sodome. Il fallait battre monnaie pour payer son faste et ses plaisirs, et le Tiers fut pressuré. Pour comble de malheur survint la guerre civile, qui pendant la seconde moitié du siècle couvrit la France de ruines et de sang.

Avec le xviie siècle, avec Henri IV et Richelieu, grâce à la protection qu'ils accordaient au Tiers, il semble que sa condition devait être meilleure. — Mais les impôts, les guerres et leurs ravages ! Entendez en 1638 les doléances des Etats : « Les campagnes sont désolées par les soldats et par les agents du fisc, les villages sont déserts, les paysans s'enfuient et se font brigands à leur tour. » La misère fut plus grande encore sous la Fronde. Le notaire de Marle, Saint-Vincent-de-Paul et les doléances des Etats nous l'ont assez dit. — Mais voici le grand roi, le grand siècle de la gloire, de la pompe, des splendeurs. Il annonce sans doute le bien-être du paysan et la prospérité générale ? Hélas ! ces grandes guerres et ces grandes victoires, pendant soixante-douze ans ; ces constructions luxueuses où s'enfouissaient les centaines de millions ; ce faste de la Cour, cet entretien des princes et des deux mille courtisans logés et hébergés à Versailles ; la dotation des bâtards et des maîtresses, toute cette orgie de dépenses, dont seuls profitaient les grands, non la nation, c'est le Tiers-Etat, c'est le serf affranchi, c'est le peuple qui en fait les frais. — Plus on récolte de lauriers, plus on étale de magnificences, plus il paie, plus souffre, plus l'impôt est rigoureux, plus il pèse sur le pauvre monde, tandis que le riche en est affranchi. Aussi bien, l'éblouissement de toutes ces grandeurs n'empêche pas de constater : « Que la misère est partout ; que la terre n'est » pas cultivée, que la population diminue rapidement... » Et Fénelon peut dire au roi : « Sire, vos peuples se meu- » rent de faim... La France n'est qu'un vaste hôpital. » Et un auteur ajoutera : « Jamais la condition des paysans n'a » été aussi misérable que sous Louis XIV. » Telle est la situation du serf affranchi vers la fin du xviie siècle (1).

(1) Voyez sous la note B, à la fin du volume, quelques chartes d'aveu et de reconnaissance au xviie siècle.

LIVRE IX

XVIIIe SIÈCLE. — ÉTAT DES PERSONNES EN 1789.

La Royauté. — Le Clergé. — La Noblesse. — Le Tiers. Le Peuple. — Son Etat, sa Misère en 1789. — Les Cahiers. Abolition des droits féodaux (1).

LA ROYAUTÉ. — SA DÉCADENCE. — SES ABUS.

Au moment où disparaît le xviiie siècle, le monde est comme ébloui par l'éclat qu'il a jeté. Grand par les armes, les lettres et les arts, à l'égal du siècle d'Auguste, il a toutes les grandeurs. Versailles, son roi et sa cour en sont la manifestation la plus vivante et la plus vraie. Tout est majestueux dans les hommes et dans les choses.

Mais l'heure de la décadence a sonné, et la fortune, qui n'aime pas les vieillards, accable le grand roi décrépit de revers publics et de malheurs domestiques. Tous ses enfants lui sont enlevés, toutes ses conquêtes lui échappent, et, pour combler la mesure, un fléau terrible vient s'abattre sur la France, la famine. Le rude hiver de 1709 voit geler en terre toutes les récoltes. La mortalité de la France en est doublée, et la population affaiblie jusqu'à la génération suivante.

(1) Le xviie et le xviiie siècles sont extraits en grande partie de notre *Histoire du Servage*.

Les quinze dernières années de ce règne peuvent être marquées d'un mot : la sénilité. — Dès ce moment, la monarchie cesse de grandir. Elle décline et commence à se dissoudre. Avec les revers, les joies et les splendeurs de Versailles ont disparu. L'ennui pèse sur le vieux roi. Obsédé par sa conscience, il jette tristement les regards en arrière. Les guerres injustes et sans trêve, les frontières entamées, la révocation de l'édit de Nantes, les finances ruinées et la banqueroute imminente, les largesses insensées en faveur de ses bâtards et de leurs mères, le peuple en détresse et mourant de faim, tous ces souvenirs, qui l'obsèdent, se dressent devant lui comme autant de fantômes et de remords vengeurs. Un grand évêque ose lui écrire alors : « Vos » peuples meurent de faim. La culture des terres est aban- » donnée, les villes se dépeuplent, les métiers ne nourris- » sent plus les ouvriers. Au lieu de tirer l'argent de ce » peuple, il faudrait lui faire l'aumône et le nourrir. La » France n'est qu'un grand hôpital désolé et sans pro- » visions ».

C'est ainsi que la mort vient le frapper à son heure (1715). Ce n'est pas seulement un homme qui meurt en lui : c'est un monde qui finit avec ce règne. La nation, qu'il avait si longtemps insultée, insulte à son tour sa dépouille.

A Louis XIV succède le Régent avec ses dissipations et ses prodigalités, ses acquits au comptant, ses dépenses dissimulées, et en même temps Law, et sa banqueroute qui détermine celle de l'Etat.

Puis c'est Louis XV, ce libertin royal qui passe sa vie loin des affaires, au sein des plaisirs faciles et comme dans un sérail. Ses maîtresses font de la politique. Elles élèvent au pouvoir des ministres et des généraux d'antichambre, nous jettent dans la guerre de Sept-Ans, et nous font perdre toutes nos colonies.

Au milieu des hontes et des désastres de ce long règne,

les idées se développaient avec une puissance sans précédents et en faisaient un des grands siècles de l'histoire. Montesquieu, Voltaire, Rousseau, Diderot et bien d'autres, relevaient par leur génie cette malheureuse nation que le pouvoir royal et son entourage traînaient dans la boue. Le mouvement, par eux imprimé, souvent entravé par les grands pouvoirs, mais toujours repris et toujours irrésistible, ne s'arrêta qu'à la Révolution, qui vit mûrir la riche moisson d'idées que ces grands hommes avaient semée.

Le règne qui finissait avait brisé ses deux soutiens les plus fermes : les Jésuites et les Parlements. La banqueroute partielle et le pacte de famine étaient encore venus l'affaiblir et le vouer au mépris des populations. De plus, la dépravation des mœurs était complète, le mépris du pouvoir à son comble, et l'attente des esprits immense, éveillée qu'elle était depuis longtemps par le mouvement philosophique.

Telle était la situation au moment où Louis XVI, âgé de vingt ans, succédait à son aïeul. Hâtons-nous de dire qu'il ne lui ressemblait nullement : austère, simple, laborieux, de mœurs sévères, il aimait le peuple et voulait le bien. Mais il était timide, peu intelligent, sans volonté, sans énergie et d'une dévotion excessive. Convaincu que des réformes sociales étaient nécessaires, en présence des embarras financiers, il appela résolûment Turgot au ministère, bien qu'il fût encyclopédiste et partisan de Rousseau. Il ne pouvait avoir la main plus heureuse. Turgot s'était fait une haute renommée par ses écrits et par son administration dans l'intendance de Limoges. C'était le seul homme d'Etat de l'époque qui fût capable de sauver la monarchie, si elle pouvait l'être. Ses projets de réforme embrassaient tout ce que la Révolution a réalisé depuis. Il voulait l'abolition des droits féodaux, des corvées, de la gabelle, des douanes provinciales, des privilèges en matière d'impôt. Il voulait aussi la liberté de conscience et de la presse, la liberté du commerce et de l'industrie, l'uniformité de législation, ainsi que celle des poids et mesures.

Ces plans grandioses soumis au roi, développés avec netteté dans des mémoires spéciaux, furent approuvés par le monarque, dont ils devaient illustrer le règne. Profitant de ses bonnes dispositions et sans perdre un moment, Turgot se mit à l'œuvre. Il créa tout d'abord une Banque nationale, qui fut depuis la Banque de France. Il abolit ensuite la loi qui rendait les taillables solidaires du paiement de l'impôt, ainsi que la corvée pour la confection des routes. Le commerce des grains devint libre; les maîtrises et jurandes disparurent. — Il voulut enfin ce que Colbert et Vauban avaient demandé avant lui, c'est-à-dire que l'impôt territorial fût égal pour tous, sans exceptions ni privilèges, et c'est là qu'il échoua, devant l'opposition aveugle autant qu'égoïste des privilégiés. La cour, le clergé, la noblesse, défendirent énergiquement les abus dont ils profitaient, et repoussèrent les innovations de Turgot. Et bientôt ils en portèrent la peine.

Pour se créer des auxiliaires, ils firent rappeler les anciens Parlements, afin de raffermir, disaient-ils, l'ordre social menacé. Ce fut une grande faute. Cette vieille institution, impénétrable aux idées nouvelles, croyant défendre la royauté, repoussa toutes les réformes et se fit la protectrice de tous les privilèges. Sa résistance, qui pouvait être bonne quand le pouvoir despotique voulait violer la loi, devint une entrave insurmontable, dont il fut embarrassé, quand il voulut consentir des réformes nécessaires, qui devaient bientôt lui être arrachées par le peuple. La querelle entre le Parlement et la royauté allait donc comme autrefois se renouveler. C'est dans l'ardeur de la lutte et le dépit de sa défaite que ce grand corps demandera la convocation des Etats-Généraux, qui feront le procès de la monarchie.

Il arriva en effet que, le jour où les édits relatifs aux réformes de Turgot furent présentés au Parlement, l'enregistrement leur fut refusé. Un lit de justice devint nécessaire pour l'y contraindre, et ce fut là le dernier effort de Louis XVI. Tout son entourage, la cour et la reine elle-même, prirent parti pour le Parlement, et reprochèrent au monarque hésitant d'avilir la royauté par des innovations roturières. C'en était trop pour sa faiblesse. Il renvoya Turgot, et perdit ainsi la seule chance qui lui restât de sauver sa couronne.

Necker succéda au grand ministre. C'est pendant son administration qu'éclata la guerre de l'indépendance américaine. — Les souvenirs de la perte du Canada et de l'Inde, enflammant la nation, le gouvernement fut entraîné en quelque sorte à tendre la main aux ennemis de l'Angleterre. Après des succès et des revers à peu près balancés, l'indépendance américaine fut glorieusement proclamée. Cette grande diversion, qui semblait devoir éloigner la crise révolutionnaire qui se préparait en France, ne fit que l'accélérer. Les Français, revenus d'Amérique, pleins d'enthousiasme pour la démocratie naissante, apportèrent ces idées nouvelles qui vinrent servir d'appoint aux idées philosophiques, et hâter leur développement.

Comme Turgot, Necker avait été remercié dès qu'il avait voulu tenter des réformes. — Remplacé par Calonne, courtisan frivole et inhabile, le déficit n'avait fait que s'accroître, si bien qu'après trois années d'expédients, le nouveau ministre déclarait au roi une augmentation de 800 millions pour la dette, et ne voyait, disait-il, d'autres remèdes au mal que l'abolition des privilèges financiers, c'est-à-dire la proposition de Turgot. — Et le ministre croyait faire accepter cette innovation aux privilégiés, en leur en démontrant la nécessité et en la faisant voter par eux-mêmes. C'est à cette fin que, le 22 février 1787, il convoqua l'assemblée des notables, à laquelle il proposa les principales réformes de

Turgot. Peu disposés à y consentir, les notables refusèrent de délibérer et firent destituer le ministre.

Remplacé par le cardinal de Brienne, les notables se montrèrent de meilleure composition et firent semblant d'accepter les réformes. Mais ils savaient d'avance que le Parlement les repousserait, et leur épargnerait ainsi l'impopularité dont ils se seraient chargés en les repoussant eux-mêmes.

Les premières ordonnances, sur la corvée et le commerce des grains, furent enregistrées sans difficulté. Il n'en fut pas de même pour l'ordonnance relative à l'égalité de l'impôt. Le Parlement s'indigna tout d'abord, contre le Ministre, contre la Cour et ses prodigalités ; puis, aveuglé par son égoïsme autant que par son orgueil, et trouvant bon tout prétexte d'échapper à la subvention territoriale, il déclara que les Etats-Généraux avaient seuls le droit de consentir les impôts. Singulière déclaration de ceux qui, depuis plusieurs siècles, s'étaient arrogé le privilège de les consentir conjointement avec la royauté ! Ils avaient donc usurpé sur la nation ! — c'est ce qu'elle ne tardera pas à constater.

La Cour, plus clairvoyante cette fois qu'au temps de Turgot, força l'enregistrement de cet impôt dans un lit de justice. Mais le Parlement, avec une audace inconnue jusque-là, déclara l'enregistrement forcé de nulle valeur. — Il fut exilé à Troyes. Les parlements de province firent parvenir la même protestation, et proclamèrent aussi la nécessité des Etats-Généraux. — En même temps, l'assemblée générale du clergé refusa tout subside, toute participation à l'impôt ; elle protesta de même contre les propositions du Ministre, et demanda la convocation immédiate des Etats-Généraux.

Voulant se débarrasser du Parlement et prendre l'initiative des réformes, le roi, résolu à faire un coup d'Etat, convoqua les princes, les pairs et les magistrats. « Il n'est pas

» d'écarts, leur dit-il, auquel mon parlement ne se soit livré
» depuis un an. Je dois les arrêter. Il faut un seul roi, une
» seule loi, des parlements auxquels les grands procès
» soient réservés, une chambre unique dépositaire des lois
» et chargée de les enregistrer ; enfin des Etats-Généraux
» assemblés chaque fois que les besoins de l'Etat l'exige-
» ront ». Après ce ferme langage, le Chancelier lut les ordonnances qui supprimaient les chambres des enquêtes,
les tribunaux d'exception, diminuaient le ressort des Parlements et créaient pour l'enregistrement des lois une Cour
plénière qui se composait d'évêques, de seigneurs et de
conseillers d'Etat.

Tous les Parlements repoussèrent ces réformes qui les
atteignaient, les déclarant contraires aux lois constitutives
de la monarchie, et renouvelèrent leur opposition en refusant de siéger et de faire partie de la Cour plénière. Le
malheureux ministre, à bout de ressources, ayant épuisé
les moyens de force et d'intrigue, de despotisme et de corruption, n'ayant ni Cour plénière pour enregistrer ses édits,
ni parlements, ni emprunts, ni impôts, se vit forcé d'employer le dernier remède qui permit de vivre à la monarchie.
Forcé dans ses derniers retranchements, il convoqua les
Etats-Généraux pour le 5 mai 1789.

Au milieu de l'effervescence publique, les Parlements
et la noblesse excitaient le peuple contre la Cour, afin de
sauver leurs privilèges, et en appelaient aux Etats-Généraux
comme une menace. La Cour, de son côté, qui ne pouvait
conserver le pouvoir qu'en renversant les privilèges, invoquait le peuple et les Etats-Généraux contre les grands. Et
le peuple, à son tour, se sentant souverain arbitre, comptait
sur les Etats-Généraux qui devaient juger les prétentions
de ses ennemis et les étouffer à jamais.

Restait à savoir de quelle manière ils seraient composés.
L'ordre du Tiers-Etat aurait-il une représentation égale à

celle des deux autres ? Voterait-on par tête ou par ordre ?...
Le Parlement, rappelé dans ces graves conjonctures et consulté sur la question, invoqua les précédents des derniers Etats de 1614, et se prononça pour le vote par ordre. Une assemblée des notables, convoquée à cet effet, formula le même avis. Mais bientôt l'une et l'autre assemblée, cédant aux clameurs publiques, s'en remirent au roi pour la décision de ces questions. Le roi lui-même, pressé par la force de l'opinion, par le vœu unanime des assemblées provinciales, par l'avis des publicistes et les adresses sans nombre qui lui parvenaient à ce sujet, décida que les députés du Tiers devaient égaler en nombre ceux de la noblesse et du clergé réunis. Aussitôt commencèrent les élections.

Tous les Français âgés de vingt-cinq ans et payant l'impôt élisaient, par 200 électeurs, un député à l'assemblée du bailliage (au canton). Ces députés, à leur tour, nommaient les députés aux Etats-Généraux (1). — Quant au clergé et à la noblesse, ils élurent directement leurs députés. — Ceux de la noblesse étaient au nombre de 270, ceux du clergé 291, et ceux du tiers 578, total 1039. — Les élections terminées, les députés de chaque bailliage rédigèrent un cahier qui contenait les doléances locales de leurs électeurs, comme aussi l'expression générale de leurs sentiments politiques.

Bientôt les trois ordres furent en présence. Le clergé et la noblesse exprimèrent la prétention de voter séparément. Le Tiers les somma aussitôt de se réunir à lui, et sur leur refus, il se déclara Assemblée nationale, c'est-à-dire la nation à lui seul (2). A dater de ce moment, la révolution était faite dans les esprits. Elle ne pouvait tarder à se pro-

---

(1) 2,500,000 électeurs prirent part au vote et nommèrent 12,500 députés au bailliage.

(2) N'en avait-il pas le droit ? Il représentait 25,000,000 de citoyens, tandis que toute la noblesse et le clergé n'en représentaient que 250,000.

duire dans les faits. Les légistes, les grands écrivains, les philosophes l'avaient préparée.

Deux grands ministres, Malesherbes et Turgot, auraient dû, ce semble, conjurer le danger. La liberté du commerce, l'abolition des corvées et des jurandes, l'affranchissement des serfs dans les domaines royaux, étaient de nature à amener une détente. — Mais l'égalité devant l'impôt, cette réforme capitale, repoussée par les Parlements, le clergé et la noblesse, avait amené la chute de Turgot. Ses successeurs, impuissants dès lors à combler le déficit des finances, avaient appelé les Etats-Généraux pour remplir cette tâche. Dès les premiers jours, la double représentation du Tiers, la réunion des ordres et le vote par tête, annoncèrent le triomphe de l'égalité civile et de la liberté politique. La nuit du 4 août vint le proclamer en amenant l'abandon spontané des privilèges par les privilégiés eux-mêmes.

Les rois absolus qui avaient gouverné la France depuis Charles VII et Louis XI jusqu'à Louis XIV et Louis XVI, la considéraient comme un domaine qui leur appartenait au même titre que les hommes qui résidaient sur le sol. C'était comme une propriété, un héritage qu'ils administraient à leur guise et dont ils s'appropriaient les produits sans partage. Depuis François Ier, le revenu public était leur revenu privé, sans que personne eût le droit de leur en demander compte. C'est ce qui faisait dire à Louis XIV : « L'Etat, c'est moi » ; et à Bossuet : « Tout est au Roi ». Le trésor de la France était le trésor du monarque. Il y puisait sans compter.. La Chambre des comptes au Parlement vérifiait les dépenses de l'Etat, à cette seule fin de contrôler la gestion du ministre ; mais elle s'arrêtait devant les dépenses du Roi, qui n'étaient justifiées que par sa signature, et qu'on appelait *des acquits du comptant*. Grâce à ce système commode, malgré les guerres incessantes et les misères publiques, le grand Roi dépensait à Versailles, en simples fantaisies de constructions, 215 millions (soit environ 750,000,000 de notre monnaie). A Neuilly, 12 millions (50 millions d'aujourd'hui), sans compter Saint-Germain, Fontainebleau, Chambord, le Louvre et les Invalides. — Que coûtèrent ses favorites et les dix bâtards légitimés qui eurent rang de princes ? Que coûtèrent le faste théâtral et insensé de la cour, qui logeait et hébergeait gratuitement dans son palais deux mille gentilshommes ? Et ces pensions sans compter, qui retenaient à Versailles cette masse de courtisans chamarrés et criblés de dettes !... Et les guerres incessantes d'un règne de 72 ans ?... (1)

Louis XV fit moins la guerre que son aïeul ; mais il ne fut pas moins prodigue assurément. Ses dépenses personnelles, cachées sous le voile *d'acquits au comptant*, varièrent d'abord de 20 à 30 millions par an, et dépassèrent ensuite 117 millions (2). — Ne fallait-il pas entretenir ses maîtresses, leurs favoris et leurs familles ? — En 1751, il avait dans ses écuries 4,000 chevaux, et les dépenses seules de sa personne coûtèrent cette même année 68 millions, au dire d'Argenson, c'est-à-dire le quart du revenu de l'Etat. Mme de Pompadour seule avait dépensé 36 millions pendant la durée de sa faveur, sans compter une dizaine de millions dont elle avait gratifié les membres de sa famille.

Louis XVI n'avait point les goûts pervers de ses prédé-

---

(1) La maison du Roi se divisait *en maison civile et maison militaire*. La maison civile comprenait le clergé de la cour, les officiers de la bouche du roi, les officiers de sa chambre, les officiers des bâtiments de la grande et de la petite écurie, ceux des postes, des voyages, de la vénerie, des cérémonies et de la trésorerie. Il y avait aussi le grand maître de la maison, celui de la reine, du dauphin et de chaque prince. Chacun d'eux commandait à un personnel semblable à celui du souverain. V. Cheruel s. ce mot...

(2) H. Martin, t. XII, 560,

cesseurs ; il vivait simplement, comme un bourgeois, de la vie de famille ; mais il vivait à sa cour, et dans une cour montée sur un pied de dépenses traditionnelles. Comme ses aïeux, il croyait que le Roi devait représenter grandement ; faire de grandes dépenses et de grandes largesses, qui répandaient ensuite ces bienfaits sur la nation. L'état de son train modeste nous fera juger de celui de ses prédécesseurs.

Sa maison militaire était de 10,000 hommes, qui coûtaient annuellement huit millions. Et sa maison civile de 400 personnes, non compris 2,000 pour celle des princes. — Il avait 3,000 chevaux dans ses écuries ; 1,500 hommes d'équipages. Tout cela coûtait six millions. — Puis venait la chasse, qui coûtait au Roi 12 millions et occupait 280 chevaux, non compris ceux de la grande écurie. La nourriture des chiens coûtait, à elle seule, 54,000 francs par an. — Le Roi, dans un an, abat, suivant son journal, 20,000 pièces de gibier. — Chaque prince a sa faculté et sa chapelle. Le Roi compte pour lui seul 75 aumôniers, chapelains et autres ; 48 médecins, chirurgiens et apothicaires. Les princes, à l'avenant. — Viennent ensuite les services de la bouche qui comportent trois divisions : la première, celle du Roi ; puis celle des princes, et enfin celle des officiers de la cour. Les cuisines du roi comptent 500 employés, et dépensent près de 3,000,000 en 1788. Il faut ajouter à ce chiffre 1,500,000 francs pour la cuisine des princesses. Tout ce faste réuni comporte une dépense de 45 millions par an, ainsi qu'il en fut justifié à l'Assemblée nationale, en 1789. Ne pas oublier que cette somme doit être plus que doublée pour avoir la valeur actuelle.

C'est donc 45 millions, à prendre sur un budget total de 477,000,000, que coûtait la maison civile et militaire du plus honnête et du plus économe de nos rois, non compris *les acquits au comptant*, qui dépassaient 100 millions par an. — Est-ce tout ? Non. Dans la cassette du trésor public, on peut puiser encore pour des largesses. Et d'abord, le roi achète Saint-Cloud pour Marie-Antoinette : huit millions (seize d'aujourd'hui au moins). « C'est une bague au doigt de la reine, dit Aujeard dans ses mémoires. Le roi, ayant 477 millions de rente, peut bien faire cette largesse. » Après la reine, ce sont les amis de celle-ci qui reçoivent ses générosités. — La comtesse de Polignac : 400,000 fr. pour elle et 800,000 pour la dot de sa fille, plus encore une terre de 35,000 livres de rente, et une pension de 30,000 livres à son amant, le comte de Vaudreuil. Et plus tard, quand on ouvrira le livre rouge, on y trouvera encore 700 mille livres de pension aux Polignac. — La princesse de Lamballe : 100,000 écus par an, tant pour elle que pour son frère. — Pour secourir les frères Guéménée qui viennent de faillir, le roi leur fait un don déguisé de huit millions, et, en outre, de 35,000 livres de rente (1).

Necker, entrant aux affaires, avait trouvé le trésor royal grevé de 28 millions de pensions. Dès qu'il tombe, c'est un assaut des gens de cour, qui les obtiennent par millions.

Autour de la cour du roi, il y a une douzaine de cours princières. Chacun de leurs possesseurs avait reçu des apanages qui représentaient ensemble la septième partie du territoire. Ils les administraient et en percevaient tous les revenus, qui donnaient en moyenne un million à chacun d'eux. Les princes et les princesses du sang, au nombre de quinze, ont, comme le roi, leur maison montée et payée par le trésor, le tout avec le cortège obligé des gentilshommes, des pages, des dames et de tout le personnel d'une grande représentation, pour laquelle il y a environ cinq cents charges. — Ainsi, il y a une maison de ce genre pour la reine,

---

(1) Mirabeau, *Traité de la population*, 81. — Voyez pour tous ces détails Taine, *Origines de la France*. — Boiteau, *Etat de la France en 1789*.

pour chaque frère et chaque sœur du roi ; de même pour chacun des enfants, à partir de l'âge de cinq ans. Les oncles et les parents du roi ont aussi leur maison, et reçoivent des pensions de 100 à 200,000 livres. Les ambassadeurs, vivant sur ce ton, reçoivent 200,000 livres par an de traitement, et 2 ou 300,000 de gratification. Les traitements des ministres sont les mêmes ; et quand ils se retirent, le roi leur fait une grosse pension. — Les gouverneurs et les intendants de province, les commandants et les lieutenants généraux sont traités aussi magnifiquement.

On compte en province quarante-quatre gouverneurs généraux, qui n'ont d'autre mission que de représenter... Celui du Berry reçoit 35,000 livres de rente ; celui de la Guyenne, 120,000 ; celui du Languedoc, 160,000 livres, etc. On compte aussi quatre cent sept gouvernements particuliers pour des villes seules... Créations parfaitement inutiles et de pure fantaisie. Chacun d'eux rapporte à l'heureux titulaire de 15 à 20,000 fr. de rente. N'oublions pas treize gouverneurs de maisons royales, encore plus inutiles que les précédents. — Puis enfin, les intendants de province, au nombre de vingt-cinq, qui gouvernent réellement et reçoivent des appointements en conséquence. Ils ont pris naissance sous Richelieu, qui les chargea de la justice et de la finance, et plus encore de la surveillance des gouverneurs. Ajoutez à cela des lieutenances générales et des commandants et sous-commandants sans nombre, que l'ordonnance de 1788 rétribue comme suit, en les réformant : dix-sept commandants en chef recevront de fixe de 20 à 30,000 livres, et de 4 à 6,000 francs par mois de résidence, et les sous-commandants, de 2 à 6,000 francs. Soixante-neuf fermiers généraux, gras et repus, venaient grossir enfin le nombre des prenants au trésor. Ils avaient à bail les gabelles, les tabacs, les octrois, les aides, etc., qui leur procuraient d'énormes remises. — Au-dessous d'eux encore, les receveurs généraux percevaient la taille et la capitation.

Aussi lucratives et aussi inutiles sont les charges de cour. On y compte trois cents officiers de bouche pour le roi, non compris les garçons pour sa table et pour celle de ses gens. Le premier maître d'hôtel touche plus de 100,000 francs par an, en argent ou en revenants bons. Les premières femmes de chambre reçoivent 50,000 francs, dans les mêmes conditions. Le secrétaire touche 200,000 fr. — La gouvernante des enfants touche 35,000 livres pour chacun d'eux. — La surintendante, Mme de Lamballe, en touche 150,000 (1). L'abbé Barthélemy, secrétaire général des Suisses, et Gentil Bernard, secrétaire des dragons, touchent 30,000 francs par an pour ne rien faire. Il y a comme cela une myriade de places inutiles chez tous les princes du sang, qui, toutes, viennent puiser au trésor royal. Et puis encore, le roi donne sans compter autour de lui. — Sur un emprunt de 100 millions que fait Calonne, les princes en prennent plus de quatre-vingt. D'après le journal de Louis XVI, il aurait dépensé pendant la durée de son règne, en dons ou en acquisition pour sa famille seulement, 230 millions environ. Faut-il s'étonner après cela de la pénurie des finances ? de la magnificence des grands et de la misère des petits ?... (2).

LE CLERGÉ.

Lorsque le chef des Francs eut assuré son pouvoir dans la Gaule romaine, il garda pour sa part les terres du fisc, c'est-à-dire le tiers environ du pays qu'il occupait. A cette possession déjà bien grande, il ajouta successivement les terres confisquées sur les chefs vaincus ou sur les sujets in-

---

(1) Mad. Campan, *Mémoires*, p, 296 et s.
(2) V. Taine et Boiteau déjà cités, *passim*.

fidèles. Telle fut l'origine du domaine royal. Sur ce vaste territoire, il fit à ses lieutenants et à ses soldats des concessions viagères qui constituèrent des bénéfices.

A partir du viie siècle, les chefs du clergé, les abbés, les évêques, furent compris dans ces largesses, et reçurent des bénéfices au même titre que les compagnons du roi. Comme eux, ils devaient le service militaire ; mais ils ne tardèrent pas à s'en faire exempter, sous prétexte du service de l'autel, en fournissant des hommes de guerre.

Jusqu'à ce moment, le clergé, se détachant des biens de la terre, avait exercé une magistrature. Il n'était donc pas propriétaire; mais ses bénéfices, comme ceux des guerriers et des fonctionnaires, se transformèrent bientôt en propriété féodale. Se considérant dès lors comme investi du droit de disposer de la terre cédée, ses bénéfices viagers devinrent héréditaires, grâce à la faiblesse des successeurs de Charlemagne. Déjà ce prince avait rendu obligatoire la dîme ecclésiastique, et par ce fait, le clergé était devenu usufruitier du dixième brut des revenus du royaume. En même temps, les donations pieuses lui arrivèrent de tous côtés, dans ces siècles de foi, soit que le croyant voulût racheter son âme, soit qu'il cédât aux terreurs de l'an 1000. Ce n'était pas assez : pour assurer le repos des âmes des mourants, il exigea de chacun — lui qui rédigeait les testaments et donnait des passeports pour l'autre monde — la cession d'une part d'héritage, qui devait constituer le patrimoine des pauvres. Ainsi les bénéfices féodaux, les dîmes, les donations pieuses et le casuel, telles furent les sources fécondes des immenses richesses de l'Eglise, richesses qui durent s'accroître rapidement, quand on songe qu'elles étaient exemptes de tout impôt. « Les biens d'église sont à Dieu ». Qui eût osé lui réclamer des tailles et des redevances !...

Il ne faut donc pas s'étonner qu'au xviiie siècle, un tiers du sol appartint au clergé, qui comptait environ 130.000

têtes (1). L'estimation de ses biens, faite en 1789, au nom du comité ecclésiastique, en portait la valeur à 4 milliards et les revenus à 400 millions, non compris la dîme qui valait 123 millions, non plus que le casuel, les quêtes et les aumônes. Tout cela indépendamment de la fortune privée de chaque prélat (2) On comptait 800 abbayes d'hommes et 300 abbayes de femmes, plus 600 chapitres. Certains ordres avaient des revenus énormes. Ainsi les Prémontrés, qui n'étaient que 400, comptaient 1 million de revenu ; les moines de Cluny, au nombre de 300, 2 millions de rente ; ceux de Saint-Maur, 8 millions.

Le comte de Clermont, à 24 ans, était pourvu de six fortes abbayes, et trouvait le moyen de se ruiner trois fois en peu d'années (3).

Le cardinal de Rohan touchait un million de son évêché de Strasbourg et 157.000 livres pour son cardinalat. Il recevait en outre 100.000 écus de l'abbaye de Saint-Wast, 40.000 livres de celle de la Chaise-Dieu. Et comme ces trésors ne pouvaient lui suffire, il aliénait à son profit pour 7 millions de biens de l'hôpital de Strasbourg dont il avait l'administration (4).

Dans plusieurs provinces, le clergé possédait la moitié des terres, et dans d'autres les trois quarts. Les chanoines de Saint-Claude avaient encore 12.000 serfs mainmortables ; le duc archevêque de Cambrai, la suzeraineté de tous les fiefs de son duché, qui comptait 75.000 habitants. Les 130 évêques ou archevêques du royaume avaient ensemble 5.600.000 fr. de revenu épiscopal, et 1,200,000 livres de

---

(1) V. Taine, *l'Ancien régime*, p. 17.
(2) V. l'abbé Expilly... V. Clergé, *Dictionnaire des Gaules*. Le jésuite Cérutti estime à 412 millions les revenus des biens du clergé.
(3) Jules Cousin, *les Comtes de Clermont*, 103.
(4) *Mémoires de l'abbé Georgel*, II, 26.

leurs abbayes, soit en moyenne 50,000 livres de rente chacun. C'est l'almanach royal qui l'indique, et l'on sait qu'il ne porte que la moitié du revenu réel. C'est donc 100.000 fr. par tête qu'il faut dire, soit 200.000 fr. d'aujourd'hui, d'après les calculs les plus autorisés. Quant aux abbayes, l'almanach royal en indique 33 qui rapportent de 25,000 à 120.000 livres, 27 qui rapportent de 20.000 à 100.000 livres à l'abbesse. Quadruplez ces chiffres pour avoir le revenu actuel.

Les abbés et les évêques étaient tous nobles et gentilshommes. Au revenu de 100,000 livres que donnait le plus souvent l'évêché, ils joignaient encore celui d'une ou plusieurs abbayes. En qualité d'ordre privilégié, le clergé était exempt de la taille et des impôts. Les roturiers, qui la payaient seuls, fournissaient aux charges de la nation entière, alors qu'ils ne possédaient pas même le tiers des terres et le quart du revenu du royaume (1). Plus tard, il est vrai, la taille ne suffisant plus, deux impôts nouveaux seront établis sur toutes les têtes : la capitation et le vingtième (2). Mais le clergé saura s'en affranchir, en payant un don gratuit, parce que les biens d'église sont à Dieu. Et la noblesse, à force de ruse et d'influence, s'en exempte aussi à peu près complètement, comme elle s'est déjà exemptée, elle et ses gens, du tirage de la milice, du logement des gens de guerre et de la corvée des routes. Ainsi disait Turgot : « La capitation des privilégiés est devenue » très modique, tandis que la capitation des roturiers est » presque égale au principal des tailles. » Sur 1.500.000 livres que fournit la capitation en Champagne, les privilégiés n'en paient que 14.000, c'est-à-dire rien, puisqu'ils possèdent les deux tiers des terres et probablement plus des trois quarts des revenus.

(1) Taine, *l'Ancien régime*, p. 53 et s.
(2) La capitation date de 1695.

Non-seulement ils ne paient pas l'impôt, mais ils en recueillent souvent une partie. C'est ainsi que l'évêque de Mende, seigneur de Gévaudan, dispose de toutes les places municipales et judiciaires, et ce, à beaux deniers comptants. Que le chapitre de chanoinesses de Remiremont a la haute et basse justice de 52 seigneuries ; qu'elle présente à 75 cures, confère 10 canonicats, et nomme aussi les officiers municipaux et judiciaires, le tout avec les revenus qui en dépendent, c'est-à-dire : la vente des charges, les amendes, les droits de mutation et autres, et ce, au grand préjudice du trésor public. 32 évêques et beaucoup de chapitres sont de même seigneurs temporels, et perçoivent des revenus dont l'Etat devrait profiter (1).

Il va sans dire que les revenus du haut clergé étaient indépendants de ceux qu'ils pouvaient avoir comme seigneurs féodaux, et qui leur rapportaient alors : des cens, des redevances et des profits de toute sorte.

Tel était le haut clergé. Au dessous, bien au dessous de lui, apparaissait le bas clergé, qui desservait les 35.000 paroisses de la France. Ce n'était pas pour lui qu'était la dîme. Les gros bénéficiers la recueillaient sans résider sur la paroisse et mettaient à leur place un pauvre curé, auquel ils donnaient la portion congrue. Cette portion congrue, payée parfois en nature, fut fixée tout d'abord à 120 livres, puis à 300 sous Louis XIII. En 1780, elle était de 500 ou de 700 livres non compris le casuel. Ce mince revenu, souvent amoindri par ce fait, que les titulaires des curés et des prieurés les affermaient au plus offrant, était une source d'abus qui abaissait la moralité du clergé.

Le curé avait l'administration de son église : il tenait les registres des mariages, des naissances et des décès, publiait du haut de la chaire les actes de l'autorité, et assis-

---

(1) Taine, 55.

tait aux assemblées communales. L'excommunication était son moyen de défense le plus puissant. Il en frappait les concubines, après les avoir dénoncées en chaire, de même que ceux qui ne communiaient pas aux fêtes légales. Il avait le droit d'administrer les sacrements aux malades, et de recevoir en présence de témoins leur testament, qui contenait presque toujours des legs pieux en faveur de la fabrique. Turgot entretenait avec les curés des paroisses une correspondance très active. Il leur demandait des renseignements sur toutes choses : sur les épidémies, les impôts, et les chargeait ensuite de faire connaître à leurs paroissiens les intentions de son administration. Telle était la position précaire des 35.000 curés des campagnes.

Toute autre était celle des prélats, des évêques, des bénéficiers et des gros décimateurs, ainsi que nous venons de l'indiquer. « Ce serait faire injure à la plupart de nos ecclé-
» siastiques, disait Mirabeau, que de leur proposer une
» cure. Ils n'en veulent qu'aux gros revenus et aux distinc-
» tions. Tandis que les vieux pasteurs des âmes, ont à
» peine leur subsistance, les prélats, sortis de la noblesse,
» n'ont que les revenus et les prétentions sans vrai minis-
» tère. Les uns, n'ayant que des devoirs à remplir, sans es-
» poir d'avancement et sans revenus, ne peuvent se recruter
» que dans les derniers rangs de la société, pendant que les
» autres parasites dépouillent les travailleurs, affectent de les
» subjuguer et de les avilir de plus en plus. — Je plains le
» curé à portion congrue, disait aussi Voltaire, alors que des
» moines gros décimateurs osent lui donner un salaire de
» 400 livres, pour aller faire toute l'année, à deux ou trois
» lieues de sa maison, le jour, la nuit et par tous les temps,
» les fonctions les plus pénibles et les plus désagréables... »

Aussi quand vinrent les élections aux Etats-Généraux, de toutes parts les curés se confédérèrent pour n'y envoyer que les leurs, à l'exclusion des prélats. Sur 300 députés du clergé, les curés étaient au nombre de 208. Qu'on ne s'étonne point s'ils abandonnèrent leur ordre pour passer à celui du Tiers. C'est en faisant avec lui cause commune, qu'ils sapèrent les assises de la féodalité, des privilèges, des dîmes et des bénéfices, qui ne leur donnaient aucun profit. — A partir de ce moment, le clergé disparut comme ordre ; il cessa d'être un corps politique, et ne posséda plus, comme personne civile, ni dîmes, ni propriétés de mainmorte. La corporation disparaissant, les membres qui la composaient ne furent plus que des individus salariés par l'Etat, et par cela même fonctionnaires comme le soldat et le magistrat.

LA NOBLESSE.

Jusqu'au xvi⁰ siècle, la noblesse, chaque jour amoindrie par la royauté, n'avait cessé de résider sur ses terres. Elle les faisait exploiter par les serfs attachés à son service, ou par des tributaires affranchis, qui se libéraient de leurs fermages avec le produit de leur travail. La plupart des seigneurs passaient leur vie à la chasse et à la guerre. Attirés par François Ier, prince brillant et frivole, ils vinrent à la suite des campagnes d'Italie se ranger autour de sa personne, et lui constituer une cour, chose inconnue jusque-là. Désertant leurs châteaux et leurs terres, on les vit faire à Versailles, sous chaque règne, le métier de courtisans et se ruiner par le luxe, le jeu, les chevaux et tous les plaisirs du grand monde. La cour les attirait fatalement par ses faveurs et ses plaisirs ; ils venaient y faire figure, s'amuser, causer des affaires et des nouvelles avec l'élite du royaume et les arbitres du ton, de l'élégance et du goût. Pompeuse et solennelle pendant la période brillante du grand siècle, cette aristocratie devint prudente, réservée et hypocrite vers la fin, pour complaire à son maître. Licenciée par la régence, qui ferma les portes de Versailles, elle se dispersa dans Paris pour y former un certain nombre de petites cours en miniature autour des princes et des bâtards du roi. Le Palais-Royal, Sceaux, le Temple, continuent les traditions de grande société et de plaisir de Versailles. Ces maisons princières disparaissant, feront place à de plus modestes, qui, dans une certaine mesure, tenteront de perpétuer leurs mœurs et s'appelleront les salons du xviiie siècle. — Mais la régence passe vite ; Louis XV se marie, et désertant sa triste résidence de Vincennes, vient reprendre et continuer à Versailles l'habitude des grandes dépenses, du luxe et des plaisirs de son superbe aïeul. — Comme une volée d'oiseaux, toute l'aristocratie accourt à tire d'aile, et après douze ans d'absence, elle revient avec bonheur entourer le trône de ses adulations et y achever la ruine de sa fortune et de sa considération.

Cette vie de luxe, cette oisiveté élégante, les dépenses sans mesure qu'elle entraîne, et les compromis fâcheux qu'elle nécessite, tout tend à la corruption des mœurs et à l'abaissement des caractères. Les concussions des fonctionnaires, la vente des consciences et des influences, étaient partout. La dépravation générale, se modelant sur l'exemple du souverain, était plus grande encore. Au xviie siècle, les mauvais ménages n'étaient pas rares. Au xviiie, on n'en voyait pas d'autres. Le mari et la femme avaient chacun une liaison particulière publiquement avouée. — Quels exemples pour la famille, et quels enseignements pour la nation laborieuse ! — Pendant que la haute noblesse, entourant le trône, se livrait aux entraînements de cette existence brillante, la noblesse pauvre résidait en province au milieu de terres mal cultivées et de tenanciers impuissants à la payer. Là, elle se livrait à la chasse, menait une vie de privations, et perdait de la sorte l'autorité et le prestige qu'elle devait à son rang, malgré les droits honorifiques dont elle jouissait. Aussi arrivait-il souvent que, loin de traîner une existence précaire au milieu des manants qui ne le respectaient plus, le pauvre gentilhomme vendait ses terres et allait chercher fortune à la cour ou à l'armée.

Les desservants des paroisses, réduits à la portion congrue, résidaient seuls dans les campagnes à côté du gentilhomme, souvent aussi pauvre qu'eux. Cette situation précaire n'était pas faite pour leur attirer le respect et la considération nécessaires au bien de ceux qu'ils devaient enseigner.

Pendant ce temps, l'intendant ou le fermier n'étaient ni conseillés, ni surveillés. Le tiers de la propriété rurale et seigneuriale tombait en friche, suivant le témoignage d'Arthur Young.

Cette situation fâcheuse ne fit que s'aggraver chaque jour davantage. Si la noblesse ne périt pas toute entière dans ce désordre, c'est qu'elle fut soutenue par les pensions et les largesses royales aussi bien que par l'occupation de tous les grands emplois du royaume. Le jour où ces emplois vinrent à lui manquer, elle disparut avec eux dans une ruine complète.

En 1771, on ne comptait plus que 3,000 familles titrées. Les 23,000 autres avaient été anoblies par l'exercice des charges vénales, et la moitié d'entre elles avaient acheté leurs titres à beaux deniers comptants, soit en acquérant des fiefs, soit en payant tribut au trésor royal, lorsqu'il s'était vu forcé de battre monnaie avec la vanité publique. Au dire de Necker, 4,000 charges conféraient la noblesse à ceux qui les acquéraient. Faut-il s'étonner de ce chiffre, lorsqu'on lit dans Tocqueville (1) qu'en 1750, une petite ville

(1) *Ancien régime*, 164.

de province comptait 109 charges de judicature et 126 autres pour faire exécuter les décisions qu'elles avaient rendues ? Les 26,000 familles dont se composait cette noblesse ancienne ou moderne, représentaient environ 130,000 têtes. On comptait ensuite : 200,000 prêtres, moines ou religieuses, suivant l'estimation la plus élevée. Ces 330,000 individus détenaient les deux tiers des biens, et les trois quarts des revenus... Restait un quart pour 26 millions d'hommes, qui seuls payaient l'impôt et supportaient toutes les charges du royaume (1). Lavoisier estimait qu'il n'y avait sur le sol que 450,000 petits propriétaires, et Target disait à la Constituante que les dix-neuf vingtièmes de la population ne possédaient aucune propriété. On comptait alors 70,000 fiefs, dont 3,000 seulement étaient titrés. Les 67,000 autres relevaient d'eux. Ce n'en étaient pas moins 70,000 justices seigneuriales, d'où découlaient un nombre incalculable de servitudes (2). Et pourtant, la hiérarchie des terres féodales avait disparu ; une bonne partie de la noblesse ne possédait plus de biens ; une autre partie n'avait conservé que les rentes de ceux qu'elle avait vendus. L'ombre de la féodalité gardait le souvenir de ces vieilles mœurs, et en protégeait les débris.

M. de Tocqueville, s'inspirant des feudistes du temps, nous a donné la liste des droits féodaux, quelque peu amoindris, qui existaient encore en 1789. Ces droits, si nombreux et si divers, comprenaient tout d'abord :

Le *Cens*, c'est-à-dire une redevance perpétuelle en nature ou en argent, indivisible et imprescriptible. Il était établi par des titres anciens, par des reconnaissances, ou par une coutume immémoriale.

(1) Boiteau, *Etat de la France en 1789*.
(2) Boiteau, *la France en 1789*, p. 25.

Les Tailles. On en comptait encore de deux sortes : 1° les tailles indéterminées, c'est-à-dire à merci, dont on avait jadis tant abusé. Depuis que les tailles royales s'exerçaient, les Parlements s'étaient montrés sévères pour les tailles seigneuriales, et quand on y avait recours et que la taxe n'en était pas fixée, c'était au double du cens que condamnaient les Parlements. — 2° Les tailles déterminées, c'est-à-dire aux quatre cas, tendaient de même à tomber en désuétude depuis qu'on n'allait plus en terre sainte, et qu'on n'armait plus son fils chevalier... Mais on les exigeait encore pour le mariage des enfants du seigneur, ou pour une réparation urgente de son domaine. Dans tous ces cas, c'était le double du cens qu'on était tenu de payer.

Les lods et ventes. C'était un droit de mutation, prélevé sur la vente des terres censives. Le sol appartenait au tenancier, qui pouvait l'aliéner avec les redevances qui le grevaient, mais à la condition de payer un droit de lods et ventes. Or, ce droit variait suivant la coutume locale. Il était ordinairement du douzième, et quelquefois du sixième du prix d'achat. On payait en même temps à l'Etat, des droits de transcription et d'insinuation, qui venaient aggraver les charges du vendeur. — *Le champart ou terrage* était le droit qu'avait le seigneur de prendre en nature, sur les défrichements, une portion des fruits qui variait du vingtième au cinquième de la récolte brute. — *Le carpot* était le champart des vignes.

La corvée existait toujours, mais il fallait qu'elle fût établie par titre, et à défaut, la jurisprudence du Parlement en réduisait le nombre à douze par an et par tête. Elle s'appliquait comme autrefois à des services de tout genre. Cette situation fut considérablement aggravée par la corvée royale, qui, vers le milieu du XVIII° siècle, imposa aux paysans la création et l'entretien des routes.

Les banalités s'appliquaient aux boucheries, moulins et

fours, pressoirs, taureaux, etc... On percevait au four banal le seizième du poids du pain. Le vigneron laissait au pressoir le huitième de sa récolte...

Ban de vendanges et de banvin. C'était le droit persistant qu'avait le seigneur de vendanger avant les autres, et de vendre seul, pendant un mois, le vin de sa récolte. Une circonstance mémorable témoigne que ce droit était encore vivant à la veille de la Révolution, puisque le 16 août 1786, une révolte avait éclaté à Lyon à propos du droit de banvin revendiqué par l'archevêque, M. de Montazet. Le régiment d'artillerie de la Fère, en garnison à Valence, fut appelé pour réprimer le mouvement qu'avait excité cette prétention, et Napoléon y figurait comme lieutenant. Il s'agissait, dit-il dans ses mémoires, de l'exercice d'un droit féodal qui interdisait aux vassaux ou censitaires de vendre leur vin pendant le mois d'août, c'est-à-dire avant que le seigneur n'eût vendu le sien sans concurrence. Les ouvriers et autres révoltés durent céder devant la force, et trois d'entre eux furent pendus pour l'exemple.

Le droit de blairie et de pulvérage étaient ceux que payaient les troupeaux, pour dépaître sur les communaux et pour circuler sur les routes, dont ils soulevaient la poussière.

Les péages, les barrages, les bacs, existaient en grand nombre, soit qu'ils eussent été créés par les seigneurs sur leurs terres, soit qu'ils leur eussent été concédés au dehors. Louis XIV en détruisit un nombre considérable, et pour les autres, il exigea un titre et l'application d'un tarif.

Droit de Leyde : c'était l'impôt prélevé sur les marchandises qu'on apportait sur les foires et marchés de la seigneurie. Il y avait de plus un droit de vente et de mesurage sur les valeurs mobilières et sur les denrées.

Le droit d'aubaine était passé au Roi ; mais *le droit de bâtardise* subsistait encore et donnait au seigneur l'héritage du bâtard mort sur son fief sans avoir testé.

Pêche, chasse, garennes, colombiers. — Chez les anciens, la chasse découlait du droit de propriété. Elle était libre et le gibier appartenait au premier occupant. Avec la féodalité, elle devint un privilège, aussi bien que la pêche. Au droit de chasse adhérait celui de garenne et de colombier, qui constituaient des servitudes sur le fonds d'autrui. Servitudes dévastatrices qui n'avaient pour but que les plaisirs du seigneur. En vertu de ces abus, le gibier et les pigeons étaient élevés et entretenus sur les terres des paysans en telle quantité qu'il plaisait au seigneur, sans qu'il fût permis de les tuer, alors même qu'ils dévastaient les récoltes. C'est en vain qu'à maintes reprises, les Etats-Généraux avaient fait entendre leurs plaintes à ce sujet. « Il n'y avait pas de gentilhomme qui n'eût sa garenne. Les jardins et les terres des vassaux en étaient dévorés ; mais l'on n'y avait aucun égard » (1). On interdisait la récolte des prés et des fourrages tant qu'ils pouvaient protéger le gibier. On prohibait aussi dans le même but la dépaissance des troupeaux... Les réserves de Louis XVI comprenaient autour de Paris une ceinture de trente lieues que ravageait le gibier et que foulait fréquemment la tourbe de la chasse. L'intendant de Paris reconnaissait, en 1787, que dans sa seule généralité la chasse causait chaque année pour dix millions de dommages à l'agriculture. — Un procès-verbal constate que, dans une seule commune, les lapins ont dévoré 800 arpents de vignes et détruit une récolte de 2,400 setiers de blé, soit la nourriture de 800 personnes. — Dans toute la France, le gibier est le tyran du cultivateur. L'amende, le carcan, le bannissement et les galères frappaient le paysan qui tirait un coup de fusil ou tendait des lacs à la lisière de la forêt.

Les droits de justice. — Bien amoindrie sans doute par la justice royale, dont les Parlements et les bailliages avaient

(1) Legrand d'Aussy. 386.

accaparé toutes les causes importantes, la justice seigneuriale trouvait encore à s'exercer sur les petites causes dans 70,000 fiefs... Elle rapportait des amendes, des confiscations et d'autres menus droits, qu'en 1789, on évaluait pour les grands fiefs au dixième du revenu de la terre, et pour les petits, au vingtième environ. Quand le Seigneur ne voulait pas exercer la justice, il trouvait à l'affermer. La juridiction des justiciers comprenait d'ordinaire : les actions réelles et personnelles, civiles et criminelles, les scellés et inventaires, les tutelles et l'administration des biens des mineurs. Elle comprenait aussi les délits forestiers, de pêche, de chasse, de voirie... Plus encore, le droit de nommer les notaires, sergents, baillis, greffiers, et autres fonctionnaires de la seigneurie.

Tels étaient les droits féodaux, réels et effectifs, que percevaient les seigneurs à la veille de la Révolution (1). — Ils avaient aussi des droits honorifiques, dont ils se prévalaient jadis, c'est-à-dire le banc d'honneur à l'Eglise, le droit d'y être inhumé, le droit d'encens et d'eau bénite, la préséance dans les processions et le reste...

A ces droits aussi superbes que nombreux, venaient s'ajouter encore de magnifiques privilèges. Le plus lucratif, c'était sans contredit l'exemption de tout impôt territorial, de toute corvée et de toute charge publique, bien que la noblesse et le clergé, qui en étaient exempts, détinssent les trois quarts des terres du royaume (2).

---

(1) De Tocqueville, 254. — V. note C, à la fin du volume. Le partage d'une terre noble en 1783.

(2) Voici le tableau des personnes et des terres privilégiées qui étaient affranchies de toute contribution : 1º Les terres du Roi, de la famille royale, des princes du sang, de leurs officiers et domestiques et de toute leur maison militaire ; 2º Celle des ministres, de leur commis et secrétaires ; 3º Tout le haut clergé, tous les ordres de chevalerie, ainsi que leurs officiers et protégés ; 4º Toute la noblesse du royaume, Princes, Ducs,

L'exemption des impôts était un grand privilège sans doute ; mais il en était un autre presque aussi lucratif et plus envié. C'était celui qui réservait à la noblesse tous les grades de l'armée et toutes les hautes charges de la magistrature. Et de même, les prieurés et les abbayes. « La France, dit à ce sujet M. Taine, ressemble à une vaste écurie, où les chevaux de race ont double et triple ration pour être oisifs, tandis que les chevaux de trait font le plein service avec une ration qui manque souvent » (1).

Dix-neuf chapitres nobles d'hommes et vingt-cinq de femmes, plus deux cent soixante commanderies de Malte, appartenaient à la noblesse par institution. La faveur lui donnait tous les évêchés et archevêchés. Quinze cents sinécures à nomination royale, prieurés ou abbayes, étaient réservés aux grands. C'est ainsi que M. de Rohan tirait 400,000 livres de ses abbayes, non compris son traitement de prélat et ses revenus personnels. — Tous les postes de gouverneurs étaient réservés à la noblesse, de même que les soixante-six lieutenances générales et tous les emplois lucratifs. Le gouverneur du Berry touche 35,000 livres, celui de Guyenne 120,000, celui du Languedoc 160,000 et ainsi des autres. Les lieutenants-généraux reçoivent 30,000 livres. C'étaient autant de postes inutiles et de pure parade.

Pairs, Maréchaux, Marquis, Comtes, Barons et Gentilshommes ; 5° Tous les grands officiers de robe : Conseillers d'Etat, Maîtres de requêtes, Présidents, Conseillers, Procureurs dans toutes les Chambres du Parlement ; 6° Les Baillis, Sénéchaux et tous les gens de la justice du Roi ; 7° Les Intendants des provinces et tous leurs subordonnés ; 8° Tous les officiers des finances ; 9° Les Gouverneurs de provinces et autres places, ainsi que leurs états-majors ; 10° Les Officiers de l'armée, les Maires et Syndics des villes et leurs Lieutenants... Les villes franches et autres ; 11° Les Fermiers et Sous-Fermiers généraux ; 12° Enfin, tous ceux qui, par des influences ou par des services quelconques, et le nombre en est grand, sont parvenus à se faire exempter (Vauban, *la Dîme royale*).

(1) *Origines de la France contemporaine*, 82.

Puis viennent les charges de cour : la gouvernante des enfants de France, Mme de Tallaud, touche 115,000 livres de rente ; Mme de Lamballe, surintendante, 150,000. Presque tous les officiers de la cour, gens titrés, remplissent des emplois inutiles et rétribués d'une façon scandaleuse. Les pensions servies à la noblesse, sans cause et sans titre, étaient considérées comme un revenu légal, comme une chose due. Le ministre de Sechelles se retire avec une ancienne pension de 12,000 livres, plus une autre de 20,000 comme ministre. Ce n'est pas assez : le roi y ajoute gentiment une troisième pension de 40,000 livres. — « La semaine dernière, dit Saint-Simon, on a donné 128,000 livres de pension aux dames de la cour (1). Ce qu'on ne pouvait accorder sous forme de pension, on le donnait au moyen des acquits au comptant, inscrits au budget, sur le vu de la signature du roi. Louis XVI, lui-même, distribuait ainsi plus de 100,000,000 par an, pendant la durée de son règne (2).

Ce n'est pas tout : les privilèges de la noblesse lui réservaient aussi les grades de l'armée. Sur 96,000,000 que coûtait celle-ci à l'Etat, près de la moitié, 46,000,000, étaient réservés aux officiers. Pour être lieutenant, on devait justifier de quatre quartiers de noblesse. Tous les grades s'achetaient, à moins que, par faveur, on ne les conférât gratuitement. En 1783, la finance fournie par les officiers de l'armée s'élevait à un milliard, et leurs appointements, qui ne montaient ensemble qu'à 46,000,000, ne représentaient guère que l'intérêt de l'achat de leurs grades. Pour se rattraper, on faisait des retenues sur la paie des soldats, qui étaient obligés de voler pour vivre (2).

La monarchie avait porté le privilège jusque dans le paiement des dettes privées. Un grand seigneur insolvable obte-

---

(1) Taine, 87 et s.
(2) Boiteau, 249.

naît aisément du roi des lettres de répit ou des arrêts de surséance du Conseil d'Etat qui prorogeaient ses échéances. Ces lettres de répit étaient données, le plus souvent, à des courtisans prodigues ou à des fournisseurs que l'Etat ne pouvait satisfaire. Le poids de cette inégalité s'ajoutait à tous les autres (1).

En résumé, quelques privilégiés, nobles ou prêtres, au nombre de 300,000, qui reçoivent déjà les honneurs exceptionnels dus à leur rang, jouissent en outre de tous les avantages de la société civile et politique. L'administration, l'armée, la justice, la voirie, ils profitent de toutes ces choses proportionnellement à leur train de maison et à leur fortune, et ce, chose étrange, sans contribuer en rien à cette dépense publique, ni par l'impôt, ni, comme jadis, par des services gratuits, militaires ou civils. Et non-seulement ils ne donnent rien à l'Etat, mais sous forme de bénéfices, de sinécures, de gros traitements et de pensions, ils prennent au Trésor, dans lequel ils n'ont rien versé, la plus grosse part du revenu public, uniquement prélevé sur la substance du Tiers, alors qu'il a été déjà pressuré par les droits féodaux et par les dîmes. C'est le comble de l'injustice.

LES IMPOTS ROYAUX. — LES CORVÉES ROYALES. — LES MILICES. LES COLLECTEURS.

Aux impôts féodaux et ecclésiastiques, dont la perception était exigée depuis l'origine de la monarchie, il convient d'ajouter les impôts royaux, source nouvelle d'inégalité, qui avaient pris naissance au déclin de la féodalité,

(1) Levasseur, *Histoire des classes ouvrières*, 1. 41.

lorsque s'affirma la suprématie royale. — La misère du peuple en fut encore aggravée.

Au XIIe siècle, Louis le Jeune, autorisé par le Pape, avait levé une aide du vingtième sur la vente des marchandises, afin de subvenir aux frais de la deuxième croisade (1149). Quarante ans après, Philippe-Auguste avait fait de même (1189). Saint Louis, à son tour, avait réclamé une aide pour le même objet (1250). Mais tous ces impôts n'étaient que des dons volontaires amiablement consentis par les seigneurs, qui laissaient pressurer leurs serfs.

Philippe-le-Bel, en 1292, fut le premier qui, de sa seule autorité, établit un impôt général sur la vente et l'achat des marchandises et des objets de consommation. Il perçut aussi des taxes temporaires sur les propriétés, malgré les révoltes de ses sujets. C'était *la taille*.

A partir de ce moment, la fiscalité s'accentue. De temporaires qu'elles étaient, ces taxes devinrent permanentes avec Charles VII et ne firent que s'accroître avec Louis XI.

Louis XIV y ajouta *la capitation* (1695), qui devait frapper sur toutes les têtes, mais dont le clergé et la noblesse surent s'affranchir. Elle produisait 35 millions. *Les vingtièmes* vinrent s'ajouter aux impôts qui précèdent ; on en établit trois successivement de 25 millions chacun. Voilà pour les impôts directs.

Les impôts indirects n'étaient pas moins lourds.

La gabelle, ou impôt du sel, ne fut d'abord qu'une aide passagère levée par Philippe V en 1318 ; mais le provisoire devint permanent, et pendant cinq siècles ce fut le plus lourd et le plus inique des impôts. Il alla s'aggravant sans cesse avec la pénurie et l'avidité du trésor royal, si bien qu'au XVIIIe siècle, chacun était contraint de consommer 7 livres de sel, à raison de 12 sous la livre. Cet impôt produisait 60 millions. Les gardes des gabelles, au nombre de 20,000, traquaient les consommateurs, et emprisonnaient chaque année plus de 10.000 personnes qui avaient fait la fraude, ou qui n'avaient pu payer le sel qu'elles étaient tenues de consommer.

Les aides, qui rapportaient 40 millions, étaient les droits indirects sur les marchandises et les boissons.

Les corvées royales, souvenir de la féodalité, constituaient de même un impôt, des plus lourds. Le roi les ordonnait, comme seigneur du royaume, pour l'établissement des routes. Et les nobles, à leur tour, comme seigneurs particuliers des paroisses, se faisaient tracer des chemins pour l'exploitation de leurs terres et l'accès de leurs châteaux. « Est-il juste, disait Turgot, de faire contribuer à ce travail » ceux qui n'ont rien ? C'est la classe des propriétaires qui » en recueille le fruit. Elle devrait donc seule en faire » la dépense ». C'est en 1737 que la corvée royale fut généralisée. Sur un ordre de l'intendant, on dirigeait vers un point donné toute la population valide d'un village. Et là, on la retint d'abord indéfiniment ; mais, dans la suite, le maximum des journées de chaque homme fut réduit à 12, et autant pour chaque bête de somme. Les paysans faisaient ainsi les travaux de terrassement des grandes routes, et l'intendant faisait ensuite les frais des travaux d'art. On trouve dans un rapport de l'assemblée du Berry, en 1779, que les travaux exécutés par corvée, dans cette province, étaient évalués annuellement à 700.000 livres. Même chiffre pour la basse Normandie. Pendant que les paysans construisaient de belles routes, bien pavées et bien plantées d'arbres, pour relier Paris aux villes de province, les chemins des villages étaient abandonnés et la viabilité y était impraticable. Il est superflu de dire que les nobles et le clergé, ainsi que les bourgeois des villes qui faisaient le commerce ou exerçaient un métier, étaient exempts de cet impôt ainsi que de tous les autres.

Une corvée supplémentaire qu'il ne faut pas oublier,

était celle du transport des effets de la guerre et de la marine, et ce transport comprenait les hommes et les choses, jusqu'aux bois venus de fort loin, qui servaient à la mâture et à la construction des navires. Il fallait aussi loger les gens de guerre et les troupes de passage... La corvée s'appliquait donc, par extension et par abus, à tous les travaux publics, même à bâtir des casernes ; bien plus encore, à transporter les forçats et les mendiants. L'intendant n'avait qu'à requérir, et le paysan obéissait.

Enfin il en reste un autre qu'il ne faut pas négliger : l'impôt du sang... *la milice*. Les serfs et les roturiers supportaient à peu près exclusivement les tailles et les corvées ; ils durent subir aussi le service obligatoire de la milice, imposé par Louis XIV.

Au moyen âge, le service militaire avait été une redevance ; le serf ou le vilain suivait son seigneur à la guerre. Au XVIe siècle, et dans les guerres sans fin qui suivirent, ce fut un métier. On enrôlait des troupes françaises et étrangères, qui consentaient à se battre pour celui qui les soldait... Mais à partir de Louis XIV, les troupes mercenaires devenant insuffisantes, on exigea le service militaire comme un impôt. Après un tirage au sort dans les villages, le soldat servait six années. Il était équipé par la paroisse et entretenu par l'Etat, à raison de six sous par jour. Dans ce siècle de privilèges, les dispenses du service étaient nombreuses. Elles s'appliquaient tout d'abord aux villes murées et à toutes celles qui pouvaient se défendre ; à tous les corps privilégiés, cela va sans dire ; puis à tous les fonctionnaires, quels qu'ils fussent ; à toutes les professions dites libérales ainsi qu'à tous les membres des corps de métiers ; à leurs fils, à leurs commis et à leurs valets. Que restait-il ensuite pour le tirage de la milice ? Uniquement des paysans pauvres, et c'est sur eux seuls que retombait ce nouvel impôt. A cette milice forcée, on ajoutait les détenus des maisons de force et les hommes que, par surprise ou par violence, des racoleurs éhontés embauchaient dans les tripots et les cabarets. C'étaient des aventuriers, des gens sans asile et sans aveu, l'écume des grandes villes.

« Avec cela, nous l'avons dit, six sous par jour, un lit étroit pour deux, du pain de chien dont le son n'était pas enlevé, et des coups à indiscrétion, sans aucun espoir d'avancement ». « La misère du soldat, disait le comte de Saint-Germain en 1745, est si grande, qu'elle fait saigner le cœur. » Il passe ses jours dans un état abject et méprisé, et il vit » comme un chien enchaîné qu'on destine au combat ». Aussi bien les désertions étaient nombreuses. Voltaire disait qu'il en avait compté 60.000 en huit ans (1).

Au XVII° siècle, les soldats étaient encore sans uniforme. C'est Louvois qui en rendit l'usage général. Avant lui, ils se distinguaient par une écharpe blanche ou une cocarde à leur chapeau. Les villages fournissaient seuls au recrutement. Les villes en étaient exemptes, parce qu'elles étaient censées garder leurs murailles à l'aide de la milice urbaine, assez semblable à notre garde nationale, et obligatoire comme elle. L'édit de 1694 avait établi la vénalité des charges d'officiers, qui procuraient d'importantes exemptions (3). Les villes les rachetaient au roi et les revendaient ensuite à l'encan.

Jusqu'au XVIII° siècle, il n'y eut point de casernes. Elles ne datent que des premières années de ce siècle. Le soldat logeait chez l'habitant, qui devait le nourrir (4). C'était une contribution incessante et intolérable (5). Une ordonnance

---

(1) V. *Dictionnaire philosophique*, v° supplices.
(2) Varin, *le Guet à Troyes*, p. 28.
(3) *Anciennes lois françaises*, xx, 220.
(4) Lachesnaye, *Dictionnaire militaire*, I, 422.
(5) id. id. I, 124.

de 1674 défendait d'exiger du citadin plus de deux litres de vin par jour, une livre et demie de pain et autant de viande. Ce qui était plus douloureux encore, c'est que cette charge si lourde était inégalement répartie. Les exemptions étaient très nombreuses. Ainsi, à Bar-sur-Seine, sur 410 ménages, 80 nobles ou autres privilégiés étaient dispensés de loger la milice. Et de même 48 pauvres et 63 absents. Restaient 234 familles qui devaient loger et héberger 120 cavaliers, 116 soldats et 59 officiers (1).

La levée des impôts était peut-être plus odieuse encore que les impôts eux-mêmes. Fixés par les Etats provinciaux ou plutôt par l'omnipotence de l'intendant, ils étaient adjugés à forfait à des traitants, qui avaient une armée de commis et d'inspecteurs. Cela fait, ce n'étaient ni les traitants, ni leurs employés qui prélevaient l'impôt... Se souvenant des traditions gallo-romaines, ils prenaient dans chaque paroisse un certain nombre de collecteurs parmi les plus solvables, et c'étaient ceux-là qui étaient chargés de répartir l'impôt entre tous les habitants, suivant leur appréciation, et, chose plus grave, de le faire rentrer *sous leur responsabilité*... Nulle charge plus onéreuse. Chacun cherchait à s'y soustraire, et s'il ne le pouvait, c'était sa ruine à courte échéance. Jugez plutôt : en 1785, dans une seule élection de Champagne, près de cent collecteurs étaient mis en prison, parce qu'ils n'avaient pu faire rentrer l'impôt. Et chaque année il y en avait 200,000 environ qui étaient ainsi traités. « Cet emploi, écrit Turgot, cause le désespoir et
» presque toujours la ruine de ceux qu'on en charge. On
» réduit ainsi successivement à la misère toutes les familles
» aisées d'un village. » Pour ne pas être en déficit et responsable sur ses biens, le collecteur se montrait impitoyable.

(1) Biblioth. nationale. *Arch. de l'Aube*, c. 49.

Il réclamait sans cesse, et puis il employait la contrainte, les garnisaires, la saisie, et enfin la prison. Et quelles prisons ! Ici, un cachot de moins de douze pieds carrés, dans lequel étaient entassés hommes, femmes et filles ; là, un puits sec et sans jour, au fond duquel on descendait au moyen d'une échelle. Laissés dans un complet dénument, s'ils ne pouvaient payer le geôlier, ces malheureux mouraient de faim quand ils n'étaient pas secourus par la charité privée (1).

Malgré ces rigueurs sans nom, le paysan laissait faire. Comme il était taillable arbitrairement, il lui importait de paraître pauvre; c'est pour cela qu'il était misérablement vêtu, sans meubles, qu'il se nourrissait mal, et que, craignant l'œil du fisc, il n'avait que de pauvres bestiaux et de mauvais outils... « S'il avait autre chose, dit un intendant, » ce serait pour le collecteur. Cette crainte incessante ne » permet pas à l'aisance de se montrer. Aussi les paysans » sont-ils pusillanimes, défiants et avilis » (2). Peu différents des anciens serfs, ils ressemblent aux Fellahs d'Egypte ou aux laboureurs de l'Indoustan. — Par sa rapacité et son arbitraire, le fisc rendait toute possession précaire, toute épargne impossible. Il obligeait par cela même le contribuable à ruser. Car il n'avait que ce qu'il pouvait dérober.

L'impôt est donc trop lourd, il est accablant. C'est à vrai dire la cause, et la seule cause de la misère. Et si l'impôt est accablant, c'est moins par sa quotité que par la manière dont il est réparti. Les plus riches, les plus forts, sont parvenus à s'y soustraire, de telle sorte que toute la charge, et la charge de beaucoup la plus forte qu'ils devaient s'impo-

---

(1) Lettre de l'intendant de Soissons (1684). V. *Corr. des Cout. gén.*, p. 32. — V. note D, à la fin du volume.

(2) Assemblée provinciale de Rouen, 1787.

ser, est venue s'ajouter à celle que supportait péniblement le pauvre. Non-seulement le clergé et la noblesse sont exempts de la taille personnelle, mais aussi pour les domaines qu'ils exploitent par eux-mêmes ou par leurs régisseurs. Ainsi, en Auvergne, dans cinquante paroisses, toutes les terres sont exemptes. Le seigneur a-t-il un fermier? Il prétend que c'est un régisseur. Tout l'impôt retombe ainsi sur les taillables, qui fournissent à une infinité de services publics et à des sinécures sans nombre dont ils ne tirent aucun profit ou aucun service personnel. Les deux ordres privilégiés qui en profitent seuls ne paient rien.

« Ainsi, dit une assemblée provinciale, les routes dégra-
» dées par le poids d'un commerce actif, par les voitures et
» les chevaux des riches, ne sont réparées qu'avec la con-
» tribution des pauvres. »

Autre chose encore : nombre de villes sont franches et ont leurs privilèges, ou bien elles sont abonnées. Ainsi, Compiègne, qui compte 1700 feux, 8,000 âmes environ, ne paie que 8,000 fr., tandis que tel village voisin, qui n'a que 700 habitants, paie 4,500 livres. Il en est de même partout.

Non-seulement le collecteur, qui fixe arbitrairement la taille de la paroisse et celle de chaque habitant, ménage ses amis et ses proches, mais il ménage aussi les gens influents et dangereux. Aussi l'intendant de Moulins trouve-t-il « que les gens en crédit ne paient rien, et que les
» malheureux sont surchargés ». Celui de Dijon : « Que les
» bases de la répartition sont arbitraires à un tel degré,
» qu'on ne doit pas laisser gémir plus longtemps le peuple
» de la province. » Et ce gentilhomme Breton qui écrivait à Necker, en 1780 : « Vous mettez toujours les impôts sur la
» classe des hommes utiles et nécessaires qui diminue tous
» les jours. Les campagnes sont désertes, personne ne veut
» conduire la charrue » (1). Un autre intendant constate :

(1) *Archives nationales*, t. DCXV, 1149.

« que les riches cultivateurs parviennent à se faire pourvoir
» de petites charges et s'exemptent ainsi de l'impôt, qui re-
» tombe sur les autres ». « Le nombre des privilégiés s'ac-
» croît sans cesse, dit l'assemblée d'Auvergne, par la vente
» et la location des charges qui anoblissent... Si cet abus
» continue, on anoblira avant peu tous les contribuables
» en état de payer les impôts... »

Et puis, ce n'est pas seulement la noblesse qui est exempte. Toutes les fonctions publiques confèrent le même privilège. Les maîtres de poste, les notaires, les chirurgiens, les avocats, en ont aussi le bénéfice. Non-seulement l'impôt direct ne les atteint pas, mais ils ont encore le privilège d'être exempts de la milice, eux, leurs fils et leurs domestiques.

« Fasse le ciel, dit un village de Normandie dans son cahier,
» que le monarque prenne en main la défense du misérable
» citoyen, lapidé et tyrannisé par les commis, les seigneurs,
» la justice et le clergé ». Un autre écrit de même en
s'adressant au roi : « Si vous voyiez, Sire, les pauvres chau-
» mières que nous habitons, la pauvre nourriture que nous
» prenons, vous en seriez touché... Ce qui nous fait de la
» peine, c'est que ceux qui ont le plus de bien paient le
» moins. Nous payons les tailles avec une foule d'acces-
» soires, et le clergé et les nobles, qui ont les plus beaux
» biens, ne paient rien. — Pourquoi donc les riches paient
» le moins et les pauvres le plus ?... Est-ce que chacun ne
» doit pas payer suivant son pouvoir ?... Cela doit être
» ainsi parce que c'est juste ».

Tels sont les impôts royaux, leur mode de perception et les exemptions privilégiées dont ils sont l'objet.

Avec de telles charges, il ne restait rien au cultivateur. Aussi traînait-il une existence misérable, et la moyenne de la vie était-elle fort diminuée (1). Le pain manquait sitôt

(1) 23 ans. Elle est aujourd'hui de 44.

que la récolte était mauvaise. Survenait-il un accident, grêle, gelée ou un hiver rigoureux? Toute la contrée était menacée de famine. En de telles conditions, le paysan se décourageait, s'abandonnait au désespoir et désertait la culture. Aussi, le plus souvent, le quart ou la moitié du sol était-il en friche. Les deux tiers de la Bretagne étaient dans ce cas.

Le remède au mal était pourtant bien simple. Il suffisait de décréter l'égalité de l'impôt, et d'en mettre les trois quarts à la charge du clergé et de la noblesse, qui percevaient les trois quarts des revenus. On devait aussi faire disparaître les privilèges et les droits féodaux, afin que leurs produits, grossissant le trésor public, permissent d'alléger les charges des contribuables. L'égoïsme des privilégiés ne put se résoudre à ce sacrifice. La faiblesse et l'aveuglement de la monarchie furent impuissants à les contraindre. Vienne donc la Révolution pour accomplir ce grand acte de justice et de rénovation sociale.

LE TIERS-ÉTAT. — LA BOURGEOISIE.

A côté, ou plutôt au dessous des 300.000 privilégiés, titrés, pensionnés, enrichis, occupant tous les emplois et recevant tous les honneurs, que faisait le Tiers, qui comptait 25 millions de têtes ?... Une partie, plus ou moins courbée sous des servitudes diverses, travaillait et gémissait accablée d'impôts de toutes sortes ; une autre, plus affranchie et plus vaillante, produisait et commerçait, épargnant et s'enrichissant chaque jour. Elle augmentait ainsi son bien-être et son instruction. La marche ascendante de sa prospérité s'était accentuée au XVIᵉ siècle avec la Renaissance. Vers le milieu du XVIIᵉ, Colbert lui avait donné un élan nouveau en créant les grandes compagnies et le grand commerce. Mais c'est principalement sous la Régence, vers 1720, et grâce à l'impulsion du système de Law, que le grand essor du commerce et des entreprises avait pris une vigueur nouvelle. Avec les bénéfices de ces opérations, s'élevaient de grandes fortunes, et surtout beaucoup de fortunes moyennes. L'épargne acquise allait aux emprunts de l'Etat, qui lui demandait seize cents millions sous Louis XVI, au taux énorme de 12 %. Les 200 millions d'intérêts qu'exigeait cette dette venaient accroître chaque année les revenus du Tiers, toujours prompt à les capitaliser à nouveau. C'est avec ces ressources qu'il achetait les terres des nobles, des fiefs et des arrière-fiefs, qui souvent l'anoblissaient à son tour. La terre féodale échappait de la sorte à ceux qui l'avaient possédée jusque-là pour entrer dans la circulation générale. Et pendant qu'il s'enrichissait, la noblesse, qui ne travaillait pas et ne faisait que dépenser, empruntait à son tour, et courait à sa ruine.

Dès ce moment, le Tiers créancier de l'Etat s'inquiéta de sa gestion. Il critiqua ses dépenses qui pouvaient amener la banqueroute. Il se souvenait, en effet, que d'Henri IV à Louis XVI, en moins de deux siècles, on avait compté cinquante-six banqueroutes partielles ou violation de foi publique. L'une de deux milliards, sous Louis XIV ; l'autre d'une somme égale, après le système de Law, et une troisième d'un très gros chiffre, sous l'abbé Terray, sans compter les autres. Il savait aussi que Louis XV, pendant plusieurs années, à partir de 1753, n'avait pu payer ses domestiques, et que Louis XVI devait plusieurs millions aux fournisseurs de ses cuisines. Ces enseignements du passé éveillant sa sollicitude, c'est avec une juste méfiance qu'il contrôlait la gestion des affaires publiques. Voilà un symptôme nouveau qui marque une ère nouvelle (1).

D'autre part, la richesse amenant le luxe et l'instruction, les roturiers devinrent gens du monde. Ils donnaient des fêtes et savaient recevoir presque avec le même ton et la même aisance que les privilégiés. Aussi les nobles ruinés recherchaient-ils leur alliance. Dans la pratique, le Tiers, plus travailleur et plus solidement instruit, pénétrait dans les emplois publics, soit par l'influence que donne la fortune, soit par des protections que lui procuraient ses services, et il fournissait ainsi les hommes spéciaux, les intendants, les administrateurs, aussi bien que des sujets exercés pour tous les emplois qui exigent du travail et de l'étude.

Le Tiers n'avait plus de communes, depuis longtemps détruites ; mais il avait des municipalités qu'administrait sa bourgeoisie, c'est-à-dire le petit nombre de roturiers qui avaient acquis la fortune et l'instruction. Cette bourgeoisie n'était elle-même qu'une aristocratie secondaire. Elle avait ses privilèges, témoin les corps de métiers. Et celui-là était grand ! Çà et là, elle se faisait exempter de certains impôts... Elle se faisait anoblir... Ainsi remarquée, c'était dans ses rangs que l'on prenait les chefs des municipalités qui en tiraient honneur et profit.

Bien que la féodalité eût disparu, l'habitude acquise avait maintenu son ancienne influence, si bien que chaque seigneur dominait encore les paroisses de sa juridiction. Le syndic ou maire était par lui désigné, et comme jadis, cette nomination lui conférait l'intendance de la terre féodale. S'il n'était pas intendant, il était fermier du seigneur, et par conséquent sous sa main. Dans les villes, le syndic était nommé au nom du roi par l'intendant de la province. Ces fonctions se perpétuaient dans la même famille, et sou-

---

(1) Taine, *Origines de la France*, 399 et s.

vent le seigneur les aliénait comme un fief qui relevait de lui.

Sous Louis XIV, toutes les fonctions municipales furent converties en offices royaux et héréditaires, et mises à l'encan par le pouvoir (1692). Cette pratique odieuse fut exécutée jusqu'à la fin de la monarchie avec des intermittences diverses. Elle procurait des impôts au Trésor et assurait des faveurs et des exemptions aux titulaires. Outre le syndic, il y avait dans chaque ville : quatre échevins, six conseillers, un procureur du roi et un greffier. A côté de ces fonctions vénales qui constituaient le corps de ville, il y avait aussi le corps des notables purement honorifique. Les notables se recrutaient par l'élection des diverses corporations de la ville. On en nommait quatorze dans les villes supérieures à 5.000 âmes, et dix dans les inférieures. Le corps des notables n'avait d'autres fonctions que d'assister dans leurs délibérations les officiers municipaux. Toute cette administration, libre en apparence, était sous la coupe de l'intendant de la province et lui obéissait aveuglement. Dédaignées par les nobles, toutes ces charges municipales étaient envahies par la bourgeoisie. Si l'homme du Tiers avait du mérite, chose nouvelle, la roture n'était plus comme autrefois un motif d'exclusion. Voltaire, fils d'un tabellion, jouissait de la considération publique et se faisait admettre dans les salons des grands. Il en était de même de Diderot, fils d'un coutelier, de Rousseau, fils d'un horloger, de d'Alembert, l'enfant trouvé, comme aussi de Chamfort, de Laharpe, élevés par la charité, de Beaumarchais et de Marmontel, fils d'artisans, tous parvenus de l'esprit, qui commençait à remplacer les lettres de noblesse.

Avec la fortune et le talent dont il avait conscience, le Tiers consentait avec peine à être regardé comme l'inférieur de celui dont il se croyait l'égal. De là, ses efforts pour effacer les privilèges qui le dominaient. « Le titre le plus res-

» pectable de la noblesse, écrivait Chamfort, c'est de des-
» cendre de quelques 30.000 hommes casqués et cuirassés,
» qui foulèrent aux pieds huit ou dix millions d'hommes
» nuds, ancêtres de la nation actuelle. Voilà un droit bien
» avéré au respect et à l'amour de leurs descendants ! Pour
» achever de rendre cette noblesse respectable, elle se recrute
» et se régénère dans cette race d'hommes qui ont accru leur
» fortune en dépouillant la cabane du pauvre hors d'état de
» payer ses impositions. » — « Pourquoi le Tiers, disait
» Siéyès à son tour, ne renverrait-il pas dans les forêts de
» la Franconie ces familles, qui ont la prétention d'être is-
« sues de la race des conquérants et de leur succéder ?...
» Cartouche aurait-il prescrit le droit de rançonner les
» voyageurs, et de le transmettre comme un monopole ?
» La caste des nobles est comme ces parasites qui ne peu-
» vent vivre que de la sève des plantes qu'elles fatiguent et
» dessèchent. Ils sucent tout, il n'y a que pour eux... Qu'est-
» ce que le Tiers-Etat ? ajoutait-il ? Tout. Qu'a-t-il été jus-
» qu'ici ! Rien. » Il sera tout en effet et il s'appelera la nation. — Renversant le mot de Louis XIV, l'Etat, ce sera le
Tiers, ce sera le peuple.

Nous avons vu naguère la noblesse qui dansait et qui vivait dans les plaisirs et les prodigalités, dépensant non-
seulement les revenus de la presque totalité des terres
qu'elle détenait, et des redevances sans nombre qu'elles lui
procuraient, mais absorbant encore en emplois et en faveurs
les trois quarts des revenus du Trésor. Nous venons de voir
tout à l'heure cette caste plus modeste, serve naguère, qui
profitant de chaque circonstance heureuse était devenue libre, lentement, à travers les siècles ; qui partie de ce point,
à force de travail et d'économie, était enfin parvenue à conquérir sa place sur le sol, dans la fortune et dans la vie
publique.

Voyons maintenant, comme contraste, ce qu'était au dessous d'elle le peuple, que tenait encore le servage ou qui venait à peine d'en sortir.

LES CORPORATIONS INDUSTRIELLES.

A la mort de Louis XIV, nous l'avons déjà dit, l'industrie et le commerce étaient ruinés. Les corporations, obligées de contracter des emprunts pour soutenir les guerres du grand roi, avaient un passif énorme. La détresse était générale, et la banqueroute imminente. La banque de Law, la circulation de ses billets, la confiance qu'il sut inspirer, vinrent, il est vrai, développer heureusement le crédit et l'activité industrielle. Les manufactures et les boutiques se rouvrirent avec un élan inconnu. Mais ce beau rêve ne dura que trois ans. Les valeurs de Law, toutes fictives, puisqu'elles ne reposaient que sur la colonisation et les richesses imaginaires du Mississipi, ne tardèrent pas à être discréditées, et son système croula en entraînant d'immenses catastrophes. La banqueroute de l'Etat et la ruine des industriels en furent la conséquence.

Dans les temps qui suivirent, continuant les errements du siècle précédent, l'on vendit des lettres de maîtrise. On en vendit surtout en grand nombre, à l'époque du joyeux avènement du roi, de son mariage et de la naissance de ses enfants. Il fallait bien en faire les frais.

Après avoir vendu des maîtrises, on créa et l'on vendit aussi des offices, non point pour qu'ils fussent exercés, mais pour les faire acheter par les corporations, qui évitaient ainsi la concurrence.

Pendant que la royauté vendait des charges, les corporations qui les achetaient obtenaient en compensation, la défense générale d'augmenter le nombre des apprentis et des maîtres. Et en même temps, elles décidaient que chaque atelier n'aurait plus qu'un compagnon, et qu'il serait défendu de veiller. A Montpellier, il ne devait y avoir que douze orfèvres, et sept à Toulon. A Nimes, les perruquiers se plaignaient de ce que le Parlement de Toulouse, par un arrêt du 26 mars 1765, avait autorisé les chirurgiens à friser et accommoder les perruques.

La réglementation était tellement insensée, qu'un inventeur, malgré le privilège du roi qu'il avait prudemment obtenu, se voyait interdire de fabriquer des toiles peintes. Un autre ne pouvait fabriquer des chapeaux de soie, parce que les jurés estimaient qu'on ne pouvait fouler la soie d'une manière solide (1760). De telles exigences arrêtaient forcément les améliorations et paralysaient les découvertes industrielles... « Vous savez, disait Grim en 1755, que toute
» toile peinte est prohibée. On veut prévenir ainsi le tort
» que leur usage pourrait faire aux manufactures de soie et
» de laine. Les ordonnances sont si rigoureuses à cet égard,
» qu'elles permettent aux commis d'arracher les robes de
» toile aux femmes qui oseraient en porter en public. Le
» trafic même est puni des galères... »

Après la réglementation du travail, venait celle de l'ouvrier, sur laquelle on voulait encore enchérir.

Le compagnonnage et ses associations mystérieuses commençaient à porter ombrage au pouvoir. Aussi cherchait-il à fixer l'ouvrier à son travail et à son atelier. A cette fin, il défendait les confréries et les sociétés secrètes, sous peine de cent livres d'amende. On obligeait le compagnon à ne quitter son patron qu'après avoir terminé l'ouvrage commencé, et l'avoir prévenu trois mois à l'avance. De plus, il devait avoir le congé écrit de son maître, qui pouvait le retenir s'il lui avait fait des avances, jusqu'à ce que celles-ci fussent acquittées. Cependant deux ordonnances tant soit peu libérales méritent d'être citées... Elles sont si rares ! La première, de 1755, autorise les maîtres de province à venir se fixer à Paris, pourvu qu'ils aient rempli toutes les obligations de la corporation. Et la seconde, du 26 mars 1765, qui le croirait ! permet à tous les habitants des campagnes, dans lesquelles il n'y a pas de corporation de tisserands, de filer et de faire de la toile pour leur usage !

L'excès de ces maux et de ces sottises enflamma le cœur de Vauban, de Boisguilbert, du docteur Quesnay, et c'est à leur suite que l'on vit se former l'école des économistes... « Point de privilèges, point de monopoles, point de charges, » disaient-ils. Que le commerce et l'industrie soient libres. » La concurrence peut seule abaisser les profits à leur » moindre valeur ». — Ces idées, soutenues par la presse et par les salons, firent leur chemin, si bien que les privilèges et les communautés, attaqués de toutes parts, n'étaient plus soutenus que par les privilégiés qui profitaient de ces abus.

C'est alors que parut Turgot, qui commença par proclamer la liberté du transport et du commerce des grains (1774). Deux ans après, les édits royaux abolissaient la corvée des routes, les jurandes et les maîtrises, les corporations d'arts et métiers. « Toutes les professions sont libres. Plus de privilèges ! Le droit de travailler est la propriété de tout homme, disait l'édit. C'est la première, la plus sacrée et la plus imprescriptible de toutes. » A la bonne heure !

Mais le Parlement ne fut pas de cet avis : « Détruire les » distinctions amènerait le désordre, suite de l'égalité abso- » lue, et renverserait la société, qui ne se maintient que par » la gradation des pouvoirs, des prééminences et des dis- » tinctions... » Et il refusa d'enregistrer les édits (1776). — Il avait raison. La société n'était qu'un assemblage de privilèges qui se soutenaient les uns par les autres. En saper un seul, c'était les ébranler tous.

Devant l'intérêt coalisé de ces grandes influences, Turgot dut se retirer la mort dans l'âme. La royauté et la noblesse venaient de laisser échapper le seul moyen qu'elles avaient de se sauver. Trois mois après, les corporations étaient rétablies à Paris et dans les provinces (août 1776). Ainsi revinrent tous les abus. Pendant ce temps, les idées économiques faisaient leur chemin. Bientôt elles purent se traduire dans les cahiers des bailliages, que les Etats-Généraux furent chargés d'analyser. Chacun de ces cahiers, qui représentait le cri d'une province, demandait, en ce qui touche l'industrie : la suppression des douanes intérieures, des péages, des maîtrises des jurandes, et des corporations. — L'assemblée du 4 août leur donna cette satisfaction, et proclama la liberté du commerce et de l'industrie. Ainsi finit l'histoire de l'industrie privilégiée. Depuis sa restauration par saint Louis, elle avait duré six siècles.

C'est alors seulement que l'industrie libre put se produire et se développer. La liberté, le crédit et la science lui donneront un essor qu'elle n'avait jamais connu. Un siècle ne s'est pas écoulé, et la production générale a quintuplé de valeur. Pendant ce temps, grâce aux machines, le prix des marchandises s'est abaissé, et chacun peut avoir de la sorte plus de bien-être pour la même somme. La statistique démontre, en effet, que la main-d'œuvre est moindre de moitié dans le prix de revient des marchandises. C'est ce qui en fait abaisser la valeur et le prix.

Bien que les populations urbaines eussent un peu plus d'indépendance, et qu'elles fussent moins foulées que les populations rurales, elles n'en subissaient pas moins tous les impôts royaux : la taille, la capitation, le vingtième, les aides et gabelles, etc... Elles supportaient, de plus, tous les droits inhérents à la corporation, à la confection et à la circulation de la marchandise... — Comme les paysans, elles devaient les droits féodaux, quand elles possédaient des terres censives ou qu'elles habitaient une ville de la mouvance d'un seigneur. Ainsi, les dîmes, les tailles seigneuriales, les banalités, les péages, rien ne leur était épargné... Mais comme leur industrie privilégiée était lucrative et qu'elle leur permettait de faire des économies, elles employaient souvent celles-ci à acheter des terres libres et affranchies de toute charge féodale... C'est ainsi qu'un grand nombre d'artisans étaient arrivés les premiers à la possession du sol et de la fortune, quand sonna l'heure de 1789.

LE PEUPLE, SA MISÈRE, SON ÉTAT EN 1789.

Au commencement du XVIIIe siècle, vers la fin du règne de Louis XIV, la situation matérielle et morale de la France était dans un état déplorable (1). Nous avons pour l'attester des témoignages qui ne sont pas suspects : ce sont les mémoires des intendants, qu'à l'instigation de Fénelon, le duc de Bourgogne, héritier présomptif, avait demandés à ces fonctionnaires, afin de s'éclairer sur la situation du royaume. Ce qu'il faut craindre en lisant ces recueils, ce n'est pas que la vérité soit exagérée, mais plutôt qu'elle soit quelque peu voilée par des courtisans avides de plaire. Il résulte du dépouillement de leurs rapports, qu'à ce moment, la France comptait 17,000,000 d'habitants. Elle avait perdu 3,000,000 d'hommes depuis Colbert, et ce, par les guerres ou les famines.

Les ponts, les chaussées et les chemins, disent les mémoires, sont dans un état de dégradation générale. La ma-

---

(1) V. ci-devant, page 313 et s., ce qu'elle était à la fin du XVIIe siècle.

rine marchande et la pêche sont ruinées par suite de l'exagération des droits. — Dans la généralité d'Alençon, les villes sont presque abandonnées. La plupart des propriétaires ne sont pas à couvert chez eux, faute de pouvoir réparer et entretenir leurs maisons. — Dans la généralité de Rouen, sur 700,000 habitants, il n'y en a pas 50,000 qui couchent autrement que sur la paille. La papeterie est ruinée par les gros droits. Les péages des rivières font abandonner la Loire pour les routes de terre. — Le commerce des vins est anéanti par la multiplicité des droits. La Touraine a perdu un tiers de ses laboureurs et moitié de son bétail; une partie des terres est abandonnée. — La ville de Tours n'a que 33,000 âmes, au lieu de 80,000 qu'elle avait sous Colbert. — Troyes est tombée de 60,000 à 20,000. — Dans le Maine, la tuilerie n'occupe que 6,000 ouvriers au lieu de 20,000 ; les douanes intérieures en sont la cause. — Le Bourbonnais a perdu le cinquième de sa population, à cause du bas prix des grains qu'il ne peut exporter, tandis que le Périgord a perdu le tiers de ses habitants par la cherté du pain. Dans la généralité d'Orléans, il n'y a que 6,000 marchands, tandis que l'on y compte près de 8,000 employés ou officiers royaux. — Quelle part à la faveur et quelle cause de ruine ! — Les deux tiers des huguenots ont quitté la France. Tous les gros marchands et fabricants sont partis.

La noblesse refuse de payer les impôts ; elle empêche ses fermiers de les payer aussi, et les huissiers n'osent les y contraindre. Tous les produits ont baissé de prix : un bœuf ne vaut que 50 livres.

« Tout ce qui est peuple, dans l'élection de Vezelay, dit Vauban, ne vit que de pain d'orge et d'avoine mêlée dont ils n'ôtent pas même le son. Ils se nourrissent de mauvais fruits sauvages et de quelques herbes potagères de leurs jardins, cuites à l'eau, sans sel, avec un peu d'huile de noix. Il n'y a que les plus aisés qui mangent du pain de seigle mêlé d'orge et de froment. — Le peuple ne boit pas de vin et ne mange de viande que trois ou quatre fois par an. — Il ne faut donc pas s'étonner si des peuples si mal nourris ont peu de force, sans compter que ce qu'ils souffrent de la nudité y contribue beaucoup. Les trois quarts ne sont vêtus, hiver et été, que de toile à demi pourrie et déchirée, leurs pieds nuds ne chaussant que des sabots. Ceux qui ont des souliers ne les mettent que le dimanche » (1).

Dans chaque mémoire retentit ce triste refrain : la guerre, la famine, les logements et passages continuels des gens de guerre, la milice, les gros droits et la retraite des huguenots ont ruiné le pays. Et cependant, l'on rend justice à l'économie et au labeur du paysan, et l'on constate presque partout qu'il se contente de manger de l'orge et du pain de seigle ou d'avoine. — Les vignerons ne boivent que de la piquette ; ils ne mangent pas de viande ; ils vendent tout ce qu'ils produisent pour payer leurs impositions. — La Bretagne est encore soumise au servage et au domaine congéable. — Ailleurs, un intendant se plaint de la démoralisation du clergé et des moines, de la mauvaise administration des justices seigneuriales, confiées à de misérables praticiens qui pillent le peuple, et en tirent plus que les seigneurs et le roi lui-même.— Le prix du sel, sans cesse augmenté, est maintenant à un prix si exorbitant que les provinces, qui ne sont pas obligées de le recevoir, évitent d'en acheter, au grand préjudice de la santé publique. — Tels sont les renseignements contenus, mesurés, que formulent les intendants des provinces.

Quelque grande que fût la misère qu'ils avaient constatée, elle fut plus grande encore dans les années qui suivirent. Hivers rigoureux, sécheresse excessive, inondations dé-

---

(1) *Oisivetés de M. de Vauban*, II, 351. Bibl. nat.

sastreuses, la France connut tous ces fléaux. Elle connut en même temps l'invasion et le pillage, non-seulement de l'ennemi, mais de nos propres soldats, que depuis longtemps on ne pouvait payer. Et cependant la mémoire de toutes ces calamités s'effaça devant les souffrances inouies qu'imposa le rude hiver de 1709 (1). Toutes les rivières, les fleuves, les bords de la mer furent gelés. Les oliviers, la vigne, les arbres fruitiers, jusqu'aux noyers, les jardins et les vergers, tout périt. Les grains eux-mêmes périrent en terre, et l'on en fut réduit à brouter l'herbe, que les animaux, dévorés depuis longtemps, ne pouvaient plus disputer. Les tribunaux furent fermés, les régiments désertèrent, et les valets de Versailles, non payés, demandèrent l'aumône. — Après l'hiver et la famine, les inondations, qui détruisirent toutes les digues de la Loire, et qui enlevèrent des habitations et des récoltes sans nombre. Ce fut aux riverains à les relever par corvées. Et pendant ce temps, la capitation était doublée et triplée, à la volonté des intendants, dit Saint-Simon. — Tel était le bonheur du peuple vers la fin du règne du plus grand des rois.

Sous la Régence, la catastrophe de Law et la banqueroute qui la suivit n'atteignirent guère le peuple. Les poursuites contre les traitants ne lui profitèrent pas davantage, parce que, faute d'énergie dans le pouvoir, et par suite de la persistance des intéressés, les choses revinrent au même état qu'auparavant.

Sous le ministère de Fleury, la détresse était encore la même. Saint-Simon écrivait en effet en 1725 : « Au milieu » des profusions de Chantilly, on vit en Normandie d'herbe » des champs. Le royaume tourne en un vaste hôpital de » mourants à qui l'on prend tout en pleine paix » (2).

---

(1) 23 degrés à Paris.
(2) Floquet, *Histoire du Parlement de Normandie*, VII, 402,

L'une des causes la moins comprise et la plus réelle de la misère générale, c'étaient les entraves que le gouvernement apportait au développement de l'agriculture. Si le régime des corporations était funeste au travail industriel, le défaut de liberté ne l'était pas moins au travail agricole. De véritables douanes entre les provinces empêchaient la circulation des produits agricoles, que rendait déjà très difficile l'insuffisance des voies de communication, si bien que telle partie de la France manquait de tout, tandis que ses voisines regorgeaient de blé, de viande ou de vin. L'autorité publique autorisait ou défendait arbitrairement l'importation ou l'exportation des grains ; elle s'arrogeait le droit de vider les greniers, de fixer le prix du blé et même de régler la distribution des semences. Toute modification à l'assolement établi était interdite par des intendants ignorants, comme une atteinte à la subsistance publique. On voulait des céréales avant tout, et l'on ne savait pas que la variété des cultures était précisément le plus sûr moyen d'en obtenir. Il était défendu, dans la même pensée, de planter des vignes sans autorisation. Le dernier édit qui renouvelle cette prohibition est de 1747. Bien plus que la dîme et les droits féodaux, ces entraves rendaient impossible tout perfectionnement agricole, et ramenaient périodiquement la famine tous les dix ans (1).

Après les entraves à la liberté des cultures et de la circulation, le fisc aveugle et rapace venait faire son office.

« Au plus beau temps de Fleury, disait Rousseau, et dans
» la plus belle région de France, le paysan cache son vin,
» à cause des aides, et son pain à cause de la taille, per-
» suadé qu'il est un homme perdu, si l'on peut se douter
» qu'il ne meurt pas de faim ». — Au lieu de lui venir en aide, les financiers et les traitants imaginèrent de monopo-

(1) De Lavergne. *Economie rurale*, 34.

liser le commerce des grains, et d'accumuler d'immenses dépôts dans l'ile de Jersey, afin d'opérer la disette et la cherté, suivant l'intérêt de leur commerce. Comme il fallait de grosses sommes, ils firent accepter cette idée à Louis XV et l'intéressèrent à leur honnête industrie, dans laquelle il versa dix millions (1729). — L'almanach royal porte au nombre des fonctionnaires : « le trésorier des grains au compte du roi... » Un secrétaire du clergé, de Beaumont, ayant dénoncé le fait au Parlement de Rouen qui sut le flétrir, le dénonciateur fut jeté à la Bastille, où il passa cinquante années. Et pendant ce temps, le ministre d'Argenson écrivait dans son journal (1) : « La disette vient d'occasion-
» ner trois soulèvements dans les provinces... On a assas-
» siné sur les chemins des femmes qui portaient du pain...
» M. le duc d'Orléans porta l'autre jour au Conseil un
» morceau de pain noir, qu'il mit devant la table du roi, en
» lui disant : Voilà le pain dont se nourrissent aujourd'hui
» vos sujets... Dans mon canton de Touraine, il y a plus
» d'un an que les hommes mangent de l'herbe. — L'évêque
» de Chartres, interrogé à ce sujet, répondait au roi : que la
» famine et la mortalité étaient telles, dans son diocèse, que
» les hommes mangeaient l'herbe comme les moutons, et
» crevaient comme des mouches. — Le nombre des pauvres
» dépassera bientôt celui des gens qui peuvent vivre sans
» mendier. — A Chatellerault, on a obligé chaque bourgeois à
» entretenir un pauvre. La population est de 4,000 âmes, et
» sur ce nombre, il s'est trouvé dix-huit cents pauvres à la
» charge des bourgeois. »

Un autre témoin oculaire vient confirmer ces navrantes tristesses : c'est l'avocat Barbier. Nous lisons dans ses mémoires, en 1739, que le premier président de la Cour des Aides venait d'adresser au roi ces paroles : « Sire, le

---

(1) *Mémoires*, 19 et 24 mai, 4 juillet et 1er août 1739.

» bruit des trompettes annonce la paix à votre peuple, à
» ce peuple qui gémit dans la misère, sans pain et sans
» argent, pendant que le luxe immodéré des partisans et
» des gens d'affaires semble encore insulter à la calamité
publique... » Ecoutons Massillon, évêque de Clermont.
» En 1740, il écrit à Fleury : « Le peuple de nos cam-
» pagnes vit dans une misère affreuse, sans lits, sans
» meubles. Le plus grand nombre, la moitié de l'année,
» manque du pain, d'orge et d'avoine, qui fait son unique
» nourriture, et qu'il est obligé d'arracher à ses enfants pour
» payer ses impositions... Les nègres de nos colonies sont
» plus heureux. Ils sont nourris et habillés, au lieu que nos
» paysans ne peuvent, avec le travail le plus dur, avoir du
» pain pour eux et leur famille. — La famine est partout,
» écrit Barbier en 1741, et le roi augmente les impôts !...
» Le Parlement a voulu bégayer quelques remontrances,
» mais le roi a répondu : qu'il était maître d'imposer des
» taxes, quand il le jugeait à propos. Et l'ordonnance a été
» enregistrée » (1).

Et pendant ce temps, Louis XV associait à la Mailly Mademoiselle de Vintimille qu'il mariait, et c'est avec les deux sœurs, et bientôt avec les trois, qu'il vivait à Versailles comme au temps de la Régence.

A quelques années de là (4 octobre 1749), d'Argenson écrivait encore : « De ma campagne, à dix lieues de Paris,
» je retrouve le spectacle de la misère et des plaintes con-
« tinuelles. Qu'est-ce donc dans nos misérables provinces ?
» On ne trouve point à travailler. Avec cela on lève la
» taille avec une rigueur plus que militaire. Les collecteurs
» et les huissiers ouvrent les portes, enlèvent les meubles
» et vendent tout pour le quart de ce qu'il vaut, et les frais
» surpassent la taille... En ce moment, en Touraine, où

(1) Barbier, III, p. 308.

» je me trouve dans mes terres, je ne vois qu'une misère ef-
» froyable. Le paysan au désespoir ne souhaite que la mort,
» et évite de peupler. On compte que par an le quart des
» journées du travailleur va aux corvées, où il faut qu'ils
» se nourrissent. Et de quoi !... Je vois les pauvres gens
» y périr de misère... On ne voit que villages ruinés ou
» abattus, et nulles maisons qui se relèvent. La diminution
» des habitants est du tiers. Les journaliers vont se réfu-
» gier dans les petites villes. Il y a quantité de villages que
» tout le monde abandonne. Dans le mien, il y a plus de
» trente garçons ou filles nubiles... il ne se fait aucun ma-
» riage... Ils disent que ce n'est pas la peine de faire des
» malheureux comme eux... Quantité de paysans du Lan-
» guedoc désertent cette province, et se réfugient à l'é-
» tranger, effrayés de la poursuite des impôts » (1).

Il ne faut pas s'étonner, qu'en présence de pareils besoins, les séditions d'affamés, les pillages des magasins, les révoltes à main armée, soient fréquentes. Il y en a partout, et partout on demande du pain. L'homme lutte pour la vie, et il l'expose pour ce qui doit la lui conserver.

De 1750 à 1789, les correspondances des intendants sont aussi déchirantes que celles de 1700, adressées au duc de Bourgogne. En Normandie, dans quatre élections, les habitants ne vivent que de sarrazin. Ailleurs, les ouvriers journaliers ayant été obligés de vendre leurs effets, plusieurs sont morts de froid. La nourriture insuffisante et malsaine a répandu des maladies, et dans deux élections, on compte 35.000 hommes à l'aumône. L'intendant d'Orléans ajoute : « Le cri du besoin ne peut se rendre. Il faut voir de près la » misère des campagnes pour s'en faire une idée. » De toutes parts les autres intendants font entendre des plaintes pareilles (2).

(1) *Mémoires de d'Argenson*, 1749, 1750, 1751.
V. leurs lettres en 1784. B. Nationale.

Comment peut-il en être autrement ? La moyenne d'une journée d'homme est de dix-neuf sous, et le pain vaut au minimum quatre sous la livre. Si la famille se compose de cinq personnes, elle n'a que du pain pendant les jours de travail. Que deviendra-t-elle en chômage, les jours de fêtes et quand le pain augmentera ! Et puis, qu'est-ce qu'une livre de pain par jour et par homme, quand elle n'est pas suivie d'autre chose ? — Si le paysan devient fermier, le propriétaire lui fait toutes les avances en bestiaux, fourrages et semences, et malgré ce, tous impôts déduits, il ne lui reste net, au dire de Turgot, que vingt-cinq à trente livres à dépenser par an et par personne.. « L'agriculture, telle que l'exercent nos paysans, est une véritable galère, dit le père de Mirabeau ; ils périssent par milliers dès l'enfance ». En 1783, dans le Toulousain, le paysan ne mange que du maïs ou du menu grain, très peu de blé ; la pomme de terre est à peine connue, et suivant A. Young, la plupart refuseraient d'en manger. D'après les rapports des intendants, le fond de la nourriture en Normandie est l'avoine. L'usage du pain est rare dans plusieurs provinces. Dans le Limousin et l'Auvergne, on se nourrit de sarrazin, de raves et de châtaignes. Ailleurs, d'un mélange d'orge et de seigle. Point de froment, point de viande. Tout au plus du porc ou de la chèvre salée, si l'on peut payer le prix du sel. La maison est en pisé, couverte de chaume, sans fenêtres, n'ayant d'autre ouverture que la porte, et sans pavé sur le sol. Point de bas, de souliers ni de sabots. Le paysan n'a pour tout vêtement qu'un sarrau de laine tissu de ses mains. Les femmes, au dire d'Young, « sont couvertes de haillons, et ressemblent à des tas de fumier ambulant. »

Quelle était la cause de toutes ces misères ? Nous l'avons vu souvent, soit dans les mémoires du temps, dans ceux des intendants eux-mêmes, soit dans les plaintes du peuple. Cette cause est toujours la même : l'impôt ou plutôt le triple impôt, car il y a celui du roi qui prend moitié du revenu net, et ceux du seigneur et du clergé qui sont chacun d'un quart. C'est-à-dire que l'on prend tout ou presque tout, tandis que pour vivre, le travailleur aurait besoin de toucher la moitié du produit brut de la récolte, qui n'est que l'équivalent de l'intérêt du capital engagé et des frais de culture. Ce n'est qu'après avoir déduit cette moitié de la récolte brute, que l'autre moitié devrait être partagée entre tous ceux qui peuvent y prétendre. Et pourtant, le paysan demande si peu pour vivre !

Les économistes du temps citent une métairie, dans le Poitou, qui compte trente-six colons, lesquels consomment chacun par an 24 fr. de seigle, 2 fr. de légumes et 8 fr. de viande de porc ou de brebis. Total 36 francs. — Dans une autre ferme du Berry, quarante-six colons consomment moins encore. Leur dépense annuelle n'est que de vingt-cinq fr. par tête. Dans une de ces fermes, qui vaut au propriétaire 3.600 livres de revenu, le roi prélève 1800 livres, et la dîme ecclésiastique 1200. Il ne reste que 600 fr. au cultivateur, s'il est propriétaire du sol. Au cas contraire, il n'a rien. — Dans le Limousin, suivant Turgot, le roi, à lui seul, prélève 56 % du produit... Puis viennent la dîme et les redevances, la gabelle et les corvées... Aussi une multitude de domaines y sont-ils abandonnés...

Les procès-verbaux des assemblées provinciales de 1787 sont unanimes dans ces constatations. Ils prouvent que la détresse est générale, et qu'elle s'étend à tout le royaume. Dans une paroisse de l'Eure, sur 100 fr. de rente, la taille prend 25 livres, les accessoires 16, la capitation 25, le vingtième 11, total 67 livres (1). Ajoutons à cela un septième pour la dîme, et autant pour les rentes seigneuriales, c'est-à-dire 30 livres environ, plus 5 francs pour la corvée, non compris le sel. Tout le revenu disparaît.

(1) Boivin-Champeaux, *Notice historique sur la Révolution*, 37.

Le relevé moyen des impositions, opéré en 1788 par les assemblées provinciales, attribue 53 % au roi, un cinquième à la dîme et un autre aux droits féodaux. Reste moins d'un cinquième pour le cultivateur. — Quand le fisc a pesé lourdement sur le sol, par la taille, la capitation, les vingtièmes, les aides, la gabelle, le logement des milices, les corvées, etc., le seigneur vient encore prendre une part du produit, en gerbes, en vin, en légumes, en argent, pour redevances ou pour rachats de celles-ci. Après cela, ses pigeons et son gibier mangent la future récolte. Il faut aller moudre à son moulin, et lui laisser le seizième de la farine. Cela fait, il faut encore payer la dîme au clergé. Quelle misère, quelles souffrances pour les générations de ce temps ! Comment ont-elles pu se perpétuer et arriver jusqu'à nous !

ÉTAT DU PEUPLE EN 1789.

Tel était l'état des serfs affranchis au xviiie siècle. Presque partout, ils jouissaient de la liberté individuelle, mais presque partout aussi, la terre était serve et soumise, sous des noms divers, au paiement multiple des droits féodaux qui représentaient le sixième net du revenu. La dîme ecclésiastique prélevait à peu près autant, et le fisc de même, pour les cens, tailles et fouages, c'est-à-dire pour les impôts ordinaires. Venaient ensuite les extraordinaires, c'est-à-dire la capitation, les vingtièmes, les corvées, les aides et gabelles.

Un petit nombre, arrivés à l'aisance ou à la fortune par le commerce ou l'industrie, avait acheté des fiefs ou des arrière-fiefs affranchis de toute redevance ; ils s'appelaient bourgeois. Partis de ce point, quelques-uns avaient obtenu ou acheté des charges qui les avaient anoblis. — La noblesse de robe ou des parvenus s'était si bien mêlée à la noblesse d'épée, qu'il était souvent difficile de les distinguer.

D'autres affranchis s'étaient élevés dans les maîtrises et les corporations. C'étaient aussi des bourgeois industriels ou commerçants.

Un plus grand nombre avaient acheté des terres censives, ou les exploitait à titre de cens et de redevances. Cette catégorie, longtemps pressurée par les seigneurs, puis foulée sans cesse par les gens de guerre, avait gémi de tout temps sous le faix des impôts royaux et féodaux. — C'est ainsi que nous la retrouvons, à la veille de 1789, expirant de misère et de faim, en présence des privilèges insultants du clergé et de la noblesse, ajoutés aux rigueurs d'un fisc impitoyable.

Une plus grande misère existait encore : c'était celle des tard-venus à la liberté. Il y avait, en effet, un certain nombre de mainmortables en 1789, même après les affranchissements royaux de 1779. « On voit encore dans le Parlement
» de Besançon, disent les ordonnances du Louvre (1), les
» colons tellement attachés à la glèbe, qu'ils ne peuvent la
» quitter sans l'aveu de leur seigneur, et que leur seigneur
» hérite d'eux quelquefois, au préjudice des héritiers du
» sang. »

A la même date (1777), vingt-trois communautés de serfs appartenant à l'abbaye de Luxeuil présentaient un mémoire pour leur affranchissement (2).

Dans le Jura, les serfs du monastère de Saint-Claude étaient dans le même cas, et c'est en vain que Voltaire indigné prit leur défense, en faisant remarquer que les moines

---

(1) XII, *Préface*, 1777.
(2) Monteil, *Matériaux manuscrits*, t. I, 241.

étaient les seigneurs de la moitié des terres mainmortables. Ils jouissaient de ce droit depuis six cents ans, et se prévalaient de la prescription. — « Il y a quarante mille ans, ré-
» pliqua le philosophe indigné, que les fouines mangent les
» poules, et l'on ne se gêne pas pour les détruire. » Les Bernardines de la Valsérine avaient aussi des serfs, et ceux-là étaient esclaves de corps et de biens. « Les plus favorisés, disait le philosophe, sèment un peu d'orge et d'avoine, dont ils se nourrissent. Ils paient la dîme à la sixième gerbe, et l'on a excommunié ceux qui ont eu l'insolence de prétendre qu'ils ne devaient que la dixième » (1).

La mainmorte existait aussi dans les coutumes de l'Alsace, du Jura, du Nivernais, de l'Auvergne, de la Bourgogne, du Bourbonnais, de la Marche, Vitry-le-Français, Troyes et Blois (2).

Le serf de la glèbe, soumis à toutes les rigueurs que lui imposait le moyen âge, existait donc en France à la veille de 1789. Henrion de Pansey, qui écrivait alors *ses dissertations féodales*, énumère ces coutumes et témoigne par cela même qu'elles n'ont pas cessé d'être en vigueur. Le serf censitaire, soumis à la taille et aux redevances, aux corvées et aux banalités, existait en bien plus grand nombre. Il représentait probablement les neuf dixièmes de la nation. — Les bourgeois et les roturiers, quelle que fût leur fortune et leur élévation, payaient les censives que comportaient leurs possessions immobilières, et en tout cas ils n'étaient affranchis ni des banalités, ni des lods et ventes, ni d'aucune servitude seigneuriale. — Dans les tribunaux, dans les compagnies, dans les armées, la féodalité se faisait sentir à tous. Exempte d'impôts et possédant de nombreux privilèges, elle n'avait cessé de peser sur le Tiers.

(1) *Dictionnaire philosoph.*, v° *Servage.*
(2) Chassin, *l'Eglise et les derniers serfs*, p. 80.

Le servage existait donc en principe, comme en plein moyen âge, mutilé si l'on veut par le pouvoir royal, amoindri par la justice des Parlements, adouci par les mœurs, mais il n'en subissait pas moins la main mise humiliante de la noblesse.

Telle était, à la veille du 4 août 1789, la condition de l'homme du tiers, et spécialement du serf et du prolétaire. Ils avaient au-dessus d'eux une foule de privilégiés : le roi, la noblesse, le clergé, qui, sans rien produire, percevaient les neuf dixièmes des revenus publics, qu'ils consommaient dans le luxe et l'oisiveté ; qui occupaient, en outre et par privilège, tous les hauts emplois, toutes les charges brillantes et lucratives. Voilà pour l'égalité. Quant à la liberté, elle n'était nulle part : ni dans les discours, ni dans les écrits, ni dans le travail, qu'entravaient les corporations et les privilèges. Qu'on en juge.

Au sommet de l'échelle hiérarchique, le roi. C'était un prince absolu, auquel les biens et les personnes de son royaume appartenaient entièrement. Ainsi l'avaient décidé Bossuet et l'abbé Fleury, Louis XIV et ses successeurs. En conséquence, tous les impôts, toutes les finances du royaume lui appartenaient, et il en usait personnellement pour ses acquisitions ou ses dépenses somptuaires, ses largesses et ses plaisirs ; et cela sans compter et sans rendre compte à personne. Il puisait au trésor au moyen d'un simple reçu, *d'un acquit au comptant,* qui se passait de toute autre justification. Il exerçait en outre, comme seigneur de ses domaines, tous les privilèges de la féodalité.

Après le roi, la noblesse ; voici quels étaient ses droits et ses privilèges, en 1789.

Elle avait le droit exclusif de chasse et de pêche, de garenne et de colombier. Elle percevait un droit de lods et ventes sur toute acquisition de terre, opérée dans l'étendue de sa juridiction Ce droit réduit représentait alors le revenu de deux années ; mais, dans certaines coutumes, c'était le sixième du prix. Au même titre, elle recevait le droit *de quint* et *de requint*, c'est-à-dire le cinquième du prix de vente d'un fief ressortissant de sa seigneurie et de sa justice. Puis venaient les droits de mainmorte, de bâtardise, de déshérence, d'aubainage, d'épaves et autres, qui n'étaient qu'une odieuse confiscation.

Sous le nom de forage, de fouage, de mesurage, de leyde, le seigneur percevait un droit sur toutes les denrées qui se vendaient dans les foires et marchés. Il était, paraît-il, d'un cinquième de la valeur des denrées. Sous le nom de banvin, il s'arrogeait le droit de vendre son vin pendant un mois, à l'exclusion de tous autres.

Avec les droits de banalité, le seigneur imposait au vilain, moyennant finance, l'obligation de moudre à son moulin, cuire à son four et porter la vendange à son pressoir.

A côté de ces droits sans nombre, qui variaient avec les coutumes abusives qui les avaient vus naître, on percevait des revenus bien autrement importants. C'étaient des redevances qui variaient à l'infini. Tout d'abord : le cens, qui fut autrefois la taille arbitraire, et qui représentait alors le septième environ du revenu, si l'on s'en rapporte aux cahiers des Etats. Il était indivisible et imprescriptible.

L'acquéreur de la terre censive était exposé au retrait facultatif de la part du seigneur.

Venait en second lieu la taille aux quatre cas, suivant la coutume. Chacune d'elles représentait le double de la redevance ordinaire.

Autre chose étaient encore la corvée et les péages. Dès l'origine, la corvée avait été facultative ; mais la jurisprudence des Parlements avait réduit à un maximum de douze journées par an la corvée seigneuriale, qui ne se confondait pas, bien entendu, avec les corvées royales et ecclésiastiques.

Autre chose aussi la servitude personnelle, qui permettait au seigneur de revendiquer le pécule du serf et de le suivre partout où il allait.

A ces droits fonciers et utiles, venaient s'en ajouter d'autres purement honorifiques, tels que les droits de banc, d'encens, d'eau bénite, de sépulture à l'église, de préséance, etc.

En regard de la justice, s'agissait-il d'un délit? Les nobles ne pouvaient être fustigés. Convaincus d'un crime, ils étaient décapités et non pendus. En matière civile, ils étaient dispensés des justices inférieures, et portaient directement leurs causes au sénéchal ou au présidial, qui pour eux ne statuaient jamais en dernier ressort. Enfin, ils avaient encore sur leurs terres certains droits de justice qui leur procuraient des amendes et des confiscations, source de tant de prévarications et de tant d'abus (1).

Reste le clergé. Il avait le pas sur la noblesse. Ses privilèges étaient les mêmes. Il ne payait ni taille, ni impositions d'aucune espèce, directe ou indirecte, pas même l'impôt du sel. Il était affranchi des droits de banalité, de francfief, du logement des gens de guerre. Bien mieux, s'il s'agissait de payer ses dettes, il ne pouvait être contraint, ni sur ses biens, ni sur sa personne. Les biens d'Eglise sont à Dieu. Avec cela, privilège exorbitant, il avait encore la dime sur tous les fruits et les revenus, qu'il percevait en nature, avant tous autres.

Telle est la nomenclature abrégée des droits et privilèges de la noblesse et du clergé, qui existaient encore à la fin du dernier siècle. Ils suffisent pour nous montrer l'injustice des grands et la souffrance des petits. Qui pourrait s'étonner que, dans son indignation, l'Assemblée nationale les ait

---

(1) Renaudon, *Traité historique et pratique des droits seigneuriaux* (1765).

balayés de son souffle !

Comment de tels excès, de tels abus ont-ils pu se produire sans soulever des récriminations et des plaintes universelles ? Ne serait-ce point par la force de l'habitude et de la coutume ? Huit siècles de monarchie absolue et de féodalité avaient appris aux faibles à considérer la royauté et la noblesse comme des droits héréditaires semblables à ceux qui procurent la jouissance d'un champ ou d'un domaine. La religion avait sanctionné cette règle en ordonnant aux hommes de se soumettre aux pouvoirs établis. C'était une prescription céleste. Cette théorie était dans le cœur du peuple. Il vivait dans la foi que les pouvoirs religieux et politiques sont une émanation de la loi divine. Il ne songeait donc pas à les discuter et à les soumettre au libre examen.

Mais voilà que tout à coup les rôles changent : la foi, qui occupait le premier rang, le cède à la raison. La nue se déchire, et la vérité sainte apparaît. En présence des méfaits des grands, de leurs dépenses insensées et des souffrances qu'ont imposées au peuple les derniers règnes, les sentiments de respect et d'obéissance se sont évanouis. L'autorité de la tradition s'est affaiblie peu à peu. Puis est venu le doute sur la légitimité du pouvoir. Le libre examen a fait le reste. La religion, l'état, la loi, tous les organes de la vie morale et sociale, sont soumis à l'analyse des philosophes, et le champ des croyances bouleversé de fond en comble (1).

(1) Taine, *Origines de la France.*

ABOLITION DES DROITS FÉODAUX, DES DIMES ET BÉNÉFICES.

Au moment de la convocation des Etats-Généraux, les cahiers des bailliages, qui furent remis aux députés, s'élevèrent comme une immense clameur contre les abus et les injustices sans nombre que nous venons de faire connaître. « Tributs, emplois, corvées, peines et récompenses, dit l'un d'eux, doivent être communs entre les trois ordres, entre les citoyens d'un même empire. Les exemptions enfantent la haine et la discorde; l'unité des intérêts, qui naîtra de leur suppression, fera naître la paix et la bienveillance universelle. Il est indispensable que le clergé et la noblesse se restreignent aux prérogatives purement honorifiques dont ils sont en possession ».

En ce qui touche les droits seigneuriaux, les cahiers furent unanimes pour demander : 1° La suppression des péages, leydes et autres droits sur les marchandises, sauf indemnité aux seigneurs qui en justifieraient par titre ; 2° celle de toutes les banalités avec indemnité, s'il y avait lieu ; 3° le rachat des censives et autres droits seigneuriaux les concernant. Et enfin, la suppression de la mainmorte et de toutes les servitudes personnelles.

En ce qui touchait la justice, les cahiers demandaient : 1° la confection d'un seul Code civil et d'un Code criminel pour tout le royaume ; 2° la suppression de la vénalité des charges ; 3° que le nombre infini des degrés de juridiction fût supprimé et réduit à deux : première instance et appel. Que la justice fût rapprochée des justiciables, et que les charges de judicature fussent accessibles à tous ; 4° que la procédure criminelle fût publique, et l'accusé assisté d'un conseil, afin qu'il pût se défendre ; que les biens des condamnés ne fussent plus confisqués; 5° que les justices seigneuriales fussent supprimées.

En ce qui touchait les impôts : qu'il fût voté et réparti par les Etats-Généraux ; que toutes les propriétés et revenus y fussent soumis proportionnellement, sans que personne pût s'en exempter ; suppression des gabelles ; prix du sel uniforme ; suppression des dîmes ecclésiastiques.

Vœux généraux : liberté de la pensée ; liberté de la presse ; que le Tiers puisse parvenir aux grades militaires ; qu'une éducation nationale et uniforme soit établie ; que la liste des dons et pensions royales soit rendue publique ; que les règlements sur les manufactures soient abolis, ainsi que les droits de douanes intérieures et de circulation ; suppression des maîtrises et jurandes et des associations des compagnons ; que le prêt à intérêt devienne libre ; que les poids et mesures soient uniformes.

Tel était l'ensemble des vœux exprimés par les cahiers des bailliages, c'est-à-dire par le Tiers-Etat et par les paysans... Il résume parfaitement l'état des privilèges, des abus et des injustices qui existaient encore à la veille de la Révolution, et dont l'immense clameur des cahiers demandait l'abolition.

Nous avons vu que Turgot, un moment soutenu par Louis XVI, n'avait pu parvenir à réformer quelques-uns d'entre eux... Cette tâche était réservée aux derniers Etats-Généraux, si longtemps oubliés.

Dans la nuit à jamais mémorable du 4 août 1789, leur assemblée, dans un élan de générosité unanime, vota les réformes sollicitées par les cahiers. En une séance, elle abolit sans indemnité tous les droits féodaux qui tenaient à la mainmorte et à la servitude personnelle. Et avec indemnité et faculté de rachat, tous ceux qui dérivaient d'une concession de terre. Disparurent en même temps : les droits de chasse et de colombier, les dîmes ecclésiastiques et les justices seigneuriales... La noblesse, le clergé et le Tiers furent unanimes dans cette manifestation et dans cette réparation tardive d'une grande injustice.

La pensée dominante de l'assemblée était, à ce moment, de faire disparaître tous les droits qui dérivaient de la puissance seigneuriale et justicière, c'est-à-dire tous les droits personnels entachés de servage, mais de conserver tous ceux qui avaient eu pour origine des concessions de terre. Il est regrettable que cette inspiration n'ait pas été respectée... Trois années après, la Législative, et la Convention après elle, abolirent sans indemnité tous les droits féodaux que la Constituante avait déclarés susceptibles de rachat. Ces décrets, qu'il faut regretter, furent considérés comme une réponse, ou plutôt comme de justes représailles aux conspirations de la cour, de la noblesse et des émigrés, qui, rentrant avec les baïonnettes étrangères, avaient coalisé contre la France tous les princes de l'Europe.— Il est vrai de dire aussi que, dans une pratique de trois années, on avait reconnu la difficulté, et plus souvent encore l'impossibilité de distinguer les droits féodaux, dérivant des concessions terriennes d'avec ceux qui avaient été imposés par la puissance féodale. — Les titres, dénaturés ou obtenus par la contrainte, rendaient ces reconnaissances bien difficiles. Ce sont ces difficultés pratiques, autant que les passions politiques, exaltées par les agissements coupables des privilégiés, qui provoquèrent ces décisions irritantes, que l'on traduisit ainsi dans les décrets du 19 juillet 1793 : « Toutes redevances seigneuriales, droits féodaux et censuels, sont supprimés sans indemnité... Sont exceptées, les rentes ou prestations foncières et non féodales... »

Nous avons reconnu tout à l'heure la rigueur de ces prescriptions. Etaient-elles aussi injustes qu'on l'a dit et qu'on le dit encore ?... Examinons :

Sous le régime seigneurial, trois sortes de servitudes pesaient sur les personnes et sur les terres. Les unes dérivaient de la justice, les autres, du fief et du servage. — La loi révolutionnaire, abolissant tous ces modes de souveraineté, fit disparaître en même temps les servitudes qui s'y trouvaient attachées. — En avait-elle le droit ?

Toutes les justices, civiles et ecclésiastiques, étaient le résultat de l'usurpation, nous l'avons dit ailleurs, et le temps seul avait consacré cette appropriation des fonctions publiques. Or, ni les choses publiques, ni les concessions précaires, ne peuvent se prescrire. La possession et la jouissance de ces choses, quelque longue qu'elle soit, ne sauraient conférer un titre légitime. — C'est ce qu'enseignent Loyseau et les feudistes de son temps. « Les fouines, comme disait Voltaire, n'ont pu prescrire le droit de manger nos poules, bien qu'elles en usent depuis quarante siècles, et nous n'hésitons pas à le leur faire sentir ».

Si la justice est usurpée, tous les droits et tous les produits qui en dérivent sont illégitimes. Or, parmi ces droits de justice, dont les capitulaires de Charlemagne signalent à chaque instant les abus, nous voyons figurer les droits de passage, de péage et de navigation... L'abus des plaids, leur fréquence, la vénalité des juges, viennent ensuite. Les corvées illicites, les dons et les cadeaux qui se changeront en redevances, le droit de past et de séjour pour le seigneur et sa suite, le monopole des poids et mesures, tels étaient les droits usurpés par les juges seigneuriaux. — Il en était de même de la taille, qui, perçue d'abord par les justiciers romains au nom du fisc, avait été perçue de même par les justiciers féodaux, mais pour leur propre compte, cette fois, et non pour celui du Roi. Ils s'étaient appropriés également : les droits d'aubaine, de déshérence et de bâtardise, que dès l'origine ils percevaient au nom du trésor public. Les banalités de toute sorte et les droits de chasse, de garenne et de colombier, qui avaient la même origine, étaient dans le même cas. Les arrêts les plus anciens des Parlements, les Olim, les Chartes royales, les feudistes et les actes de reconnaissance des seigneurs eux mêmes témoignent à chaque instant de ces exactions et de ces abus.

Les justices féodales étant retirées à juste titre par le pouvoir public, à ceux qui les avaient usurpées, tous les droits mentionnés ci-dessus, qui en dérivaient, durent disparaître avec elles. « On doit les abolir sans indemnité, disait Merlin, dans son lumineux rapport à l'Assemblée nationale, parce que les droits qui en dérivent ne prennent leur source ni dans des contrats d'inféodation, ni dans des contrats censuels. Ils n'ont pour base qu'une usurpation enhardie par la féodalité, soutenue par la puissance seigneuriale, et légitimée par la loi du plus fort ».

En ce qui touche les droits du fief ou de la propriété foncière, la Constituante avait effacé des héritages toutes les traces de servitude personnelle qui dérivaient de la mainmorte, mais elle avait maintenu les droits de cens, lods et ventes, qui grevaient l'héritage, parce qu'ils dérivaient, suivant elle, d'un contrat antérieur, d'une convention libre...
En abolissant le régime féodal, et par cela même les fiefs et les censives qui en étaient la base, l'Assemblée législative supprima les réserves de sa devancière. Tous les biens redevinrent libres, ainsi qu'ils l'étaient à l'origine, et furent considérés comme des alleux. On faisait ainsi disparaître violemment le prix d'une concession d'un contrat emphytéotique, qui avait pu être légitime.

Peut-on voir dans ce fait une injustice ? — Sans doute, la plupart des possessions seigneuriales avaient pour origine la violence et la spoliation ; mais elles étaient passées dans des mains nombreuses et s'étaient transformées à maintes reprises. De telle sorte, qu'un acquéreur de bonne foi, autre qu'un seigneur, avait pu en payer le prix sous la protection et la sanction de la loi. — La prescription, qui est la première assise des sociétés, aurait dû les protéger dès lors dans une certaine mesure. Mais cette concession étant faite, on devra nous concéder aussi que pendant dix siècles, la féodalité avait profité de toutes les usurpations judiciaires que nous venons d'énumérer : tailles, corvées, péages, banalités, lods et ventes et tant d'autres... Qu'on suppute ce qu'ont produit pendant 1000 ans ces extorsions arrachées à la misère des serfs ; qu'on y ajoute le bénéfice d'une foule de privilèges, et surtout les exemptions d'impôts de toute sorte que rien ne justifie ; qu'on ose les mettre dans la balance avec la suppression gratuite des censives et rentes comme contre-poids. On verra de quel côté penche le plateau.

Ainsi disparut le servage et tous les droits qui en dérivaient.

Dans cette nuit solennelle du 4 août, les prélats eux-mêmes et tout le clergé, cédant à l'enthousiasme général, avaient noblement sacrifié leurs dîmes ecclésiastiques, leurs bénéfices et le casuel dont ils avaient joui jusque-là. Allant au devant de l'abolition, ils furent les premiers à la demander.

Le clergé était alors un être collectif, un ordre, une personne morale dans l'Etat. Les dîmes, les bénéfices, les biens immenses qu'il avait amassés, avaient fait sa richesse et sa force. En 1789, il possédait le cinquième du territoire. Il prélevait de plus annuellement, 133 millions de dîmes que lui payait le peuple. Il recevait tout cela comme ordre et comme corporation... La corporation dissoute, ses membres furent réduits individuellement à l'état de fonctionnaires. Aucun d'eux ne pouvait dès lors revendiquer en son nom privé ce qui avait été donné à son ordre. — L'archevêque de Paris, se faisant l'écho du clergé, avait dit lui-même : « Nous « remettons toutes les dîmes ecclésiastiques entre les mains » de la nation... Que l'Evangile soit annoncé, et le culte

» divin célébré avec décence. » — En présence de cette déclaration solennelle des intéressés, les dîmes et les droits casuels furent abolis. Non pas au préjudice du bas clergé, qui seul remplissait ses devoirs et ne touchait en moyenne qu'une portion congrue de 500 livres par an, mais au préjudice des riches prélats, hommes de cour et seigneurs féodaux.

Restaient les bénéfices. Le clergé voulait qu'ils fussent considérés comme des propriétés particulières. Et Mirabeau de leur répondre : « Les rois n'ont doté les églises qu'afin
» de pourvoir à une dépense publique, et la nation a le droit
» d'examiner s'il convient à sa sûreté que les ministres de
» la religion forment une agrégation politique capable d'ac-
» quérir et de posséder... Les donateurs du clergé ont-ils
» pu créer un corps dans l'Etat, et priver la nation du droit
» de le dissoudre ?... Le service de l'autel est une fonction
» publique. Comme le magistrat et le soldat, le prêtre est
» à la solde de la nation ». — Ces arguments irréfutables demeurèrent sans réplique.

Les membres d'une corporation ne sont, en effet, que les administrateurs temporaires de ses biens. Si la corporation, si la personne morale disparaît, les biens disparaissent avec elle. La corporation qui avait reçu les donations, et qui possédait les bénéfices étant dissoute, il ne restait que des individus qui ne pouvaient remplir les obligations de la corporation, et détenir par conséquent à sa place... L'Etat, par droit de déshérence, recueillait cet héritage abandonné, comme il recueillait la succession des personnes morales qui n'étaient plus. Telle a été et telle est encore la condition des biens de mainmorte.

« L'Etat avait-il le droit de détruire la corporation du
» clergé ? » se demande à son tour Laferrière. — « Cette
» qualité, dit-il, n'était qu'un attribut politique et civil con-
» féré par la monarchie. Or, un attribut politique est livré

» par sa nature à l'appréciation de la société légalement
» représentée: On pouvait donc détruire non pas le clergé,
» mais sa qualité politique et civile d'ordre, de corporation
» et de personne morale. »

« Dès lors, les membres du clergé n'étaient plus que
» des individus, qui ne pouvaient posséder qu'individuelle-
» ment ».

Ainsi disparut l'ordre du clergé après celui de la noblesse.
Ainsi finit le servage après dix siècles de revendications.

Maintenant transformé et allant au devant de destinées
meilleures, il prendra le nom de prolétariat ; mais il sera
soutenu par deux forces nouvelles : l'égalité civile et la
liberté.

Que les débris des castes privilégiées déplorent leur puissance évanouie, qui ne profitait qu'à 300.000 personnes, ils ont cent fois raison. Mais que des fils de serfs taillables et corvéables à merci devenus bourgeois, commerçants et magistrats par la seule puissance de la Révolution et qui ne seraient rien sans elle, regrettent un régime qui les avilissait ; qu'ils vantent les rois, la noblesse et les choses de ce temps, c'est donner une triste idée de leur intelligence et de leur instruction. Ils oublient que l'égalité devant la justice et les emplois, devant l'impôt et le scrutin, la liberté de croyance, du commerce et du travail, ils les doivent à la Révolution. — Fils ingrats, ils déchirent le sein de leur bienfaitrice et de leur mère !

TROISIÈME PARTIE

—

LIVRE X

LE PROLÉTARIAT MODERNE.

I. Sous la République. — II. L'Empire. — III. La Restauration.
IV La Monarchie constitutionnelle.
V. La République de 1848. — VI. Le second Empire.

I

La suppression des droits féodaux avait fait disparaître toutes les servitudes personnelles. Elle avait affranchi les 1,500,000 mainmortables qui existaient encore dans plusieurs provinces. Elle avait de même affranchi la terre des cens et redevances qui pesaient sur elle. — La terre et l'homme étaient libres.

La suppression des maîtrises, des jurandes et des manufactures royales privilégiées, des douanes provinciales, avait également affranchi le commerce et l'industrie.

Toutes les entraves féodales, qui avaient jusque-là paralysé l'activité humaine, disparurent en un jour pour faire place à la liberté, à l'égalité. — Le despotisme et le privilège avaient vécu. — Toutes les voies du travail industriel étaient libres désormais, comme les voies du travail agricole

Plus de vilains, de manants, ni de mainmortables. Plus de bourgeois ni de nobles. — En souvenir des républiques antiques, il n'y a plus que des citoyens, et parmi ceux-ci la classe inférieure, ainsi qu'à Rome, prendra le nom de prolétaire. C'est un abus de mots, parce que le prolétaire de Rome et celui de la Révolution française n'ont aucun point de ressemblance. A Rome, en effet, il vivait oisif et vivait de l'aumône, tandis qu'à notre époque il vit de son travail. — L'un révèle l'abaissement de l'homme et le mépris public. L'autre, au contraire, exalte son courage et commande à tous le respect.

La qualification de prolétaire, oubliée pendant tout le moyen âge, n'avait donc pas, en 1789, la signification qu'on lui donnait à Rome vingt siècles auparavant. Elle ne visait plus seulement les pauvres à l'aumône et privés de travail, elle s'adressait surtout aux travailleurs manuels des champs ou de la ville, qui demandaient au salaire leur pain de chaque jour.

Les prolétaires du travail et les prolétaires sans travail, indigents ou infirmes, telles sont les classes nouvelles qui succédèrent aux vilains, de toute sorte, du régime qui venait de finir, et qui comprenaient auparavant dans les villes : les artisans, les compagnons et les apprentis affranchis des entraves de la maîtrise, ainsi que les serviteurs de toute sorte. A la campagne : les censitaires, les paysans libres, les tenanciers et les mainmortables qui, tous ensemble, plus ou moins pressés par les droits féodaux, les avaient vus disparaître subitement.

Tous ces hommes ignorants, guidés par un gouvernement incertain, passaient tout à coup d'une servitude et d'une contrainte plusieurs fois séculaires à la complète émancipation. Or, l'apprentissage de la liberté n'est pas l'œuvre d'un jour, et le nouvel usage de celle-ci ne fut pas sans orages.

Les paysans, irrités par les lenteurs de l'Assemblée nationale, par le maintien des prétentions seigneuriales, encouragés d'ailleurs par la prise de la Bastille, avaient incendié les châteaux, brûlé les archives et commis des violences contre les personnes. C'était le déchaînement d'une force depuis trop longtemps comprimée. L'oppression séculaire et des résistances insensées avaient rendu les vengeances inévitables.

Les ouvriers des villes s'agitaient aussi dans leurs nouvelles conditions, cherchant partout un travail qui leur faisait défaut au milieu de l'inquiétude générale, et accusant tour à tour leurs anciens patrons, les accapareurs de grains et l'Etat lui-même de vouloir les affamer.

Comme conséquence ou comme cause peut-être de ces troubles divers, des attaques haineuses et violentes s'élevaient partout contre la richesse et contre ceux qui possèdent. Dans de nombreux pamphlets, on demandait le partage des biens et la communauté des femmes, l'abolition des successions, la subsistance assurée à chaque citoyen. Robespierre et Saint-Just ne cessaient de conseiller la prépotence de l'Etat. — « Ameutons la misère contre le superflu de l'opulence, disait Tallien. »

En présence de ces agitations et de ces doctrines, le désordre et l'inquiétude partout répandus paralysaient les transactions, tandis que la disette renchérissait le prix des vivres. Affolés par leurs souffrances et surexcités par la presse révolutionnaire, les ouvriers réclamaient tantôt un minimum de salaire, et tantôt fixaient eux-mêmes le prix de leur travail, en interdisant de le donner à un prix moindre. Pour exécuter leurs décisions, ils envahissaient les ateliers et employaient la force.

L'Assemblée nationale se montra sévère contre les prétentions singulières de ces coalitions, qu'elle sut frapper avec une grande vigueur. C'est au profit des ouvriers qu'elle avait proclamé la liberté du travail : elle ne pouvait permettre qu'ils s'en servissent pour opprimer la liberté des autres. La loi du 17 juin 1791 leur défendit en conséquence, non pas de s'assembler, mais de s'associer et de se coaliser en corps de métiers pour influencer le prix du travail et des salaires, sous peine d'amende et de prison.

Pendant ces agitations malsaines, à la suite d'une crise commerciale et de deux années de disette, le blé était rare et son prix élevé par conséquent. Le peuple ignorant et affamé en imputait la faute aux marchands de grains, contre lesquels il s'ameutait. La misère et les souffrances augmentaient chaque jour dans les villes dont les manufactures étaient anéanties, les ateliers déserts et les ouvriers sans travail. Les campagnes avaient un sort meilleur. La suppression des droits féodaux avait diminué les charges de la terre et augmenté par cela même les revenus des cultivateurs. Arthur Young estimait à huit cents millions le bénéfice qu'ils en avaient retiré, sans compter celui que leur procurait l'élévation du prix des denrées de toute sorte (1).

En présence des souffrances de l'industrie, l'Assemblée nationale avait organisé des ateliers de travail et de secours pour venir en aide aux ouvriers de Paris, valides et inoccupés (2). Chaque atelier se composait de deux divisions de cent hommes, sous la direction d'un chef et d'un sous-chef. Employés à des travaux d'égouts et de terrassement, chacun d'eux recevait vingt sous par jour. Aussi inhabiles qu'indisciplinés, ces ouvriers ne produisaient aucun travail utile et voyaient leur nombre grossir à chaque instant, au fur et à mesure que la crise industrielle prenait une intensité plus grande. Exaltés par cela même, ils s'ameutèrent, et c'est à grand'peine que Lafayette put les contenir une

(1) *Voy. en France*, 11, 445.
(2) Séance du 3 août 1789.

première fois, en se mettant à la tête de la garde nationale (1). Devenus plus menaçants, ils furent licenciés, et les secours qu'allouait le trésor durent être supprimés.

Le péril n'en était que plus grand. Il était urgent d'aviser aux moyens de contenir cette foule en délire et de lui donner du pain. A cette fin, des comités divers furent institués au sein de l'Assemblée, dans l'unique but d'étudier la question de mendicité et de secours publics qui affolaient le peuple et préoccupaient si vivement l'opinion.

On avait écrit dans le projet de constitution : « qu'il serait créé et organisé un établissement général de secours publics pour élever les enfants abandonnés, soulager les pauvres infirmes et fournir du travail aux pauvres valides qui n'auraient pu s'en procurer. » — « Tout homme avait droit à sa subsistance, disait-on. La société devait prévenir la misère, la secourir et offrir du travail à tous ceux qui en étaient privés. » Le projet d'assistance publique qui suivait était organisé dans ce sens, avec plus de générosité que de prudence.

Le comité de l'instruction publique avait également inséré dans son projet le programme suivant : « Il sera créé et organisé une instruction publique commune à tous les citoyens, gratuite à l'égard des parties de l'enseignement indispensable à tous les hommes, et dont les établissements seront distribués graduellement dans un rapport combiné avec la division du royaume » (2).

Les secours publics et l'instruction étaient considérés par la Constituante comme deux dettes, également sacrées, de la société envers ses membres. C'était, suivant le rapporteur, un double moyen de moralisation. L'instruction était nécessaire, disait-il, pour arracher l'homme

(1) 14 et 17 juin 1791.
(2) Constitution de 1791, t. IV.

à la misère et pour l'élever à la dignité de citoyen libre. « Les hommes sont égaux, ajoutait-il, et pourtant combien cette égalité de droit serait peu réelle, au milieu de tant d'inégalités de fait, si l'instruction ne tendait à rétablir le niveau !... » (2).

Le rapport proposait, en conséquence, d'ouvrir, dans chaque commune, des écoles primaires de garçons et de filles. Au second degré, pour les garçons seulement, et au chef-lieu de district, des écoles embrassant dans un cours de sept années : la grammaire, les humanités, la rhétorique, les sciences. Au troisième degré, des écoles spéciales pour la théologie, le droit et la médecine. — En même temps, on prescrivait avec raison les exercices du corps, pour former des citoyens robustes, ainsi que l'étude des droits de l'homme et de la Constitution. — Tout en créant des écoles publiques, l'Etat proclamait la liberté de l'enseignement et des écoles privées. « Il sera libre à tout citoyen, disait le décret, en se soumettant aux lois sur l'enseignement public, de former des établissements d'instruction. Il sera tenu seulement d'en instruire les municipalités et de publier ses règlements ». — Considérant l'instruction comme une dette de la société, le rapporteur la voulait gratuite en principe. Mais à quel degré devait-elle être étendue ? — A l'instruction primaire seulement, qui est rigoureusement nécessaire à tous les citoyens. Au delà, la gratuité allait se restreignant, sous forme de pensions aux élèves les plus méritants, de telle sorte qu'aucun talent véritable n'était perdu pour la société (1).

Ce plan généreux et magnifique avait le tort d'imposer à l'Etat des charges qui incombent aux citoyens. Nourrir et élever sa famille est une charge individuelle. C'est amoin-

---

(2) Rapport sur l'instruction publique, par Talleyrand-Périgord.
(1) Rapport, p. 18, 20, 23.

drir la responsabilité et l'activité de chacun que de se substituer à son obligation morale. L'Etat doit protection et sécurité à tous, assistance aux malheureux peut-être, mais rien de plus. Faire autrement, c'est favoriser les uns aux dépens des autres, faire largesses de leur travail et de leurs biens, verser en un mot dans l'ornière du communisme ou du socialisme d'Etat.

A la gratuité, fallait-il ajouter l'obligation ? Certains croyaient que, dans l'intérêt social, on devait contraindre le père à faire instruire son fils. Mais le respect de la famille et de la liberté l'emporta. Le comité repoussa cette contrainte. « La nation, dit-il, offre le bienfait de l'instruction ; mais elle ne l'impose à personne. Elle sait que chaque famille est une école primaire dont le père est le chef... Elle respectera donc son autorité qui, veillant sur le bonheur de ses enfants, prononcera sur ce qu'il croit le plus conforme à leurs intérêts » (1).

Comme le plan du comité de mendicité, celui du comité de l'instruction demeura à l'état de projet. Ils étaient trop larges l'un et l'autre pour les finances publiques. Les écoles des frères et les collèges continuèrent donc à subsister comme auparavant.

Tandis qu'on légiférait ainsi dans le vide, les vagabonds et les mendiants, au nombre de deux millions, avaient pullulé dans une société désorganisée et infestaient la France. Point d'occupation, point d'argent, point de vivres. Quelle pouvait être, en un tel milieu, l'efficacité de la loi qui réglait l'assistance publique ? Quelles ressources pouvait donner aux industriels l'argent qui ne trouvait pas à s'employer ?

Malheureux et surexcité, ignorant et crédule, le peuple se laissait séduire par les promesses grossières des clubistes et des journaux, dont les déclamations malsaines le soule-

_____
(1) Rapport, p. 26.

vaient jusqu'à la fureur. On rencontrait à chaque pas la violence et l'émeute. La guerre au dehors amenait ensuite des emprunts forcés, les réquisitions militaires, les amendes spoliatrices, la confiscation des biens, la spoliation des églises, la rapine et le pillage en grand. — La ruine des citoyens, la terreur et la haine étaient la suite de ces mesures odieuses (1).

Pendant ce temps, la détresse toujours montante affolait de plus en plus le peuple et les hommes du pouvoir. On crut remédier à la rareté du numéraire en créant des assignats dont la valeur était représentée par les biens du clergé. Mais comme cette valeur était incertaine dans sa réalisation et qu'elle n'était pas mobilière, la confiance se retira d'elle, et les assignats de 100 fr. tombèrent à 3 sous. On en avait émis pour 48 milliards ! L'avilissement de cette monnaie et la rareté des denrées avaient provoqué une cherté excessive, cause incessante d'émeutes populaires. Le menu peuple croyait à des complots et criait à l'accaparement. Il pillait les magasins et arrêtait les voitures de grains sur les grandes routes. On dut, pour l'apaiser, fixer le prix de chaque marchandise, décréter un maximum, prohiber la circulation des grains et obliger les détenteurs à les porter sur le marché (2). Pour faire exécuter ces mesures insensées, on fouillait le domicile des citoyens, on inventoriait les denrées des marchands, qui ne pouvaient les vendre qu'au détail et à prix déterminé. Les contraventions étaient punies de mort.

Ces mesures draconiennes eurent un effet contraire à celui qu'on en attendait. Au lieu de circuler, les marchandises disparurent. Aucun négociant ne voulut vendre, ou du moins s'approvisionner à nouveau. La rareté de l'offre et

(1) Erskine May. *La démocratie en Europe*, ch. xiv.
(2) *Moniteur* du 29 novembre 1793.

l'avilissement de la monnaie élevèrent le prix de toutes choses à des taux fabuleux. Le commerce et l'agriculture étaient anéantis. Au lieu de soulager le peuple, ces mesures déplorables le firent souffrir de la famine pendant cinq ans.

Si quelques industriels persistèrent à produire au taux fixé par le maximum, ce fut en altérant la marchandise de toute façon ou en vendant des qualités très-inférieures. L'assemblée le comprit enfin, et supprima cette mesure funeste dans sa séance du 24 décembre 1794.

Pendant ce temps, les grandes villes qui n'étaient pas éclairées le soir étaient tellement infestées de brigands, qu'on ne pouvait sortir à la nuit close. Les voleurs en bande attaquaient les fermes et pillaient les campagnes. Les routes, occupées par eux, étaient d'ailleurs impraticables faute d'entretien. Les chemins vicinaux étaient pire encore. Les ponts manquaient à peu près sur tous les points.

Le numéraire, le crédit et la confiance faisaient complètement défaut, de telle sorte que ni les travaux publics, ni les travaux privés et industriels ne pouvaient fonctionner. — Plus de travail, plus de salaire. — Qu'importait la liberté à celui qui ne pouvait occuper ses bras et apaiser sa faim ?...

La réaction était fatale. C'est la Convention elle-même qui vint l'inaugurer, en confiant le pouvoir exécutif à un Directoire composé de cinq membres, et le pouvoir législatif à deux assemblées : les Cinq-Cents et les Anciens, devant lesquels elle se retira (1795).

Deux ans après, la réaction toujours montante avait fait de tels progrès que les royalistes obtenaient la majorité aux élections de mai 1797 et s'emparaient du pouvoir. Bonaparte et Augereau, accourant aussitôt, dispersèrent leur double assemblée et exilèrent les membres qui les composaient. Nous sommes à la veille du coup d'Etat de brumaire 1799 et du plébiscite qui l'acclame.

II

Au milieu des agitations, des troubles et des violenc[es]
que nous venons de faire connaître, la République av[ait]
fondé la société sur la double base de la liberté individue[lle]
et de l'égalité civile. La sûreté des personnes et des p[ro]-
priétés, solidement établie, avait ouvert ainsi le champ [du]
travail à toutes les activités. Et malgré ce, la France
montrait inquiète et agitée. Dix années de tempêtes révol[u]-
tionnaires lui faisaient désirer le calme, dût-il être appor[té]
par une monarchie. Avant tout, on désirait un pouvoir q[ui]
se fît sentir, et qui fût assez fort pour réprimer les factio[ns]
et rassurer les intérêts. Aussi la révolution de brumai[re]
fut-elle accueillie comme un bienfait et une délivranc[e.]
Quelque triste qu'il soit, c'est un aveu qu'impose la véri[té]
historique.

Le premier soin de Bonaparte fut de supprimer le systèm[e]
électif, qui créait des ennemis au pouvoir. Partout il mit d[es]
agents qui relevaient de lui. Les Préfets, les Sous-Préfe[ts]
et les Maires lui durent leur élévation. Aux juges électi[fs]
succédèrent des juges inamovibles. Les Cours d'appel, l[es]
Conseils de préfecture furent organisés, la religion rétabli[e.]
Les prêtres rentrèrent dans leur Eglise et le Concordat f[ut]
obtenu. L'impôt progressif fut également supprimé, et le[s]
finances organisées par la création des percepteurs can[-]
tonaux, des receveurs particuliers et généraux. L'impô[t]
des routes vint remplacer la corvée, en même temps qu[e]
des gendarmes et des colonnes mobiles poursuivaient par[-]
tout les malfaiteurs qu'ils livraient à des tribunaux spéciaux[.]
La codification des lois, si longtemps promise, put enfin êtr[e]
accomplie (1802-1804). Les principes qui avaient triomph[é]
avec la révolution en formaient la base : liberté des per-

sonnes, égalité des citoyens, garantie et plénitude de la propriété. S'attaquant ensuite au remaniement des impôts, le nouveau pouvoir diminua d'un tiers les contributions directes qu'il remplaça par des taxes indirectes, telles que l'impôt des boissons, du sel, et le monopole du tabac.

Mais au fur et à mesure que grandissait le pouvoir, grandissaient chaque jour aussi ses tendances absolues et despotiques. C'est ainsi que les carrières libérales : le droit, la médecine, l'enseignement, étaient réglementés ; que les offices de notaires, d'avoués, d'huissiers, de commissaires-priseurs et d'agents de change ; que les professions de boucher, de boulanger, de pharmacien, d'armurier, d'imprimeur, de libraire, de directeur de théâtre, de voiturier, de cabaretier, d'herboriste, étaient érigées en corporations ou limitées dans l'exercice de leur liberté et placées sous la dépendance de l'administration. L'enseignement de l'Université devenait un monopole, et la banque de France recevait en même temps celui de l'émission des billets.

Toutes ces restrictions de la liberté ne furent pas accueillies sans murmures. Mais le désordre avait été si grand et le mal si profond que la nation fut contrainte d'applaudir, en présence de la sécurité publique et de la réorganisation sociale.

D'autres réformes suivirent. Elles méritent d'être louées sans réserves. De ce nombre est la création des prud'hommes, qui remplaçait avec avantage les jurandes ; celle des chambres de commerce, l'institution des livrets, la reconnaissance de la propriété des marques de fabrique et la publication du Code de commerce. Toutes ces mesures excellentes organisaient la liberté du travail, et l'entouraient des garanties qui depuis si longtemps lui faisaient défaut.

Aussi bien, le progrès se faisait partout sentir. Les paysans avaient été les premiers à recueillir les bénéfices de la Révolution. Leurs petites propriétés, débarrassées des redevances de la féodalité, étaient mieux cultivées et s'étendaient chaque jour davantage. Une nourriture plus saine et plus abondante, des habitations plus propres et plus commodes, des vêtements plus répandus, tel était le partage des cultivateurs. La hideuse misère des xvii° et xviii° siècle avait disparu pour faire place à l'aisance qu'avait amenée la libre disposition de tous les produits (1).

L'industrie souffrait davantage. Les grandes fortunes avaient disparu. Les gens de robe ou de finances étaient ruinés par la suppression de leurs offices. Le luxe était à peu près nul et les dépenses de chacun fort restreintes. La guerre anglaise, nous interdisant tout transport maritime, annulait pour ainsi dire l'exportation de nos produits. C'étaient autant de causes qui raréfiaient le travail et jetaient les ouvriers urbains dans l'indigence. Le nombre ne pouvait en être bien grand cependant, en présence de la consommation de jeunes hommes que faisaient les armées au dehors, tandis qu'au dedans, d'autres encore préparaient les armes, les munitions et les équipements militaires.

Malgré les prohibitions sévères sur les associations et les coalitions, le compagnonnage était florissant. La plupart des ouvriers étaient secrètement affiliés, non pas dans un but de conspiration, mais par un sentiment traditionnel et une mutuelle entente qui leur permettaient de s'entr'aider dans le besoin et dans leur voyage du tour de France. Ils eurent le tort de se diviser, sans motifs, en deux sectes : celle des *Enfants de Salomon* et celle des *Compagnons du Devoir* qui eurent, à plusieurs reprises, des rixes sanglantes. L'une d'elles dura huit jours à Angoulême et compta un certain nombre de morts et de blessés.

A ce moment, les questions ouvrières n'étaient pas nées. Aucune revendication des travailleurs ne se faisait enten-

---

(1) Chaptal, *de l'Ind. franç.*, I, 153.

dre. Le pouvoir absolu n'était pas disposé d'ailleurs à le tolérer.

C'est surtout vers les pauvres et sur l'assistance publique qu'il porta sa sollicitude. Les services hospitaliers avaient été désorganisés et ruinés par la Révolution. L'Empire mit toute sa science à les rétablir et à compléter l'organisation de la bienfaisance qu'il rendit obligatoire pour les communes. — Ce sera l'objet d'un chapitre spécial (1).

III

En arrivant au pouvoir, la Restauration avait apporté la paix et octroyé une charte constitutionnelle qui contrastait singulièrement avec l'absolutisme et l'état de guerre permanent de l'Empire. Ce double bienfait était fort apprécié ; mais ce n'est pas sans luttes qu'il était maintenu. Les nobles rentrés à la suite du roi, fortement hostiles aux nouvelles institutions, rêvaient le rétablissement des droits féodaux et ecclésiastiques, la restitution de leurs terres et de leurs honneurs. C'est en vain néanmoins que le rétablissement des maîtrises fut sollicité.

Le gouvernement sut résister à ces fâcheuses tendan-

(1) Au lendemain de l'envahissement de la France par les alliés en 1814, M. Guizot quittait Paris pour venir à Nîmes dans sa famille. « J'ai encore devant les yeux, dit-il, l'aspect de Paris quand je le traversai le matin de mon départ : point d'ouvriers, point de mouvement, partout des échafaudages déserts et des constructions abandonnées faute d'argent, de bras et de confiance. Partout, dans la population, un air de malaise et d'oisiveté inquiète, comme des gens à qui manquent également le travail et le repos. Pendant mon voyage, sur les routes, dans les villes et dans les campagnes, même apparence d'inaction et d'agitation, même appauvrissement visible du pays, une nation mutilée et exténuée » (Guizot, *Mémoires*, t. I, 25).

ces et maintint l'organisation judiciaire et administrative de l'Empire. Ce ne fut pas toutefois sans quelques concessions à l'esprit féodal. C'est ainsi que, pour lui être agréable, des listes de proscription furent dressées contre les serviteurs trop zélés de l'Empire (24 juillet 1815), et des Cours prévôtales instituées pour les juger. La liberté individuelle fut en même temps suspendue ; les cris de la rue, les actes et les écrits séditieux sévèrement réprimés ; tous les agents de l'ancien régime révoqués (9 novembre 1815). L'observation rigoureuse du dimanche fut aussi proclamée, et toute œuvre servile interdite aux ouvriers et artisans, aux marchands, aux voituriers, aux cabaretiers, pendant les offices. La loi sur le sacrilège fut ensuite édictée comme au temps de l'inquisition. « L'état civil et l'instruction publique passèrent sous la surveillance du clergé, qui nommait aux places et réformait les abus... » Les émigrés dont les biens avaient été vendus, reçurent un milliard à titre d'indemnité. Ils obtinrent également la suppression du divorce et le rétablissement des substitutions.

Il n'est que juste de mentionner une concession tardive, mais qu'on ne saurait trop louer : celle de la liberté de la presse, longtemps contrariée par la censure, mais enfin concédée sans restriction par le ministère Martignac (1).

En matière de douanes, la protection à outrance prévalut. Les propriétaires, les industriels et l'Etat estimaient que la prohibition était de droit politique et social, et que, depuis le fabricant jusqu'à l'ouvrier, tous avaient le droit de fournir exclusivement à la consommation de la France ». On avait cessé de viser l'exportation et de l'interdire en quelque sorte aux produits français ; mais on entendait prohiber l'importation étrangère, sans s'apercevoir que c'était res-

---

(1) « Tout Français majeur pourra, sans autorisation, publier un journal en se conformant aux dispositions de la présente loi. » (18 juillet 1828).

treindre le commerce, l'industrie nationale, et renchérir la subsistance du peuple tout entier. Si les propriétaires et les fabricants étaient par cela même à l'abri de la concurrence, le pain, la viande, les denrées, les lainages, le fer, etc., étaient infiniment plus chers. Mais la perte semblait légère, disait-on, parce qu'elle se répartissait sur un plus grand nombre de têtes... » (1).

Ces questions de protection et de prohibition, qui intéressaient l'Etat, mais surtout les classes laborieuses à un si haut degré, firent tourner les regards vers les études économiques. Quesnay en avait posé les fondements. Adam Smith et J.-B. Say formulèrent la doctrine qui répandit des idées justes sur la production et la distribution des richesses (2).

Plus les produits sont nombreux, disaient-ils, plus l'échange est facile. — Chacun est intéressé à la prospérité de son voisin et du plus grand nombre. — L'exportation des produits étrangers est favorable à la vente des produits indigènes, c'est-à-dire à l'exportation par voie d'échange (3). Ces principes, diamétralement opposés aux vues du gouvernement et de tous les Etats de l'Europe, ne furent pas compris de leur temps, tandis qu'ils sont passés depuis à l'état d'axiomes.

Sous l'influence de la paix, les sciences avaient fait des progrès rapides et amené à la fois des découvertes et la perfection de l'outillage, qui favorisaient les créations de l'industrie. La réduction des prix de revient s'en était tout d'abord ressentie, et la consommation par cela même étendue. Les draps, les calicots, les porcelaines et la plupart des produits fabriqués avaient diminué de moitié. L'abondance et le bon marché facilitaient à un plus grand nombre l'ac-

---

(1) Les droits d'entrée sur le fer étaient d'abord de 160, puis de 275 et enfin de 600 fr. la tonne.
(2) *Traité d'économie politique*, 1819.
(3) J.-B. Say, *Econ. pol.*, 141, 144.

cès de ces marchandises. Le gaz faisait son apparition en 1820.

Mais la part la plus considérable du progrès de ce temps doit être attribuée aux machines. La vapeur fut d'abord introduite dans les filatures de Rouen (1817-1820). En 1830, la France comptait 625 machines donnant ensemble une force de 10.000 chevaux. Vers le même temps, la vapeur était également appliquée à la navigation et aux chemins de fer. La mécanique employait des engins perfectionnés pour le cardage, la filature et le tissage. L'adoption des machines s'était répandue si rapidement, que le petit nombre d'établissements restés en arrière ne pouvait plus soutenir la concurrence. Toutes ces inventions tendaient à l'accroissement des produits, à leur vulgarisation et à la délivrance de l'ouvrier.

Ce n'est pas ainsi toutefois qu'elles furent envisagées. — En présence d'une machine, qui produisait le travail de plusieurs centaines d'hommes, l'ouvrier ignorant ne vit tout d'abord que la diminution de sa tâche. Il arriva souvent, en effet, que la concurrence des machines lui fit retirer son emploi et le réduisit à la misère. Mais cette gêne ne fut que momentanée, et l'abaissement des prix de revient forçant la production, l'ouvrier devint bientôt l'auxiliaire forcé de la machine. Quelques économistes attardés protestèrent cependant, et de ce nombre Sismondi, « qui voulait qu'on pro» tégeât les faibles contre l'oppression » du capital (1).

Fallait-il supprimer la machine ? Qu'on y songe donc ! — La machine est tout ce qui sert à travailler... C'est l'aiguille, la charrue, les outils perfectionnés, tout comme le métier et la machine à vapeur. — Renoncer aux machines, c'est se priver de la production à bon marché, de la richesse et du bien-être général. C'est renoncer à la lutte avec l'é-

---

(1) *Nouveaux principes d'écon. pol.*, 4, 18.

tranger, que nous verrions prospérer à côté de nous et qu'il faudrait écarter comme un ennemi. — La matière assouplie et obéissante épargne le labeur et en centuple la puissance. Que serait sans elle la marine des nations ? et les transports de nos voies ferrées, et la presse, et les produits manufacturés de toute sorte ?

La machine est la manifestation de la science, de la pensée, du génie. On tenterait en vain de la comprimer. Est-il vrai qu'elle a produit la rareté et la baisse des salaires ? — J.-B. Say nous a prouvé qu'il n'en était rien. — Quand la machine réduit de moitié la main-d'œuvre, elle augmente d'autant sa production et sollicite le même nombre de bras pour la servir. — L'expérience a démontré la vérité de ces déductions.

« Voyez, disait M. de Gérando, combien le mérite réel du travail s'est accru, et avec lui la dignité et le bien-être du travailleur !... A l'homme machine, qui broyait le grain dans un mortier ou tournait la meule, qui se courbait sur la rame d'une galère, ont succédé le meunier, le matelot. L'homme de peine est remplacé par l'instrument, l'ouvrier qui n'use que de ses bras, par le tisseur qui calcule et combine. A l'emploi de sa force musculaire, l'ouvrier joint chaque jour une action plus noble : le jeu de ses facultés intellectuelles. Il luttait contre la matière, maintenant il la soumet et lui commande » (1).

Rien n'est plus vrai ; mais il faut reconnaitre en même temps que la machine ne peut être mise en mouvement que par la grande industrie, les gros capitaux et les manufactures. L'ouvrier perd ainsi son individualité et la vie de famille, pour se fondre dans la collectivité de l'atelier. Qu'y faire ? C'est un mal qui s'impose et que l'avenir transformera peut-être. En tout cas, il n'est pas sans compensation. Et à tout prendre, la manufacture bien aérée, bien chauffée

(1) De Gérando, *De la bienfaisance publique*, III, 297.

et bien outillée, vaut mieux cent fois que les caves de Lille et les logements malsains de la population ouvrière des grandes villes.

En ce qui touche la question de bienfaisance, la Restauration refusa, comme l'Empire, de reconnaître l'assistance obligatoire, et maintint, en les protégeant, les institutions qu'elle trouva établies. Elle supprima les dépôts de mendicité, et organisa plus largement les secours à domicile. Les bureaux de l'indigence virent accroître leurs ressources. En temps ordinaire ils alimentaient 60,000 pauvres à Paris seulement, c'est-à-dire le dixième de la population.

Mais les secours atténuent le mal présent sans le faire disparaître. Il reparaît le lendemain. Pour obtenir sa suppression, il faudrait autre chose : favoriser le travail et la prévoyance. Ces questions n'étaient guère comprises à cette époque. On créa cependant des caisses d'épargne au nombre de quatorze dans quelques grandes villes. C'est l'une des institutions les plus bienfaisantes qui aient été imaginées dans l'intérêt du pauvre. Mises à sa portée, elles soustraient les petites sommes, les moindres économies du travailleur à une consommation improductive et souvent vicieuse. Elles inspirent ensuite des habitudes d'ordre et de prévoyance qui garantissent l'avenir. Enfin, elles aident l'ouvrier à se créer un capital qui peut lui permettre de s'élever à une condition supérieure.

A côté des caisses d'épargne, trop rares encore, *la Société philanthropique* provoquait la création de sociétés de secours mutuels. A l'aide d'une cotisation modique, les ouvriers se garantissaient réciproquement contre la maladie, les infirmités, la vieillesse, le chômage. C'étaient de trop belles promesses. Elles ne purent être tenues à ce moment. Mal conçues et mal administrées, la plupart de ces sociétés ne tardèrent pas à succomber (1).

(1) Ducellier, *Histoire des classes laborieuses*, 368.

Les salles d'asile commencèrent à paraître. Une école industrielle fut fondée. Des comités de charité furent chargés en même temps de surveiller l'instruction primaire, et d'exiger qu'elle fût laïque, et obligatoire pour les enfants de parents assistés. On comptait, en 1820, 24,000 écoles primaires fréquentées par plus de 1,000,000 de garçons. Mais l'instruction publique ne recevait que 55,000 francs de subvention, et 25,000 communes sur 37,000 manquaient d'instituteurs. Pour supporter ces faibles charges, fallut-il encore autoriser la loterie, les maisons de jeu et une taxe sur la prostitution.

En résumé, les questions sociales qui intéressent la classe ouvrière avaient quelque peu préoccupé le Gouvernement, mais fort peu les prolétaires eux-mêmes. L'épargne, la prévoyance et l'instruction avaient été à peine indiquées comme moyens. Ces problèmes nouveaux n'alarmaient personne. Ils n'étaient pas même posés. Aussi ne fit-on rien pour les résoudre. Des idées nouvelles allaient bientôt se charger de ce soin.

IV

La liberté de la tribune et de la presse, quoique fort mitigées sous la Restauration, avaient permis aux idées libérales de se répandre. L'esprit d'opposition s'était réveillé avec elles, tandis que les sociétés secrètes, surexcitées par les prohibitions gouvernementales, grossissaient chaque jour en nombre.

En même temps, la Chambre des députés, bien qu'elle ne fût composée que de censitaires à mille francs d'impôt, mettait en échec le ministère. Le devoir constitutionnel du roi eût été de se séparer de celui-ci, et son refus de le faire devint le signal d'une révolution.

La garde nationale d'une part, et les sociétés secrètes de l'autre, descendirent dans la rue. Les ouvriers suivirent l'exemple, et les troupes royales repoussées, le souverain dut prendre le chemin de l'exil.

Ce n'est pas une république, comme on pouvait le croire, mais une monarchie nouvelle qu'enfanta cette révolution. Ses débuts furent singulièrement difficiles. Les troubles de la rue avaient amené la crise commerciale et suspendu les affaires et le travail. On essaya vainement d'y porter remède en prorogeant à plusieurs reprises les échéances ; en prêtant au commerce trente millions, en multipliant les travaux publics. Tous ces moyens insuffisants laissèrent des bras sans ouvrage, toujours prêts à alimenter l'émeute.

L'industrie lyonnaise ne souffrait pas moins que celle de Paris. Le travail était rare et peu rétribué. Dans leur détresse, les ouvriers réclamèrent un minimum de prix auquel l'administration eut l'imprudence de consentir. Mais en l'état de crise où se trouvait le commerce, les industriels refusèrent leur adhésion et fermèrent leurs ateliers. Pressés alors par le besoin, les ouvriers prirent les armes en demandant du travail ou du pain. L'insurrection ne put être réprimée qu'avec des forces considérables.

Dans les années qui suivirent, les mêmes inquiétudes et les mêmes ferments de désordre se manifestèrent. Paris et Lyon s'insurgèrent à plusieurs reprises, sous l'influence des sociétés secrètes. — Toujours vaincus et ne se sentant pas suivis, les chefs de ces sociétés renoncèrent à la politique et se jetèrent dans le mouvement social, qui devait être mieux compris des masses. C'est alors que, pour la première fois, on les entendit parler de l'émancipation de la classe ouvrière, de la répartition du travail, des produits, et de l'association.

A ce moment, la doctrine de Saint-Simon, modifiée par Enfantin, entrait en scène et leur venait en aide. — Après avoir repoussé la communauté des biens et le partage de la propriété prôné par le chef, les nouveaux disciples « demandèrent l'abolition de l'héritage et la mise en commun de tous les capitaux et de tous les instruments de travail qui seraient exploités par l'association et distribués hiérarchiquement à chacun, suivant sa capacité et suivant ses œuvres. » Mais des tentatives d'organisation demeurèrent sans succès, et des querelles intestines achevèrent de désorganiser la secte. — Pierre Leroux, l'un des dissidents, ne fut pas plus heureux que ses maîtres. — Quelques autres s'enrôlèrent dans la doctrine de Fourier, qui commençait à faire un peu de bruit. — Comme Saint-Simon, il vantait les mérites de l'association, dans laquelle il donnait une part équitable au capital, au travail et au talent. Cette nouvelle école, conduite avec habileté par Considérant et par un groupe de publicistes distingués, compta de nombreux adeptes dans la bourgeoisie, et ne fut pas sans éclat pendant une période de vingt années.

En même temps, Cabet enseignait le Communisme et publiait son volume sur l'Icarie. Proudhon entrait en scène avec sa formule célèbre : « la propriété, c'est le vol ». — M. Louis Blanc, à son tour, ne se contentait pas de flétrir le monopole et la concurrence, qui engendrent la misère ; comme remède, il proposait la solidarité des intérêts, c'està-dire l'association de Saint-Simon combinée avec le communisme de Cabet. Ce qui le distinguait de ses émules, c'est qu'il demandait l'intervention de l'Etat. Ateliers sociaux ; travail commun ; répartition proportionnelle. C'était le communisme autoritaire, absolu, le pire de tous.

Ces doctrines, répandues par les journaux, les brochures et les conférences, faisaient partout de rapides progrès. Elles se manifestaient en Angleterre avec Robert Owen ; en Allemagne, avec Fuerbach, puis avec Carl Marx et autres. Tous ensemble demandaient la destruction de la pro-

priété comme moyen, et le communisme comme but final.
« La propriété, le capital, la concurrence, voilà les ennemis de la société. Les associations et la république communiste doivent les détruire et les remplacer pour éteindre le paupérisme et le prolétariat... »

Telles étaient, vers 1840, les tendances populaires que reproduisaient à l'envi les journaux et les romans, et dont la tribune parlementaire elle-même se faisait l'écho. — Les maux que signalaient ces écoles n'étaient pas nouveaux. Ils avaient existé de tout temps ; mais la société, qui ne voyait que les grandes choses, n'avait pas coutume de s'apitoyer sur les petites, qui étaient pourtant celles du plus grand nombre. — Les sentiments d'égalité, qui avaient pénétré les masses émancipées, faisaient naître en elles des comparaisons fâcheuses, et la liberté de parler et d'écrire leur avait donné le droit tout récent de les exprimer. Voilà pour quel motif ces sentiments commençaient à peine à se faire jour.

Comme solution du problème posé par le prolétariat, les auteurs économistes ou philanthropes proposaient, à leur tour, une série de mesures qui tendaient, non point à supprimer le paupérisme, mais à le soulager. C'est ainsi qu'ils préconisaient la création des salles d'asile, l'instruction primaire et les associations de prévoyance, telles que les Caisses d'épargne, les sociétés mutuelles et les assurances. D'autres proposaient une caisse de retraite pour les ouvriers et la création d'ateliers publics. Tous ensemble demandaient le concours pécuniaire de l'Etat en même temps que son intervention, pour rendre ces mesures obligatoires. — De nombreux projets avaient été présentés sur ces grandes questions, de 1843 à 1846. L'Académie des sciences elle-même avait mis au concours le problème de la misère, sans qu'aucune des solutions proposées lui parût satisfaisante, tant la question était complexe et difficile (1).

(1) *Journal des Economistes*, 1846.

L'école naissante des économistes descendait dans l'arène, et avec J.-B. Say, Rossi, Blanqui, Michel Chevalier, Wolowski et Bastiat, elle proclamait « la liberté du travail, le respect du capital et l'inégalité des intelligences. Elle ajoutait que l'élévation de toutes les classes était liée au progrès de la puissance productive, et celle-ci au progrès de la liberté. » — Repoussant ensuite les tendances niveleuses, qui voulaient l'organisation du travail, elle demandait avec raison : « A quelles catégories de travailleurs on voulait garantir le travail et le nécessaire ?... — Les médecins, les avocats, les artistes sans clients ou sans commandes auraient-ils du travail assuré comme l'ouvrier des champs ? Où trouverait-on ce travail pour toutes les industries, pour toutes les aptitudes ? Qui le distribuerait et le règlerait ? L'Etat, sans doute !... On retombait toujours dans le communisme. — Ces questions embarrassantes demeurèrent sans réponse.

Pendant qu'elles s'agitaient au dehors, la Chambre des députés, justement préoccupée du travail excessif auquel on soumettait les enfants dans certaines manufactures avait tenté de le réglementer. Des protestations se produisirent aussitôt au profit de l'autorité du père de famille et de la liberté du travail. Si vous intervenez pour régler la durée du travail de l'enfant, disait-on, que n'intervenez-vous pour le lui assurer ?... pour savoir s'il est bien nourri et bien vêtu ?... Aimez-vous mieux le voir oisif et vagabond qu'appliqué à un travail léger, souvent indispensable au soutien de la famille ?... Vous voulez réglementer le travail des enfants, et pourquoi pas celui des adultes ?... Prenez garde qu'on ne vous le propose avant peu !... (1). Malgré ces objections, qui ne sont pas sans portée, l'Etat crut devoir intervenir dans un intérêt général. Il autorisa, en consé-

(1) *Moniteur*, 1840, 2085, 88.

quence, huit heures de travail effectif pour l'enfant de huit à douze ans, et dix heures de douze à seize.

L'instruction primaire eut son tour. La subvention dérisoire de 50,000 fr., que lui donnait la Restauration, fut portée à un million en 1832. — A cette époque, il n'y avait en France que 10,000 maisons d'école, fréquentées par 1,300,000 élèves. Plus de la moitié des conscrits ne savaient pas lire. C'est alors qu'intervint M. Guizot, qui eut la gloire d'organiser l'instruction primaire. Toute commune fut tenue d'avoir son école et d'assurer à l'instituteur un traitement fixe de 200 fr. au minimum, indépendamment de la rétribution scolaire que le percepteur devait percevoir. Les enfants indigents, et reconnus tels par le Conseil municipal, furent admis gratuitement.

L'instruction devait-elle être obligatoire ou facultative ? Comme la Convention, on se prononça en faveur de la liberté, afin que l'école ne ressemblât « ni au couvent ni à la caserne » (1).

Sous cette grande impulsion, on comptait, en 1848, 24,000 communes pourvues ensemble de 43,600 écoles, qui recevaient 2,176,000 garçons, et 19,000 écoles de filles, qui en recevaient 1,200,000. Douze millions par an, en moyenne, avaient été consacrés à obtenir ce résultat, avec le concours réuni de l'Etat, du département et des communes, non compris le paiement de la rétribution scolaire (2).

On avait ouvert, en outre, les cours d'adultes, les écoles du soir, les écoles du régiment, des écoles d'apprentis, des ouvroirs pour les jeunes filles, etc... Les crèches, les salles d'asile s'ouvrirent plus nombreuses et vinrent en aide à la population laborieuse.

Pendant que le gouvernement faisait de louables efforts

---

(1) Guizot, *Mémoires*, III, 62.
(2) V. Levasseur, t. II, 106.

pour propager l'instruction, secourir l'indigence, et que toutes les classes de la société le suivaient dans cette voie, une partie de la classe ouvrière cherchait à obtenir par les moyens pacifiques l'amélioration de son sort. Elle tournait ses vues vers l'association, et se proposait, en se groupant, de constituer un capital qui lui permît de produire industriellement et de s'affranchir de l'autorité d'un patron. C'est ainsi qu'à partir de 1831 se formèrent quelques associations ouvrières : celles des menuisiers, des bijoutiers et des imprimeurs. Après avoir déduit les frais généraux et l'intérêt du capital, les bénéfices étaient également répartis entre les associés. — Malgré le zèle et la capacité des sociétaires, ces quelques entreprises échouèrent les unes après les autres, sans aucun bruit et sans avoir attiré l'attention publique.

Tandis qu'un groupe d'ouvriers suivait cette direction, d'autres plus nombreux demandaient à la grève l'augmentation de leur salaire. Mais la grève était toujours précédée d'une certaine entente entre les ouvriers et considérée dès lors comme une coalition, que la loi punissait avec sévérité. Déjà, sous la Restauration, les tribunaux avaient eu à réprimer quelques tentatives de ce genre. En 1832, la grève des charpentiers prit des proportions plus grandes. Ils demandaient la réduction de la journée à dix heures de travail effectif... En 1833 et 1842, ils revinrent à la charge, demandant cette fois une augmentation de salaire. Leurs prétentions furent toujours repoussées et leurs coalitions condamnées par les tribunaux. En 1840, une nouvelle grève embrassa la plupart des corps de métiers, et eut des imitateurs en province. Des troubles éclatèrent dans les villes et amenèrent de nombreuses condamnations. Il en fut de même aux mines de Rive-de-Gier, où la troupe dut faire usage de ses armes. Sans doute, la loi devait être respectée ; mais il faut convenir qu'elle était mauvaise, car elle empêchait toute entente et toute discussion entre les ouvriers intéressés. C'est ce que reconnut peu après la loi du 23 juin 1852, en laissant aux ouvriers la faculté de se concerter et de suspendre leur travail après entente, pourvu que ce fût sans contrainte et sans violence contre les ouvriers qui refuseraient de les imiter.

Les agitations que nous venons d'indiquer étaient-elles justifiées par l'abaissement ou par l'insuffisance des salaires ?... A plusieurs reprises, les crises politiques ou commerciales avaient, à vrai dire, amené ce résultat, qui ne fut d'ailleurs que passager. Mais la statistique constatait, au contraire, que l'activité industrielle s'était développée, que la production avait augmenté et que la moyenne des salaires manufacturiers s'était accrue (1). Reste à savoir si le prix des objets avait augmenté dans les mêmes proportions.

En consultant les statistiques, on voit que la production des céréales s'était considérablement élevée. La récolte seule du blé, qui était de 64 millions d'hectolitres sous la Restauration, avait atteint 80 millions depuis 1840. Les autres céréales avaient augmenté dans la même proportion. La récolte des légumes secs et des pommes de terre avait doublé et s'était élevée de 55 à 90 millions d'hectolitres.

Les subsistances croissaient donc plus vite que la population, qui, pendant cette période, n'avait augmenté que d'un dixième. La consommation et le bien-être se trouvaient accrus par cela même dans une forte proportion (2).

En même temps augmentait chaque jour la consommation du vin, du sucre, du café, du tabac, du bois, de la houille,

(1) En 1804 :	Salaires d'Elbœuf	En 1853 :
Hommes.... 1.50	—	2.75
Femmes.... 0.75	—	1.75
Enfants..... 0.20	—	0.90

Villermé, t. II, 346.
(2) Block, *Statistique de la France*, t. II, 35.

des cotonnades. D'où la conséquence que l'ouvrier était mieux nourri, mieux chauffé, mieux vêtu, grâce à l'importance et à l'élévation de son salaire. Non-seulement les produits étaient plus abondants, mais ils coûtaient moins cher, et dès lors l'élévation du salaire était certainement une augmentation de revenu. Le prix du pain était demeuré le même, ainsi que celui du vin. La viande seule avait augmenté d'un dixième (1). Mais les tissus de lin, les lainages avaient diminué de 30 %, les cotonnades de 66 % (2).

La condition des salariés s'était donc améliorée d'une manière sensible. Ce n'est pas la misère dès lors qui les poussait à la grève, mais le seul désir d'élever la somme de leur bien-être. — La grève est une arme à deux tranchants. Quand elle réussit, c'est que l'industriel fait des bénéfices qui lui permettent de consentir aux sacrifices qu'on lui demande. Mais si les prétentions des ouvriers doivent mettre le patron en perte, il refuse fatalement, et la misère des salariés est à son comble. Ce moyen ne doit être tenté, par conséquent, qu'avec une connaissance parfaite de la situation économique de l'industrie à laquelle on demande des sacrifices.

Tout ce que nous venons de dire n'a trait qu'au prolétaire travailleur et salarié, c'est-à-dire à celui qui occupe une position privilégiée, par rapport au prolétaire indigent qui n'a ni travail, ni salaire. Mais qui tracera la ligne qui les sépare ? Où commence l'indigence ? Tel vit sans murmurer de pommes de terre et de sarrazin, parce qu'autour de lui on ne vit pas autrement. Tel autre implore la charité, parce qu'il est privé de viande ou de tabac. L'homme des champs se contente

(1) La consommation moyenne était de 50 kil. dans les villes et de 6 kil. dans les campagnes. Le prix était de 1 fr. le kil.
(2) Levasseur, t. II, 187.

de fort peu ; il accepte les privations et n'est point troublé par l'envie. L'ouvrier industriel, accoutumé à un salaire plus élevé, entouré de séductions, vit d'une manière plus large et contracte l'habitude de certaines dépenses dont il ne peut plus se passer, et qui seraient un luxe pour le paysan. Vienne la crise et l'absence de travail, le voilà dans l'indigence parce qu'il n'a point fait d'économies. Des populations entières sont ainsi réduites à la mendicité par leur imprévoyance, et font retentir le ciel de leurs plaintes en accusant la société de leur malheur.

V

Telle était la situation du prolétariat vers la fin du régime constitutionnel dont la France venait de tenter l'expérience. Pendant la période de près de vingt années qu'avait duré ce régime, la liberté de la presse et de la parole avaient permis aux écoles socialistes de se produire et de vulgariser leurs doctrines. Le communisme et l'association étaient prônés par les Saint-Simoniens, les Fourriéristes, et d'une manière plus saisissable et plus brutale par Cabet et Pierre Leroux, tandis que Louis Blanc critiquait le monopole et la concurrence, vantait la solidarité des intérêts et l'intervention de l'Etat pour la création d'ateliers sociaux et du travail en commun avec répartition proportionnelle. « La propriété, le capital et la concurrence, tels étaient les ennemis de la société... Les associations et la République communiste devaient les détruire et les remplacer pour éteindre le paupérisme et le prolétariat... » Ces idées toutes nouvelles, vaguement conçues, et partout répandues par la presse, parvenaient aux masses ignorantes qui n'avaient aucune éducation politique, aucune pratique de la liberté, et qui étaient par cela même impuissantes à les discuter et à les approfondir.

Elles n'en retenaient qu'une chose : c'est qu'elles avaient en vue leur bien-être et leur ouvraient l'avenir. Comment n'auraient-elles pas été favorables?... De là des inquiétudes et une certaine agitation, qui se traduisaient par des sentiments de défiance et d'hostilité contre la bourgeoisie, par des émeutes et des grèves souvent renouvelées.

D'autre part, la classe ouvrière avait à se plaindre que la liberté et l'égalité, que deux Constitutions lui avaient promises, fussent encore incomplètes. Elle n'avait en effet ni la liberté de s'associer et de se réunir pour discuter ses intérêts, ni le droit de voter pour les défendre. Elle demandait, en conséquence, que le droit de réunion lui fût accordé et le droit de vote élargi. Les socialistes et leurs adhérents soutenaient la même thèse. Les sociétés secrètes les appuyaient également, et l'opposition constitutionnelle leur venait en aide à la Chambre des députés. Ces divers partis, agitant leurs griefs communs, provoquèrent le tumulte de la rue, et profitant ensuite de l'hésitation et de l'incurie du pouvoir, ils amassèrent la foule autour d'eux et proclamèrent à l'Hôtel de Ville la République et le suffrage universel.

En présence des barricades et de la Révolution, les magasins se fermèrent, la circulation s'arrêta, le commerce fut suspendu. Pour se débarrasser de la plèbe oisive et menaçante, le gouvernement décrétait et affichait imprudemment la création de vingt-quatre bataillons de gardes mobiles, qui devaient absorber la partie la plus remuante de la population... Il ajoutait ensuite : « Que *la République s'engageait à garantir l'existence de l'ouvrier par le travail, et à fournir du travail à tous les citoyens...* » — « Il reconnaissait en même temps que les ouvriers devaient s'associer pour jouir du bénéfice légitime de leur travail » (1).

(1) 26 février 1848.

— « Il donnait enfin aux ouvriers un million, qui allait échoir sur la liste civile, et livrait les Tuileries comme asile aux invalides du travail. »

Ces promesses imprudentes n'étaient que la préface de l'œuvre socialiste. Autre chose était de les faire, autre chose de les tenir.

Trois jours après, proclamation nouvelle, qui promet l'organisation *d'une commission permanente des travailleurs,* avec mission spéciale de s'occuper de leur sort... Puis, décret du 10 mars qui abolit le travail des prisonniers et des compagnies militaires, et qui expulse les étrangers, sur la demande des corporations ouvrières.

A quelques jours de là, sous la pression des évènements, le gouvernement promettait encore la suppression des taxes d'octroi, de l'impôt du sel et des contributions indirectes. Enfin, le 7 avril, Ledru-Rollin annonçait imprudemment dans une circulaire : « l'abolition de tout privilège, l'impôt progressif, la magistrature élective, l'instruction gratuite, le travail assuré à tous, et la reconstitution démocratique de l'industrie et du crédit ; plus encore : l'association volontaire substituée aux impulsions désordonnées de l'égoïsme ». Inutile de dire qu'aucune de ces largesses ne fût tenue. — Le budget fut seulement augmenté de 331 millions. — Pleine d'illusions et de promesses, la jeune République voulait réaliser le bonheur de tous, et surtout celui des classes déshéritées. Ses espérances furent singulièrement démenties. Le 1er mars, on comptait 17,000 ouvriers sans travail. — Le 15, il y en avait 49,000, et le 20 juin suivant, 107,000.

En même temps, il fallait venir en aide au commerce, sous peine de voir arrêter complètement la circulation et les transactions. C'est dans ce but qu'à partir du 5 mars, les échéances commerciales furent prorogées à plusieurs reprises ; que le billet de banque eut cours forcé à dater du 15 mars, afin d'éviter l'épuisement de l'encaisse et la disette de la monnaie. — Des magasins généraux facilitèrent ces expédients et reçurent, à titre de dépôt, des marchandises sur lesquelles le commerce obtint des prêts ou warrants qu'il pouvait renouveler.— Ces mesures, aussi urgentes qu'opportunes, sauvèrent une situation qui semblait désespérée.

Pour compléter l'ensemble des moyens qui précèdent, le gouvernement, moins bien inspiré cette fois et cédant sans doute au besoin de popularité qui le dominait, crut pouvoir supprimer l'impôt des boissons et l'impôt du sel (100 millions), qu'il remplaça malencontreusement par celui des quarante-cinq centimes, qui portait uniquement sur les contributions directes. Et tout cela sans consulter l'Assemblée, qui seule avait qualité pour voter l'impôt. L'impôt progressif avait été heureusement repoussé.

Ces mesures révolutionnaires et anti-démocratiques, ces concessions irréfléchies et anti-sociales augmentèrent les prétentions de la foule, qui se réunit au Champ-de-Mars avec la pensée publiquement exprimée de renverser le gouvernement et de le remplacer par un Comité de salut public, dirigé par Albert et Louis Blanc. Ses manifestations hostiles furent heureusement arrêtées par la garde nationale et la garde mobile (1). Les clubs, qui perpétuaient l'agitation, durent être fermés, et les élections du 28 avril, suivies de la réunion de l'Assemblée nationale, vinrent bientôt alléger les responsabilités du gouvernement provisoire (2).

Pendant que ces agitations s'accomplissaient au-dehors, M. Louis Blanc avait réuni au Luxembourg la Commission de gouvernement pour les travailleurs, qu'il présidait,

(1) 17 avril 1848.
(2) 28 mai.

en appelant autour de lui les délégués des corps de métiers et les délégués des patrons.

Son premier soin fut de réduire d'une heure par jour la durée du travail, et de tarifer ensuite contradictoirement le prix de la main d'œuvre pour les corps de métier qui le demandèrent. Mais ce tarif, consenti par des délégués sans mandat, n'obligeait pas les industriels, qui se refusèrent d'y souscrire. De là des récriminations et des grèves chaque jour répétées.

En même temps, obéissant à sa pensée dominante, le président du Luxembourg fonda des associations de tailleurs, de selliers, de passementiers et de fileurs, qui travaillèrent pour l'Etat avec les fournitures qu'ils en recevaient (1). Installés à Clichy au nombre de douze cents, les tailleurs fabriquèrent 110,000 uniformes pour la garde nationale. — Cette commande épuisée ne put être renouvelée, pas plus pour eux que pour les autres corps d'état, qui n'avaient fait que travailler à façon, sans se préoccuper de fournir la marchandise et d'en placer les produits. C'était une application dérisoire du principe solennellement posé par le maître.

Il le comprenait ainsi, sans nul doute, car trois mois après, le 30 août, il proposait « de faire racheter par l'Etat les établissements des industriels en souffrance, auxquels on souscrirait des obligations portant intérêt... On mettrait ainsi les instruments de travail aux mains des ouvriers, *et l'atelier sociétaire serait fondé*... »

Après le prélèvement des salaires, des frais généraux et de l'intérêt du capital, les bénéfices seraient ainsi répartis : un quart pour un fonds de secours aux invalides du travail, un quart en réserve et un quart à partager à titre de bénéfices... Dans cette distribution, il est certain que les salaires et les frais généraux auraient été payés tout d'abord ; mais

---

(1) 20 mars 1848.

en cas de perte ou d'insuffisance, par suite des crises, de la concurrence ou de l'incapacité, qui aurait payé l'intérêt des capitaux et amorti le prix d'achat réclamé par l'industriel ou par l'Etat ?...

Ces conceptions vraiment puériles étaient indignes de l'intelligence de leur auteur. La réunion de l'Assemblée nationale, qui lui était hostile, lui fournit le prétexte de se retirer, et de se dégager ainsi des promesses imprudentes qu'il n'eût jamais pu tenir (1).

En même temps que Louis Blanc procédait au Luxembourg à l'organisation qui précède, il fallut organiser aussi les ateliers nationaux, puisque le décret du 26 février avait garanti le travail. On reprit en conséquence les travaux de bâtiments de l'Etat, et l'on s'occupa d'urgence des travaux de terrassement. Mais bientôt les chantiers furent insuffisants pour la foule des travailleurs qui se présentaient. Le 9 mars on n'en comptait que 6000, le 15 mars 23.000 et le 15 juin 117.300. Ils recevaient 2 fr. 50 en activité et 1 fr. 50 en disponibilité. On chômait à tour de rôle. C'était une armée toute prête pour l'émeute et le désordre, qui ne faisait d'ailleurs aucun travail utile. Satisfaite d'un labeur facile, voisin de l'oisiveté, les ouvriers refusaient de reprendre le travail des ateliers ou manifestaient des exigences auxquelles les patrons ne pouvaient souscrire en un tel moment. Ces abus sautaient aux yeux de tous.

Les ateliers nationaux, disait le ministre à la chambre, « ne sont, au point de vue industriel, qu'une grève permanente à 170,000 fr. par jour ; au point de vue politique, qu'un foyer de fermentation menaçante ; au point de vue financier, qu'une dilapidation quotidienne ; au point de vue moral, l'altération affligeante du caractère du travailleur... » Il proposait en conséquence le travail à la tâche et le licen-

---

(1) 10 mai 1849.

ciement d'une partie des ouvriers, les plus jeunes, qui seraient incorporés dans l'armée. Ces mesures, qui s'imposaient, furent repoussées et amenèrent les sanglantes journées de Juin. Ainsi finirent les ateliers nationaux, que la reconnaissance imprudente du droit au travail avait rendus nécessaires.

Malgré l'échec des essais d'association tentés par Louis Blanc, vers la fin de mars 1848, malgré la dissolution violente des ateliers nationaux, l'assemblée, toujours favorable au sociétés ouvrières, consentit à leur faire un prêt de trois millions (1). L'Etat se faisait ainsi commanditaire et consacrait en quelque sorte le droit au travail, qu'il devait repousser le 2 novembre suivant. Plus de cinq cents demandes vinrent l'assaillir à la fois. Soixante seulement furent admises, trente à Paris et trente dans les départements. Elles absorbèrent ensemble la totalité du crédit. La plupart d'entre elles n'eurent qu'une durée éphémère, et leur chute eut pour cause, le plus souvent, l'incapacité du gérant et l'ignorance des pratiques commerciales auxquelles vint se joindre presque toujours l'anarchie intérieure. Quatre ans après leur création, trente d'entre elles avaient dévoré leur capital et sombré misérablement. A six ans de là, il n'en restait plus que neuf et quatre seulement ont survécu depuis (2). Celles qui se fondèrent vers la même époque sans le concours de l'Etat, une centaine environ, eurent un sort plus prospère, malgré la difficulté de leurs débuts. Une dizaine existent et fonctionnent heureusement. Les membres de ces sociétés étaient pour la plupart bien intentionnés, mais ignorants. Dépourvus de notions économiques, excités par des meneurs politiques bruyants, ils n'avaient à leur disposition ni statuts bien compris, ni capitaux suffisants, ni di-

(1) Décret du 5 juillet 1848.
(2) V. Véron. *Les associations ouvrières*, p. 194.

rection efficace. Le socialisme indéterminé les grisait, les affolait, et l'on croyait voir leurs mains dans toutes les émeutes (1).

A côté de nombreuses catastrophes, les sociétés qui ont survécu n'ont obtenu que de minces résultats. Aucune d'elles ne s'est produite avec des succès éclatants. Qu'est-ce à dire ? Sinon que l'association n'est point une panacée universelle et qu'elle demande autant de capacité, autant de prudence, autant d'habileté collective, que l'organisation de l'industrie individuelle.

L'Assemblée constituante, dissoute le 26 mai, avait fait place à la Législative, qui n'avait ni l'inexpérience, ni les illusions de sa devancière. Le pays, inquiet du présent et effrayé des tendances socialistes, aspirait avant tout au rétablissement de l'ordre. Il nomma en conséquence une majorité modérée qui put le lui garantir. La Constituante avait exagéré les encouragements aux associations ouvrières, dont les essais avaient été malheureux. La Législative en refusa de nouveaux. Elle amoindrit même le suffrage universel, que le président Napoléon rétablit ensuite à son profit (2). Toutes les promesses de l'art. 13 de la Constitution, qui formaient un vaste projet d'assistance publique, furent considérées comme chimériques et réduites à un minimum plus conforme aux ressources de l'Etat. On y fit une large place aux institutions de prévoyance, de secours, de prêt et d'épargne, aux secours à domicile et dans les hôpitaux pour les malades, les enfants, les vieillards, et enfin pour l'organisation accidentelle des travaux publics, qui emploieraient les bras inoccupés dans les limites seulement des ressources du département et des communes. Mais les obligations impérieuses de l'art. 13 furent soigneusement

---

(1) Breslay, *Journ. des Econ.*, juillet 1881.
(2) Novembre 1851.

écartées. Elles ne furent pas mieux remplies en ce qui touchait la gratuité et l'obligation de l'instruction primaire, auxquelles M. de Falloux substitua ses projets, qui amoindrirent l'Université et donnèrent au clergé la liberté d'enseignement dont il a si bien profité depuis.

Une loi sur l'assistance judiciaire et une autre sur la caisse des retraites méritent de figurer au bilan des travaux de la Législative, qui devait bientôt se retirer devant le coup d'Etat du 2 décembre 1851.

VI

Pendant la courte période républicaine de 1848, les revendications bruyantes des prolétaires, les agitations de la rue, le trouble des idées et la stagnation des affaires qui en étaient la suite, avaient inspiré à la bourgeoisie et au peuple timoré des campagnes des répulsions et des craintes, qu'ils ne tardèrent pas à manifester en élevant le prince Napoléon à la présidence. Cinq millions et demi de suffrages l'avaient désigné le 10 décembre 1848, et le 28 mai suivant, l'élection de l'Assemblée législative confirmait la modération des tendances populaires.

En présence de ces votes significatifs, l'élu de la veille crut pouvoir tout oser. — S'entourant d'hommes sans scrupules et tarés comme lui, il corrompit l'armée par des largesses et des libations. Cela fait, dans la nuit du 2 décembre 1851, on arrêta les députés hostiles et l'on fusilla impitoyablement, sur les boulevards, des masses désarmées et inoffensives. Vingt-six mille républicains arrêtés çà et là, soit à Paris, soit dans les départements, furent transportés pour la plupart en Algérie, sans jugement, ou internés dans certaines villes. La liberté de la presse fut entièrement supprimée. — Vingt jours après, sous l'impression, il est vrai, de la terreur générale, un plébiscite honteux, qu'elle ne suffit pas à excuser, approuvait le coup d'Etat par sept millions de suffrages, et conférait à Napoléon la présidence pour une durée de dix années. Cela fait, le nouvel élu désignait lui-même les membres du Sénat et faisait élire les députés sur des présentations officielles.

Malgré ces origines serviles, les deux Assemblées ne pouvaient discuter que les lois qui leur étaient présentées par le pouvoir exécutif. Toutes les formules du despotisme se trouvaient ainsi complétées. On sut en profiter en faisant acclamer l'Empire par le Sénat, dont le vote unanime fut ensuite ratifié par huit millions de suffrages électoraux (21 novembre 1851), et quelques jours après, dérision nouvelle, par le Corps législatif.

De telles audaces devaient amener des réactions nécessaires. Pour se mettre en garde contre leur manifestation, la loi de sûreté générale fut imaginée. Elle permit d'atteindre, sans le concours de la justice, tous ceux que l'administration soupçonnait, non-seulement de conspirer contre le pouvoir, mais de lui être hostile. En conséquence, une liste de suspects fut dressée dans chaque département, et l'on enleva, sans forme de procès, 2,000 citoyens soupçonnés de républicanisme, qui furent transportés en Algérie (1858). — L'Empereur avait dit à Bordeaux : l'Empire, c'est la paix, et comme pour se donner un démenti, il faisait tout d'abord l'expédition de Rome, puis celle de Crimée et celle de Chine. Vinrent ensuite la guerre d'Italie, celle du Mexique, et la plus terrible de toutes, celle de 1870, qui vit l'effondrement de cette fatale dynastie.

Pendant tout ce règne sans nom, la corruption électorale fut érigée en système, l'armée et les pouvoirs publics avilis à la fois et transformés en instruments de despotisme et d'espionnage. Vingt années durant, la France ne cessa d'être gouvernée despotiquement, après que toutes ses libertés les plus chères eurent été supprimées. — L'Empire laisse après lui des malheurs, des ruines et des proscriptions dont le souvenir ne s'effacera jamais. Il laisse de même au budget un déficit et des charges qui pèseront bien longtemps sur la nation.

Pendant près de vingt ans, la liste civile ou les dotations s'élevèrent au chiffre de quarante millions. Les dépenses de la guerre étrangère vinrent le grossir dans des proportions énormes, sans compter les dépenses somptuaires de Paris. Le budget annuel de l'Etat s'accrut ainsi de plus de huit cents millions, dont l'Empire avait dépensé le capital en pure perte et sans profit pour la France.

Ce n'est pas pour le vain plaisir de récriminer que nous indiquons ces dilapidations et ces catastrophes. Elles intéressent en effet le prolétariat et la nation toute entière, dans l'élévation de sa richesse et de son bien-être.

Semblables au feu d'artifice, qui ne laisse après lui qu'un peu de fumée, que le vent dissipe, les dépenses somptuaires comme les dépenses inutiles ne créent aucun capital, aucun produit, aucun revenu. Ce qui en reste, ce sont les charges qu'elles ont créées ; l'intérêt du capital inutilement dépensé qu'il faut servir et que la nation toute entière doit produire, pendant de longues années, à l'aide du travail et de l'impôt. La richesse générale et le bien-être des masses se trouvent de la sorte pour longtemps amoindris.

Voilà pourquoi les folies des souverains, leurs prodigalités incessantes, leurs guerres insensées qui gaspillent d'immenses capitaux sans rien laisser de productif et de durable, intéressent la masse des travailleurs dont le labeur avait produit ces richesses.

Pendant qu'il interdisait la liberté de la parole et de la presse, qu'il réduisait au silence les deux assemblées, et que la liberté individuelle était sans cesse menacée, le pouvoir, désireux de faire oublier ces rigueurs, prêtait son concours à quelques mesures économiques depuis longtemps réclamées par l'opinion. C'est ainsi qu'il favorisait la création de la double société du Crédit foncier et du Crédit mobilier. L'une devait faire de larges prêts à l'agriculture, l'affranchir des périls de l'hypothèque toujours menaçante, et la relever de sa torpeur.

L'autre, qui constituait une puissante banque de commandite et de spéculation, devait venir en aide au grand crédit et aux vastes entreprises. — En fait, le Crédit foncier ne prêta guère qu'aux propriétés urbaines, et le Crédit mobilier ne fit que des spéculations plus ou moins hasardeuses, qui compromirent son existence. Ni l'une ni l'autre de ces sociétés ne rendit les services qu'en attendaient la propriété rurale et le commerce industriel.

Une mesure économique plus salutaire, celle de l'abaissement des droits de douane et du traité de commerce avec l'Angleterre, vint inaugurer un système de dégrèvement, qui abaissa d'une manière lente mais continue le prix de la plupart des marchandises, au grand profit de la masse des consommateurs. Les principes posés dans cette circonstance ont été vivement combattus depuis par quelques industriels intéressés. Leurs tentatives ont été vaines, et ce n'est plus aujourd'hui que sur quelques questions de détail que portent encore leurs récriminations. La cause du libre échange est gagnée. La suppression des dernières barrières qui la protègent encore n'est plus qu'une question de temps. Le prolétariat, c'est-à-dire tous les consommateurs, doivent réunir leurs efforts pour les faire disparaître.

Les libertés sont solidaires. L'extension des libertés commerciales provoqua celle de la boulangerie et de la boucherie, qui, jusque-là, avaient subi des prix fixes et la réglementation administrative. C'était une tentative toute nouvelle. Elle paraissait audacieuse, et cependant elle eut un plein succès, que l'expérience a depuis confirmé, en démontrant une fois de plus que les écarts de la liberté commerciale sont heureusement tempérés par la concurrence. La réglementation des voitures, celle du courtage, disparurent en même temps, et devinrent libres l'une et l'autre.

Chose plus grave et plus inattendue : la loi sur les coalitions fut modifiée dans un sens favorable aux prétentions ouvrières. Jusque-là elle avait interdit expressément la réunion et l'entente des intéressés. Pendant vingt ans, de nombreuses condamnations judiciaires, qui s'élevaient annuellement à plus de 400, avaient sévèrement appliqué ces règles, lorsque tout à coup une détente se fit dans les conseils du pouvoir, qui prenant l'initiative, proposa lui-même de reconnaître à l'avenir le droit de coalition et de le déclarer indemne au nom de la liberté du travail, pourvu qu'il ne fût accompagné ni de violence, ni de manœuvres coupables (3 mai 1864).

Mais en même temps, retirant d'une main ce qu'elle donnait de l'autre, la loi prohibait les réunions de plus de vingt personnes et rendait de la sorte ces concessions à peu près illusoires. — Il fallait, en effet, pour se réunir, obtenir l'autorisation du pouvoir; et si le pouvoir l'accordait, il était accusé de favoriser la coalition et les grèves qu'elle entraînait.

Telles étaient bien d'ailleurs ses tendances. Lâcher le frein à la démocratie en se réservant la facilité de le serrer en même temps ; effrayer ainsi l'industrie bourgeoise, afin de l'obliger à se rapprocher du pouvoir et à renoncer à toute opposition, telle fut constamment la tactique de l'Empire.

C'est ainsi que, révisant la loi des patentes, il récoltait un regain de popularité en faisant disparaître des rôles 90.000 ouvriers qui travaillaient en chambre ou avaient chez eux un modeste atelier.

Rien ne légitimait une telle mesure. Elle ne saurait être justifiée devant l'économie politique, car elle portait la double marque du socialisme et de l'intérêt dynastique.

Quelque temps auparavant, n'avait-on pas de même distrait dix millions de la confiscation des biens de la famille d'Orléans, pour servir de dotation aux sociétés de secours mutuels, et autant pour l'amélioration des logements d'ouvriers de Paris ?

Et pourquoi des ouvriers de Paris et non des ouvriers de toute la France ? Pourquoi des ouvriers et non des indigents ? Pourquoi gratifier d'une réduction annuelle de plusieurs millions une catégorie de citoyens qui vivaient de leur travail et de leur industrie ? Ils étaient moins à plaindre assurément que les ouvriers, plus nombreux peut-être, qui n'avaient pas de travail ou qui recevaient un salaire insuffisant ; bien moins encore que tous ceux que le paupérisme, la maladie ou la vieillesse avaient atteints. C'était donc pour ceux-ci, bien plus dignes de pitié que les autres, qu'il fallait réserver les faveurs budgétaires, dont l'Empereur faisait largesses...

Et pourquoi, avec l'impôt de tous, faisait-on des largesses à quelques-uns ? à ceux-ci plutôt qu'à ceux-là ? Ces pratiques, marquées au coin du socialisme, sont contraires au droit et à l'égalité. Elles doivent par cela même être sévèrement condamnées.

En même temps que, d'une part, le pouvoir semblait prêter la main à des mesures libérales et démocratiques, sous prétexte de conspirations et de sociétés secrètes, il supprimait, de l'autre, les associations ouvrières assez rares, d'ailleurs, qui avaient survécu aux expériences de 1848, sans épargner les sociétés de consommation et de secours mutuels qui suffisaient à lui porter ombrage. Toutes les manifestations sociétaires furent ainsi refoulées.

Ces persécutions avaient porté leurs fruits et semé le découragement dans le camp du travail. Ce ne fut qu'en 1863, à leur retour de l'exposition de Londres, que les corporations ouvrières, sollicitées par le succès des sociétés anglaises qu'elles venaient de voir à l'œuvre, reprirent leurs idées de 1848 et préconisèrent l'association comme le seul moyen d'émancipation des travailleurs.

A côté de l'Angleterre, l'Allemagne leur fournissait des exemples séduisants. M. Schultze avait organisé le crédit mutuel pour les artisans de son pays. Il avait pour but de créditer les associations ouvrières de production et de consommation et d'en favoriser la création et le développement (1863).

Les associations ouvrières de Paris le suivirent dans cette voie et fondèrent, à l'aide de cotisations mensuelles, diverses sociétés de crédit mutuel qui existent encore. Elles se préoccupèrent ensuite des associations de consommation qui avaient pour objet l'achat en gros et la vente en détail des denrées courantes. Chaque souscripteur obtenait ainsi dans les bénéfices de la vente une part de dividende proportionnelle à la somme des achats qu'il avait faits.

L'association de production venait au troisième rang, mais c'était la première parmi les préoccupations des ouvriers. C'est par elle qu'ils avaient commencé en 1848, et c'est en elle aussi qu'ils avaient trouvé les mécomptes que nous avons déjà fait connaître. Cette forme leur souriait d'autant plus, qu'elle permettait d'échapper au salariat, et de faire de chaque ouvrier un associé ou un entrepreneur.

Le crédit mutuel et la consommation constituaient le capital, et la société de production permettait de l'utiliser et de le faire valoir. On organisait de la sorte une société en nom collectif, dans laquelle des ouvriers, mettant en commun leur travail et leur bénéfice, passaient ainsi de la condition de salariés à celle d'entrepreneurs. Le capital recevait un intérêt et le travail une rémunération inégale.

Mais, pour organiser ces sociétés, il fallait se réunir, se concerter, et le pouvoir ombrageux pouvait à chaque instant y mettre obstacle en exécutant la loi sur les associations. Et cependant, malgré ces inquiétudes, diverses sociétés se formèrent, soit avec l'appui de la société de crédit au travail, qui a été le principal foyer de la coopération, soit avec la Caisse d'escompte de l'Association populaire. Des sociétés de même nature se fondèrent à Lyon, à Lille et à Colmar.

Vers la fin de 1866, on comptait déjà à Paris cent vingt crédits mutuels, sept sociétés de consommation, cinquante-une de production, et cent sociétés diverses environ dans les départements (1).

La plupart d'entre elles se sont maintenues depuis sans s'élever bien haut ; un certain nombre ont disparu. D'autres se sont créés avec des fortunes diverses. Les insuccès de beaucoup d'entre elles n'ont pas permis à l'association de se répandre et de se généraliser, comme on était disposé à le croire. C'est que la coopération ne convient pas à tous les travaux et à tous les travailleurs. Dans les grandes industries, le capital joue un rôle trop considérable pour que les ouvriers puissent y atteindre. Il y a d'ailleurs des caractères peu disposés à courir les chances des entreprises, à se livrer au travail en commun, et qui préfèrent la sécurité du salariat. Ce n'est donc qu'à la petite industrie et à la partie supérieure de la classe ouvrière que peuvent convenir les sociétés de production. Celles de consommation et de crédit sont plus faciles. Il suffit qu'elles soient bien administrées. Elles conviennent à tous les pays, et elles s'adressent à l'intérêt de tous. On ne saurait donc les conseiller avec trop d'insistance à tous les travailleurs.

S'affilier d'abord à une société de secours mutuels, et s'il

---

(1) Levasseur, II, 382, en note.

se peut à la caisse de retraites ; participer ensuite à une société de consommation, dont les bénéfices doivent suffire aux versements de la société de secours mutuels ; s'élever enfin à la société de crédit, et par celle-ci à la société de production : telle doit être l'ambition de tout ouvrier intelligent et soucieux de l'avenir.

Pendant que les ouvriers s'efforçaient d'organiser de petites associations, de grands industriels et des hommes de bien organisaient dans leurs ateliers des créations économiques. C'est ainsi qu'à Lille, un fabricant, M. Scrive, établissait au profit de ses ouvriers une boulangerie, une cuisine économique, des bains, des logements à bon marché, des salles de récréation, une caisse de secours et une caisse de retraites avec cotisation obligatoire. Cet exemple avait été imité non loin de là, et peu après M. Godin s'était engagé dans la même voie, en s'inspirant quelque peu du Phalanstère de Fourrier.

Ces grands modèles ont été peu suivis ; mais les exemples de patronage restreint ont été nombreux. Celui que l'on cite le plus volontiers, c'est la création des cités ouvrières de Mulhouse qui, avec un capital peu important, avait construit en dix ans près de 700 maisons, bordées de trottoirs et entourées de jardins, dont les ouvriers devenaient propriétaires en quinze ans, moyennant un versement de 25 fr. par mois.

En même temps, les sociétés de prévoyance n'avaient cessé de se développer. Vers la fin de l'Empire, on comptait environ mille caisses d'épargne, dont les déposants, au nombre de 1,800,000, étaient créanciers de 480 millions.

Les sociétés de secours mutuels avaient suivi la même progression. En 1851, on ne comptait en France que 2,237 sociétés, composées de 255,000 membres, dont le fonds social était de dix millions. — A la fin de 1866, ce nombre s'était accru dans des proportions considérables. Il y avait

5,581 sociétés composées de 800,000 membres, dont l'avoir était de vingt millions (1). Ce chiffre eût été bien autrement important sans les entraves de toute sorte qu'un pouvoir ombrageux apportait chaque jour à l'organisation de ces sociétés.

Ses tendances compressives et liberticides devaient amener une réaction fatale. L'esprit public, de plus en plus surexcité, devenait chaque jour plus menaçant et reprochait au pouvoir ses campagnes du Mexique, le chiffre toujours grossissant de la dette et les gaspillages des finances. — Pendant ce temps, l'association internationale des travailleurs avait fait d'immenses progrès. La politique équivoque du gouvernement ne vit d'abord dans cette coalition qu'un moyen de contenir la bourgeoisie en l'effrayant, et elle essaya de la favoriser sous main ; et puis, par un de ces retours qui lui était familier, elle en eut peur et essaya de la détruire. Mais le procès qu'elle intenta à quelques-uns de ses membres ne fit qu'en augmenter le nombre.

Pour faire diversion, on imagina le plébiscite, et puis cette guerre fatale, qui amena la ruine de la France et l'effondrement de la dynastie.

Pendant le siège, tout Paris avait été armé ; mais lorsqu'après la cessation des hostilités, l'heure du désarmement arriva, une partie de la population, alimentée par la solde militaire, refusa de s'y soumettre. La désorganisation du travail, les souffrances et les privations, les désordres qu'avait entraînés le siège, avaient démoralisé les citoyens. Les Comités de vigilance et les clubs révolutionnaires toujours agissants retentissaient encore des plus violentes harangues. Obéissant à leurs excitations, les gardes nationaux rebelles, au nombre de 100,000, soutenus par 400 canons, occupèrent les hauteurs de Paris. Les quelques troupes

---

(1) *Ann. de l'éc. pol.*, 1866.

qu'on put leur opposer virent fusiller leurs généraux et passèrent en partie aux insurgés, qui proclamèrent la Commune.

La Commune était une excroissance de l'Internationale des travailleurs et des sociétés secrètes, qui avait pour but de déposséder les patrons et de faire passer la propriété industrielle aux mains des ouvriers. Elle se proposait aussi de constituer dans toute la France un système de Communes associées mais indépendantes, qui devaient créer ainsi l'unité de l'Etat. La confiscation de la propriété, l'organisation du travail et la communauté des biens devaient en être la conséquence. — L'individu absorbé par l'Etat, toutes les forces industrielles mises au service de la masse, tel était l'idéal des réformateurs qui allaient en aveugles au devant de la servitude volontaire.

Pour répondre aux exigences de la situation, la commune s'empara des revenus publics et fit des emprunts forcés à la Banque et à diverses administrations. Et puis, dans sa fureur, elle fusila des otages inoffensifs, renversa la colonne Vendôme, démolit la maison de M. Thiers, et enfin, dernier accès de délire, elle incendia tous les grands monuments de Paris. C'est à la lueur de cet immense brasier, que les troupes victorieuses pénétrèrent dans Paris et mirent fin à cette sinistre bacchanale (23 mai 1871).

Pendant le demi-siècle qui vient de s'écouler, nous avons vu disparaître quatre dynasties et cinq gouvernements. Les brusques changements, les révoltes qu'ils ont nécessités n'ont pas favorisé le progrès, cela va sans dire, et cependant, quel pas immense dans le bien-être général par la seule force de la liberté et de l'égalité ! — Comparez l'esclave, le serf, le mainmortable, le vilain, le censitaire des siècles passés au prolétaire du xixe siècle, dont la personne est aussi libre que le travail. Mieux logé, mieux vêtu, mieux nourri, mieux rétribué que ses devanciers, il n'est plus menacé par ces disettes, ces famines et ces épidémies qui, après avoir désolé le moyen âge, le xviie et le xviiie siècle, se sont fait sentir sous la République pendant cinq années. La liberté du commerce, le progrès des machines, de l'industrie et des transports, ont à jamais écarté ces calamités.

Et cependant, malgré cette prospérité nouvelle, le prolétaire inquiet s'agite sans cesse, prêtant l'oreille aux bruits trompeurs qui retentissent au dehors. C'est le socialisme qui le tourmente et qui résume toutes ses aspirations. — Le moment est venu de le faire connaître et de rechercher quelle part il contient d'erreur et de vérité.

Nous venons d'indiquer à grands traits l'existence du prolétaire à travers les âges. Nous l'avons vu s'associer fréquemment sous les formes les plus diverses, dans le but d'alléger sa misère. Mais les pouvoirs ombrageux ont toujours comprimé ses tendances. Ce n'est qu'avec la Révolution et le xixe siècle, qu'il a pu librement s'associer et prendre part aux manifestations qui devaient favoriser sa condition. -- Et c'est de là qu'est sorti le socialisme. C'est ainsi qu'il a pris naissance et qu'il s'est développé dans la période contemporaine. — En face de cette doctrine, une autre s'est levée pour démontrer l'inanité de ses prétentions. Elle ne propose pas de solution sociale : elle indique seulement les moyens de vivre et de prospérer dans notre état social. — Essayons d'indiquer les vues et les tendances de ces deux écoles.

LIVRE XI

LES SOCIALISTES. — LES ÉCONOMISTES.

LES SOCIALISTES.

Lycurgue et Platon. — Les Esséniens.
Les Moraves. — Le Paraguay. — Les Hussites. — Thomas Morus.
Campanella. — Morelly. — Babœuf. — Robert Owen.
Cabet. — Saint-Simon.
Fourier. — Louis Blanc. — Proudhon.
Les Sociétés secrètes. — Le Compagnonnage et les Grèves.

On entend, par socialisme, l'ensemble des sectes qui vivent en association ou qui la préconisent. On désigne également sous ce nom, surtout à l'époque contemporaine, l'ensemble des doctrines qui, se préoccupant des réformes sociales, visent par des moyens divers à l'extinction du paupérisme et à la suppression du salariat.

Le socialisme n'est pas une nouveauté : l'indigence inhérente aux sociétés, l'inhabileté, l'oppression des gouvernements, ont de tout temps suggéré aux multitudes des plans de réorganisation sociale. Aux excès de l'inégalité, les novateurs opposaient l'égalité absolue ; aux abus de la propriété, à ses privilèges, la commnnauté. — Lorsque ces conceptions chimériques ont résisté à la contradiction, elles ont succombé devant l'expérience. Chaque fois qu'une désorganisation sociale s'est produite, amenant à sa suite une certaine anarchie dans les institutions, le contre-coup s'en est fait ressentir dans les idées qui ont donné naissance aux systèmes les plus fantaisistes. Chacun de ceux-ci a attaqué la concurrence, le capital, le salaire, et tout en demandant leur suppression, il n'a trouvé pour les remplacer que la *tutelle* du gouvernement ou de la communauté, formes surannées qui ont fait leur temps et qui tendent toutes à la suppression de la liberté, de l'individualité, c'est-à-dire à une forme de communisme plus ou moins déguisée.

Dans cet ordre d'idées, l'Etat ou la commune produit et distribue les résultats de la production, en règle et en surveille la consommation. C'est la mise en tutelle de l'individu par la communauté. C'est le couvent, la caserne, la tribu arabe, le mir russe, l'Icarie, ou enfin les sociétés ouvrières de Louis Blanc dont ses adhérents ne veulent plus. Parmi tous ces systèmes, le plus avancé, c'est le communisme révolutionnaire ou le nihilisme. Il supprime par la force non-seulement le gouvernement, mais la famille, les autorités et toutes les magistratures. La commune souveraine les remplace. Elle confisque les capitaux, les industries, exploite elle-même toutes les entreprises, et assigne à chacun sa fonction et sa rétribution. Plus de capitaux ni d'intérêt. Le travail seul est rémunéré par égales parts. Une tutelle universelle et absolue pèse également sur tous et englobe tous les actes de la vie. Tel est le progrès idéal rêvé par le nihilisme (1).

Dès l'origine, les sociétés patriarcales, qui vécurent en communauté, sous l'autorité du père de famille, pratiquèrent le socialisme. Il en fut de même des tribus dont la propriété collective était exploitée en commun. — Le régime des castes et du pouvoir absolu, qui s'étendit ensuite sur tout l'Orient, constitua ce socialisme d'Etat, qui fait mouvoir à

(1) Molinari, *l'évolution économique*, p. 300.

son profit toutes les forces productives d'une nation, au grand détriment du producteur individuel.

Plus tard, à l'origine de la civilisation occidentale, nous rencontrons cette même forme de socialisme chez les Hébreux, qui abolissent les dettes et partagent les terres à des intervalles périodiques. Presque en même temps, dans une petite ville de la Grèce, à Sparte, Lycurgue divise le sol entre neuf mille familles et organise en même temps l'éducation par l'Etat et les repas publics. Mais pour se soutenir, ce communisme a besoin de 200.000 esclaves, et supprime l'égalité ainsi que toutes les libertés civiles et domestiques. (IXe siècle av. J.-C.)

Cinq siècles après, au moment où la décadence de la Grèce commençait, Platon, traçant les règles d'une République idéale, « voulait que les richesses fussent communes entre les citoyens, et que l'on apportât le plus grand soin à retrancher du commerce de la vie jusqu'au nom de propriété... » Il voulait de même pour la classe des guerriers, la communauté des femmes et des enfants (1). Cette fantaisie de son imagination ne tarda pas à être ruinée par l'auteur lui-même dans le livre *des Lois*, qu'il écrivait peu après. Chez les Romains, les discussions agraires et les abolitions des dettes avaient le caractère socialiste que nous venons de constater, et qui portait l'empreinte de la jalousie et de la haine des classes inférieures contre les plus fortunées.

Deux siècles avant notre ère, une secte Juive, celle des Esséniens, qui vivaient autour de Jérusalem, nous donne le tableau d'un communisme pratique aussi complet qu'il le fût jamais. Leurs biens et leurs repas étaient communs ; ils se nourrissaient avec la plus grande frugalité, et leur morale

---

(1) République, V.

austère prescrivait de fuir la volupté, de se dévouer à ses frères malades, de partager la journée entre le travail et la prière. Il y avait parmi eux deux sectes distinctes : celle des Ascètes, qui vivaient à la façon des ermites dans la contemplation et dans la prière, et celle des Esséniens actifs, qui vivaient en communautés religieuses, vouées au travail et au célibat. C'étaient les précurseurs de l'ascétisme et du monachisme chrétien.

Dans ce socialisme nouveau, ce n'est ni le bonheur individuel, ni le bonheur collectif, ni le plaisir, que poursuivaient les adeptes. Ils ne songeaient qu'au sacrifice qu'ils s'imposaient comme une épreuve en vue de la vie future. La communauté n'aspirait pas plus au bien-être qu'au profit. Par piété, par fanatisme, elle se vouait au renoncement comme une expiation.

A l'exemple des Esséniens et des Thérapeutes, qui avaient comme eux pratiqué le communisme dans la Thébaïde, des communautés chrétiennes s'organisèrent dès les premiers siècles du christianisme. « Tous ceux qui croyaient, dit saint Luc, étaient ensemble dans un même lieu et avaient toutes choses communes. Ils vendaient leurs possessions et leurs biens et les distribuaient à tous, selon le besoin que chacun en avait » (1). Les monastères furent dès lors des refuges où les populations vinrent se réunir, et leur nombre alla croissant à travers le moyen âge. La faim, la misère et l'insécurité leur fournirent à ce moment plus d'adeptes que la foi.

Dès les premiers siècles de notre ère, la Chine elle-même, à plusieurs reprises, fut troublée par des mouvements de même nature, qui prirent la forme d'une conspiration sociale et mirent en péril l'ordre public. Un réformateur du xie siècle — approuvé d'ailleurs par son souverain — voulut y parer en appliquant un système où la propriété collective

---

(1) Saint Luc, 11, 44, 45 (1er siècle).

du sol appartenant à l'Etat, celui-ci aurait distribué les semences, réparti les cultures, fixé les tarifs et les salaires, et supprimé de la sorte la misère et le prolétariat. Cette tentative échoua piteusement, et ses partisans, qui sont nombreux encore, se sont réfugiés dans des sociétés secrètes, qui s'étendent à cette heure même dans tout l'Orient (1).

Le socialisme n'est donc pas un phénomène passager et local. C'est un fait permanent, universel, qui fait partie de l'essence des civilisations et qui se trouve au fond de chacune d'elles.

A l'exemple des Esséniens et des ordres monastiques, diverses sectes, entrant plus avant dans cette voie, ont admis dans la suite le mélange des sexes dans la communauté. De ce nombre sont les *Moraves*, qui pratiquent le travail collectif et qui vivent en commun dans de vastes établissements. Chaque frère exerce un art ou une profession et en verse le produit dans la caisse commune. — Tous les enfants sont élevés ensemble, comme s'ils appartenaient au même père. La foi religieuse les maintient dans cette vie d'abnégation et d'obéissance passive au chef qu'ils se sont choisi. Née avec la Réforme, cette secte cosmopolite apparaît un peu partout et prospère en ce moment surtout en Allemagne, en Russie et dans les principautés danubiennes.

La tendance communiste se retrouve également dans les colonies d'Indiens que fondèrent au dernier siècle les Jésuites du Paraguay. Chaque Indien avait sa petite propriété individuelle ; mais il travaillait surtout au domaine commun, dont les produits étaient affectés aux frais généraux. Le tra-

---

(1) De Carné, *le Socialisme chinois*, *Revue des Deux-Mondes*, janvier 1870.

vail industriel se faisait de même en commun'et le résultat du travail collectif, rassemblé dans les magasins de la Mission, était distribué à chacun suivant ses besoins. Ce système était peu différent du communisme d'Owen ou de Cabet. C'était l'autocratie renouvelée des Incas. Pour ces peuples enfants, la communauté constituait le premier échelon de l'ordre social. La tutelle favorable des jésuites rappelait celle des anciens patriarches à laquelle ces hommes timides restaient soumis, retenus par une foi naïve et par la crainte qu'on leur inspirait. Quelque grande que fût leur quiétude, le souffle de l'individualisme vint dissiper tant de bonheur.

Tous les communistes n'eurent pas la même mansuétude. Vickleff en Angleterre et surtout Munzer en Allemagne, s'abritant sous le manteau de la foi religieuse, convièrent les pauvres au partage de la dépouille des riches. Au fanatisme cupide de leurs adhérents, ils prêchaient la dévastation et la communauté des biens qui devait en être la conséquence. « Adam était notre père commun, leur disaient ils. Pourquoi la différence des rangs et des biens ? A nous la pauvreté, aux autres les délices ?... » Pendant trente années, l'Allemagne fut couverte de sang et de ruines. La communauté servit de prétexte à un désordre immense, à une révolte implacable contre le droit et la loi (xvi° siècle). Ces rébellions furibondes, noyées dans des flots de sang, furent impuissantes à se renouveler.

Les fictions de Platon reprirent alors leur empire, et Thomas Morus, le premier, les reproduisit avec complaisance dans son *utopie* (1518). — Suivant lui, point de propriété individuelle ; la terre et ses fruits appartiennent au domaine social, à la communauté.— Chacun doit s'adresser au gérant de la propriété collective pour en obtenir ce qui lui est nécessaire en vivres, en vêtements, en instruments de travail. — Chacun est astreint à une tâche que lui distribuent les chefs éligibles à tous les degrés des fonctions et de la hiérarchie.

Un siècle plus tard (1637), le moine Campanella renouvelle la même chimère dans la *Cité du soleil*. Là, tout est commun. Le travail est distribué à chacun par les magistrats, suivant les forces et les aptitudes. L'union des couples y est croisée savamment, à la manière des haras. Ce n'est pas le choix qui préside à leur rapprochement, mais la règle que les fonctionnaires interprètent. En tout et partout, l'individu est sacrifié à l'espèce.

L'abbé Morelly entra dans la même voie en publiant *le Code de la nature* (1755). Dans cette fiction nouvelle, qui résume ses devancières, et qui aura pour imitateurs tous les communistes qui suivront, Morelly organise la communauté dans les moindres détails. — Et d'abord, chaque citoyen est déclaré homme public.— Les individus ne possèdent rien en propre, mais ils échangent entre eux les fruits de leur travail. — Tout approvisionnement est interdit aux sociétaires aussi bien qu'aux familles. — Chacun est obligé de cultiver le sol à partir de vingt-cinq ans. — Les vêtements sont uniformes.— Le mariage est de rigueur à dix-huit ans, et les couples se choisissent librement chaque année sur la place publique, en présence du Sénat. — Les mères doivent allaiter leurs enfants ; mais, à l'âge de cinq ans, la communauté s'en empare.

Tel est le thème sur lequel ont brodé les communistes de la Révolution, et dont Babœuf et ses adhérents ont accepté les doctrines qui faillirent provoquer une émeute des plus graves (1797). — Mais pour Babœuf et ses disciples, le temps des vaines théories était passé. Ils entendaient faire de la pratique en imposant l'égalité absolue par la force et la violence à la manière de Munzer.

Montesquieu et Rousseau lui avaient d'ailleurs montré la route. Le premier n'avait-il pas dit, en effet, en pleine monarchie absolue, que l'Etat doit à tous les citoyens une subsistance assurée ?... (1). Et Rousseau après lui : « Quand les pauvres ont bien voulu qu'il y eût des riches, les riches ont promis de nourrir tous ceux qui n'auraient pas de quoi vivre » (2). Ces paroles ne furent pas sans écho : « Tout homme a droit à sa subsistance, disait après eux la Constituante. L'Etat doit offrir du travail à ceux auxquels il est nécessaire »...

Avec la Révolution apparaît un ensemble d'attaques violentes, inspirées par la passion et par la haine contre la richesse et contre tous ceux qui possèdent. Dans cet ordre d'idées les pamphlets sont au premier rang : « On y demande qu'aucun homme laborieux ne soit incertain de sa subsistance dans toute l'étendue du territoire... On y demande aussi le partage des biens et la communauté des femmes (3). « Ou il faut étouffer les ouvriers, ou il faut les nourrir, disait Marat (28 mars 1790). — Puis, c'est Brissot qui, dans son journal, demande l'abolition des successions collatérales et l'exemption des impôts sur le strict nécessaire (4). « Nous avons détruit les nobles, disait à son tour Chaumette, il nous reste une autre aristocratie à renverser, celle des riches... ». Tallien voulait aussi l'égalité tout entière et proposait d'ameuter la misère contre le superflu de l'opulence ». Robespierre, Saint-Just, Lepelletier, ne cessaient de vanter *l'Etat tout-puissant*, qui devait ramener les hommes à l'amour de la nature et de la vertu.

(1) Liv. XXIII, ch. XXIX.
(2) *Emile*, liv. II.
(3) Buchez, *Hist. parlem.*, III, 283.
(4) id. id. XXII, 319.

Quelque radicaux que soient ces moyens, ils pâlissent devant ceux de Fouché qui, par deux fois, à Anvers et à Lyon, inaugurait résolûment la Révolution sociale.

« Tous les citoyens inférieurs, dit-il dans son arrêté administratif, seront nourris aux dépens des riches ; — il sera fourni du travail aux citoyens valides. — Et plus tard, à Lyon, établissant une taxe sur les riches : « Agissez en grand, disait-il à ses agents ; tout superflu est une violation du droit du peuple... ».

Brissot niait aussi le droit de la propriété et disait, bien avant Proudhon : *La propriété exclusive est un vol.* Le voleur, c'est le riche.

Saint-Just ne pouvait demeurer en reste : Statuant sur la propriété, il supprimait les successions collatérales, le droit de tester, et allait jusqu'à la loi agraire. « L'opulence est une infâmie, ajoutait-il... Il ne faut ni riches, ni pauvres ». Donnons des terres à tout le monde et détruisons la mendicité ». La Convention vota ces réformes à l'unanimité ; mais il va sans dire qu'elles ne furent jamais exécutées...

La plupart de ces manifestations hardies, suivant le goût du temps, n'étaient destinées le plus souvent qu'à agir sur les foules ; mais l'on se demande si elles étaient sérieuses quand on voit la Convention décréter la peine de mort contre celui qui proposerait la loi agraire (17 mars 1793).

Une chose certaine, c'est qu'un souffle d'égalité non exempt de convoitises avait passé dans les esprits et se manifestait partout, dans les clubs, à la tribune, dans les livres et les journaux. Partout on réclamait l'égalité des biens et l'accomplissement des promesses de 1793.

Sous l'impression de ces doctrines égalitaires, Babœuf professait le communisme absolu. « La propriété individuelle, disait-il, est la source principale de tous les maux qui pèsent sur la société. Les propriétés sont le partage des usurpateurs ; et les lois, l'ouvrage du plus fort. Mais le soleil luit pour tous et la terre n'est à personne. Le superflu appartient de droit à celui qui n'a rien (1). — La loi agraire, ajoutait-il, fut le vœu de quelques soldats. Nous tendons à quelque chose de plus équitable : la communauté des biens. — Cela fait, l'organisation du travail commun et égalitaire devait être opérée. Dans chaque commune, les citoyens étaient divisés par classes, et dans chacune de celles-ci entraient ceux qui professaient le même art. Des magistrats dirigeaient les travaux et veillaient à la répartition. — « Le travail est une fonction ; il est imposé par la loi et la mesure en est réglée ». — Tous les produits déposés dans les magasins généraux sont livrés à chacun suivant ses besoins. — La table est commune et l'égalité complète. — Dès le plus bas âge, les enfants passent sous la tutelle du gouvernement. Leur éducation doit être nationale, commune, égale ».

Tel est le communisme le plus grossier qui fût jamais. On ne saurait discuter de pareilles utopies. Elles ressemblent à celles qui ont précédé, et se réfléchissent dans celles qui vont suivre, et dans lesquelles, le gouvernement est tout, et l'individu rien. Autant vaudrait un couvent, une caserne, ou une satrapie.

Le champion de ces doctrines avait ouvert au Panthéon le *club des égaux*, et c'est là qu'il menaçait chaque jour la sûreté du gouvernement. Se croyant en péril, le Directoire en ordonna la fermeture. Babœuf qui ne pouvait plus agir à découvert, conspira et gagna la légion de police qui devait, avec ses affiliés, disperser l'Assemblée. Mais, le gouvernement, averti du complot, en fit arrêter l'auteur, qui périt sur l'échafaud avec ses complices.

(1) *Babœuf et le socialisme*, par Ed. Fleury, 77.

De la secte des égaux, on arrive sans intermédiaire aux communistes de notre temps. L'Empire et la Restauration avaient été peu favorables aux systèmes; mais, en Angleterre, Robert Owen proclamait en 1824 la communauté coopérative, qui conseillait la promiscuité des femmes et la communauté des enfants. Deux essais pratiques de sa doctrine échouèrent tristement. C'est Owen que l'on peut considérer comme l'inspirateur de Cabet. — Après lui, les Chartistes, qui l'avaient suivi, mêlèrent des idées de communisme et de rénovation politique à celles du réformateur. Mais, se ravisant ensuite, ils se transformèrent en associations ouvrières, qui ont depuis organisé des grèves et surtout des coopérations fécondes.

La longue série des théoriciens communistes semblait épuisée lorsque parut Cabet, ancien procureur général, député républicain en 1830, et exilé à Bruxelles. C'est là que la lecture de Thomas Morus et d'Owen le convertirent au communisme. Il ne fit que formuler les doctrines de ses maîtres et n'apporta au socialisme aucune idée nouvelle. — Fermement convaincu que la vie commune contenait la solution de tous les problèmes politiques et sociaux, il consigna dans son *Voyage en Icarie* les bases de l'organisation qu'il avait rêvée en exil.

L'Icarie est une île enchantée dans laquelle les habitants ont toutes les satisfactions qu'ils peuvent désirer. « La propriété ne forme qu'un seul domaine indivis et social, exploité par le Gouvernement, avec tous les citoyens pour ouvriers, dans l'intérêt de tous. Les produits sont recueillis dans de vastes magasins, et le Gouvernement fait fabriquer ce qui est nécessaire à tous ; il pourvoit à tous les besoins ». Chacun travaille suivant ses goûts et consomme suivant ses besoins. La fraternité préside à toutes les opérations, et tranche toutes les difficultés....

Sur la foi de ce roman, un essai d'icarisme fut résolu

Des familles de prolétaires partirent en conséquence pour le Texas en 1847, avec l'espoir d'y établir le paradis terrestre. Mais les déceptions ne tardèrent pas à venir.

Le paradis de Nauvoo se composait de quelques hectares de forêts qu'il fallait défricher pour en obtenir du pain. Aussi la discorde vint-elle désagréger bien vite les éléments qui composaient la colonie fraternelle, et les fidèles se dispersèrent en accusant d'escroquerie leur fondateur, qui mourut de misère et de chagrin à Saint-Louis-du-Missouri (1).

Ici s'arrête la longue série des systèmes communistes. Celui de Lycurgue se faisait servir par des ilotes. Celui de Platon supposait l'esclavage. Les communautés de l'Eglise se transformèrent en couvents et en prisons. Les Jésuites du Paraguay commandaient à des serfs aussi naïfs que misérables. Owen et Cabet ont piteusement échoué dans leurs essais. Thomas Morus, Campanella, Morelly et Babœuf sont restés dans la théorie pure et n'ont fait que formuler leurs utopies, presque identiques à quelques nuances près.

Le communisme, égalitaire ou non, est la négation de la liberté et de l'activité humaine. L'individu n'est rien et ne possède rien. Aucun intérêt ne le sollicitant à faire agir son corps ou son esprit, il se laisse aller fatalement à l'inaction et à la paresse. Le ressort individuel qui, dans notre état social, le force à combiner et à fatiguer pour acquérir, lui fait complètement défaut. Il n'y a qu'une association de

---

(1) Un voyageur anglais, M. Nordhoff, qui a visité le Texas en 1875, nous apprend que les survivants de la colonie de Cabet, qui se composait à l'origine de 1,500 personnes, vivent encore en Icarie au nombre de 68, mais dans la pauvreté et la misère. D'autres sectes, au nombre de 72, affectent toutes les formes de la communauté, et ne comptent en tout que 5,000 individus qui vivent dans un état peu prospère et peu estimés de leurs voisins, les Mormons exceptés.

moines ou de soldats, sans famille, sans charges publiques et vivant de peu, qui puisse s'accommoder d'un tel régime. Encore faut-il qu'elle soit contenue par une autorité sévère qui s'appellera la foi ou la discipline.

« L'homme est un être limité, a dit M. Thiers ; son cœur est comme son corps : il faut l'élever successivement à sa famille, à sa patrie, à l'humanité. Il s'aime d'abord, puis en se perfectionnant il aime sa femme et ses enfants plus que lui-même. Il s'élève ensuite à l'amour de la patrie qu'il voit lié à celui de sa famille, et de même à l'amour de l'humanité. Mais vouloir qu'il aime l'humanité avant sa patrie et sa famille, c'est se tromper grossièrement sur la nature des forces physiques et morales qui le font mouvoir » (1).

Toutes les sectes dont nous venons d'exposer les théories se basaient sur le communisme égalitaire. Mais après elles, la scène change complètement : l'invention des nouveaux théoriciens est plus compliquée, ils l'élèvent à la hauteur d'une science sociale, si bien, que leurs conceptions prendront désormais le nom de socialisme.

Le comte de Saint-Simon fut le premier qui entra dans cette voie nouvelle. En faisant la guerre d'Amérique, sous Washington, il avait contracté, au delà des mers, cet esprit d'indépendance qui se manifeste dans les journaux et les brochures qu'il publia sous la Restauration. Il ne cessait de proclamer la supériorité du travail et du talent sur la fortune acquise. Il croyait en même temps à la perfectibilité des êtres et à l'association universelle, qui devait supprimer les guerres et confier aux plus capables la direction de l'œuvre sociale. — « Tout pour l'industrie et tout par elle, était une de ses devises. — On devait mobiliser la propriété et organiser un système de banque, qui ferait

(1) *De la propriété*..

monter la classe des producteurs au-dessus de celle des oisifs... »

Telle était la base de sa doctrine. Elle lui attira de bonne heure des collaborateurs éminents, tels qu'Augustin Thierry, Halévy, Auguste Comte, Rodrigues, Duveyrier, et bientôt Enfantin et Buchez, qui après la mort du maître, arrivée en 1825, reprirent sa doctrine avec beaucoup d'élan. Leurs journaux, leurs conférences, s'efforcèrent de la divulguer ; mais les nouveaux disciples s'aperçurent bientôt qu'elle devait être modifiée. Renonçant dès lors à la communauté des biens et au partage égal de la propriété, incompatibles, disaient-ils, avec l'association, dont l'inégalité est la base et la condition indispensable, ils repoussèrent désormais les doctrines communistes professées jusque là, mais ils demandaient en même temps que l'héritage fût aboli ; que tous les instruments de travail, terres et capitaux, fussent exploités par association et distribués hiérarchiquement afin que chacun eût des moyens de production proportionnés à sa capacité, et des jouissances selon ses œuvres. — La concurrence était à leurs yeux un état d'antagonisme et de désordre... La classe ouvrière, qui produit la richesse, était exploitée par la classe oisive des capitalistes, qui jouissaient sans travail du droit de propriété et du revenu qu'il donne » (1).

« L'homme, disaient-ils, a jusqu'ici exploité l'homme : maîtres, esclaves ; patriciens, plébéiens ; seigneurs, serfs ; propriétaires, fermiers ; oisifs, travailleurs ; voilà l'histoire progressive de l'humanité jusqu'à nos jours. — Association universelle : voilà notre avenir. — *A chacun suivant sa capacité, à chaque capacité suivant ses œuvres* : voilà le droit nouveau qui remplace celui de la conquête et de la naissance. — L'homme n'exploitera plus l'homme. »

(1) *Exposition de la doctrine Saint-Simonienne*, 1829.

Mais l'homme associé exploitera le monde livré à sa puissance » (1).

« La famille humaine, ajoutaient-ils, ne doit être qu'une vaste société de travailleurs gouvernée par une hiérarchie sacerdotale. — La propriété et l'hérédité sont des privilèges incompatibles avec l'égalité. Le droit d'héritage doit passer de la famille à l'Etat. — Les capitaux de toute nature, terres, maisons, outils, ne sont que des instruments de production qui doivent être remis aux mains des prêtres, afin que ceux-ci les confient gratuitement aux plus laborieux, aux plus dignes... » « C'est le prêtre qui gouverne ; il est la source et la sanction de l'ordre... Il distribue en conséquence les capitaux, le travail, les produits, suivant sa justice (2).

Or, ce prêtre n'était autre que le supérieur omnipotent d'un couvent, qui traitait ses sujets comme de pauvres moines ou comme des serfs. C'était le despotisme sans frein. — On rentrait ainsi dans le communisme de Cabet et de ses prédécesseurs, et s'il n'était pas égalitaire, ainsi qu'on le prétendait, il s'en fallait de bien peu.

La question de la communauté des femmes, préconisée par Enfantin et repoussée par une grande partie de ses adeptes, détermina la retraite de ceux-ci. Enfantin, *messie de Dieu et roi des nations*, se retira avec quarante fidèles dans sa propriété de Ménilmontant, où il organisa par catégories le travail manuel. — Les sociétaires portaient un costume particulier et faisaient des prédications assez inoffensives, quand la justice crut devoir les troubler et les dissoudre (août 1832). La religion Saint-Simonienne ne se releva pas de ce coup. Les disciples dispersés se mirent alors à voyager et à s'occuper d'industrie, de banque et de travaux publics. Hommes d'élite pour la plupart, ils se

---

(1) *Exp. de la doct.*, p. 38.
(2) *Exp.* 1829, 2ᵉ année, 165.

distinguèrent presque tous dans les grandes entreprises industrielles (1).

Ainsi disparut, sans laisser de traces, la doctrine de Saint-Simon. Ses théories élevées n'avaient captivé qu'un public d'élite qui pouvait en comprendre les déductions. Ses adeptes ne furent pas nombreux, par conséquent. Les classes ouvrières, peu séduites d'ailleurs par la prééminence des capacités, restèrent prudemment à l'écart, tenant en suspicion le système qu'elles ne comprenaient guère, tandis que le communisme terre à terre de Cabet, dans lequel, ceux qui n'avaient aucun apport à faire espéraient profiter de celui des autres, les avait toujours attirées.

Bien que le Saint-Simonisme, mort en 1832, ait si peu pénétré les masses, des reflets de sa doctrine ont apparu depuis dans les revendications des socialistes contemporains. Ils ont rejeté sans doute tout ce qui avait trait à la communauté des femmes, à la communauté des biens et de la vie, ainsi qu'à la partie religieuse, c'est-à-dire à l'autocratie du grand prêtre et à son omnipotence absolue, mais ils ont retenu « que les propriétés et l'hérédité doivent être abolies ; que les capitaux de toute nature, terres, maisons, argent, outils, ne sont que des instruments de production qui doivent servir aux travailleurs ; que la classe ouvrière, qui produit la richesse, est exploitée par la classe oisive des capitalistes, qui jouissent sans travail du droit de propriété et des revenus qu'il donne... »

(1) Buchez, Corbon, Pascal et Pierre Leroux faisaient en même temps de la propagande socialiste. Les premiers se contentaient de préconiser dans leurs journaux les bienfaits de l'association ouvrière, tandis que Pierre Leroux, un penseur humanitaire, reproduisait avec quelques variantes les préjugés économiques de Saint-Simon. Sa doctrine savante, mêlée de panthéisme, ne fit que de rares prosélytes. Elle eut pourtant les honneurs d'un essai à Boussac (Creuse), où 52 socialistes se réunirent. Mais l'insuccès détruisit bientôt l'entreprise, à laquelle avait contribué Georges Sand (1845).

Ce sont ces théories qui maintenant servent de base aux collectivistes, aux mutuellistes et à l'Internationale. Repoussant le communisme sous tous ses aspects, ils demandent aujourd'hui que les capitaux de toute nature soient mis à la disposition des travailleurs, auxquels appartiendront les produits et la richesse qu'ils auront ainsi créés. — La conséquence de ces prétentions est la suppression de la propriété et du capital sous toutes ses formes. Le travail seul et le travail actuel, celui d'aujourd'hui, recevra sa rémunération. Le travail d'hier, le travail accumulé, c'est-à-dire le capital et l'épargne, seront entièrement sacrifiés.

Pendant que l'école de Saint-Simon jetait un éclat dont la durée fut éphémère, Fourier méditait sa doctrine et s'apprêtait à la répandre dans le monde. C'était un rêveur philosophe qui croyait avoir découvert, qu'à l'exemple de l'attraction sidérale, l'attraction passionnelle résolvait le problème de l'harmonie sociale et conduisait à l'organisation du travail.

Son système, savant et compliqué, repoussait, avec un égal dédain, le communisme de toutes les sectes, et le despotisme, la promiscuité de Saint-Simon. A l'égalité des autres écoles, il substituait la répartition proportionnelle des produits suivant le capital, le travail et le talent de chacun. La liberté lui servait de règle. Toute contrainte était bannie du Phalanstère. L'habitation, les relations de la famille, le repos, le travail, tout était libre, ainsi que dans le monde civilisé.

La théorie nouvelle n'exigeait ni l'abolition de la propriété et du capital, ni la mise en commun de l'outillage, ni le partage égal des revenus. Elle voulait seulement que les hommes, réunis par l'association, missent en commun, à titre d'apport seulement, comme dans nos sociétés en commandite, les biens dont ils pouvaient disposer, sous la réserve de l'intérêt qui leur serait servi et de la rémunération qui serait accordée au travail de chacun. Au système de la spoliation générale, préconisée par les sectes antérieures, faisait place l'organisation scientifique des intérêts.

Après avoir critiqué, avec un incontestable talent, l'organisation de la société moderne et les désastres occasionnés par l'égoïsme, la concurrence industrielle, le monopole et le morcellement de la propriété, le maître exposait, dans une théorie savante, le jeu de l'attraction passionnelle.

Les principes qu'il émettait et les conséquences qu'il en déduisait, très hypothétiques et très contestables, ne sauraient être exposés ici. La seule chose qu'il importe de connaître, c'est sa théorie de l'organisation économique et sociale du travail, partie pratique de son système.

Au morcellement du travail industriel et agricole, il opposait l'organisation sociétaire. « L'association, composée de 1500 personnes au moins, disait-il, comprendra tous les habitants riches et pauvres d'une commune. Le capital social sera composé des immeubles de tous, des meubles et capitaux apportés par eux dans la société. — Chaque associé, en échange de son apport, recevra des actions représentant la valeur de ce qu'il aura livré avec hypothèque privilégiée. Il sera invité ensuite à concourir à l'exploitation du fonds commun par son travail et par son talent. — Le bénéfice annuel, charges prélevées, sera distribué aux associés en proportion du concours de chacun à la production par son *capital, son travail et son talent.* » Une vaste construction, sous le nom de phalanstère, devait abriter les familles qui s'y logeraient à leur gré, et pourvoir à tous les besoins des ménages de manière à rendre au travail une foule de bras qu'absorbe inutilement la famille moderne.

Le premier avantage de cette réforme, disait Fourier, c'est de rendre convergents les intérêts jusqu'alors opposés, des habitants de la commune. Le second, c'est de faire disparaître le morcellement du sol, les clôtures, les fossés, les chemins inutiles, et de cultiver et d'administrer unitairement cet ensemble, comme une seule et grande propriété, avec tous les perfectionnements de la science.—Malgré l'originalité de ces conceptions, malgré leur forme élevée, Fourier, qui les avait conçues en 1808, ne put les publier qu'en 1824. Un moment effacées par la vogue des Saint-Simoniens, elles ne reprirent quelque faveur qu'après leur décadence.

Considérant, un adepte nouveau, répandit les doctrines du maître et les vulgarisa dans *la Phalange*, et surtout dans la *Démocratie pacifique*, qui tint un rang élevé dans la presse jusqu'après la Révolution de 1848. Les salons du journal recevaient chaque soir les prosélytes, et parmi eux, la jeunesse des écoles était fortement représentée. Envoyé comme député à la Constituante, Considérant obtint d'y développer son système pour l'expérimentation duquel il demandait le concours de l'Etat. Mais il fut repoussé et même assez mal accueilli, à cause de la défaveur nouvelle que les journées de Juin avaient jetée sur les écoles socialistes. Bientôt après, avec le Deux-Décembre, la *Démocratie pacifique* et ses partisans disparurent de la scène, ainsi que tous les journaux dont les doctrines importunaient le pouvoir.

Pendant ce temps, Considérant, exilé à Bruxelles, tentait un essai de colonisation et de phalanstère dans les forêts du Texas. Il fit appel dans ce but aux phalanstériens et aux démocrates de tous les pays, et grâce au concours d'un riche américain, M. Brisbane, il parvint à établir, sur les bords de la rivière Rouge, une commune sociétaire qui prit le nom de *la Réunion*. — Cette tentative ne réussit pas, et l'insurrection des Etats du Sud acheva de ruiner l'entreprise. C'était le troisième échec que subissait l'expérimentation phalanstérienne. Considérant n'en resta pas moins au Texas, vivant à la façon des colons, avec sa femme et sa belle-mère qui partagèrent son sort avec courage.

Avec lui disparut le dernier représentant du fouriérisme,

qui ne s'est pas relevé depuis. Mais la doctrine ne périt pas tout entière. Certains socialistes modernes ont recueilli dans son héritage le principe fécond de l'association et de la répartition des produits suivant le capital, le travail et le talent de chacun. Ce principe sert de base à leurs sociétés coopératives de production. Ils ont répudié de la sorte le communisme égalitaire, qui avait attiré jusque-là les classes ouvrières, en leur imposant la suppression de la famille et de la propriété.

Après Fourier et Saint-Simon, la série des grands réformateurs de cette époque n'est pas encore épuisée. Il nous reste Louis Blanc et Proudhon. Comme Babeuf et Cabet, Louis Blanc dit à son tour : guerre à l'industrie libre, au capital, à la propriété. Son but est le même : la communauté, bien qu'il la décore d'un nom nouveau : la solidarité.— « La concurrence est, suivant lui, la cause de l'antagonisme social et de la misère. Pour y mettre un terme, il faut absorber l'individu dans une vaste solidarité, où chacun aura suivant ses besoins et produira suivant ses facultés. » C'est assez exactement la formule de Cabet. Pour la mettre en pratique, le réformateur demandait au gouvernement « la création d'ateliers sociaux dans lesquels le travail serait distribué à tout venant, et convenablement réglementé. » On étouffait ainsi l'industrie privée sous la concurrence de l'industrie nationale. Cette association, organisée par l'Etat, n'était autre que le monopole de l'industrie, l'esclavage de l'ouvrier. Tel était l'idéal de l'organisateur du travail. Telle était la politique des Incas et des jésuites du Paraguay.

Du haut de la tribune qu'il s'était élevé au Luxembourg, « il proposait de créer *un ministère du travail*, qui aurait pour mission :

1° De préparer la Révolution sociale et d'amener graduellement l'abolition du prolétariat ;

2° De racheter les chemins de fer, les mines et les assurances, au moyen de rentes sur l'Etat ;

3° D'établir de vastes entrepôts publics, où les producteurs seraient admis à déposer leurs marchandises contre un *récépissé* qui équivaudrait au papier-monnaie ou au billet de banque ;

4° D'ouvrir des bazars pour le commerce du gros et du détail, où chacun pourrait s'approvisionner à prix fixe, à l'aide des récépissés qu'il aurait obtenus.

Avec les bénéfices résultant de ces opérations, l'Etat devait composer une caisse des travailleurs, qui commanditerait les associations ouvrières et leur assurerait la gratuité du crédit... » — Ces doctrines ont été recueillies par les collectivistes contemporains.

Arrivé au pouvoir, nous l'avons vu ailleurs, M. Louis Blanc ne produisit que de l'agitation. Ses essais d'organisation industrielle, subventionnés par l'Etat, échouèrent honteusement, et l'organisation du travail qu'il préconisait, traduite par la création des ateliers nationaux, aboutit à ces journées de juin qui firent verser tant de sang.

Proudhon vint aussi se jeter dans la mêlée de 1840 à 1850. Mais ce n'est pas un chef d'école, c'est un tirailleur, un lutteur plutôt, qui se bat seul et qui, toujours en fureur, distribue des horions à tous ceux qui l'approchent.

Quel est le système ou la doctrine qu'il n'a pas attaquée ? Saint-Simon, Fourier, Cabet, Louis Blanc, chacun à son tour a supporté les boutades de ce critique amer. — Jugez plutôt : « En philosophie, dit-il, le communisme ne pense ni ne raisonne ; il a horreur de la logique, de la dialectique et de la métaphysique ; il n'apprend pas, il croit.

» En économie sociale, le communiste ne compte ni ne calcule ; il ne sait ni organiser, ni produire, ni répartir ; le travail lui est suspect, la justice lui fait peur. Indigent par lui-même, incompatible avec toute spécification, toute réalisation, toute loi, empruntant ses idées aux plus vieilles traditions, vague, mystique, indéfinissable, prêchant l'abstinence en haine du luxe, l'obéissance en crainte de la liberté, le quiétisme en horreur de la prévoyance. C'est la privation partout, la privation toujours. Le communisme, lâche et énervant, pauvre d'invention, pauvre d'exécution, pauvre de style, le communisme est la religion de la misère » (1).

« Quant aux faits et gestes du socialisme, tant dans notre siècle que dans les siècles précédents, la tâche serait au dessus de ma patience, et ce serait à dévoiler trop de misères, trop de turpitudes. Comme homme de réalisation et de progrès, je répudie de toutes mes forces le socialisme. Vide d'idées, impuissant, immoral, propre seulement à faire des dupes et des escrocs..., n'est-ce pas ainsi qu'il se montre depuis vingt ans, annonçant la science et ne résolvant aucune difficulté; promettant au monde le bonheur et la richesse, et lui-même ne subsistant que d'aumônes et dévorant, sans rien produire, d'énormes capitaux ! » (1). — Suivant lui, le droit au travail n'est admissible qu'avec la transformation de la propriété. Dans l'état actuel, il doit ruiner nos finances. — « Avec ce régime, au lieu d'éteindre le prolétariat, on le ferait pulluler. On épuiserait les richesses du pays au lieu d'en créer de nouvelles. Ce serait un moyen d'enlever du travail à ceux qui en ont pour le donner à ceux qui n'en ont pas » (2).

« La communauté des femmes, dit-il ailleurs, est l'organisation de la peste. Loin de moi, communistes, votre présence m'est une puanteur et votre vue me dégoûte...
« Passons vite sur les constitutions des Saint-Simoniens,

---

(1) *Contradictions économiques*, t. II, 389.
(2) *Contradictions économiques*, t. II, 396.
(3) *Cont. écon.*, II, 399.

Fouriéristes et autres prostitués se faisant fort d'accorder l'amour libre avec la pudeur, la délicatesse et la spiritualité la plus pure. Triste illusion d'un socialisme abject, dernier rêve de la crapule en délire ! (1). »

Si Proudhon est un apôtre du socialisme, il est le destructeur acharné de tout système qui n'est pas le sien... Mais quel est-il ? Après avoir renversé tous ceux des socialistes ses confrères, que propose-t-il à son tour ? — Il voudrait transformer la propriété, l'universaliser, la mobiliser peut-être ; mais comment et par quels moyens ?

Il propose à cet effet l'organisation du crédit mutuel et comme conséquence la suppression du numéraire, du prêt à intérêt et de la rente. Pour obtenir ce résultat, il imagine l'établissement d'une banque d'échange générale qui donnerait aux participants des bons d'échange représentatifs de la valeur de l'objet déposé.

Logicien forcené, nuageux comme un philosophe allemand, après avoir beaucoup écrit, beaucoup critiqué, Proudhon n'a jamais conclu, n'a laissé aucun système et n'a rien fondé. Ses doctrines sont si vagues et si incohérentes qu'on y trouve tout ce qu'on veut. Chacun peut s'emparer de quelques lambeaux de ses discussions et regarder leur auteur comme un auxiliaire. Ce qu'il y a de moins contestable, c'est qu'il avait l'esprit inquiet, critique et démolisseur au suprême degré. C'est un pamphlétaire, un polémiste merveilleux et redouté, un tribun, un grand révolutionnaire, et non point un penseur ni un philosophe.

Tandis que les écoles socialistes posaient le problème du droit au travail, qui faisait le fonds de leurs systèmes, et proposaient en même temps les solutions plus ou moins hasardées qui viennent d'être indiquées, les économistes les

(1) *Cont. écon.*, II, 355.

combattaient à leur tour en ayant pour auxiliaires Thiers, Léon Faucher, Dufaure, Michel Chevalier, et même Ledru-Rollin, qui disait en pleine assemblée de 1848 : « Le socialisme est ce qu'il y a de pire au monde; c'est la communauté, c'est l'Etat se substituant à la liberté individuelle et devenant le plus affreux des tyrans... »

Avec plus de simplicité et de raison, Rossi disait à son tour : « Que les classes laborieuses se persuadent enfin que leur avenir est dans leurs mains, qu'il n'est donné à personne de réaliser l'impossible, et que rien ne peut assurer leur sort que l'épargne et la tempérance... »

Joseph Garnier, reprenant cette thèse, écrivait ensuite « que personne ne peut avoir le droit strict et efficace d'être assisté par des secours ou même par du travail, c'est à-dire de vivre aux dépens de ses semblables ; que la charité publique est insignifiante comme remède pour contrebalancer l'énergie du principe de population ; qu'il en est de même, à plus forte raison, de la charité privée ; que, si l'on développait indéfiniment les institutions charitables à l'aide du trésor public, et si l'on rendait la charité obligatoire, cela reviendrait à prendre la propriété des uns pour la donner aux autres, en vertu du droit au travail ; que toute institution charitable a pour effet d'affaiblir le ressort moral, la responsabilité, la dignité de celui qui y participe, et de susciter l'imprévoyance, l'immoralité, le paupérisme. — Rien ne peut faire que là où il n'y a du travail que pour deux, il y en ait pour trois sans que tous ne soient lésés.

» Le travail n'existe que s'il est offert. Alors seulement vous y aurez droit, puisque le privilège de corporation ne s'y oppose plus, à moins toutefois que vous ne vous présentiez trois là où il n'en faut que deux... »

M. Minghetti, reprenant cette question sous une autre forme, disait avec une grande autorité : « Le travail n'entre en action que par le mouvement des capitaux. Il est forcément limité par leur concours plus ou moins grand. Le gouvernement aura beau les prélever sur le propriétaire, il n'en augmentera pas la quantité. Qu'importe alors que ce soit lui qui s'en empare, s'il est impuissant à créer plus de travail que les citoyens?.. »

Pour assurer le bien-être à chaque individu, disait enfin M. Barrier, il faudrait une moyenne de 1000 fr. par tête. Or 36 millions d'individus à 1000 fr. consommeraient 36 milliards. Et la production totale de la France ne dépasse pas 12 milliards, impôts non déduits. (Proudhon disait 10 milliards à l'assemblée de 1848). Ce n'est que le jour où par des moyens nouveaux, ou par l'intérêt de l'épargne, la nation pourra créer cette somme, que l'aisance sera partout. Tant que ce revenu annuel n'aura pu être réalisé, tous les systèmes de communisme, de collectivité ou autres ne pourront élever le chiffre de la fortune moyenne, qui en l'état actuel, serait de 250 fr. par tête » (1).

Celui qui possède cette moyenne n'a donc pas le droit de se plaindre. Il a rigoureusement la part qui lui revient dans la richesse sociale ; si l'on partageait, il n'aurait pas davantage. Cette somme de 250 fr. serait regardée comme l'opulence par les peuples africains et asiatiques, qui consomment peu. — Il en eût été de même au moyen âge ; mais notre civilisation plus raffinée ne se contente pas de si peu de chose. Ce qui eût été jadis la richesse est pour elle l'indigence. — En l'état de ses revenus, la société, dit encore M. Barrier, ne peut satisfaire qu'au *droit de l'assistance ;* encore s'acquitte-t-elle incomplètement de sa tâche. La reconnaissance du droit au travail rendrait l'Etat entrepreneur. Il ferait ainsi concurrence à l'industrie et la tuerait infailliblement. Il serait d'ailleurs aussi impuissant que l'industrie à fournir du travail à tout le monde. La produc-

(1) Docteur Barrier. *Le droit au travail*, 58.

tion reste ce qu'elle est ; il ne la crée pas, et dès lors, le travail à distribuer reste le même, qu'il vienne de l'Etat ou de l'industrie privée. D'où suit que la richesse et sa répartition n'étant pas changées, le résultat définitif est toujours l'insuffisance des ressources pour un grand nombre » (1).

Tel est l'ensemble des conditions et des arguments que les hommes les plus sages, et les économistes les plus éminents de notre temps, opposaient aux écoles socialistes (2).

Les sociétés secrètes. — Pendant que les écoles socialistes développaient leurs systèmes au grand jour, par la voie de la presse et de la tribune, les sociétés secrètes s'agitaient dans l'ombre avec la pensée de sauvegarder les intérêts de leurs adhérents par des réformes politiques et sociales à la fois. — En souvenir de l'influence qu'elle avaient exercée pendant la Révolution, leurs tendances manifestes étaient républicaines. Elles adhéraient pour la plupart aux théories socialistes, et saluaient le drapeau de Cabet et de Louis Blanc ; mais en s'enrôlant d'une manière plus ou moins intime sous leur bannière, elles se réservaient mystérieusement pour la politique et pour l'action. L'empire n'avait pas laissé le temps aux associations de se réunir et de se concerter. Vers la fin de la Restauration, pénétrées par les idées nouvelles, elles commencèrent à se compter, à serrer leurs rangs, et

(1) Barrier, disciple de Fourier. *Principes de sociologie.*

(2) La statistique de 1877 porte l'ensemble des cotes foncières à 14.200.000. La moitié environ ne paie que 5 fr. d'imposition, soit un revenu net de 40 à 50 fr.

2.600.000 cotes paient de	5 à 10 fr.,	revenu	60 à 80 fr.
2.000.000 —	10 à 20	—	160 à 320
3.000.000 —	20 à 500	—	300 à 5000

20.000 cotes au-dessus de ce dernier chiffre.

Encore faudrait-il défalquer les hypothèques qui les grèvent. — (*Bulletin de la Société des agriculteurs*, 1er mai 1880, p. 362.

aidèrent puissamment la bourgeoisie dans l'insurrection de 1830. Le carbonarisme, importé d'Italie, avait fait en France de rapides progrès. Ses adeptes se réunissaient chez le chef de quartier et y recevaient ses ordres. C'était une arme de guerre et non une institution de progrès. Il s'exerçait à côté du compagnonnage, que le temps n'avait pas amélioré et qui se livrait toujours à des querelles de partis.

En 1832, *la société des droits de l'homme*, qui venait de se créer, formulait déjà son programme. Le manifeste qu'elle publiait réclamait l'émancipation de la classe ouvrière ; une répartition plus équitable des produits et l'association. Elle s'élevait ensuite contre les privilèges, contre le monopole des richesses, contre l'exploitation de l'homme par l'homme et les inégalités sociales. Elle avouait l'intention de ne plus faire de révolution politique, mais de s'en tenir à des révolutions sociales, qui seules pouvaient lui profiter. Elle affirmait en même temps, qu'autour d'elle trois cents associations françaises se ralliaient à ses principes et à sa direction.

Le pouvoir s'émut d'un tel programme. La société fut poursuivie et ses chefs condamnés par la justice. Le lendemain, elle se reformait sous le nom de *société des amis du peuple* et comptait dans ses rangs Garnier-Pagès, Cavaignac, Trélat, Teste, Marrast, Thouret et autres. C'est alors qu'intervint la loi sur les associations. Pour la troisième fois elle fit descendre les ouvriers dans la rue, et les sévérités qu'elle édictait furent le signe d'une nouvelle recrudescence. Prenant un nom nouveau pour échapper aux persécutions dont elle était l'objet, elle compta désormais Blanqui, Barbès, Raspail, au nombre de ses inspirateurs, et s'appela *la société des familles*.

Des persécutions nouvelles et des condamnations judiciaires ayant une fois encore dispersé ses membres, elle se reforma cette fois sous le nom de *société des saisons*, avec Ledru-Rollin, Coussidière, Louis Blanc et Sobrier. L'association, divisée en sections et en sous-sections de dix membres, comptait un personnel nombreux, parfaitement organisé, qui pouvait être réuni au premier appel. C'est en cet état que la surprit la révolution de 1848, à laquelle rien ne l'avait préparée. Mais ses chefs, profitant habilement de la situation, descendirent en masse dans la rue où le pouvoir, qui ne sut pas se défendre, les laissa maîtres de la place (1848). C'est ainsi que Louis Blanc, Flocon et Albert, leurs chefs, furent élevés au pouvoir, qu'ils consentirent à partager avec les autres membres du gouvernement provisoire.

Dès ce moment, les sociétés secrètes se recrutent et s'organisent au grand jour, dans la pensée de soutenir le pouvoir sorti de leurs rangs contre les attaques du dehors. Leurs manifestations tumultueuses, favorisées par une partie des chefs du gouvernement provisoire, s'imposent fréquemment à celui-ci, qui crée pour elles le droit au travail et les ateliers nationaux. A deux reprises elles tentent même de le renverser et engagent la lutte sanglante qui se termine par les journées de Juin.

Après la dispersion des républicains en 1851, Ledru-Rollin, exilé à Londres, fonda *la solidarité républicaine*, et tâcha de réunir les débris des anciennes sociétés qui, sous le nom de cercles, se répandirent dans les provinces, et publièrent çà et là quelques journaux qui servaient de repère et de point d'attente à ceux que l'Empire avait dispersés. Toutes ces réunions étaient plus politiques que socialistes. Elles étaient surtout républicaines et tendaient toujours vers cette forme de gouvernement. Il n'est donc pas surprenant que les princes régnants les aient tenues en suspicion et les aient constamment poursuivies.

Le compagnonnage (1), *les grèves*. — Le compagnon-

(1) V. ci-devant p. 277, 334, 387.

nage, qui produisit dans la suite les coalitions et les grèves, doit trouver place également dans l'ordre de faits qui nous occupe. Il a pris trop de part aux agitations politiques et sociales pour ne pas mériter une mention spéciale. Ses adeptes voudraient en faire remonter l'origine à Salomon. Mais comme le travail libre ne s'est organisé qu'au moyen âge avec les corporations de métiers, qui créaient des compagnons et les admettaient dans leurs rangs, c'est à cette époque seulement qu'il est permis de commencer son histoire.

La difficulté d'entrer dans la corporation et dans la maîtrise força les compagnons à se tenir à l'écart, à s'associer et à s'entr'aider. Ils parvenaient ainsi non-seulement à s'assurer du travail, mais à se procurer un concours indispensable dans leurs pérégrinations à travers la France. Le compagnonnage était l'opposé de la corporation. A la ligue des bourgeois et des artisans établis, il opposait la ligue des ouvriers. — Mais cette association n'eut jamais pour objet que l'assistance mutuelle et répondit à un besoin qui était alors de tous les instants, en procurant aux affiliés : travail, aide et protection. Elle ne prit aucune part aux troubles politiques et religieux qui ensanglantèrent le moyen âge. Ainsi, l'insurrection d'Etienne Marcel ne fut soutenue que par le Tiers-Etat, c'est-à-dire par les bourgeois et artisans de Paris. La Jacquerie ne fut qu'une insurrection des paysans. Les Maillotins, les Cabochiens et les Armagnacs ne rappellent que des querelles de princes. Ainsi la Fronde et la Ligue, ainsi les querelles religieuses. Le compagnonnage y fut toujours étranger.

Pendant les deux derniers siècles, il ne s'est manifesté que par des rivalités de sectes, des formules plus ou moins naïves et mystérieuses, enfin par des querelles intestines, qui ont maintes fois amené l'effusion de sang.

Bien que cette attitude n'offrît aucun danger pour l'Etat,

la turbulence de cette population flottante lui semblait organisée contre le pouvoir et lui portait ombrage. C'est sous cette inspiration qu'il avait interdit les confréries, les sociétés secrètes et les cabales. Il avait en outre imposé aux compagnons l'obligation de ne quitter leur patron qu'après avoir terminé l'ouvrage commencé, prévenu huit jours à l'avance et obtenu un congé écrit sur leur livret (1).

Malgré ces rigueurs, la population ouvrière, dont le nombre s'était grandement accru, ne se fit pas faute de recourir aux coalitions pour élever les salaires. C'est ainsi que les ouvriers de Caen forçaient par des menaces la hausse du prix des journées. En 1697, à Rouen, ils faisaient fermer les fabriques, chassaient les étrangers et refusaient pendant un mois de reprendre leur travail. — A Lyon, en 1744, les ouvriers compagnons demandèrent une augmentation, se mirent en grève et pendant huit jours furent maîtres de la ville. Il fallut des troupes pour rétablir l'ordre. En 1786, nouvelle émeute, qui nécessita la même répression. Telles sont, croyons-nous, les seules coalitions ouvrières de l'ancien régime. Elles furent toutes locales et rarement concertées.

La Révolution de 1789 ayant amené la diminution du travail et la cherté des vivres, les coalitions d'ouvriers se multiplièrent. Les garçons tailleurs, au nombre de 3,000, demandèrent au comité de la ville de leur garantir en toute saison un salaire de 40 sous par jour. La plupart des métiers firent de même. D'autres, les cordonniers, les charpentiers, chassèrent les étrangers, fixèrent le prix de leurs ouvrages et, enrôlant de force leurs camarades, envahirent les ateliers auxquels ils prétendaient imposer leurs tarifs.— On voit que ni notre temps ni notre industrie n'ont inventé les grèves.

En présence de tels désordres, le Conseil municipal rap-

(1) Ord. du 12 décembre 1781.

pela sévèrement que la liberté existait pour tout le monde, et que, par suite, le prix du travail devait être fixé de gré à gré. Mais ses avis demeurèrent impuissants, et l'Assemblée dut intervenir en édictant la loi du 14 juin 1791, qui, se fondant sur la suppression des corporations en général, défendit aux ouvriers et compagnons de se réunir et concerter dans le but de refuser ou d'accorder leur travail à un prix déterminé ».

L'existence du compagnonnage aurait dû être compromise par le décret de la Constituante ; mais ne pouvant se montrer au grand jour, la société se reforma dans l'ombre, et quand le travail reprit son activité et que la société se reconstitua, le compagnonnage se montra comme auparavant, sans se perfectionner et sans apporter aucune amélioration à l'association rudimentaire qui l'avait régi jusque-là.

Les préoccupations de la République et de l'Empire ne permirent pas au compagnonnage de se montrer et d'exercer sa turbulence ; mais à partir de 1820, il ne se passa guère d'année sans que les tribunaux n'eussent à juger quelque procès de coalition. Il en fut de même après 1830. C'est en 1831 et 1834 que l'on vit naître les émeutes formidables de Lyon. Vivre en travaillant, mourir en combattant, telle était à cette occasion la devise du compagnonnage.

En 1840, la grève fut générale et amena dans la rue des désordres et des émeutes... — En 1843, on en compta onze à Paris ou en province, qui furent déférées aux tribunaux. En 1844, une coalition suivie de grève prit à Rive-de-Gier le caractère d'une insurrection. La troupe dut faire usage de ses armes. Il y eut des morts et des blessés et de nombreuses condamnations judiciaires.

La grève des charpentiers vint ensuite avec un caractère de gravité exceptionnel, parce qu'elle entraînait forcément l'oisiveté des corps de métier auxiliaires, tels que menui-

siers, plâtriers, peintres, serruriers, couvreurs et autres. Commencée en 1840, elle eut des intermittences successives et n'acquit son plus grand développement qu'en 1845. Ce qui fit sa force, c'est qu'elle recevait des secours des sociétés de province, et qu'elle put de la sorte venir en aide aux ouvriers nécessiteux. Telle est la circonstance qui lui permit de prolonger la lutte et de triompher du refus de ses patrons.
— Un procès retentissant amena de nombreuses condamnations et ne fit qu'envenimer la querelle.

Dans la même période, la Belgique et l'Angleterre subissaient la même crise avec une intensité plus grande encore.

Les grévistes anglais se réunissaient la nuit dans les landes et recueillaient les souscriptions en vue de la grève qui devait éclater sans aucune apparence d'entente, afin d'échapper à la loi. Ainsi, malgré la législation qui punissait partout le délit de coalition, les grèves n'en éclataient pas avec moins de fréquence, de tumulte et d'effusion de sang.

Dans la période troublée de 1848, alors que le travail faisait défaut, les ouvriers, se sentant plus libres qu'auparavant, formèrent des coalitions qui ne servirent qu'à effrayer les maîtres et à restreindre par cela même la production. — Les boulangers refusèrent de travailler et ne purent être ramenés que par l'influence de Louis Blanc qui fit souscrire à leurs demandes. Les paveurs, les cochers, les imprimeurs, les mécaniciens et les chapeliers vinrent ensuite et obtinrent un tarif qui ne put être longtemps pratiqué, en présence du manque d'ouvrage. Les ateliers nationaux recevaient tous les bras inoccupés et attiraient ceux-là mêmes qui avaient du travail et qui allaient de la sorte au devant d'une tâche plus facile. — Placés ainsi à l'abri de la faim, les exigences de certains ouvriers s'élevèrent jusqu'au point de vouloir imposer l'association à leurs patrons. Le refus énergique de ceux-ci fit déclarer la grève et fermer leurs ateliers. Plusieurs corps de métiers, attirés par l'oisiveté des ateliers nationaux, agirent bientôt de même. — Ce ne fut qu'après les journées de Juin qu'ils rentrèrent peu à peu dans leurs ateliers respectifs.

Dans les années qui suivirent, les coalitions ne furent ni moins nombreuses, ni moins bruyantes, malgré les rigueurs du régime impérial. Les tribunaux poursuivaient en moyenne chaque année 75 coalitions et prononçaient plus de 400 condamnations (1).

La loi de 1864 vint mettre un terme à ces résistances, en déclarant indemne la coalition au nom de la liberté du travail, pourvu qu'elle ne fût accompagnée ni de manœuvres, ni de violences.

Ce retour à la liberté n'a guère changé la situation. Le nombre des grèves est resté le même, à la violence près, qui est devenue plus rare. Nous en avons vu des exemples récents à Genève, à Seraing, à la Ricamarie, en 1869, et depuis lors un peu partout : à Lyon, en 1879 ; à Paris, en 1880 ; à la Grand-Combe, à Roanne, en 1882. C'est toujours, comme autrefois, l'augmentation des salaires et la diminution des heures de travail que l'on réclame (2).

La tolérance a désarmé l'insurrection, sans que les grèves aient cessé de se former. Toutes les industries ont fourni leur contingent. C'est un ennemi auquel il faut s'accoutumer, avec la conviction que les salaires ne pourront jamais dépasser le chiffre qui mettrait en perte la production générale. Le prix de celle-ci est seul à considérer en cas de luttes, et les chambres syndicales semblent compétentes pour

---

(1) *Moniteur* du 19 mars 1864.
(2) En 1877, on a compté en Angleterre 191 grèves grandes ou petites. Presque toutes ont échoué. Un grand nombre a amené des situations pires. La loi des pauvres, l'assistance obligatoire, vient en aide à la grève ; les *trades unions* également, en concentrant les fonds et en pesant sur la détermination des ouvriers. — Leroy-Beaulieu, *Journal des Economistes*, février 1878.

apprécier le conflit. Il serait à désirer cependant que ni l'Etat, ni les villes, ne vinssent en aide aux grévistes qui refusent du travail, en versant dans leurs mains l'argent des contribuables, ainsi que l'a fait le conseil municipal de Lyon, en mai 1879.

Ce haut exemple ne fut pas perdu. Le conseil municipal de Commentry ne tarda pas à l'imiter, en votant à l'unanimité 25,000 francs pour venir en aide à la grève. Les motifs de sa décision méritent d'être connus : « Considérant, dit la délibération du conseil municipal, qu'il est du devoir de la société d'assurer l'existence de ceux de ses membres qui, par leur travail, permettent l'existence de tous ; — Considérant que tant que l'Etat se soustraira à ce devoir, c'est aux communes qu'il appartient de le remplir..... Le Conseil vote 25,000 francs pour être employés au profit des mineurs, qu'un renvoi injustifiable de 152 de leurs camarades a obligés de se mettre en grève..... Il ouvre en même temps une souscription publique et fait un appel pressant à tous les conseils municipaux de la France ».

Le Conseil municipal de Roanne vient d'être sollicité dans le même sens par la grève des tisseurs ; mais il s'est bien gardé de verser dans cette ornière (février 1882). — Aucune assemblée municipale, départementale ou nationale, n'a le droit de disposer de l'argent des contribuables pour encourager les grèves, c'est-à-dire le duel des industries. — Après avoir soutenu les tisseurs, soutiendra-t-elle les travailleurs des champs et tant d'autres ?... Quelles singulières largesses !...

La plupart des rapports ouvriers à l'exposition de Vienne sont très-opposés aux grèves. « Les Anglais s'en sont fait une arme qu'ils emploient d'une manière savante, dit le délégué des opticiens. Elle n'a pu les préserver cependant de nombreux revers. L'expérience nous a prouvé que nous ne pourrions jamais atteindre notre but par les grèves.

— Que d'économies ont été englouties pour arriver à une augmentation dérisoire, aussitôt retirée quand l'ouvrage venait à baisser ! — « Désenchanté des grèves, l'ouvrier français s'est réconcilié avec les machines. Il rêve seulement la possession de l'outillage industriel par les sociétés coopératives » (1).

La grande organisation des grèves anglaises est plus ancienne que la nôtre. Elle date de 1824, après que la loi de coalition eût été supprimée. Les sociétés unionistes de ce pays, ou plutôt les trades-unions, avaient pour but dès l'origine, l'assurance, les secours mutuels en cas de maladie, de chômage, et la retraite. Malheureusement, on abusa de ces fonds pour soutenir des grèves et provoquer artificiellement la hausse des salaires. — Entrées dans cette voie qu'elles croyaient infaillible, les trades-unions ne reculèrent devant aucun moyen, — pas même devant le crime. Les exécutions de Sheffield sont présentes à toutes les mémoires.

Ces conceptions brutales ont-elles réussi ? Les unionistes le croient parce que, disent-ils, les salaires ont augmenté... Mais ils ne voient pas que cette hausse est un fait général et économique qui s'est produit partout en Europe, dans les pays et dans les industries qui n'ont jamais employé la grève. Si la grève des ouvriers produit des hausses momentanées, les grèves des patrons et mieux encore les crises industrielles ramènent la baisse et rétablissent l'équilibre des salaires.

Un seul résultat paraît certain : c'est que la persistance des grèves a ruiné en Angleterre tel ou tel centre métallurgique ou manufacturier, pour en porter les profits à un autre centre, ou même à une nation voisine. — C'est ainsi que la France a vu s'élever la fabrication des machines (2).

---

(1) Leroy-Beaulieu, *Aspirations des ouvriers. Revue des Deux-Mondes*, juillet 1875.

(2) V. Leroy-Beaulieu, *La question ouvrière*.

En présence de ce mouvement d'idées politiques et sociales, qui s'accuse vivement à partir de 1830 jusqu'à nos jours, il semble que, pendant cette période, la nation dût être dans une effervescence continuelle, toujours menacée d'une invasion de l'armée des réformateurs qui s'agitaient partout, dans les livres, dans la presse et à la tribune. Il n'en était rien cependant, en ce qui touche tout au moins les écoles socialistes, parce qu'elles étaient libres, et que les discussions auxquelles on se livrait au grand jour, au sujet de chacune d'elles, étaient purement théoriques. Les esprits élevés, qui pouvaient les comprendre et les discuter, les regardaient d'ailleurs comme peu dangereuses dans la pratique. Il en fut autrement toutefois en 1848, lorsque Louis Blanc, membre du gouvernement provisoire, vint professer publiquement ses doctrines au Luxembourg et qu'il voulut tenter d'en faire l'application. A ce moment, les intérêts s'émurent, et les électeurs alarmés envoyèrent une nouvelle Chambre anti-chimérique qui repoussa les systèmes socialistes et leurs applications.

Toutes ces agitations ne se faisaient sentir qu'à Paris, et dans quelques grandes villes, comme aussi dans une partie de la presse alors peu répandue ; mais la masse du peuple y restait étrangère et ne comprenait guère, dans tous les cas, que le communisme de Cabet, qui la faisait rire et qui répugnait essentiellement aux possesseurs des campagnes (1).

---

(1) On compte à Paris et dans quelques grands centres industriels 5 ou 600.000 ouvriers, au sort desquels l'on voudrait subordonner les intérêts de la France entière. Cette fraction minime et turbulente de la population est la seule qui ait droit aux sympathies de quelques utopistes. Ils s'appellent le peuple, sans s'apercevoir que tout le monde est peuple en France, et sans se préoccuper qu'un peuple bien autrement nombreux, qui travaille aux champs, n'a ni leurs idées, ni leurs tendances. Ils ne tiennent compte, ni de la misère des habitants des campagnes qui souffrent sans se plaindre, ni de la détresse ou de la gêne du petit commerce et de la petite propriété,

Ce n'est pas seulement en France que se manifestaient ces agitations. L'Angleterre avait eu Robert Owen, dont l'école pratique avait donné naissance aux trades-unions. Fuerbach et ses disciples, en Allemagne, enseignaient une philosophie humanitaire qui conduisait au bouleversement de la société. Ils avaient été suivis avec plus de retentissement par Marx et par Lasalle, le premier collectiviste et le second, communiste égalitaire, avec le concours de l'Etat, à la manière de Louis Blanc. Becker, Beder et Oberwinder étaient venus après eux... — En Belgique, Patter avait formé une école puissante de collectivistes. Enfin, la Russie avait produit Herzen, un rêveur socialiste, et Bakounine, le chef incontesté de l'école nihiliste. Chacun, dans sa sphère, avait remué des idées, qui restent encore à l'état flottant parmi les écoles survivantes, attendant du temps, de la science et de l'expérience que celles qui ont quelque valeur soient séparées de celles qui n'en ont aucune.

En résumé, les théories sociales, qui avaient toutes pour objet le bien-être des classes laborieuses, n'avaient cessé pendant vingt ans — de 1830 à 1850 — d'occuper l'attention publique. Chacune d'elles aspirait à obtenir la prééminence et à s'acquérir des suffrages. Chacune offrait sa panacée plus infaillible que celle de son émule pour faire le bonheur de tous. Cabet, Saint-Simon, Louis Blanc, étaient les zélateurs du communisme ou de l'autocratie, de l'égalité souveraine, de l'extinction de la propriété, du capital et de l'intérêt. Fourier vantait seul la liberté individuelle, respectait la

---

ni de la pénurie des prolétaires de la plume et de la robe, pourtant si nombreux.— A les entendre, un ouvrier ne peut vivre avec une journée de 3 ou 4 fr., quand le soldat ne reçoit que 30 ou 40 c.; que les familles vivent aux champs à raison de 84 fr. par tête et par an, soit 0.25 par jour, et que tout ménage bien ordonné peut fonctionner convenablement avec 0,75 par tête. Pour obtenir ce résultat, il suffit non pas d'abolir le capital et le salariat, mais le cabaret le lundi et les dépenses inutiles.

propriété et la famille, et voulait que les bénéfices des associés fussent répartis suivant le capital, le travail et le talent que chacun avait apportés. Proudhon, qui croyait être plus savant, s'arrêtait à une banque d'échange, à un mutuellisme de rapports et de services assez incompréhensible. Tous ces systèmes vinrent se heurter pendant la courte durée de la République de 1848, et disparurent avec elle après s'être réciproquement combattus, sans avoir pu convaincre ni l'Assemblée ni la nation, qui les regardaient pourtant d'un œil sympathique, soit par leurs arguments, soit par leurs livres et leurs journaux, soit par leurs expériences, qui avortèrent tristement pour chacun d'eux.

Le communisme et le socialisme sont rentrés dans l'ombre, sans qu'on ait songé depuis à les discuter et à les faire revivre. La seule trace qu'ils aient laissée, c'est le souvenir de l'association et de ses heureux effets sous toutes les formes: consommation, secours mutuels, industrie, agriculture, crèches, salles d'asile, c'est la part du fouriérisme. Saint-Simon a donné l'élan aux grandes banques, aux grandes opérations industrielles. Proudhon a donné l'idée du crédit mutuel, qui est appelé à rendre de si grands services. Ceux qui se disent collectivistes, mot nouveau qui n'a d'autre signification que celui de communiste, prétendent s'inspirer de Louis Blanc. Voilà tout ce qui nous est resté de cette grande agitation socialiste, qui devait enfanter et des merveilles et le bonheur universel. — Elle accoucha d'une souris...

Quel profit en ont retiré les prolétaires ? Aucun. Des illusions qu'ils n'ont pas encore abandonnées complètement, des idées fausses qu'ils ont revêtues de noms nouveaux : le collectivisme, le mutuellisme, dont l'interprétation est toujours flottante, et qu'ils colportent dans tous les congrès ouvriers. — Là, prenant la proie pour l'ombre, ils se passionnent pour des questions insolubles et qui leur sont étrangères, au lieu de concentrer leurs efforts sur celles qui les intéressent réellement et qui peuvent recevoir une solution favorable à leurs intérêts bien entendus.

Pour que le prolétariat puisse avancer dans la voie du progrès, il faut qu'il repousse le bagage socialiste que nous venons d'analyser tout à l'heure, parce qu'il ne peut lui donner aucune solution juste, saine, pratique. Les théories les plus savantes dans cet ordre d'idées ne sont que des utopies et des rêves, comme ceux de Campanella, de Morelly, ou de la Salente de Fénélon. — Le temps, l'expérience et le bon sens en ont fait justice. On peut dire aujourd'hui que de tous ces systèmes, une seule chose a survécu : la foi en l'association et la démonstration de ses bienfaits sous toutes les formes.

C'est dans cette voie féconde qu'il faut entrer dès lors, en se laissant guider non par des ignorants, des incapables et des énergumènes, mais par les hommes de savoir qui font autorité dans la science économique, et qui ont su, depuis longtemps, distinguer, d'une manière sûre, ce qu'il y avait de pratique d'une part, et de chimérique de l'autre, dans les questions qui passionnent à juste titre le prolétariat contemporain (1).

---

(1) Transformée et bien plus folle encore vingt ans après, nous retrouverons tout à l'heure, avec l'Internationale et les congrès ouvriers, une nouvelle recrudescence du socialisme (V. ci-après, livre XII).

LES ÉCONOMISTES.

Définition de l'Economie politique, inconnue des anciens
et du moyen âge.
Elle apparaît avec Quesnay. — Adam Smith. — J.-B. Say.
Le Travail. — La Propriété. — Le Capital.
La Rente. — L'Intérêt. — Le Salaire. — La Concurrence.

Tandis que les nombreuses écoles socialistes s'agitaient bruyamment pour faire accepter au public leurs théories sonores et décevantes, une autre école, plus modeste, plus réfléchie, plus sûre d'elle-même, apparaissait dans l'ombre et formulait prudemment ses doctrines qu'elle opposait à celles du socialisme.

Comme celui-ci, elle se préoccupait du sort des classes laborieuses, de la distribution des richesses, de la propriété, du travail, des revenus et des salaires, etc. Mais, tandis que le socialisme tendait à les transformer radicalement ou à les faire disparaître, la science économique tendait au contraire à les conserver et justifiait logiquement leur raison d'être.

Entre les deux écoles, animées de tendances contraires, la lutte devait être ardente et implacable. Elle ne tarda pas à naître en effet. Nous allons en indiquer les phases et les résultats.

L'économie politique ou sociale est la science des intérêts sociaux. Elle s'occupe de la formation, de la distribution et de la consommation des richesses (1). C'est, en d'autres termes, l'ensemble des lois qui régissent la société, et règlent les intérêts au point de vue moral et matériel. Fondée sur l'expérience, dont les résultats deviennent des vérités et des principes, son but est de rendre l'aisance aussi générale que possible (2).

De même qu'on donne le nom d'économie domestique à l'administration d'une fortune privée, on appelle *économie politique* l'administration de la fortune nationale. Elle se propose le bonheur des hommes vivant en société, et elle indique en même temps les moyens qui tendent à ce but (3).

Dans l'antiquité, ces théories tenaient peu de place. La politique d'Aristote se résume en ceci : Il y a des êtres pour commander, d'autres pour obéir. — La force prime le droit. — Le vainqueur règne sur le vaincu. — La famille n'est complète qu'avec des esclaves ». — Voilà comme on entend le bien-être général. Mieux vaut dire que les anciens n'ont pas eu le sentiment de la science économique, c'est-à-dire du bonheur du plus grand nombre, et que le rôle du travail, de la propriété et de l'échange ne les a jamais préoccupés.

A Rome, la terre et le grand commerce appartenaient aux patriciens. Les classes inférieures ne vivaient que d'aumônes. Les questions économiques n'étaient pas même posées, si ce n'est par les Gracques et leurs émules, qui ne visaient, en proposant les lois agraires, que quelques terres publiques et une faible partie des prolétaires de Rome.

Le christianisme ne change rien à cet ordre des choses. Ses communautés ne durent qu'un jour, et ses couvents ne se recrutent que parmi les célibataires qui acceptent la vie claustrale, la mortification et la prière.

(1) J.-B. Say.
(2) Droz.
(3) Sismondi.

Le moyen âge avec la féodalité, qui vit dans l'isolement, alimentée par le servage, songe bien moins encore à la répartition des richesses et au bonheur commun. Aucun plan d'améliorations sociales n'existait. Le système des impôts publics, celui qui touche de plus près au bien-être des peuples, ne fut qu'une imitation bizarre des taxes en usage en Grèce et à Rome. Des droits multipliés et arbitraires sur les personnes et sur les choses, des traitants et des collecteurs avides, des abus et des exactions de toute espèce, qui favorisaient l'absence de tout contrôle et de toute comptabilité, la fréquente altération des monnaies, la confiscation, le monopole, des privilèges sans nombre, le régime des substitutions et de la mainmorte, des péages à l'entrée de chaque province, de chaque ville, et par conséquent des entraves de toute sorte apportées au commerce intérieur et extérieur, tel est, en abrégé, le système économique qui fut pratiqué pendant le moyen âge (1).

A partir de saint Louis, on voit fonder çà et là, dans quelques grandes villes, des maisons hospitalières. Louis XI et Louis XIII suivent les mêmes errements ; mais il ne s'agit que de secours aux malades, et non point d'un ensemble de mesures destinées à venir en aide aux masses souffrantes.

Colbert est le premier dont l'attention ait été attirée sur les pauvres et sur les indigents, pour lesquels il créa des maisons de refuge (1656). En 1662, il ordonnait qu'un hôpital serait fondé dans chaque ville et bourg du royaume, afin d'y recevoir les malades, les pauvres, les orphelins et les enfants trouvés. En même temps, il défendait de saisir les bestiaux des fermiers. Puis il ordonnait le dessèchement des marais, l'établissement des haras et du Code de commerce.

(1) Villeneuve-Barjemont, *Hist. de l'écon. polit.*, I, ch. VIII.

Vauban, à son tour, pris de compassion pour la misère du peuple, essaya d'y porter remède à l'aide de son projet de dîme royale, dans lequel il présentait l'état de chaque province, de chaque classe, la situation du peuple, les abus et les malversations qui se pratiquaient dans la levée des tailles, des aides, des douanes et de la capitation, et dans lequel il donnait un sombre tableau de l'état du pays.

Avec le système de Law, la propriété sortit de l'état de torpeur où l'avait maintenue le régime féodal, et la terre fut élevée au rang de puissance productive. Elle passait ainsi du régime de la mainmorte à celui de la circulation. Alors commença pour elle une ère nouvelle, et l'on s'y attacha comme à la plus sûre des valeurs dont la circulation de Law facilitait l'accès.

C'est à ce moment qu'apparut Quesnay, le chef des physiocrates et le père de l'économie politique. Suivant lui, toute intervention du pouvoir est funeste et abusive, dans la production et l'échange... *Laissez faire, laissez passer*, c'est-à-dire : liberté du travail et des échanges, qui est encore la règle de la science moderne. Le gouvernement, suivant lui, doit gouverner le moins possible. — Cette revendication toute nouvelle de la liberté en faveur du travail ne tarda pas à porter ses fruits.

L'erreur de Quesnay était de croire que la terre est la source unique de la richesse; qu'elle donne seule un produit net en sus des frais de production, et que l'industrie et le commerce ne font que transformer et transporter les valeurs sans y rien ajouter. Il voulait en conséquence que la terre payât l'impôt (1774). — Une pléiade d'hommes distingués partageaient sa doctrine : Turgot, Dupont de Nemours, Morellet, Malesherbes, Mirabeau et autres. Leur influence fut considérable, et leurs idées passèrent en grande partie dans les lois économiques de la Révolution.

Presque en même temps (1776), Adam Smith publiait son

ouvrage sur *la Richesse des nations*, dans lequel il montrait que le travail en est la source unique, et que le seul désir d'augmenter notre position et notre fortune dans le monde nous porte à épargner et à accumuler. Il ajoutait ensuite, contrairement à l'opinion de Quesnay, que le travail appliqué à l'industrie et au commerce produit la richesse aussi bien que la culture de la terre. Il démontrait enfin que l'or et l'argent, qui n'étaient qu'un moyen d'échange, n'étaient pas le signe de la richesse, qui résidait tout entière dans l'abondance des produits utiles ou agréables à l'homme. C'est dans la concurrence entre les consommateurs et les producteurs qu'il voyait la source du développement industriel et économique ; et il répétait avec Quesnay : *laissez faire, laissez passer*, comme il adoptait aussi sa théorie du seul impôt foncier. — La Révolution française consacra les principes qui précèdent, c'est-à-dire : liberté du travail, de l'industrie, du commerce ; concurrence libre ; égalité des partages, etc.

Reprenant les idées de Quesnay et de Smith, J.-B. Say les réunissait en 1803 dans son traité d'économie politique, et répandait avec une netteté remarquable des idées justes sur les lois de la production et de la distribution des richesses, telles qu'il les professait au Conservatoire. — Non-seulement il enseignait que la source des richesses est dans le travail ; mais, le premier de tous, il montrait les liens de solidarité qui unissent les différentes industries d'une même nation et des nations voisines.

« L'achat d'un produit, disait-il, ne peut être fait qu'avec la valeur d'un autre. D'où la conséquence que plus les producteurs sont nombreux et les produits multipliés, plus les débouchés sont faciles et étendus. — L'importation des produits étrangers est favorable à la vente des produits indigènes ; car nous ne pouvons acheter les marchandises étrangères qu'avec les produits de notre industrie, de nos terres ou de nos capitaux, auxquels ce commerce procure un débouché (1) ».

Au moment où J.-B. Say jetait les bases de l'économie politique avec une sûreté et une netteté de vues qui ne furent jamais dépassées, les écoles socialistes entraient en scène avec Babeuf, Saint-Simon, Fourrier, Cabet et autres..., bientôt suivies de Proudhon et de Louis Blanc.

En même temps se plaçaient devant eux, comme adversaires acharnés, les continuateurs de Smith et de J.-B. Say, qui s'appelaient Blanqui, Sismondi, Dunoyer, Rossi, Michel Chevalier, de Molinari, Joseph Garnier, Bastiat et autres.

Les socialistes entraient dans l'arène en préconisant tout d'abord la communauté des biens ainsi que l'égalité du travail et des salaires. — Avec Saint-Simon, une légère variante admettait le mérite de l'individu, à l'aide de cette formule équivoque : à chacun suivant sa capacité, à chaque capacité suivant ses œuvres. — Louis Blanc voulait le crédit et le travail collectif... Tous ensemble décapitèrent la liberté individuelle. — Proudhon inaugurait une vaste solidarité à l'aide du mutuellisme, du crédit mutuel et de la banque d'échange, qui devait ruiner la propriété et rendre le capital inutile... » — Considérant, seul, plus respectueux du libre arbitre et de la propriété, demandait la communauté d'habitation et la confusion des fortunes. — Tous les autres ensemble voulaient rendre le travail obligatoire, mettre en commun la propriété et le capital, supprimer l'épargne, l'intérêt et la rente, rendre le salaire uniforme et abolir la concurrence.

A ces principes subversifs qui menaçaient la société de destruction, les économistes répondaient en posant les bases de la science qu'ils préconisaient, et qui, fondée sur l'expérience des nations, avait donné des résultats certains, passés dès

(1) *Traité d'écon. pol.*, 141, 144, 1832.

aujourd'hui à l'état de principes. — Elevant autel contre autel, ils démontraient que la société ne pouvait se passer du jeu de ces institutions dont le mouvement fécondant, favorisé par la liberté, produisait les meilleurs effets...

Le travail, la propriété, le capital, avaient leur raison d'être, parce qu'ils étaient le produit de l'effort humain et de l'épargne accumulée. L'intérêt ou la rente, l'échange, le salaire et la concurrence en étaient la manifestation nécessaire : ils étaient la base de notre organisation sociale et ne pouvaient être supprimés sans périr avec elle et nous ramener à des civilisations moins avancées, qui avaient pour fondement la servitude, l'esclavage, le patriarcat ou la barbarie....

Pour la démonstration de cette thèse, l'analyse des phénomènes était nécessaire.

Voici de quelle manière les économistes exposaient scientifiquement les rapports nécessaires du *travail*, de la *propriété* et du *capital*.

Le travail. — Pour satisfaire à ses premiers besoins, c'est-à-dire pour se procurer la nourriture, le vêtement, le logement, il faut que l'homme travaille, qu'il assure son existence de chaque jour par l'effort et la fatigue. Dans cet effort il y a deux choses : l'œuvre de l'homme, et l'œuvre de la nature. Le progrès consiste à utiliser les forces actives qui peuvent aider le travail de l'homme : les instruments les plus simples et les machines n'ont pas d'autre but. C'est ainsi qu'autrefois l'homme tournait la meule qui réduisait son blé en farine. Plus tard, il eut l'idée d'attacher un cheval à sa meule, épargnant ainsi ses forces en usant de celles de l'animal. — Mais comme il fallait nourrir le cheval, l'homme imagina de prendre le vent et l'eau courante pour auxiliaires, puis enfin la vapeur, auxquels il laissa le soin de faire tourner sa meule sans aucune peine pour lui.

Or, quand il tournait la meule, il ne faisait que dix sacs de farine en un jour en se fatiguant beaucoup... — Avec le cheval, il en faisait vingt sacs en six heures. — Avec la roue, qu'active le courant, il en produisit cent avec moins de peine et de soucis. Ce que l'on dit de la meule, s'applique à la bêche, à la charrue, à la pompe, à la brouette, à la voiture, à la locomotive. Or cette série d'inventions a diminué le travail des neuf dixièmes et augmenté d'autant *la productivité* ou la richesse de l'homme. — Le travail ou les résultats du travail donnent donc *des produits*. Or, si ces produits sont supérieurs aux besoins de l'homme, si sa récolte de blé a été surabondante, sa pêche fructueuse, si sa chasse lui a donné plus qu'il n'a pu consommer, mettant en réserve ce qui excède le nécessaire, il l'échangera contre d'autres produits tels que des filets, un arc, une cabane, un collier, de l'argent...

La difficulté d'obtenir ces produits, le travail qu'ils nécessitent ou qu'ils épargnent, pour qu'on puisse les obtenir, en représente *la valeur*. Enfin, la valeur des produits accumulés et épargnés constitue la richesse ou *le capital*. — Le travail, les produits, l'épargne, l'échange, la valeur et la richesse ou le capital, telle est la filière des résultats du travail.

La propriété. — Les résultats du travail de l'homme sont bien à lui, c'est incontestable ; ils constituent ce qu'on appelle *sa propriété*. Cette propriété, fruit de son travail, il l'échange contre une parcelle de terre dans laquelle son voisin a construit une cabane, défoncé le sol, planté des arbres qui donnent des fruits. — Mais ce voisin avait-il sur cette terre un droit exclusif qui lui permît de l'échanger et de la transmettre ? Etait-elle le fruit de son travail ? — Oui, il l'avait prise tout d'abord comme une chose qui n'appartenait à personne, de même qu'un coquillage de la mer, un poisson, un gibier, un arbre de la forêt. Il la détenait donc par ce droit d'occupation que toutes les législations ont consacré. Mais elle était de plus le fruit de son travail. Et voici comme : la terre est sans valeur par elle-même, et l'on peut s'en emparer partout où l'homme ne se l'est point appropriée. Le travailleur dont s'agit, avec des haches, des pioches et autres instruments, avait abattu des arbres, fait une hutte et des palissades dont il avait entouré le sol. Puis il avait défoncé celui-ci pour y répandre des semences... Enfin il l'avait couvert d'arbres utiles qui lui donnaient des fruits... Cette terre inculte, qui n'était à personne, qui ne produisait rien, l'homme l'avait transformée; il l'avait créée en quelque sorte avec son travail. Il en avait fait ainsi un objet de production, un produit réel qu'il pouvait désormais échanger contre un autre. Il en avait fait une *valeur, un capital, une richesse*.

Voilà l'origine de la propriété foncière. Elle appartient à celui qui l'a créée en vertu du droit que donne le travail sur le produit. — Sa valeur, ou le capital qu'elle représente, est le résultat du travail accumulé sur le sol, et le travail accumulé constitue la richesse. La violence et la fraude peuvent seules troubler ces principes. « Si l'on veut prétendre que la plupart des propriétés ont pour origine la guerre ou la spoliation, il faut qu'on le prouve... Et à défaut de preuve directe, la longue possession, que nos lois consacrent par la prescription, est une présomption de légitimité incontestable pour le possesseur actuel. Sur notre sol, dont le travail et la culture ont centuplé la valeur, qui pourra reconnaître une spoliation ? A qui la fera-t-on remonter ? Quel est celui qu'on en rendra responsable ? — Sans la propriété et sans la garantie de la propriété, point de travail utile, point de richesse ni d'épargne (1).

(1) Thiers, de la Propriété, I et V.

« Qu'on en juge par l'état de langueur, de misère et d'usure dévorante des pays où la propriété n'est pas garantie. Voyez l'Orient, où le despotisme se prétend propriétaire ! Voyez le moyen âge et les temps féodaux ! La terre est négligée parce qu'elle n'est pas sûre. Le commerce est préféré, parce qu'il échappe plus facilement aux exactions. »

Suivant Proudhon, le droit de propriété est absolu; sa justification est d'ordre politique. « Partout où la propriété appartient à la collectivité ou au souverain, il n'y a pas de liberté. C'est pour réagir contre cette situation, qu'on a érigé le domaine de la propriété et qu'on l'a attribué à l'individu... Bien que ce principe soit extra-légal et anti-juridique, la raison d'Etat le domine et veut qu'il en soit ainsi » (1).

C'est aussi l'opinion de Bossuet, de Montesquieu, de Mirabeau, de Trouchet et autres, qui font dériver le droit de propriété de la loi civile.

En résumé, il est vrai de dire : 1° que la propriété est le produit du travail libre et de la capitalisation ou de l'épargne ; 2° que la société l'a ainsi reconnu et en a fait un droit en vertu du contrat social, qui l'impose comme une condition de la liberté civile et politique. — Il résulte, des déductions qui précèdent, que la possession de la propriété, fruit du travail épargné, est parfaitement légitime. Toutes les théories qui ont tenté de le nier ont été regardées comme vaines.

La propriété ainsi obtenue, l'homme peut en user comme il l'entend, c'est-à-dire l'échanger, la vendre, la donner et la transmettre par voie d'héritage. Rien de plus légitime ; c'est ce que nos lois civiles ont reconnu et consacré. — En agissant ainsi, elles ont stimulé le travail, l'épargne et la formation du capital qui féconde l'industrie, au profit de la société tout entière.

(1) Proudhon, *Théorie de la propriété*, 1866.

Le Capital. — Les produits du travail ne donnent pas seulement la propriété immobilière dont nous venons de parler et qui constitue un capital ; ils sont aussi la source du capital en général, et de tous les éléments de la richesse universelle.

Le capital, à son tour, vient en aide au travail, en lui fournissant des matériaux, des matières premières : la charrue, la bêche, des instruments, des animaux, des forces, des machines. Et ce concours réciproque, facilitant la création des produits, accroît sans cesse le capital ou la richesse générale. Le capital est donc l'auxiliaire obligé du travail dans tous les emplois de la production, et cela est si vrai, que le travail ne peut exister sans le capital. Supprimez-le et avec lui, par cela même, la matière première et l'outil : l'homme, n'ayant que ses bras, ne pourra rien, et son travail sera stérile.

Il est donc insensé de déclamer contre le capital, que l'on croit être le dominateur du travail, tandis qu'il n'en est que l'auxiliaire utile, indispensable.

« Quelle est la puissance, dit Bastiat, qui allégera pour tous le fardeau de la peine ? Qui abrégera les heures de travail ? Qui desserrera les liens de ce joug pesant qui courbe l'homme vers la matière ?... C'est le capital, le capital qui, sous la forme de roue, d'engrenage, de rail, de chute d'eau, de rame, de voile, de charrue, prend à sa charge une grande partie de l'œuvre primitivement accomplie aux dépens de nos muscles ; le capital, qui fait concourir au profit de tous les forces gratuites de la nature. Le capital est donc l'ami, le bienfaiteur de tous les hommes, et particulièrement des classes souffrantes. Ce qu'elles doivent désirer, c'est qu'il s'accumule, se multiplie, se répande sans cesse. Et s'il y a un spectacle triste au monde, c'est de voir ces mêmes classes, dans leur égarement, faire au capital une guerre acharnée... ».

Rente, intérêt, revenu. — Si la propriété et le capital ne méritent pas les reproches que les socialistes leur adressent, en est-il de même de la rente de la terre ou *du fermage*, et de l'intérêt ou *louage* du capital ? Examinons :

Le travail avait donné le produit. Le produit épargné avait constitué le capital sous forme de maisons, de terres, d'outils, etc. — Le capital, à son tour, a fait naître le fermage ou le louage, c'est-à-dire la rente ou l'intérêt.

On s'est demandé si une telle opération était légitime. Les anciens ont répondu affirmativement par une pratique constante, et si l'Eglise l'a condamnée pendant un certain temps, elle a reconnu son erreur et adoré ce qu'elle avait brûlé jadis.

Si je vous prête ma bêche, ma charrue, mon âne, ce ne sera pas pour rien. En vous rendant ce service, j'en veux tirer un profit, une rémunération, si non, je ne les prêterai pas. — Il en sera de même d'une terre, de ma maison et de mon argent. En vous les prêtant, je vous donne l'usage d'un capital qui représente une valeur ; je vous rends un service ayant une valeur, j'ai droit à une rémunération, et cette rémunération, c'est l'intérêt. Donc, le prêt à intérêt et le prix du loyer sont légitimes.

Le prêteur, en se dessaisissant de son capital, terre, maison ou argent, se prive d'un gain ; il éprouve un préjudice, il court un risque : toutes choses dont il doit être indemnisé. Donc le prêt à intérêt est légitime.

Le capital est un instrument de production dont on paie le loyer. « L'argent n'enfante pas l'argent, dit J.-B. Say, mais la valeur enfante la valeur, et quand le prêteur demande un intérêt, cet intérêt n'est qu'une portion de la valeur enfantée par son capital, ou du moins de la valeur que son capital pourrait produire. » (1). Donc l'intérêt est légitime.

(1) *Cours d'écon. pol.*, 347.

Proudhon et son école enseignent que le crédit doit être gratuit, et que la gratuité fera disparaître le capital. — Pour qu'il pût en être ainsi, il faudrait auparavant que le prêt du capital, le service que l'on rend en le prêtant, et les risques que court le prêteur, fussent également gratuits... Et c'est là supposer l'absurde.

Ce que l'on dit de l'intérêt d'un capital argent s'applique identiquement au loyer d'une maison, à la ferme d'une terre. L'homme qui, par son travail ou à l'aide des produits épargnés de son travail, a bâti une maison ou approprié une terre, est libre d'en disposer comme il lui plaît : qu'il l'exploite, la loue ou la vende ; qu'il la donne à ses enfants de son vivant ou qu'il la leur laisse en héritage, il ne fait tort à personne, et les manifestations de sa liberté doivent être respectées. Et cette liberté doit présider de même à toutes les transactions. Il faut laisser aux contractants la faculté de débattre la valeur des objets qu'ils échangent et d'en déterminer le prix. Le despotisme seul peut agir autrement.

Si l'Etat voulait abolir l'intérêt, le loyer ou le fermage, ceux qui possèdent refuseraient de prêter *gratis* leur capital, leurs maisons et leurs champs. Et si l'Etat imposait la contrainte, ce serait la spoliation, le vol organisé, qui arrêterait à tout jamais la production et tarirait la source de la fortune publique.

Reconnaissons une fois de plus que l'intérêt stimule l'épargne, source du capital qu'il multiplie d'années en années. S'il est profitable à ceux qui le possèdent, il ne l'est pas moins à ceux qui en manquent, parce qu'ils y trouvent le seul moyen pratique d'occuper leurs bras et de se créer des ressources.

Les possesseurs de la terre et des capitaux ne sont pas des frelons, ainsi qu'on l'a dit. Ils concourent en effet à l'œuvre sociale comme créateurs et conservateurs des instruments du travail. Ils n'ont pas de privilèges comme nos anciennes corporations fermées. S'ils sont mieux partagés dans la richesse sociale, ils ne le sont ni aux dépens ni à l'exclusion des autres, qui ont tous le droit et la faculté de s'élever à la même condition et de devenir propriétaires par le travail, l'économie, l'échange ou l'héritage... » (1).

Après avoir indiqué les conditions de la vie sociale : le travail, le produit, la propriété, le capital et les diverses formes du revenu, il nous reste à examiner deux questions qui ont le don funeste de passionner les masses : *le salaire et la concurrence*.

Les socialistes, en supprimant la propriété, le capital et le revenu, suppriment par cela même les salaires. Il n'y a plus d'ouvriers à prix déterminé ou débattu ; il n'y a que des associés communistes. Mais pour ceux que le socialisme ne tente pas ou qui sont contraints d'accepter le régime actuel de l'organisation du travail, le salaire et la concurrence sont deux ennemis qu'il faut combattre à outrance.

Voyons donc si cette querelle est légitime.

L'antiquité faisait travailler des esclaves et le moyen âge des serfs. Ils n'étaient les uns et les autres que des instruments, un capital mobilier, des bêtes à face humaine... L'intérêt seul du propriétaire lui commandait de les entretenir et de les ménager.

La Révolution a donné, à ces deux castes, la liberté du travail, et leur a imposé, par cela même, l'obligation de pourvoir à leurs moyens d'existence. L'ancien maître est devenu un patron avec lequel l'ouvrier traite de gré à gré en toute liberté d'action. D'où suit que le taux des salaires, comme celui des marchandises, dépend de l'offre et de la demande.

« Le salaire baisse, a dit Cobden, quand deux ouvriers courent après un maître. Il hausse au contraire quand deux

---

(1) J. Garnier, *Notions d'écon. pol.*, 235.

maîtres courent après un ouvrier. Et cela est vrai de tous les genres de salaire. »

On appelle du nom générique de *salaire* le prix du travail, le revenu des travailleurs. Il faut donc comprendre dans la catégorie des salaires toute rémunération de travail. Ainsi, les gages des domestiques, les appointements des employés, les honoraires de professions diverses et les salaires des ouvriers manuels proprement dits, sont tous économiquement de même nature. Toutes ces rétributions sont le prix courant du travail payé selon le temps employé ou le service rendu, et ce prix se règle comme le prix de toutes choses, par la concurrence des travailleurs et de ceux qui les emploient. — L'offre et la demande, telle est la règle. — Plus le capital est abondant, plus il sollicite le travail et en provoque la hausse. D'où la conséquence qu'il faut favoriser le premier, si l'on veut qu'il s'adresse à l'autre.

Le salaire, dût-on en être surpris, est d'ailleurs une des formes de l'association. Deux hommes se réunissent pour la chasse ou l'agriculture et s'engagent à partager les produits de leur travail; mais un jour l'un d'eux, plus laborieux, s'aperçoit qu'il est dupe et propose à l'autre une rétribution déterminée. Celui-ci, plus timide d'ailleurs et redoutant l'incertitude de la chasse et des produits champêtres, préfère aussi un revenu fixe et assuré. En un mot, il préfère le salaire certain à l'insécurité de l'association. C'est le cas aujourd'hui de tous les hommes à gages et à appointements fixes, et de tous les fonctionnaires de l'Etat. On les rétribue à l'aide d'une somme fixée d'avance et qui prend, suivant le cas, le nom de salaire, d'appointement ou de traitement...

L'ouvrier sans épargne et ceux qui ne veulent ou ne peuvent risquer des capitaux dans une entreprise ne sauraient travailler autrement. En résumé, le salaire est un genre d'association dans lequel l'un des associés achète d'avance à l'autre sa part de bénéfices contre un traitement journalier. Les efforts sont associés et concourent au même but, tandis que le partage des bénéfices est différent. Que l'opération donne de bons ou de mauvais résultats, le salarié touche sa part. Celui qui prend à sa charge tous les risques conserve en retour la plus grande partie du bénéfice, s'il y en a. Et rien n'est plus juste.

L'on s'est demandé toutefois si l'ouvrier salarié recevait tout le prix de son travail... Karl Marx et ses adhérents ont répondu par la négative. — Six heures de travail suffisent à l'ouvrier pour vivre, disent-ils. Le bénéfice des heures supplémentaires lui est volé par son patron, qui en fait son bénéfice. L'ouvrier doit recevoir, en conséquence, la totalité du prix net de la vente des produits.

Cette théorie pourrait être vraie si le travail était la source unique de la valeur des choses. Or, dans cette valeur entre forcément le loyer du capital et ses risques, ainsi que l'intelligence et le savoir, qui concourent aussi bien que le travail à la création des produits. Le travail est un service, et le service une marchandise qui se paie comme toutes les autres, suivant un prix débattu, ou mieux encore, suivant les lois de l'offre et de la demande. Le travail a pour salaire le produit ou la part du produit pour laquelle il a contribué à la création de la marchandise, et cette part n'est qu'une partie du produit total qui se divise entre tous ceux qui ont coopéré d'une manière quelconque à la production totale. Un produit, quel qu'il soit, n'est qu'une série de façons qui, ayant créé cette valeur, ont droit à un salaire proportionnel au prix vénal de l'objet.

L'entrepreneur et le capitaliste n'ont-ils pas fourni des connaissances acquises, combiné, préparé l'opération par un travail antérieur ? — La part du capital n'est que le remboursement de ces travaux, et le meilleur moyen de fixer cette part, c'est la liberté de l'offre et de la demande.

Mais, ajoute-t-on, l'ouvrier n'apporte pas seulement son

travail : il apporte en même temps un capital, celui de ses bras et de sa personne... A la bonne heure ; mais qui ne voit que le travail et les bras ne peuvent aller l'un sans l'autre, et qu'ils ne sont qu'une seule et même chose ? La rémunération de cet ensemble, de ce capital, c'est le salaire, qui est variable suivant la valeur de l'homme et le prix du marché.

Il est donc bien certain que la valeur du produit comprend plusieurs parts : celle du travail, du capital et de l'intelligence ou travail intellectuel, qui comprend la direction, les soins administratifs, l'habileté industrielle et commerciale. De la valeur de ce produit il faut aussi défalquer les risques ou l'aléa qui peuvent l'amoindrir. C'est alors seulement que le capital et le travail pourront se le partager. Mais dans ce partage, il arrivera toujours que l'homme, qui n'apporte que son travail manuel, aura une part moindre que celui qui apporte à la fois le travail intelligence et le capital espèces qui doit les mettre en mouvement.

Ce qui prouve au surplus que le patron ne vole pas la moitié du temps de l'ouvrier et n'en tire pas profit, c'est qu'il lui arrive souvent de faire faillite et de vivre à peine. La concurrence fait qu'entre le prix de vente et le salaire, il y a un écart très faible qui permet à peine de rémunérer le capital et le travail de l'entrepreneur. Celui-ci ne peut réussir dans l'industrie moderne qu'en employant de gros capitaux, de manière à diminuer les frais généraux, mais en courant par cela même de gros risques.

Le seul moyen qu'il y ait de rémunérer complètement et sûrement le travail de l'ouvrier, c'est de l'associer aux bénéfices, de l'admettre à la participation, soit... Mais qu'on trouve auparavant un moyen certain de le faire participer aux risques, et la solution du problème posé sera complète. Ne faudra-t-il pas craindre, dans tous les cas, que cette part du maître soit excessive ?.... Sans doute. — Le remède à ce mal, c'est la libre discussion, c'est la concurrence, qui disputera les travaux trop rémunérés ou qui éloignera les ouvriers qui ne le sont pas assez, obligeant ainsi le capitaliste à restreindre lui-même son bénéfice en se montrant plus équitable envers tous.

La libre discussion disions-nous... Elle permet aux ouvriers de s'entendre, de se coaliser et de faire grève, c'est-à-dire de refuser le travail qui ne leur paraît pas assez rémunérateur, afin d'obtenir une modification de salaire. Ce procédé est assurément dans leur droit, mais non pas toujours peut-être dans leur intérêt. Si les ouvriers se coalisent, les patrons, menacés dans leur fortune, et parfois dans leur existence, peuvent se coaliser aussi. L'ouvrier a succombé si souvent dans cette lutte, que sa confiance en ce moyen violent commence à être ébranlée. Il a pu triompher quelquefois, mais le plus souvent il a été vaincu et a dû subir la loi des industriels coalisés. — Le chômage amène des souffrances cruelles et des pertes réciproques qui, affaiblissant à la fois l'ouvrier et l'industrie, rendent le travail plus précaire. Il est vrai que les grèves tendent à diminuer de plus en plus, et l'on espère qu'à l'avenir les chambres syndicales les feront disparaître.

A maintes reprises, les ouvriers, invoquant l'intervention de l'Etat, ont demandé la fixation d'un minimum de salaires. Au moyen âge et au XVIe siècle, ce système avait été souvent accueilli pour protéger le consommateur contre le marchand, le patron contre l'ouvrier. En 1731, 1744 et 1786, la réglementation du prix des journées avait été de même prescrite à Lyon ; mais chaque fois elle avait amené des émeutes, la stagnation du travail et le retrait final des mesures antilibérales que l'on avait d'abord édictées. En 1791, dans cette même ville, un tarif minimum ayant été imposé par l'autorité dans une période de crise commerciale, les fabricants durent cesser les commandes, et une insurrection s'ensuivit. — La Convention, mieux inspirée, refusa de souscrire à la demande des chapeliers, qui voulaient un minimum, et se prononça nettement en faveur de la liberté des transactions.

L'égalité des salaires a été proposée par une certaine école et acceptée par ses adhérents, mais sans aucune espèce de succès. L'homme fort et économe ne veut pas être confondu avec le faible et le paresseux.

D'autres ont imaginé l'augmentation universelle des salaires, se flattant ainsi d'obtenir une meilleure répartition de la richesse sociale. — Dans cet ordre d'idées, on élèverait le salaire général des ouvriers adultes au taux moyen des salaires de Paris, soit cinq francs pour les hommes et deux francs pour les femmes. Or, comme nous comptons en France dix-huit millions de travailleurs hommes ou femmes, soit neuf millions de couples, à sept francs l'un, nous obtiendrons ainsi une dépense de dix-huit milliards de salaires, somme supérieure au revenu total de la France...

Nous avons supposé d'ailleurs que le revenu net était de 12 milliards, tandis qu'il n'est réellement que de 7 milliards. Le surplus est produit par le bénéfice du commerce et de la circulation. — En réalité, la propriété mobilière ou immobilière étant évaluée à 150 milliards, on estime que leur revenu net à 5 % est de 7 à 8 milliards. Or, ce revenu, partagé entre les 36,000,000 de Français, ne donnerait à chacun que 250 fr. par an — 200 francs seulement à 4 %, ce qui serait plus vrai.

Vouloir supprimer le salariat sera toujours un rêve. C'est bien à tort qu'on l'a comparé à l'esclavage, alors qu'il jouit de l'égalité et de la liberté, qui lui permettent de rechercher utilement le bien-être. Tous les hommes vivent en définitive de revenus, de profits ou de salaires. Le salariat est un contrat accepté par deux parties qui croient y trouver un avantage. C'est un contrat libre, qui n'abaisse ni la fierté, ni l'indépendance du salarié, ni l'autorité de l'entrepreneur. Chacun d'eux s'engage pour un temps et pour un objet déterminés. S'il y a quelquefois pression de part ou d'autre, la concurrence sauve les intérêts du faible, et c'est toujours la loi de l'offre et de la demande qui finit par prévaloir.

Attaquer la combinaison si simple, si naturelle du salariat, dit Cernuschi, c'est retourner en arrière vers un état moins civilisé (1).

« Vaudrait-il mieux que l'ouvrier n'eût pas à débattre son salaire ? qu'il fût esclave ou serf comme autrefois ? Vaudrait-il mieux assujettir l'humanité au joug du communisme et constituer ainsi le servage universel sous prétexte d'abolir le salariat ?... Vaudrait-il mieux, pour supprimer les salariés, faire disparaître le capital et établir l'égalité dans la misère ? — Il est dangereux de déclamer contre le salariat quand on sait qu'il s'impose à notre civilisation, alors surtout qu'on ne propose rien de mieux pour le remplacer » (2).

Quelque jour peut-être le salaire fera-t-il place à des moyens de répartition plus perfectionnés des fruits du travail. Sans doute, la grande industrie, qui nécessite des capitaux considérables, en rend l'accès plus difficile à la classe ouvrière, mais l'association et la participation arriveront à trouver le moyen d'écarter cette difficulté, d'augmenter les profits des associés et d'accroître leur bien-être, de faciliter l'épargne et la formation des capitaux, de développer enfin l'intelligence de l'ouvrier en conciliant les intérêts de tous.

Cette nouvelle forme de travail ne changera pas les lois économiques et ne transformera pas le monde, parce que le capital, étant limité, ne peut produire par cela même qu'une

---

(1) *Les illusions des sociétés coopératives*, 27.
(2) Levasseur, t. II, 527.

quantité de travail déterminé et fournir à une certaine somme de salaires. Mais l'association s'ajoutera aux divers modes de travail déjà usités, aux sociétés innombrables déjà existantes, et trouvera sa place comme les autres dans le champ illimité de la liberté.

La concurrence. — Si le salaire est odieux, la concurrence ne l'est pas moins. « L'un et l'autre, nous dit-on, affament l'ouvrier et accumulent des ruines industrielles. » La concurrence est comme ce dieu de l'Inde dont le char triomphal broye les populations sur son passage. — Obligeant l'industrie à perfectionner ses procédés et à les renouveler mécaniquement, elle rend inutile le concours de l'homme, et fait naître le chômage. — « La liberté effrénée, ajoute-t-on, concentre d'immenses capitaux dans les mains des compagnies manufacturières, qui accaparent la production et se créent un monopole. Le petit fabricant doit disparaître devant elles, et l'ouvrier ne peut débattre ses salaires devant cette féodalité industrielle et despotique qui, après avoir tout anéanti autour d'elle, ne souffre ni la concurrence, ni la discussion... » Tels sont les griefs des écoles socialistes qu'il importe d'analyser.

Quand la Révolution eut balayé les corporations, les privilèges, les douanes intérieures, et rendu la liberté au travail et à l'industrie, la concurrence, c'est-à-dire la rivalité des efforts, se manifesta sans limites. D'individu à individu, de nation à nation, entre le capital et le travail, aussi bien qu'entre les capitalistes eux-mêmes, la lutte fut partout engagée. — Tandis que les économistes l'acclamaient, les socialistes, au contraire, voyaient dans la concurrence la cause de tous les maux.

Les anciennes sociétés, qui se basaient sur les castes, l'esclavage ou le servage, ne l'ont pas connue, parce qu'elles ne connaissaient pas la liberté. Introduite depuis peu dans notre civilisation, la concurrence y a produit des merveilles. Et le travail humain, aiguillonné par elle, secondé d'ailleurs par les découvertes de la science, a doublé d'intensité et décuplé en résultats. — Grâce à elle, la richesse publique s'est élevée ; les objets de première nécessité sont descendus à la portée de tous, et chaque ouvrier jouit aujourd'hui d'une somme de bien-être supérieure à celle des bourgeois du siècle dernier. — Tenter de la supprimer maintenant, ce serait nous ramener au régime des castes de l'Inde, de Sparte, du Paraguay ou de nos corporations du moyen âge.

La solidarité universelle et le mutuellisme qu'on nous propose ne vaudraient pas mieux, car ils n'enfanteraient aussi que l'indolence et la misère universelles.

En vertu de la concurrence, chaque producteur s'efforce d'attirer des clients en leur offrant plus d'avantages quant au prix et quant à la qualité de ses produits ; et dans cette lutte persistante, il diminue sans cesse son prix de revient et ses bénéfices, au grand avantage du consommateur.

En agissant ainsi, il ne cesse, il est vrai, de maudire la concurrence qui limite ses profits. Aveuglé par son intérêt, il oublie que cette même concurrence lui profite chaque fois qu'il veut acheter et qu'il devient consommateur. Ce qui revient à dire que la concurrence est la soupape de sûreté de l'intérêt personnel. Veut-on exagérer ses services ? On provoque l'offre plus modérée d'un voisin qui voit préférer les siens et s'approprie le bénéfice. — L'expérience a démontré que l'industrie de l'homme, pour être féconde, doit être libre, et que les lois et règlements, qui veulent la limiter, contribuent à paralyser ses progrès, à appauvrir les citoyens et à augmenter la misère.

Le droit de travailler est un droit naturel, qui sert de base à la science économique, sous le nom de liberté du travail et de libre concurrence. La concurrence est l'âme et l'aiguillon de l'industrie, a dit Montesquieu. Elle stimule et éclaire à la fois le producteur, qu'elle sollicite à mieux faire. — C'est par le libre concours entre acheteurs et vendeurs, que s'établit le prix des choses, et c'est la concurrence qui met un juste prix au travail, aux services, aux marchandises, aux propriétés. C'est elle qui prévient les monopoles, diminue les frais onéreux de fabrication, de transport, de magasinage, l'intérêt des capitaux, et qui réduit à de justes proportions les profits des producteurs et des entrepreneurs (1).

En résumé, la société actuelle est basée sur la liberté du travail, la propriété individuelle avec ses accessoires obligés, l'intérêt et le fermage, et sur la libre concurrence, qui est aussi l'une des bases de notre système économique.

Moins un peuple est civilisé, moins la propriété chez lui est assurée, moins la liberté du travail et des échanges est développée, moins il produit, moins est grande sa puissance. Telle est la règle.

Et cependant, à une époque récente, des penseurs ont pu croire qu'à l'aide de certaines combinaisons économiques, on pouvait supprimer le principe de la propriété et la libre concurrence entre producteurs et consommateurs, entre vendeurs et acheteurs. Dans toutes ces combinaisons plus ou moins ingénieuses, on croit pouvoir remplacer l'intérêt individuel par l'intérêt social, et retrouver dans celui-ci la même énergie que dans l'autre. On croit que les hommes travailleront en commun avec dévouement, avec économie et prévoyance. L'histoire dément ces illusions, qui n'ont pu être réalisées que dans les cloîtres, avec des célibataires et sous l'influence d'une sévère discipline.

Une variété de socialisme faisant appel à l'Etat, voudrait

(1) J. Garnier, *Econ. pol.*, 5ᵉ édition, p. 62.

qu'il dirigeât toutes les entreprises. On convertirait de la sorte, en ateliers sociaux, les diverses branches d'industrie, et les ouvriers, en fonctionnaires, démocratiquement organisés. On aboutirait dès lors à l'égalité des salaires et au communisme. On verrait disparaître en même temps ce stimulant de l'industrie et du progrès dont la *concurrence* est l'âme.

En comparant les faits qui précèdent à ceux que nous avons indiqués au sujet du socialisme, on peut juger de l'énorme divergence qui les sépare.

Le socialisme veut mettre en commun les hommes et les choses. Il méconnaît ainsi *la liberté* et la propriété individuelle, fruit du travail et de l'épargne. En proscrivant la concurrence, c'est-à-dire la loi de l'offre et de la demande, il viole la liberté du travail. L'égalité des salaires et le travail en commun qu'il préconise, ne peuvent être acceptés que par les faibles, et repoussés par les forts et les vaillants.

L'économie politique enseigne au contraire qu'il faut laisser l'humanité se développer *en toute liberté*, selon ses instincts et suivant les lois naturelles. Elle proclame ensuite, avec la Révolution de 1789, comme un principe de justice, *l'égalité civile*, c'est-à-dire l'égalité des droits et des devoirs ; mais non pas l'égalité des conditions, car les forts et les robustes l'emporteront toujours sur les chétifs et les pauvres d'esprit — un sol fécond produira plus qu'un sol stérile. La prodigalité ou l'épargne, le bonheur et le malheur, les accidents et les infirmités dérangeront toujours *l'égalité des conditions*.

Toutes les sectes socialistes qui, de 1830 à 1848, s'étaient emparées bruyamment de l'arène politique, ont disparu successivement de la scène et n'ont aujourd'hui ni un journal, ni un représentant attitré qui persiste à les défendre. L'économie politique, au contraire, n'a fait que grandir et se répandre ; elle a conquis un rang dans la science ; son enseignement a envahi les écoles supérieures. Elle a des journaux, une série d'ouvrages qui forment une bibliothèque imposante et qui vulgarisent chaque jour sa doctrine. C'est par elle que la plupart des idées creuses, qui circulaient dans le monde économique, ont déjà disparu. C'est par elle aussi, qu'avec le progrès de l'instruction, celles qui persistent encore dans la classe ouvrière seront dissipées.

LIVRE XII

LE PROLÉTARIAT CONTEMPORAIN.

I. Sociétés agressives et militantes : L'Internationale. — Le Mutuellisme. — Le Collectivisme. — Les Congrès ouvriers. — Le Socialisme de la chaire.

II. Sociétés préventives de Prévoyance et d'Epargne : Secours mutuels. — Caisses d'Epargne, de Retraite et d'assurances.

III. Sociétés coopératives : Consommation. — Crédit. — Production.

IV. Sociétés de patronage : Participation des ouvriers au bénéfice des patrons. — Majoration des salaires. — Cités ouvrières. — Fourneaux économiques. — Crèches. — Salles d'asile. — Orphelinats. — Refuges. — Bibliothèques populaires.

I

Pendant que les associations de toute nature portaient ombrage à l'Empire, les délégués des ouvriers français se rendaient à l'exposition internationale de Londres (1862). Chaudement accueillis par les ouvriers anglais, ils furent frappés de l'élévation de leurs salaires, attribués à l'influence des *trades-unions*, qui alimentaient fréquemment les coalitions et les grèves. On disait cependant que cette hausse factice n'avait pu se soutenir, parce que la concurrence étrangère l'avait ensuite abaissée. Pour paralyser les effets de celle-ci, il fallait relier toutes les associations ouvrières en une fédération universelle et provoquer l'association internationale des travailleurs. Telle est l'idée première dont le germe ne tarda pas à porter ses fruits. Deux ans après, les délégués ouvriers de toutes les nations se réunissaient à Londres, et parmi eux Tolain, Karl Marx, Mazzini et autres, qui tous ensemble rédigeaient les statuts de la nouvelle société qui devait être une machine de guerre.

« L'assujétissement du travailleur au capital est la source de toute servitude, disent les préliminaires ; leur émancipation économique est donc le but auquel ils doivent tendre ; ce problème intéresse toutes les nations civilisées.

» En conséquence, une association est établie pour procurer un point central de communication et de coopération entre les travailleurs de tous pays aspirant au même but, savoir : le concours mutuel, le progrès et l'affranchissement de la classe ouvrière (art. 1).

Art. 2. Elle se nommera : association internationale des travailleurs. — « Le Conseil général établira des relations avec les associations ouvrières, de telle sorte que les ouvriers de chaque pays soient au courant de ce qui se passe ailleurs (art. 5).

» Chaque membre, en changeant de pays, recevra l'appui fraternel des membres de l'association, et en même temps les renseignements relatifs à sa profession (art. 7).

« Le congrès se réunit tous les ans, sur un point déterminé d'avance, où chaque association locale envoie ses délégués... » — La cotisation annuelle était fixée à 1 fr. 25 par adhérent. — L'association était républicaine et fédératrice; chaque groupe conservait son autonomie, et le congrès seul était souverain. — Le Conseil général n'était que l'exécuteur des décisions du Congrès. Comme programme d'études, en vue du futur Congrès, on arrêta le suivant :

1° Organisation de l'association, son but, ses moyens ;

2° Sociétés ouvrières, leur passé, leur avenir ;

3° Question du chômage et des grèves, moyens d'y remédier ;

4° Du travail des femmes et des enfants dans les fabriques ;

5° Réduction des heures de travail ;

6° De l'association en général ; son principe, ses applications. La coopération distinguée de l'association.

7° Des relations du capital et du travail, de la concurrence étrangère, traités de commerce.

8° L'impôt direct et indirect — crédit mutuel ;

9° Etablissement d'une société de secours mutuels ;

10° Armées permanentes — des idées religieuses.

Les progrès de la nouvelle association furent très lents tout d'abord. Sous l'influence de Mazzini, qui voulait former une société secrète et la faire servir à la politique, les Italiens se retirèrent. Des conflits s'élevèrent entre le groupe français et les Anglais, de telle sorte que le Congrès annoncé ne put avoir lieu à Londres l'année suivante. Ce ne fut donc que le 3 septembre 1866 que se réunit à Genève le premier congrès de l'Internationale.

Les délégués de tous pays, au nombre de soixante, adoptèrent tout d'abord les statuts élaborés par Marx. Le Congrès décida ensuite qu'il fallait poursuivre *partout* la réduction de la journée de travail à huit heures effectives ; que le travail des enfants ne devait pas dépasser quelques heures par jour, le surplus étant consacré à leur instruction, que les chefs d'industrie *étaient tenus* de leur procurer. Enfin, des résolutions furent votées en faveur de la suppression des impôts indirects et des armées permanentes. Dès ce moment, les adhésions arrivèrent en grand nombre ; des journaux furent créés dans toutes les langues et se mirent au service de la cause.

L'année suivante, le deuxième Congrès se réunit à Lausanne (2 septembre 1867). — La question de la propriété collective et celle de l'hérédité y demeurèrent sans solution bien que vivement discutées. Le Congrès se prononça toutefois pour la suppression des grandes compagnies et le rachat des chemins de fer par l'Etat. Le croirait-on, l'enseignement gratuit fut repoussé par ce motif, que le premier devoir des parents étant d'instruire leurs enfants, l'Etat ne doit payer pour eux que quand ils ne peuvent le faire eux-mêmes. — Les sociétés coopératives s'attirèrent une défaveur marquée, « parce qu'elles tendent à constituer un quatrième Etat ayant au-dessous de lui un cinquième Etat plus misérable encore ».

Le Congrès ne voyait dans la coopération isolée qu'une réforme partielle, tandis qu'il poursuivait d'ensemble la transformation sociale, radicale et définitive, au moyen de la mutualité et de la fédération. Voilà pour quel motif il repoussait les bienfaits de la coopération.

Une dernière question se présenta : l'Internationale se tiendrait-elle exclusivement sur le terrain économique ? Ainsi le voulait Karl Marx. Mais les révolutionnaires communistes l'emportèrent. Quelques-uns d'entre eux furent même délégués dans ce but au Congrès de la Paix, à Genève, où ils exposèrent bruyamment leurs aspirations anarchiques. On les vit peu après au cimetière Montmartre provoquer des manifestations autour de la tombe de Manin. — Le gouvernement en prit ombrage ; les membres de la société française furent poursuivis, condamnés à une amende, et la dissolution de l'Internationale fut prononcée. Cette poursuite, qui devait écraser la société nouvelle, ne fit que lui donner un nouvel essor.

C'est sur ces entrefaites que se réunit le troisième Congrès de Bruxelles (5 septembre 1868). Quatre-vingt-dix-huit délégués y représentaient toutes les nations européennes.

La grève fut le premier objet de la discussion. « Il faut, disait-on, que les ouvriers s'associent en sections et forment partout des caisses de prévoyance, qui deviendront des caisses de résistance. Il faut, à un moment donné, que la classe laborieuse tout entière vienne au secours de ceux qui résistent pour défendre les droits du travail. » C'était l'idée des *trade's unions* anglaises étendue et généralisée. Mais celles-ci acceptent le salariat, tandis que l'Internationale poursuit son abolition par la transformation radicale de l'ordre social, et propose, comme moyen, d'attribuer tous les instruments de travail *à la collectivité*... Une doctrine nouvelle vient de naître : elle s'appellera *le collectivisme*.

Les chemins de fer, les mines, les carrières, la propriété, lui appartiennent. Ainsi le veut le Congrès. Les sociétés ouvrières autonomes, ou une fédération des sociétés ouvrières, également autonomes, telle sera la base de ce nouvel Etat. La jouissance de la terre leur sera concédée, comme aux Indes et en Egypte, où le sol appartient à l'Etat, qui en reçoit un fermage représentant le produit net.

La France a vécu sous ce régime avec les mainmortables, et les Slaves du Danube et des Balkans le pratiquent encore. Or, ces institutions n'ont connu que la misère. L'évolution naturelle les a fait abandonner. L'initiative individuelle, qui les a remplacées, doit être considérée comme un immense progrès eu égard aux résultats comparés qu'elle a donnés jusqu'à ce jour.

Au Congrès suivant, qui se réunit à Bâle le 5 septembre 1869, les délégués constatèrent les progrès immenses de leur association. Elle s'était étendue sur tous les points, et son influence s'était manifestée par des grèves et par l'élévation des salaires. — Les questions décidées au dernier Congrès de Bruxelles y furent reprises et confirmées dans le même sens : « Le Congrès déclare que la société a droit d'abolir la propriété individuelle du sol et de le faire entrer dans la communauté. » Les délégués français, et notamment Tolain et Langlois, protestèrent en vain contre cette résolution. « Le socialisme se perdra, disaient-ils, en s'aliénant les habitants des campagnes. Nous verrons, comme en 1848, les paysans se lever en masse contre les ouvriers des villes et rendre illusoire le triomphe de la Révolution. »

« L'Etat propriétaire collectif, c'est l'Etat faisant travailler de force, enrégimentant les ouvriers sous la conduite de contre-maîtres et instituant la hiérarchie du travail imposé. Ce résultat est-il si enviable qu'il y faille sacrifier la liberté?... »

« C'est en se privant de toute sorte de jouissances qu'un homme s'est constitué des économies, disait Paëpe ; n'est-il pas juste qu'il les transmette à ses enfants?... Ne voyez-vous pas là un stimulant pour le travail et un préservatif contre le gaspillage?... »

Cette question du droit de succession, vivement discutée, ne fut admise cependant qu'à une faible majorité, 36 voix contre 32, ce qui prouve que les communistes et les collectivistes, c'est-à-dire l'école de Cabet et celle de Proudhon et de Louis Blanc, étaient en nombre à peu près égal.

Le communisme voulait l'égalité absolue, la consommation en commun, comme dans le couvent ou la caserne, tandis que le collectivisme réservait à chaque individu sa liberté d'action et la jouissance du produit de son travail que l'Etat devait lui procurer. — Le premier système supprimait l'hérédité que conservait le second.

C'est dans ce même Congrès qu'apparut pour la première fois Bakounine. Cet agitateur violent s'inquiétait peu des formes nouvelles. Il ne poursuivait qu'un but : la destruction radicale de l'ordre social. « Je veux, disait il, non-seulement la propriété collective du sol, mais celle de toute richesse au moyen de la liquidation sociale universelle, c'est-à-dire l'abolition de l'état politique et juridique. La propriété individuelle n'est que l'appropriation inique des fruits du travail, tandis que la collectivité doit être la seule base de la société. Je demande la destruction de tous les Etats politiques, et sur leurs ruines, la construction de l'Etat international d'un million de travailleurs, ce qui suppose une réorganisation sociale de fond en comble.» Plus d'individualité, plus d'Etat. La Commune seule. Tel fut bientôt l'idéal de la révolution de 1871 (1).

Pendant l'année 1870, l'Internationale ne cessa de grandir et de s'étendre. C'est par millions que l'on comptait ses adhérents. Elle protesta énergiquement contre la guerre franco-allemande, et dans ce but unique, elle publia dans toutes les langues un manifeste aux travailleurs.

Quel fut son rôle dans l'insurrection de la Commune? Dès l'origine, on le crut prépondérant; mais on a reconnu depuis que la société elle-même n'était pas intervenue dans ce mouvement local. Ce qui a pu faire illusion, c'est que la fraction communiste qui l'avait emporté au Congrès de Bâle, en 1869, apparut tout entière dans les conseils de la Commune. C'étaient Amouroux, Avrial, Beslay, Malon, Varlin, Vaillant et autres. Mais ils apparaissaient comme socialistes appartenant à des écoles diverses, et non point comme internationalistes. Chacun d'eux avait des vues différentes, qu'il était impuissant à faire prévaloir. C'est ce qui explique la confusion et le désarroi des idées parmi les hommes de la Commune.

En 1871, il n'y eut pas de Congrès, mais le 2 septembre 1872, soixante-cinq délégués du monde entier se réunirent à La Haye. Dès le premier jour, les oppositions se donnèrent carrière. Bakounine, Guillaume et les Blanquistes français levèrent leur drapeau contre celui de Marx, qu'ils accusaient de modérantisme et qu'ils regardaient comme

---

(1) Ce sont ces idées qui ont dominé dans la Commune de Paris. Ce sont elles qui forment le fond des programmes socialistes de toutes les nations. Bakounine veut, comme Proudhon, le collectivisme et l'anarchie. Mais il y ajoute la destruction de la société, sur les ruines de laquelle il pourra seulement édifier son système. Telle est la conception insensée du chef des nihilistes. — Bakounine est mort à Genève, en 1876.

trop autoritaire. Les opposants furent exclus de l'Internationale et se retirèrent du Congrès, en dehors duquel chacun d'eux constitua un groupe dissident... Ce fut la mort de l'Internationale.

Malgré ces défections significatives, Karl Marx tenta, l'année suivante, de rallier, au Congrès de Genève, ses forces dispersées (8 septembre 1873). — En même temps, et comme pour lui jeter un défi, les dissidents se réunissaient dans la même ville, au nombre de vingt-huit. — Leur premier soin fut de supprimer le Conseil général, qui consacrait la prééminence de Marx. Désormais, plus de Conseil, plus d'autorité : l'autonomie absolue, l'anarchie.

La secte de Marx ne comptait que trente délégués. Ses délibérations furent assez insignifiantes. Elle se contenta « de recommander aux ouvriers l'association en corps de métiers, de manière à former des fédérations nationales qui devaient s'unir entre elles pour constituer une ligue universelle par métier... » Ce fut la dernière séance du groupe qui avait suivi la fortune de Marx. — Les dissidents se réunirent une fois encore à Bruxelles, le 7 septembre 1874. Mais ils ne comptaient que vingt membres, belges pour la plupart. Les autres nations n'étaient pas représentées. Aucune résolution importante ne fut prise.

Deux ans après (26 octobre 1876), le Congrès de Berne ne fut pas plus international que le précédent. Les quelques membres qui s'y rendirent vinrent constater unanimement la désertion des membres de l'Internationale, signe certain de sa fin prochaine.

On crut néanmoins la galvaniser et lui infuser un sang nouveau en convoquant, non plus l'Internationale, mais *un Congrès universel du socialisme*, qui trois ans après se réunissait à Gand, le 3 novembre 1879. Quarante-six délégués seulement répondirent au rendez-vous. Les collectivistes, avec Paëpe, de l'Internationale, y « soutinrent que l'Etat devait devenir propriétaire des instruments de travail, tandis que les autonomistes, avec Guillaume, voulaient que le capital et les fonds productifs appartinssent aux sociétés ouvrières, c'est-à-dire aux corps de métiers. Or, cet idéal ne pouvait être atteint que par la révolution ». Cette dernière thèse, ayant été repoussée par l'assemblée, ses adhérents se retirèrent, et cette scission nouvelle amena la dispersion de la deuxième fraction de l'Internationale, qui ne donna plus signe de vie.

« On croit que l'Internationale a joué un rôle important dans les grèves, dit M. Laveleye (1); c'est une erreur. Les grévistes faisaient partie de l'association ; mais les chefs, considérant la grève comme un pis aller, hésitaient à la conseiller ; ils manquaient d'ailleurs de ressources pour la soutenir, quoiqu'on en ait dit. Ce n'est donc pas l'Internationale qui a fait les grèves, mais bien celles-ci qui lui ont apporté leur concours ».

La conduite d'une aussi vaste entreprise n'était pas facile. Un seul homme était capable de la guider : c'était Marx, et on le frappa d'ostracisme. Les rivalités de personne firent le reste. Comme au sein de la Commune, les délégués soupçonneux se divisèrent ; on s'injuria, et des scissions définitives s'ensuivirent. Point d'autorité, point d'entente, et dès lors impuissance et gâchis.

Malgré la brièveté de sa carrière, l'Internationale, qui constituait dans sa conception une grande machine de guerre, a laissé des traces profondes dans notre monde social. Elle a donné au socialisme militant une impulsion redoutable, et fait passer à l'état chronique l'hostilité des ouvriers contre leur patron, en leur persuadant qu'ils forment une classe vouée à la misère par les privilèges iniques

---

(1) *Grandeur et décadence de l'Internationale. Revue des Deux-Mondes*, mars 1880.

du capital. — Elle a d'ailleurs répandu dans tous les Etats ses idées fausses et ses tendances subversives. La France, l'Angleterre, la Russie, l'Allemagne, la Suisse, l'Italie, l'Espagne et les Etats-Unis en sont également imprégnés à des degrés divers. Mais tandis que dans les pays libres, comme l'Angleterre, la Suisse, la Belgique et maintenant la France, le socialisme publie des journaux, et organise publiquement des congrès et des banquets sans troubler la tranquilité publique, partout ailleurs, où on le persécute, il a recours à la conspiration, au poignard et à la dynamite (1).

(1) Les collectivistes demandent à grands cris *les instruments de travail*, comme s'ils étaient créés par la nature, et que tous les hommes y eussent dès lors un droit égal. Mais ceux qui les possèdent les ont créés ou les ont acquis avec leur travail ou leur épargne ; ils les détiennent légitimement. De quel droit viendriez-vous les en dépouiller ? Faites donc comme eux, créez-les à votre tour, et si vous êtes impuissant, estimez-vous heureux qu'on vous les prête en vous associant comme salarié.

Direz-vous que c'est un privilège ? — Si vous parlez de privilèges légaux, d'immunités, il n'y en a plus depuis 1789. La société ne donne point d'instruments de travail, et n'a aucun droit de les retirer aux uns pour les donner aux autres. Ce serait de la spoliation. Mais si les privilèges sociaux n'existent pas, ceux de la nature prévaudront toujours. La force, la beauté, l'intelligence, le génie, augmentant la valeur personnelle d'un individu, constitueront en sa faveur une prééminence, c'est-à-dire la richesse et la fortune. C'est un bien pour l'individu. Est-ce un mal pour les autres ?... Les privilèges de l'héritage, de la naissance et du hasard produisent les mêmes effets... Voulez-vous les supprimer ? Supprimez alors la civilisation, l'ardeur et l'ambition fécondantes du travail. L'inégalité des aptitudes engendre fatalement l'inégalité des conditions. Toutes les précautions que l'on a prises pour contrarier ce principe ont été vaines. — Voyez Lacédémone, et les Esséniens, et les communautés du moyen âge. Voyez les communautés slaves modernes. Voyez les essais socialistes contemporains. Ces nombreux enseignements du passé disent tous que l'indivision est fatale au régime de la propriété, qui doit, par conséquent, rester individuelle.

Les Congrès ouvriers. — Dans le monde organique où nous vivons, rien ne périt ; tout se transforme pour apparaître ensuite sous un autre aspect. Tel est le sort des idées qui naissent, se modifient et revêtent des formes nouvelles. Comme la source qui se perd dans le sable pour reparaître plus loin à la lumière, ainsi les théories, les systèmes, semblent disparaître un jour et s'abîmer dans l'oubli ; mais voilà que leur souvenir, qu'on croyait à jamais perdu, reparaît dans la suite et fait revivre sous un aspect nouveau leurs traces effacées.

C'est ainsi que les théories socialistes de Saint-Simon, de Cabet, de Fourier, de Proudhon et de Louis Blanc, qui s'étaient manifestées avec tant de faveur et avaient jeté tant d'éclat en 1848, étaient rentrées dans l'ombre à l'avènement de l'Empire. Le silence absolu s'était fait autour d'elles, et rien n'avait montré leur influence passée dans les quinze années qui suivirent. Une chose pourtant leur avait survécu : c'est l'idée générale de l'association et de ses bienfaits, que toutes les sectes socialistes s'accordaient à préconiser, et qui était timidement appliquée dans quelques sociétés de secours mutuels, de consommation et de production qui ne rappelaient en rien les aspirations hardies de 1848. Mais voilà que tout à coup, sur la terre anglaise, ces idées se font jour en 1864 et donnent naissance à l'Internationale. Elle ne porte dans ses flancs aucun des systèmes de 1848, mais elle emprunte quelque chose à chacun d'eux. A toutes les théories humanitaires ou sociales édictées jusque-là, elle ajoute quelque chose de plus : l'accaparement de la propriété et des capitaux par la violence et la révolution sociale. Après dix ans d'existence, elle avait succombé sous ses excès et ses querelles intestines.

L'Internationale avait vécu, mais presque aussitôt elle renaissait de ses cendres, et les doctrines les plus téméraires qu'elle avait jetées dans les Congrès sociaux, qui avaient agité l'Europe, reparaissaient avec une exagération plus grande encore, et surtout avec plus d'ignorance dans les Congrès ouvriers, qui s'inspiraient de ses plus mauvaises tendances. Au lieu de poursuivre la pensée première de l'Internationale, qui voulait fédérer les sociétés ouvrières et constituer de la sorte un centre puissant dans un intérêt commun, les Congrès ouvriers n'eurent d'autre préoccupation que d'obéir aux inspirations révolutionnaires des dissidents, c'est-à-dire de Blanqui et de Bakounine. Il ne sera plus question dans leurs conciliabules nouveaux que de liquidation sociale et de collectivisme, c'est-à-dire d'accaparement de la terre et des capitaux.

« Le prolétariat, dit Malon, prendra passagèrement la dictature *pour abolir les classes, socialiser* les capitaux, pour exproprier les expropriateurs du peuple et assurer à chacun le développement intégral de toutes ses facultés, pour garantir à chaque travailleur le produit intégral de son travail. — En attendant son avènement, le quatrième Etat doit organiser internationalement la lutte contre le capital, et marcher à la conquête pacifique ou violente, légale ou révolutionnaire du pouvoir politique. » (1) (2).

(1) Malon, *Introduction du Livre de Lasalle : Capital et Travail*, p. 7.
(2) La millième partie du globe n'est pas cultivée. La terre est encore un désert, et l'Europe elle-même, dont le quart est en friche, ne compte pas en moyenne 82 habitants par lieue carrée. L'ancien monde n'en compte que 29, le Nouveau 4, et 6 l'Océanie (V. Pecqueur, *Econ. sociale*). Dans l'Amérique du Nord, le terrain vaut 5 fr. l'hect. En Asie, en Afrique, en Océanie, rien. Il suffit de l'occuper.— Les collectivistes ne feraient-ils pas mieux de s'organiser sur une terre vierge que de prêcher la spoliation de ceux qui ont augmenté leur capital en suant le travail et l'épargne ? — Avec autant d'ignorance que de mauvaise foi, les entraîneurs ouvriers répètent partout que le travail seul produit la richesse, c'est-à-dire le travail des bras et des reins... Mais ceux qui le dirigent, qui inventent et combinent, qui perfectionnent les machines, trouvent des débouchés et prévoient le

Tel est le nouveau programme du Congrès ouvrier, peu différent d'ailleurs du communisme de l'Internationale.

Colins, en 1835, et Marx, en 1847, avaient distingué dans leurs doctrines le sol et l'outillage, qui devaient être mis en commun, d'avec les produits du travail, qui devaient appartenir en propre au producteur. Les divers Congrès de l'Internationale, en admettant cette formule, avaient amené la scission qui fut la cause de sa dissolution et de sa ruine. Ses tronçons épars essayèrent de se reformer en organisant le Congrès ouvrier de Paris (20 février 1876). — Il se composait de 280 délégués des chambres syndicales ou des corporations. Ce premier Congrès, dit Malon, fut plus philanthropique que socialiste.— On peut en dire autant de celui de Lyon qui suivit (28 janvier 1878).

L'un et l'autre s'occupèrent du travail des femmes et de leur droit à l'égalité ; des chambres syndicales ; des associations en général et des caisses de retraite ; du droit de réunion et d'association, et enfin de la fédération des chambres syndicales...

Mais à la fin du Congrès de Lyon, une minorité agissante d'anciens internationalistes posa la question de l'accaparement de l'outillage et des capitaux par les travailleurs, qui devaient obtenir ainsi le produit intégral de leur travail. La majorité repoussa ces conclusions, qu'elle considéra comme dangereuses.— Les délégués étaient au nombre de 140.

Il n'en fut pas de même au troisième Congrès de Marseille (20 octobre 1879). Bien que les délégués fussent réduits au nombre de 130, leurs manifestations antérieures les avaient enhardis, et dès le premier jour ils se déclarèrent tous collectivistes...

besoin de la consommation, qui calculent le prix de revient et les profits, sont-ils des oisifs et des fainéants qui vivent de la subsistance du prolétaire ? Il n'y a que des têtes faibles, vides de raison et de sens commun, qui, se grisant de paroles, puissent croire un moment à ces énormités.

L'égalité des droits politiques et sociaux fut reconnue à la femme, l'instruction gratuite proclamée à tous les degrés.

« Quant à la propriété qui, suivant le Congrès, est *la seule question sociale*, on estime que le système individuel constitue un privilège ; qu'il est contraire au droit égalitaire, et qu'il y a lieu dès lors de décréter *la collectivité du sol et de tous les capitaux*.

» Comme moyen, un parti ouvrier devra s'organiser à l'aide de la fédération des chambres syndicales et des associations ouvrières de toute sorte. Il formera de cette manière un quatrième Etat qui, se séparant complètement de la bourgeoisie, s'attachera à mettre en œuvre les résolutions du Congrès.

» En ce qui touche le travail et le salariat. — Considérant que le salaire de l'ouvrier n'est pas le prix de ses produits, dont le capital prend la plus grosse part ; que ce système ne peut être modifié qu'avec la transformation de la société et la suppression du salariat lui-même, c'est-à-dire par la prise de possession de tous les capitaux par les ouvriers, qui les mettront en valeur, le Congrès décide : que le but du travailleur doit être la nationalisation des capitaux, mines, chemins de fer, etc., mis entre les mains de ceux qui les font produire...

» *La rente* et *l'impôt* sont abolis, parce qu'ils ne sont qu'une exploitation dont le prolétariat est la victime. — L'association en général et les sociétés coopératives en particulier ne sont que des palliatifs qui ne peuvent amener l'émancipation du prolétariat. Elles constituent d'ailleurs une concurrence au travail et font naître l'égoïsme et l'esprit bourgeois chez leurs adhérents. L'association collectiviste seule doit être par conséquent l'objectif des ouvriers. Vu l'état des esprits et des choses, cette transformation ne s'obtiendra que par la force, et sera consacrée par une révolution européenne. »

« Le travailleur ne peut faire d'économies sur son salaire, et dès lors, l'Etat doit organiser une caisse de retraites pour lui venir en aide, ainsi qu'il le fait pour les soldats et les fonctionnaires. Cette retraite doit être proportionnelle aux services rendus » (1).

Ces manifestations insensées ne restèrent pas sans protestations. Vingt-trois délégués les réprouvèrent comme impraticables et nuisibles à l'accord des ouvriers. La presse s'éleva tout entière contre les déclamations ridicules de quelques sauvages, qui parlaient de conquérir et de piller le monde, après quoi le silence se fit autour de leurs prétentions.

Un an après, en octobre 1880, ils se trouvaient encore réunis au Havre. Mais le nombre des délégués allait décroissant. On n'en comptait plus que 130. — Trente-deux groupes seulement étaient représentés. — Quatre questions étaient à l'ordre du jour : le salariat, la propriété, l'éducation, la femme. Avant qu'elles ne fussent discutées, les membres de la chambre syndicale du bâtiment de la ville de Reims déclaraient, en désignant leur délégué, « qu'en formulant leurs revendications, ils attendaient tout de la légalité, rien de la force ni de la violence, telles que les formulaient les collectivistes révolutionnaires.»

Dès les premières séances du Congrès, les collectivistes renouvelèrent au contraire les prétentions par eux formulées au Congrès de Marseille, en déclarant qu'ils répudiaient toutes les représentations : nationale, ouvrière ou municipale. Que la seule chose à faire : c'était de préparer la révolution en dressant la statistique de l'outillage industriel, qui serait plus tard exproprié par la force... (2).

---

(1) On oublie que les fonctionnaires travaillent pour l'Etat et subissent une retenue, tandis que l'ouvrier n'en subit aucune et travaille pour son compte.

(2) Dans un Congrès régional préparatoire, qu'ils avaient tenu à Paris

Cette pleine démence amena la protestation immédiate des quinze chambres syndicales du Havre, qui s'élevèrent avec indignation : « contre toute action révolutionnaire collectiviste tentée par la force..., contre des utopies absurdes et malsaines. » — Cela fait, elles se séparèrent et formèrent un groupe dissident, qui posa seul ses revendications particulières : « droit d'association ; reconnaissance des chambres syndicales ; fixation de la journée à dix heures ; sup-

peu de temps auparavant, voici quel avait été le programme par eux arrêté :

« Il n'y a que le fusil pour supprimer la vieille société et dépouiller les abominables propriétaires... Mais pour le moment, nous ne sommes pas assez nombreux, et nous n'avons pas de chefs... »

En ce qui touche l'organisation, ils avaient en vue la propriété collective, la Commune agricole et la reconstitution des corporations industrielles, telles que le mir et l'artel, qui existent en Russie. — Le salariat, la coopération et l'hérédité étaient condamnés comme des moyens d'exploitation de la bourgeoisie et des capitalistes...

Les résolutions du Congrès du Havre, qui furent prises peu de temps après, sont peu différentes de celles qui précèdent.

Voici du reste de quelle manière il les formulèrent dans le procès-verbal de leur dernière séance :

« La propriété individuelle, cause de l'inégalité, ne peut assurer les besoins de l'homme, tant que l'appropriation collective du sol, sous-sol, machines et capitaux, ne donnera pas à chacun le produit intégral de son travail. Considérant : 1º que la stérilité absolue des moyens de rachat, de coopération, d'alliance du capital et du travail est expérimentalement démontrée ;

» 2º Que l'impôt fixe ou progressif, de quelque façon qu'il soit perçu, retombera toujours sur le consommateur, c'est-à-dire sur le travailleur ;

» 3º Qu'une entente pacifique est impossible entre les détenteurs de la fortune publique et ceux qui la revendiquent justement, les soussignés déclarent que l'appropriation collective de tous les instruments de travail et force de production doit être poursuivie par tous les moyens possibles. »

Qui en sera propriétaire ? l'État ou la Commune ? Dans l'un et l'autre cas, ce sera toujours du communisme. — Et qui travaillera cette propriété, si ce n'est le salarié de l'État ou de la Commune ?...

pression des amendes de l'atelier; suppression des impôts indirects, octrois et autres ; création d'un impôt sur le capital. » — Tel est le sommaire des réformes réclamées.

Ce programme un peu vague, peu libéral sur certaines questions, peu conforme sur d'autres à la science économique, offre pourtant une base de discussion pratique, qui doit lui donner gain de cause sur plusieurs points. Il a d'ailleurs le grand mérite de n'être ni communiste, ni collectiviste. On voit qu'il a été tracé par des hommes pratiques et honnêtes qui, renonçant à la force, ne veulent le réaliser qu'avec l'étude et la libre discussion.

L'année suivante, c'est-à-dire en 1881, les ouvriers socialistes se sont réunis à plusieurs reprises à Zurich, tout d'abord, dont ils ont été expulsés, et de là à Coire. Leurs résolutions, très adoucies, ont fait voir à tous que l'influence de Guesde avait perdu du terrain, tandis que prévalait celle de Malon et de Brousse.

Presque en même temps, le 12 octobre 1881, le Congrès de Londres, c'est-à-dire les *trades-unions*, tenaient leur séance annuelle. Plus expérimentées et plus sages que nos socialistes français, elles se gardaient bien de déclamer contre le capitalisme ou le bourgeoisisme et de demander la liquidation sociale! Ces énormités sont depuis longtemps abandonnées par les unionistes anglais. Leurs revendications portent tout entières désormais, et elles portèrent uniquement, dans cette circonstance, sur la modification des lois qui leur paraissaient contraires à leurs intérêts, et sur l'adoption de celles qui peuvent les servir. Il ne sortirent donc pas du terrain légal et économique.

Le 6 novembre suivant, un nouveau Congrès régional se réunissait à Reims. Il se composait de 44 délégués qui représentaient 242 groupes. — Nous sommes heureux de constater cette fois qu'il a abandonné les déclamations contre la société et les appels à la violence. — Des questions pratiques sur les syndicats, l'apprentissage, les heures de travail, y ont été débattues avec modération. La seule décision nouvelle et vraiment importante, sortie de ces débats, a été : « la formation d'un comité national, qui servira d'intermédiaire entre les fédérations ouvrières, et centralisera les ressources de leurs sociétés pour les répartir en cas de grève. — La cotisation sera de 0.10 cent. par semaine, et le comité national décidera de l'opportunité de la grève. »

Ces divers Congrès régionaux annoncent, comme on le voit, une détente marquée. Ils témoignent plus de raison. Ils renoncent évidemment à la liquidation sociale par la force, dont l'emploi n'est pas facile assurément.

En somme, le danger qu'ils font courir à la société n'est pas grand, en temps normal, tant que le pouvoir reste debout ; mais dans les moments de crise politique et économique, alors que l'oisiveté centuple le nombre des affamés, auxiliaires forcés de l'émeute, la situation peut devenir plus grave. — Pour en conjurer les périls, il faut répandre les sages notions de l'économie politique, et améliorer le sort des salariés en multipliant les institutions de prévoyance.

Le dernier Congrès ouvrier socialiste s'était ajourné à Paris (1er décembre 1881). Les délégués de l'Union des chambres syndicales étaient au nombre de 40. Dans ce milieu enflammé par les doctrines socialistes, on s'attendait à voir reproduire les propositions insensées et les formules incandescentes, jadis formulées au Congrès de Marseille et du Havre. Il n'en a rien été. Un changement à vue s'est produit. La surprise a été complète. Au lieu de ces appels à la destruction générale, ou tout au moins à l'accaparement du sol, du capital et des outils par le pétrole et la dynamite, nous avons vu des ouvriers honnêtes et sérieux discuter avec calme les questions qui les intéressent. Et puis, le 5 décembre, avant de se séparer, ils ont adopté les résolutions suivantes : Appel aux travailleurs pour la formation de chambres syndicales. — Fédération de celles-ci. — Formation de commissions mi-partie ouvriers et patrons qui remplacent les bureaux de placement et fixent le prix du travail, *afin d'empêcher les grèves*. — Création d'écoles professionnelles dans toutes les communes. — Maintien du travail à la journée et à la tâche. — Coopération avec la fédération des chambres syndicales. — Caisses de retraites gérées par les chambres syndicales *et subventionnées par l'Etat*.

Sauf l'intervention de l'Etat, ce programme est plein de modération et de vues pratiques. Il marque un véritable progrès dont on ne saurait féliciter trop chaleureusement les ouvriers qui l'ont discuté. Il dénote chez eux un grand sens de la situation faite en ce moment à la classe des travailleurs, et des moyens de l'améliorer. Quelle leçon pour les violents qui, dans leurs conceptions aussi malsaines que chimériques, font appel au massacre et à l'incendie! (1).

La création des commissions mixtes, qu'ils proposent, en vue d'empêcher les grèves, ne saurait être trop favorablement accueillie. Rien n'est plus funeste à l'ouvrier que la grève. Elle consomme infailliblement ses économies et lui impose toute sorte de privations avant d'aboutir fatalement à une entente forcée avec le patron... Ne vaut-il pas mieux commencer par là, en faisant déterminer, par des amis communs à chaque parti, les concessions que l'on doit faire ?

Une seule question nous semble mal posée : c'est celle qui demande les subventions de l'Etat pour la caisse des retraites... Ni l'Etat, ni le département, ni les communes ne doivent rien à ceux qui ne leur donnent rien... nous l'avons dit ailleurs. — Pourquoi favoriseraient-ils une classe de citoyens avec l'impôt des autres ? — Et puis, qui sera considéré comme ouvrier ?... Tout le monde qui travaille, n'est-ce pas ? c'est-à-dire 18 millions d'artisans, de paysans, de scri-

(1) V. Limousin, *J. des Econ.*, février 1882.

bes, de commis, hommes et femmes sans exception ? Quel budget ne faudra-t-il pas pour ce nombre immense de parties prenantes !...

Le socialisme d'Etat et de la chaire.— En même temps que le socialisme démocratique formulait ses prétentions extravagantes avec une inexpérience qui ne peut inspirer que le dégoût ou la pitié, une autre forme de socialisme se produisait un peu partout dans les régions élevées. On l'a désigné sous le nom de socialisme d'Etat ou socialisme de la chaire. A cette heure même, quelques-unes de ses doctrines sont acceptées par le monde officiel, et notamment par M. de Bismark. C'est Mgr Ketteler, évêque de Mayence, qui l'a mis en honneur et s'en est déclaré le champion dans son ouvrage intitulé : *la question ouvrière et le christianisme...* Son premier soin est de revendiquer pour les ouvriers l'organisation sociale du travail. « Le commerce écrase l'industrie, dit-il ; les salaires s'avilissent ; le paupérisme s'étend chaque jour davantage, et l'ouvrier exploité n'a d'autre recours que la résistance et la guerre ». Tel est le langage qui semble calqué sur celui de Lasalle... Tel est également celui de M. de Mun (1).

« De quoi dépend la condition de l'ouvrier ? demande le prélat... De son salaire... Et le taux du salaire ? — De l'offre et de la demande... C'est une marchandise soumise aux lois qui en règlent le prix. Et la fixation de ce prix met le faible, pressé par le besoin, à la disposition du fort.

» Le remède à ce mal est dans le christianisme, qui fait accepter l'inégalité des conditions et les épreuves de la vie...» Telle est la donnée morale.

Quant à l'idée pratique, l'évêque accepte celle de Lasalle, et la place dans les sociétés coopératives de produc-

---

(1) Conférence au Congrès catholique de Chartres.

tion — avec le concours de l'Etat, disait l'agitateur berlinois, — avec le concours de la charité chrétienne, dit Mgr Ketteler.

C'est le seul moyen, suivant lui, de faire disparaître l'antagonisme du capital et du travail. Leur union fera cesser la lutte.

L'évêque de Mayence croit donc qu'il suffit d'avancer des fonds aux sociétés coopératives, et telle paraît être aussi la pensée de M. de Bismark (1).

Le parti catholique veut donc que l'Etat protège les bras et le travail de l'ouvrier. — Suivant lui, la journée de travail et le taux du salaire doivent être fixés et réglementés.

La liberté, que l'on invoque, a pour limites l'atteinte portée aux moyens d'existence de l'ouvrier.

Sous l'influence de ces idées, le clergé d'outre-Rhin a fondé une masse d'associations catholiques socialistes, qui s'adressent à tout et à tous, afin de descendre à l'heure voulue dans l'arène électorale. — Serait-ce l'alliance du catholicisme et du socialisme ? Remonterait-on aux premiers siècles de l'Eglise pour faire échec à la bourgeoisie triomphante ?...

Le clergé français n'a pas encore pris ces allures; mais nos gouvernants et nos conseils municipaux ont, à plusieurs reprises, préconisé des mesures qui révèlent les mêmes tendances. — On se souvient de Napoléon, donnant 10 millions du trésor public à l'entreprise des logements ouvriers, et autant aux sociétés de secours mutuels. — A son exemple, on a vu depuis Lyon et Paris voter des fonds aux ouvriers grévistes et aux amnistiés de la commune. Et voilà qu'on vote aussi 5 millions de rente pour les persécutés du 2 décembre 1851... N'en aura-t-on pas pour ceux du 16 mai 1875 ?... Et pour ceux que le phylloxera et

---

(1) Séance du Reichstag, 17 novembre 1878.

la maladie de la vigne ont ruinés ?... Rien ?... Et pour tant d'autres plus infortunés encore ?... Quand donc le bon sens sera-t-il assez répandu pour convaincre les gouvernants de toute sorte que le produit de l'impôt public est exclusivement destiné à l'intérêt général, et non point à l'intérêt privé ?... En soulageant ces infortunes, on fait largesses du bien d'autrui, et on empiète sur le domaine de la bienfaisance et de la charité.

A une date assez récente (mai 1880), M. Nadaud ne proposait-il pas à la Chambre de constituer des pensions de retraite aux ouvriers de l'industrie et de l'agriculture âgés de plus de 55 ans ? (1) C'est une idée sympathique entre toutes. Elle est renouvelée de 1793. Mais où prendra-t-on les fonds nécessaires ?—Chez les ouvriers ?... Dans ce cas, il faudra rendre l'épargne obligatoire comme le service militaire. Et l'on prendra d'une main ce que l'on donnera de l'autre.— Chez les industriels et les propriétaires qui les exploitent ?... Ce sera un nouvel impôt ajouté à tant d'autres, au moment où l'on reconnaît la nécessité de les alléger. Et dans ce cas, le patron ne prelèvera-t-il pas sur les salaires le surcroît qu'on lui impose ?—Enfin, faut-il mettre l'Etat à contribution et augmenter les impôts de consommation qui pèseront sur les ouvriers ?... Mais de quel droit puiserait-on au trésor public, qui représente le sacrifice de tous, les fonds nécessaires au bien-être de quelques uns ?... Et si l'on applique ce bénéfice à l'ouvrier, pourquoi pas à l'ouvrière, aux infirmes, aux indigents, bien plus dignes d'intérêt et de pitié que celui qui gagne sa vie en travaillant ?... C'est du socialisme impérial de la plus mauvaise époque (2).

(1) Il faudrait un milliard par an, dont moitié par l'Etat.
(2) Faut-il s'étonner après cela, qu'au lendemain du Congrès du Havre (20 novembre 1880), un journal de cette localité ait proposé comme une solution merveilleuse, — dont il revendiquait l'invention — de ne permettre que l'hérédité en ligne directe au profit des enfants et des petits-en-

C'est ainsi qu'on vit les Césars puiser à pleines mains dans le trésor public, écraser d'impôts les provinces de l'Empire pour donner à la plèbe du pain et des spectacles.

On connaît les effets de ces singulières largesses. Ecrasées d'impôts, l'industrie et l'agriculture virent tarir peu à peu la source de leurs revenus et cessèrent de produire. La société romaine ne tarda pas à succomber devant ces mesures économiques si mal comprises, devant ce socialisme malsain qu'on voudrait aujourd'hui renouveler. — La morale de tout ceci, c'est qu'il faut laisser à l'initiative individuelle le soin de constituer sa propre épargne. Les caisses de retraite et de prévoyance, qui sont une chose excellente, doivent mener à cette fin. Laissez à l'ouvrier laborieux et économe le soin de les alimenter. Ce qu'il faut, ce n'est pas de décréter l'épargne, et d'attenter ainsi à la liberté. Il suffit de la faciliter en développant l'instruction, en favorisant la paix et le travail, en restreignant les dépenses publiques, en créant des ressources nouvelles qui enrichiront l'ensemble de la nation et augmenteront ainsi la richesse et le bien-être de tous. Telles sont les mesures économiques qui doivent prévaloir, devant le socialisme suranné dont on n'a pas craint d'entretenir la Chambre et le pays.

fants? — Le droit de tester serait interdit. Toutes les successions collatérales et autres arriveraient de la sorte au trésor qui, à l'aide de ces nouveaux produits, *ouvrirait un crédit d'un milliard aux sociétés ouvrières.* — Et si ces sociétés le gaspillent, qui supportera la perte ? — Le trésor public, c'est-à-dire tout le monde. — Et pourquoi favoriser ainsi une classe de citoyens ? Pourquoi les ouvriers industriels et non les paysans, les indigents ?... — N'a-t-on pas aussi proposé à la Chambre de doter les jeunes gens à vingt-un ans ?... (700.000 par an... 700 millions !)

Sociétés préventives : L'Association, la Prévoyance et l'Epargne.
Les Sociétés de Secours mutuels.
Les Caisses d'épargne (scolaire et postale), de retraite et
d'assurance.

II

Pendant que l'Internationale agitait la masse des travailleurs et répandait partout les théories haineuses et malsaines dont elle était infectée ; pendant que les Congrès ouvriers, reprenant ces doctrines abandonnées, tentaient de les faire revivre avec des formules nouvelles marquées au coin d'une ignorance qu'on ne saurait dépasser, les associations peu nombreuses qui avaient survécu à la République de 1848, aussi bien que celles, non moins rares, qui avaient depuis tenté la même fortune, toutes ensemble suivaient sans bruit leurs destinées.

L'association, partout répandue, affecte une variété de formes infinies. Le socialisme les a revêtues successivement à toutes les phases de l'humanité, et il les revêt encore à cette heure, nous venons de le voir au chapitre précédent. Quand il agite les masses travailleuses, au nom de l'Internationale et des congrès ouvriers, l'association est purement théorique et militante. Nous l'avons ainsi appelée parce qu'elle combat, c'est son but avoué, pour renverser l'ordre social établi qu'elle remplacerait par l'idéal, toujours vague et toujours changeant, qu'indiquent ses adeptes dans leurs congrès et dans leurs journaux.

En même temps que ce mode d'association, nous avons

vu fonctionner celui des ouvriers réunis d'une même industrie, qui mettent en commun les fruits de leur travail qu'ils se partagent ensuite. Ce sont des sociétés de travailleurs ou des sociétés coopératives, comme on dit aujourd'hui, dans lesquelles l'associé donne un certain concours et subit un certain risque. Nous les retrouverons au paragraphe suivant.

Viennent enfin les sociétés préventives qui n'ont pour but ni le travail collectif, ni les spéculations socialistes, mais seulement la prévoyance et l'épargne, qu'elles pratiquent en s'affiliant à des sociétés de secours mutuels, d'épargne, de retraite ou d'assurance. Ici, point de risques ; l'épargne seule est le moyen et le but. Nous verrons bientôt que de tous les modes d'association, c'est le plus sûr, le moins coûteux et le plus profitable.

L'association est l'un des instruments les plus puissants de la vie sociale : elle centuple les forces de l'homme, elle moralise autant qu'elle protège. Partout on la retrouve : dans la famille, dans l'Etat, dans l'humanité. — Si nous voulons regarder au loin dans le passé, nous la retrouvons dans la famille orientale, comme aussi dans ces masses d'hommes qui concouraient aux grandes entreprises. Mais ici, c'est bien moins à l'association volontaire qu'aux dures lois de la servitude qu'elles obéissaient.

Il en est autrement dans les Républiques antiques. En Grèce, des Sociétés se formèrent de bonne heure sous le nom d'*Hétairies* (*Hetaipos compagnon*). Les membres qui les composaient s'appelaient *Eranistes* (*epanos contribution*) et s'imposaient tels règlements qu'ils jugeaient à propos, pourvu qu'ils ne fussent pas contraires aux lois. Leurs réunions avaient pour but la politique, la religion, le commerce, où les intérêts d'un corps de métier. Elles avaient leurs règlements, leurs fonds sociaux, leurs cotisations. L'une d'elles avait pour but le soulagement des citoyens nécessiteux, et garantissait à ses membres des secours réciproques (1). Un auteur grec ne laisse aucun doute à cet égard, puisqu'il affirme que des associations avaient une bourse commune alimentée par des cotisations mensuelles, dont le produit servait à secourir ceux des sociétaires que le malheur avait frappés (2). — L'Eglise grecque, à son origine, revêtit la même forme et eut recours aux mêmes pratiques, jusqu'au jour où Trajan, qui en prit ombrage, vint dissoudre ces associations dans lesquelles on peut voir le type de nos sociétés mutuelles. — A Rome, le peuple fut divisé tout d'abord, par Numa Pompilius, en plusieurs corps de métiers, qui avaient leurs fêtes et leurs assemblées particulières. Les membres prenaient le titre de *Sodales*, compagnons, associés, et la réunion de chacun de leurs corps formait un *Collège* ou corporation. Chacun des membres était assuré de ne jamais manquer de salaire et de s'entretenir sur les fonds, toujours considérables, de la corporation, qui recevait une dotation de l'Etat, recueillait la succession *ab intestat* de ses membres, et accumulait des bénéfices professionnels. Ces avantages n'avaient d'autre but que d'atténuer les rigueurs qui rivaient à tout jamais l'artisan à sa profession.

Avec la conquête romaine, les institutions du collège passèrent dans les Gaules et s'y fondirent avec des mœurs germaniques. La ghilde avait ses associations de défense mutuelle et de charité. Les capitulaires de Charlemagne et de ses successeurs en ont laissé la trace. « Si quelque convive tombe malade, que les frères le visitent et veillent près de lui ; s'il est tué, qu'on le venge..... ». « Celui dont la maison aura brûlé recevra trois deniers de chacun de ses frères.... » (3).

(1) Bœckh, *Economie politique des Athéniens*, II, 400.
(2) Théophraste, 288 av. J.-C.
(3) Ghilde d'Eric, 1103.

La ghilde germanique servit de ralliement, dans la suite, aux communautés de paysans qui s'ameutaient contre leurs seigneurs ou se levaient contre les Normands. Elle servit aussi de modèle et de prétexte à la *Commune jurée*, quand sonna l'heure des affranchissements. — On trouve, en effet, la ghilde d'Eric textuellement reproduite dans des chartes communales (Aire en Artois, xiie siècle).

Au moyen âge, le principe d'association dut son premier réveil au besoin de résistance, éprouvé par les ouvriers et les bourgeois, contre les exactions des seigneurs. Les corporations qui se formèrent sous cette influence, furent une sorte de féodalité inférieure, où l'apprenti et le compagnon remplaçaient le serf attaché à la glèbe. Au sein de cette société privilégiée, tout ce qui naissait était empreint de privilèges. Mais l'assistance réciproque et la mutualité n'étaient jamais oubliées dans les statuts des métiers.

Le compagnonnage qui en sortit, et qui donna naissance à la franc-maçonnerie, s'était levé comme la plèbe contre le despotisme et l'intolérance des bourgeois artisans qui formaient les corporations de métiers. Les longueurs de l'apprentissage et du stage, les difficultés du chef-d'œuvre et le prix élevé de la réception et de l'achat de la maîtrise, avaient découragé et désaffectionné le compagnon. C'est ce qui donna naissance à l'Association mutuelle des ouvriers, et à la vie errante, de ville en ville, qui constituait le tour de France.

En fait, malgré des pratiques singulières et mystérieuses, les sociétés de compagnonnage se formèrent entre ouvriers d'un même corps d'état, dans un double but d'assurance mutuelle et d'instruction professionelle. Ces sociétés ont traversé le moyen âge et l'ère moderne, et se sont maintenues sans modifications importantes jusqu'à l'époque actuelle.

Telles sont les associations qui, dans le passé, nous rappellent les sociétés mutuelles que nous avons aujourd'hui.

La première qui se montre en France avec une date certaine, paraît avoir été fondée à Lille, en 1580. Celle qui la suit, et qui porte le nom de société de Ste-Anne, est de 1694. « Elle réunissait les compagnons menuisiers, qui versaient des cotisations et faisaient des quêtes pour subvenir au soulagement des confrères malades... ». Treize sociétés semblables existaient à Paris, en 1789. — On en comptait aussi 45 en province. Leur organisation présentait une grande diversité. — Dans le Midi, elles avaient généralement un caractère religieux. A Nimes notamment, elles étaient divisées en paroisses et fondées par des Lazaristes. Il en était de même à Arles et à Marseille, où elles étaient fort nombreuses. Dans le Nord, elles se formèrent aussi sous l'invocation d'un saint ; mais le saint ne prêtait que son nom, et la pensée religieuse était absente (1).

La Révolution, qui craignait de voir se reconstituer les confréries et les corporations dissoutes, prohiba les associations de toute espèce. Mais comme elles répondaient à des besoins évidents, on vit se reconstituer peu à peu, sans contradiction du pouvoir, les sociétés de secours mutuels. En 1822, on en comptait 130 à Paris qui avaient inscrit plus de 10,000 ouvriers. En 1832, 234 sociétés comptaient 17,000 ouvriers. En 1844, 20,000.

Partout ailleurs, le mouvement avait été le même, de telle sorte que la statistique générale de la France donnait les résultats suivants :

Années	Sociétés	Sociétaires	Sommes
1852.....	2.438	271.000	10.714.000
1865.....	5.288	685.542	48.830.663

---

(1) Il faut comprendre aussi parmi les associations du moyen âge, les communautés agricoles, *les communautés taisibles*, les *parsonniers*, dont nous avons parlé ci-devant, page 259 et s.

1873.....	5.777	717.653	62.633.532
1876.....	5.923	902.000	76.000.000
1880.....	6.525	997.332	92.000.000

En dehors de ces sociétés, il en est un grand nombre qui n'ont eu qu'une existence éphémère et n'ont figuré dans aucun dénombrement.

Ainsi, à Bordeaux seulement, en vingt-cinq ans, plus de 140 sociétés avaient disparu. A Rouen, un grand nombre aussi. Les bases vicieuses de leur organisation avaient, de bonne heure, arrêté leur fonctionnement et ruiné leurs finances. Il arrivait le plus souvent que les cotisations des sociétaires n'étaient pas proportionnées aux dépenses et aux services qu'ils s'imposaient.

Jusqu'en 1848, les sociétés de secours mutuels furent placées sous le régime du droit commun. Elles devaient solliciter l'autorisation préalable qui prohibe les réunions de plus de vingt personnes et faire approuver leurs statuts. (C. P. 291 — 10 avril 1834).

Le Gouvernement de 1848 fit disparaître ces entraves, et l'on proposa même, au sein de l'assemblée, d'astreindre les communes, les départements et l'Etat à payer une contribution régulière aux Sociétés de prévoyance.

Un député, M. Rouveure, voulait aussi que les patrons fussent frappés d'une contribution obligatoire au profit des sociétés de secours mutuels. Ces faux principes, qui n'étaient autres qu'une taxe des pauvres, furent repoussés. Une vaste enquête fut ordonnée sur la matière, et des documents qu'elle fournit sortit la loi organique du 15 juillet 1850, bientôt modifiée par celle du 26 mars 1852.

La première laissait toute liberté aux associations ; mais elle décidait, en même temps, qu'elles pourraient être reconnues comme établissements d'utilité publique, et qu'il leur serait permis dès lors, de recevoir des donations et des legs.

La seconde reconnaissait des sociétés approuvées auxquelles des statuts spéciaux seraient imposés : Surveillance de l'autorité, nomination du président, adoption de membres honoraires dans la proportion d'un quart, exclusion du secours pour chômage et des pensions de retraite, etc., telles sont les principales exigences de la loi de 1852...

Elle donne en échange un local pour les réunions et pourvoit aux fournitures de bureau, qu'elle met à la charge de la commune... Tous ces présents ne valent pas la liberté.

Aux termes des lois précitées, les sociétés de secours mutuels ont pour but : d'assurer des secours temporaires aux sociétaires malades, blessés ou infirmes, et de pourvoir à leurs frais de maladie et à leurs frais funéraires. — Elles peuvent aussi promettre des pensions de retraite si elles comptent un nombre suffisant de membres honoraires... »

» Les statuts sociaux, soumis à l'approbation préfectorale, doivent régler les cotisations des sociétaires d'après les tables de maladie et de mortalité officielles (art. 6 et 7). — Enfin la dissolution n'est valable que si elle est approuvée par le Préfet... » Tous les membres paient une cotisation mensuelle qui sert à couvrir les frais de médecin, de médicaments, d'enterrements, et à pourvoir aux secours quotidiens. Dans le principe, la société donnait parfois des pensions de retraite, mais ces pensions devenant une cause de ruine, la loi ne les autorisa qu'à la condition qu'il y aurait un nombre suffisant de membres honoraires. L'intervention de ceux-ci est toute philanthropique : ils fixent eux-mêmes le montant de leur cotisation sans prendre part aux bénéfices qu'elle confère (1).

Le versement de chaque membre est essentiellement variable ; il est d'ordinaire du prix net d'une journée de tra-

---

(1) Le nombre des sociétaires ne peut, sans péril, être inférieur à 100 ; il ne doit pas dépasser 500 aux termes de la loi.

vail, la nourriture défalquée, c'est-à-dire de 0,75, 1 fr., 1,50 ou 2 fr. par mois, suivant les lieux et le taux des salaires. On calcule que la moyenne annuelle des dépenses, par tête, s'établit ainsi :

La moyenne annuelle de maladie étant de cinq jours par personne suivant la statistique, admettons comme exemple la cotisation de 1 fr. par mois.

Indemnité de 1 fr. pour cinq jours de maladie.	5 fr.	»
Médecin	1	80
Médicaments	2	20
Ensevelissement	»	75
Frais	1	»
	10 fr.	75

Reste un excédant de 1 fr. 25 pour venir en aide aux veuves et aux orphelins.

Le médecin abonne ordinairement les sociétés, et reçoit de la sorte un traitement fixe qui varie de un à deux francs par tête, suivant les circonstances. Le pharmacien livre les médicaments à prix coûtant, avec une bonification de 15 % en sus. Rien n'empêche de faire participer les femmes et les enfants au bénéfice de ces associations. Toutefois, comme leur salaire n'est pas indispensable à la famille, il suffirait d'exiger d'eux une demi-cotisation, qui leur donnerait droit seulement aux soins médicaux et pharmaceutiques.

De toutes les formes de l'association, la moins coûteuse, la plus prudente, celle qui s'impose à l'ouvrier réfléchi qui vit de salaires, et qui veut écarter de son esprit la crainte de la misère, c'est l'association, l'assurance mutuelle. Aux vieux et aux jeunes, elle convient à tous les âges.

Est-il rien de plus consolant pour un père de famille, que la certitude d'être soulagé dans sa douleur, et de songer en même temps que la perte de son travail et de son salaire ne fera pas défaut à sa famille ? Ne lui sera-t-il pas doux aussi de penser que le soulagement qu'il reçoit, il ne le doit qu'à l'assurance sociale, à son économie personnelle, et non point à la charité publique ? — Les sociétés de secours mutuels éloignent donc ce danger de la faim et de la misère, cette préoccupation du malade alité qui contrarie si souvent la guérison, et tout cela pour un sacrifice minime qui peut toujours être prélevé sur quelque dépense inutile du ménage ou de quelqu'un de ses membres.

« Le but de ces sociétés, dit Bastiat, est une répartition, sur toutes les époques de la vie, des salaires gagnés dans les bons jours. Partout où elles existent, elles ont fait un bien immense. Les associés s'y sentent soutenus par le sentiment de la sécurité, l'un des plus consolants de la vie. De plus, des liens de fraternité s'établissent, et grâce à la surveillance réciproque qui commande le respect de soi-même et des autres, on voit disparaître peu à peu l'ivrognerie et la débauche, qui privent de secours celui qui, en étant convaincu, est allé au devant d'une maladie qu'il pouvait éviter » (1).

Il n'est personne qui ne fasse assurer sa maison contre l'incendie. Pourquoi l'ouvrier, qui n'a que sa santé, la force de ses bras, ne les assure-t-il pas contre la maladie et le chômage ?... Quels regrets quand ces accidents viennent l'atteindre !... Il n'y a pourtant qu'un million de sociétaires.

L'Assemblée de 1848 était si pénétrée de l'excellence de cette institution, qu'elle aurait voulu établir, dans chaque chef-lieu de canton, des commissions chargées de provoquer et d'organiser des sociétés mutuelles. La venue de l'Empire vint paralyser ses projets. Ne pourraient-ils pas être repris aujourd'hui ? Est-ce que le juge de paix, président d'un conseil cantonal qui comprendrait de droit le membre du conseil général et du conseil d'arrondisse-

(1) *Harmonies écon.*, 389.

ment, ne pourrait pas convoquer périodiquement les maires des communes, et s'occuper avec eux des moyens de propager les sociétés de prévoyance ? Des distributions de brochures appropriées, des conférences locales faites par l'instituteur produiraient les meilleurs résultats. Le juge de paix, heureusement arraché à l'oisiveté qui lui pèse, ne pourrait-il pas visiter mensuellement les communes qui ont des sociétés formées ou en voie de formation ? — A la fin de chaque trimestre il ferait un rapport et donnerait les relevés et la statistique de chaque société. L'organisation générale des sociétés aussi bien que l'assistance publique y trouveraient un immense profit (1) (2).

(1) La société de secours qui prospère peut adopter les orphelins et assister les veuves des sociétaires, patronner leurs enfants, assister les vieillards, fonder une caisse de prêts d'honneur et une bibliothèque. Des dons, des legs et un état prospère permettent facilement ces améliorations.

(2) *Les sociétés d'amis* jouent en Angleterre le même rôle que nos sociétés mutuelles. Rares d'abord, comme les nôtres, et organisées pour la plupart comme des confréries, elles n'ont pris une extension rapide que depuis le commencement du siècle. Le bill de 1850, qui les régit aujourd'hui, permet d'assurer aux sociétaires : 1º une allocation quotidienne en cas de maladie ; 2º une pension pour la vieillesse ; 3º une allocation pour la famille en cas de décès. Ces promesses seraient trop vastes si la loi n'exigeait qu'une caisse spéciale fût ouverte à chaque nature d'assurance, sur le produit des cotisations. En agissant ainsi, chacun spécialise son assurance et ne court pas au devant d'une déception certaine.

A la suite de l'enquête officielle de 1859, on comptait en Angleterre 33,232 associations d'amis, ayant plus de trois millions de membres, disposant d'un revenu de 125 millions et d'un capital accumulé de 285 millions. L'une d'elles comptait seule 243.000 associés, 8 millions de cotisations et 40 millions de capital. Elle assurait à ses membres 2 fr. par jour en cas de maladie, 255 fr. à la mort du sociétaire, et 153 fr. à celle de sa femme. Toutes ces sociétés se prévalent du patronage des notabilités les plus hautes.

Deux choses ont favorisé cet immense développement : la liberté et la richesse, ou plutôt l'élévation des salaires.—L'organisation belge n'est pas

Caisses d'épargne, postale et scolaire, de retraite et d'assurance. — Le premier degré de la prévoyance du travailleur, c'est la société de secours mutuels, qui l'assure contre la maladie et le chômage forcé qu'elle nécessite. — Cette précaution prise, cette garantie obtenue, tous ses efforts devront converger vers l'épargne, qui procurera la réserve salutaire dans laquelle il pourra puiser pendant les mauvais jours de chômage, de malheur, de vieillesse, de nécessités imprévues.

Pour obtenir ce résultat, il n'est pas de sacrifices trop grands. Qu'on ne dise pas que le salaire est infime et les charges accablantes. Il y a, dans l'année, tel moment prospère où l'économie est possible. Sans se priver du nécessaire, quel est l'homme qui n'a pas quelque chose à gagner sur le superflu ? En supprimant le tabac, les liqueurs, la bière, le vin, le cabaret, les superfluités du vêtement et de l'habitation, quel est l'ouvrier qui n'aura pas au bout de l'année ramassé un petit pécule ? — Que sera-ce si la ménagère traite sa toilette avec la même sévérité, et porte à l'intérieur l'ordre et l'économie ?... Qu'on cesse de dire que l'ouvrier ne peut épargner sur son salaire, puisque les caisses d'épargne retiennent à cette heure plus d'un milliard, et que les caisses de retraite ou les compagnies d'assurances reçoivent annuellement plus de dix millions versés uniquement par les ouvriers économes. — Où règne l'épargne disparaît l'indigence. — Il n'y a que le premier pas qui coûte... Une pile amassée, d'autres viendront à la file sans qu'on s'en doute. — Les garder à la maison serait imprudent. Il faut craindre les voleurs, les occasions de dépense, les tentations. Il faut songer aussi qu'en les gardant on perd chaque jour l'intérêt qu'elles pourraient produire.

sensiblement différente de la nôtre. — Les autres contrées de l'Europe, à quelques variantes près, ont suivi le même mouvement.

V. E. Laurent. (*Associations de prévoyance*).

Evitez tous ces inconvénients en courant à la caisse d'épargne. Ces utiles institutions ont pour objet de recevoir en dépôt les petites sommes qui leur sont confiées, de leur faire produire un intérêt, et d'engager ainsi, tous ceux qui le peuvent, à faire des économies, et à se préparer des ressources pour l'avenir. Elles inculquent l'habitude de l'épargne, et elles forment à la prévoyance les hommes auxquels cette vertu est le plus nécessaire.

C'est en 1818 que M. Délessert eut la bonne pensée de fonder la première caisse d'épargne. « Elle était destinée, disait le contrat de fondation, à recevoir les petites sommes qui lui seraient confiées par les cultivateurs, ouvriers, artisans, domestiques et autres personnes économes et industrielles... » Elle donnait un intérêt de 5 % capitalisé à la fin de chaque mois. Mais elle retint bientôt 1/2 % pour couvrir ses frais. En 1829, elle avait déjà six millions de dépôts et 140,000 versements. La plupart des villes de France imitèrent cet exemple, et donnèrent, à leurs caisses d'épargne, le caractère d'utilité publique.

« La prévoyance et l'épargne sont au nombre des formes les plus désirables de la moralité, disait alors M. Duchâtel en s'adressant aux Préfets. Je recommande, à votre plus active sollicitude, l'établissement des caisses d'épargne, car le Gouvernement met son honneur à améliorer le sort des classes pauvres, et à leur procurer les moyens d'élever par degrés leur condition (1834).

A partir de ce moment, elles ne cessèrent de prospérer, ainsi que le prouve le tableau suivant :

Année	Nombre de caisses	Livrets	Sommes
1835	153	201.765	35.659.791
1840	278	310.863	171.137.761
1845	345	687.623	392.975.101
1850	340	586.349	74.695.961
1855	365	865.952	271.681.908

1860	403	1.125 593	338.584.720
1865	475	1.554.326	462.144.956
1870	489	2.050.645	684.192.001
1873	500	2.016.552	515.218.527
1877	538	2.624.000	908.534.122
1878	554 + 712	3.172.321	1.016.000.000
1879	...	3.497.931	1.149.000.000
1880 (1) (2)	...	3.838.427	1.281.000.000

La valeur moyenne des livrets à ce jour est de 300 fr. Chaque année, 150 millions sortent des caisses d'épargne pour alimenter la production ou venir en aide aux familles ouvrières. Toute personne peut demander un livret et y inscrire ses dépôts depuis 1 fr. jusqu'à 2,000 fr. Au-dessus de ce chiffre, l'excédant est converti en rentes sur l'Etat. — L'intérêt, alloué aux déposants, est de 3 1/2 capitalisés à la fin de chaque mois.

Bien que les chiffres indiqués ci-dessus soient imposants, ils sont inférieurs à ceux que nous présentent l'Autriche et surtout l'Angleterre, où les dépôts dépassent 1,500,000,000 de francs. Le chiffre élevé de leurs épargnes a pour cause principale la multiplicité des petites banques postales qui reçoivent des versements de 0,10 centimes dans tous les bureaux de poste.

Cette heureuse innovation, qui vient d'être introduite en France, et qui fonctionne depuis le 1er janvier 1882, augmentera certainement dans des proportions considérables le chiffre des dépôts. Chaque bureau de poste, toujours ouvert, servira de maison de banque et de dépôt pour les petites économies du travailleur qui pourra ainsi thésauriser, éviter les pertes d'intérêt et constituer un pécule qu'il aura toujours sous la main (3).

(1) *Journal officiel* du 6 juin 1881.
(2) Depuis 1872, le nombre des déposants n'a cessé de s'accroître avec une moyenne annuelle de 300,000 déposants et de plus de 100 millions.
(3) Un décret du 23 août 1875 avait donné aux caisses d'épargne la

Une création non moins heureuse et dont on attend le plus grand bien, est celle des caisses d'épargne scolaires. Elles ont pris naissance en 1875. Trois ans après, elles comptaient 200,000 écoliers déposants dans 4,000 écoles. Les instituteurs sont autorisés à recevoir les économies des enfants, quelque petites qu'elles soient, et lorsqu'elles ont atteint la somme de un franc, le maître prend un livret au nom de l'écolier. De cette manière, l'enfant apprend à économiser même les plus petites sommes, et comprend bien vite les avantages de la prévoyance qui lui sont indiqués pratiquement. Content de posséder quelque chose, son livret devient pour lui la première base de sa fortune future. Ces bonnes habitudes d'épargne une fois prises, tout porte à croire qn'elles seront conservées (1).

Ces petites économies qui font sourire, et dont les enfants fournissent l'exemple, ont déjà porté leurs fruits, car dans toutes les villes, où sont organisées des caisses scolaires, les dépôts des Caisses d'épargne se sont accrus dans des proportions inespérées. — Un tel succès oblige. Il commande à l'Etat de doter chaque commune de cette nouvelle branche d'éducation populaire et économique, afin que tous les enfants apprennent, dès l'école, comment se forme le capital, et comment se forme l'homme sage qui sait ordonner sa vie et commander à ses passions (2).

faculté de demander comme auxiliaires les percepteurs et les receveurs des postes. Ces agents reçoivent les versements et font les remboursements pour le compte des caisses d'épargne. — Nous compterons bientôt comme auxiliaires 6,000 bureaux de poste et 5,000 percepteurs.

(1) Siegfried, *La misère*, 158.

(2) Le ministère de l'instruction publique donne les résultats suivants, à la date du 1er janvier 1881 :

	Années	Nombre de caisses	Livrets	Sommes inscrites
	1877	8.093	143.272	2.984.352
	1879	10.440	177.574	3.602.621
janvier	1881	14.372	302.841	6.403.773

La France est, sur ce point, la plus avancée de toutes les nations.

La Caisse des retraites. — Quand l'ouvrier s'est assuré contre la maladie et le chômage, en s'affiliant à une société de secours mutuels, et qu'à force d'économies il a pu se constituer, dans une caisse d'épargne, une petite somme toujours disponible contre les mauvais jours, son ambition doit devenir plus haute. — Le présent est assuré pour lui et les siens. La crainte de la misère ne viendra pas l'assiéger. Mais il doit songer à l'avenir, prévoir la vieillesse, et s'assurer contre les chances de tristesse et de gêne qu'elle peut lui apporter un jour. C'est dans ce but qu'ont été fondées les caisses de retraite pour la vieillesse. Une partie du capital déposé à la Caisse d'épargne, et qui peut être réservée à toute espèce d'usages, doit être employée à cette fin.

Les pensions de retraite furent, dès l'origine, confondues avec les sociétés de secours mutuels ; mais elles exigeaient des ressources qui n'étaient pas en rapport avec le versement des sociétaires. D'où la ruine de ces associations. Elles ne purent se maintenir çà et là qu'en exigeant un fonds spécial et de fortes cotisations pour la retraite. — Après cette expérience, le mieux est de ne pas entrer dans cette voie ; de ne laisser aux secours mutuels que le soin de parer à la maladie et au chômage, et de s'intéresser ensuite à une société spéciale, dont les bases et les résultats sont certains, depuis que l'expérience et la statistique ont permis de les déterminer.

C'est en 1841 qu'une société d'économistes conçut la pensée de cette institution. Reprise par le gouvernement, en 1849, on pensa que l'intervention de l'Etat était nécessaire pour donner aux ouvriers la confiance et la sécurité nécessaires aux placements à long terme, et l'on se demanda même si les versements de l'ouvrier ne devaient pas être obligatoires et retenus sur son salaire. — L'épargne est une chose excellente; mais la rendre obligatoire pour constituer une caisse des retraites, ce serait une atteinte à la liberté individuelle. — Tel veut épargner pour sa vieillesse, tel autre pour acheter un champ, un fonds de commerce ou un outillage. C'est au travailleur à faire son choix. L'Etat n'a rien à voir ici. Aussi ce projet de bienfaisance forcée fut-il abandonné sans hésitation.

C'est le 18 juin 1850 que la loi des retraites fut définitivement élaborée. Les versements devaient être de cinq francs au moins et ne pouvaient dépasser 4,000 fr. par an.

Au premier versement, il fallait déclarer si l'on voulait aliéner le capital ou le réserver (1). Dans l'intérêt de la famille, ce dernier mode est presque toujours indiqué, parce qu'il lui laisse, à la mort de son chef, toutes les sommes qu'il a versées. L'intérêt seul de celles-ci a été perdu. — Chaque versement constitue un contrat distinct et donne lieu à la liquidation de la rente viagère qui lui est afférente. — Le maximum de la pension est aujourd'hui de 600 fr. Elle est incessible et insaisissable jusqu'à concurrence de 360 fr. — L'époque de l'entrée en jouissance peut être fixée à volonté, entre 50 et 65 ans. — En cas de blessures graves ou d'infirmités constatées, empêchant tout travail, la pension peut être liquidée avant cinquante ans, en proportion des versements effectués. — Pendant le mariage, les versements opérés par le ménage profitent par moitié à chacun des époux. Ils peuvent être faits par le patron, par le père de famille ou par tout autre au bénéfice de l'enfant, de l'ouvrier, du domestique, avec cette clause que la rente leur profitera, et que le capital réservé reviendra aux mains de celui qui l'avait versé ou à celles de sa famille.

Les bienfaits de cette institution avaient été si bien com-

---

(1) Les tarifs servant au calcul des rentes viagères sont établis dans cette double hypothèse. Ils tiennent compte de l'intérêt composé et des chances de mortalité, d'après les tables de Deparcieux.

LA CAISSE D'ASSURANCES.

pris qu'en 1855, le nombre des versements était de 32,000, et leur chiffre total de 1,443,043.

Années.	Nombre des versements.	Sommes versées.
1855	32.000	1.443.043
1860	108.000	4.447.987
1865	304.000	8.268.461
1870	257.588	7.941.742
1873	379.946	6.692.568

La plupart des compagnies ont accueilli ce système, qui leur permet d'assurer des retraites à leurs employés au moyen d'une retenue obligatoire de 3 % sur leurs salaires. D'autres administrations, des corporations de toute nature, les ont imitées.

Ce mode de prévoyance doit être conseillé non-seulement à l'ouvrier, mais à tous les artisans, aux petits commerçants, à toutes les professions modestes dont l'avenir est incertain.

Quelques exemples en feront mieux comprendre l'utilité et l'importance.

Ainsi, 0,50 c. par semaine, versés à partir de vingt ans, donnent à soixante ans, 500 fr. de rente viagère (capital réservé). 15 fr. versés annuellement, à partir de l'âge de trois ans, donnent à soixante, 542 fr. Capital réservé et restitué au décès. — Autre exemple : 500 fr., versés à 25 ans, donnent 300 fr. de rente à 60 ans. — Quel repos d'esprit pour le bénéficiaire ! Quelle sécurité pour l'avenir !...

La caisse d'assurances. — En même temps que les caisses de retraite pour la vieillesse, l'Etat a cru devoir fonder des caisses d'assurance, en cas de décès ou d'accident de l'assuré. Les premières profitent au bénéficiaire seul, tandis que les secondes profitent surtout à sa famille, que la mort ou l'accident vient priver du travail de son chef. — Aucune institution n'affecte un fond de moralité plus grand. Par ce moyen, le travailleur infirme, réduit à l'oisiveté, les orphelins en bas âge, la pauvre veuve, trouvent un adoucissement à leur malheur. Cette institution ne date que de 1868 ; elle a été créée pour permettre à l'ouvrier de contracter des assurances en cas de mort, et à ce titre elle est appelée à rendre les plus grands services, en préservant la famille de l'indigence dont la menace, le plus souvent, la perte de son chef.

Il convient donc de faire connaître le mécanisme des institutions de prévoyance que nous venons d'indiquer, et d'en vulgariser l'emploi par tous les moyens (1).

Caisses d'épargne, sociétés de secours mutuels, caisses de retraite et d'assurance, telles sont les institutions qui peuvent être considérées comme les assises les plus solides de la prévoyance, du bien-être et de la moralité de la classe ouvrière. On ne saurait faire trop d'efforts pour hâter leur développement. D'autres projets ont été présentés récemment par nos députés eux-mêmes (décembre 1879). L'un d'eux n'a-t-il pas demandé que la commune fût tenue de fournir à la majorité de chaque adulte, garçon ou fille !..., un pécule de 2 ou 3.000 fr. ? Et de quel droit ? En vertu de quels principes ose-t-on proposer que l'impôt de tous serve au profit de quelques-uns ? — A-t-on songé que chaque année 700,000 adultes réclameraient ce bénéfice, dont le total, à 2,000 fr. par tête, s'élèverait à 1,400,000,000 ? Quel encouragement singulier au travail, à l'économie, à l'esprit d'ordre, dont on vante les bons effets ! Tout récemment encore, un autre honorable a proposé une caisse de retraite obligatoire pour l'ouvrier, le patron et l'Etat. — Et dire que ce projet a été renvoyé à une commission !...

---

(1) Les caisses de retraite et d'assurance sont gérées par la caisse des Dépôts et Consignations. On peut s'adresser à tous les receveurs des finances, qui délivrent gratuitement un livret et des instructions.

Ainsi, de par la loi, l'ouvrier doit faire des économies. Quel souci de la liberté ! Bien plus, le patron, qui ne doit rien, est tenu de contribuer aux économies de l'ouvrier... Et l'Etat, qui doit moins encore et qui ne reçoit aucun service, verse le double des cotisations ci-dessus et prend le tout dans la poche des contribuables, qui ne tirent aucun profit de cette singulière combinaison. On prend aux uns pour donner aux autres. Et l'on parle de liberté et d'égalité ! Furent-elles jamais plus ouvertement outragées ! Qu'est devenu le sens commun ? — Nous demandons, avec un publiciste plein d'humour, l'établissement d'un cours forcé d'économie politique à l'usage de nos législateurs.

Sociétés coopératives : de Consommation, de Crédit et de Production.

III

Quand l'ouvrier s'est assuré du présent et qu'il a pris des garanties contre l'avenir, la tranquillité d'âme lui est assurée. Le pain quotidien ne lui manquera plus. C'est alors que la prévoyance et l'ambition le sollicitent dans l'intérêt de sa famille et dans le sien propre. — Il a le nécessaire ; mais s'il pouvait s'élever de quelques degrés vers la fortune et ouvrir à ses enfants la voie qui peut les y conduire !

C'est dans ce but qu'il doit participer aux sociétés coopératives de consommation, tout d'abord, puis à celles de crédit et de production, si c'est possible. C'est là, qu'avec moins de risques, il pourra s'élever et obtenir, avec l'intelligence et les ressources collectives de ses co-associés, des économies certaines, des salaires plus élevés et des bénéfices très probables, qui viendront augmenter ses revenus et son bien-être.

Les sociétés coopératives ne sont qu'une forme nouvelle de la mutualité et de la solidarité dont nous venons d'indiquer les premières assises. Elles sont nées de ce mouvement d'association qui, de nos jours, unit les petits capitaux pour fonder les grandes entreprises industrielles. Toutes ensemble, elles ont pour but, en émancipant les ouvriers et en les affranchissant du salariat, d'ajouter à leurs gains une part des bénéfices, qui d'ordinaire restent dans les mains des intermédiaires ou du patron. Elles seules peuvent leur donner le capital industriel et le crédit dont ils ont besoin. C'est par l'association que s'est créée la grande industrie, c'est par elle seule que les ouvriers pourront soutenir la concurrence.

Il ne faut pas croire cependant qu'il suffit de fonder une société coopérative pour passer de la pauvreté à la richesse. Le labeur est plus grand. Pour qu'il porte ses fruits, chaque associé doit redoubler d'énergie, d'intelligence et de travail. C'est à ce prix seulement qu'il peut éviter de tomber dans la misère et améliorer sa position. Si l'on ne veut avoir d'inévitables déceptions, il ne faut pas porter plus haut ses espérances.

Dans cette lutte nouvelle, les classes ouvrières s'exerceront à la pratique des affaires. Elles apprendront à connaître les difficultés et les mécomptes dont les entreprises sont inséparables. Elles se débarrasseront ainsi des idées de monopole et de profits excessifs qu'elles attachent à la possession des capitaux. Si elles ne parviennent pas toujours à augmenter leur gain, elles prendront des leçons de prévoyance, et préserveront du gaspillage, trop naturel à l'ouvrier, le capital et les intérêts qu'il retirera de l'association.

« Les sociétés de production, dit M. Jules Simon, nous paraissent être avant tout : 1° une école d'affaires ; 2° une influence puissante pour écarter les grèves et élever le taux des salaires ; 3° un moyen assuré à tout ouvrier sage et habile de devenir capitaliste, et de faire lui-même sa destinée. C'est un assez beau rôle sans rien rêver au delà » (1).

Sociétés de consommation. — Parmi les sociétés coopératives, celles de consommation offrent l'avantage le plus sûr et le plus rapide, parce qu'elles ont tout de suite une clientèle certaine dans leurs associés. Leur but est d'acheter en gros les objets de consommation courante et de vendre ces

---

(1) J. Simon, *le Travail*, 323.

marchandises au détail, et comptant, aux membres de la société, et même au public. Les sociétaires obtiennent de la sorte le bénéfice du détaillant, et en reçoivent le montant à la fin de l'année au prorata de leurs achats.

Pour organiser ce mécanisme, on fonde d'ordinaire une société par actions de 25 ou de 50 fr., à capital variable, que souscrivent les ouvriers intéressés. Cela fait, ils nomment un conseil d'administration qui choisit le gérant, lequel doit acheter et vendre, tenir les écritures, faire les inventaires et déterminer le bénéfice qui revient à chacun. C'est de lui que dépend le succès de l'entreprise ; il faut donc, non-seulement qu'il soit capable et honnête, mais qu'il connaisse le commerce et qu'il l'ait pratiqué. — Chaque sociétaire doit avoir un carnet sur lequel on inscrit le montant de ses achats, dont l'importance proportionnelle détermine sa part dans les bénéfices. Bien que les opérations soient au comptant, les sociétaires peuvent obtenir un crédit égal à la moitié ou au total du chiffre de leurs actions, qu'ils remettent alors en dépôt entre les mains du gérant.

Ces sociétés ont l'avantage de faciliter la vie, en procurant une économie sur la consommation de chaque jour. Elles offrent en outre, plus de garantie pour la qualité et la quantité des fournitures. Elles apprennent enfin, à l'ouvrier, à payer comptant au lieu d'acheter à crédit, et lui imposent, de la sorte, des habitudes d'ordre et de prévoyance dont le ménage tire profit.

L'expérience a démontré, qu'avec une bonne gestion, on pouvait compter sur un bénéfice annuel de 10, 12, 15 %, et même plus. Pour une famille qui dépense 500 fr., c'est un gain de 50 à 100 fr. qu'elle peut obtenir sans aucune peine.

Le bénéfice, ainsi réalisé, peut aller directement à la société de secours mutuels, et alimenter la part contributive du ménage sans qu'il s'impose aucun sacrifice. Une part peut aussi, suivant le cas, être dirigée vers l'assurance pour la vieillesse, ou contribuer à grossir le fonds commun, qui permettra de puiser dans l'épargne comme aussi de fonder une société de production, dernier terme de l'ambition de l'ouvrier qui entre dans la vie industrielle.

L'invention des sociétés ouvrières coopératives ne revient pas à des savants, mais à des tisseurs d'une fabrique de Rochdale. Elle ne date que d'hier pour ainsi dire. C'est, en effet, en 1844 qu'une quarantaine de tisserands se mirent à l'œuvre avec un capital de 700 francs Au bout d'un an, ce capital avait triplé. La société s'adjoignit ensuite successivement une boulangerie, une boucherie, une fabrique de vêtements et de chaussures. Au premier inventaire, le nombre des sociétaires était de 74 et le bénéfice de 800 fr. Dix ans après, la société comptait 4.745 membres et un capital de 1.375.000 fr. ayant donné un bénéfice de 550,000, soit 12 %, soit encore 2.500 fr. à chaque sociétaire. Ils sont aujourd'hui plus de 10,000, qui possèdent un capital-actions de plus de 7 millions, et réalisent un bénéfice supérieur à 1.200.000 fr., soit 17 %.

En 1864, nous dit la statistique, 454 associations s'étaient formées sur ce modèle. Elles comptaient ensemble près de 100.000 membres, 10 millions de capital et plus de 4 millions de bénéfices annuels que se partageaient les ouvriers.

Malgré des exemples aussi séduisants, les sociétés coopératives de toute nature, contrariées par le pouvoir, s'organisèrent lentement en France. On cite pourtant, en 1832 et en 1847, deux associations ouvrières pour la fabrication du pain. En 1850, des boulangeries et des épiceries sociétaires commençaient à se fonder dans le Nord. Elles paraissaient devoir se multiplier, lorsque le coup d'Etat vint les supprimer brutalement.

En 1851, on vit se fonder néanmoins la société alimentaire de Grenoble, qui donne à la population, et à prix coûtant, des aliments tout préparés, que l'on peut emporter chez soi ou consommer sur place. Il en était de même de la société de Beauregard, à Vienne. Ce système a été suivi dans un grand nombre de villes sous le nom de fourneaux économiques. Il rend les plus grands services aux ménages pauvres, surtout à ceux dans lesquels la femme est obligée de travailler.

La seule ville de Lyon comptait, en 1866, vingt-deux sociétés de consommation. Une des plus curieuses en ce genre est celle de Beauregard, à Vienne, qui est à la fois société de consommation, de production et de crédit. Elle a une cuisine alimentaire et, en même temps, elle fait valoir une ferme, une manufacture de draps, une meunerie et une boulangerie.

De grands établissements industriels sont entrés les premiers dans cette voie. On cite la compagnie d'Orléans qui, en livrant à ses employés tous les objets de consommation, leur procure une économie de 30 %. La plupart des sociétés minières et métallurgiques font de même, de telle sorte que cette pratique tend à devenir générale dans le monde industriel (1). — Les fourneaux économiques, qui fonctionnent avec les fonds des ouvriers eux-mêmes, sont des sociétés coopératives; mais ceux qui se créent avec les fonds de la bienfaisance appartiennent aux sociétés de patronage.

Sociétés de crédit. — Après la nécessité de travailler, le plus grand besoin de l'ouvrier qui veut s'élever est celui d'obtenir du crédit. Mais on ne prête pas facilement à celui qui n'a que ses bras et son intelligence, parce qu'ils peuvent être paralysés par la maladie ou le chômage, et même disparaître avec lui. Dès lors, plus de gage, et par cela même, plus de confiance.

Le travail, l'intelligence, l'honnêteté, l'habileté, représen-

---

(1) *Dictionnaire de statistique de Block.*

tent pourtant un capital... Reste à chercher le moyen de leur procurer du crédit. — C'est à ce but que tendent les sociétés qui nous occupent. On croit l'avoir atteint par la mutualité et la solidarité.

Depuis un demi-siècle, les banques d'Ecosse prêtent à découvert et sans nantissement à des gens qui ne possèdent rien que leur travail et leur honnêteté. Elles ne demandent qu'une chose : la solidarité de l'emprunt. — Les banques si prospères de M. Schulze ne prennent pas d'autres garanties depuis 1850. L'ouvrier qui veut s'établir ou acheter des matières premières s'adresse à deux ou trois amis, ouvriers comme lui, et connus d'une banque populaire, à laquelle ils garantissent son honnêteté et son emprunt. Et la banque prête sur sa signature et sur celle de ses amis. Il semble que de telles entreprises devraient arriver au déficit et à la ruine. Mais l'expérience, bien supérieure à la théorie, a démontré la prospérité des banques d'Ecosse et d'Allemagne organisées sur ce système.

Le premier soin d'une banque populaire est de créer un fonds de roulement à l'aide d'actions de 25 ou de 50 francs, que les adhérents ont la faculté de parfaire en versant de 1 à 2 francs par semaine. L'ensemble de ces contributions, appliquées à plusieurs centaines de membres, finit par faire un fonds assez considérable, à l'aide duquel la banque fait un crédit proportionnel à l'importance des actions de chaque souscripteur, et ce crédit peut être augmenté en fournissant la caution dont nous parlions tout à l'heure. — Tel est le résultat du crédit collectif et de la solidarité. Il permet à l'artisan de travailler chez lui et pour lui, de s'affranchir par conséquent du patronage, souvent onéreux, et d'en recueillir les bénéfices qu'il aurait forcément prélevés sur ses produits.

Ces sociétés de crédit, organisées en 1852 par M. Schultze Delitch, se comptent aujourd'hui par milliers dans toute l'Allemagne. Au dire de tous, elles développent chez leurs adhérents des sentiments précieux d'individualité autant que de probité, d'économie et d'épargne. C'est ainsi qu'ils peuvent sortir du salariat, ce premier terme de l'ambition de l'ouvrier.

Les sociétés de crédit ont été plus lentes à se former en France. La première d'entre elles, dont la fondation est due à M. Beluse, porte la date de 1863. Comme les banques d'Allemagne, elle a pour base le crédit réciproque. Son influence a puissamment servi la fondation d'un grand nombre de sociétés coopératives. Elle sert de centre aux ouvriers qui versent leurs économies dans cette caisse, avec la pensée de s'associer aussitôt que leur capital sera suffisant. La société *du Crédit au travail* a fondé de même à Paris un grand nombre de succursales, qui rendent les plus grands services aux petits marchands et aux petits industriels que repoussent les grandes maisons de banque. — Ce mouvement si fécond s'est bientôt répandu dans la province. La plupart des grandes villes ont mis en pratique ce crédit mutuel, qui, recevant d'une main l'épargne de ses clients, la prête de l'autre à ceux d'entre eux qui en ont besoin, de telle sorte que les travailleurs se commanditent eux-mêmes.

La Société coopérative de production est celle qui, réunissant le capital et le travail de ses adhérents, a pour but de leur en partager les profits. — Les monastères avaient la même tendance, avec cette différence essentielle qu'ils vivaient en commun et consommaient leurs produits sans les partager. Les sociétés de *Communiers* et les sociétés *Taisibles* du moyen âge se rapprochaient davantage de la coopération. Bien qu'ils vécussent en mainmortables dans la servitude, ils jouissaient de leur propriété en emphytéotes, et c'est le capital tel quel, représenté par elle, qu'ils mettaient en société, ainsi que leurs outils, leurs bestiaux et le travail de leurs bras. — Mais, de plus, ils vivaient en commun et consommaient en commun, comme les sociétés patriarcales anciennes et modernes. — C'est sans doute la vie commune et l'absence d'individualité qui ont lentement amené leur ruine. La coopération contemporaine croit éviter ce double écueil en exigeant de l'ouvrier le travail collectif de l'atelier, et en lui laissant au dehors toute son indépendance.

Ainsi présentée, on la considère comme l'association par excellence. Elle a été constamment préférée en France, bien qu'on s'accorde à reconnaître qu'elle est plus difficile à organiser. Elle exige d'abord des capitaux importants, et de plus, chez les associés, des qualités morales qui leur manquent trop souvent.

Tandis que les sociétés de consommation et de crédit ont une clientèle toute faite avec leurs associés, les sociétés de production doivent chercher des débouchés et lutter contre la concurrence de maisons depuis longtemps établies. — Cette première difficulté est énorme pour des hommes nouveaux, qui n'ont ni l'expérience des affaires, ni la pratique du commerce. Ils ne peuvent donc réussir qu'en mettant à la tête de leur entreprise un gérant très capable et bien rétribué. En entrant dans l'association, ils se contenteront d'un salaire modeste jusqu'au jour de la répartition des bénéfices annuels, s'il y en a.

Il ne faut pas se le dissimuler, l'ouvrier rencontrera là, comme partout ailleurs, l'obligation de la discipline, de la soumission, de la hiérarchie, du salaire, et ce n'est que par un travail et une application incessants qu'il fera prospérer l'œuvre commune et la sienne propre. C'est alors seulement qu'il cessera de critiquer le capital et les machines qui lui viennent en aide.

Les premiers essais de société de production remontent en France à 1831. Ce sont des ouvriers menuisiers, organisés par Buchez, qui ouvrirent la voie. Le comité dirigeant ou la gérance était composé de cinq membres. — C'est plus qu'il n'en fallait pour engendrer des querelles. — La société était perpétuelle et le capital indivisible ; elle proscrivait le travail à la tâche et ordonnait l'égalité des salaires. Elle vécut à peine quelques jours devant ces fautes accumulées. Plusieurs sociétés du même genre n'eurent pas un meilleur succès.

Pendant ce temps, les écoles socialistes prêchaient l'association sous toutes les formes. Louis Blanc, arrivé au pouvoir, en était le promoteur le plus ardent. — Sous l'influence de ses doctrines, trois cents associations se fondèrent de 1848 à 1851. A cette dernière date, quinze à peine avaient survécu, même celles, au nombre de soixante, auxquelles l'Etat avait généreusement distribué une subvention de trois millions. — Mal conçues, mal organisées, mal gérées, elles succombèrent, presque toutes, par suite des discordes et des querelles intestines de leurs associés. Le petit nombre qui survécut, connut les privations de tout genre, dont il ne triompha que par une constance exemplaire.

Le mouvement coopératif, qui avait si peu réussi, fut encore entravé par le pouvoir de 1852. C'est à peine, si dans les dix années qui suivirent, on vit surgir deux sociétés de production : celle des peintres en bâtiment, en 1857, et celle des menuisiers, en 1858.

Le mouvement fut plus fécond à partir de 1863. Sept associations de production se constituèrent alors, sans compter un grand nombre d'autres qui avaient pour but la consommation ou le crédit. Chacune d'elles avait adopté la forme de la commandite. L'apport des associés était constitué par l'abandon d'un dixième des salaires fixés d'avance, et par la retenue de tous les bénéfices. — La plupart des sociétaires employaient les machines en usage, bien qu'ils eussent depuis longtemps déblatéré contre elles.

Ils avaient aussi des ouvriers auxiliaires salariés suivant les conditions ordinaires du marché. — Le gérant et le conseil de surveillance avaient dans l'administration tous les devoirs et toutes les prérogatives d'un patron.

En 1869, le nombre des sociétés de cette nature s'était élevé peu à peu au chiffre de 37. On en comptait 107 dans les départements qui avaient suivi l'exemple de Paris. Depuis lors, ce mouvement ne s'est point arrêté ; mais on peut dire qu'il va lentement, parce que la route est pleine de périls et que les succès ne sont point égaux aux revers. En théorie, le système est excellent ; mais au dire des plus clairvoyants, il est hérissé de difficultés et de périls. Les plus apparents sont le défaut d'expérience des ouvriers, leur manque d'entente des affaires, leurs jalousies et par dessus tout, la difficulté de trouver un gérant capable qui leur inspire la confiance et le respect (1).

Les syndicats. — Dans le cadre des associations de prévoyance qui précèdent, et comme complément de celles-ci, il est bon, ce semble, de faire entrer les associations syndicales. Elles se proposent, en effet, de s'occuper des questions de salaire et de travail qui touchent plus spécialement

---

(1) En 1868, suivant M. d'Assailly, on comptait à Paris 55 sociétés de production occupées à des industries de détail, 100 de crédit mutuel et 12 de consommation. — En province, la production n'avait que 30 sociétés. — Lyon seul avait 27 sociétés de consommation, 5 de crédit mutuel et 5 de production. — D'Assailly, *Associations ouvrières*, 93.

L'Allemagne ne comptait que 45 sociétés de production, peu prospères au dire de M. Schulze. — En 1878, les sociétés coopératives, au nombre de 1,181, avaient ensemble 151 millions d'actions et comptaient 560,000 membres. Si l'on multiplie ce nombre par 5, chiffre probable de chaque famille, on voit que 2,803,000 personnes ont le bénéfice de la coopération. — Dans le chiffre ci-dessus, les sociétés de production sont au nombre de 23 seulement avec 3,500 membres. (Limousin, *Journal des Econ.*, juin 1880).

les ouvriers, d'organiser des bureaux de placement pour les ouvriers sans travail, et de renseignements pour les patrons qui recherchent des ouvriers. Elles ont également pour but de concourir à la nomination des conseils de prud'hommes, et de leur fournir des experts dont l'arbitrage professionnel éclaire les litiges spéciaux et tend à en diminuer le nombre. — Elles prévoient aussi le chômage et les grèves, et réunies aux chambres syndicales de patrons, elles s'efforcent de les empêcher de naître ou d'y mettre fin. — A ces titres divers, leur place est ici marquée. L'intérêt général commande de favoriser leur organisation, qui semble appelée à rendre les plus grands services.

C'est afin de prévenir les conflits relatifs au travail et au salaire, comme aussi pour empêcher les coalitions et les grèves, qu'on a eu la pensée d'établir des rapports fixes entre les syndicats de patrons et d'ouvriers et de composer ainsi des tribunaux d'arbitres, des commissions mixtes dans chaque profession. On a constitué de la sorte une espèce de conseil de famille, où siègent ensemble cinq délégués de chaque syndicat. — Ce rapprochement, depuis longtemps désiré, paraît de nature à déterminer une commune entente dans la plupart des cas qui, jusqu'à ce jour, se traduisaient par des récriminations, des refus de travail, par le chômage et la grève.

La constitution des chambres syndicales, que les ouvriers poursuivent avec ardeur, que les Congrès catholiques sollicitent, semblerait être un retour aux anciennes corporations, si elles avaient les privilèges qui leur servaient de base et qui, en éloignant la concurrence, engendraient toute sorte d'abus ; mais elles ne réclament aujourd'hui que l'accessoire des corporations, c'est-à-dire les confréries et les jurandes : le droit de s'associer, de se concerter, de s'entr'aider et de se juger amiablement. La liberté n'a pas à les contredire.

Ce n'est pas sous cet aspect, nous le savons, que les collectivistes envisagent ces questions. Dans le langage de leurs Congrès, les chambres syndicales doivent être une tribune ouverte à toutes les revendications, un moyen de propagande et de luttes acharnées. Elles doivent arrêter la concurrence, se préparer des monopoles, hors desquels le travail serait interdit, et cimenter enfin la ligue des peuples contre les rois (1). Ce serait par conséquent des machines de guerre contre l'organisation actuelle du travail et contre la société...

Il ne faut pas s'alarmer, plus qu'il ne convient, de ces rodomontades. Les syndicats ouvriers émettront des vœux et formuleront des projets de réforme qui resteront le plus souvent à l'état de théories, et dont l'inanité leur sera bientôt démontrée s'ils en tentent l'exécution. Qu'ils aient donc la liberté d'essayer ces expériences à leurs dépens..., sans aucune intervention de l'Etat, qui ne leur doit rien... C'est le seul moyen de les éclairer et de les ramener aux conseils de la science et de la raison (2).

Chez nos voisins, les questions d'associations entraînées par le même courant d'idées, produisent des effets semblables, sauf les modifications légères que comporte le génie national. Ainsi, l'Allemagne triomphe dans l'institution de ses banques populaires, à cause du grand nombre de petits industriels que la concurrence des grandes manufactures n'a pas encore écrasés, et qui réclament à chaque instant ses services. — Elle n'est pas plus avancée que nous dans la production. Le rapport de M. Schultze,

(1) Congrès de Marseille, 1879.
(2) Une loi sur les syndicats est en préparation à la Chambre. — Leur nombre connu est de 150 à Paris et de 350 en province. Les instituteurs, les comptables, les voyageurs de commerce, figurent dans cette liste. — Les femmes seules n'y sont pas représentées. (*Econ.*, 4 juin 1881).

en 1876, constate l'existence de 4,574 sociétés coopératives, dont 2,763 de crédit, 1,033 de consommation, 777 sociétés diverses et 200 sociétés de production, plus 95 agricoles. — Le nombre des sociétaires est de 1,360,000. Les capitaux accumulés se sont élevés à 200 millions, et enfin le bénéfice moyen des intéressés est de 7 %, soit fr. 105 pour chacun d'eux.

La Belgique, la Suisse et l'Italie sont entrées dans la même voie et la suivent avec des succès divers. — L'Angleterre a mieux réussi. Après avoir fait des bénéfices considérables dans les associations de consommation, les ouvriers songèrent à lutter contre la grande industrie et abordèrent hardiment l'exploitation de la manufacture. Leur premier essai, qui date de 1847, eut pour objet l'exploitation des moulins de Leeds. A l'aide d'actions de 25 francs, 3,200 membres avaient constitué un capital de 100,000 francs. — L'économie dont ils faisaient profiter l'acheteur était de 50 %, et malgré ce, ils avaient, en sept années, réalisé un bénéfice de 200,000 francs. — Plusieurs entreprises du même genre ne tardèrent pas à se fonder avec le même succès, et dans ce nombre, nous voyons figurer la société de consommation de Rochdale, dont nous avons déjà parlé. — C'est encore cette même société qui, en 1856, fit construire une filature au prix d'un million. — La crise du coton et la guerre américaine sont venus ralentir cet élan de 1857 à 1865. — Le mouvement en avant a repris depuis, et il est devenu très important. On cite comme exemple la grande fabrique de bougies de Belmont, qui occupe 500 ouvriers ; l'association des tailleurs de Birstoll, qui compte 757 membres ; celle des tailleurs de Liverpool, qui a 200 associés, et 8 autres semblables dans d'autres villes ; plus encore, l'association des tisserands, celle des fabricants de bière, des mineurs de Cornouailles, des peintres en bâtiment, des constructeurs de machines de Londres, etc.

En somme, les associations de production, formées à l'école des sociétés de consommation et fondées avec les bénéfices qu'elles ont produits, prospèrent en Angleterre et se propagent chaque jour davantage. Elles indiquent de la sorte, aux ouvriers de tous les pays, quelle est la forme pratique qui s'impose à leurs associations, s'ils veulent les voir prospérer (1).

(1) On compte en Angleterre : 1° 26,000 sociétés mutuelles, dont les adhérents sont au nombre de 3,404.186, et dont les fonds accumulés s'élèvent à 220 millions : 2° 373 sociétés ou banques de prêts, avec 30,048 membres et un capital de 3,575,365 francs ; 3° 396 sociétés de construction, avec un capital de 314 millions ; 4° 1163 sociétés de prévoyance, avec 420,000 membres et un capital de 151 millions ; 5° 235 *trades-unions*, qui comptent 277,000 membres et un capital de 10 millions.

Enfin, les Caisses d'épargne et les bureaux de dépôt comptent ensemble 10,121,000 déposants avec une somme de deux milliards et demi.

Toutes ces sommes réunies atteignent presque le chiffre de trois milliards, épargnés par la population ouvrière et engagés par elle dans des sociétés de prévoyance. En vérité, c'est un magnifique tableau. Et cependant, si l'on en croit M. Rathbone, le peuple anglais dépense annuellement trois milliards et demi en boissons alcooliques. — Quelle perte immense pour la prévoyance et l'épargne !... (Escott, l'*Angleterre, le pays, les institutions et les mœurs*. Dreyfus, éd. Paris).

Sociétés de patronage : Majoration des salaires. Participation des ouvriers au bénéfice des patrons. — Cités ouvrières. Fourneaux économiques. — Crèches. Salles d'asile. — Orphelinats. — Refuges. — Bibliothèques populaires.

IV

A côté des sociétés de prévoyance et de coopération que nous venons de faire connaître, il n'est pas rare de voir se former des sociétés de patronage qui ont toutes, à des degrés divers, le caractère de la bienfaisance, mais qui tendent aussi à constituer la prévoyance et l'épargne. Une société, un homme de bien, veulent-ils venir en aide à quelque partie de la classe ouvrière qui les intéresse plus particulièrement ? Ils fondent une institution dans ce but et lui apportent des capitaux, leur intelligence, leur temps et leur peine. C'est ainsi que sont établies les majorations des salaires, la participation aux bénéfices des patrons, avec retenue pour la caisse des secours mutuels et la caisse des retraites. — On peut indiquer en même temps les cités ouvrières et les fourneaux économiques. — Puis enfin, les crèches, les salles d'asile, les ouvroirs, les bibliothèques et les écoles de toute sorte. Toutes ces institutions mixtes procèdent à la fois de la bienfaisance, de l'association et de la prévoyance.

Ce qui caractérise ensuite la plupart d'entre elles, c'est la pratique obligatoire de l'épargne au profit de l'ouvrier. On arrive de la sorte à constituer pour lui le capital et l'épargne qui rassurent sa vieillesse. Or, l'épargne engendre l'ordre, la tempérance et l'assiduité au travail, c'est-à-dire la moralisation tant désirée de la classe ouvrière.

Parmi les modes divers qu'affecte le patronage, nous voyons figurer la participation, qui revêt les formes les plus variées. C'est ainsi qu'elle se présente quelquefois comme simple *majoration des salaires*. Ce n'est, dans ce cas, qu'une haute paie qui s'adresse aux ouvriers d'élite, et qui, les attachant à la maison, les éloigne de la grève. Elle offre à l'ouvrier l'avantage d'être à peu près constante et de n'être pas soumise aux chances de l'industrie. Elle dispense en même temps le patron de faire connaître son inventaire et d'immiscer les travailleurs dans ses affaires.

Quand une partie de la majoration est retenue et versée obligatoirement à la caisse de secours mutuels, à celle des retraites ou des assurances, ce mode, tout incomplet qu'il est, peut rendre d'excellents services.

La participation aux bénéfices, bien autrement féconde, est une sorte d'association entre l'ouvrier et son patron. Le fait qui la domine, c'est le sacrifice pécuniaire du maître, qui prélève gracieusement au profit de l'ouvrier une partie des bénéfices de son entreprise. Il se propose d'exciter ainsi le zèle de ses auxiliaires et de se dédommager de la sorte de l'abandon qu'il leur fait. - - Il fournit le capital, l'outillage et les risques de l'industrie qu'il dirige, tandis que l'ouvrier, qui ne fournit que son travail et son zèle, reçoit en échange, et sans aucun risque, une partie des bénéfices que le directeur consent à lui abandonner. Or, ce mode est le plus souvent profitable à tous les deux, parce qu'il rend les intérêts solidaires et qu'il obtient de l'ouvrier une application, une activité, une économie de détails qui profite à l'entreprise.

Ce système, qui ne fait courir aucun danger au travailleur, est vivement préconisé par quelques économistes, qui le considèrent comme le plus favorable à sa situation. C'est, disent-ils, l'école de l'association future, de la coopération, qui est à cette heure pleine de périls et de déceptions, parce que l'ouvrier n'a pas encore l'entente des affaires, ni les capitaux qui peuvent les faire mouvoir en présence de la concurrence et de la grande industrie.

Quelle que soit la valeur de ce système, quels que soient les avantages qu'il offre à ceux, en petit nombre d'ailleurs, qui en ont le bénéfice, il ne semble guère destiné à s'étendre. Il suppose, en effet, un abandon et une générosité toujours assez rares chez un industriel, qu'il oblige à faire connaître ses opérations, alors que celles-ci gagnent souvent à rester secrètes ; à laisser discuter son inventaire et ses bénéfices, et, chose plus grave, à ne recevoir aucune compensation en cas de perte.

S'il est possible, d'ailleurs, et avantageux peut-être, d'associer de nombreux ouvriers dans une industrie, quand la main-d'œuvre y prédomine, il n'en est point ainsi quand le contraire arrive, quand la machine est le grand auxiliaire, et que le commerce, mêlé à l'industrie, offre des risques considérables et réclame un capital industriel qui s'use et qui doit être fréquemment renouvelé.

Lorsque ce système a pu être appliqué, il a produit les meilleurs résultats. Il attache l'ouvrier à l'entreprise, provoque son dévouement, accélère la production et l'améliore. On compte en France une cinquantaine d'industries qui ont heureusement employé ce système, et parmi elles, la maison Leclaire et Cie, l'imprimerie Dupont, Chaix et Cie, la Compagnie des Assurances générales, Christophe et Cie, et quelques autres (1).

Gardons-nous d'exagérer les espérances que ces succès partiels pourraient nous faire concevoir. Souvenons-nous au contraire, que sur cent ateliers en activité, il n'en est que vingt qui prospèrent, tandis que les quatre cinquièmes

---

(1) Dolfus, *Et. sur l'épargne et la participation*. Hachette, 1876.

végètent ou se ruinent. Dans ce dernier cas, le plus fréquent, au lieu de retirer une rémunération, l'ouvrier ne reçoit qu'un salaire amoindri (2).

La participation sera donc profitable si l'entreprise réussit, et ce sera le contraire si elle périclite. Ce n'est pas l'association ouvrière qui changera à volonté l'un de ces deux termes. — On exagère d'ailleurs les bénéfices industriels : la vérité est, que la concurrence ne permet pas d'élever les profits au-delà du taux qui représente le service des capitaux, du risque qu'ils courent et de l'industrie personnelle des entrepreneurs. Le savoir et le talent de ceux-ci méritent d'ailleurs une rémunération. Or, toutes ces conditions ne sauraient être écartées par l'association ouvrière. D'où la conséquence que son intervention ne peut changer sensiblement la situation. — Que les ouvriers s'instruisent, et ils seront convaincus que l'offre et la demande, la concurrence, règlent à leur *minimum* la valeur de tous les services, capital ou main-d'œuvre, et que les associations n'en modifieront pas le niveau (1).

Un autre système de patronage très apprécié est celui des *Cités ouvrières*. Il a pour but de fournir aux ouvriers de petites maisons séparées ayant cour et jardin, et de leur offrir d'en devenir propriétaires en quelques années, en ajoutant une petite somme mensuelle au paiement de leur loyer. — C'est en 1852 que quelques hommes généreux fondèrent, à Mulhouse, une société au capital de 355,000 fr. à l'aide duquel elle a construit, à ce jour, près de 1,000 maisons, toutes vendues, et dont les quatre cinquièmes

---

(2) V. Fougerousse, *Patrons et ouvriers*. — Ch. Robert, *le Partage des fruits du travail*.

(1) Proudhon, *Contrad. écon.*, 1. 27. — *Diction. d'écon. polit.*, v° Association.

sont payés. Les actionnaires s'interdisent tout bénéfice, et ne retirent que 4 % du capital engagé. — Le prix de ces maisons, toujours séparées, construites pour un seul ménage et à un seul étage, entre cour et jardin, varie de 2,600 à 3,300 francs. — L'acheteur donne 25 francs par mois et devient propriétaire en 14 ans. — Il ne paie que 5 francs de plus par mois en sus d'une simple location ordinaire. — Cette combinaison, si simple et si profitable, donne à l'ouvrier l'espérance de devenir propriétaire, le fixe dans son logis, auquel il prend goût, dans son intérieur qui lui plaît, et l'éloigne ainsi des distractions du dehors, aussi onéreuses que malsaines.

« Depuis la fondation des caisses d'épargne et de secours mutuels, dit M. Levasseur, aucune forme n'avait été aussi ingénieusement trouvée que celle des cités ouvrières de Mulhouse. Cette heureuse combinaison stimule à la fois la prévoyance et l'épargne ; elle procure un bien-être immédiat et agrandit l'homme libre par le sentiment de la propriété et de la possession » (1).

L'exemple de Mulhouse a été suivi un peu partout : à Lille, à Guebviller, à Beaucourt, à Roubaix et au Havre, et partout il a donné d'excellents résultats.

Un industriel du Nord, M. Scrive, a, depuis trente ans, établi dans son usine une boulangerie, une cuisine économique, des bains, des logements, une caisse de secours obligatoire et une caisse des retraites. — De nombreux industriels et la plupart des grandes compagnies françaises ont imité cet exemple.

(1) Le 20 octobre 1881, M. J. Dolfus, faisant son rapport annuel, déclarait que, pendant l'année précédente, la Société avait construit seize maisons, dont onze étaient déjà vendues. Le capital dépensé aujourd'hui pour mille maisons était de 4 millions, provenant tout entier de l'épargne de la population ouvrière.

Dans le Midi, les ateliers de la Ciotat renferment aussi des salles d'asile, des écoles d'apprentis, des caisses de secours, bibliothèque, etc.

Même organisation à Villeneuvette, dans l'Hérault, à Bessèges, à la Grand'Combe et dans un grand nombre de sociétés industrielles. De toutes ces organisations, la plus remarquée est celle du familistère de Guise, où M. Godin-Lemaire a réuni tous ses ouvriers, au nombre de 1,000 environ, dans des bâtiments coquets et vastement aérés, où l'on trouve tous les aménagements indiqués par Fourier : Logements privés, éclairés et chauffés; cours intérieures, couvertes et découvertes ; jardins, bains et lavoirs. Tout cela est à la disposition gratuite des ouvriers. Les écoles, les crèches, les salles d'asile, les bibliothèques, sont également gratuites. — Les fourneaux économiques, le restaurant à bon marché, y trouvent aussi leur place. Tout ce que la prévoyance et l'économie domestique ont inventé est heureusement appliqué dans ce vaste établissement.

La société alimentaire ou les fourneaux économiques sont un autre mode du patronage ou de la bienfaisance. — La plus remarquable de toutes, et l'une des premières, est celle qui fut fondée par M. Taulier, maire de Grenoble, en 1851. Elle avait pour but de réunir « un certain nombre de personnes qui venaient acheter, au moyen de jetons acquis d'avance, les aliments préparés dans une cuisine commune, soit pour les emporter à leur domicile, soit pour les consommer sur place dans les réfectoires mis à leur disposition... »

Pour devenir sociétaire, il suffisait de se munir d'une carte qui coûtait un franc. La monnaie n'était pas reçue dans l'établissement. Tous les aliments étaient payés au moyen de jetons de cuivre, achetés d'avance au prix de 0,5 à 0,20 la pièce. — Ce dernier mode permet à l'ouvrier de se procurer au jour de paie les jetons qui pourront alimenter son ménage jusqu'à la paie suivante. On évite ainsi les tentations de dépense et le gaspillage. Pour 0,60 on peut dîner convenablement dans les salles confortables de l'établissement. Les fonds de roulement, les frais de gestion et autres, sont fournis par une société de bienfaisance qui s'interdit tout bénéfice et dont les membres surveillent gratuitement tous les détails de l'opération. — Ce n'est donc pas une association, mais une institution de bienfaisance et de patronage. Des établissements de ce genre fonctionnent ainsi dans un grand nombre de villes, surtout pendant l'hiver.

Les sociétés de consommation les adjoignent parfois à leur vente d'épiceries et de denrées ; mais, dans ce cas, c'est une association, une coopération, puisque ce sont des actionnaires qui prennent les actions et se vendent à eux-mêmes ; qui courent les risques par conséquent, et se partagent les dividendes. — Ainsi pratiquaient les associés de Rochdale, ainsi ceux de Beauregard près Vienne, ceux de Lyon et tant d'autres. — Dans ces cas divers, l'association a remplacé le patronage.

Le patronage s'exerce également dans la *Société protectrice de l'enfance*, qui fut fondée au siècle dernier par Marie-Antoinette.

Elle a pour but de venir en aide aux femmes en couche et d'encourager l'allaitement des enfants par la mère, à laquelle on donne ordinairement une layette et une rétribution mensuelle. On en compte en France 78 (1).

---

(1) Une loi récente a organisé la surveillance des enfants du premier âge, ainsi que l'assistance des enfants pauvres et de leurs mères. Si elle était bien exécutée, elle laisserait peu à faire dans cette voie à la charité privée.

Les crèches, qui ne font que continuer l'œuvre précédente, ont pour but de recevoir et de garder pendant le jour les petits enfants dont la mère est obligée de travailler hors de son domicile. Elle apporte son enfant dès le matin, vient l'allaiter à midi et le remporte le soir. — Pendant toute la journée, il est soigné, entretenu et abreuvé, moyennant une rétribution de 0,15 à 0,30, insuffisante pour couvrir les frais généraux dont l'institution veut bien se charger (1).

De la crèche, l'enfant passe dans *la salle d'asile*, où il est reçu de deux à six ans, pendant que ses parents vont au travail. La première institution de celles-ci est de 1837. — On en compte aujourd'hui près de 4,000.

Au nombre des institutions qui nous occupent, on peut ranger encore la société pour le placement des apprentis, fondée en 1821 ; — celle des amis de l'enfance, en 1828 ; — la société philanthropique, qui s'attache à développer la prévoyance et les sociétés de secours mutuels ; — la maison du Bon-Pasteur ; — celle des filles égarées ; — des orphelines ; — l'œuvre des prisons qui, dès leur sortie, tâche de s'occuper des libérés et de leur procurer du travail ; — l'œuvre de Saint-Vincent-de-Paul, qui s'occupe de toutes les branches de la bienfaisance ; — celle enfin des ouvroirs, des écoles professionnelles et d'apprentissage ; — des bibliothèques et autres ; car le nombre des institutions de patronage est infini.

Après avoir parcouru les manifestations diverses du socialisme, à la suite des sectes nombreuses qu'il a produites, nous pouvons le réduire à deux genres principaux : l'un, respectueux de la liberté individuelle et de la propriété sous toutes les formes qu'elles peuvent revêtir, s'adresse tout

---

(1) La création des crèches date de 1844. Elle est due à M. Marbeau.

d'abord aux sociétés préventives de prévoyance et d'épargne : secours mutuels, caisse d'épargne et de retraite ; en second lieu, aux sociétés coopératives de consommation, de crédit et de production, et enfin aux sociétés de patronage de toute sorte.

Celui-là est approuvé et soutenu par la société tout entière.

L'autre, nuageux et sentimental, n'offrant rien de pratique, déclare effrontément l'intention de spolier l'individu et de le soumettre, ainsi que son épargne, à des expériences violentes et dangereuses. — Les lois naturelles et économiques, les leçons de l'histoire, les mœurs de tous les peuples et l'état de l'Europe, rien ne l'arrête. Il compte déposséder violemment, en un tour de main, les gens qui détiennent l'outillage industriel, le capital, fruit du travail et de l'épargne. Ses conceptions, bâties dans les nuages, ressemblent à celles de T. Morus et de Campanella, et doivent finir comme elles.

En y regardant de près, ces folies bruyantes ne sont pas dangereuses. La plupart de ces bâtisseurs de théories ne sont autres que des flagorneurs politiques, qui jettent en pâture, aux instincts pervertis de la foule, les idées malsaines qui peuvent l'attirer et venir en aide à leurs ambitions. — Le temps est passé où les idées communistes, les appels à la force et les déclamations violentes pouvaient avoir prise sur les populations ouvrières. Ces orateurs de clubs, ces apôtres du coup de fusil et *de la socialisation*, se trompent d'un demi-siècle. Depuis la grande explosion socialiste de 1848, les ouvriers ont fait leur éducation aussi bien en matière politique qu'en matière économique. Ils savent qu'on ne fonde rien sans le travail et l'épargne. Ils savent aussi à quel despotisme et à quelle misère les mèneraient la réalisation des théories collectivistes et révolutionnaires. — Ce ne sont pas les déclamations tapageuses des coureurs de popularité qui arriveront à compromettre la paix publique et à **transformer l'ordre social.**

LIVRE XIII

LE PROLÉTAIRE SANS TRAVAIL.

I. Le Paupérisme.
II. L'Assistance publique depuis 1789. — Les Hôpitaux et les Bureaux de bienfaisance. — Les Hospices : Infirmes, Vieillards, Aveugles, Enfants trouvés et assistés, Sourds-Muets, Aliénés.— Dépôts de mendicité. — Monts de Piété.
III. L'Assistance privée : Secours à domicile. — Crèches, Salles d'asile, Ouvroirs, Orphelinats, Refuges, Dispensaires, Patronages, Ecoles d'apprentissage.
IV. Organisation de l'assistance chez les autres nations.

I

Nous venons d'indiquer à grands traits les conditions diverses du prolétaire qui travaille et qui vit de salaires. — Voyons maintenant celles du prolétaire qui ne peut travailler, et qui vit d'assistance et d'aumônes : c'est-à-dire le pauvre, l'indigent et le mendiant, que comprend une seule désignation : le paupérisme.

Le paupérisme est un mot nouveau qui exprime une situation bien ancienne. Il indique, principalement, l'état de gêne et d'inquiétude alimentaire dans lequel se trouve toujours une certaine partie de la population. — A un degré inférieur, il prend le nom d'indigence, impliquant la privation des choses nécessaires à la vie. — Plus bas encore, il s'appelle la misère, quand la pauvreté ou l'indigence, devenues permanentes, produisent le dénument absolu. — La pauvreté qui s'aggrave devient donc indigence, et l'indigence misère. Ces trois degrés du paupérisme constituent un mal social, né avec le monde, dont toutes les nations, toutes les civilisations ont été fatalement infectées.

Quelle en est la cause? Les guerres, les crises sociales, les famines, d'une part; le chômage et l'abaissement des salaires peuvent produire aussi ce résultat. Ce sont des accidents d'ordre social ou économique dont la responsabilité pèse le plus souvent sur les gouvernants. Les malheurs domestiques, la maladie, l'accident, mais plus souvent encore la débauche, l'intempérance, l'absence d'ordre et d'économie produisent les mêmes effets. — Sous cette double face, le paupérisme inspire tantôt la pitié et tantôt un autre sentiment qui nous porte à être sévère envers lui.

La seule chose qui tempère quelque peu la tristesse de ces affirmations, c'est que ce fléau n'a cessé de décroître, en étendue et en intensité, depuis l'origine des civilisations, et que les progrès dans ce sens, chaque jour plus rapides, permettent de prévoir la fin, sinon du paupérisme, tout au moins de l'indigence et de la misère. Telles sont les affirmations de la science économique.

L'histoire du paupérisme dans le passé, se confond avec celle du prolétariat, que nous venons de faire. Il convient cependant de lui donner une place à part, parce que les esclaves et les serfs, travailleurs manuels, comme les prolétaires libres, ne connaissaient ni le genre de misère qui nous occupe, ni les secours dont il est entouré.

Qui nous dira la misère des civilisations antiques? — Leurs annales retentissent des exploits de leurs guerriers, mais elles sont muettes sur les souffrances des peuples et sur les moyens de les soulager.

Les Indiens avaient leurs pauvres : c'étaient les Soudras, qui travaillaient pour les autres comme des esclaves. Mais de plus pauvres qu'eux, les Parias, ne pouvaient ni posséder, ni travailler, ni être secourus ; c'étaient les derniers des misérables.

En Egypte, il y avait aussi des pauvres, et Pline nous assure que c'est par eux que furent construites les pyramides. L'organisation de ces grands travaux publics était peut-être destinée à combattre la misère.

Malgré sa civilisation raffinée, la Grèce ne fut pas exempte de ce mal. Pour démontrer son antique origine, Platon raconte qu'au banquet des dieux, réunis pour célébrer la naissance de Vénus, une jeune femme allanguie et tendant la main réclamait les restes de la table : c'était la misère qui se montrait au moment même où s'épanouissait la volupté. — « Depuis lors, dit le philosophe, l'une a suivi l'autre, comme l'ombre suit le corps... ».

Job sur son fumier, Homère et Hésiode dans leurs chants, nous font voir qu'aux temps héroïques de la Grèce, une nombreuse population vivait d'aumônes, implorant la commisération des riches, et les menaçant de ses vengeances. — Lycurgue et Platon voulurent l'éloigner de leur république dont elle était le fléau. Mais les comédies d'Aristophane et les monuments classiques de la Grèce nous montrent qu'elle remplissait l'Agora et les abords des temples et des théâtres.

Athènes recueillait les orphelins et prenait à sa charge les femmes et les enfants indigents de ceux qui étaient morts pour la patrie. Elle avait aussi des secours publics pour les pauvres, auxquels on distribuait les viandes abondantes des sacrifices. Le temple d'Esculape servait de refuge aux malades. Des bains et des chauffoirs publics étaient à la disposition des indigents.

Mais il arriva bientôt que les ambitieux, voulant se faire un instrument de vote de la misère, puisèrent dans les caisses de l'Etat et firent aux pauvres des distributions de grains et d'argent qui, d'années en années, devinrent plus considérables, et finirent par épuiser le trésor public.

La misère, en effet, ne faisait que s'accroître avec les distributions publiques qui, suivant une loi bien connue, créaient la misère au lieu de l'éteindre. « Lorsque pour vivre, disait déjà Tacite, on compte sur les autres et non sur soi-même, l'activité décroît et la misère augmente ».

A Rome, tout citoyen était soldat. Comme tel, il devait s'équiper et se nourrir à ses frais. Pour faire face à ses dépenses, il empruntait à la veille de son départ. Il empruntait aussi pour nourrir sa famille pendant son absence, et au retour il retrouvait son champ inculte et un créancier impitoyable, qui le réduisait en esclavage ou s'emparait de sa terre qu'il surchargeait de redevances.

Telle fut de bonne heure la première cause de la *misère*.

Une autre plus grande encore venait de la concurrence esclave qui, suffisant au travail des champs et de la ville, en éloignait les hommes libres et leur enlevait par cela même tous moyens d'existence.

En de telles conditions, l'aumône était le seul recours des prolétaires oisifs et affamés, qui venaient encombrer les villes et menacer de leur turbulence le repos et la sécurité des citoyens. — Pour les contenir, on imagina d'abord de les parquer dans une enceinte particulière, semblable à notre cour des miracles du moyen âge. Chaque matin, ils se groupaient autour des temples, portant à la main les images des Dieux et sollicitant la pitié des passants. On les voyait aussi sur la montée des routes harcelant les voyageurs et les fatiguant de leurs plaintes. Les prêtres de Cybèle mendiaient de même dans tous les lieux publics (1).

N'étaient-ce pas des mendiants que cette foule de clients besoigneux, qui tendaient chaque matin la sportule à leurs

---

(1) Naudet. *Mém. de l'Acad.*, XII, 12.

patrons ? Et ces 320,000 prolétaires affamés, qui, vers la fin de la République, venaient recevoir chaque jour le pain gratuit de l'aumône distribué par l'Etat ?— La mendicité était donc immense. A côté d'un peuple d'esclaves, on voyait un peuple de mendiants.

Comment parvenait-on à soulager tant de misères ? On n'avait, il est vrai, ni les hospices, ni les hôpitaux modernes ; mais nous voyions des dotations impériales venir en aide aux enfants des indigents. — Une loi du Digeste (liv. xxx, t. 1), consacre également au soutien des vieillards indigents une partie des revenus des villes.

L'esprit d'association avait aussi créé des institutions de bienfaisance et de secours mutuels connues en Grèce sous le nom d'*hétairies*, et à Rome sous celui de *sodalités*, qui, au dire de Cicéron, faisaient le plus grand bien (1).

Les esclaves, à leur tour, étaient soignés obligatoirement, par leurs maîtres, dans des infirmeries domestiques, comme affranchis et comme clients, par leurs patrons. « Si quelqu'un chasse de sa maison son esclave malade, dit un rescrit de Claude, cet esclave obtiendra la liberté et sera citoyen romain ». — Plébéiens et prolétaires, les citoyens avaient droit à la munificence publique de l'annone, c'est-à-dire au système de secours le plus vaste, à la taxe des pauvres la plus étendue qui ait jamais existé. Nous avons dit ailleurs qu'ils avaient démoralisé le peuple, ruiné l'Etat et perdu la nation.

Telles étaient les institutions de bienfaisance de cette époque. Il n'est donc pas vrai de dire avec Chateaubriand, que le monde antique n'avait que deux moyens de se défaire des pauvres : l'infanticide et l'esclavage.— Les révolutions qui survinrent durent altérer quelquefois ces largesses ; mais elles n'en persistèrent pas moins dans tout l'Em-

(1) Rossi, *Hist. de l'Econ. polit.*, I, 197.

pire. Elles existaient encore au temps de Théodose et de Justinien, ainsi que le constate le recueil des lois qu'ils ont laissé.

Dans les premiers temps de la République, on distribuait les soldats blessés entre les Patriciens et les Sénateurs, qui les faisaient soigner chez eux dans leur *valetudinaria*.

Au temps d'Adrien seulement, on vit organiser dans les camps et à leur suite, des hôpitaux militaires. En général, on laissait périr misérablement les blessés, sur le champ de bataille, quand le vainqueur ne venait pas les achever. Rien n'indique la présence des médecins à la suite de l'armée (1).

Pendant les premiers siècles du christianisme, la charité n'eut pas d'autres trésors que les aumônes des fidèles auxquels la religion les imposait. C'est à la porte des églises même que se faisaient les distributions de pain, d'argent et de vêtements, aux pauvres que l'on reconnaissait en avoir besoin (2). Plus tard, le nombre des pauvres ayant augmenté, les distributions personnelles devinrent plus difficiles, et le Concile de Nicée ordonna l'érection dans chaque ville d'un asile public hospitalier (325). On les voit comme par enchantement s'élever à Rome, à Césarée et dans tout l'Orient. Saint Jérôme et les patriciennes pieuses qui le suivirent en couvrirent la Palestine, et recueillirent ainsi les malades qui gisaient auparavant sur les places publiques. — Bysance à elle seule en compta bientôt trente-sept. Elle

---

(1) L'abbé Suger nous fait voir que de son temps (XIIe siècle), les choses se passaient encore de la même manière. Les officiers blessés étaient emportés dans des litières, mais tous les autres abandonnés, sur le champ de bataille, devenaient d'ordinaire la proie des loups. Les blessés et les infirmes qui survivaient étaient adressés par le roi aux couvents et aux monastères, qui les recevaient sous le nom des *frères lais* et en prenaient soin. Sully fut le premier qui organisa des hôpitaux militaires, vers la fin du XVIe siècle (1597).

(2) Fleury, *Histoire eccl.*, l. XII, c. xx.

avait 50,000 indigents sur 100,000 habitants. — Les malades, les pauvres, les enfants trouvés, les orphelins, les vieillards, les ouvriers invalides, chaque infortune y avait son refuge (1). Saint Grégoire les appelait les gymnases des pauvres. C'étaient en effet des gymnases où la pauvreté s'exerçait à devenir indigence. « L'hospice entretient la misère et ne la guérit pas. Il la féconde et la multiplie. Il a plus engendré de pauvres que les pauvres n'ont peuplé d'hôpitaux. — Pour tarir la misère, il faut remonter aux sources, et non les concentrer » (2).

Divers Conciles du vi^e siècle avaient imposé aux fidèles et aux évêques le soin de nourrir les pauvres de leur cité. Les Pères de l'Eglise, reconnaissant que l'aumône était obligatoire, allaient jusqu'à dire que la terre est à tous, et que donner au pauvre c'était lui rendre son bien. « Ce n'est pas le vôtre, mais le leur, que vous demandent les pauvres, disait Saint Jean Chrysostôme (3).» Saint Basile traite d'avare et de voleur celui qui retient le pain du pauvre... » Le superflu du riche est le nécessaire du malheureux ; le retenir, c'est le voler ». — Ce socialisme serait alarmant, si l'on ne savait qu'il ne s'agit que d'une question de devoir, d'une loi de conscience dont l'homme n'est comptable qu'envers Dieu. Il est certain que les Pères de l'Eglise n'en faisaient point un droit et ne demandaient aucune sanction pénale qui rendit cette règle civilement obligatoire. Pendant qu'on enseignait ces préceptes, Valentinien II (382) expulsait de Rome tous les mendiants valides.

En 450, leur nombre n'avait guère diminué, puisque Valentinien III distribuait chaque jour aux indigents d'énormes quantités de pain, et l'on fesait de même dans tout

---

(1) *Code just.*, 1, t. II.
(2) Moreau, *Christophe II*, 244.
(3) Saint Chrys., *Expos. in Ps.*, xxxviii.

l'Orient. — Les campagnes n'étaient pas moins désolées. Les laboureurs, ruinés par le fisc, abandonnaient leur champ, auquel on les ramenait de vive force. Il y avait autant de tyrans que de décurions, disait Salvien...

Dans les premiers siècles de l'ère chrétienne, l'état des Gaules était plus misérable encore que celui de l'Empire romain; mais Clovis, encouragé par les évêques, prodigua des trésors pour construire des monastères et des hôpitaux qui en étaient l'accessoire obligé. Le Concile d'Orléans statuait, en même temps (506), qu'une partie des revenus du clergé et des monastères serait attribuée aux établissements de charité que les évêques avaient mission de pourvoir. C'est sous l'empire de ces règles que l'hôpital de Lyon fut bâti, en 542. Charlemagne, à son tour, décidait que le quart des biens ecclésiastiques serait consacré aux pauvres; que chaque cité serait tenue de nourrir les siens, et qu'on ne pourrait faire l'aumône au pauvre valide qui refuserait de travailler (1).

Presque en même temps, le concile d'Aix-la-Chapelle dressait le règlement suivant (816) :

« Les évêques établiront un hôpital pour recevoir les pauvres, et lui assigneront un revenu suffisant aux dépens de l'Eglise. Les chanoines y donneront la dîme de leurs revenus » (2).

Ainsi, chaque cité devait nourrir ses pauvres, et le droit d'assistance prescrit par les capitulaires passait dans la loi religieuse. La taxe des pauvres devenait obligatoire.

Ces prescriptions semblaient faciles en un temps où le clergé possédait la moitié des biens de la France (3). Mais les malheurs qui suivirent, les guerres privées, les inva-

---

(1) *Cap.*, 805.
(2) Fleury, *Histoire eccl.*, XLVI.
(3) Chateaub., *Et. hist.*, III, 284.

sions normandes, les famines, les maladies épidémiques, paralysèrent le fonctionnement régulier de la charité légale. Jamais la misère et la mortalité ne furent plus grandes que dans le IX⁰ et le X⁰ siècle, où les invasions, la famine et la peste régnèrent en permanence. — En présence de tant de calamités, des congrégations spéciales, des ordres hospitaliers se formèrent en grand nombre pour le service des malades et des infirmes : tels furent ceux de Saint-Jean-de-Jérusalem, de la Trinité, de la Merci, des chevaliers Teutoniques, et autres. Mais le mal était si grand que toutes les ressources de la charité nouvelle furent impuissantes.

Vers le XI⁰ et le XII⁰ siècle, deux maladies jusqu'alors inconnues : *le feu Saint-Antoine* ou *mal des ardents* et la *lèpre*, que les croisés rapportèrent du Levant, vinrent nécessiter la création de nouveaux établissements charitables sous le nom de *léproseries* et de *maladreries*. La France en compta bientôt près de 2,000. — La lèpre infestait le pays tout entier, aussi bien les riches que les pauvres. Partout, sur les chemins, on rencontrait ces malheureux, muets et sombres, les yeux gonflés, et laissant échapper un sang noir de leurs yeux gonflés et de leurs lèvres tuméfiées. Aucun moyen pour combattre cet horrible mal, aucun remède n'était pratiqué. Les maisons qui s'ouvraient pour ces infortunés, étaient des prisons, plutôt que des hospices, destinées à les séparer du reste des hommes. Ces asiles une fois remplis, on exilait le lépreux dans quelque solitude afin de le retrancher de la société des vivants. Un prêtre venait lui notifier la sentence, purifiait sa maison avec des aspersions d'eau bénite, et le menait à l'église. Là, devant l'autel tendu de noir, on chantait la messe des morts comme pour un service funèbre, après quoi le malheureux était conduit loin de la ville où on lui remettait quelques vêtements et une hutte de terre glaise. Retranché du monde, il ne pouvait entrer dans les villes ni dans les villages. Il devait même éviter les passants que son haleine pouvait empoisonner. Toujours revêtu de son costume rouge de lépreux et d'un manteau gris, il devait avertir de sa présence en agitant sans cesse une cliquette de bois. Quand la mort venait le frapper, on mettait le feu à sa cabane et à ses vêtements, et on l'enterrait sous les cendres (1).

Les barons féodaux manifestaient fréquemment leur charité par des fondations d'hôpitaux qu'ils dotaient de rentes, de privilèges, de droits féodaux, de terres et de serfs. Les moines qui les dirigeaient percevaient d'abord ces revenus et provoquaient ensuite des donations et des aumônes qui les enrichissaient. Nous en trouvons la preuve dans un capitulaire de 793, qui le leur disait durement (2). Un Concile de 813 leur rappelait aussi que les récoltes et les revenus des hospices n'étaient pas faits pour les enrichir, mais pour subvenir à la nourriture des pauvres...» Au XIIIe siècle, on leur reproche encore de répandre dans les villes et dans les foires de prétendus malades, après leur avoir peint sur le corps des plaies simulées pour exciter la générosité des fidèles (3). Le malade, guéri chez les Chartreux du mal de Saint-Sylvain, devenait leur serf (4).

En de telles conditions, ces hôpitaux devaient être d'un faible secours pour le peuple. S'ils étaient nombreux, ils étaient d'ailleurs peu importants. Ainsi, à Paris, l'hôpital de la rue Saint-Hilaire n'admettait que six femmes ; celui de Grenelle, huit ; celui des Poitevins, cinquante (5). — Chacun d'eux, consacré à un saint spécial, ne soignait que les

---

(1) La Marre, *Traité de la police*, 1. 604.
(2) Baluze, *Cap.*, 1, 258.
(3) Bible Guyot, ap. Barbezau. *Fabliaux*, t. II.
(4) Champolion-Figeac, *Doc. hist.*, 1. 220.
(5) On comptait à Nimes douze hôpitaux, dont la plupart n'avaient que deux ou trois lits. Le plus important aujourd'hui, l'Hôtel-Dieu, en avait douze. Toulouse en comptait vingt-neuf. — Dom Vaissette.

maux qui étaient du ressort de ce saint (1). Tant pis pour celui qui avait une maladie que ne visaient pas les hospices de sa région. Pour être admis, il fallait être en état de grâce, se confesser et communier tout d'abord. C'était ensuite avec des prières bien plus qu'avec des médicaments que les malades étaient traités. Telle maladie était guérie par l'intercession de tel ou tel saint, et telle autre par des pratiques dévotieuses déterminées. — Chaque matin, un prêtre promenait le Saint-Sacrement dans les salles en récitant des prières auxquelles répondaient les malades, qui gisaient trois ou quatre dans le même lit (2).

Pour entretenir ces hôpitaux, qui étaient le bien des pauvres, l'aumône des barons et des églises était constamment sollicitée. Mais l'argent qu'on donnait ainsi aux moines pour secourir les indigents, on l'avait extorqué aux serfs en faisant des milliers de pauvres.

Il y avait pourtant, dès l'origine, des monastères qui répondaient pleinement à leur institution et dont les richesses alimentaient les malheureux. L'abbé de Saint-Riquier en nourrissait chaque jour près de cinq cents (3). L'ordre de Cluny, au Xe siècle, distribuait aussi d'abondantes aumônes, qui s'étendaient parfois à dix-sept mille pauvres. On sait que Saint Bernard nourrit trois mille pauvres aussi longtemps que dura une disette... — Ces traits de bienfaisance étaient alors fréquents ; mais quand la foi fut étouffée par les désordres monastiques, la charité disparut avec elle, et la misère, en haillons, se montra partout avec un immense dénûment.

Saint Louis avait fondé un grand nombre d'hôpitaux, et encouragé les seigneurs à suivre son exemple ; mais les croi-

(1) Sauval. *Ant. de Paris*, 1, 508.
(2) Félibien, *Histoire de Paris*, 1, 285.
(3) Châteaub., *Etud. hist.*, III, 271.
(3) Fleury, *Hist. eccl.*, XLIII, 60.

sades, les guerres qui suivirent, et notamment celle de Cent-Ans, augmentèrent le nombre des mendiants dans des proportions considérables. Les pays, que traversaient des armées sans discipline, étaient ruinés d'ailleurs par le pillage des soldats, qui devenaient vagabonds et mendiants après la guerre. Leur nombre était si grand et leurs méfaits si redoutables que, dans les villes, la nuit venue, on les parquait dans un quartier, d'où ils ne pouvaient sortir que le lendemain. C'est là que les boiteux, les aveugles et les paralytiques de rencontre, déposaient chaque soir leurs infirmités, ce qui fit désigner leur refuge sous le nom de *Cour des miracles*.

Le mal devint si profond, qu'en 1350, le roi Jean défendit le séjour de Paris à tous les gens oiseufs, truands ou mendiants, sous peine de quatre jours de prison pour la première désobéissance, du pilori pour la seconde, et d'être signés au front d'un fer chaud pour la troisième...» (1).

La mendicité avait été pendant longtemps une profession tolérée. Le moyen âge ne la méprisait point. Sous l'influence des idées chrétiennes, il ne se contentait pas de soulager la pauvreté, il l'honorait. C'est ainsi qu'elle était admise à la porte des églises, dans les cérémonies religieuses et dans les processions générales des pauvres qui recueillaient d'amples aumônes. — On leur permettait en même temps d'étaler en public leurs plaies, simulées ou non, afin d'exciter la pitié publique. Les pauvres, attitrés par la ville, portaient d'ordinaire, sur l'épaule ou sur le dos, une croix de drap jaune avec une lettre convenue ou une plaque aux armes de la cité (2).

Une autre influence prévalut à partir du xvie siècle : afin de supprimer la mendicité, la paresse fut érigée en

(1) Isambert, *Recueil de lois*, iv, 576.
(2) Oudard Coquault, 11, 354.

délit, et le mendiant qui refusa de travailler fut enfermé. Le désordre de l'administration des hospices était alors si grand, et la déprédation des revenus si impudente, que les hôpitaux semblaient passés à l'état de bénéfices. L'édit de 1536 blâmait en termes sévères ces dilapidations, ainsi que les prélats qui les avaient laissé commettre, et il n'hésitait pas, dès lors, à enlever au clergé la gestion des biens hospitaliers pour la confier à des bourgeois.

En 1547, un autre édit de François Ier, renouvelé par Henri II, classait les mendiants en trois catégories : les valides, les invalides, les malades ou les impuissants à gagner leur vie en travaillant. Des travaux étaient organisés pour les premiers, qui devaient les accepter sous peine d'être punis des verges, du fouet et du bannissement ; les seconds étaient distribués dans les hôpitaux, pour y être nourris et entretenus avec les revenus de cet établissement, et les derniers enfin, étaient laissés à la charge de chaque commune, dans laquelle un bureau des pauvres invalides était établi, avec le droit de prélever chaque année une taxe d'aumônes déterminée sur les contribuables sans distinction (1). Le droit à l'assistance redevenait donc obligatoire comme au temps de Charlemagne. Des arrêts du Parlement prirent soin de le rappeler et de l'entretenir, si bien, qu'en 1789 il existait encore. L'assistance ainsi organisée, défense fut faite de mendier, sous peine du fouet pour les femmes et les enfants, et des galères pour les hommes (2).

Ces mesures, excellentes en apparence, eurent pour effet de faire affluer dans les villes une masse de pauvres, qui considéraient l'assistance légale comme un droit certain, et leur foule y devint si grande, qu'il fallut opposer une digue nouvelle à cette invasion de la misère. On n'en trouva pas de

---

(1) Isambert, *Recueil de lois*, xii, 525.
(2) Isamb. xiii, 23.

meilleure que les moyens répressifs, et la séquestration fut substituée aux ateliers publics et à l'aumône, aussi insuffisants l'un que l'autre.

C'est ainsi qu'en 1612 Louis XIII ouvrit des asiles, où les mendiants furent enfermés et nourris. C'étaient *des dépôts de mendicité* (1).

Les peines répressives furent encore aggravées sous Louis XIV pour réfréner la mendicité toujours croissante. Les mendiants pris en faute étaient condamnés au fouet, puis à la marque et aux galères en cas de récidive. L'hôpital général était une véritable maison de force qui renfermait six mille indigents occupés à des travaux divers.. Les dépenses s'élevaient à 800,000 livres environ, difficilement couvertes par les recettes qui se composaient de dons, de quêtes et de taxes sur les spectacles. L'édit de 1662, qui régissait la matière, renouvelant ceux de François Ier et d'Henri II, avait imposé aux paroisses l'obligation d'entretenir leurs pauvres et d'en dresser un état, afin d'indiquer ceux qui devaient être reçus à l'hospice ou secourus à domicile. Dans ces conditions, l'interdiction de l'aumône était formelle, sous peine de six livres d'amende. -- Les hôpitaux étaient fort nombreux : on en comptait en France plus de deux mille qui recevaient 100,000 malades. Chaque ville devait avoir le sien et l'entretenir suivant le vœu du roi, à l'aide d'une taxe proportionnelle aux biens des contribuables. Toutes ces maisons hospitalières, trop nombreuses, furent heureusement réunies sous la même direction vers la fin du XVIIe siècle. Celles des villages furent adjointes à celles des villes. On en supprima de la sorte de 15 à 1600.

---

(1) Pendant ce temps, la répression anglaise était extrêmement sévère. Un édit de 1536 voulait que le mendiant fût fouetté d'abord, qu'il eût l'oreille coupée et le front marqué à la récidive et qu'il fût pendu à la troisième fois. Et ces peines barbares persistèrent jusqu'en 1744.

Le régime intérieur de ces établissements était déplorable. Sans égard pour la gravité ni le genre des maladies, on installait les malades pêle mêle dans un même lit. Dix à douze malheureux étaient ainsi couchés ensemble (1). On les plaçait même sur les ciels-de-lit. Vers la fin du siècle dernier, on rencontrait encore gisant dans la même couche jusqu'à huit malades, dont quelques-uns avaient cessé de vivre (2). — A la Salpêtrière et à Bicêtre, où l'on traitait les vénériens, vingt-cinq lits suffisaient pour deux cents malades qui dormaient à tour de rôle et que l'on fustigeait en règle avant et après le traitement (3).

A l'aide de la répression et des secours hospitaliers, Louis XIV et Colbert croyaient avoir aboli la mendicité et dissipé les 40,000 mendiants qui infestaient Paris. Mais ils n'avaient fait que les déplacer. — Chassés de Paris, les mendiants se dispersèrent dans les provinces pour revenir quelque temps après. Un édit de 1700 leur défendait de s'attrouper plus de quatre, de demeurer sur les routes, d'aller de ferme en ferme demander l'aumône, sous peine du fouet et du carcan. Malgré cela, le flot de la mendicité grossissait toujours. Et comme on était dans l'impossibilité de donner à tous du travail ou une place à l'hôpital, le nombre des mendiants arrêtés et qu'il fallait relâcher ensuite s'élevait en une seule année au chiffre de 50,000.

Tandis que les grandes villes avaient des hôpitaux pour les indigents et pour les malades, auxquels venaient en aide la charité et les deniers publics, les hommes des champs n'avaient aucune part aux soulagements de cette nature. L'ennemi, les gens d'armes les avaient pillés et avaient foulé leurs récoltes ; les intempéries avaient détruit

---

(1) Collection de l'*Académie des sciences*, 1785.
(2) *Dict. des Sc. médicales*, XXII, 422.
(3) Boiteau, 443.

leurs semences ; les maltotiers et les gabeleurs les avaient pressurés et réduits à la famine ; ils souffraient loin des grandes villes, loin du pouvoir royal et du luxe insensé de Versailles, sans que leurs cris de détresse fussent entendus.

Ne pouvant ni occuper, ni enfermer, ni nourrir tous ces mendiants, le gouvernement de Louis XV voulut les transporter aux colonies (1719). Mais ce moyen fut promptement abandonné. — Une ordonnance de 1724 essaya d'un plan nouveau. Elle ouvrit les hôpitaux à tous les mendiants, retint les invalides et employa tous les autres aux travaux des routes, sous peine des galères en cas de refus (1). Or, il arriva que ces hommes incapables ou inhabiles ne fournirent aucun travail utile, et qu'il fallut les renvoyer après avoir dépensé en trois ans une somme de six millions.

Tout le long du xviiie siècle retentit le bruit sinistre de cette armée permanente de la misère. En 1764, un nouvel édit de répression essaie de la contenir. « Les vagabonds ou gens sans aveu, dit-il, seront condamnés : les hommes valides à trois années de galères, et les autres, ainsi que les femmes et les enfants, à être renfermés dans un hôpital. Jusqu'en 1789, ces mêmes règlements ne cessèrent de réprimer la mendicité sans parvenir à la réduire.

En présence des insuccès géminés du pouvoir, une Académie de province proposa au concours la question suivante (1777) : « Des moyens de détruire la mendicité en rendant les mendiants utiles sans les rendre malheureux... »

Plus de cent mémoires traitèrent ce grave sujet et proposèrent leurs moyens. La plupart sont impraticables ou chimériques... C'est à peine si l'on y trouve quelques données utiles sanctionnées par l'expérience. Ainsi, dans les Flandres, chaque village, disait-on, était chargé de nourrir ses pauvres. Mais au lieu d'être enfermés ou secourus à domi-

---

(1) Isamb., xxi, 271.

cile, ils étaient adjugés au rabais aux individus qui consentaient à s'en charger. Un enfant coûtait 100 livres. Un vieillard 130. Les jeunes gens, rien, ou presque rien. En Hollande, chaque commune nourrissait aussi ses pauvres.
— On citait ensuite quelques villes telles que Nimes et Carcassonne, qui étaient parvenues à supprimer la mendicité.

A Nimes, la ville était divisée par quartiers ; chaque quartier avait ses inspecteurs et visiteurs, et les pauvres reconnus étaient secourus à domicile.

A Carcassonne, on expulsait les mendiants étrangers, puis on ouvrait aux valides des ateliers publics, et l'on secourait les infirmes à domicile. Des souscriptions volontaires, des fondations charitables et des taxes municipales pourvoyaient à ces dépenses. On recommandait ensuite les monts de piété et les greniers d'abondance qui devaient distribuer le blé à prix coûtant.

On recommandait enfin une troupe agraire, composée d'escouades de mendiants valides que l'on occuperait aux défrichements et aux travaux publics (1).

Tel est l'ensemble des idées pratiques inventées par les nombreux aspirants au prix proposé. Il est facile de voir que rien de nouveau n'était par eux indiqué et que, ni le pouvoir, ni les philanthropes n'eurent à retenir aucune de leurs combinaisons.

Sous Louis XVI, on tenta d'adoucir les rigueurs de la législation en substituant le travail obligé aux punitions corporelles. Les dépôts de mendicité, créés sous le règne précédent, s'ouvrirent dès lors aux mendiants valides, dont le nombre était de 6,000 environ. Resserrés dans d'étroits espaces, mal nourris, mal vêtus, accablés de travail et de mauvais traitements, ces malheureux ne faisaient que passer du dépôt à l'hôpital. Le rapport de Larochefoucauld

---

(1) *Rap. sur les moyens de détruire la mendicité...*, 1777, Bib. nat.

à la Constituante confirma bientôt cette triste situation. « L'administration impuissante, dit-il, à donner du travail au peuple, n'avait d'autre ressource que d'entasser dans les hôpitaux une mendicité importune et factice, ou d'armer la loi de rigueur pour renfermer tous ceux qui fatiguaient la société. On feignait d'ignorer que les secours donnés par les hôpitaux étaient insuffisants et que les dépôts étaient à peu près inutiles. D'ailleurs, ces espèces de dépôts manquaient souvent d'ateliers. Alors la fainéantise y devenait obligée. Elle n'était pas plus détruite dans les dépôts où il y avait quelque moyen de travail, car il arrivait souvent que celui qui était offert aux détenus n'était approprié ni à leurs forces, ni à leurs aptitudes. Enfin, l'un des plus grands inconvénients de tous, c'était qu'en sortant d'un dépôt, un individu était rejeté sans ressources, et moins bon, le plus souvent, qu'il n'y était entré... »

Ainsi, ce qui devait être un allègement à la misère ne fit qu'aggraver. Il en fut des dépôts de mendicité comme de tous les autres épouvantails inventés pour effrayer la faim qu'on ne pouvait satisfaire.

Malgré le zèle philanthropique dont elle était animée, la Convention ne fut pas plus heureuse. Toutes ses réformes restèrent sur le papier.

Tous les pouvoirs qui se sont succédé depuis ont abordé cette redoutable question de la misère ; aucun n'a pu la résoudre. Elle est restée insoluble comme aux premiers jours de l'humanité (1).

Il serait intéressant de préciser l'étendue de la misère pendant la longue période que nous venons de parcourir ; mais la statistique n'était pas connue, et les documents officiels font complètement défaut. Tout ce que nous savons, c'est qu'en 1640 on comptait à Paris seulement 40,000 men-

(1) Voyez ce que nous en avons dit ci-devant l. x, p. 411 et s.

diants qui, à huit reprises, résistaient aux soldats des gardes (1). Necker affirme ensuite (1779) que les trente-deux dépôts du royaume renferment de 6 à 7,000 mendiants, et que les 2,185 hôpitaux reçoivent environ 110,000 malades, hommes, femmes ou enfants, dont la journée revient à 17 sous.

En 1789, on en comptait 118,000 à Paris sur une population de 650,000 habitants. — Il y avait d'ailleurs 2,500 hôpitaux qui renfermaient 105,000 malades, infirmes ou enfants trouvés pour le service desquels on dépensait annuellement 40 millions. L'Etat possédait en outre 33 dépôts de mendicité, qui renfermaient 6 à 7,000 mendiants valides et soumis au travail. Tel était à peu près le bilan de la bienfaisance publique et privée. La mortalité des hôpitaux était de 24 %, au dernier siècle. Elle est descendue à 8 %.

La moyenne actuelle des malades ou infirmes recueillis dans les hôpitaux et hospices est de 3 %. Et celle des indigents assistés par les bureaux de bienfaisance de 5 % environ de la population totale.

Comme la prospérité des nations, la misère a ses grandes époques. Si l'histoire néglige de les mentionner, elles n'en sont pas moins certaines. En France, les points culminants du paupérisme peuvent être facilement indiqués. Ce sont tout d'abord le IXe et le Xe siècle, puis le XIVe et le XVe, et enfin le siècle de Louis XIV, comme aussi une courte période de la Révolution de 1793.

Pendant la grande époque féodale, la misère la plus profonde dut être l'état normal des campagnes. Que restait-il au serf de son travail après avoir payé la dîme, le cens et les exactions de toute sorte ? Taillable et corvéable à volonté, rançonné par la justice, les guerres privées l'exposaient à toutes sortes de dévastations et de dangers. Les guerres des Normands, les pestes et les famines vinrent y mettre le comble.

(1) *Histoire de l'hôpital de Paris*, 2 et 3.

Aux XIVᵉ et XVᵉ siècles, les mêmes tribulations se manifestèrent. La guerre de Cent-Ans, la guerre civile des Armagnacs et des Bourguignons, le brigandage des grandes compagnies, tout concourut à infliger à la France une série de calamités sans exemple. Une grande partie du pays restait sans culture, faute de bras et de sécurité. Dans le Languedoc, en cinq ans, le nombre des ménages taillables était descendu de 228,000 à 36,000. Cinq sur six avaient succombé.

Le siècle de Louis XIV, qui nous apparaît avec tant d'éclat dans l'histoire, présente l'une des recrudescences les plus intenses du paupérisme. Dès l'entrée du règne, on trouve les campagnes impuissantes à payer la taille. Sur 200,000 habitants, 40,000 mendiants ou vagabonds errent dans Paris. La misère est générale. Vauban le constate; Boisguilbert après lui, puis Saint-Vincent-de-Paul et Fénélon lui-même ; et enfin les intendants de province dont les mémoires nous sont restés. « Jamais la France n'eut si grand faim ».

Le dix-huitième siècle fut aussi bien éprouvé. Les mémoires de d'Argenson et de Barbier, les lettres de Massillon, et la correspondance des intendants généraux, nous offrent des tableaux navrants ; mais l'on n'y retrouve, à vrai dire, la grande misère que pendant une courte période de la Révolution. La confiscation, l'exil, les proscriptions, avaient paralysé les arts et les industries de luxe qui se dérobaient au travail. La loi insensée du maximum avait ruiné les marchands, le discrédit des assignats arrêté le commerce. De là, une immense diminution dans la production, le travail et les salaires. — Ce qui prouve l'intensité du mal, c'est la nécessité où se trouva la Convention de taxer à chacun, riche ou pauvre, la quantité de pain qu'il pouvait consommer chaque jour. C'est la première fois qu'on vit un gouvernement rationner une nation tout entière.

L'Assistance publique depuis 1789 : Les Hôpitaux et les Bureaux de bienfaisance.
Les Hospices : Infirmes, Vieillards, Aveugles, Enfants trouvés et assistés, Sourds-Muets, Aliénés.
Dépôts de mendicité. — Monts de Piété.

II

Après avoir fait connaître la condition du prolétaire qui travaille et qui vit de salaires, nous venons de montrer, à travers l'histoire, le sort du prolétaire qui ne peut travailler, du pauvre et de l'indigent. Nous avons suivi sa trace jusqu'en 1789, pendant qu'il vivait à l'état d'esclave, de serf, de mainmortable ou de vilain, sous des gouvernements despotiques ou absolus. — Il nous reste maintenant à faire connaître son état depuis qu'affranchi des servitudes réelles, il a conquis l'égalité ainsi que la plénitude de la liberté individuelle.

A l'avènement de la République, les serfs, les mainmortables, les corvéables de toutes sortes, avaient disparu. Les maîtrises et les jurandes avaient disparu de même. La liberté du travail et de l'industrie en avaient été la conséquence. La suppression des privilèges devant l'impôt et devant les fonctions, avait créé l'égalité civile. — Tous ces hommes nouveaux, qui deviennent libres et acquièrent par cela même la liberté du travail, cesseront d'être appelés manants, vilains ou mainmortables, et prendront celui de prolétaires. — Est-ce à dire que, dans cette condition nouvelle, ils arriveront tous au bien-être et à la fortune ?... Le chemin de la liberté n'est pas sans périls, et les chutes n'y sont pas rares. La lutte de la vie offre aussi ses dangers, et l'accident, la maladie, le malheur, réduisent à néant les forces et le courage. Le prolétaire qui est ainsi frappé descend d'un degré et glisse sur la pente du paupérisme. Si la conquête de la liberté a rendu cet état moins fréquent et moins rigoureux, elle n'a pu soustraire l'individu aux lois de la nature, et le préserver à jamais des chances de la misère.

En succédant à la royauté, l'Assemblée nationale dut se préoccuper de ce problème redoutable que lui laissait à résoudre sa devancière, problème compliqué des troubles de la Révolution et de la cessation des travaux industriels. Les assemblées provinciales et municipales, saisies de cette question, avaient fait connaître leurs plans, que Malouet résumait de la façon suivante : « Il faut établir dans chaque paroisse, disait-il à l'assemblée, des bureaux de secours et de travail, afin de dresser le rôle exact de tous les individus dépourvus de travail et de subsistance, et de pouvoir assurer, à tous ceux qui se présenteront, une nourriture suffisante en argent ou en nature, sauf à employer les valides aux travaux de la paroisse ou des manufactures ».

Cette proposition, ainsi que plusieurs autres relatives à la mendicité, fut renvoyée à l'examen des bureaux, afin de statuer après enquête (1). Le 21 mars suivant, n'ayant pu résoudre encore ces questions ardues, l'Assemblée prenait dans son sein « un Comité chargé de lui présenter un plan général pour l'extinction de la mendicité et l'administration des secours publics dans tout le royaume ».

En chargeant le Comité de cette tâche, l'Assemblée lui avait posé les axiomes suivants :

« La mendicité n'est un délit que pour celui qui la préfère au travail.

» La société doit du travail à ceux qui ne peuvent s'en procurer pour vivre.

(1) *Moniteur* des 3, 12 et 20 août 1789.

» Elle doit forcer au travail ceux qui peuvent s'y livrer et qui refusent de le faire.

» La société doit assister ceux que l'âge ou les infirmités rendent incapables de tout travail.

C'est ainsi qu'il faut comprendre ce double axiome : « que tout homme a droit à sa subsistance », et cet autre : « que le soulagement de l'indigence est une dette de l'Etat » (1).

Ces sentiments généreux mais peu réfléchis partaient de ce principe : que la société constitue une grande famille dont l'Etat est le père, ou mieux encore : un contrat d'assurance dont les membres sont solidaires, et par lequel chacun doit venir en aide à son semblable.

Or, ce principe n'est pas exact. L'Etat ne peut être assimilé à un père de famille ; il n'a pas donné le jour à ses sujets qui ne lui doivent ni l'obéissance, ni le fruit de leur travail. Il ne représente pas davantage une société d'assurances mutuelles, mais bien une association dans laquelle chacun jouit des choses communes à tous, sans qu'il puisse prétendre au produit des richesses individuelles ou collectives que, sous forme d'impôt, l'Etat concentre en ses mains. Faire autrement, sous quelque dénomination que ce soit : bienfaisance, instruction gratuite, crèches, salles d'asile, c'est verser plus ou moins dans l'ornière du socialisme.

C'est à la bienfaisance volontaire et privée qu'il faut abandonner ces institutions généreuses. Faites par l'Etat, elles sont forcées et abusives. L'économie politique ne saurait les approuver.

Tels n'étaient pas les sentiments de l'Assemblée nationale, que troublaient les idées mal conçues de certains physiocrates du xviiie siècle.

Le comité de mendicité refusa complètement d'entrer dans la voie étroite qui lui avait été tracée. Examinant tout

(1) *Procès-verbaux de l'Assemblée*, t. LXXV, p. 5.

d'abord *le droit au travail*, il ne voulut pas admettre que l'Etat fût tenu d'en procurer à tous ceux qui en manquent... « Il faudrait pour cela, disait-il, s'emparer de tous les instruments de travail, des terres et des capitaux, ou tout au moins s'emparer du travail des uns pour entretenir celui des autres, double voie qui aboutit à la destruction de la propriété et à l'absorption complète par l'Etat des fonds de production ou du revenu social... » « Ce n'est donc que par une législation prévoyante et par des vues générales bien combinées qu'il doit se borner à encourager et à multiplier les moyens de travail... » On ne saurait mieux dire.

Quant à la répression de la mendicité, le comité remplace les dépôts existants par des maisons de correction établies dans chaque département, et toutes les autres peines par la transportation.

« Les indigents ont droit à l'assistance, ajoute le comité. C'est une dette nationale. — Leur nombre est d'un million, qui coûteront à l'Etat 51 millions, et l'on trouvera cette somme dans la vente des biens hospitaliers. »

Il proposait en conséquence de répartir ces sommes entre les diverses communes, proportionnellement au nombre de malheureux assistés dans chacune d'elles. — L'entretien des pauvres devenait une dette publique ; la nation s'engageait à les nourrir avec les fonds du trésor (1).

Pour avoir droit à l'assistance, il fallait être domicilié, ne payer aucune imposition et n'être ni domestique, ni employé salarié. — Les secours devaient être distribués tout d'abord aux malades, aux enfants, aux vieillards et aux

---

(1) S'appuyant sur ces principes, la Convention déclara que les propriétés des hôpitaux devenaient inutiles et devaient rentrer dans le domaine de l'Etat. Elle assimila dès lors ces propriétés aux biens nationaux et les soumit à l'aliénation. Les hôpitaux, privés de revenus, menacèrent de fermer leurs portes, et l'Etat se vit obligé de suspendre ses décisions et d'indemniser les hospices dont il avait amoindri les ressources.

infirmes. Ils devaient autant que possible être distribués à domicile. Un médecin cantonal, un dépôt de médicaments gratuits, étaient institués au chef-lieu. Toute ville de 4,000 âmes devait avoir un hôpital pour les malades et les enfants trouvés. Enfin, un atelier de travail devait recevoir dans chaque district, mais pendant l'hiver seulement, les indigents valides (1).

Après avoir pourvu à tous les besoins avec tant de sollicitude, il était logique d'interdire la mendicité. Elle était punie par la détention, le travail forcé et la transportation en cas de récidive (2). — Telle était la théorie merveilleuse du comité. Elle semblait répondre à toutes les prévisions. Et cependant, elle devait être bientôt démentie par l'expérience. — L'obligation imposée à l'Etat de fournir des secours et du travail, endormant la prévoyance et favorisant la paresse, devait étendre fatalement la lèpre du paupérisme et faire de l'assistance une maladie endémique.

Impuissante à couronner son œuvre, l'Assemblée nationale se sépara sans avoir eu le temps de discuter les vues de son comité, de telle sorte que la Législative dut instituer un comité nouveau qui prépara l'abolition de la charité privée et l'avènement de la bienfaisance officielle.

Aux pauvres valides, ce comité proposa d'abord : des travaux de secours pendant la saison rigoureuse.

Aux enfants, aux vieillards et aux infirmes : des secours à domicile.

Aux malades, aux enfants trouvés, des hôpitaux dans chaque département.

Quant aux mendiants valides qui ne veulent pas travailler, c'est la maison de répression qui les attend. En tout cas, point de droit au travail et point d'ateliers nationaux.

(1) *Rapports du comité de mendicité.*
(2) *Rapports du comité de mendicité.*

Les deux comités avaient déposé à cet égard des conclusions identiques.

Ainsi furent ensevelies, après de laborieuses recherches, les promesses de la Constitution, qui voulait à tous garantir du travail.

La Convention nationale, peu satisfaite de ces conclusions, qui repoussaient toute solution nouvelle, reprit elle-même avec plus d'inexpérience encore et plus de témérité la tâche immense devant laquelle avaient échoué ses devancières.

« Les secours publics sont une dette sacrée, dit-elle dans sa Constitution. La société doit la subsistance aux malheureux, soit en leur procurant du travail, soit en venant en aide à ceux qui ne peuvent travailler... »

Cette Constitution, « bâclée en quelques jours par cinq ou six jeunes gens », disait Garat, fut rétractée trois mois après.

Au milieu des tourmentes qui l'agitaient et qui bouleversaient l'Europe, la Convention se vit contrainte d'adopter, sans y rien changer, les plans d'organisation, de secours et de travaux tels que les avaient proposés les comités des deux assemblées précédentes. Mais, se ravisant peu après, elle formula un projet nouveau dans lequel les largesses antérieures furent singulièrement étendues (1).

Non-seulement le droit au travail et à l'assistance furent proclamés, mais encore, au moyen du livre de la bienfaisance nationale qu'elle avait imaginé, elle décida que les cultivateurs et les artisans y seraient inscrits, ainsi que leurs veuves et leurs enfants; qu'ils auraient droit à une retraite de 160, de 120 ou de 60 fr.; que les malades recevraient les secours gratuits du médecin et, en outre, dix sous par jour (2). Ce plan généreux, qui passa dans la loi,

(1) Décret du 28 juin 1793.
(2) *Rapport de Barrère à la Convention*, 11 mai 1794, approuvé par décret du 16 mai suivant.

ne put être exécuté. Comme ceux de la Constituante et de la Législative, il demeura lettre morte.

De telles largesses étaient impraticables dans un Etat florissant et paisible, et à plus forte raison dans celui que menaçait au dehors, la guerre étrangère, au dedans, la guerre civile, et qu'épuisaient les emprunts forcés, les assignats, le maximum et la banqueroute.

L'exécution de cette loi eût mis à la charge de l'Etat la subsistance de plusieurs millions d'individus ; grevé le trésor public d'une dépense hors de proportion avec ses ressources ; ruiné les classes aisées par les impôts qu'elle eût nécessités, et développé la misère des classes ouvrières, en favorisant leur imprévoyance et leur paresse.

« La mendicité, qui est la lèpre des monarchies, disait Barrère, fait des progrès effrayants sous la république ». — Il y avait en effet moins de travail, plus de pauvres et moins de secours à distribuer. Les hospices, dépouillés de leurs biens, n'avaient plus aucune ressource. On les alimentait, tant bien que mal, en leur donnant des assignats sans valeur comme équivalent de leurs rentes.

Impuissante à réaliser ses promesses non-seulement envers l'indigence, mais envers la misère ; ne pouvant même faire face à ses obligations vis-à-vis des hôpitaux dont elle avait en partie aliéné les biens, la Convention s'arrêta au milieu de son œuvre, et suspendit l'exécution des mesures qu'elle avait somptueusement ordonnées.—« Il est temps, lui disait alors un de ses membres, de sortir de l'ornière où une philanthropie exagérée nous arrête depuis l'Assemblée constituante, qui, très savamment mais très inutilement, s'est occupée du pauvre. Du chaos d'idées qu'on a soulevées sur ce sujet, il n'est sorti qu'une série de dépenses illimitées, des lois stériles et impossibles à exécuter... »

» Il sera toujours impolitique d'appeler les pauvres avec éclat et de les compter en quelque sorte, car ces longues listes d'indigents, toujours grandissantes, accoutument les hommes à se ranger sans honte dans la classe de ceux qui, nés sans industrie, prétendent avoir droit d'être nourris par le trésor public.

» Celui qui, le premier, a prétendu que l'Etat devait à l'indigent des secours de toute espèce, et dans tous les âges de la vie, a dit une absurdité ; car le produit de toutes les impositions de la République ne suffirait pas pour acquitter cette charge énorme et incalculable. Il est bien plus vrai de dire que le gouvernement ne doit rien à celui qui ne le sert pas. Le pauvre n'a droit qu'à la commisération générale. »

« Posons donc, comme principe, que le gouvernement ne doit intervenir dans la bienfaisance publique que comme exemple et principal moteur ; c'est-à-dire, qu'en mettant le pauvre sous la sauvegarde de la commisération générale, il doit donner l'exemple d'une bienfaisance limitée comme ses moyens... » (1).

Ces sages considérations, appuyées d'un nouveau projet de secours, furent emportées avec la Convention, avant même qu'elles n'eussent été discutées.

Convaincu non-seulement du danger, mais de l'inanité des solutions proposées et successivement abandonnées par les trois assemblées antérieures, le Directoire abrogea les décrets du 19 mars 1793, qui avaient trait à la vente des biens des hospices, à l'organisation des secours publics et à la charité légale. Il institua seulement dans chaque canton un bureau de bienfaisance, chargé de la distribution des secours domiciliaires, qui s'alimentait, comme aujourd'hui, des legs faits aux pauvres, des prélèvements sur les recettes des spectacles et du produit des octrois, comme aussi des dons et collectes provenant de la charité privée. — Cette organisation avait pour but de remplacer la bienfaisance des

(1) Séance du 14 juin 1794.

églises et des monastères que la Révolution avait supprimés.

De toutes les manifestations humanitaires des assemblées républicaines, il ne resta qu'un seul article qui survécut à la Constitution : « Il sera créé et organisé un établissement général de secours publics pour élever les enfants abandonnés, soulager les pauvres infirmes et fournir du travail aux pauvres valides qui n'auraient pu s'en procurer ». Cette solution pratique ne put être suivie par la Convention; mais elle fut reprise par les gouvernements qui suivirent, et elle n'a pas cessé de servir de base à l'organisation de la bienfaisance publique.

Sur les ruines amoncelées par dix années de troubles et de misère sociale, Napoléon vint asseoir son trône et la dictature. Sans oublier la guerre et la politique extérieure, son grand objectif, il se préoccupa tout d'abord de détruire la mendicité et le vagabondage... Il y attachait une grande importance et une idée de gloire. « Il ne faut pas passer sur cette terre, écrivait-il à son ministre, en l'entretenant de cette question, sans y laisser des traces qui recommandent notre mémoire à la postérité » (1). — Le droit d'assistance, reconnu par la République comme une dette nationale, fut par lui repoussé. Il ne considéra comme tel que le soin de pourvoir aux besoins, c'est-à-dire à l'insuffisance des biens des hospices, et il appela les communes et les départements à concourir avec l'Etat aux dépenses des enfants trouvés, des secours aux indigents, etc. (2).

La société, disait son ministre Chaptal, dans une circulaire de l'an x, ne doit des secours qu'à ceux qui sont dans l'impossibilité de fournir à leurs premiers besoins. Distri-

---

(1) *Correspondance de Napoléon*, t. xvi, 44.
(2) *Circ. du* 11 *prairial an* viii.

buer des secours dans tout autre cas, c'est créer la mendicité, nourrir la paresse et favoriser le vice.

« Constater l'état des besoins est donc le premier soin qui doit occuper l'administration charitable.

» Les besoins qui provoquent les secours publics sont de trois sortes : l'état de *pauvreté, d'infirmité et d'abandon.*

» Le premier comprend les individus qui, vivant du travail de leurs mains, en sont momentanément privés, et ceux auxquels des malheurs imprévus enlèvent leurs moyens d'existence. A ceux-là, des secours à domicile.

» Le second se compose de ceux qui sont atteints d'infirmités passagères ; ils doivent trouver un refuge dans les hôpitaux.

» La troisième classe enfin comprend les malheureux abandonnés et privés de tout appui, que l'âge ou les infirmités rendent incapables de travail, c'est-à-dire les enfants et les vieillards. A ceux-là, l'Administration doit ouvrir les hospices.

» Quant aux mendiants qui n'ont aucun moyen de subsistance, ils seront recueillis par chaque département dans les dépôts de mendicité.

» En résumé, donner à tous, ce serait doter la profession de mendiant. Donner aux nécessiteux, c'est au contraire acquitter un devoir d'humanité et payer la dette de la société ».

Pour constater l'état des pauvres, un bureau de bienfaisance avait été organisé dans chaque ville, afin de porter à domicile les secours d'une charité bien entendue (27 novembre 1796).

« Les secours, disait la circulaire du Ministre qui se préoccupait de la faire sanctionner, ne doivent être accordés qu'à ceux qui manquent de travail ou qui sont chargés de famille, sans que le chef puisse fournir à ses besoins.... Ils ne doivent être distribués qu'en nature.... ».

Une nouvelle circulaire de 1809 prescrivait aussi : « En cas d'infirmité ou de maladie de l'assisté, de le faire soigner autant que possible dans sa maison, et de lui donner, à cet effet, les soins médicaux, les remèdes et les aliments nécessaires. Ce système a l'immense avantage d'être moins dispendieux, et de ne pas enlever au malheureux les soins d'affection de sa famille ».

Voilà la théorie sur la charité administrative telle que l'entendait l'empire, et telle qu'on l'a pratiquée depuis. — Des secours aux pauvres et aux infirmes. Le travail et la prison aux vagabonds. La plaie de la mendicité devait ainsi disparaître.

Malheureusement, les dépôts de mendicité ne tinrent pas les espérances qu'ils avaient fait concevoir. La moyenne des frais, qu'on avait supputée à 220 francs, fut de beaucoup supérieure, et le travail utile des détenus presque nul. La plupart des vagabonds, façonnés au vice et à la paresse, s'accommodaient parfaitement des dépôts, qui leur donnaient une existence tranquille et douce. Aussi bien, le nombre des détenus se multipliait sans cesse et débordait la capacité des plus vastes établissements. On finit par reconnaître que c'était un encouragement à la paresse et à l'oisiveté, de telle sorte, qu'au lieu de créer un dépôt dans chaque département, on n'en compta que 37 en activité, qui donnèrent asile pendant un temps à 30,000 mendiants environ. Ceux-là même furent successivement abandonnés. — L'empire passa, et la mendicité qu'il voulait éteindre lui survécut (1).

On dit souvent que la mendicité et le vagabondage sont des plaies de l'industrie moderne. Pourquoi les voit-on en Grèce, à Rome, au moyen âge, où l'industrie n'était pas née ?

Il est mieux de reconnaître que ces fléaux affligent la

(1) *Rapport de Lainé au roi*, 25 novembre 1818.

société, parce qu'en tous temps et en tous lieux, il y a des êtres disgraciés de la nature qui ont horreur du travail, et qui préfèrent, à une existence honorable, une vie précaire qu'ils demandent à l'aumône et à l'oisiveté, et que partout aussi, il faut faire la part de l'accident et du malheur.

Le gouvernement qui remplaça l'Empire repoussa comme lui le droit à l'assistance obligatoire, et supprima les dépôts de mendicité, qui n'avaient donné que de mauvais résultats. Les établissements de bienfaisance qu'il maintint n'eurent d'autre obligation que de secourir les indigents, dans la limite des revenus qu'ils pouvaient fournir, concurremment avec les communes, les départements et l'Etat. — C'est à la charité privée qu'était laissé le soin de faire le reste.

On avait quelque raison de compter sur elle, car les dons et legs qu'elle fit aux indigents s'élevèrent sous l'Empire à quatorze millions (un million par an), et montèrent à plus de cinquante millions pendant le cours de la Restauration (1).

Ce supplément de ressources était bien nécessaire en présence de l'augmentation croissante des assistés. Les seuls enfants trouvés, qui n'étaient que 40,000 en 1784, figuraient au nombre de 84,000 dans la statistique de 1815, et de 118,000 dans celle de 1830. — La dépense seule de ce chef était alors de dix millions. Les revenus de l'assistance réunis s'élevaient à cinquante millions (2).

Comme sous l'Empire, l'administration s'efforçait de donner du travail à l'indigent. « On ne doit pas, disait M. Lainé dans son rapport au roi, procurer du travail à tous ceux qui en demandent; ce serait enlever aux classes pauvres l'inquiétude du salaire et de la responsabilité. Ce serait aussi favoriser les uns avec les deniers et au préju-

(1) Vatteville, *Patrimoine des pauvres*, 17.
(2) Rapport du 5 avril 1837.

dice des autres. Mais il est des circonstances où le gouvernement doit prêter son assistance. Si, par suite d'intempéries ou de mauvaises récoltes, par le malaise du commerce et de l'industrie, la population d'une contrée tombe dans une détresse réelle, l'humanité et la prudence font un devoir à l'administration de porter secours à cette population, jusqu'à ce que l'équilibre entre les besoins et les ressources se soit rétabli. Or, le secours le plus efficace, c'est le travail...» (1).

Il concluait en conséquence à la création d'ateliers de charité pour les valides et à la distribution de secours en nature et à domicile.

Nous avons dit ailleurs que, sous le règne de Louis-Philippe, les salariés avaient vu leur condition s'améliorer d'une manière sensible. Les établissements de bienfaisance s'étaient multipliés également, et le nombre des indigents avait diminué dans une proportion considérable, tandis qu'au contraire, les sommes consacrées à soulager leur misère s'étaient accrues dans une forte proportion. L'on comptait en effet, sous le Consulat, 116,000 individus inscrits au bureau de bienfaisance de Paris, sur une population de 550,000 habitants. Il n'y en avait plus que 102,000 en 1815 et 66,000 en 1844, bien que la population de Paris eût doublé (2). La moyenne des indigents y était alors de 1 sur 12 habitants, tandis qu'en province elle n'était que de 1 sur 33 (3).

Pour venir en aide à ces infortunes, le nombre des établissements charitables fut singulièrement augmenté. On comptait, en 1847, 1,338 hôpitaux et hospices qui soignaient annuellement 600,000 malades, et donnaient asile à 120,000

(1) 25 décembre 1818.
(2) *Journal des Economistes*, 1845, t. X, 130.
(3) De Gérando, *la Bienfais. pub.*, IV, 200.

enfants trouvés et à 100,000 vieillards. L'ensemble de cette dépense s'élevait à 54 millions.

A ce contingent venaient s'ajouter 7,600 bureaux de bienfaisance. Plus de deux millions d'infortunés étaient assistés de cette manière. La dépense totale s'élevait à 73,000,000 (1).

La charité privée prenait à son tour une part active au soulagement de la misère, et bien que la statistique soit muette sur le chiffre de ses bienfaits, on s'accorde à reconnaître qu'il était considérable.

Pénétré de la grandeur du mal et de l'étendue de ses devoirs, le gouvernement voulut en sonder la profondeur, afin de la combler s'il était possible. Il ouvrit, en conséquence, une vaste enquête dans laquelle il fit entrer tous les systèmes charitables mis en œuvre pour soulager la pauvreté et la misère, tant en France qu'à l'étranger. Il mit en même temps au concours la question du paupérisme.

On obtint, de cette manière, un rapport détaillé sur l'état et les causes du paupérisme et sur les moyens propres à le prévenir ou à le soulager, et en second lieu, une statistique générale des pauvres et des mendiants de chaque commune, avec indication des mesures prises pour leur venir en aide (2).

Toutes les administrations, tous les pouvoirs publics, furent consultés à l'occasion de l'enquête qu'ouvrait le gouvernement. Cet immense travail établit, suivant le rapport de M. de Watteville, que le budget de la charité légale en France était, en 1844, de 120 millions, et qu'il fallait élever à un chiffre égal les sacrifices que s'imposait la charité

---

(1) V. Levasseur, II, 193. — L'Empire ne dépensait qu'un million par an pour cet objet, et la Restauration trois millions en moyenne.

(2) Circulaires ministérielles de juillet et août 1840 et 1841.

privée, soit en tout 240 millions pour les malades ou les indigents.

Il fut démontré tout d'abord que les hospices absorbaient seuls un revenu de 54 millions, qui ne profitaient qu'à cinq ou six millions d'habitants des villes, alors que ceux des campagnes n'y avaient aucune part (1). Ces établissements avaient donc pour résultat de créer une classe de privilégiés au sein de la misère et de répartir inégalement les dons de la bienfaisance publique. — Le rapport leur reprochait ensuite d'éteindre chez les pensionnaires l'esprit de prévoyance et de famille, d'entretenir chez tous l'émulation de l'inconduite et de la paresse, et de dissiper enfin, en constructions fastueuses et en frais de personnel, le plus net du patrimoine du pauvre.

« De même que l'aumône crée le mendiant, ajoutait M. Vée, maire de Paris, de même l'hospice ou l'hôpital est un excitatif puissant à l'oisiveté et à l'inconduite. « Créez des hospices, des maisons de travail, et la population que vous allez y attirer vous appartiendra toujours. Vous aurez enlevé les indigents à leurs familles, à leurs protecteurs naturels ; vous les aurez dispensés de toute prévoyance, de toute industrie : ce sera à vous désormais de songer pour eux à leur avenir. »

Le ministre de l'intérieur, M. de Rémusat, proposait en conséquence la vente des biens hospitaliers pour augmenter leurs revenus, la suppression graduelle des hospices eux-mêmes et la substitution des secours à domicile, moins dispendieux et plus efficaces. Ces larges mesures furent entravées par le mauvais vouloir des bureaux intéressés.

Le ministre demandait en outre que les indigents valides fussent appelés au travail et non à l'aumône. Mais il néglige de nous dire à quel travail (2).

(1) Séance du 1er avril 1845.
(2) Circulaire du 6 août 1840.

« Le manque d'ouvrage, dit-il, et l'insuffisance des salaires sont les causes les plus générales de l'indigence parmi les ouvriers valides. La charité est impuissante à les combattre et à suppléer au défaut de travail ou à l'insuffisance du prix de la journée. Bien moins encore quand ces mêmes causes proviennent de l'inhabileté de l'ouvrier, de sa paresse ou de son inconduite » (1). « On pourrait organiser des ateliers ; mais ce moyen est subordonné à la possibilité d'enprendre des travaux et à leur nature particulière. — On a proposé d'établir des maisons de refuge, où l'Etat ferait exécuter, pour son compte, des travaux professionnels aux malheureux. Mais alors se présente la difficulté d'écouler les produits de ces ateliers, comme aussi la question de la concurrence que l'on crée à l'industrie privée dans les moments les plus difficiles pour elle. » — En définitive, la solution du problème de la misère par le travail, vainement tentée par l'Empire et la Restauration, fut jugée également insoluble en 1847.

La durée de la République de 1848 fut singulièrement éphémère. Les préoccupations de son existence, les agitations de la rue, les manifestations socialistes, toujours menaçantes et toujours renouvelées, absorbèrent tous ses moments, et laissèrent peu de place aux questions qui avaient trait à la bienfaisance et à l'assistance des malheureux. Cependant, la pression du suffrage universel et des écoles socialistes, obligèrent le pouvoir à proclamer le droit au travail et à l'assistance. Le comité de constitution inscrivit à son tour ces principes dans son projet (art. 7 et 9). Mais les journées de juin ne tardèrent pas à refroidir l'enthousiasme de ceux qui auraient été tentés d'admettre des doctrines qui donnent à l'individu un droit de prélèvement sur la fortune de tous, à cette seule fin de subvenir à sa propre existence. Le droit à l'aumône, c'est l'aumône armée.

(1) *Ibid.* Circulaire du 6 août 1840.

L'Assemblée législative issue, comme la Constituante, du suffrage universel, n'avait ni les illusions, ni les tendances de sa devancière. Si le sort des classes laborieuses l'intéressait au même degré, elle n'était nullement disposée à prêter l'oreille aux théories niveleuses, et ce n'était que dans le domaine de la pratique et du possible qu'elle voulait intervenir. C'est sous l'empire de ces sentiments qu'elle repoussa le droit à l'assistance et l'assistance elle-même, comme un devoir social, tout en reconnaissant qu'elle constituait un devoir de l'Etat. C'est à cela que se bornèrent ses revendications, qui ne modifiaient en rien les bases de l'assistance publique indiquées par le Directoire et le Consulat. N'oublions pas toutefois deux innovations heureuses. La loi du 10 janvier 1849, reconnaissant l'inconvénient d'éloigner tout malade de sa famille et de l'obliger à demeurer à l'hôpital, créa des secours d'hospice à domicile, consistant en fournitures ou en petites pensions mensuelles accordées à des vieillards qui désiraient conserver la vie de famille. La même loi organisa également un service de malades à domicile, à l'effet de procurer gratuitement aux pauvres les soins médicaux et les médicaments. Cette institution, avantageuse à l'Etat et aux malades, a été depuis conservée, et l'on tend chaque jour à lui donner une extension plus grande.

Le second empire n'a rien innové en matière d'assistance, mais il n'est que juste de reconnaître qu'il a fait de louables efforts pour améliorer les services et pour les étendre.

Les progrès de la richesse générale ont permis de doter plus largement les institutions qui s'occupent de la misère, et l'on a pu constater, dès lors, qu'ils avaient fait reculer le nombre des malheureux qu'elle comptait auparavant. La statistique nous indique, en effet, qu'en 1866 il y avait à

Paris 1 indigent sur 17 habitants, tandis qu'en 1850, il y en avait 1 sur 16, en 1838, 1 sur 15, en 1803, 1 sur 5.

La décroissance de la misère suivait donc une marche lente, mais progressive.

L'assistance comprenait à Paris 45,000 ménages, qui recevaient annuellement 4,000,000 de secours. Les deux tiers se composaient de vieillards et d'infirmes, auxquels des secours permanents étaient accordés, tandis que l'autre tiers, valide, mais privé de travail, ne recevait que des secours temporaires.

A côté des pauvres inscrits, il faut faire état de ceux que soulageait la charité privée. Le nombre en est inconnu ; mais on s'accorde à reconnaître qu'il n'était pas inférieur à celui de l'assistance publique. La statistique générale de la France ne permet pas de donner à ce sujet des chiffres aussi exacts que ceux de Paris. On s'accorde à reconnaître, toutefois, que la misère était bien moindre en province, et que le nombre des indigents devait être fixé à 1 sur 32, 3 %.

Parmi les créations nouvelles de cette époque, on peut citer avec éloge les hospices des convalescents de Vincennes et du Vésinet, trop luxueusement installés peut-être par la ville de Paris.

Au nombre des institutions charitables, se distinguaient celles de Saint-Vincent-de-Paul qui comptaient, en 1861, plus de 1,500 sociétés locales dont le but était de créer des écoles, des patronages, des fourneaux économiques. A côté d'elles, les Petites-Sœurs des pauvres s'occupaient des vieillards et des orphelins. L'Œuvre des Familles avait pour but le patronage d'une famille pauvre. L'apprentissage avait aussi ses représentants. — Telles étaient les institutions de création récente. Celles qui remontaient à une date antérieure, telles que les salles d'asile, les ouvroirs, les écoles, continuaient à se développer.

Hospices, Hôpitaux. — Nous venons de faire connaître sommairement la part de sollicitude que chacun des pouvoirs qui se sont succédé depuis 1789, a donnée à l'indigence et aux institutions qui pouvaient lui venir en aide. Les moyens employés n'ont guère varié pendant cette période. Ils ont toujours été de deux sortes : l'assistance et les moyens préventifs dont l'Etat, le département et la commune se divisent le fardeau.

Il est de principe que la commune se charge de ses pauvres et de ses malades. Si elle est impuissante à le faire, elle les déverse sur l'hôpital le plus voisin, à des conditions déterminées. Elle a de plus un bureau de bienfaisance, qui porte à domicile des secours aux indigents et aux malades. Le département prend ensuite à sa charge certains établissements charitables, tels que les asiles d'aliénés, les dépôts de mendicité, les colonies agricoles, les enfants assistés ou abandonnés, et autres.

L'Etat dirige à son tour des établissements divers, tels que ceux des aveugles, des sourds-muets, des convalescents et les hôpitaux militaires. Sa surveillance et sa tutelle s'étendent sur tous les établissements charitables. Il en nomme les administrateurs et les fonctionnaires, que surveillent ses inspecteurs généraux.

Tel est le bilan de la bienfaisance publique.

Enfin, la charité privée venant en aide à celle-ci a pris à tâche de soulager toutes les infortunes. Les indigents, les malades, les crèches, les salles d'asile, les ouvroirs, les colonies agricoles, les écoles d'apprentissage et autres, rien ne lui est étranger (1).

---

(1) Quant aux moyens préventifs, ce sont ceux que nous avons déjà fait connaître ci-devant (livre XII, 547, 558), et qui ont pour base les sociétés de prévoyance et d'épargne, de patronage et autres, que l'Etat et les communes favorisent et subventionnent le plus souvent.

Il nous reste à faire connaître le mécanisme général de ces institutions.

Les hospices sont des établissements de bienfaisance publique, dans lesquels on reçoit les vieillards indigents, les incurables, les orphelins et les enfants trouvés ou abandonnés.

Les hôpitaux, qui sont parfois réunis et confondus avec l'hospice, reçoivent les malades et les blessés de tout âge et de tout sexe.

Ces établissements, régis par des lois diverses, ont une administration gratuite composée de six membres, nommés par le préfet et présidée par le maire. Ils ont un économe, un secrétaire et un trésorier. Le service sanitaire est fait par des médecins et complété par des internes, tandis que le service intérieur est confié d'ordinaire à des religieuses hospitalières.

L'admission des malades, sauf les cas urgents, est prononcée par les administrateurs, sur le vu d'un double certificat d'indigence et de maladie.

Il n'est pas indispensable toutefois que le malade soit traité à l'hôpital ; il peut l'être à domicile, ce qui est préférable et moins onéreux. La loi du 4 mai 1873 a autorisé les hôpitaux à employer un quart ou un tiers de leurs ressources à ce genre de secours (1).

(1) Statistique :

Années	Hôpitaux	Malades	Lits	Dépenses
1789	1.224	110.000		20.000.000
1847	1.270	486.000	126.142	74.254.988
1861	1.495	431.932	155.862	87.135.177
1871	1.473	655.502	161.370	82.490.499
1872	1.482	507.498	162.340	88.150.917
1873	1.481	480.127	161.520	93.269.888

On ne compte que 1.482 hôpitaux sur 2.836 cantons.— Il devrait y avoir au moins un hôpital et un service médical cantonal.

Bureaux de bienfaisance. — Tandis que les hôpitaux et les hospices reçoivent les malades, les infirmes et les enfants abandonnés, les bureaux de bienfaisance vont au devant du pauvre et du malade et leur portent à domicile les secours en nature dont ils peuvent avoir besoin. — Comme les hospices, ces établissements sont dirigés par une commission administrative composée de six membres, nommée par le préfet et présidée par le maire. Ils ont de même un trésorier et un secrétaire.

Des membres adjoints et des dames de charité se chargent d'ordinaire de la distribution des secours. Ce soin est également confié à des sœurs de charité (1).

Les recettes des hôpitaux et des bureaux de bienfaisance se composent de biens qui leur sont particuliers et qui proviennent de donations ou de legs. Le produit de souscriptions et de collectes vient s'y ajouter, ainsi qu'une part des recettes des spectacles et des concessions des cimetières. — L'allocation des conseils municipaux vient combler le déficit de leur budget et en est le plus souvent le meilleur appoint.

Le tiers des communes seulement possède des bureaux de bienfaisance. Les pauvres ne sont donc pas assistés dans les deux autres tiers... C'est ce qu'on serait tenté de dire, si l'on ne savait que la bienfaisance privée supplée à la bienfaisance publique. Il est difficile au surplus d'organiser un bureau dans les communes rurales qui ont moins de

(1) Années	Bureaux	Dépenses	Indigents
1836	6.466	....	....
1841	7.482	....	....
1846	8.484	....	....
1851	11.378	....	....
1861	11.578	24.023.193	1.159.530
1871	12.877	26.140.208	1.347.386
1872	12.963	24.780.360	1.302.579
1873	12.989	25.821.161	1.312.847

500 habitants. Or, il y a en France 16,000 communes qui sont dans ce cas, et 11,000 qui en ont plus de 500 et moins de 1,000, soit 27,000 communes qui ont moins de 1,000 habitants. Ne pourrait-on exiger d'elles tout au moins un bureau de secours, composé de la municipalité, qui s'occuperait à l'occasion du sort des malheureux ? (1).

Il est de principe en France qu'à défaut de la famille de l'indigent, c'est la commune et puis l'Etat qui doivent lui venir en aide.

Est-ce que la pratique répond à cette théorie ? Un malheureux se présente à l'hospice : il est complet. — Au bureau de bienfaisance : — Il n'a plus de fonds en ce moment... Ou bien, l'hospice et le bureau de bienfaisance n'existent pas... Que devient le malheureux ?... Or, ces cas sont fréquents. S'ils n'ont pas de retentissement, c'est qu'ils frappent les petits et les humbles au fond des campagnes.

D'où il faut conclure que les institutions de bienfaisance, très utiles et très bien intentionnées, manquent essentiellement d'une bonne organisation. Ce sont des établissements impersonnels, dirigés gratuitement par des hommes de bonne volonté, qui donnent à la chose publique quelques heures de loisir, mais sans responsabilité et sans esprit de suite. — Et puis, les hôpitaux fonctionnent trop chèrement. Le capital que représentent les constructions est énorme. L'administration pourrait être plus économique. Les secours à domicile devraient être étendus. Leurs biens, qui ne rapportent pas 2 % en moyenne, devraient être pour la plupart aliénés.

Quant aux bureaux de bienfaisance, ils fonctionnent ré-

(1) Le budget de l'assistance publique à Paris a été arrêté pour 1882 à 34 millions. Cette somme, suivant les statistiques, permet de secourir 360,000 personnes : malades des hôpitaux ou hospices ; secours aux vieillards à domicile à un franc par jour ; femmes en couches et indigents inscrits dans les bureaux de bienfaisance.— (*Econ.*, 14 janv. 1882, p. 49).

gulièrement dans les villes : mais leurs renseignements d'ensemble sont mal pris ; ils manquent de ressort, parce que les membres qui les composent ne se voient pas assez fréquemment, et que d'ordinaire l'esprit d'entente et de direction leur font défaut (1).

Dans les campagnes, ils ne fonctionnent pas du tout, et le plus souvent ils n'existent même pas. L'indigent ne sait à qui s'adresser ni pour les secours, ni pour les soins médicaux. Et d'ailleurs, la caisse de bienfaisance est vide et ne peut lui venir en aide.

Il faudrait en conséquence trouver un homme, un agent responsable qui organiserait partout les bureaux de bienfaisance, tiendrait leurs administrateurs en haleine et serait le protecteur général des intérêts des pauvres. Cet agent nous paraît tout trouvé ; il existe sous la main ; il n'y a qu'à l'employer et à le mettre en mouvement : C'est le juge de paix de chaque canton.

Ce fonctionnaire vit le plus souvent dans une oisiveté regrettable. Il faut l'en tirer et le rendre utile. Après qu'il se sera occupé de la justice, il s'occupera de l'assistance. — On lui donnera la surveillance générale du canton à ce sujet. — Il devra veiller sur les médecins et pharmaciens cantonaux, ainsi que sur les boîtes de médicaments ; se mettre en rapport avec chaque bureau de bienfaisance ; organiser et vérifier la comptabilité ; presser l'augmentation de ses ressources... Cela fait, il dressera une liste d'indigents en trois classes A. — B. — C., suivant l'importance des besoins. Cela fait, il désignera des surveillants qui visiteront et distribueront à domicile ; il indiquera des travaux à donner aux valides ; y tiendra la main ; s'entendra avec les agents-voyers ; provoquera des souscriptions et des quêtes, afin que chaque commune nourrisse ses pauvres ; enfin, *il centralisera*

(1) Qu'ils prennent pour modèle l'organisation de Créfeld, v. p. 641.

les ressources de toute nature, *tant civiles que religieuses*, s'il est possible. Une fois par mois, tout au moins, deux fois en hiver, il devra conférer avec le bureau de bienfaisance de chaque commune ; s'informer du nombre de bras inoccupés ou de ceux qui manquent à la localité ; et, ces renseignements un fois pris, il les communiquera aux communes voisines qu'il sera tenu de visiter, en leur indiquant les meilleurs procédés, les méthodes les plus sûres que l'expérience lui aura conseillées.

Enfin son dernier soin sera de faire connaître à ses administrés les institutions préventives contre la misère et de presser l'organisation des sociétés de secours mutuels, qui prévoient la maladie et le chômage, comme aussi les associations de consommation et les caisses de retraite dont il exposera le mécanisme. Il agira de la sorte activement pour le présent et préventivement pour l'avenir.

Le bilan du paupérisme cantonal sera dressé de la sorte, et l'on connaîtra le chiffre des indigents, l'étendue de leurs besoins et les moyens qu'il faudrait employer pour y faire face.

Agir ainsi, ce serait prendre d'une manière générale et spéciale à la fois l'intérêt du paupérisme, dont les besoins peu connus, peu précisés en dehors de quelques grandes villes, sont par cela même oubliés ou livrés au hasard de la charité privée, souvent impuissante (1).

Les dépôts de mendicité sont des établissements dans lesquels l'on détient et l'on nourrit les pauvres valides qui

---

(1) La création des conseils cantonaux, en ce moment à l'étude, allégerait singulièrement la tâche du juge de paix que le délégué communal pourrait remplacer le plus souvent. Elle permettrait la création cantonale des hôpitaux et des médecins, des bureaux de bienfaisance et des sociétés de secours mutuels....

n'ont ni travail, ni ressources, et les mendiants et vagabonds condamnés comme tels. — Le travail y est obligatoire. Un tiers du produit est livré au détenu, au moment de sa sortie ; le reste est retenu pour les frais d'entretien. — A partir de 1808, chaque département eut son dépôt ; mais ce système, qui n'est pas sans inconvénients, a été peu à peu abandonné, si bien qu'à cette heure il ne reste plus que 45 maisons de dépôt qui renferment environ 9,000 individus. — Ces sortes d'établissements revêtent, à la fois, le double caractère de la prévention et de la répression. S'ils donnent du pain au mendiant, à l'oisif, c'est en échange de son travail, et c'est au même titre qu'ils alimentent le vagabond, c'est-à-dire l'homme sans ressources et sans asile que la police a recueilli. — Les sujets ainsi recrutés appartiennent à la dernière classe des deshérités, et donnent en général peu de travail et peu de satisfaction à ceux qui entreprennent de les amender. — Dans ce milieu malsain du dépôt, ils achèvent de se pervertir et de se corrompre ; il est rare qu'ils en sortent meilleurs et que la justice n'ait pas à les recueillir à courte échéance après leur sortie. — Voilà pourquoi les maisons de cette nature sont condamnées à disparaître entièrement. — Elles rendraient probablement de meilleurs services si elles étaient placées à la campagne, comme les colonies agricoles.

Les monts de piété. — Une institution *sui generis*, dont il convient de s'entretenir ici, est celle des *monts de piété*. Leur but est de donner, dans un moment pressant, un moyen de crédit à ceux qui en sont privés et de leur prêter sur gages. — De même que la caisse d'épargne reçoit les fonds des pauvres sans prélever aucun profit, ainsi le mont de piété prête les fonds qu'il a empruntés, sans retenir des bénéfices. Si le taux de l'intérêt semble quelquefois un peu élevé, c'est qu'en regard d'un chiffre d'affaires peu considérable, il doit couvrir des frais généraux relativement importants, à cause de la manipulation, de la garde et de la conservation des objets (1). La plupart des villes ont institué ces établissements qui fonctionnent sous leur responsabilité.

Quand un moment de gêne se manifeste dans une famille pauvre, que le travail fait défaut ou qu'il est insuffisant ; qu'un hiver rigoureux se fait sentir ; que la maladie vient l'atteindre ou la priver de l'un de ses membres..., ses ressources épuisées, le crédit absent, elle est heureuse de porter au mont de piété quelques bijoux, quelques dorures, un peu de linge, sur la consignation desquels la caisse du mont de piété prête une somme égale à la moitié ou aux deux tiers de la valeur. — La famille échappe ainsi aux étreintes de l'usure ou de la faim, en attendant des jours meilleurs. — Ce service n'est pas gratuit pour l'emprunteur, mais il est sans rémunération pour le prêteur, et à ce titre, il mérite la reconnaissance de ceux auxquels il s'adresse.

Les monts de piété sont administrés comme les hospices, c'est-à-dire trop chèrement. Leur nombre pour la France entière est de 42 seulement. Ils ont avancé 45 millions en 1872 et 52 millions en 1873. Ces chiffres indiquent assez l'importance qu'ils ont acquise et les services qu'ils peuvent rendre dans les grandes villes, assez peu nombreuses d'ailleurs, qui les voient fonctionner.

---

(1) Ces frais seraient bien diminués, si au lieu d'exiger un directeur, un commissaire-priseur et un caissier, on se contentait d'un seul employé pour les trois fonctions.

L'Assistance privée : Secours à domicile. — Crèches, Salles d'asile, Ouvroirs, Orphelinats, Refuges, Dispensaires, Patronages, Ecoles d'apprentissage.

III

L'assistance privée s'adresse à toutes les misères qui ne peuvent profiter de l'assistance publique. Elle s'exerce individuellement en faisant l'aumône, ou par voie d'association, ce qui est plus efficace. En agissant ainsi, elle crée parfois des hôpitaux, des comités de bienfaisance, qui, sous le nom de Dames de la Miséricorde ou de Société de patronage, allègent la charité publique et viennent en aide à l'insuffisance de ses efforts. Les dons, les produits des quêtes, des loteries et des fêtes de charité concentrés dans les mains de ces comités, sont distribués après entente et informations, par les membres de la société, qui vont eux-mêmes à domicile porter des secours aux malades et aux indigents et parviennent ainsi, sans frais généraux, à faire beaucoup de bien.

D'autres fois, à l'aide des mêmes moyens, tantôt elle fonde des crèches qui ont pour but de recevoir et de garder pendant la journée les enfants pauvres, dont la mère est obligée de quitter son domicile; tantôt elle recueille des femmes en couche (1), ; tantôt elle fonde des asiles de vieillards, d'orphelins, des écoles d'apprentissage, des refuges, des dispensaires, des sociétés de patronage pour les prisonniers libérés, etc., etc. Les malades et nécessiteux sont la

---

(1) En 1868, ces sociétés, au nombre de 78, avaient dépensé 700,000 fr., et secouru 18,000 familles.

clientèle ordinaire des bureaux de bienfaisance. Mais l'assistance privée, qui s'occupe d'eux également, va surtout au devant des pauvres honteux, et complète les secours souvent insuffisants des administrations publiques. — Dans les communes où celles-ci ne fonctionnent pas, elle est appelée seule à rendre les plus indispensables services. Son concours, qui paraît modeste, parce qu'il se fait sans bruit et sans frais d'administration, est, paraît-il, aussi considérable que celui de l'assistance publique, qui dépense annuellement plus de cent vingt millions.

La charité publique n'est donc pas inactive, puisqu'elle vient en aide à 500,000 malades, pour lesquels elle dépense 100 millions, et qu'elle assiste en même temps 1,300,000 indigents, avec un sacrifice de 26 millions.

Si la charité privée apporte une somme égale au soulagement des malheureux, ainsi qu'on l'assure, on peut dire que la société consacre annuellement 250 millions au soulagement des infirmités humaines et du paupérisme. En présence de tels sacrifices, est-il juste de la traiter de marâtre?

Organisation de l'assistance chez les autres nations.

IV

Pour compléter cette étude, nous croyons utile de passer en revue, très sommairement, les diverses institutions que la bienfaisance publique a créées chez les peuples voisins, et de comparer ainsi leur organisation avec la nôtre.

En Angleterre, l'assistance est légale et forcée. Elle s'exerce sur une échelle immense, à l'aide de la *taxe des pauvres*. C'est en 1601, sous le règne d'Elisabeth, que remonte son origine.

La réforme religieuse et la révolte d'Henri VIII contre le Pape avaient fait passer les immenses richesses du clergé dans les mains de la noblesse et du clergé protestant. Plus de douze cents monastères, hospices ou abbayes avaient ainsi disparu. — En même temps que le clergé perdait son pouvoir et ses richesses, les pauvres perdaient aussi le pain quotidien qu'ils recevaient des monastères et des fondations pieuses. De là, des flots d'indigents et de mendiants qui couvrirent le pays, et dont la rigueur des lois de cette époque ne fait que révéler l'intensité et le danger (1536) (1).

Le mendiant était d'abord puni du fouet. A la récidive, on lui coupait l'oreille droite, et enfin il était incarcéré et condamné à mort comme ennemi du bien public.

Mais on reconnut bientôt qu'il y avait mieux à faire devant cette marée montante de la famine, et l'on distingua les indigents valides et les invalides (1572).

(1) 72,000 furent mis à mort sous le règne d'Henri VIII. — Harisson cité par Moreau-Christophe, III, 175.

Aux premiers, du travail dans chaque paroisse sous l'autorité du juge de paix. Chacun sera tenu d'y pourvoir, soit en argent, soit en marchandises de nature à être ouvragées.

Quant aux invalides, une taxe supplémentaire sera pareillement imposée dans chaque paroisse, afin de leur venir en aide soit à domicile, soit dans les hôpitaux que l'on fera construire.

Si les invalides ont des parents, le juge de paix déterminera quelle est la somme qu'ils sont tenus de leur fournir.
— Les enfants pauvres seront traités de même.

Ainsi, obligation légale imposée aux paroisses de secourir leurs pauvres par des taxes personnelles, taxes converties en travail à domicile pour les valides, et en secours pécuniaires ou en nature pour les invalides. — Travail obligatoire, asile pour les infirmes, apprentissage pour les enfants, prison pour les vagabonds.

Tel fut le système qui transforma la charité en un devoir légal, en taxe forcée, et qui fut consacré par l'édit d'Elisabeth en 1601.

Aucune loi plus parfaite n'a été imaginée depuis. Elle donna tout d'abord les meilleurs résultats ; mais le travail à domicile des indigents valides ne put être partout exécuté; et on lui substitua tantôt le *travail de ronde*, qui imposait aux particuliers, à l'acquit de leur taxe, le travail des pauvres ; tantôt des ateliers nationaux pour les travaux de routes ou de défrichements, tantôt enfin des maisons de charité où le travail faisait défaut le plus souvent. — On imagina ensuite d'allouer un supplément de salaire aux ouvriers dont la journée était insuffisante. C'était une prime à l'imprévoyance et à la paresse. Voilà de quelle manière le statut si sage du travail fut détourné de son but.

Tant que l'assistance n'avait été accordée qu'en cas d'infirmité, on n'avait eu à secourir que ceux qui ne pouvaient se suffire ; mais bientôt on considéra comme pauvres tous les travailleurs, et on leur offrit comme prix d'un travail, même inutile, jusqu'à 33 francs par semaine et par famille. En présence d'un tel profit, la plupart des artisans se firent pauvres et allèrent s'inscrire à la paroisse. — Favorisé par ce système, le nombre des pauvres ne cessa dès lors de s'accroître, si bien qu'en 1803 il était d'un septième de la population. — Ce n'était pas la charité, mais une créance que réclamait le pauvre sous forme de la taxe. Or, cette taxe, qui n'était que de 16 millions et demi en 1695, s'élevait à 100 millions en 1801, à 150 en 1815, et à 200 millions en 1834, sur une population de 14 millions d'habitants.

Les fermiers et les propriétaires furent écrasés par de telles charges. Tel d'entre eux qui exploitait 200 hectares payait près de 9,000 francs pour la taxe des pauvres (1).

En présence de périls si grands, on imagina la loi de 1834.. La taxe paroissiale des pauvres fut maintenue; mais plus de travail ni de secours légal à domicile ou dans les maisons de charité; plus de supplément de salaires. Le mendiant valide dut être enfermé dans la maison de force ou le Workhouse, et, privé de sa liberté, il fut soumis au travail obligatoire. C'était l'épouvantail de l'oisiveté, de la mendicité et de la misère. La loi ancienne avait multiplié les pauvres : la rigueur de la nouvelle visait à en diminuer le nombre, en frappant de terreur les malheureux qui imploreraient des secours. Un travail rigoureux et le strict nécessaire, tel était le sort qui attendait le détenu. — Malgré ces rigueurs, le nombre de ces workhouse devint insuffisant, et en présence de la misère toujours montante, on dut revenir aux secours à domicile (2).

(1) Alexandre Monnier, de l'Ass. publique, 528.
(2) De 1840 à 1848, le nombre des détenus s'était élevé de 170,000 à 305.000, et le nombre des pauvres secourus à domicile, de 1,000,000 à 1,500,000, sur une population de 16,000,000 d'habitants.

A côté de la bienfaisance publique et légale, sous le nom de taxe des pauvres, la charité privée paie à la misère un immense tribut. Elle compte en effet près de 700 hospices et des institutions sans nombre qu'elle alimente sans que le trésor public intervienne en aucune façon. Les souscriptions individuelles suffisent à toutes les dépenses. M. de Gérando les estime à 100 millions. Elles ne s'adressent toutefois qu'aux pauvres déchus de la classe moyenne, tandis que la charité légale ne vise que la dernière classe de la misère.

Les sociétés préventives de secours mutuels, de patronage, les crèches, les salles d'asile, les institutions charitables de toute sorte n'y sont pas moins nombreuses que chez nous.

Malgré ces immenses sacrifices, malgré ces dévoûments sans nombre, « la misère s'est accrue, disait un rapport anglais de 1837, par les moyens même employés pour l'éteindre. » « La taxe légale, ajoutait-il, est le semis sur couche du paupérisme... » En moins d'un siècle et demi, elle s'est élevée de 15 à 200 millions. Et le nombre des pauvres de 1814 à 1848 s'est élevé de un à deux millions... il a doublé. Si l'on admet un chiffre égal pour la charité privée, on reconnaît qu'un septième de la population est assisté par les six autres.

La société pour l'extinction de la mendicité à Londres n'a fait que développer le paupérisme. En 1828, elle ne comptait que 1,160 clients; en 1838, 11,196; en 1845, 33,000; en 1847, 54,000; et la dernière statistique en accuse 60,000.

Et ce n'est qu'une société privée, indépendante de beaucoup d'autres et de l'assistance publique elle-même.

En résumé, l'Angleterre a divisé comme nous les indigents en valides et invalides... A ceux-ci, la charité publique et privée donnent, ainsi que nous, des hôpitaux et des secours à domicile.

Mais tandis que l'assistance publique est facultative en France, elle constitue en Angleterre une taxe légale qui profite à celui qui reçoit et oblige celui qui la donne avec une rigueur souvent excessive. — Le régime des Workhouse est également excessif, comparé à nos dépôts de mendicité, peu nombreux d'ailleurs, qui tombent en désuétude.

Les manifestations générales de la bienfaisance affectent dans cette grande nation les mêmes modes que partout ailleurs, et produisent les mêmes effets ; mais une chose étonne, c'est que ce peuple, plus riche qu'aucun autre, soit affligé de la misère la plus grande et la plus nombreuse.

Est-ce l'industrie et la concurrence ? les grandes propriétés et le travail agricole qui en sont la cause ?..... N'est-ce pas plutôt l'assistance assurée qui éteint la prévoyance et fait éclore la misère ?...

Le droit à l'assistance et le Workhouse n'ont pas produit, ce semble, des résultats dont on puisse s'applaudir. L'assistance répressive ne vaut pas l'assistance préventive, telle que la pratiquent la France et la plupart des nations européennes. Ce qui la rendrait plus efficace encore, ce serait l'application d'une bonne méthode sévèrement organisée. Les cités industrielles d'Hambourg, de Crefeld et d'Elberfeld peuvent à cet égard nous servir d'exemple. Le système par elles employé a fait reculer le paupérisme et l'a réduit à 2 ou 3 % de la population.

Un tel résultat a fixé les yeux du gouvernement anglais, et il mérite qu'on s'y arrête et qu'on l'analyse.

L'assistance de ces villes est composée de l'administration des pauvres, qui comprend huit membres élus par le Conseil municipal. Ce bureau s'adjoint à son tour un certain nombre de visiteurs — un par chaque rue d'ordinaire — dont les fonctions sont gratuites et obligatoires.

Ces visiteurs forment des sections présidées chaque quinzaine par un inspecteur.

Toute demande de secours est formée par un visiteur, et elle n'est admise, par le comité de section, que si elle paraît sérieuse et urgente. A cet effet, le visiteur a dû se transporter au domicile de l'indigent et y dresser une enquête minutieuse dont il a consigné les résultats sur un questionnaire imprimé. C'est là le point le plus important.

La demande est-elle accueillie? Le montant des secours alloués se renferme dans les limites du strict nécessaire, et il est alloué de semaine en semaine par le visiteur, qui s'assure de l'emploi qu'on en fait.

Pendant ce temps, on presse l'indigent de chercher de l'ouvrage; on lui en trouve au besoin, et on l'entoure de conseils et d'encouragements. S'il abuse des secours, s'il se livre à l'ivrognerie, ou à la débauche, les secours peuvent être réduits ou supprimés.

A l'aide de cette organisation sévère, aucune misère n'échappe à l'investigation du comité des pauvres; les fraudes coupables sont déjouées et les fonds de l'administration reçoivent de la sorte l'emploi le plus utile.

Le président du bureau d'assistance de Crefeld, consulté sur la valeur de ce système, affirmait que c'était le meilleur que l'on connût encore. « Il réunit, dit-il, l'économie des fonds publics à la vigilance des organisations volontaires et à leur action préventive. — Cette économie n'est pas le fruit de la dureté, mais d'une distinction rigide entre le vrai dénûment et l'imposture. C'est ainsi qu'il devient possible d'assurer aux infortunes imméritées une aide suffisante et de tendre la main à ceux qui sont près de tomber ».

En Allemagne, l'organisation de l'assistance varie suivant les Etats. D'une manière générale, chaque commune est chargée de ses pauvres; mais, à l'exemple de l'Angleterre, certains Etats garantissent au pauvre l'assistance au moyen d'une taxe directe et spéciale, proportionnelle au revenu du contribuable ou au prix de son loyer.

Dans la Prusse proprement dite, quand la commune est impuissante à secourir ses pauvres avec le concours de la charité privée, l'Etat intervient et comble le déficit. Il en est de même en Autriche.

L'organisation de la bienfaisance, comme celle des autres nations, se manifeste par des hôpitaux, des asiles, des crèches, des dépôts de mendicité ou maisons de travail, qui donnent partout des résultats détestables.

L'aumône est interdite et la mendicité également, sous les peines les plus sévères. Cela n'empêche pas au flot du paupérisme de s'élever, et à la taxe des pauvres de devenir menaçante.

« Plus le chiffre de la charité monte, dit Naville, plus s'élève avec lui le chiffre de la misère. Le nombre des indigents ne cesse d'augmenter. La démoralisation du peuple est incroyable. Le concubinage, l'ivresse, le jeu, s'y accroissent chaque année. La paresse, encouragée par l'assistance, fait un pauvre de tout homme du peuple qui pourrait travailler » (1).

Dans la plupart des cantons suisses, la taxe forcée est levée au nom des pauvres sur le revenu déclaré des habitants. Elle varie de 1 à 5 fr. par mille de capital. C'est sous la forme de secours à domicile que la charité légale emploie généralement le produit des taxes ; mais on y voit aussi comme partout des hospices, des orphelinats, des asiles, etc.

Certaines pratiques locales méritent aussi d'être signalées. Ainsi, les indigents des hospices sont placés autant que possible comme domestiques ou comme pensionnaires chez des paysans, à raison de 0,50 par jour, ce qui ne représente que la moitié de la dépense hospitalière.

D'autres fois, les indigents valides sont adjugés, à l'enchère, à un entrepreneur qui les fait travailler. Mais ces

---

(1) Baron de Woght, cité par Naville, II, 42.

modes divers, qui ne peuvent être appliqués sur une grande échelle, n'empêchent pas le fonctionnement des dépôts de mendicité ou maisons de travail, sentines de désordre et de vices qui réunissent toutes les corruptions. Bien que la mendicité soit partout interdite, elle s'y montre presque partout, sans s'inquiéter des obstacles qu'on lui oppose, et le nombre des pauvres va toujours croissant, quelques efforts que l'on fasse pour l'amoindrir.

Après l'Angleterre, la Hollande est le pays qui offre le contraste le plus saisissant d'opulence et de pauvreté. Malgré la multitude des institutions de bienfaisance, la plaie du paupérisme y est profonde, puisqu'on y compte un dixième d'indigents auxquels on ne consacre pas moins de 15,000,000 sur une population de 3,000,000 d'habitants.

Chaque commune ou plutôt chaque association religieuse pourvoit au besoin des pauvres et des malades. La charité privée intervient seule tout d'abord ; mais quand ses ressources sont épuisées, elle s'adresse à la commune et à l'Etat, qui fournit chaque année des sommes importantes.

Comme moyen de répression de la mendicité, le système des colonies agricoles fut essayé jadis sur une grande échelle. Il promettait les plus heureux résultats. Mais en Belgique comme en Hollande, il a dû être abandonné. On reconnut qu'il était onéreux, parce que les détenus, pris dans toutes les classes de la société, et dégradés par la débauche et la fainéantise, étaient incapables de fournir un travail sérieux.

La Belgique, plus peuplée, plus industrieuse et plus riche que la plupart des pays de l'Europe, en est en même temps le plus pauvre, puisque l'indigence y frappe un sixième des habitants. La prédominance de la classe industrielle est probablement la cause première de cet excès de misère ;

mais on la trouve aussi dans l'intempérance de la classe ouvrière, plus grande ici que partout ailleurs. Les sacrifices de la bienfaisance sont les mêmes que chez les autres nations. Ils ne sont pas moins élevés, et ils se manifestent sous une foule de formes. L'une d'elles mérite d'être mentionnée à cause de sa nouveauté : c'est celle des fermes-hospices de vieillards et d'infirmes qui, vivant aux champs, et s'occupant suivant leurs forces, arrivent à produire assez pour que leur entretien ne coûte, en moyenne, que 0,30 ou 0,40 centimes par jour. Je ne connais pas d'institution de bienfaisance meilleure et qui coûte moins cher, dit Moreau-Christophe (1).

La Suède et la Norwège ont aussi leurs pauvres : mais l'on se plaît à reconnaître que l'excellente organisation des établissements qui leur procurent du travail et des secours, a su pourvoir à tous les besoins. La taxe est communale, et s'alimente d'un impôt de capitation et d'un quart pour cent sur le prix des ventes. L'assistance, qui est obligatoire, s'adresse d'abord aux malades et aux infirmes, puis aux orphelins, et enfin aux indigents. Les premiers sont secourus à domicile ou dans les hôpitaux. Les enfants sont placés dans des familles particulières, et les autres sont pourvus de travail, soit à l'extérieur, soit dans des maisons de pauvres.

Tout homme doit justifier de ses moyens d'existence. A défaut de ce, il est attaché à un service déterminé, ou enfermé dans une maison de travail. — Grâce à ce système, la mendicité a disparu, et la misère a cessé d'être apparente ; mais elle n'en est pas moins réelle, et l'accroissement de la taxe témoigne qu'elle ne fait que s'étendre comme partout ailleurs (2).

(1) *Problème de la misère*, III, 137.
(2) La Norwège ayant voulu inaugurer, en 1845, la taxe des pauvres,

On constate une fois de plus que la charité légale favorise l'imprévoyance des familles, et que l'on s'accoutume à regarder l'argent de la paroisse comme une propriété, et à compter sur ce secours comme sur un revenu.

En Italie, la Rome papale s'est toujours distinguée par l'immensité de ses aumônes et de ses institutions charitables. Mais l'aumône attire fatalement la misère et la fait épanouir en quelque sorte.

Le prolétaire de l'ancienne Rome vivait de l'aumône quotidienne. Il avait pour rien le pain, le vin et les spectacles. Aussi avait-il horreur du travail.

Ainsi fait le prolétaire de la Rome papale. L'aumône lui tient lieu de tout. — Inutile de travailler pour vivre. — Il suffit de se faire mendiant. Cet état de choses s'est modifié avec l'annexion et l'organisation de l'Italie, qui s'est modelée sur les institutions si remarquables de Turin, de Milan et de Florence, qui ne laissent rien à désirer.

Les secours aux indigents sont peu différents des nôtres : on peut citer cependant les dots distribuées aux jeunes filles pauvres et les monts de piété gratuits. Les maisons de travail y sont partout florissantes et produisent les meilleurs effets.

L'Espagne et le Portugal ont suivi la même voie. Ils participent au même mouvement avec un peu plus de parcimonie toutefois, telle que la commande l'état de leurs finances.

En Russie, dont la civilisation attardée est encore basée sur le communisme, le paupérisme est moins apparent. Tous les membres de la communauté jouissent d'une por-

---

comme en Angleterre, a vu le paupérisme augmenter d'un tiers en 15 ans, et la dépense doubler.

En 1863, l'obligation ayant été supprimée, le paupérisme est descendu à 1 %. — Rathbone, *Discours au Congrès ouvrier de Londres, en 1876.*

tion quelconque de ses biens et y puisent quelques ressources qui écartent l'extrême indigence. Chacun d'eux est fermier obligé de la commune, qui ne manque jamais de terrain dans un pays où l'on ne compte que 10 habitants par kilomètre carré. Le communiste possède en outre une maison, un outillage et du bétail. — Dans ces conditions, le dénument absolu est chose rare. Mais les charges fiscales dont la terre est grevée — qu'elles viennent de l'Etat ou du seigneur — absorbent la valeur vénale des produits du sol et rendent misérable la condition des paysans, qui vivent au jour le jour et ne peuvent faire aucune économie. Si la récolte est bonne, ils peuvent vivre ; si elle est mauvaise, c'est la misère avec ses privations qui les attend. — Dans ces circonstances, un grand nombre de paysans s'expatrient dans les villes, tandis que d'autres mendient dans des contrées plus prospères.

Cette situation nouvelle a créé dans les villes le paupérisme, qui se manifeste partout en Europe, et a nécessité de même des hôpitaux et des hospices. Au fur et à mesure que l'individualisme et la liberté se développent, la solidarité communiste tend à décroître. L'ensemble de la nation s'élève, tandis que les faibles attardés descendent de degrés en degrés la pente de la misère. Telle est la loi de notre civilisation. Tel est aussi le tableau de l'assistance publique en Europe. Il en résulte que la misère est partout la même ; que les moyens de la combattre sont à peu près identiques, et que partout aussi, malgré les efforts de la bienfaisance publique et privée, le niveau du paupérisme, comme l'incendie que l'on ravive parfois en voulant l'éteindre, monte sans cesse et réclame des sacrifices de plus en plus grands.

LIVRE XIV

RÉSUMÉ. — CONCLUSION.

Chimères et Réalités. — Economie et Tempérance. Progrès accomplis. — Ce qui reste à faire.

RÉSUMÉ.

Après la disparition des servitudes féodales et des privilèges des corps de métiers, la terre et l'industrie étaient également affranchies, et l'homme avait conquis la liberté individuelle et l'égalité. — Les vilains et les manants avaient fait place aux citoyens, aux prolétaires, noms nouveaux empruntés à la Rome antique. Mais tandis que ceux d'autrefois vivaient d'aumônes et de corruption, ceux de 1789 demandaient au travail leur salaire et leur pain de chaque jour. Toutefois, la liberté du travail ne donne pas la fortune. Elle a ses périls, et, dans la lutte de la vie, elle occasionne parfois des chutes qui font descendre le prolétaire du rang qu'il occupe pour le jeter dans le paupérisme.

Le prolétaire du travail devient alors le prolétaire de la misère.

Cette double épreuve ne fut pas épargnée aux hommes nouveaux de 1789. Les désordres de la Révolution, les attaques haineuses et violentes contre la richesse et ses possesseurs, ayant partout répandu l'inquiétude, les transactions et les travaux cessèrent, tandis que la disette renchérissait le prix des vivres. Pour venir en aide à la misère, on créa des ateliers nationaux, que leur turbulence et leur inutilité firent dissoudre au moment même où les finances de l'Etat ne pouvaient en supporter la charge.

La création des assignats et celle du *maximum* n'eurent pas de résultat meilleur. Elles ne firent qu'augmenter le prix des denrées et accroître la famine dans d'immenses proportions.

Le problème de la misère, déjà bien compliqué vers la fin de la monarchie, s'était singulièrement aggravé sous la République, par suite de la cessation du travail et des mesures insensées que nous venons d'indiquer. Il était urgent d'aviser.

L'Assemblée nationale, émue de ces souffrances, proposa d'établir dans chaque paroisse un bureau de secours et de travail qui viendrait en aide à toutes les infortunes. — Cette question ardue, renvoyée à l'examen des bureaux, n'était pas résolue six mois après, et passait dans les mains d'un comité spécial pour l'extinction de la mendicité. Malgré le droit au travail et à l'assistance inscrits dans la constitution, le Comité déclara que l'Etat était impuissant à garantir du travail à ceux qui en manquent, à moins qu'il ne s'emparât de la terre, des capitaux de toute nature, et qu'il pût disposer de tous les revenus sociaux.

Quant au droit d'assistance, le Comité estimait que c'était une dette nationale à laquelle tout indigent devait prendre part, soit dans l'hôpital cantonal, soit à domicile, pour les invalides et les malades, soit dans un atelier public pour les indigents valides.

Cette théorie merveilleuse multiplia tellement l'indigence, que l'Assemblée se sépara sans avoir tenu ses promesses. La Législative tenta de les reprendre avec une ardeur égale, et, comme sa devancière, elle fut impuissante à les mener à bonne fin.

Malgré ces avertissements géminés, la Convention, plus téméraire encore, non contente de proclamer le droit au travail et à l'assistance, accorda des pensions de retraite à tous les invalides du travail; plus encore, des secours gratuits à tous les malades avec 0,50 par jour (16 mai 1794). Il va sans dire que ce plan généreux demeura lettre morte comme ses devanciers. Le Directoire dut les repousser tous ensemble, en se bornant à créer dans chaque canton un bureau de bienfaisance, qui devait distribuer des secours à domicile.

L'Empire suivit la même voie. Il restaura tout d'abord les services hospitaliers désorganisés et ruinés par la révolution. Repoussant ensuite *le droit d'assistance*, il voulut néanmoins que les communes, les départements et l'Etat concourussent à l'insuffisance des biens des hôpitaux et des bureaux de bienfaisance (11 prairial an VIII). Il obtint de la sorte, non pas le droit à l'assistance, mais l'organisation *obligatoire* de l'assistance pour les communes. Aux indigents : des secours à domicile ; aux invalides, aux orphelins, aux malades : les hospices et les hôpitaux ; aux mendiants valides: le dépôt de mendicité. Tous les nécessiteux étaient ainsi recueillis d'une manière conforme aux lois de l'humanité. Telle était la charité administrative de l'Empire. Elle n'a guère varié depuis. — C'est elle encore que l'on pratique aujourd'hui.

L'Empire avait donné au prolétaire la sécurité et entouré le travail de garanties qui, depuis longtemps, lui faisaient défaut. Aussi bien, le progrès et l'aisance se faisaient partout sentir dans la classe inférieure. Il en était autrement dans l'industrie, que paralysait la guerre anglaise et les droits prohibitifs.

A ce moment, les questions ouvrières n'étaient pas nées. Aucune revendication ne se faisait entendre à ce sujet. La guerre incessante et le pouvoir absolu n'auraient laissé d'ailleurs aucune place à ces manifestations.

Il en fut de même sous la Restauration. Les questions sociales qui intéressent la classe ouvrière ne semblèrent pas la préoccuper pendant cette période. Ces problèmes n'étaient pas encore posés et n'alarmaient personne.

Cependant, l'Etat avait créé des caisses d'épargne, des monts de piété, des écoles primaires en grand nombre, gratuites et obligatoires pour les enfants assistés. Les sociétés de secours mutuels s'étaient développées. Les salles d'asile commençaient à s'organiser. L'épargne, la prévoyance et l'instruction préludaient aux développements dont les générations suivantes recueilleront le profit.

Les revenus de l'assistance publique, qui étaient seulement de 15 millions sous l'Empire, s'étaient élevés successivement à 50 millions.

Les établissements de bienfaisance n'avaient d'autre obligation que celle de secourir les indigents dans les limites de leurs revenus, joints à ceux que pouvaient fournir les communes et les départements. Comme sous l'Empire, on s'efforçait de donner du travail aux indigents et de créer des ateliers de charité pour les invalides et des distributions de secours en nature et à domicile. — Ni les ouvriers des villes, ni ceux des campagnes ne firent entendre de plaintes sérieuses sur leur situation. — En arrivant au pouvoir, la Restauration avait proclamé l'observation rigoureuse du dimanche et interdit toute œuvre servile aux ouvriers, artisans, marchands, voituriers et cabaretiers pendant les offices. La loi sur le sacrilège fut édictée, l'instruction publique placée sous la surveillance du clergé, et un milliard d'indemnité accordé aux émigrés.

La protection à outrance prévalut, renchérissant tous les objets de première nécessité, et par conséquent la subsistance du peuple. Les machines et la vapeur firent heureusement leur apparition et diminuèrent de moitié la valeur d'un grand nombre de produits. — Les ouvriers les avaient regardées tout d'abord comme une concurrence ruineuse pour leurs salaires. Mais ils s'aperçurent bientôt que la machine était un redoutable auxiliaire qui, créant plus de bras, réduisait sans doute la main d'œuvre de moitié, mais qu'en même temps, par le bon marché qu'elle créait, elle augmentait d'autant la production et sollicitait par cela même un nombre de bras égal pour la servir. — Cette reconnaissance établit dès lors, entre l'ouvrier et la machine, un accord qui n'a pas cessé depuis.

En 1830, les troubles de la rue, amenés par le changement de pouvoir, suspendirent les affaires et le travail. Des émeutes nombreuses en furent la conséquence. Toujours réprimées, toujours vaincues, elles déterminèrent les chefs qui les dirigeaient à déserter la politique et à se jeter dans le mouvement social. Saint-Simon, Buchez, Fourrier, leur avaient parlé d'association, de répartition plus équitable du travail et des produits. Cabet et Louis Blanc préconisèrent à leur tour le communisme, bien plus compréhensible. « Au monopole et à la concurrence, qui engendrent la misère, il fallait substituer la solidarité des intérêts, c'est-à-dire la communauté des biens. Ateliers communs, répartition proportionnelle. L'Etat devait intervenir et se faire entrepreneur général. » Telles étaient les doctrines qui devaient éteindre le paupérisme et le prolétariat.

En même temps que les socialistes, les économistes entraient en scène et proclamaient au contraire la liberté du travail, le respect du capital et l'inégalité des aptitudes. Ils soutenaient que le socialisme n'offrait que des moyens empiriques, et que l'élévation de toutes les classes était liée au progrès de la puissance productive et de la liberté. »

Ces idées complexes ne pouvaient guère être comprises des masses ouvrières ; aussi les vit-on se tourner vers les conceptions plus faciles d'association, de communisme et de grève.

Quelques groupes tentèrent donc de s'associer de 1830 à 1848 et n'eurent aucun succès. — D'autres demandèrent à la grève une augmentation de salaire et une diminution de travail. Ils ne furent pas plus heureux. Des condamnations sans nombre frappèrent leurs coalitions.

Malgré ces agitations, l'activité industrielle et la production n'avaient cessé de se développer. La moyenne des salaires s'était accrue, tandis que le prix d'un grand nombre de subsistances avait diminué. D'où la conséquence que le bien-être des salariés s'était élevé dans une forte proportion. Tel était le lot du prolétaire du travail.

Le prolétaire sans travail, c'est-à-dire l'indigent et l'infirme, n'étaient pas oubliés non plus dans les préoccupations de la nation. Le nombre des établissements destinés à leur venir en aide, ainsi que les sommes nécessaires pour les desservir, s'étaient singulièrement multipliés. On comptait, en 1847, 1,338 hôpitaux ou hospices, qui recevaient 6J0,000 malades et 220,000 vieillards ou orphelins. — Près de 8,000 bureaux de bienfaisance assistaient plus d'un million d'indigents. Ces dépenses réunies puisaient aux caisses de l'Etat 120 millions. Et l'on estime que les œuvres sans nombre de la charité privée dépensaient une somme égale en faveur d'un même nombre d'indigents..., soit 240 millions pour secourir trois millions d'individus.

Tels sont les chiffres que fournit l'enquête de 1847, sur l'état de la misère et de la bienfaisance. On put le constater, cet état ; mais, comme les gouvernements antérieurs, on se déclara impuissant à le faire disparaître. Tous les efforts tendirent donc à venir en aide au paupérisme, en créant des établissements nouveaux de bienfaisance et de prévoyance.

Les villes seules y prirent part, comme à l'ordinaire, tandis que les campagnes furent complètement oubliées. Nous devons le constater une fois de plus.

Les écoles socialistes et leur agitation d'une part; les revendications de la classe ouvrière, qui réclamait avec instances le droit de coalition et le droit de vote ; et enfin l'opposition constitutionnelle, telles furent les causes dont l'ensemble détermina presque en un jour le triomphe de la République de 1848.

De même qu'en 1830, le tumulte de la rue paralysa complètement le travail et les affaires. La plèbe de Paris, oisive et affamée, se montra menaçante, et pour l'apaiser, le gouvernement nouveau lui garantit imprudemment le droit au travail.

Cela fait, M. Louis Blanc organisait au Luxembourg une commission permanente des travailleurs, dont le premier soin était de réduire d'une heure la journée de travail et de tarifer ensuite contradictoirement le taux des salaires dans chaque corps de métier. Mais ce tarif, consenti par des délégués sans mandat, fut généralement repoussé, et comme, dès lors, il n'obligeait personne, il ne reçut aucune exécution. Les associations ouvrières, fondées sous la même inspiration, n'eurent pas une destinée meilleure. Après avoir travaillé pendant quelques mois pour les fournitures de l'Etat, elles se dispersèrent sans laisser de trace.

Voulant tenter alors l'application des idées qui lui étaient chères, le Président du Luxembourg essaya de déterminer le pouvoir à acquérir des établissements industriels qu'il aurait mis à la disposition des ouvriers, en les commanditant et en créant ainsi *l'atelier sociétaire*. Ces conceptions aussi puériles que dangereuses ne furent pas goûtées par l'Assemblée. Leur rejet détermina la retraite de M. Louis Blanc (10 mai 1848). Pendant ce temps, la promesse du droit au travail amenait l'organisation des ateliers nationaux qui comptèrent jusqu'à 117,000 hommes, à deux francs par jour. — Leur travail, à peu près nul et complètement inutile, n'était qu'une grève permanente, très préjudiciable à la reprise de l'industrie et ruineuse pour le trésor. Il fallut les dissoudre. De là l'émeute et les journées de Juin. — C'est avec l'avènement de la nouvelle République qu'on avait vu reparaitre pour la troisième fois les noms de citoyens et de prolétaires, oubliés depuis 1793. Mais le sens de prolétaire paraît se restreindre et ne s'adresser qu'aux ouvriers se livrant à des travaux manuels et même aux travaux de l'industrie. — Ce sont les seuls d'ailleurs qui revendiquent la liquidation sociale.

En présence de l'absence chaque jour plus grande du travail, l'Assemblée, toujours favorable aux associations ouvrières que le socialisme tourmentait, leur ouvrit un crédit de trois millions qui, à titre d'essai, fut réparti entre soixante d'entre elles — L'essai ne fut pas heureux. Peu de temps après, plus de la moitié étaient en faillite. Quatre seulement ont survécu depuis. — D'autres, qui s'étaient formées en même temps sans l'appui de l'Etat, n'eurent pas un sort meilleur, et ne jetèrent aucun éclat. — Ces résultats signifient que l'association ouvrière n'augmente pas les chances des entreprises industrielles, mais plutôt qu'elle les diminue dans une grande proportion.

L'Assemblée législative fut moins favorable que sa devancière aux idées socialistes. Toutes les promesses de l'article 13 de la Constitution furent regardées comme chimériques. On n'en retint que les institutions de prévoyance, de secours mutuels, de secours hospitaliers et à domicile, auxquels on fit une large place. Des travaux publics furent également réservés aux bras inoccupés, mais dans les limites seulement des ressources communales. La gratuité et l'obligation de l'instruction primaire furent également repoussées. Aucune des idées que la République avait mises en mouvement, ne lui survécut. Le socialisme, qui avait fait tant de bruit pendant un moment, disparut avec elle.

Le trouble des idées, la stagnation de l'industrie, les revendications bruyantes des prolétaires et le souvenir cuisant des quarante-cinq centimes portèrent à Napoléon III les votes de la bourgeoisie et du peuple des campagnes. A trois reprises différentes, cinq, six et sept millions et demi de suffrages venaient confirmer ce choix déplorable. Le nouvel élu s'en servit pour faire arrêter à deux reprises et faire transporter sans jugement des milliers de citoyens. La liberté de la presse fut supprimée. Les députés et les sénateurs furent élus à son choix, et ne purent faire semblant de discuter que les lois qui leur étaient présentées ou plutôt imposées par le maître. On ne vit jamais une telle servilité au service d'un tel despotisme. Ce n'est pas tout : une liste de suspects fut dressée dans chaque département, et pour leur inspirer une crainte salutaire, on les enlevait çà et là sans forme de procès pour les transporter en Algérie (1858).

En même temps, le gaspillage des finances fut immense. Des travaux purement somptuaires et six guerres en vingt ans, aussi ruineuses qu'inutiles, augmentèrent notre budget de plus de huit milliards, sans compter ceux que nous a imposés la chute de l'Empire et qui doivent être mis à son passif.

La première mesure dont on puisse louer ce règne néfaste est celle des traités de commerce et de la réduction des droits de douane, qui ont abaissé le prix des denrées au profit de la masse des consommateurs.

Il faut louer aussi la liberté de la boucherie et de la boulangerie, et en même temps celle du droit de coalition, dont l'expérience a fait connaître les heureux effets.

Nous serons plus réservés en ce qui touche les dix millions dont les sociétés de secours mutuels et les logements d'ouvriers furent gratifiés par l'Empire. Pourquoi ceux-ci et non ceux-là ? Pourquoi l'impôt de tous sert-il à gratifier quelques-uns ?... C'est du socialisme impérial et dynastique.

Ce qui le prouve, c'est qu'au moment même où il faisait ces largesses aux ouvriers, il supprimait toutes les sociétés ouvrières, qui portaient ombrage à son pouvoir.

Pendant qu'il comprimait ainsi l'élan industriel de la classe laborieuse, l'Allemagne donnait tête baissée dans les institutions de crédit mutuel, que l'on comptait déjà par centaines (1863). L'Angleterre voyait prospérer en même temps ses sociétés de consommation fort nombreuses et ses *trad'unions* déjà puissantes.

Malgré les entraves de la loi française, les ouvriers de Paris voulurent entrer dans la voie qui leur était tracée, et fondèrent à leur tour des sociétés de crédit mutuel.

Ils se préoccupèrent en même temps de créer des sociétés de consommation, afin d'arriver ensuite à la société de production, qui résumait toutes leurs espérances, parce qu'elle devait les affranchir du salariat. On en comptait cinquante à Paris et une centaine en province, vers la fin de 1866.

Ce mouvement s'est accentué avec les libertés nouvelles, et des fortunes diverses ont accueilli ces courageuses tentatives. — Beaucoup de sociétés ont péri, et la plupart d'entre elles ne se sont pas élevées bien haut. — Ce qui prouve une fois de plus les difficultés de l'entreprise.

A côté de ces sociétés, qui s'engageaient timidement dans une voie nouvelle, les caisses d'épargne s'étendaient chaque jour. On en comptait plus de 1000 en 1866. Et à la même date, les sociétés de secours mutuels s'élevaient au chiffre de 6,000. — A la fin de l'Empire, les hôpitaux, au nombre de 1,500 environ, recevaient 500,000 malades et dépensaient près de 100 millions. — Les bureaux de bienfaisance fonctionnaient en même temps au nombre de 13,000, dépensant 25 millions et soulageant 1,300,000 indigents.

CHIMÈRES ET RÉALITÉS.

Pendant la période que nous venons de parcourir rapidement, de la Révolution de 1789 à celle de 1870, nous avons constaté, d'année en année, un progrès sérieux dans le travail et les produits, dans les salaires et le bien-être. La bienfaisance publique a progressé d'une manière plus sensible encore. Le nombre comparé de ses établissements et des sommes énormes qui leur sont aujourd'hui consacrés le dit assez haut pour qu'il soit utile d'insister. Toutes ces choses s'étaient accomplies au bénéfice du prolétariat, qui en jouissait sans murmurer. Mais des esprits inquiets, parmi ceux que l'inconnu tourmente, s'agitaient dans l'intérêt du peuple et manifestaient à son sujet des inquiétudes qu'il n'avait pas lui-même. — C'est vers 1830 que les écoles socialistes ont apparu. Leur influence a grandi tout d'abord, et s'est étendue jusqu'en 1848, époque à laquelle leurs agitations, leurs violences, leurs tentatives infructueuses et la libre discussion de leurs systèmes ont amené la déchéance et la disparition de toutes les sectes qui avaient trop longtemps occupé la scène politique en troublant les esprits, et en alarmant les intérêts du plus grand nombre.

Les fictions de Platon, l'utopie de Thomas Morus, celles de Campanella et de Morelly, sont purement spéculatives. C'est un communisme poétique comme celui de la Salente de Fénélon.

Mais voilà que Babœuf le prend au sérieux. Profitant du bouleversement de la Révolution, il veut imposer, même par la force, ses doctrines égalitaires et la communauté absolue. Cabet le suivit plus tard dans cette voie. Il répudiait la force toutefois, et ne tentait ses essais qu'en Amérique. Là, « chacun travaillait suivant ses goûts et consommait suivant ses besoins ». Ce fut, en peu de jours, la discorde, la ruine et la misère.

Ces communismes égalitaires ou non égalitaires, comme celui de Louis Blanc et de Lasalle, sont, les uns et les autres, la négation de la liberté individuelle et de l'activité humaine, dont le défaut d'intérêt paralyse tous les ressorts. Il n'y a que la foi du couvent ou la discipline de la caserne qui puissent triompher de ces obstacles, et l'expérience et la raison, qui ne se sont jamais démenties, disent ensemble que le communisme est une chimère.

Les conceptions de Saint-Simon et de Fourier sont plus savantes. Elles se proposent de remplacer l'antagonisme général des intérêts par l'association universelle. La concurrence disparaît de la sorte. Mais l'individualisme disparaît aussi, et avec lui, la propriété sous toutes ses formes.

Toutes ces réformes, de fond en comble, ont été repoussées par l'opinion publique comme de pures chimères.

Louis Blanc blâmait aussi la concurrence et vantait la solidarité des intérêts. Mais il voulait que ceux-ci fussent concentrés entre les mains de l'État qui, s'emparant du monopole de l'industrie, aurait ensuite organisé le travail. — L'individu était sacrifié de la sorte à la collectivité. Des essais malheureux et répétés prouvèrent en 1848 que ces théories n'étaient qu'une nouvelle chimère.

« Le socialisme et le communisme, disait Proudhon, propres seulement à faire des dupes et des escrocs, peuvent être considérés comme les religions de la misère. Le socialisme est ce qu'il y a de pire au monde, disait à son tour Ledru-Rollin en 1848. C'est l'État se substituant à la liberté individuelle et devenant le plus affreux des tyrans ».

Pour assurer à tous le bien-être que promettent toutes ces écoles, il faudrait un revenu moyen de 1,000 fr. par tête, c'est-à-dire 36 milliards. Or, le revenu total de la

France industrielle et agricole n'est que de 12 milliards, dont il faut déduire 2 milliards pour l'impôt de la dette générale. Il reviendrait par conséquent 260 fr. par tête, environ, à chaque copartageant des revenus de la France.

Supposons maintenant que l'on veuille se contenter de mettre le sol en commun ou de le partager. Etant donné que la France a 25 millions d'hectares cultivés, il en reviendrait 72 ares à chaque habitant, soit un revenu de 57 francs ou 0,13 par jour. Le partage du sol et des revenus est donc une nouvelle chimère.

Et *le droit au travail* ou *à l'assistance ?*... Tout homme a *droit de vivre*, nous dit-on. Rien de plus vrai. Mais ce droit, limité par la nature des choses, n'emporte pas celui de vivre aux dépens de nos semblables, c'est-à-dire de la société. — Or, la société ne peut procurer du travail qu'en prélevant sur le revenu des citoyens et en violant la propriété d'autrui. — Le droit à l'assistance pure et simple, ou à l'assistance par le travail, est identiquement la même chose. — Cette question menaçante, en 1848, a cessé d'être agitée par nos socialistes contemporains.

Le socialisme était rentré dans l'ombre après 1848, et pendant les vingt ans qui suivirent, il cessa d'être discuté. La seule trace qu'il eût laissée, c'était le souvenir de l'association sous toutes les formes : coopérations ouvrières avec partage des produits suivant le capital, le travail et le talent de chacun ; c'était la part du fouriérisme ; Saint-Simon avait donné l'essor aux banques et aux grandes opérations industrielles ; Proudhon avait donné l'idée du crédit mutuel, aujourd'hui florissant. Tels sont les derniers rudiments des vieilles écoles socialistes.

Vers la fin de l'Empire, les collectivistes, s'inspirant de Louis Blanc, ont fait revivre sa doctrine au sein de l'Internationale, et, celle-ci dissoute, dans les Congrès ouvriers qui remplissent seuls aujourd'hui la scène du monde socialiste.

Toutes les grandes questions sociales, qui avaient jadis passionné la démocratie, furent agitées aux divers Congrès de Paris, de Lausanne, de Bruxelles et de Bâle (1866, 1867, 1868 et 1869). On y discuta tout d'abord les grèves, la concurrence, le capital et le travail... Vint ensuite la question de la propriété et de l'hérédité, qui devaient disparaître dans la mutualité et la fédération universelle, ainsi que les chemins de fer, les mines, les capitaux et l'outillage. A chaque congrès, les mêmes propositions furent reprises et amenèrent une solution platonique. — La secte étendait chaque jour ses rameaux et faisait craindre qu'elle ne fût bientôt redoutable, lorsque des querelles intestines la séparèrent d'abord en deux, et puis en un plus grand nombre de tronçons. Affaiblie par ces divisions, elle finit par disparaître sans qu'elle ait pu se reconstituer depuis.

Mais rien ne périt, tout se transforme. L'évolution du socialisme de 1848, longtemps oubliée, s'était opérée avec l'Internationale. Celle-ci, disparaissant à son tour, reparut dans les Congrès ouvriers, qui tiennent en ce moment le drapeau du socialisme militant.

Dans ce nouveau milieu, les doctrines les plus téméraires de l'Internationale reparaissent avec une exagération plus grande encore et de plus mauvaises tendances. S'inspirant des seules idées révolutionnaires, chères à Blanqui et à Bakounine, leurs adeptes ne parlent, dans leurs conciliabules, que de liquidation sociale et de collectivisme, c'est-à-dire de l'accaparement de la terre et des capitaux... Les Congrès de Marseille et du Havre (1879 et 1880) ont dépassé, en ce sens, toutes les bornes du délire.

Ils ne voient donc pas que leur propriété collective communale n'est pas plus égalitaire que notre propriété privée ? — Quand les pays de vignobles produisent 1,000 fr. de revenu net à l'hectare, tandis que les montagnes de la Lozère ou de l'Aveyron ne donnent que 10 à 15 fr., est-ce que l'inégalité, l'usurpation et le vol, dont la propriété privée est accusée ne se retrouveront pas dans la propriété communale ? — Il faudra donc que les habitants des montagnes se précipitent sur ceux des plaines pour partager avec eux, au nom de l'égalité, du droit et de la justice. Ainsi feront les peuples du Nord en se ruant comme autrefois sur ceux que le soleil favorise.

Ces néo-réformateurs de toute nuance, avec une ardeur et une ignorance puériles, prétendent changer l'organisation politique et sociale des Etats, sans se préoccuper des mœurs régnantes, de la richesse acquise et de la nature des choses.

Pourquoi non ? Qu'importent les ruines, puisqu'ils n'ont rien à perdre dans leurs tentatives ? — Hommes de plaisir et de paresse, victimes de leur intempérance et de leur incapacité, impuissants à se créer une existence utile et honnête, ils tentent de refaire une société qui leur permettra de mener l'existence facile qu'ils ont rêvée. — Tel homme qui ne sait pas gouverner un poulailler, disait Voltaire, veut donner des lois à un royaume..., et tel autre propose des pilules contre les tremblements de terre ! — Sottise et mauvaise foi.

Le socialisme communiste, qui nous ramène au couvent ou à la caserne ; le collectivisme contemporain, qui met violemment en commun les capitaux, l'outillage et la répartition des produits ; le socialisme d'Etat, qui tend à supprimer peu à peu l'individualisme pour nous rejeter dans la servitude orientale ; tous ensemble ne constituent que des utopies, des rêves creux ou des créations funestes qui n'ont pu germer jusqu'ici que dans la cervelle de quelques exaltés, suivis d'un certain nombre d'ignorants. — En dehors de cette clientèle, de tels systèmes n'ont jamais fait et ne feront jamais de progrès. Ils resteront toujours dans le domaine des chimères.

Si quelque chose doit leur survivre, c'est le principe général de l'association, qui centuple les forces de l'homme. Or, sa forme la plus simple et la plus utile est celle des secours mutuels qui, moyennant une cotisation infime, garantissent à l'ouvrier une indemnité de travail et des soins médicaux en cas de maladie. — Vient ensuite la Caisse d'épargne, qui constitue également une mesure de prévoyance. — La caisse de retraite est une forme nouvelle, utile entre toutes et qu'on ne saurait recommander trop vivement. — Telles sont les réalités de l'association. Celles-là ne sont point menteuses et ne peuvent causer de déceptions à ceux qui leur confient leur épargne et leur avenir.

Il en est d'autres encore qui prennent leur source dans l'association, et que le socialisme honnête a toujours préconisées. Elles sont, à cette heure même, l'objet des prédilections de tous les travailleurs qui ne se paient pas de mots, et qui ne croient pas à la prochaine liquidation sociale et au collectivisme universel des Congrès ouvriers. - - Nous avons nommé les sociétés coopératives de consommation, de crédit et de production. L'ouvrier, qui a réalisé quelques économies, peut aisément s'engager dans les deux premières, qui ne demandent qu'une bonne direction. A cette condition seule, elles offrent peu de risques et l'on peut y rentrer résolûment. — Toute autre est la société de production. Elle exige à la fois une direction supérieure, des capitaux importants et un choix exceptionnel parmi les adhérents. Cela fait, elle n'est pas plus à l'abri que les autres industries des mauvaises chances commerciales.

Vient-elle à réussir, elle exonère l'ouvrier du salaire; elle l'élève à la dignité du patron, augmente ses ressources et lui ouvre toutes les espérances.

Telles sont les formes pratiques du socialisme contemporain. — Ici l'utopie a disparu, et la réalité est pleine de promesses au-devant desquelles on peut aller honnêtement.

Les impatients, qui n'ont su faire que des théories ou des discours, voudraient se mettre à l'aise dans le collectivisme. Les adeptes de certaines écoles croient qu'on peut, du jour au lendemain, changer la face de l'humanité. — Pures chimères ! — Il suffit de leur rappeler ces sages paroles de Franklin : « Le travail est la source de la richesse et du bien-être ; quiconque vous dira que vous pouvez les réaliser autrement que par le travail et l'économie, ne l'écoutez pas : c'est un empoisonneur... » Et les enseignements de l'histoire confirment ces préceptes.

ÉCONOMIE ET TEMPÉRANCE.

Au prolétaire qui veut s'élever dans l'ordre social et y conquérir une position supérieure, deux qualités s'imposent avant tout : l'économie et la tempérance. C'est avec elles seulement que l'on peut arriver à l'épargne et au capital, qui donnent satisfaction dans le présent et sécurité dans l'avenir.

Qu'on ne dise pas que l'ouvrier qui n'a que ses bras et son salaire peut à peine vivre et ne saurait, dès lors, économiser. — Il est tel moment, dans l'année ou dans la vie, qui présente une condition meilleure et des salaires plus élevés. C'est alors qu'il faut songer à l'économie, à l'épargne. Si l'on ne peut réduire sa nourriture, il est toujours quelque dépense inutile que chaque ménage peut rayer de son budget. Ne peut-on supprimer le tabac, qui représente une dépense de 36 à 72 francs par an (0.10 ou 0,20 par jour) ? ne peut-on supprimer les alcools, la bière, l'absinthe, le café ou le cabaret, les plaisirs coûteux, les vêtements de luxe, et en un mot tout ce qui n'est pas strictement nécessaire ? Voilà des économies à la portée de tous, aussi faciles que lucratives. Le prolétaire qui aura la sagesse d'éviter toutes ces dépenses inutiles, et qui saura remplacer le cabaret par la vie de famille, la pipe et les distractions coûteuses par la lecture, des jeux de société, de petits travaux manuels, trouvera toujours les sommes nécessaires aux associations de prévoyance qui le sollicitent. Ce n'est qu'après avoir pris de bonnes précautions contre l'avenir, qu'il pourra se départir de cette sévérité envers lui-même, et se donner des satisfactions nouvelles, dans la juste mesure que la sagesse lui conseillera. Le thé, le café, les grogs, le vin et la bière lui seront alors permis dans ses petites fêtes de famille.

Ne cessons de répéter au prolétaire : Ce n'est ni le capital, ni la propriété qu'il faut abolir ; c'est la paresse, l'oisiveté, le lundi ; c'est le tabac, le cabaret, les dépenses inutiles. — Tel est le vrai moyen de combattre l'indigence et de faire reculer indéfiniment les limites du paupérisme.

De même que l'économie politique a pour objet tout ce qui touche au bien-être des nations, ainsi l'économie privée s'occupe des moyens d'acquérir, de conserver et d'accroître la richesse de la famille. C'est l'esprit d'ordre appliqué à l'administration domestique. Son objet est de ménager les ressources et d'éviter les dépenses inutiles. Elle amasse pour jouir à son heure ; elle subit des privations volontaires dont elle est sûre de recueillir le fruit. On acquiert par le travail ; l'épargne en conserve les produits ; l'économie et la tempérance les accroissent.

Malheureusement, ces qualités maîtresses ne sont pas inhérentes à la nature humaine. Elles ne naissent qu'avec l'expérience, la réflexion, et ne peuvent être mises en jeu que par une volonté des plus fermes. Une fois adoptées, l'habitude les rend faciles. Le sauvage insouciant et paresseux, qui n'écoute que ses appétits, ne les connaît pas. L'homme civilisé lui-même, cédant à ses inclinations, tend sans cesse à satisfaire ses goûts, sans songer à l'avenir. Il faut les avertissements du besoin et de la souffrance pour réveiller sa raison, qui lui enseigne de ménager ses ressources et de se prémunir contre les dangers qui l'attendent. — L'imprévoyance, la paresse, l'intempérance, les cabarets et le chômage du lundi sont les grands pourvoyeurs de la misère.

De tous les moyens d'arriver à l'aisance et même de s'enrichir, le plus sûr est l'économie. L'origine des fortunes se rencontre presque toujours dans les lentes accumulations de l'épargne, plutôt que dans le succès des grandes spéculations, qui voient trop souvent des mécomptes. « C'est l'économie, et non l'industrie, qui accroît le capital, dit Smith. Celle-ci amasse les matériaux, que l'autre accumule. Mais quoique l'industrie puisse acquérir, si l'économie ne conserve et n'amasse, le capital ne s'augmentera jamais... ».

Cette pratique facile est à la portée de tout le monde. Elle n'exige ni savoir, ni efforts surhumains. On peut la cultiver dans la pauvreté comme dans l'aisance. Qu'on ne dise pas que la modicité des salaires ne permet aucune épargne. L'expérience de chaque jour, attestée par les institutions de prévoyance, prouve le contraire. Les caisses d'épargne à elles seules contiennent, en ce moment, près de 1,500,000,000 accumulés par les travailleurs économes. A côté de l'ouvrier qui affirme qu'il ne peut rien économiser, on trouve l'exemple de son compagnon de travail qui, dans les mêmes conditions, sait faire des épargnes. C'est une question d'ordre et de tempérance. Il n'est personne qui ne puisse, avec une prudente économie, se promettre une agréable aisance pour la fin de ses jours. Il importe seulement de ne rien dépenser mal à propos, c'est-à-dire sans que l'utilité et l'opportunité de la dépense soient justifiées. Un sou gardé vaut deux sous gagnés, dit le proverbe. Il n'y a point de petites économies. Les menues dépenses, souvent répétées, amènent les prodigalités dans les grandes, et occupent beaucoup de place dans le budget domestique.

Est-ce à dire qu'en agissant de la sorte, on s'impose des privations intolérables ?. . Chacun de nous en supporte ici-bas. — L'ouvrier laborieux manque d'un meuble, d'un vêtement, sa bourse est à sec..., il s'en prive et il attend. Ainsi l'industriel qui veut agrandir ses affaires, le bourgeois qui souhaite une maison, un tableau, un attelage. — Les privations sont la loi commune. Elles varient seulement de nature suivant les conditions. Le meilleur moyen d'en réduire le nombre, c'est de limiter ses besoins.

« Ce qu'il y a de plus pénible dans l'économie, c'est le début, ce sont les premières épargnes. Celles-ci en facilitent d'autres et deviennent fécondes à leur tour. Bientôt les privations se tournent en habitude et deviennent en quelque sorte un plaisir » (1). L'accumulation successive du produit du travail et des épargnes procure des jouissances particulières qui ont aussi leurs charmes.

Voyez ce que disent Franklin et la science du bonhomme Richard. « Si l'économie s'introduisait dans nos mœurs, les besoins des classes laborieuses seraient singulièrement amoindris, et l'assistance verrait diminuer la prime qu'elle accorde bien souvent à l'imprévoyance et à la paresse.

» La tempérance suit de près l'économie ; elle n'est, à vrai dire, que l'une de ses manifestations. Elle donne à ses adeptes une supériorité marquée sur ceux qui en violent les règles ».

« En Danemark, nous dit M. Lefort, l'ouvrier le plus rangé ne consomme pas moins de cinq à six verres d'eau-de-vie quand il travaille, et le double quand il chôme. C'est plus du quart de son salaire. En Russie, la consommation alcoolique dépasse, en moyenne, dix litres par personne. En Allemagne, elle est de cinq litres. L'eau-de-vie est devenue un objet de première nécessité ; les femmes

---

(1) *Remède au paupérisme*, par Mezières, 264.

et les enfants en prennent leur part. L'habitude s'est transformée en besoin et a dégénéré en une véritable passion. — Les vieillesses prématurées, les suicides, les cas de folie alcoolique y sont devenus nombreux. En Hollande, la consommation moyenne est de dix litres, qui coûtent 22 millions. La dépense de l'Angleterre, en boissons spiritueuses, dépasse, à ce qu'on assure, 750 millions. M. le comte de Paris estime que la moitié des salaires ouvriers passe en alcool. — La France, l'Italie et l'Espagne se distinguent au contraire par une sobriété relative. La dépense moyenne en alcool est de deux litres par personne. — On cite néanmoins certaines localités qui contribuent singulièrement à élever le chiffre de la consommation. Ainsi, suivant M. J. Simon, Amiens consomme journellement 80,000 petits verres dont la valeur est de 4,000 francs, qui représentent 3,500 kilog. de viande et 12,121 kilog. de pain. Saint-Quentin, Rouen, Elbœuf, sont à peu près dans le même cas. On assure que dans cette dernière ville, le sixième des salaires est absorbé par la consommation de l'eau-de-vie (1). A Paris, suivant M. Husson, la consommation de l'eau-de-vie dépasse 17 millions.

Mais ce n'est pas seulement le tabac et les boissons de toute sorte qui constituent une dépense inutile, le chômage du lundi est une perte de salaire et une occasion de dépense bien plus grande encore. Dans la plupart des villes manufacturières, cette absence du travail est passée à l'état de coutume, et elle représente une perte moyenne de salaire qui n'est pas inférieure à 2 francs par jour. La dépense du cabaret qu'elle occasionne n'est pas moindre. Ce serait donc une somme de 200 francs que le chômage seul du lundi, quand il n'est pas suivi de plusieurs autres, enlèverait à l'ouvrier industriel, soit en vingt ans 4,000 francs

(1) Lefort, *Intempérance et misère*, 68 et s.

non capitalisés qu'il aurait pu mettre à la caisse d'épargne où ils auraient doublé en peu de temps. Moreau de Joannès estime que cette funeste pratique coûte à l'ensemble des ouvriers français une perte sèche de 2,110,000 francs par chaque jour (1).

M. Leplay, dans les *Ouvriers européens*, et M. Audigaune, dans les *Populations ouvrières*, constatent la généralité de ces habitudes et la perte énorme qu'elles entraînent. Ils constatent en même temps que l'ivrognerie a pour résultat inévitable d'éteindre les idées de prévoyance, d'économie et d'ordre. Sollicité par l'habitude, ou plutôt par la passion de ce plaisir malsain, l'intempérant jouit du présent sans s'inquiéter du lendemain, et gaspille follement ses salaires. Il lui suffit de penser que la charité publique le recueillera quelque jour. Le paupérisme a presque toujours pour seule cause l'intempérance.

Les ouvriers des campagnes, plus tempérants et bien plus économes, ne connaissent guère le chômage du lundi ; mais ils fument, ils vont au cabaret plus qu'il ne faudrait, et ils ont la déplorable habitude de fréquenter les foires et les marchés, qui sont une perte de temps et une cause de dépenses bien regrettables.

Pour que l'ouvrier puisse éviter le chômage si onéreux pour lui, et les dépenses du cabaret qui ruinent sa santé, paralysent l'épargne et tarissent la source du bien-être, il faut qu'il prenne l'habitude de la vie de famille, l'amour de l'ordre, de la lecture, de la sobriété et des plaisirs qui ne coûtent rien à sa bourse, tels que les jeux de société et les petits travaux de main. La promenade, la fréquentation des cours publics, des bibliothèques populaires et des musées, l'ignorance les dédaigne forcément ; mais l'instruction, au fur et à mesure qu'elle se développera, saura les apprécier. On doit en attendre les meilleurs effets.

(1) *Statistique de l'industrie en France*, 334.

En résumé, l'économie et la tempérance s'imposent au prolétaire. Avec un peu de vouloir il en contractera l'habitude, qui ne tardera pas à lui donner autant de satisfaction que de profits. Il est facile à qui le veut, à qui le doit, de se priver de tabac, d'alcool, de boissons de luxe et de toute dépense inutile.

On peut de la sorte économiser sur le budget de la famille la somme suffisante pour entrer à la fois dans une société de secours mutuels, pour s'assurer à la caisse des retraites, et participer ensuite aux bénéfices des sociétés coopératives. Bien à plaindre est celui qui n'a ni assez d'intelligence, ni assez de vouloir pour s'assurer ces satisfactions. Qu'il nous délivre de ses clameurs quand la vieillesse prématurée ou les maladies précoces, résultat de l'intempérance, viennent l'atteindre, et que la misère, qu'il n'a pas su conjurer par l'économie, vient frapper sa famille avec lui. Un tel homme n'est digne d'aucune pitié. La société ne lui doit rien. C'est son aveuglement seul qu'il faut déplorer (1).

PROGRÈS ACCOMPLIS.
—

Suivant la science contemporaine, dont les découvertes récentes reportent nos origines à un millier de siècles, l'homme se rapprochait de la brute. Il était anthropophage, troglodyte, n'ayant d'autre instrument que la pierre taillée. La pierre polie lui succéda. — De l'état sauvage, il passa successivement à l'état pastoral, puis à l'état agricole et sé-

---

(1) L'art de s'enrichir se compose de trois éléments : 1° le travail, la production ; 2° l'économie, dépenser moins qu'on ne gagne ; 3° la mise en valeur des économies d'une manière intelligente (Secours mutuels, Caisse des retraites, Coopération). — Jules Simon, *le Travail*.

dentaire. La vie patriarcale donna naissance à la tribu, et celle-ci à la nation. Ce fut alors l'âge du bronze et du fer, dont l'apparition variable avec chaque civilisation, est difficile à préciser. — Que d'étapes, et quelle lenteur dans ce progrès continu!...

C'est alors que commencent les civilisations historiques, qui remontent à 6 ou 7,000 ans, et dont l'origine et le berceau sont encore incertains. — Dès leur formation, la servitude et l'esclavage en font la base, combinés avec le régime des castes spécial à l'Orient. L'humanité n'est qu'un vil troupeau conduit et foulé par quelques despotes féroces, qui s'arrachent successivement sa posssession.

La Grèce et Rome nous montrent ensuite l'esclave à côté de l'ilote, dont le conquérant a épargné la vie à la condition de les humilier et de les obliger à le servir... C'est un progrès nouveau. — Le prolétaire se montre à Rome oisif et misérable. Il vit d'aumônes publiques et de spectacles gratuits. — En échange, il vend son vote et fait des émeutes.

La civilisation germaine, qui vient ensuite, connaît aussi la servitude ; mais elle pratique en même temps le servage, assez semblable au colonat romain, qui, se confondant avec l'esclavage, ne tardera pas à le remplacer. Dans cette nouvelle situation, le serf ne sera plus une chose, une bête de somme à l'entière discrétion de son maître ; il aura une petite part de liberté et une famille, jusqu'au moment où le XIIIe siècle préludera à son affranchissement. C'est un progrès nouveau sur l'esclavage.

Mais pendant ce temps, la féodalité s'est constituée; chaque seigneur est un despote qui tient sous sa main les serfs de son immense domaine. Il les pressure par ses redevances arbitraires, ses corvées, ses banalités, sa justice, sa chasse, etc. A la moindre faute, il leur coupera les oreilles ou leur arrachera les yeux, suivant son bon plaisir. Toujours en guerre avec ses voisins, les serfs sont armés pour ses querelles, et tôt ou tard ils seront pillés et saccagés. En présence de cet antagonisme perpétuel, les Normands envahissent les plus belles contrées, les foulent et les pillent sans rencontrer de résistance. Les famines les suivent, et la peste avec elles. Pendant trois siècles, la faim et la maladie ne cessent d'exercer leurs affreux ravages. On se nourrit fréquemment de glands, de pain d'avoine ou de sarrasin et quelquefois de chair humaine.

Avec les croisades, une détente se fait sentir ; le nom de peuple est donné pour la première fois aux serfs affranchis et libres. L'émancipation des communes, la création des justices royales, des Parlements, des Etats-Généraux et du Tiers-Etat, annoncent un ordre de choses tout nouveau. — Le temps fera le reste.

Paris, à ce moment (XIIIe siècle), était un cloaque infect, dont les rues non pavées, étroites et tortueuses, étaient remplies d'ordures et d'immondices entassés ou relevés sur les bords. — Les maisons n'avaient ni meubles, ni cheminées. — On mangeait avec les doigts et non avec la fourchette, qui n'était pas plus connue que la serviette. — Un siècle après, le roi lui-même n'éclairait ses festins qu'avec des torches de résine ou des chandelles de suif, que ses serviteurs tenaient à la main (1). — Le linge de corps, les bas tricotés, étaient inconnus. La femme élégante de Charles VI n'avait que deux chemises. Les souliers étaient un grand luxe. Tout le peuple, hommes et femmes, marchaient pieds nus. — Sous prétexte de croisades et de pèlerinages, on voit apparaître alors des armées de mendiants qui pillent et dévastent le royaume. — Les Grandes Compagnies de soldats licenciés font pire encore. Le pays est foulé, pillé, brûlé dans tous les sens. — Aussi, plus de culture et une immense misère.

(1) Dulaure, *Histoire de Paris*.

Et la guerre de Cent-Ans survient, et après elle les querelles de princes, les guerres civiles, les guerres religieuses, qui, pendant plus d'un siècle, couvrent la France de crimes et de ruines. — Toutes ces misères réunies ont imprimé au moyen âge un caractère de tristesse poignante et profonde. A cette heure encore, il est impossible de se rappeler cette période sans éprouver les mêmes sentiments.

Les corporations de métiers, qui s'organisèrent vers cette époque, constituèrent des privilèges et des monopoles qui attachaient l'ouvrier à la glèbe du métier et lui enlevaient toute liberté industrielle. Et en même temps, la concurrence absente renchérissait le prix de la fabrication, au grand préjudice de la nation tout entière.

Pendant qu'on vivait sous ce régime, la France avait à peine 15 millions d'habitants, qui produisaient difficilement ce qui était nécessaire à leur maigre subsistance. — Le froment était rare, la pomme de terre inconnue. On vivait de pain noir fait avec le seigle et le sarrazin. Les paysans, dit Fontescue, qui venait de parcourir la France au commencement du XVIe siècle, « les paysans boivent de l'eau, mangent des pommes et se font avec du seigle un pain de couleur noire. Ils ne savent pas ce que c'est que la viande ». « Nous les avons tant opprimés, disait le feudiste Loyseau vers le même temps, par la taille et les tyrannies des gentilshommes, qu'il y a sujet de s'étonner qu'ils subsistent et qu'il s'en trouve pour nous nourrir. »

La France avait plus encore à souffrir des extorsions et des pillages de toute sorte : « Le pays, disait Fromenteau, est mangé non-seulement par la gendarmerie et les gabeleurs, mais encore par les soldats, qui vont à la picorée avec de tels excès, qu'il n'y a village ou maison qui ne soit tenu de contribuer plusieurs fois la semaine à l'appétit de ces canailles (1) ».

(1) Fromenteau, *le Secret des Finances*, 1581.

Les mémoires de ce temps ne parlent que de provinces désolées et de maisons détruites. Les Etats de Blois nous font connaître, en 1576, le chiffre énorme des pertes en argent, des prêtres, des moines, des soldats et des bourgeois massacrés, des filles et des femmes violées (1).

« Boisguilbert estime que la plus grande partie de la France est dans la dernière indigence. » Pour Vauban, « c'est la dixième partie du peuple qui mendie effectivement. Des neuf autres parties, il y en a cinq qui ne sont pas en état de faire l'aumône, parce qu'elles sont à peu près réduites à cette condition. Des quatre parties qui restent, trois sont malaisées, embarrassées de dettes et de procès. Dans la dixième, qui comprend les gens d'épée, de robe, les ecclésiastiques, la noblesse, les fonctionnaires et les gros marchands, c'est-à-dire environ 100,000 familles, il n'y en a pas 10,000 qui soient fort à leur aise (2) ».

« Le peuple, ajoutait-il, est fort diminué par la guerre, les maladies, la misère, qui en ont fait périr de faim un grand nombre et réduit beaucoup d'autres à la mendicité. »

Pour réprimer ce mal toujours croissant, on édicta des peines atroces contre les mendiants valides : le fouet, la marque, les galères, tandis que les malades et les invalides étaient entassés pêle-mêle dans les hôpitaux, de six à douze dans un même lit. — L'ensemble des hôpitaux recevait 110,000 malades. — Paris comptait alors 40,000 mendiants sur 200,000 habitants.

Au dire des intendants généraux, les chemins sont complètement dégradés, la marine est ruinée. Certaines villes sont abandonnées ; un grand nombre de maisons en ruine ; beaucoup de terres en friche ; les paysans couchent sur la paille ; la population est diminuée d'un sixième. — Quelle en

---

(1) Blanqui, *Histoire de l'Econ. pol.*, 365.
(2) Vauban, *Dîme royale*, 1707.

est la cause ? La guerre, la famine, les gens de guerre, les impôts. « Le paysan ne mange que de l'orge ou du pain d'avoine ; les vignerons ne boivent que de la piquette, se privent de viande et vendent tout ce qu'ils produisent. — Le prix du sel est exorbitant ; la dîme est ruineuse et les justices seigneuriales un véritable pillage. »

Vers le milieu du xviiie siècle, les intendants, les évêques et les ministres eux-mêmes disent encore que la famine est partout ; que les hommes broutent l'herbe comme les moutons et périssent de misère...

Arthur Young, qui traverse la France, nous apprend « que les maisons des paysans sont en pisé, couvertes de chaume et sans fenêtres, n'ayant d'autre ouverture que la porte, et sans pavé sur le sol ». — On ne voit ni bas, ni souliers, ni sabots. Les femmes sont couvertes de haillons et ressemblent à des tas de fumiers ambulants. Le paysan n'a pour tout vêtement qu'un sarrau de laine et va nu pieds. Sa nourriture se compose d'une soupe de farine bouillie, d'un morceau de pain noir et d'un peu de lard les jours de fête. Il ne connaît pas la viande et ne boit pas de vin. Sa dépense annuelle ne dépasse guère 25 ou 30 fr. par tête (1). L'impôt lui prend 53 % de son revenu net, la dîme un septième ; autant les droits féodaux, c'est-à-dire 80 %. — Que lui reste-t-il pour vivre ?... Ce qui rend cet impôt si lourd au peuple, c'est qu'il le supporte seul, alors qu'il ne possède qu'un quart des revenus du royaume, tandis que le clergé et la noblesse, privilégiés, ne paient rien. Ne supporte-t-il pas en outre les servitudes personnelles, les banalités, les chasses, les justices ?... — 1,500,000 mainmortables, plus misérables encore, ne gémissent-ils pas dans cette dure condition à la veille de 1789 ?...

Quelque lent qu'ait été l'affranchissement des serfs, quel-

(1) *Rapports des Préfets au Ministre*, 1804.

que douloureux qu'ait été leur martyrologe, du XIIIᵉ au XVIIIᵉ siècle, on n'en est pas moins forcé de reconnaître que le progrès vers le bien n'a cessé de se faire sentir. La liberté personnelle s'est d'abord affirmée ; le vilain a pu disposer successivement de son travail et de ses bras, de ses enfants, de sa fortune acquise. Il a pu se déplacer, faire le commerce, se livrer à l'industrie. La liberté de la terre a été plus lente. Pendant bien longtemps, le seigneur l'a retenue comme inaliénable. Puis il l'a livrée à titre de cens et d'emphytéose, avec une rente fixe et immuable. — Les revenus s'étant élevés par le fait du temps, tandis que la rente était fixe, le paysan a pu racheter ses redevances, de telle sorte qu'en 1789 le nombre des censitaires n'était pas grand. Mais les lods et ventes, les banalités, les justices, les privilèges subsistaient encore. La nuit du 4 août les fit disparaître. — Quel pas immense depuis l'esclavage et le servage féodal !

Hier encore, l'homme était serf ou vilain, le voilà citoyen et prolétaire. Attaché au sol qu'il ne pouvait quitter, inhabile à le vendre et à le léguer à ses enfants, toutes les servitudes pesaient sur lui s'il était mainmortable. Comme vilain, les corvées, les redevances, les banalités. Seul il payait l'impôt. — Le voilà libre en un jour.

Délivré de toutes les servitudes, il aura toutes les libertés. Il sera affranchi, et sa terre avec lui. L'égalité devant la loi, devant la justice, devant les fonctions publiques et devant l'impôt lui est acquise. — Tel est son immense triomphe.

Mais il ne suffit pas d'avoir la liberté, il faut encore savoir en user. La chose était difficile à une nation longtemps comprimée, qui devenait tout à coup maîtresse d'elle-même, et qui avait à remanier tout le mécanisme social en supprimant le despotisme et les privilèges. Dans cet immense travail, le flot des rancunes populaires rompit ses digues, et le courant révolutionnaire emporta et nivela toutes les vieilles institutions. L'Assemblée nationale, en les reconstituant, prit pour base le principe du droit, qu'elle plaça dans la liberté. Son premier soin fut de proclamer la liberté du travail. Elle avait trouvé le cultivateur censitaire corvéable et serf; la terre surchargée de droits féodaux : elle les rendit libres l'un et l'autre. L'industrie était emmaillotée par les maîtrises et les jurandes, par les privilèges ; le commerce paralysé par les barrières et les douanes : elle supprima tous les obstacles qui paralysaient leur essor.— La terre, débarrassée de ses servitudes, put être louée, vendue, exploitée librement; toutes les voies du travail étaient ouvertes, l'impôt également réparti, la justice réorganisée et tous les citoyens égaux devant elle. Tel est le progrès immense qui venait d'être accompli en quelques jours.

Tous ces bienfaits ne pouvaient empêcher la disette de sévir, le luxe de se restreindre et le crédit de disparaître sous l'empire de la crainte. De là, nécessité des assignats, accroissement de la misère et création des ateliers nationaux, qui reconnaissaient le droit à l'assistance et le droit au travail. Ils créèrent aussi la paresse et l'émeute, comme les assignats et le maximum avaient créé la cherté, la ruine et la misère. — Le vaste plan d'ensemble de la bienfaisance et de l'éducation eut le tort de trop embrasser et de ne produire aucun résultat. — Dans cette période de troubles et de violences sanguinaires, la production, le travail et les salaires subirent une diminution énorme qui fut la cause d'une pénurie générale.

Le gouvernement nouveau, qui fit cesser les compétitions du pouvoir et les troubles de la rue, ramena la confiance, et le progrès, un moment enrayé, reprit sa marche libre pour ne plus s'arrêter. — L'industrie, fécondée par la science et stimulée par la liberté du travail, eut dès lors une prospérité ascendante qui ne s'est pas ralentie depuis.

La longue période de paix qui succéda à l'empire fut l'un

de ses meilleurs auxiliaires. Sur ces entrefaites, l'emploi des machines et des grands capitaux lui vint en aide. Les chemins de fer commencèrent à tracer leur réseau.

Les économistes se préoccupèrent en même temps d'indiquer les lois certaines du développement de la richesse, tandis que les socialistes imaginaient de nouvelles combinaisons qui devaient accroître la production et supprimer la misère. — Ce fut la préoccupation générale de 1830 à 1848. — On était plein de sollicitude pour les classes pauvres. Les caisses d'épargne, l'instruction primaire, furent étendues, les sociétés de secours et de bienfaisance multipliées.

La République de 1848 fut absorbée par les idées de réformation sociale, dont les essais infructueux prouvèrent l'inanité. Les désordres dont ils furent la cause amenèrent la désaffection et la chute du gouvernement populaire.

Si l'empire restreignit la liberté politique, il se montra favorable au développement de l'industrie et du commerce, aux institutions de prévoyance et aux grands travaux publics qu'alimentait la main-d'œuvre. La richesse publique fit des progrès considérables pendant cette période qui dura vingt années.

Quand la prospérité d'une nation s'élève, chacun y participe dans une certaine mesure. Les progrès de la richesse sont des progrès de l'humanité.

Les produits de l'industrie et de l'agriculture n'ont cessé de s'accroître depuis les affranchissements des XIIIe et XIVe siècles. L'embellissement graduel des villes, le soin qui préside aux constructions, l'amélioration persistante du vêtement, l'élévation des impôts, tout indique un progrès continu, bien que la statistique ne puisse pas nous en indiquer avec précision le degré.

Mais depuis 1789 la progression est plus rapide et plus certaine. A cette époque, la production était seulement d'un milliard. Elle était de six et demi en 1847. Elle est aujourd'hui de 13 et peut-être de 15 milliards. — Les produits créés s'accumulent sans cesse sous forme de capital, et ce capital accumulé facilite la création de nouveaux produits. D'où suit que l'épargne enfante l'épargne. Ce qui l'enfante aussi, c'est l'économie de ressort que procurent les machines et la vapeur, dont on évalue la puissance à 30 millions d'hommes dans la France seulement. — C'est par elle que la mouture coûte cent fois moins qu'autrefois, quand le bras de l'homme y était seul employé ; que la filature mécanique produit 500 fois plus en un jour que la quenouille de nos grands-mères, et que le métier à tricoter fait 500,000 mailles à la minute, quand l'ouvrière à la maison n'en fait que 200.

Les industries du vêtement, de la métallurgie, des transports, ont surtout profité de ces transformations. L'alimentation générale en a éprouvé un immense bénéfice. La population n'inspire plus cette pitié qui dictait les descriptions lugubres de Labruyère et de Vauban, sous Louis XIV, alors qu'une partie de la population mourait littéralement de faim.

D'après les statistiques, la consommation du froment s'élevait :

En 1825 à 46,000,000 d'hectolitres.
1835 à 51,000,000 —
1852 à 66,000,000 —
1856 à 69,000,000 —
1866 à 77,000,000 —
1880 à 84,000,000 —

Eu égard à la population, la consommation s'est accrue, dans la période qui précède, de 1 1/2 à 2 hect. 27 par personne — soit environ 50 % en cinquante ans. — Dans la consommation courante, le pain de froment a remplacé le sarrazin, le seigle et l'avoine. De nouveaux aliments, jusqu'alors inconnus, sont venus se joindre à ceux-là. La pomme de terre, par exemple, dont la consommation commence avec notre siècle, a vu tripler ses produits depuis 1820, en s'élevant de 40,000,000 à 127,000,000 d'hectolitres. — La consommation de la viande, qui n'était que de 12 kilog. par tête en 1812, est aujourd'hui de 28 kilog. — Dans le même temps, celle du vin s'est élevée de 50 à 100 litres (1).

Une statistique spéciale de Mulhouse indique le résultat suivant pour la consommation de la viande :

1857, 55 kilog. — 1867, 65 kilog. — 1877, 74 kilog.

soit une augmentation de 40 % en vingt ans. — Des calculs minutieux de M. de Foville, il résulte que la consommation des matières végétales s'est accrue de 20 % de 1820 à 1870; celle des matières animales de 30, et celle des boissons de 80 %. — La consommation générale des denrées diverses a triplé. D'où il résulte que l'alimentation de la population est plus abondante qu'autrefois. Elle est aussi plus raffinée, si l'on considère que le froment, avec toutes ses transformations de luxe, le riz, le sucre, le thé, le café, qui étaient autrefois des raretés, entrent aujourd'hui dans la consommation usuelle. — Le logement s'est amélioré de même. La statistique n'indique plus, en effet, de maisons sans ouvertures ou avec une ouverture. Elle ne relève pas davantage ces greniers de Rouen, ces villages de la banlieue de Mulhouse, ces caves de Lille, où 3,000 familles de tisserands pourrissaient dans des taudis où l'on descendait par une échelle, et que le livre sinistre de M. de Villermé recensait en 1833. « A Rouen, dit-il, les enfants couchent sur des

---

(1) Leroy-Beaulieu, *De la répartition des richesses*, 27.

D'après une enquête de 1848, il est établi qu'à cette époque, la dépense alimentaire d'un ménage de cinq personnes était de 420 francs dans la Limagne, 320 près de Châtillon, soit 64 et 80 francs par tête. — Au XVIIIe siècle, elle n'était que de 25 à 30 francs.

sacs de cendre, et le reste de la famille pêle mêle sur la litière » (1).

Si l'ouvrier est mieux logé et mieux nourri qu'autrefois, il est incontestable aussi qu'il est mieux vêtu et mieux meublé. C'est, en effet, sur ces deux objets, que se sont portés les progrès les plus complets de l'industrie. Les prix des matières premières qui servent à leur fabrication ont fléchi considérablement, et l'auxiliaire des machines a fait le reste. — Les bas, les souliers, les chemises, les rideaux, objets de luxe, il y a un siècle, sont, à cette heure, à la portée de tous. Une simple ouvrière porte des rubans, des indiennes et des coiffures qui faisaient l'ornement des grandes dames d'un autre siècle (2).

Quant au mobilier, vous trouvez chez le riche et chez l'artisan à peu près les mêmes objets, sauf l'élégance et les superfluités.

Aux améliorations que nous venons de constater, vient s'ajouter celle des loisirs. La journée de travail s'est réduite, en effet, dans des proportions importantes. Elle était de 14 ou 15 heures, il y a quarante ans, et même parfois de 16 et 17. Aujourd'hui, le maximum est de 12 heures,

---

(1) Dans le Nord, dit M. Baudrillart, grâce à l'élévation des salaires, qui depuis vingt ans a quadruplé, le bien-être a augmenté, et l'amélioration porte non-seulement sur la nourriture et le vêtement, mais aussi sur le logement. Les conditions du travail se sont adoucies par l'emploi des machines agricoles, et la mortalité a beaucoup baissé. — *Enquête ordonnée par l'Académie, sur la condition des populations agricoles.* — J. Econ., mars 1882.

(2) Depuis 1826, le fil de lin est descendu de ..... 5 fr. à 2 80 le kil.
— coton, id. 8 5 07 —
— laine, id. 16 10 —
— toile, coton, calicot, id. 15 4 —
— couvertures, id. 8 3 —
— draps, id. 27 10 —

De Foville, *Econ.*, 27 avril 1875.

et souvent même de 11 et de 10. — Nous voilà bien loin de l'esclave et du serf! Si l'on prend neuf heures pour le sommeil et les repas, il reste encore à l'ouvrier quatre ou cinq heures par jour de loisir et de repos.

Il est bien peu d'hommes aisés dans notre société contemporaine, qui, sous une forme ou sous une autre, ne donnent ce même temps au travail. — Heureux sont-ils, car le travail est la satisfaction de la vie.—C'est l'oisif qu'il faut plaindre, et non le travailleur.

Pendant que l'ouvrier voit s'accroître, de toute manière, son bien-être et ses loisirs, il augmente aussi ses salaires. Voici ce qu'en dit la statistique :

Années.	Prix de la journée moyenne d'homme.	Revenu annuel d'une famille agricole.
1700	0.40	135
1780	0.50	180
1788	0.60	200
1813	1.05	400
1840	1.30	500
1852	1.42	550
1862	1.85	720
1872	2.00	800
1878	3.00	1.100

D'où suit que les salaires ont doublé depuis trente ans, et quintuplé depuis moins d'un siècle (1).

(1) L'enquête de 1878 ne laisse aucun doute sur la hausse générale des salaires industriels. De 1860 à 1878, elle s'est élevée, à Paris, de 30 % pour les hommes, et de 50 % pour les femmes. Le salaire industriel moyen pour la France entière était, en 1860, de 2 francs pour les hommes, et de 1 franc pour les femmes. Aujourd'hui, il est de 3 francs et de 1,70. Vers le milieu du xviie siècle, le salaire minimum du cultivateur était, suivant Boisguilbert, de 7 à 8 sous.— Vauban l'estimait en moyenne de 12 à 13 sous. En 1789, on l'estimait à 1 franc. En 1819, Chaptal indiquait 1,25 comme salaire moyen. De Foville, *J. des Econ.*, 8 janvier 1876.

La hausse des salaires des ouvriers boulangers peut aussi nous servir de type pour la période contemporaine.

En 1830 la journée est de... 3.75, + 0,50 0,60 0,75 1,00
    1840 — 4 »» + — (1)
    1848 — 4.50 + —
    1854 — 4.30 + —
    1859 — 4.55 + —
    1863 — 5 »» + —
    1867 — 5.55 + —
    1870 — 6 »» + —

Augmentation : 80 % en 50 ans. — 40 % en 17 ans.
Le salaire des femmes a progressé de même.

En 1830, il était de... 12 à 20 sous dans les fabriques.
    1860 — 20 à 30
    1878 — 1 70 en moyenne.

De 1863 à 1878, il a augmenté, en moyenne de 55 %, et celui des hommes en général de 52 % ; il atteint souvent 0,70 pour toute la France (2). Il en est de même pour les enfants. — L'auxiliaire de la vapeur et des machines perfectionnées a rendu leur concours plus facile et plus efficace (3).

Ce qui ressort avec évidence de toutes les statistiques, et de toutes les recherches sur la matière, c'est le mouvement universel et constant des salaires. Nulle part, on ne voit qu'ils aient diminué dans une industrie ou dans une catégorie quelconque de travailleurs (4). Cela n'empêche pas de dire, aux soi-disant ouvriers des clubs et des congrès, que la misère du prolétaire s'aggrave tous les jours, et qu'il est

---

(1) Non compris les fournées supplémentaires qui sont de 0,50, 0,60, 0,75, 1 fr.
(2) *Dictionnaire de Blok.*
(3) Leroy-Beaulieu, *De la répartition des richesses*, 444.
(3) Mangin, *Ec.*, 4 juin 1881.

plus malheureux et moins libre que le serf du moyen âge ; qu'à la féodalité a succédé le capitalisme... Laissons dire les sots. Les faits qui précèdent se chargent de les démentir.

L'augmentation des salaires est donc considérable ; mais n'est-elle point altérée par le renchérissement égal des objets de la vie ?

D'après l'enquête récente de Mulhouse, il paraîtrait établi : que le logement d'un ouvrier représente, en moyenne, 15 % de sa dépense ; le vêtement, 16 % ; la nourriture, 60 % ; et dépenses diverses, 10 %.

Il est certain tout d'abord, que le prix du vêtement a baissé. Dans la nourriture, soit 60 %, le prix du pain entre pour moitié. Ce facteur n'a pas varié. La viande, les épiceries, le lait, le logement, ont augmenté de moitié environ. D'où la conséquence que la dépense d'un ménage s'est accrue de 25 %. Mais comme les salaires ont doublé depuis cinquante ans, le progrès réel, le profit de l'ouvrier, est aujourd'hui de 75 %. — Tel est le chiffre dont la rémunération de l'ouvrier s'est accrue en tenant compte du prix des choses (1). Quelle est la cause de ces bienfaits ?— L'abondance des capitaux et l'immense production des machines qui créent le bon marché.

Ces avantages une fois acquis, d'autres sont venus s'y joindre. La civilisation a offert à l'ouvrier des garanties contre les maladies, les accidents, le dénument de la vieillesse. L'hygiène des ateliers et l'amélioration du vêtement et de la nourriture en sont le premier élément. Les sociétés de secours mutuels sont venues ensuite (2), et en même

---

(1) Sous l'influence de ces causes multiples, la durée moyenne de la vie s'est élevée. — Elle était au XVIIe siècle de 23 ans. — En 1789, de 28. — 1820, de 32. — 1837, de 34. — 1860, de 40.— 1878, de 44 (V. les tables de Duvillard et Boiteau, *Etat de la France en* 1789, p. 12).

(2) Elles comptent aujourd'hui 1,000,000 de sociétaires et 100,000,000 de **versements**.

temps les caisses d'épargne, de retraite et les assurances (1).

La prévoyance, qui épargne sur le présent, qui songe à la maladie, au chômage, à la vieillesse, accuse certainement un très grand progrès.

Un autre mode du progrès, c'est l'association sous toutes les formes : scientifique, littéraire, charitable ou industrielle, et principalement sous celle de la coopération, qui organise les sociétés de consommation, de crédit et de production. Celles-ci ont déjà produit beaucoup de bien, tout au moins sous les deux premières formes, et elles peuvent en produire encore.

Suivant M. Rouher, notre richesse mobilière se serait accrue de 80 milliards depuis 1852. — L'épargne annuelle serait de 2 milliards 1/2. Ce qui vient à l'appui de ces affirmations, c'est que les déclarations de succession, qui n'étaient que de 2 milliards 400 millions en 1859, ont été de 4 milliards 800 millions en 1875. Les cotes foncières arrivent au chiffre de 14 millions. Le capital des caisses d'épargne s'est élevé de 600,000,000 à 1,539,000,000 au 1er janvier 1882. La consommation de la viande s'est accrue d'un tiers, et celle du blé d'un sixième depuis 1860 (2).

Quatre millions et demi d'enfants fréquentent aujourd'hui gratuitement nos écoles primaires. Les cours d'adultes sont nombreux et viennent en aide à l'ouvrier qui a négligé son instruction. Des bibliothèques populaires, des cours, des conférences, répandent partout le goût de la lecture et des connaissances humaines. Quel immense progrès si l'on compare cette situation à celle du siècle dernier ! Que serait-ce si l'on remontait au xve siècle et aux siècles antérieurs ?

(1) Au 1er janvier 1882, le nombre des déposants était de 4,000,000, et le chiffre des dépôts 1,539,000,000.
(2) Discours du 21 février 1880.

A côté, ou plutôt au-dessus de ces améliorations et de ces causes multiples, il en est une encore bien autrement supérieure. C'est celle de la richesse publique et sociale représentée par le domaine de l'Etat, des communes, des services publics et des institutions de bienfaisance. Cette richesse collective représente plusieurs dizaines de milliards et rend chacun de nous co-propriétaire des jouissances qu'elle procure à tous. Chaque dépense nouvelle vient y ajouter quelque chose, soit environ 500 millions par an.

Les routes, les canaux, les édifices publics, les écoles, les musées, les promenades, les parcs, les lavoirs, les conduites d'eau, toutes ces choses et bien d'autres encore font partie de notre jouissance gratuite, à laquelle les chemins de fer viendront bientôt se joindre. Pendant ce temps, des associations philanthropiques créent de toute part des institutions de bienfaisance qui demeurent ensuite le patrimoine commun. A chaque instant de sa vie, le citoyen fait un usage inconscient d'une fraction de cette énorme richesse commune qui va toujours s'accumulant.

En même temps que le capital collectif s'accumule, la richesse individuelle s'élève à son tour pour commanditer l'industrie et les salaires, qui s'accroissent progressivement. Plus la richesse générale se développera, plus le bien-être se répandra aussi dans toutes les couches sociales. C'est par ce moyen seul que la hausse des salaires pourra continuer à se produire, et que les voies de la bienfaisance publique et privée seront élargies en faveur des malheureux.

Vers la fin du règne de Louis XIV, Vauban estimait qu'il n'y avait pas dans le royaume 100,000 familles à leur aise, en y comprenant même la noblesse, le clergé, les fonctionnaires et les gros négociants (1). — En 1747, Forbonnais n'évaluait le gain d'un paysan qu'à 110 livres, et celui de sa

---

(1) Vauban, *Dîme royale*.

femme à 33. C'est avec ce maigre revenu qu'ils nourrissaient leur famille (1).

Depuis cette époque, grâce aux progrès extraordinaires du matériel et des procédés de la production, ce nombre a certainement décuplé, de telle sorte, que sur neuf millions de familles, il en est un million dont les membres obtiennent aujourd'hui, au moyen de leur revenu ou de leur travail, tout ce qui est nécessaire pour satisfaire largement à tous leurs besoins physiques et moraux. Au dessous, s'échelonnent huit millions de familles, dont la condition descend de degré en degré de la médiocrité à la gêne et à la misère. Elles comptent pourtant dans leurs rangs 14 millions de côtes foncières, 4 millions de livrets de caisse d'épargne, faisant ensemble 1,500 millions, qui s'accroissent chaque année d'une centaine. Sans compter 300,000 déposants et six millions aux caisses d'épargne scolaire. Ajoutons encore 8 millions de versements par 500,000 membres à la caisse des retraites, non compris les caisses d'assurances sur la vie et autres… — Les sociétés de secours mutuels comptent, en outre, un million de sociétaires et 100 millions de versement annuel. — Ces chiffres sont éloquents, et s'ils n'annoncent pas la richesse, ils sont exclusifs de l'indigence. Et néanmoins, pour que la masse de la nation puisse rentrer dans les rangs de la classe aisée, il n'y a qu'un seul moyen : l'augmentation considérable de la richesse et de la production générale. Mais à mesure que l'aisance s'accroît, l'homme donne plus au repos et aux délassements, et fournit par conséquent une moindre somme de travail, qui est la source de la richesse. Pour que celle-ci puisse donc continuer à se former en même temps que l'accroissement du bien-être général, il faut que la production s'élève par les moyens industriels, et qu'elle arrive à décupler la richesse

(1) Forbonnais, *Finances de la France*, t. II, 108.

générale, si nous voulons que les huit millions de familles attardées puissent y prendre part.

Cette espérance est-elle chimérique ? Ne voyons-nous pas la tricoteuse faire 500,000 mailles à la minute, c'est-à-dire 499,990 de plus que l'ouvrière la plus habile ? N'en est-il pas ainsi pour la couseuse et pour tant d'autres ? Ces découvertes et celles qui nous attendent se prêteront un mutuel appui, et concourront ensemble à un accroissement prodigieux de production et de richesse, qui élèvera le bien-être de tous. On peut l'affirmer sans crainte, en se fondant sur les résultats acquis (1).

Tel est le progrès qu'il faut attendre de l'avenir. Tel est le seul vers lequel nous puissions rationnellement tourner nos regards. Tout le reste n'est que chimères et déceptions.

Les hommes nouveaux approuveront ce langage; mais ceux qui repoussent la science et ne regardent que le passé, ne manqueront pas de le contredire. Se laisseront-ils convaincre par les affirmations de leur chef le plus autorisé ?...

Voici ce qu'écrivait Léon XIII au peuple de Pérouse, dans une lettre pastorale qui porte la date de 1877 :

« La société, étant composée d'hommes perfectibles, progresse et se perfectionne par cela même fatalement. Chaque siècle hérite des inventions, des découvertes, des améliorations réalisées par le siècle qui l'a précédé. Ainsi s'accroît indéfiniment la somme du progrès. — Qui voudrait comparer les cabanes des peuples primitifs et leurs instruments rudimentaires avec tout ce que nous possédons au xixe siècle?

L'homme, dans la société, se perfectionne sans cesse, au point de vue physique, moral et politique. C'est ce qui constitue la civilisation.

---

(1) V. *Théorie du progrès*, par Molinari, 309 et s.

CE QUI RESTE A FAIRE.

Pour répondre à cette précision, ce n'est point le passé qu'il faut interroger, ce ne sont pas les civilisations antiques qu'il faut consulter. Elles ne sauraient nous fournir des modèles. L'esclavage leur a servi de base. Qui songerait à le faire revivre ?

Les républiques grecques et romaines, avec leurs prolétaires qui tendent la main pour vivre dans l'oisiveté, la turbulence et le vice, ne pourraient davantage nous servir d'exemple. Le moyen âge, avec son peuple de serfs, nous a montré des misères plus profondes encore que la monarchie absolue n'a pas su dissiper, quelque brillante qu'elle nous soit apparue. Tous les efforts réunis des institutions religieuses et monastiques n'ont pas obtenu de meilleurs résultats. La misère n'a cessé d'être immense jusqu'en 1789, et même jusqu'au commencement de ce siècle.

Les gouvernements, qui se sont succédé depuis, ont été les premiers non pas à manifester des sentiments philanthropiques, mais à les mettre en œuvre d'une manière sérieuse, et il est juste de reconnaître qu'ils ont beaucoup aidé, par cela même, au développement de la richesse publique, du travail et des institutions de bienfaisance. Mais la tâche à remplir était si vaste et si ardue, que tous les efforts accumulés, pendant près d'un siècle, n'ont pu parvenir qu'à faire un peu de bien et à concourir au soulagement des classes souffrantes.

La Révolution, après une étude prolongée, ne proposa que des remèdes chimériques. De 1840 à 1847, le gouvernement de Juillet ouvrit une vaste enquête administrative dans laquelle il rechercha l'état de la misère de chaque commune, en regard des ressources dont elle pouvait disposer, et en même temps tous les systèmes charitables qui pouvaient lui venir en aide. L'Académie des sciences mit également cette question au concours, et de ce vaste ensemble d'investigations sortit le système de bienfaisance publique aujourd'hui pratiqué, non-seulement en France, mais dans le monde civilisé. On ne pouvait mieux faire d'ensemble. La pratique et les détails peuvent seuls être critiqués et améliorés (1).

Diverses écoles socialistes sont entrées en scène en 1848 et sont venues offrir des systèmes préconçus, organisés de toutes pièces, qui devaient transformer les conditions sociales. Chacun d'eux prétendait à la perfection, et l'expérience a démontré qu'il ne pouvait prétendre qu'à l'utopie. — L'opinion s'est retirée d'eux à tel point qu'ils ne comptent plus aujourd'hui ni chefs, ni disciples. — Cependant, si l'on en croit certaines manifestations récentes, les débris de leurs écoles auraient donné naissance à des doctrines nouvelles, plus ou moins altérées et transforméees par une minime partie de la classe ouvrière des grandes villes, qui ne brille ni par le savoir ni par la modération.

A l'Internationale, machine de guerre qui semblait tout d'abord organisée pour les grèves, a succédé depuis peu le collectivisme, que les Congrès ouvriers agitent çà et là à travers la France et l'Europe, à la risée des hommes sensés qui les écoutent ou qui les lisent. La propriété, le capital, l'outillage, doivent, suivant les uns, être accaparés par

(1) Tout récemment, cette question a été reprise, et une enquête parlementaire a été ouverte en 1871, sur l'organisation de l'assistance publique et médicale dans les campagnes. — Le 7 avril 1876, elle a donné naissance à un projet de loi dû à l'initiative de M. Waddington. — Les Conseils généraux, consultés, ont réclamé l'institution de bureaux de bienfaisance dans toutes les communes et la création d'hôpitaux et de médecins cantonaux.

l'Etat, et, suivant les autres, devenir le patrimoine collectif des ouvriers associés.

Sur quatre millions d'ouvriers agricoles ou industriels, 200,000 au plus, qui habitent les grandes villes, pourraient manifester ces prétentions. En réalité, ils ne sont pas 20,000, mais leur agitation et leurs cris incessants font illusion.

Ils parlent sans cesse de la question sociale, et ceux qui sollicitent les votes populaires tiennent après eux le même langage, sans préciser à ce sujet, ni des plans sérieux ni des projets de réforme tant soit peu avouables.

La question sociale, telle qu'on l'entend à l'heure présente, doit être envisagée sous un double aspect, suivant qu'elle s'adresse à l'ouvrier qui travaille et qui vit de salaires, ou à celui qui ne peut travailler et qui ne vit que de bienfaisance.

L'antiquité et les temps modernes, jusqu'en 1789, ne se sont nullement occupés du premier, estimant que l'homme qui avait du travail et du pain n'était pas à plaindre. Avec les principes nouveaux de liberté et d'égalité, la classe ouvrière des grandes villes, trouvant sa part trop petite, n'a cessé de demander à toutes les formes du socialisme les moyens de l'étendre davantage. Depuis près d'un siècle, elle s'agite en vain autour de ces systèmes décevants qu'elle abandonne fatalemen, les uns après les autres, et dont elle reconnaît par cela même l'inanité. Ils ne lui ont laissé qu'une seule chose vraie : la croyance en l'association et à ses bienfaits sous toutes les formes que peut revêtir le travail, la prévoyance et l'épargne. La question sociale n'est pas autre. Et pour la féconder et la résoudre d'une manière complète, il n'est pas d'autre moyen que l'accroissement de la fortune publique, de la richesse générale et de l'instruction, qui permettront seules d'augmenter les produits, d'en abaisser le prix et d'élever les salaires par le libre jeu de l'offre et de la demande.

Pour l'ouvrier qui ne peut travailler, la solution n'est pas autre. Dans le passé, aussi bien que dans le présent, l'amélioration de son sort n'a cessé d'être liée à celle de la fortune publique. Plus celle-ci est élevée, plus ses sacrifices s'étendent. Il suffit pour en être convaincu, de consulter l'histoire et de considérer l'aspect des sociétés modernes(1).

C'est en vain que l'extinction du paupérisme a préoccupé les gouvernements les mieux intentionnés. La République de 1789 y consacra vainement trois années, pour n'aboutir qu'à l'utopie et à l'impuissance. Reprise en 1840, la monarchie fit appel à tous les gouvernements de l'Europe, aux Préfets, aux Conseils généraux, aux Cours et Tribunaux, aux Académies, aux savants. Pendant sept ans, ses Ministres accumulèrent laborieusement les documents et les rapports, pour aboutir à la loi sur l'assistance publique qui nous régit aujourd'hui(2). On ne trouva rien de mieux à faire en France, et tous les gouvernements du monde ne sont pas plus avancés que le nôtre. Ce qui revient à dire que tous leurs efforts réunis n'ont pu résoudre la question sociale, que quelques politiciens de carrefour voudraient transformer en un jour et en un tour de main.

Il est donc bien certain que la question sociale, qui préoccupe tant d'esprits, se résout d'elle-même chaque jour, par le seul concours du temps, du capital épargné, de l'instruction, de la bienfaisance et de la liberté (3).

(1) En 1789, les hôpitaux ne recevaient que 110,000 malades et dépensaient 20 millions. — On en reçoit aujourd'hui 500,000 et l'on dépense pour eux 120 millions. Sans compter une somme égale que donne la bienfaisance privée. Voilà pour la maladie, les infirmités et la vieillesse. L'instruction gratuite de l'enfance ne coûte guère moins de 100 millions. Telles sont les largesses de l'Etat et de la nation en faveur de ceux auxquels il ne doit rien.

(2) V. ci-devant, p. 627 et s.

(3) M. de Lanessan lui-même, entretenant la Chambre de la grève de Bessèges, ne tenait pas un autre langage (séance du 5 mars 1882).

Les cataclysmes, qui enfantaient autrefois les grandes misères, c'est-à-dire les famines et la peste, semblent avoir disparu. Le travail, la terre, le commerce et l'industrie sont aussi libres que l'homme lui-même. L'impôt a cessé d'être inégal. La condition moyenne des ouvriers s'élève sans cesse; leur épargne en est la preuve, et il n'est pas vrai de dire que l'industrie moderne engendre le paupérisme, quand il est démontré que l'indigence, en France et en Angleterre, est descendue à 3 ou 4 %, tandis qu'elle était naguère de 20 %. Le capital commun s'est accru dans des proportions considérables, et c'est à lui, autant qu'aux machines, que nous devons l'abaissement du prix de la plupart des choses. C'est à lui que nous devons aussi le développement de l'instruction et de la bienfaisance générales.

Que la liberté, l'instruction, le travail, servent de guide et de flambeau à la tempérance, à l'épargne, en écartant les vices qui sont encore la principale cause de la misère ! Le travail qui produit, l'épargne qui capitalise, l'économie et la tempérance qui lui permettent de naître et de se développer, tels sont les seuls préservatifs de la misère, les sources vraies de l'aisance et de la richesse.

Mais le travail peut faire défaut, et l'épargne avec lui. Dans cette prévision, la prudence conseille à l'ouvrier de se garantir à l'aide des institutions de prévoyance. Les sociétés de secours mutuels sont au premier rang. Les caisses de retraite et d'assurance viennent ensuite... Enfin, les caisses d'épargne reçoivent le superflu et constituent une réserve à laquelle la famille pourra puiser dans les moments difficiles. En même temps que celles-ci, et concurremment avec elles, les sociétés de consommation et de crédit ne sauraient être conseillées avec trop d'insistance. Les sociétés de production viendront après toutes les autres et en seront le couronnement, quand l'ouvrier, fort de ses économies et de son expérience, croira le moment opportun et le milieu favorable au succès d'une telle entreprise (1).

A celui qui veut suivre cette voie — qu'il le sache bien — il faut un cœur d'airain, un labeur soutenu, et surtout une économie qui ne se lasse jamais. — Le nécessaire, et point de superflu; telle doit être sa règle inflexible. Que la simplicité la plus grande règne en sa mise et dans son logis; qu'il s'interdise tout objet inutile ; et plus encore le superflu, tel que les boissons alcooliques, le tabac, les spectacles, et nous ajouterions volontiers : une lignée trop nombreuse. — A cette condition, l'avenir lui sourira, et sa famille heureuse se développera autour de lui dans l'aisance.

En suivant sévèrement la voie que nous venons de tracer, tout ouvrier laborieux et économe, exempt d'ailleurs de mauvaises habitudes, arrivera certainement a ce degré de bien-être moyen, qui doit être l'ambition de tous, et ne sera jamais à charge à la bienfaisance publique.

Mais nous n'avons parlé que du prolétaire valide qui travaille. — Que deviendra l'invalide qui ne peut travailler, et avec lui, le malade, le vieillard et l'enfant abandonné? — Bien qu'elle ne doive rien à celui qui ne donne rien, la société compatissante ouvre aux malades ses hôpitaux ; aux vieillards, aux infirmes, aux enfants trouvés, ses hospices ; aux orphelins, aux aveugles, aux muets, aux aliénés, ses asiles. — Non contente de soulager les malheureux dans ses édifices publics, allant au devant d'eux, elle leur porte à domicile les secours et les soulagements de toute nature dont ils peuvent avoir besoin. Telle est la tâche des bureaux de bienfaisance. A ces bienfaits réunis, l'Etat consacre annuellement 120 millions.

Et ce n'est point encore assez, car la bienfaisance privée

(1) La majoration des salaires et la participation de l'ouvrier aux bénéfices — quelque favorables qu'elles soient à l'ouvrier — ne sont pas des associations, mais des actes de bienfaisance ou de patronage.

trouve à s'exercer sous toutes les formes, telles que crèches, salles d'asile, ouvroirs, refuges, patronages, écoles d'apprentissage, fourneaux économiques, et consacre plus de cent vingt millions à ces œuvres diverses.

Malgré tant de sacrifices et de dévoûments, une foule de besoins ne peuvent être satisfaits, et d'autres encore demeurent muets ou inconnus, surtout dans les campagnes, qui ne prennent aucune part aux revenus et aux subventions considérables des établissements hospitaliers et des bureaux de bienfaisance. C'est là que nous voudrions voir organiser des hopitaux cantonaux, auxquels seraient attachés les médecins locaux, qui ouvriraient un dispensaire à jours fixes. — Ils seraient tenus ensuite de se transporter au moins une fois par semaine dans chaque commune, pour y voir les malades indigents à domicile et donner à la mairie des consultations gratuites. — Ce service se confondrait avec celui de la vaccination, de la surveillance des enfants du premier âge et des enfants assistés, dont les départements ont pris la garde depuis la loi de 1874. — Les sociétés de secours mutuels fourniraient au médecin un nouvel appoint et lui donneraient de la sorte un ensemble d'occupations sérieuses qui seraient convenablement rémunérées.

Un rapport de quinzaine ou un rapport mensuel, fait au préfet ou à l'inspecteur médical du département, permettrait de se rendre compte de l'exactitude apportée dans ces divers services et de suivre les questions d'hygiène générale qui intéressent la société tout entière.

Nous voudrions voir de même organiser dans chaque commune, dont les deux tiers en sont privées, soit un bureau de bienfaisance, soit un bureau de secours. — Cela fait, la statistique locale de l'indigence serait dressée avec ses degrés divers et ses besoins présumés(1). Elle indiquerait en

(1) Une feuille imprimée sous forme de questionnaire serait consacrée à chaque indigent.

même temps quelles sont les ressources à l'aide desquelles la commune pourrait y faire face. — Elle ferait connaître aussi quels sont les travaux de vicinalité ou autres que l'on pourrait réserver pour l'hiver aux ouvriers valides qui en manqueraient. — Si la commune ne pouvait subvenir aux dépenses que nécessiteraient ses pauvres, le département ou l'Etat combleraient le déficit, ainsi qu'on le fait en ce moment. Ou mieux encore, nous proposerions, comme voies et moyens, l'affectation à ces divers services d'un certain nombre de centimes additionnels que l'Etat répartirait à chaque commune proportionnellement à sa population. A cette condition seulement, l'assistance serait générale et égale pour tous.

Les loisirs par trop grands des juges de paix pourraient être utilisés à visiter chaque mois les communes de leur canton respectif et à tenir la main à ce que le bureau de bienfaisance remplît tout ses devoirs. — Les rapports mensuels de ces fonctionnaires, centralisés à la Préfecture, permettraient de surveiller l'exécution de ces mesures et de leur imprimer une direction d'ensemble qui donnerait certainement de bons résultats. — C'est ainsi qu'on obtiendrait le soulagement de toutes les misères (1).

Mais ce n'est pas à ce point seul que nous voudrions arrêter l'intervention des juges de paix. Il faudrait aussi qu'il recommandât dans chaque bureau les heureux effets des sociétés de secours mutuels, des caisses de retraite, d'assurance contre les accidents, des caisses d'épargne, postale ou autres; en un mot de toutes les formes de la prévoyance et que, de concert avec l'instituteur, il répandit les

---

(1) Dans les villes, l'organisation de Crefeld et d'Hambourg devrait être appliquée. Un visiteur par chaque rue, un inspecteur par section, qui dresseraient sur un questionnaire *ad hoc* l'état et le bilan de chaque indigent. — Concentration de ces documents au comité, qui aviserait aux **voies et moyens**.

prospectus et les brochures qui pourraient en vulgariser la pratique. On arrêterait ainsi l'indigence en chemin, et l'on donnerait à tous, avec la sécurité de l'avenir, des habitudes d'ordre et de prévoyance.

Quelle noble mission pour le magistrat populaire ! Quel heureux moyen pour employer ses loisirs et l'arracher à cette oisiveté qui le déconsidère !

L'organisation seule des sociétés de secours mutuels, dont les membres sont toujours abonnés au médecin et au pharmacien, fixerait forcément ceux-ci au chef-lieu de canton, et de cette manière, ces institutions libres débarrasseraient l'Etat d'un immense souci et d'une dépense considérable.

Toutes ces bonnes mesures, quelques nombreuses qu'elles soient, ne feront pas disparaître la misère, mais les institutions de prévoyance généralisées parviendront à l'amoindrir. Elles l'ont déjà réduite de moitié, en France, depuis le commencement du siècle (1).

Il faut donc s'efforcer de perfectionner les méthodes de prévoyance et d'assistance qui existent déjà. Ce qui leur manque peut-être, c'est l'ordre, la méthode, l'esprit d'ensemble et de suite, une impulsion plus vigoureuse ; une direction plus ferme, plus concentrée, plus responsable, qu'on ne saurait mieux placer, suivant nous, que sous la tutelle et la direction du magistrat cantonal, à moins que le projet des conseils cantonaux ne réduise son concours ou ne le rende inutile.

La misère est une maladie sociale qui s'attache à l'humanité et la suit partout. De même que l'hygiène et la médecine ne peuvent garantir complètement le corps humain des

---

(1) En 1789, on comptait à Paris 1 indigent sur 5 habitants, 1 sur 12 en 1830, 1 sur 18 en 1872.— Husson, *Economiste français*, 12 septembre 1874.

atteintes du mal physique, ainsi l'humanité ne peut s'affranchir de la misère, malgré les secours de la science et de la bienfaisance réunis.

Il est dès lors bien imprudent d'annoncer aux malheureux la fin des misères humaines. — Ajoutons que, si les misères de la vie viennent quelquefois des mauvaises institutions civiles et sociales, plus souvent encore elles viennent de nous-mêmes, de nos vices, de nos passions. — Et, dès lors, quel que soit l'ordre social, il y aura toujours une grande différence entre le sort de celui qui sait conduire sa vie, et de celui qui s'abandonne à ses mauvais penchants. — Les vicissitudes de l'existence et du travail sont d'ailleurs à la merci de certains évènements que l'homme est impuissant à diriger. La prévoyance collective est seule capable d'en amoindrir les funestes effets (1).

Toutes les combinaisons économiques ou sociales ne sauraient empêcher l'incapable, l'intempérant et le paresseux de tomber dans l'indigence. Pas plus que les œuvres philanthropiques ou charitables, les mieux conçues, ne pourraient éloigner la maladie, l'accident, l'étreinte du malheur, et par conséquent la misère. Il y aura donc toujours des malheureux et des indigents. Il ne faut pas rêver de les faire disparaître d'une manière complète. Nos efforts doivent tendre seulement à en diminuer le nombre.

Les moyens principaux d'y parvenir sont ceux que nous venons d'indiquer, auxquels il conviendrait d'ajouter tous ceux que la bienfaisance a ingénieusement inventés en s'inspirant des circonstances locales.

Mais en tournant les yeux vers l'avenir, et non vers le passé qui ne peut rien nous dire, de tous les moyens d'élever le bien-être général et d'amoindrir la misère, le pre-

---

(1) Audigaune, Enquête sur l'état des ouvriers.— *Journ. des Econ.*, 73, fév., 317.

mier de tous, c'est le travail et l'épargne générale, c'est-à-dire l'élévation croissante de la somme des capitaux de la nation. C'est par elle seule qu'augmentent les salaires, parce que, suivant la remarque de Smith, le développement du travail correspond à l'élévation de la richesse qui en provoque la demande. On ne saurait donc recommander, par cela même, avec trop d'insistance, la prohibition de toutes les dépenses somptuaires et inutiles. Et parmi ces dernières, si l'on parvenait à s'affranchir des dépenses de guerre, qui prennent un tiers du budget, combien serait rapide la fortune du pays !

C'est en augmentant sans cesse la richesse nationale qu'on verra croître les salaires et les secours de bienfaisance. Le bien-être général viendra de même s'alimenter à cette source féconde, en donnant satisfaction aux besoins légitimes, sinon à toutes les ardeurs.

Dans la lutte de la vie, les vaillants triomphent et s'élèvent. D'autres, moins bien doués, ne les suivent que de loin. De plus faibles encore tombent et méritent d'être secourus. Un grand nombre pour ne plus se relever. Telle est la loi de la nature et de l'humanité. Il ne sert de rien de la maudire. Mieux vaut la subir virilement sans plaintes inutiles, et comme le philosophe antique, « sans se laisser émouvoir par les cataclysmes du monde ».

FIN.

NOTE A (p. 236).

AFFRANCHISSEMENTS. — CHARTES DE COMMUNES, DE RECONNAISSANCE
ET D'AVEU. — LETTRES DE BOURGEOISIE ET DE DÉSAVEU.

XIIIe, XIVe ET XVe SIÈCLES.

Affranchissement de commune. — *Ville de Dôle* (1274). — La comtesse de Bourgogne, voulant augmenter et multiplier la ville de Dôle, accorde aux habitants la levée de toutes tailles et toutes corvées et mainmorte ainsi que de toute servitude.... Mais elle retient néanmoins :

L'ost et la chevauchée. — La justice haute et basse et des amendes de toute sorte. — Cuire au four. — Moudre au moulin. — Payer 300 livres de cens annuel. Moyennant ce, les habitants pourront nommer quatre prud'hommes jurés qui administreront la ville, et ils auront le droit de prendre du bois dans la forêt de Dôle, au moindre dommage.

En témoignage de ce, la comtesse a apposé son scel et a fait jurer, par son bailli et son prévôt, de respecter les présentes (1).

Charte de reconnaissance et d'aveu (1277). — Richard fait savoir, que sans motifs et par mauvais conseil, il avait abandonné le seigneur de Montfaucon. Repentant, il revient se mettre sous sa volonté et sa justice, pour qu'il fasse de lui ce qu'il voudra. — Il promet en même temps de ne plus le quitter ni les siens, sous peine de perdre tout ce qu'il possède et d'être contraint par corps (2).

Charte de reconnaissance et aveu (1288). — Je Humbert, curé de Sairmenges, fais savoir à tous, que je me suis mis en la garde et commandite du seigneur de Salins, pour une livre de cire que je dois payer chaque année. — Dôle, le vendredi après la Sainte-Croix (1288) (3).

(1275) Perret se donne à la comtesse de Bourgogne, et reconnaît qu'il est taillable, haut et bas à volonté.

Transaction et reconnaissance (1296). — Les moines du prieuré de Mouthe sont en querelle avec leurs serfs... L'abbé intervient et tranche la question comme suit :

---

(1) *Archives de Dôle.* Perreciot, 88. — (2) *Cartulaire de la seigneurie de Montfaucon.* Perreciot, 104. — (3) *Cartulaire de Bourgogne,* 136.

Les serfs de Mouthe ne pourront faire, ni jurer bourgeoisie, ni ville franche, mais ils pourront partir quand il leur plaira, en abandonnant au prieur tout ce qu'ils possèdent. Chacun d'eux doit par an, au prieur, trois corvées et cinq sous, plus les censes accoutumées pour chaque terre ; ils doivent la dîme, les lods et ventes, les fours et moulins, foires et marchés, la chevauchée. Le premier jour à leurs dépens et ensuite aux dépens du prieur. — Les serfs reconnaissent toutes ces choses et le scel du prieur y est apposé (1).

Charte de commune. — Affranchissement (1300). — L'an 1300, le sire de Salins affranchit de la mainmorte les hommes de sa ville et châtellenie de Quingei..., et il leur donne une charte signée de sa main (2).

Reconnaissance et aveu de 1310. — Estevenin de Saucey, écuyer, reconnaît qu'il est homme du seigneur Thibaut de Belvoir, et qu'il tient de lui, en fief, le tiers du moulin Davaitat Il reconnaît en même temps, qu'il doit au seigneur, quarante jours par an, toutes les fois qu'il en sera requis.

Devant l'official de la Cour de Besançon, Mathiat de Longeville, notaire écrivant (3).

Lettre de bourgeoisie. (1308).— Huet, Clerc, fait savoir, que noble sire d'Allay l'a reçu bourgeois et en sa garde, moyennant 5 livres de cire qu'il lui donnera chaque année... L'abbé de la Cheritez a mis son scel sur ces lettres données à Huet, le.... 1308 (4).

Charte de coutume et d'aveu de cinq communes, en faveur de Thibaut, comte de Neufchâtel (1308) (5). — En 1422, sous les arbres de l'église de Mathey, où l'on tient d'ordinaire les plaids généraux de la pooté, siégeait noble homme Regnault de Mathey, écuyer, chastelain de Neufchâtel, justicier et prévôt de la dite pooté, au nom de puissant seigneur Thibaut de Neufchâtel, en présence de nous, notaire, et de Jehan de Villers, prêtre, procureur dudit seigneur, qui a exhibé certaines lettres et les a montrées aux habitants de ladite pooté (5 villages), leur disant qu'ils avaient été assemblés pour entendre lecture desdites lettres dont la teneur suit :....

Ecrites en latin, elles furent lues en romain pour être comprises de tout le monde.

« En 1306, les hommes des villes ci-dessus, cités au plaid général,
» le comte Thibaud leur demanda de reconnaître les statuts, droits et

---

(1) *Archives du prieuré de Mouthe*. Preuves, 165. — (2) *Perreciot. Preuves*, t. III, 105. — (3) *Cartulaire de Belvoir*. — (4) *Cartulaire de Châlons*. — (5) *Archives de Neufchâtel*. Perreciot, Preuves, 424.

» coutumes du lieu. Lesquels hommes après délibération les reconnurent,
» disant qu'ils s'en rapportaient à cet égard à Henri de Vieble, lequel
» rapporta les droits, statuts et coutumes de cette manière » :

1º Il reconnut et confessa publiquement, devant les jurés et habitants des villes susdites, qu'ils sont sous la juridiction du prévôt et du maire de Neufchâtel.

2º et 3º Qu'ils sont tenus d'assister aux plaids ; qu'ils sont tenus des amendes, des charrois pour les fortifications, de la nourriture de ses chiens.

Ils ne doivent pas la taille à volonté, mais la cense coutumière. — Ils peuvent quitter le pays en abandonnant leur terre....

Les habitants ayant entendu, promirent de tenir toutes ces choses. Après lecture, le prévôt procureur demanda aux habitants si le contenu de ces lettres était vrai... Ils répondirent que oui, et nous prêtre, notaire apostolique de la Cour de Besançon, avons dressé cet instrument avec les témoins signés.

Charte de commune et d'affranchissement. (1314) (1).— Nous Thibaud et Jeanne de Montfaucon sa femme, seigneur de Belvoir, faisons savoir que tout considéré et pour notre profit. Par le conseil de nos prud'hommes, amis et chevaliers, et parce que nous avons grand désir que notre château et notre ville de Belvoir soient accrus..., affranchissons pour nous et nos successeurs, tous les habitants de Belvoir qui y sont et y seront, de toutes tailles, censes, corvées et de tous autres services et servitudes quelconques.

Toutefois, chaque bourgeois paiera annuellement douze deniers pour chaque toise de façade de sa maison, et les bourgeois tous ensemble, deux cent cinquante livres. Moyennant ce, nous promettons de les défendre et protéger... nous les autorisons à élire un conseil de quatre bourgeois pour administrer la ville..., le seigneur se réservant la nomination du maire. Ils doivent résider à Belvoir — ils sont libres de vendre leurs biens, mais seulement à des habitants de la ville et avec l'agrément du seigneur.

Art. 17. Ils doivent cuire au four du seigneur, ils doivent l'ost et la chevauchée. Ils doivent de nuit et de jour, à leurs propres dépens, suivre le seigneur où il voudra les mener. Ils doivent les droits de foires et marchés, les corvées à bois et charbon pour les besoins du four, ou pour les réparations des murs de la ville et du château.

Nous jurons par les Saints et par les Evangiles touchés corporellement.

(1) *Cartulaire de Belvoir.* Perreciot, III, 179.

de respecter la franchise susdite... Fait et scellé devant l'official de la Cour de Besançon...

Charte de commune et d'affranchissement de 1324 donnée par la reine de France aux habitants... Cartulaire de la ville de Gray (1).
— Nous, Jehanne, reine de France, comtesse de Bourgogne... Considérant le dommage fait par incendie et dévastation à notre château et ville de Gray-sur-Saône, et voulant assurer la réparation de notre ville et de notre château et y attirer des habitants, voulons à l'avenir qu'ils jouissent de la franchise ainsi que tous leurs biens meubles et immeubles ; qu'ils soient quittes de toutes tailles et corvées, droits de prise, de mainmorte et de toutes autres servitudes...

Nous retenons et réservons toutefois : 1° Que tout habitant sera tenu de nous payer chaque année douze deniers par toise de façade de sa maison.

2° Tout habitant qui aura charrette fera deux voyages par semaine de charroi, de la forêt de Gray au château du seigneur.

3° Chaque habitant devra l'ost et la chevauchée, chaque fois qu'il en sera requis par le bailly.

4° Nous retenons la justice haute, moyenne et basse, et toutes les amendes qui en proviennent.

5° Nous voulons que celui qui frappera sans armes nous devra trois sous d'amende... Celui qui frappera avec des armes, soixante sous, etc... Celui qui fera faux poids, soixante sous. Celui qui achètera hors du marché, trois sous, etc., etc.

6° Nous retenons encore, qu'ils nous paieront l'aide aux quatre cas (la terre sainte, la rançon, le chevalier, la fille aînée), déterminée par quatre échevins et huit autres personnes par nous désignées.

7° Nous ordonnons qu'aucun habitant ne sera tenu de venir au duel judiciaire, mais de se faire juger par le bailly et le prévôt, à moins qu'il ne s'agisse de meurtre, de trahison, de vol et de ravissement de femmes, pour lequel le corps de celui qui a méfait doit souffrir une peine corporelle.

8° Nous voulons que les habitants de Gray puissent le quitter sans perdre leurs biens, et qu'ils puissent aussi prendre du bois et livrer leurs bestiaux à la vaine pâture.

9° Après, nous ordonnons que tous les habitants de Gray seront tenus de moudre à notre moulin et cuire à notre four, en payant le droit accoutumé. Qui ferait autrement, paierait trois sous d'amende.

10° Les foires et les marchés seront francs, sauf les droits pour vente, poids, péage et rentes accoutumées.

(1) *Cartulaire de Gray.* Perreciot, 207.

11º Nous voulons aussi que les prud'hommes élisent quatre échevins pour administrer la commune de Gray. Celui qui leur désobéira paiera quatre sous d'amende. — Donné à Paris, 5 décembre 1324.

Charte de reconnaissance et d'aveu (1408). — Divers habitants de Beauvoir s'étaient révoltés contre leur seigneur, refusant de payer les corvées et tailles à volonté... sous l'ombre et couleur d'une lettre qu'ils disaient avoir trouvée... Mais de sages conseils leur ont montré qu'ils avaient tort, et demandant pardon audit seigneur, ils lui ont rendu les lettres susdites et ont reconnu être et devoir être taillables et corvéables à merci et à volonté, ainsi que de toute justice haute, moyenne et basse, s'engageant à n'avouer aucun autre seigneur (1).

Charte de reconnaissance de l'abbaye des Trois-Rois (1415). — Transaction avec les habitants de Gency...

L'abbé reconnaît que dorénavant, on ne pourra exiger la mainmorte du père aux enfants, et de frère à sœur demeurant ensemble...

Les habitants doivent à l'abbé les services accoutumés, savoir : de tous blés, la sixième gerbe...

Les cens en argent de prés, de foin, de volailles, etc., les droits de justice et amende...

Les charrois de vins, blés, foins, bois, pierre, etc., toutes les fois qu'ils en seront requis (2).

Acte de désaveu (1424). — En présence du notaire et des témoins, plusieurs habitants de la seigneurie et justice de Belvoir se plaignent de ce que le seigneur ne maintient pas leurs franchises et libertés ; qu'il les fait plaider et exécuter sur leurs meubles, si bien qu'ils n'ont pas de quoi vivre... En conséquence, ils désavouent monseigneur de Belvoir, prennent congé de lui en abandonnant tous les droits et actions qu'il peut avoir sur leurs héritages, et *s'avouent* de M. le duc de Bourgogne en son châtel d'Ornans, comme bourgeois, avec corps et biens (4)...

Charte d'aveu de 1411, par laquelle Girard avoue le seigneur de Neufchâtel, et s'interdit à tout jamais, pour lui et les siens, de fuir sa seigneurie ou juridiction (5)...

Charte d'abonnement de 1412... Le duc de Bourgogne reconnaît que ses hommes du bailliage de Baumes sont taillables à volonté ; mais comme ils se plaignent qu'ils ne peuvent supporter les charges qui leur incombent et qu'ils menacent de déserter la seigneurie, ce qui serait grande-

---

(1) *Archives de Belvoir*, 294. — (2) *Archives de l'abbaye des Trois-Rois*, 195.
(4) *Archives de Belvoir*, 3. — (5) *Cartulaire de Neuchâtel*, 301.

ment dommageable,... il consent à les abonner, suivant ce qu'ils pourront payer, afin qu'ils n'aillent pas demeurer ailleurs... Donné à Dijon, 5 décembre 1412 (1).

Charte de commune (1429). Nous Philibert de Valsdray, escuyer, chambellan de M. le duc et son bailly d'Amont, fesons savoir : que les habitants de Balme disent qu'il leur est nécessaire de s'assembler, chaque an, pour élire leurs gardes et messiers, et pour avoir la garde de leurs fruits et pâturages ; pour constituer procureur pour la défense de leurs querelles touchant la communauté, et aussi pour s'imposer certaines sommes d'argent, ce qu'ils ne peuvent faire sans avoir notre licence... avons octroyé la dite requête... pourvu qu'en leurs assemblées ils ne conspirent rien qui soit préjudiciable au seigneur (2).

Nota.— Ces chartes diverses prennent sur le fait l'état des personnes et des terres au XVe siècle. Rien ne saurait le présenter avec plus de certitude et de vérité.

NOTE B (p. 340).

Archives de la baronnie de Belvoir (1646).— Jugement d'aveu.— Justice de la chatellenie. — Pour Mme Béatrice, duchesse de Lorraine, baronne de Belvoir... Nous, Jullien, chatelain, juge gouverneur en ladite justice... Jacques Bonnefoy de Belvoir, procureur d'office en ladite baronnie, demandeur. — Contre Simonin de Roudevilliers, défendeur... Ligier, son procureur.

Le défendeur avoue être sujet de la baronnie en toute justice, et de condition taillable et corvéable comme les autres habitants. S'il a chariot et chevaux, il est tenu de faire, pendant deux jours par semaine, toutes les corvées qui lui sont commandées.....

Jugement d'aveu (1670). — Contre Simonin de Charmaille. — Bien qu'il soit soumis à la justice, taillable et corvéable à bras, pour tout ce qui lui est commandé, du moins trois fois par semaine... Bien que dûment averti par le maire, il n'a pas comparu à la corvée ; il doit donc être condamné à une amende de 6 livres et aux dépens. Le défendeur

(1) *Archives de Beaumes*, 302.— (2) *Archives de Beaumes*.

reconnaît devoir les corvées et se soumet à les faire... A quoi on le condamne avec dépens (1).

1625. 2 janvier. — Vente par la veuve Langlade à M. de Massip, docteur, conseiller du roi, et son premier avocat à la sénéchaussée de Nîmes, seigneur de Clarensac, d'une pièce de terre de 15 dextres environ, franche et allodiale de toute censive, pension, directe ou servitude, au prix de 48 livres. — (Seguin, notaire.)

1684. Reconnaissance. — Allègre, cardeur à Clarensac, confesse qu'il tient de la directe seigneurie, droits de lods, prélations et autres droits seigneuriaux, de noble de Langlade, seigneur de Clarensac, une maison, sous la censive de 3 deniers, reconnue antérieurement sous la même censive, en 1490 et 1650. — Promettant d'en jouir en loyal emphytéote ; d'améliorer et de ne pas détériorer, et de ne le grever ni de censive ni d'aucune servitude de mainmorte.

Nota. — A la même date et dans les jours qui suivent, dix-huit actes de reconnaissance, tout à fait semblables dans leurs formules, sont consentis par divers, audit seigneur de Langlade, et ce, sous la censive de quelques deniers ou de quelques boisseaux de grains.

Ils relatent des reconnaissances antérieures dont quelques-unes remontent à 1340 et 1346, ce qui explique la minimité de la redevance. Elles étaient donc un mince profit.

Ces actes ne révèlent, il est vrai, que l'existence des censives terrières en Languedoc. Elles sont sans préjudice, bien entendu, des autres droits féodaux : corvées, banalités, justice, etc.

NOTE C (p. 367).

CHARTE D'INFÉODATION ET RECONNAISSANCES FÉODALES.

14 octobre 1748. — *Acte d'inféodation.* — Devant Sabatier, notaire, messire de Merle, baron de Lagorce, comte de Vallon et autres lieux, baille *à titre d'inféodation* et *à fief franc et noble* (c'est-à-dire exempt d'impôt), à Dufour père et fils, un domaine appelé le Mézenc, dépendant

---

(1) Perreciot, t. III, 324-326.

NOTE C.

de la terre et baronnie de Lagorce, en Vivarais, ledit domaine, exempt de toutes charges redevables, même de charges nobles. Cette sous-inféodation est faite aux conditions suivantes :

1º Le seigneur se réserve la mouvance du domaine ; les droits de lods et vente, à raison du quart de prix à chaque mutation ; les devoirs seigneuriaux et féodaux, la foi et l'hommage d'un baiser à la main, avec serment de fidélité et reconnaissance à chaque mutation du vassal ou du seigneur, au château de celui-ci ;

2º Dufour père et fils seront tenus de présenter, chaque année, le 25 août, fête de saint Louis, à titre d'honneur et albergue noble, une paire de gants au son des instruments convenables au respect qu'un vassal doit à son seigneur.

Ladite albergue noble étant en signe de la reconnaissance et dominité que le baron de Lagorce conserve sur ledit domaine sous-inféodé, lequel sera toujours censé ne faire qu'un seul et même corps avec ladite baronnie et fief de Lagorce.

3º Dans la présente inféodation ne sera pas comprise la justice ni les droits en dépendant, se réservant, le seigneur, l'entière juridiction haute, moyenne et basse sur le domaine sous-inféodé, dont les acquéreurs, fermiers et autres habitants, seront justiciables de la baronne de Lagorce ;

4º Enfin, Dufour père et fils seront tenus de payer en une seule fois, dans un an, pour droit d'entrée, la somme de 38,000 livres, avec intérêt au denier 20. A la charge, encore par eux, d'être bons et fidèles vassaux ; de ne commettre aucune félonie ; de le servir et défendre en toute occasion ; d'améliorer le domaine, et de ne pas le transporter en mainmorte, moyennant quoi le seigneur promet de les protéger envers et contre tous.

12 août 1761. — **Reconnaissance féodale**, par Augier, faiseur de bas, qui a reconnu tenir et posséder de la directe seigneurie de messire Baudoin, prêtre, curé perpétuel de Clarensac, chapelain de la chapelle Saint-Mathieu, la moitié d'une maison sous *le droit de lods au cinquième du prix*, droit seigneurial et censive annuelle et perpétuelle de cinq sols, laquelle fut reconnue par feu Thomas au prédécesseur de messire Baudoin, en 1670, par un acte qui fait mention de reconnaissances antérieures, promettant, ledit Augier, d'être bon et fidèle emphytéote, et de passer semblable reconnaissance chaque fois qu'il en sera requis de dix ans à dix ans, et à chaque mutation ou changement de mains.

Même jour. — Autre reconnaissance de deux sols en faveur du même prêtre.

Autre. — La veuve Brun reconnaît tenir de la directe et seigneurie de messire le chevalier, marquis de Rochemore-Saint-Côme, habitant de la ville de Nimes, cinq éminées de terre, vigne et olivette, sous la censive de deux livres..., et de tous les droits et réserve de lods et autres formules ci-dessus.

14 février même année. — Thomas tient de la directe de messieurs du vénérable chapitre de Nimes, sous la censive d'une émine de bled, conformément à la précédente reconnaissance du 15 septembre 1760.

16 septembre 1759. — Chiousse reconnaît qu'il tient du marquis de Rochemore-Saint-Côme les deux tiers d'une propriété terre et vigne, dans le fief de Saint-Côme, sous la censive de deux livres et autres droits réservés.

Même jour. — Autre reconnaissance, par André, sujet à la directe seulement et au droit de lods et vente à chaque mutation. Bail antérieur de 1691.

Jourdan reconnaît, le même jour, qu'il tient de la même directe cinq journaux de terre, suivant contrat de 1641, sujet au droit de lods et vente seulement...

Quinze actes semblables suivent celui-là.

23 septembre 1759. — Bail emphytéotique, consenti par le marquis de Rochemore, à Adam, d'une propriété, sous la censive de 18 livres, lods et vente et droits seigneuriaux, renonçant ledit Adam à la faculté de déguerpir.

Le même notaire, Seguin, à Montpezat, reçoit de divers tenanciers, dans les mois qui suivent, quarante-une reconnaissances ou emphytéoses, en faveur du marquis de Rochemore ou de sa veuve.

De même, en 1761, il reçoit encore huit reconnaissances féodales et huit baux enclytéotiques à des conditions à peu près identiques à celles qui précèdent.

Nota. — La minimité de la censive, et même l'abandon qu'en fait le seigneur dans la plupart des actes, démontrent clairement que ce droit féodal produisait fort peu. Il en était autrement du droit de lods et vente, que le seigneur percevait à chaque mutation, et qui lui permettait de prélever le cinquième du prix.

ACTE DE PARTAGE D'UN DOMAINE FÉODAL EN 1783 .(1).

La baronie de Blet, dit le notaire, est dans la mouvance du roi, à cause de son château d'Ainay. La ville était fortifiée autrefois, le château

(1) Extrait des *Origines de la France contemporaine*, 1, 531.

subsiste encore. Dépeuplée par les guerres civiles du xvie siècle et par l'émigration des protestants, elle ne compte plus que 300 habitants, au lieu de 3,000 qu'elle avait jadis. Le domaine entier est évalué au denier 25, à 370,000 livres. Il est exploité par sept fermiers auxquels le propriétaire fournit des bestiaux... Ils paient ensemble 12,000 livres de fermage, sans compter des redevances et des corvées. Les fermes, le moulin, l'église et les chemins sont dans un état déplorable et demandent d'urgentes réparations. — Le château n'est plus habité depuis 1748. Les meubles sont pourris et hors d'usage. Voici quelle est la source des revenus :

1º Le prix des fermages ci-dessus énoncés, 12,000 fr.;

2º Les droits féodaux qui comprennent :

1º La haute, moyenne et basse justice, droit de gruerie et de voirie. Le seigneur peut nommer douze notaires, mais il n'y en a qu'un à Blet; encore n'est-il pas occupé. Aussi la commission est-elle gratuite ;

2º La taille personnelle et réelle. Jadis, la taille était serve et les serfs mainmortables ; mais en 1255, un des ancêtres y a renoncé moyennant un droit de bourgeoisie ;

3º Le droit d'épaves sur les bestiaux, meubles, effets, essaims d'abeilles, trésors trouvés ;

4º Droits sur les biens des personnes décédées sans héritier, sur ceux des bâtards et aubaine, des condamnés à mort ou aux galères ;

5º Le droit de chasse et de pêche ;

6º Le droit de bourgeoisie, qui oblige les plus riches à payer 12 boisseaux d'avoine et 12 deniers parisis ; les autres, 9 boisseaux et 9 deniers. Ces droits de bourgeoisie, énoncés dans les terriers, sont établis par des reconnaissances, et malgré ce, on ne sait pourquoi, les régisseurs ont cessé de les exiger.

7º Le droit de guet et de garde du château. Il est établi, par un édit du roi de 1497, pour tous ceux qui demeurent dans l'étendue de la justice à cinq sous par feu et par an. On en a cessé la perception depuis peu, malgré les reconnaissances récentes des habitants ;

8º Droit de péage pour toutes les marchandises et denrées qui passent par la ville de Blet... La perception en a été interrompue dans ces derniers temps ; elle est en instance devant le Conseil d'Etat ;

9º Droit de potage sur les vins vendus au détail, à raison de neuf pintes par tonneau. Ce droit est affermé pour six ans, à 60 livres par an ;

10º Le droit de boucherie ou de prendre la langue de toutes les bêtes tuées dans la ville. Il est perçu par le régisseur ;

11º Le droit sur les foires et marchés, aunage, poids et mesures. Cinq foires par an et un marché par semaine. Ce droit est évalué 24 livres ;

12º Corvées de charrois et à bras, pour le seigneur haut justicier

(22 corvées de voitures et 75 à bras). Le seigneur paie 6 sous de nourriture pour l'homme; et 12 pour la voiture de 4 bœufs. Une grande partie des corvéables est réduite à la mendicité, ce qui fait que le seigneur les relaxe...

13° Banalité des moulins, confirmée par une sentence de 1736. Le meunier perçoit un seizième de la farine moulue. Ce moulin est affermé 600 livres par an;

14° Banalité du four reconnue par une transaction de 1537. On perçoit un seizième de la pâte;

15° Droit de colombier;

16° Droit de bordelage, qui, sur 48 arpents, donne au seigneur le droit d'hériter des mainmortables, à moins que leurs enfants ne vivent avec eux, au même pot et feu. Depuis vingt ans, par négligence, on n'en a rien retiré;

17° Droit sur les terres incultes et sur les alluvions;

18° Droits de lods et ventes sur les censitaires, dus par l'acquéreur dans les quarante jours. Il est du sixième du prix. Le rapport annuel est de 254 livres;

19° Droit de dîmes ecclésiastiques. Le seigneur les a acquises. Elles se lèvent à la treizième gerbe;

20° Droit de terrage ou champart, qui, les dîmes levées, permet de prendre la douzième gerbe. On prend ailleurs la troisième, la cinquième ou la sixième. Tous ces droits sont compris dans le prix des baux;

21° Cens, surcens et rentes dus par certains immeubles, que détiennent des censitaires au nombre de 120. Ils produisent 137 livres, 67 boisseaux de froment, 3 d'avoine, 16 poules, 130 poulets et 6 coqs, le tout estimé 575 francs;

22° Droit sur les communaux. Les seigneurs en sont propriétaires... Les vassaux n'ont qu'un droit d'usage;

23° Droit de rachat sur les fiefs de la seigneurie; il y en a 16, qui paient le quint à chaque mutation;

24° Enfin, le seigneur a des droits purement honorifiques, de banc et de sépulture au chœur, d'encens et de prières nominales, de litre et de ceinture funèbre, intérieure et extérieure...

La terre supportait les charges suivantes:

1° Au curé de Blet: sa portion congrue fixée à 300 livres, par transaction de 1692, élevée à 500 par l'édit de 1768... Mais comme les chanoines et le prieur de Chaumont perçoivent la dîme sur le territoire de Blet, ils devraient en payer une partie...

2° Au garde: logement, chauffage et 2 arpents de friches, 200 livres;

3° Au régisseur: 432 livres et 10 arpents de friches, 200 livres;

4° Au roi : l'impôt du vingtième... Autrefois 600 livres et aujourd'hui 900. Les charges se compensent avec les droits féodaux, et il reste net, les 12,000 francs du prix de ferme ».

En opérant le partage, on donne à l'aîné un préciput de 15,000 livres, qui comprend le château, la ferme attenante et les droits seigneuriaux. Le surplus est divisé en trois parts égales, une pour chaque héritier.

NOTA. — A quelques variantes près, influencées par les coutumes, ce qui se passe en Bourbonnais peut s'appliquer à toute la France. Cet acte nous montre le régime féodal pris sur le fait, en 1783. Il indique avec précision tout ce qu'il en restait alors. Mais ce qu'il n'indique pas, ce sont les privilèges exorbitants dont jouissait la noblesse.

ERRATA.

Page 22, ligne 4, au lieu de *contrées,* lisez *populations.*
— 79, — 2, — *praticiens,* lisez *patriciens.*
— 98, — 24, — titre oublié: *la plèbe, les prolétaires.*
— 193, — 8, — *époque,* lisez *apogée.*
— 269, — 4, — xvii*e siècle,* lisez xviii*e siècle.*
— 338, — 24, — *individuelle,* lisez *industrielle.*

TABLE DES MATIÈRES

	Pages.
Préface..	I

PREMIÉRE PARTIE.

LIVRE Ier.

NOS ORIGINES.

La Terre, 1.— L'homme, 5.— La Famille, la Tribu, 15.............. 1

LIVRE II.

LES PEUPLES ASIATIQUES.

Les Migrations. — Les Aryas, 22.— L'Inde, 28.— La Chine, 36.— La Médie et la Perse, 38.— L'Egypte, 41.— La Judée, 46.— Résumé.... 22

LIVRE IIIb

L'ANTIQUITÉ CLASSIQUE : LA GRÈCE, ROME ET BYSANCE.

Sparte, Athènes, les Citoyens, les Ilotes, 52.— Le peuple romain, 77. —La Plèbe, les Prolétaires, 98.— Les Collèges, 109.— Les Colons, 113. — Les Esclaves, 118.— Bysance, 137............................ 52

DEUXIÈME PARTIE.

LIVRE IV.

LE MOYEN AGE.

Les Gaulois 139.— Les Germains 146.— Les Francs 149............. 139

LIVRE V.

ÉTAT DES PERSONNES ET DES TERRES DU Ve AU XIIe SIÈCLE.

La Féodalité, 155. — Les Hommes libres, 162. — Les Esclaves, les Serfs, 165. — Les Droits féodaux, 177. — Les Collèges et Corporations, 189. — Misères de ce temps, 191 155

LIVRE VI.

DISPARITION DE L'ESCLAVAGE.

Son dernier état. — Il se transforme en servage 198

LIVRE VII.

LES AFFRANCHISSEMENTS DU XIIe AU XVIe SIÈCLE.

Les Croisades, 217. — La Renaissance, les Légistes, 221. — Les Communes, 227. — Le Tiers-Etat, 241. — Les Etats-Généraux, 241. — Les Vilains et les Roturiers, 252. — Les Communautés agricoles, 259. — Les Corporations de métiers, 263 217

LIVRE VII.

LES PROGRÈS DU TIERS : XVIe ET XVIIe SIÈCLES.

XVIe Siècle : les Trois Ordres, 279, 283, 286. — XVIIe Siècle : les grands Ministres, 297. — Les Guerres civiles, 305. — La Cour, 309. — Doléances générales, 313. — Les Maîtrises, le Compagnonage, 328. — Résumé, 335. 279

LIVRE IX.

XVIIIe SIÈCLE. — ÉTAT DES PERSONNES EN 1789.

La Royauté, 341. — Le Clergé, 354. — La Noblesse, 360. — Les Impôts royaux, les Corvées royales, la Milice, les Collecteurs, 370. — Le Tiers, la Bourgeoisie, 379. — Les Corporations industrielles, 381. — Le Peuple, sa Misère, 368. — Son Etat en 1789, 396. — Abolition des Droits féodaux, 403 341

TABLE DES MATIÈRES.

TROISIÈME PARTIE.

LIVRE X.

LE PROLÉTARIAT MODERNE.

Sous la République, 413.— L'Empire, 422.— La Restauration, 425.— La Monarchie constitutionnelle, 431. — La République de 1848, 440. — Le Second Empire, 446.. 413

LIVRE XI.

LES SOCIALISTES ET LES ÉCONOMISTES.

Lycurgue et Platon, 460. — Les Esséniens, 462. — Les Moraves, le Paraguay, les Hussites et Thomas Morus, 464. — Capanella et Morelly, 466.— Les révolutionnaires, Babœuf, Robert Owen, 467.— Cabet, Saint-Simon, Fourrier, 470.— Louis Blanc, Proudhon, 479.— Les Sociétés secrètes, 485.— Le Compagnonage et les Grèves, 487.— Les Economistes : Définition inconnue des anciens, Quesnay, Smith, 499.— Le Travail, la Propriété, le Capital, 505.— La Rente, l'Intérêt, le Revenu, 510.— Le Salaire, la Concurrence, 512......... 460

LIVRE XII.

LE PROLÉTARIAT CONTEMPORAIN.

I. Sociétés aggressives et militantes : l'Internationale, les Mutuellistes, les Collectivistes, 524. — Les Congrès ouvriers, 531. — Le Socialisme d'Etat et de la Chaire, 543...................... 524

II. Sociétés préventives : L'association, la prévoyance et l'épargne : Les Sociétés de Secours mutuels, 547. — Les Caisses d'épargne (scolaire et postale), 557.— Des retraites et d'assurance, 561.... 547

III. Sociétés coopératives : Consommation, 567. — Crédit, 570. — Production, 572. — Les Syndicats, 575............................. 566

IV. Sociétés de patronage : Majoration des salaires, participation des ouvriers au bénéfice des patrons, 580. — Cités ouvrières, Fourneaux économiques, Crèches, Salles d'asile, Orphelinats, Refuges, Bibliothèques populaires, 583................................. 580

TABLE DES MATIÈRES.

LIVRE XIII.

LE PROLÉTAIRE SANS TRAVAIL.

I. Le Paupérisme ancien et moderne.................................... 589
II. L'assistance publique depuis 1789 ₆₀₉. — Les Hôpitaux, ₆₂₇. — Les Bureaux de bienfaisance, ₆₂₉. — Les Hospices : Infirmes, Vieillards, Aveugles, Enfants trouvés, Sourds-muets, Aliénés, ₆₂₇. — Les Dépôts de mendicité, ₆₃₂. — Les Monts-de-piété, ₆₃₃...... 609
III. L'assistance privée, ₆₃₅. — Secours à domicile, Crèches, Salles d'asile, Ouvroirs, Dispensaires, Ecoles d'apprentissage....... 635
IV. Organisation de l'assistance chez les autres nations............ 637

LIVRE XIV.

RÉSUMÉ, CONCLUSION.

Résumé, ₆₄₈. — Chimères et réalités, ₆₅₈. — Economie et tempérance, ₆₆₁. — Progrès accomplis, ₆₇₀. — Ce qui reste à faire, ₆₈₉.... 648

Notes : A, ₇₀₀. — B, ₇₀₅. — C, ₇₀₆.. 700

Errata... 713

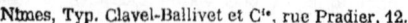

Nîmes, Typ. Clavel-Ballivet et Cⁱᵉ, rue Pradier, 12.

www.ingramcontent.com/pod-product-compliance
Lightning Source LLC
Chambersburg PA
CBHW060905300426
44112CB00011B/1348